中国青年运动一百年 (1919—2019)

胡献忠 著

中国青年出版社
江苏人民出版社

图书在版编目(CIP)数据

中国青年运动一百年/胡献忠著.--南京:江苏人民出版社;北京:中国青年出版社,2022.4
ISBN 978-7-214-27136-5

Ⅰ.①中… Ⅱ.①胡… Ⅲ.①中国青年运动-历史-1919-2019 Ⅳ.①D432.9

中国版本图书馆 CIP 数据核字(2022)第 050133 号

书　　　名	中国青年运动一百年
著　　　者	胡献忠
图 书 策 划	曹　斌
责 任 编 辑	曹　斌　李　洁　彭宇珂
责 任 校 对	李洪云　邓玉琢
封 面 设 计	黄　炜
责 任 监 制	王　娟
出 版 发 行	中国青年出版社 江苏人民出版社
地　　　址	南京市湖南路 1 号 A 楼,邮编:210009
照　　　排	江苏凤凰制版有限公司
印　　　刷	江苏凤凰通达印刷有限公司
开　　　本	718 毫米×1000 毫米　1/16
印　　　张	44.5
字　　　数	560 千字
版　　　次	2022 年 4 月第 1 版
印　　　次	2025 年 5 月第 6 次印刷
标 准 书 号	ISBN 978-7-214-27136-5
定　　　价	98.00 元

(江苏人民出版社图书凡印装错误可向承印厂调换)

序一

清代思想家龚自珍在《古史钩沉论》中写道："欲知大道,必先为史"。在五四运动100周年、新中国成立70周年这样一个重要的历史节点上,回顾历史、研究历史,更具特殊的时代意义。在岁末冬季,我收到胡献忠博士的新作《中国青年运动一百年》样书。说句实话,我虽已是耄耋之年,却为看到这样一本恰当其时、有分量的历史著作即将问世而兴奋不已。我乐见年青一辈的学者甘坐冷板凳、踏踏实实地搞青运史研究,因为现实社会以"快餐文化"为时尚,又有种种物质诱惑,能坚守历史研究的人不易,也实在太少了。所以,我很愿意谈一下读后的体会,说几句鼓励和支持的话。

习近平总书记在中共中央政治局第十四次集体学习时强调,要加强对五四运动历史意义的研究,深刻揭示五四运动对当代中国发展进步的深远影响。要坚持大历史观,把五四运动放到中华民族5000多年文明史、中国人民1840年以来170多年斗争史、中国共产党90多年奋斗史中来认识和把握。我想,这一重要指示在历史研究领域是通用的。《中国青年运动一百年》时间跨度大,胡献忠博士尝试采用大历史观的理论和方法,对百年青年运动进行观察和研究,格局大开大合,读起来确有酣畅淋漓之感。在全书每一章的章首,总是着力把该章所述历史事件所处的时代背景、前后联系、内在逻辑交代清楚,重综合,重分析,重整体把握。这样,读者很快就能明了所述事件的历史方位、意义价值和社会影响。

40年前,我和罗成全教授曾经组织编写过一本书,叫《中国青年运动六十年》。当时写史大都是对历史事件稍加分类后,按照时间顺序来谋篇布局的。胡献忠博士这本书的一个特点是按专题写史。虽然每章、每节都有时间先后次序,但更重要的是,每节都有一个鲜明的主题,或先后展开,或平行叙述。这样做的好处是头绪清楚,事件完整。当然,历史资料浩如烟海,历史线索繁芜复杂,要想提炼出关键性要素,表现主流特征,需要作者对历史现象有很强的掌控能力和驾驭能力。不同的时代有不同的特征,主流中会呈现出多个支流,小的支流又可能会发展或汇成主流,如何表述,如何取舍,需要用正确的历史观去判断。本书做了大量的可贵的探索。

历史发展总是有一定规律的,但历史是由具体的人来完成的。要想让人们记住历史、感悟历史,就需要把历史人物的故事描述得生动。胡献忠博士对此恰当合理地选取一些有亮点的个人故事,加以评价。延安青年们的学习、锻炼、成长中有故事,青年突击队为建设新中国不怕艰难困苦、满怀爱国情怀里有故事,互联网上冲浪弄潮、创新创业中也有故事……当然,写故事不是为了好玩,而是为了更生动地反映那个时代的青年风貌,更容易让读者产生共鸣。习近平总书记在庆祝中国共产党成立95周年大会上指出:"95年来,我们党取得的所有成就都凝聚着青年的热情和奉献。"的确,青春力量值得讴歌,青春人物值得礼赞!

通读之下,本书1949年之前部分写得尤为精彩,1949年至1978年部分次之,1978年之后部分又次之,这大概是写史常见的现象吧。知人论世,察古道今,总要等到历史尘埃落定之后,越是近前,越不易写好。从本书的字里行间,我们可以感觉到作者在努力破解这一定式。尽管,他对有些现象把握和本质判断的精准度仍须进一步提升,但大的基本框架是都兜住了。

我是1929年生人,今年90周岁。生逢新时代,总有说不尽的幸运。胡献忠博士和我同住海淀的一个小区,平时交往比较多。十几年来,我也是看他一步步成长、成熟起来的。记得唐代刘知幾在《史通》中曾提出,史学家应当具有史才、史学与史识。后来清代章学诚又加上了一个"史德"。可见,对真正搞历史研究的学者来说,门槛还是比较高的。但我深信,那些有志者一定会不负韶华,持续奋力去跨越这道门槛。

胡献忠博士长期在团中央青运史档案馆从事研究,现在又担负一些重要的行政工作。他很勤奋,很有悟性,也很执着,而且总是充满热情。他还有一个优点,就是很会处理和协调各种事务,并善于团结人。应该算是"内外兼修"吧。这大概得益于他的基层阅历比较丰富,又非常善于总结思考。我常说,多了解社会一分,就能多读懂历史一层。我相信胡献忠博士的历史研究之路,笃定会越走越扎实,越走越宽广。

郑洸

2019年岁末于北京枣香书屋

序一作者为中国青年运动史研究资深专家,国务院政府特殊津贴、中国青少年研究事业终身成就奖获得者,原共青团中央青运史研究室副主任、中央团校(中国青年政治学院)研究员

序二

"江山代有才人出,各领风骚数百年",这是清初诗人赵翼对历史的感慨。自 1919 年五四爱国运动以来,中国青年运动经历了 100 年的发展历程,对之进行认真梳理和总结是一种现实的需要。胡献忠博士作为青运史研究领域的中生代,写出《中国青年运动一百年》这本著作,体现了这种现实要求,当然也饱含着很多可贵的探索和思考。

"青年运动"一词在现实的青运史研究中,还不能说是一个约定俗成或已经形成共识的学术概念。对于这个概念的内涵和外延,不同的研究者有不同的解读和理解。因此,虽然都命名为中国青年运动历史研究的成果,但在研究内容和研究对象方面还是有一定差异的,这就造成研究者在选材和表述中也必然会出现不同,很难用一个统一的标准来要求。

胡献忠博士秉承个人对青年运动的认识和理解,构筑了对五四运动以来百年中国青年运动历史的研究体系和框架,叙述了这 100 年间中国青年运动的历史,表明他的研究是有独到之处的,是有见地的。从全书来看,作者的政治立场是鲜明和正确的,运用的史料是翔实的,表述是得体和生动的,知识性和可读性都很强,既适于广大青少年阅读,也有一定的学术价值。

这本书从大历史观出发,从中国青年与时代的关联角度叙述中国青年运动的历史,分别以革命、建设与改革为大背景,展示了不同历史时期中国青年的风貌与贡献。尽管没有完全拘泥于固有的历史分期，但是依旧可以通过叙事显示出不同的时代特征，以及处于这个时代的青年所特有的特征和行动，说明了时代对于青年的影响和青年反作用于时代，为推进社会进步作出的应有贡献。

一百年青年运动的历史资料可以说汗牛充栋，在史料选取方面本书也有突出的特点，这就是百年青年运动史上典型事件都选取了，并且叙述得完整清晰，让读者能够全面了解中国百年青年运动的全貌，从而在全面把握历史的基础上，体会、了解和接受青年运动的历史经验和教训，达到以史为鉴、以史育人的目的。

可读性是本书一个重要取向，并且在这方面做了很大的努力。这无疑是作者针对读者对象特地在史学成果表述方面做的一个尝试和探索。成绩是可喜的，但是也要注意一个问题，这就是在注意可读性的同时，还要在准确性方面下功夫，例如在章节目的表述方面就有一些值得认真推敲之处。在这方面还需要下一定的功夫。

在我的印象中，胡献忠博士是一位肯在史料上下功夫的研究者，主编过《中国共青团历次全国代表大会概览》《历届全国青联大会概况与文献》《中国青年运动纪事长编（1919—1949）》等。他的踏实、勤奋是少见的，而且他这一代学人有自己的学科视野和理论功底，比较擅长从繁芜的史料中抽丝剥茧，理出逻辑，拎出观点。这一特征在《中国青年运动一百年》中随处可见。

总之，在这样一个重要的历史纪念年份，能看到这本贯通百年的著作即将问世，很庆幸，也很欣慰。因为中国青运史研究在20世纪80年代中期达到活跃的高峰期之后，逐渐进入一个相对寂寞的境地。近年来，随着中生代的成熟和新生代的成长，现在能够坐在一起讨论青年运动的概念、理论与方法这些基本问题了。在第十五届中国青少年发展论坛第四分论坛上,关于"新中国70年青年运动发展"热烈而有深度的研讨,便是明证。尽管人气还不是特别旺,但已经是一个良好态势和很大进步了。但愿青年运动研究能够受到学术界越来越多的关注,能够吸引越来越多的青年学者加盟。

李玉琦

2019年12月9日于北京

序二作者为中国青年运动史研究资深专家,中共中央政治局集体学习主讲嘉宾,国务院政府特殊津贴获得者,原共青团中央青运史档案馆副馆长、中国青少年研究中心研究员

目 录 contents

前幕　鸦片战争后的中国社会与中国青年 …………… 1
　一、"三千年未有之大变局" ………………………… 1
　二、变化的中国青年 …………………………………… 4
　三、早期的青年运动 …………………………………… 7

第一章　五四运动昭示新觉醒 ……………………… 12
　一、新文化运动中的新青年 ………………………… 12
　二、"五四"风暴来袭 ………………………………… 17
　三、社团、期刊与马克思主义传播 ………………… 28
　四、勤工俭学到法国 ………………………………… 41

第二章　建党建团中的青春能量 …………………… 46
　一、从老渔阳里到新渔阳里 ………………………… 46
　二、南北呼应的建党建团 …………………………… 54
　三、党的一大与青年组织 …………………………… 63
　四、广州东园的团一大 ……………………………… 69
　五、青年团的海外支部 ……………………………… 75

第三章　以"革命"的名义集结青年 ……………… 83
　一、政治力量角逐"革命"舞台 …………………… 83
　二、风暴来临的前奏 ………………………………… 89
　三、五卅运动掀起大革命高潮 ……………………… 100
　四、大革命时期的思潮和斗争 ……………………… 112

五、逆境中的青年抗争 …………………………… 123
　　六、红色苏区的青年洪流 ………………………… 131

第四章　发出抗日救亡最强音 …………………… 142
　　一、抗争：从"九一八"到"一二八" …………… 142
　　二、一二九运动风暴 ……………………………… 149
　　三、青年抗日团体的组织与整合 ………………… 162
　　四、"全国模范"：延安青年运动 ………………… 174
　　五、党对国统区、沦陷区青年运动的指导 ……… 185

第五章　以战斗姿态迎接解放 …………………… 196
　　一、和平幻想的破灭与初步斗争 ………………… 196
　　二、"反蒋保田"与参军参战 ……………………… 209
　　三、风生水起的"第二条战线" …………………… 216
　　四、全中国青年力量大汇聚 ……………………… 231
　　五、为了新中国，前进 …………………………… 244

第六章　站在巩固新生人民政权的最前列 ……… 251
　　一、百废待兴中的"建国一代" …………………… 251
　　二、唱响爱国主旋律的政治动员 ………………… 256
　　三、参军参战，参加军干校 ……………………… 263
　　四、捐献热潮与爱国公约 ………………………… 273
　　五、以爱国精神整合统领青年运动 ……………… 276

第七章　改变"一穷二白"面貌的突击队 ………… 285
　　一、社会主义改造中的各界青年 ………………… 285
　　二、"到最艰苦最需要的地方去" ………………… 296

三、"哪里有困难,哪里就有青年突击队" ………… 298
四、"青字号"生产组织与活动 ………… 312
五、"向科学进军" ………… 325

第八章　塑造社会主义新人运动 ………… 334
一、改天换地需要新气象 ………… 334
二、开创"热爱劳动"新风尚 ………… 336
三、培养共产主义道德 ………… 341
四、"毛主席的书我最爱读" ………… 350
五、"学习雷锋好榜样" ………… 356

第九章　"文化大革命"中的青年行动 ………… 367
一、焦虑的政治氛围与青年的政治化 ………… 367
二、红卫兵成为急先锋 ………… 372
三、"文化大革命"中的共青团 ………… 382
四、尾声之处的抗争 ………… 384

第十章　旷日持久的上山下乡运动 ………… 398
一、现实环境与理想设计 ………… 398
二、"广阔天地,大有作为" ………… 402
三、"接受贫下中农的再教育" ………… 421
四、政策调整与"返城风" ………… 430
五、复杂的双重效应 ………… 432

第十一章　在反思追问中重新奋起 ………… 440
一、三中全会实现伟大转折 ………… 440
二、历史拐点处的价值重塑 ………… 446

三、最先"试水"改革的农村青年 …………… 465
四、"新长征"与"深圳速度" …………… 476
五、国门初开的多重影响 …………… 491

第十二章　建构市场经济中的青年参与 …………… 507
一、跨世纪青年与青年特征变迁 …………… 507
二、搏击市场的弄潮儿 …………… 516
三、"候鸟"般迁徙的青年农民工 …………… 523
四、"毛泽东热"和"邓小平热" …………… 532
五、"开风气之先"的社会参与 …………… 542
六、青年开始"触网" …………… 555

第十三章　进入 21 世纪的青年运动 …………… 565
一、建设小康与青年行动 …………… 565
二、拥抱互联网大潮 …………… 571
三、青年文化中的斑斓个性 …………… 578
四、创业行动与青春建功 …………… 585
五、更新迭代的农民工 …………… 598
六、蓬勃而起的青年自组织 …………… 606

第十四章　站在新时代的起点上 …………… 613
一、中国梦激荡新时代 …………… 613
二、青年行动嵌入发展大局 …………… 618
三、青年文化新景观 …………… 630
四、互联网＋青年＋共青团 …………… 640
五、中国青年融入全球化 …………… 646

六、"青年首先要发展" …………………………… 652

结语　让历史告诉未来 …………………………… 662
一、一切为了民族复兴 …………………………… 662
二、关键在于党的正确领导 …………………………… 667
三、始终与基层民众在一起 …………………………… 675
四、秉持永久奋斗精神 …………………………… 680
五、全球青年运动同频共振 …………………………… 685
六、场景建构任重道远 …………………………… 687

后记 …………………………… 690

前幕　鸦片战争后的中国社会与中国青年

不论是考察中国共产党历史，还是探究中国现代化进程，往往都要追溯到 1840 年。因为这一年，鸦片战争的硝烟荡尽了中华帝国落日的余晖，古老东方大国自发地缓慢步入资本主义行列的进程被打断，中华民族的命运由此发生历史性逆转，开始一步步陷入半殖民地半封建社会的深渊，亡国灭种的阴影笼罩在中华儿女心头。也是自这一时刻起，中华民族面临两大基本历史任务：一是争取民族独立和人民解放，二是实现国家繁荣富强和人民共同富裕。这两大历史任务相互衔接，前者为后者扫清障碍，创造必要的前提。中国共产党就是在这样的历史大背景下诞生的，中国青年运动也是在这样的历史大背景下兴起的。

一、"三千年未有之大变局"

中国是一个历史悠久的东方大国。中华民族作为汤因比所列举的 21 种文明中唯一没有中断自身文明的族群，曾经对人类的发展作出过重大贡献。当中国社会按照内在逻辑绵延至 19 世纪初期时，在地球的另一侧，西方资本主义正在迅猛发展，向外实行大规模的殖民主义扩张。古老中国遇到前所未有的严重挑战。

1840 年西方头号资本主义强国——英国发动侵略中国的鸦片战争，用工业革命生产的坚船利炮轰开了自给自足的农业国家的大门。福无双至，祸不单行。也许是"破窗效应"的作用，列强对中国的侵略接踵而来，1856 年至 1860 年英法联军发动第二次鸦片战争，1883年至1885年法国发动侵华战争（中法战争），1894年至1895年日本发动侵华战争（中日甲午战争），1900年八国联军发动侵华战争，掠夺中国的领土，勒索中国的"赔款"，划分"势力范围"，设立租界、驻扎军队，使用不平等条约赋予的特权控制中国的通商口岸、交通线和海关。中华民族呈现"三千年未有之大变局"①。中国社会的发展脱开自我演进的轨道，发生了两个根本性变化：一是独立的中国逐步变成了半殖民地的中国，二是封建的中国逐步变成了半封建的中国。

鸦片战争的失败，在死水一潭的中国封建社会激起轩然大波，正如马克思所论："看起来很奇怪的是，鸦片没有起催眠作用，反而起了惊醒作用。"②中国曾经创造出灿烂的古代文明，对人类发展作出过较大贡献，到了近代却大大落后了，最终陷入半殖民地半封建社会的深渊。"其原因，一是社会制度腐败，二是经济技术落后。"③面对严重的民族危机和深刻的社会危机，中国社会的各阶级从各自立场出发，提出不同主张，探索挽救危机的出路。

1851年至1864年洪秀全等领导的太平天国农民起义，是中国旧式农民战争即没有先进阶级领导的单纯农民战争的高峰。1898年至1900年兴起的义和团运动，是一场震撼中国大地的以农民为主体的反帝爱国运动。农民阶级的英勇斗争给外国侵略者和本国封建统治者以有力的打击。但他们作为小生产者，并不代表新的生产力和生产关系，不可能找到中国实现独立和富强的正确道路。他

---

① 同治十一年（1872）五月，直隶总督李鸿章复议制造轮船未可裁撤折："臣窃惟欧洲诸国，百十年来，由印度而南洋，由南洋而中国，闯入边界腹地，凡前史所未载，亘古所未通，无不款关而求互市。我皇上如天之度，概与立约通商，以牢笼之，合地球东西南朔九万里之遥，胥聚于中国，此三千余年一大变局也。"
② 马克思：《中国纪事》（1862年7月），《马克思恩格斯全集》第15卷，人民出版社1963年版，第545页。
③ 毛泽东：《把我国建设成为社会主义的现代化强国》（1963年9月、1964年12月），《毛泽东文集》第8卷，人民出版社1999年版，第340页。

们的斗争不能不以失败而告结束。

龚自珍、林则徐、魏源等有识之士开眼看世界，较早提出"师夷长技以制夷"，但固守传统的清政府依然因为种种因素延误了鸦片战争后大约 20 年可供变革的重要机会。直到 1861 年 1 月，恭亲王奕䜣等上奏《通筹夷务全局酌拟章程六条》，才开始推行以富国强兵为目标的洋务运动。洋务派以"自强"为旗号，在 30 多年间相继开办了几十个近代化的工矿企业，兴办了轮船、铁路、电报等新式交通部门；建立了近代化的海军，兴建了一批新式学堂，并派遣了几批出洋留学生。洋务派首领奕䜣、曾国藩、李鸿章等受的是旧式教育，没有人能读外国书。他们办洋务的指导思想"师夷制夷"和"中体西用"，是基于这样的认识："中国文武制度，事事远出西人之上，独火器不能及。"凭着对西方机械的钦佩，毅然开办洋务已属难得，后人不能再超越历史去责备他们没有打开思维禁锢，阻碍了对于西方技术之上的制度、精神的吸纳。诚然，技术不可能解决国家发展的根本问题，中日甲午战争中北洋水师全军覆没，标志着清朝海军实力的完全丧失，也宣告了持续 35 年的洋务运动彻底破产。

这场战争带来的瓜分危机，在很大程度上促使变法维新成为人们的普遍要求。不论是位高权重的保守改革者翁同龢、张之洞，还是草根出身的激进改革者康有为、梁启超，都认可变革的重要作用。但要救亡中国，仅仅学习外国的技术是不够的，还必须学习资本主义的经济、政治制度。只是对于谁领导变革、在多大程度上变革，以及如何变革持有不同看法。所以，当康有为们争取到了光绪皇帝的支持，并于 1898 年 6 月制定新法、开办学堂、改革科举、奖励实业，并没有多少争议。只不过等到他们开始革新政治、裁减冗员、任用新人、开放言路时，遭到慈禧太后的严厉斥责："从你（指光绪皇帝）这儿坏了祖宗之法，如何对祖宗！"最终，斩杀戊戌六君子的罪名竟以政治道德为标准，定了个"大逆不道"。这实际上反映的是后党与帝党之间、守旧与革新之间的重重矛盾。

当人们看透了清末新政和立宪运动的虚伪,又突遭八国联军入侵,一种共识在潜滋暗长,这就是只有推翻满洲皇权的专制统治才能拯救中国、振兴中国。以孙中山为首的资产阶级革命派不仅明确提出了建立独立、民主的新中国的目标,并开始了以武力推翻清王朝、建立共和政体的行动。其间,各地爱国志士纷纷结集社团,宣传革命,发动武装起义。1911年武昌城头一声枪响,打出了一个新的民国,于是有了孙中山就任临时大总统,有了清帝退位,有了袁世凯出任大总统,再后来就是袁氏背叛共和、二次革命、袁世凯称帝、护国运动、张勋复辟、护法运动、军阀混战……总是"道高一尺,魔高一丈"。也就是说,资产阶级革命派的很多政治、经济方案一旦与社会现实交锋,就显得力不从心而最终无所作为。如此,中华民国的建立,并没有带来和平、秩序和统一,还需要有一些更深层、更根本的精神来唤醒国家和人民。

二、变化的中国青年

在中国长期的封建社会中,君臣政治伦理模铸出民众的尊卑等级观念,家族家庭伦理形成了年轻人对家庭的义务、对家族的归属和依附。"天地君亲师""父母在,不远游",青年的自主空间被严重压缩。而且,传统的中国社会通常使用"老—少"和"大—小"来区分年龄,用"幼""童"来指代孩子,没有单独的青年概念。以至于日本学者横山宏章相当偏激地认为,"中国尽管有数千年的历史,那其中却见不到热血沸腾的年轻人"。

晚清时期中国社会出现的大变局,为中国青年群体的形成提供了存在基础和社会环境。一个较早接受近代西方文化、一定程度上摆脱了封建束缚的新式学生群体首先出现,成为近代中国青年群体的雏形。

前幕 / 鸦片战争后的中国社会与中国青年

近代中国新式学生群体概况

学生属性	学生人数情况	简要评价
外国传教士在中国创办的教会学校	19世纪80年代后半期到90年代为4万人以上;1914年,约25万人。	近代中国第一批接受西方思想影响和科学文化知识的新式学生。
清政府及民族资产阶级创办的新式学校	1907年,全国各级各类学校学生总数为102.4万;1912年为293.3万人;1915年为429.4万人。	人数最多。
官费留学生和自费留学生	1872年至1875年,清政府向美国派遣留学生120名;1906年,以留日学生为主,有留学生1.2万至1.3万人;清末民初,又出现留学美国的高潮。	近代中国新式学生群体中反封建意识最强、思想最激进的一部分人,是社会运动的先锋。

(资料来源:邵鹏文、郝英达:《中国学生简史》)

  1911年辛亥革命后,由于封建王朝的瓦解和中华民国的建立,新式教育得到较快发展,新式学生(包括出国留学生)在数量上达到相当规模,并且成为一支新的社会力量。在近代中国这样一个经济贫穷、文化落后的国度里,革命力量的组织和革命事业的建设,离开知识分子的参加,是不可能成功的。因此,中国青年的伟大力量主要蕴蓄在这批新式学生群体中,近代社会中国青年的典型特征,也只有在他们身上才能得到最充分的体现。中国青年作为独立的社会群体走上历史的、社会的舞台,是与这个新式学生群体及新式青年知识分子群体分不开的。他们为冲破封建文化的思想束缚,广泛传播近代科学文化知识以及新思潮,起了积极的推动作用。从这个意义上说,在中国封建社会解体过程中,新式学生群体的出现,也就表明中国青年群体已经开始形成。

这些新形成的学生群体,具有以下特点:

第一,"国民身份"意识与国家观念表现强烈。学生群体作为一个"社会类别",出现于19世纪末20世纪初,是"近代西方科学知识以及教育体制"引入中国的结果。① 但作为一种社会性的组织化集体,其身份认同的建构与当时中国政府推行的国民教育有密切的关系。1904年,晚清政府颁布《奏定学堂章程》,意在规定"以国民教育"为纲,突出学校教育与国家兴亡之关系。② 北京政府则把"军国民教育"作为政府的既定教育方针,时任教育总长蔡元培明确指出:"夫军国民教育者,与社会主义僻驰,在他国已有道消之兆。然在我国,则强邻交逼,亟图自卫,而历年丧失之国权,非凭借武力,势难恢复。"③ 显然,北京政府之所以实施军国民教育方针,其政治目标就是民族救亡,而且,北京政府对在校学生进行军事化管理,对学生的校服、学校仪式等进行了统一规定,在强化学生国民意识的同时,显示学界与其他社会群体的不同,这在客观上既有利于强化学生界的"集体认同",又可强化学生界对中华民国的"国家认同"。

第二,人格独立的意识开始彰显,强烈要求摆脱封建礼教束缚。在封建礼教的思想控制之下,缺乏独立人格、缺乏自由与权利是当时中国国民性的一大弱点,但这一点在新式学生群体中得到相当改观。晚清及北洋政府时期新式学堂的成立,使学生在接受西方的科技知识的同时,也接触到了资产阶级的自由民主思想,对封建的纲常礼教形成了冲击,尤其是经过新文化运动的思想启蒙,学生群体

---

① 陈映芳:《在角色与非角色之间:中国的青年文化》,江苏人民出版社2002年版,第5页。
② 璩鑫圭、唐良炎编:《中国近代教育史资料汇编·学制演变》,上海教育出版社1991年版,第292页。
③ 蔡元培:《对于新教育之意见》(1912年2月11日),中国第二历史档案馆编:《中华民国史档案资料汇编》第3辑,江苏古籍出版社1991年版,第16—20页。

的独立意识进一步被激活,对封建礼教的思想控制愈加无法容忍。陈独秀以"进化论"为思想武器,以《新青年》为阵地,对封建礼教进行了深刻批判,他指出"新陈代谢,陈腐朽败者无时不在天然淘汰之途",积极呼吁青年男女要敢于"恢复独立自主之人格"①。在这种思想启蒙的文化熏陶之下,学生群体的自觉意识开始觉醒,日益把自己作为一个独立自主的个体,为他们反封建的斗争实践提供了思想支撑。

第三,组织化程度较高,群体的凝聚力较强。梁启超的《新民说》对中国国民性的弱点进行过深入剖析,认为国民性中傲慢、执拗、放荡、嗜利、寡情及其相互嫉妒的弱点,难以形成一个具有强大凝聚力的群体。这种认知总体上比较中肯,但面临民族危亡的新式学生在"国民身份"意识建构的过程中,能够突破宗族及地域的限制,一些志同道合者往往会组成一些团体,而这些团体大都有明确的目标和宗旨。正如当时清华学生潘光旦所言:"学生自动结合的小团体,多的四五十个成员,少的七八个人,大都是班级相近,年龄相仿,而所谓志同道合的分子;他们都有章程,章程必有'宗旨'一条。"②

三、早期的青年运动

德国社会学家齐美尔认为,如果围绕某个静止的建筑物形成一组特定的社会关系,那么前者将在人们的互动中充当至关重要的、具有社会意义的枢纽。马克思在《共产党宣言》中提出,工厂中工人的大量集中将提高无产阶级的政治能力。历史学家周策纵也认为,民国初期中国校园拥挤的生活环境曾促进当时学生运

---

① 陈独秀:《独秀文存》,外文出版社2013年版,第35页。
② 潘光旦:《清华初期的学生生活》,全国政协文史资料委员会主编:《文史资料选编》第31辑,文史资料出版社1980年版,第88页。

动的组织与发展。纵观中国近现代历史,酝酿发起青年运动的物理空间主要有两个:一是学校,二是工厂。在中国传统农业社会中,"各人自扫门前雪""老死不相往来"等个人主义观念形成于散居的村落市镇。近代以来,学校与工厂是人群高密度聚集之地,有利于信息的迅速传播和相互影响,同时学生或工人年龄相仿、需求相似、认识相近、情感相通,在从众心理的支配下,往往形成声势浩大的运动队伍。中国早期的青年运动是以新式学生运动为主要形式兴起的,而且一开始就具有明显的反帝反封建、爱国救亡的政治色彩。

南洋公学全体学生退学事件在20世纪之初掀动的风潮已经昭示着一个属于文化与社会的新的时代的到来。1902年11月,在清朝官吏盛宣怀创办的训练洋务人才的学校——上海南洋公学,因不满校方的封建压迫,全校学生200余人于16日集体退学。在这场斗争中,蔡元培不仅出面向公学督办转达学生的要求,并通过中国教育会[①],于19日成立"爱国学社",专门接收从日本归来的留学生和上海、南京等地因学潮而退学的学生。他亲自担任学社总理,在学社中设置了完备的课程,施行学生自治制度,提倡民主和自由,受到大批青年学生的欢迎。

这一事件在全国学界引起了连锁反应。浙江吴兴浔溪公学、江宁(今南京)江南陆师学堂、杭州浙江大学堂、杭州教会学校、蕙兰书院等均发生学生集体退学的事件。这类抗议活动此起彼伏,形成一股"学界风潮",学生们自称为"学界革命"。

这一时期,留学日本的中国学生极为活跃,斗争矛头直指腐败的清王朝。1902年,在日本的中国资产阶级革命派发起召开"支那

[①] 1902年4月27日,蔡元培、章炳麟、黄宗仰、蒋智由等人在上海创办"中国教育会",抱定民族主义、民主主义的教育宗旨,会聚国内一批比较激进的新派人士,成为进步学生运动的组织者和支持者。

亡国二百四十二周年纪念会",纪念明朝的灭亡,号召进行反清革命。在会议的10名发起者中,有8人为留日学生;报名参加会议的留日学生多达数百人。这个"纪念会",虽然由于清政府驻日人员和日本警方的破坏,未能按计划如期举行,但广为散发的大会宣言,却产生了较大的影响。

同年七八月间,清政府驻日公使阻挠自费留日中国学生学习军事,并勾结日本警方拘捕到使馆请愿、抗议的中国学生,引起了广大留日中国学生的愤慨。他们在日本东京集会,声讨清政府驻日公使蔡钧,并通电清政府,强烈要求撤换蔡钧,同时向日本当局提出抗议。会议还致电上海中国教育会,争取国内支援。国内外学生的一致抗议迫使清政府派出专使赴日安抚学生,这次斗争才告结束。留日学生从斗争中意识到组织起来的必要,于是,当年冬天,以日本早稻田大学留学生为主的青年会便宣告成立。

组织起来的留日学生,爱国热情空前高涨,发起了一系列的抗议斗争,计有1903年2月的"大阪博览会事件",3月的"弘文学院退学事件",4月的"成城学校中国学生抗议事件"等。他们对祖国遭受列强的欺凌痛心疾首,对中国人遭受的任何不公正待遇都要起来奋力抗争。

1903年4月27日,在上海的18省爱国人士和爱国学社、育才学堂、爱国女校以及务本女校等校学生共千余人,集会抗议沙皇俄国的侵略行径,痛斥清政府的外交政策。许多留日学生参加了国内人民的斗争,在各地推动拒俄运动的开展。

拒俄运动在国内产生了比较广泛的社会影响。由于清政府采取了高压政策,拒俄运动后来失败了。但这一运动打击了沙皇俄国的侵略气焰,显示了中国人民不甘受任何外来侵略的爱国主义精神。中国第一代新式学生群体也初试锋芒,经受了锻炼。尤其是通过这场斗争,广大爱国学生看清了清政府媚外卖国、镇压人民的反动本质,从而走上了反清的革命道路。

拒俄运动以后,中国早期青年运动便成为资产阶级民主革命的有机组成部分。初期,以新式学生群体为基本力量在国内、国外掀起了一个反清革命宣传的高潮。在这些宣传活动中,留日学生的作用极为突出。当时"在日本各省留学生,均有留学生会,会中必办一报,报以不言革命为耻"。其中,同盟会机关刊物《民报》①的影响最大。中国留日学生还发愤著书,为反清革命提供精神武器。四川留日学生邹容写的《革命军》和湖南留日学生陈天华写的《猛回头》《警世钟》,影响都很大。

在宣传救亡的同时,留日学生们不厌其烦地揭露清政府的腐朽和卖国罪行,深入浅出地阐述反清革命的道理,理直气壮地宣传资产阶级民主革命的政治理论。这些宣传活动,反映了这个新式学生群体追求真理、向往革命的精神风貌,对辛亥革命的进程,起到了擂鼓进军的积极作用。孙中山曾赞赏地说:"对辛亥革命作过重大贡献的有三部分人,一是华侨,二是留日学生,三是会党;具体则是华侨出钱,留日学生搞舆论宣传,会党出力。"

随着1905年中国同盟会的成立,资产阶级革命出现了高潮。广大爱国学生也很快投身到埋葬清王朝的革命洪流之中,大批爱国学生加入了同盟会。据统计,从1905年到1907年同盟会有据可考的会员有379人,其中354人是学生,占93%。同时,同盟会的实际主持者大都是留日学生。同盟会领导了多次武装起义,爱国学生在历次起义中都表现出勇往直前、奋不顾身的革命精神,有的为革命英勇献身。著名的"黄花岗七十二烈士"中,有12人是青年

---

① 《民报》创刊于1905年11月,以宣传同盟会的"三民主义"(民族、民权、民生)为总纲,在抨击清政府、鼓吹反清革命、介绍西方资产阶级学说等方面成绩卓著。1905年至1907年间,还领导了与康有为、梁启超等保皇派关于革命和保皇的大论战,击败了康梁保皇派。

学生。孙中山在辛亥革命十年后回顾说:"本党从前在日本组织同盟会所得的会员,不过一万多学生,他们回国之后到各省去宣传,便收辛亥年武昌起义登高一呼,全国响应,不到半年全国就统一的大效果。"①

---

① 孙中山:《在广州中国国民党恳亲大会的演说》(1923年10月15日),《孙中山选集》下册,人民出版社2011年版,第548页。

第一章　五四运动昭示新觉醒

在中国最后一个封建王朝寿终正寝、新的民国建立七年之后，爆发波及全国、影响弥久的五四运动，并非偶然。这是由经济结构、政治态势、社会运行、民众心理、外交燃点等因素综合作用的结果。这其中，青年作为最为活跃的社会因子，非但一刻没有缺席，而且时时起着发动机的重要作用。

一、新文化运动中的新青年

辛亥革命推翻了中国几千年的君主专制制度，促进了中华民族的觉醒，却未能完成民主革命的任务，中国的经济及政治生活没有发生根本改观，中华民族仍未摆脱严重的民族危机与社会危机，人民仍处于水深火热之中。一些有思想见地又不甘于现状的有识之士，开始对辛亥革命进行认真反思，对这种复兴之路进行深刻检讨，并尝试探索新的救亡图存的路径。

陈独秀与《新青年》

1915年9月，36岁的陈独秀在上海创办《青年杂志》（1916年9月1日第二卷第一号起改名为《新青年》），以"改造青年之思想，辅导青年之修养"为办刊宗旨，提出"自主的而非奴隶的，进步的而非保守的，进取的而非退隐的，世界的而非锁国的，实利的而非虚文的，科学的而非想象的"的新青年准则，吹响了新文化运动的号角。

陈独秀猛烈抨击保守主义和传统主义，认为这两者是当时中国罪恶的根源,在他的文章中,儒家更成为恶之渊薮。他认为,儒家思想是农业和封建社会秩序的产物,与工业资本主义社会中的现代生活格格不入,必须彻底根除。

《新青年》一经创刊,就受到当时有识青年的关注和喜爱。当时青年"团体的大多数,或多或少是《新青年》影响之下组织起来的"。

《新青年》的主要撰稿人陈独秀、李大钊、鲁迅、胡适等均为进步知识分子。非常有趣的是,陈独秀与李大钊相差10岁,1917年时陈独秀38岁,李大钊28岁;鲁迅与胡适也相差10岁,那年鲁迅36岁,胡适26岁。他们高举民主与科学的旗帜,主张破除迷信,号召人们"冲决过去历史之罗网,破坏陈腐学说圈圉",以求得"思想之解放"。《新青年》创办之初,杂志所倡导的这些反封建的主张并没有立即得到社会各界的回应,当陈独秀1917年初担任北京大学文科学长之后,《新青年》也由上海迁到北京北池子大街箭杆胡同陈独秀的住所,大批北大资深学人加盟《新青年》,这些反封建文化的理念才引起社会各界的关注,使新文化运动向纵深发展,从而成为一场规模空前的思想解放运动和民主启蒙运动。

新文化运动唤醒了一代青年知识分子,对封建主义展开了急风暴雨般的进攻。封建卫道士们大骂新文化运动是"叛亲灭伦""禽兽自语",叫嚣"拼我残年,极力卫道"。而新文化运动的旗手则慨然宣告:

——"我们现在认定只有这两位先生①,可以救治中国政治上道德上学术上思想上一切的黑暗。若因为拥护这两位先生,一切政府的压迫,社会的攻击笑骂,就是断头流血,都不推辞。"②

——"须知中国今日如果有真正觉醒的青年,断不怕你们那伟丈夫的摧残;你们的伟丈夫,也断不能摧残这些青年的精神。"③

这场文化思想战线新、旧力量的殊死搏斗,在政治上和思想上给封建主义以沉重的打击,禁锢中国青年思想的封建枷锁纷纷被打碎,英姿勃发的中国青年开始在社会上脱颖而出。这些青年人正像新文化运动兴起时人们所期望的那样"如初春,如朝日,如百卉之萌动,如利刃之新发于硎"④,显示出锐不可当的气势,给沉闷的中国社会带来盎然生机。

这些勇敢的青年人在向旧世界宣战的同时,也开始了对自身新的精神境界的追求。这时,陈独秀提出的人权自主名言,成为一代青年知识分子崇尚的信条:

我有手足,自谋温饱;我有口舌,自陈好恶;我有心思,自崇所信;绝不认他人之越俎,亦不应主我而奴他人:盖自认为独立自主之人格以上,一切操行,一切权利,一切信仰,唯有听命各自固有之智能,断无盲从隶属他人之理。⑤

---

① 两位先生指"德先生"(Democracy)、"赛先生"(Science),即民主、科学。
② 陈独秀:《〈新青年〉罪案之答辩书》(1919年1月15日),《陈独秀文集》第1卷,人民出版社2013年版,第362页。
③ 李大钊:《新旧思潮之激战》(1919年3月4—5日),《李大钊全集》第2卷,人民出版社2013年版,第432页。
④ 陈独秀:《敬告青年》(1915年9月15日),《陈独秀文集》第1卷,人民出版社2013年版,第89页。
⑤ 陈独秀:《敬告青年》(1915年9月15日),《陈独秀文集》第1卷,人民出版社2013年版,第91页。

这种离经叛道的呐喊,把反对封建政治制度和反对封建伦理道德结合起来,形成了一场彻底反封建的批判运动。而这种批判运动又反过来极大地解放了人们的思想,促使越来越多的人从沿袭两千年的孔孟教义下解脱出来,世界近代社会的意识开始在人们,特别是年青一代人的头脑中萌生和发展,为中国青年这一新的社会群体走上社会历史舞台提供了重要的思想前提。

陈独秀等人对传统主义的大胆攻击,在陈腐的思想界开启了新的景观,也使他们很快在受教育的青年中赢得了一批热情的追随者。

国家发展大势与中国青年

新文化运动兴起前后,由于帝国主义忙于重新瓜分世界的第一次世界大战,中国民族资本得到较快的发展。从注册公司的数量来看,1912年至1914年为99家,1914年至1918年为377家,四年之间增加了近三倍。民族资本主义的发展,促进了社会经济结构的变化。这种变化直接导致了农村土地兼并、集中的趋势加剧,农村经济日趋衰败,破产农民日渐增多。他们只好背井离乡,四处谋生,从而为资本主义发展提供了劳动力的来源。在政治方面,由于中华民国的建立,国家的政治体制初步具备了近代民主国家的形式,相应颁布、制定的一系列国家制度和法律,使原来的封建专制制度失去了对人的约束力。教育方面各级新式学校不断增多,也使接受现代教育的人数直线上升,从而推进了近代文明的发展,使中国在近代化的道路上迈进了一步。

正当新文化运动蓬勃发展,中国青年群体正在集结、形成之际,俄国十月革命胜利的消息传到了中国,忽地把一个崭新的社会现实摆到敏感的青年知识群体面前,一种新的思想、学说逐渐在他们中传播开来。此后,新文化运动逐步由一个资产阶级文化启蒙运动转变成宣传马克思主义的运动,中国青年产生了新的觉醒。

中国青年运动一百年

这幅"五四"前夕先进知识分子与多灾多难中国民众同框的画作,让世人多少明白了新文化运动发起的社会原因和预期目标。

  1917年俄国十月革命的胜利,引起了世界帝国主义国家的忌恨。从1918年上半年开始,帝国主义开始对苏俄进行武装干涉。日本帝国主义乘沙皇俄国势力的瓦解,借干涉苏俄革命之机,积极推行"大陆政策",力图扩大日本在中国东北三省的势力范围,并且觊觎俄国的西伯利亚地区。为此,日本政府于1917年底,胁迫北洋军阀政府接受其提出的实行军事合作的建议。1918年4月,中日秘密谈判军事协定的消息被报界透露,引起广大爱国人士的关注。消息传到日本后,中国留日学生于5月4日、5日先后分别召开大会,坚决反对中日密约。后又由各省各校留学生代表召开联合大会,组成"大中华民国救国团",号召集体分批回国请愿。据统计,当时留日的95%以上的学生,参加了罢课抗议斗争。响应号召回国者,有2 000余人。留日学生回国后,在北京、天津、上海等地大力宣传鼓动,全国各地的抗议活动日益高涨。5月21日,北京大学、北京高等师范学校、北京工业专门学校、北京法政专门学校等校学生2 000余人,齐集总统府请愿,要求废除中日军事协定。天津、上海、福州等地学生继之也起而响应。由于缺乏政治斗争经验,这次斗争没有取得什么结果。但自此以后,北京的学生界,三五成群地议论国事成风。他们仍然密切地关注着时局的发展。

二、"五四"风暴来袭

为什么五四运动在中国近现代有着煌煌之历史地位?可以有多种理解:有人说,五四运动最终取得了罢免亲日官僚、拒签卖国和约的伟大胜利;有人说,这是学生群体、工人阶级第一次登上政治舞台;有人说,火烧赵家楼的壮举让人津津乐道;还会有人说,这是一个伟大的开端;等等。事实上,恰恰因为五四运动对社会变革的推动和影响是多方面的、划时代的,所以其重要地位才无与伦比。毋庸置疑,五四运动最为鲜明的旗帜就是"爱国"。而且,在中华民族两千多年的文化传统中,"家国情怀"是最大公约数,每当异族入侵、国破家亡之际,最能凝聚大多数人意志和行动的也是这面旗帜。

学生的敏感与悲情

五四运动前夕,当第一次世界大战以协约国的胜利而结束的消息传来,"全世界都发狂了,中国也传染着了一点狂热"[1],"一时'公理战胜强权''劳工神圣''民族自决'等名词,呼喊得很响亮,激动了每一个青年的心弦,以为中国就这样便宜的翻身了"[2]。正当北京的青年学生及全国社会各界眼巴巴地期望巴黎和会能够实现"公理战胜"的梦想时,却传来了"强权"竟然战胜"公理"的"晴天霹雳"。这个巨大的落差让热血青年难以接受。强烈的危机感使他们痛心疾首,进而产生出非表达不可的内在冲动。从历史上看,中国学生有关注政治、表达诉求的传统,从西汉末年的太学生在朝堂上请愿

---

[1] 胡适:《纪念五四》,中国社会科学院近代史研究所编:《五四运动回忆录》上册,中国社会科学出版社1979年版,第169页。
[2] 许德珩:《五四运动六十周年》(1979年2月),中国社会科学院近代史研究所编:《五四运动回忆录》续册,中国社会科学出版社1979年版,第50页。

抗议，到北宋末年的太学生上书干政，再到晚清时期1 200多名举人连署的"公车上书"。"事实上，中国几千年来，在危难时期，往往是官办学校，通过教职员和学生团体，担当起公意代言人的角色。"①

某一运动的发生，总是先由少数人全身心投入其中，再对大众进行组织动员。从动员的效果来看，情绪动员是立竿见影的方式，个人异乎寻常的过激行为往往一下子就能点燃众人激情之火。5月2日，蔡元培从国民外交协会汪大燮那里获悉：北京政府国务院发出密电，命令中国专使在丧权辱国的《巴黎和约》上签字。蔡赶紧回到学校，马上把这个消息告诉了许德珩、傅斯年、罗家伦、段锡朋、康白情等人，鼓励他们行动起来。当天下午，许德珩约国民杂志社的各校学生代表在北京大学西斋饭厅召开紧急会议，讨论办法。北京工业专门学校学生代表夏秀峰当场咬破手指，写血书，参会人员都激动得眼里要冒出火来。会议决定第二天晚上在北大法科（后来的北大三院）大礼堂召开全体学生大会，并约北京13个中等以上学校学生代表参加。

5月3日是星期六，这实在是一个难忘的周末。学生们没有心思去休息娱乐，也无心读书，他们怀着满腔热忱和怒火，奔向北河沿北大法科礼堂，来集体讨论如何拯救自己的祖国。晚7时，大会正式开始。丁肇青、谢绍敏、张国焘、许德珩等先后发言，大会议决联合各界一致力争，通电巴黎专使、坚持不在和约上签字等四项办法。会开得正热烈时，突然，17岁的刘仁静同学（后来成为社会主义青年团的积极发动者和负责人之一）当场拿出一把菜刀，要自杀以激励国人。法科学生谢绍敏悲愤地咬破中指，裂断衣襟，用滴血的手指写下四个大字"还我青岛"。在场的1 000多名学生情绪激昂，悲愤交加，甚至捶胸顿足、痛哭失声，高呼万岁，凄凉悲壮之气充溢全

---

① ［美］周策纵：《"五四"运动史》，陈永明等译，世界图书出版公司北京公司2016年版，第11页。

场。会议开到深夜 11 点(一说次日凌晨 1 点),才在慷慨激昂中结束了。

"五四"当天之行动

1919 年 5 月 4 日,星期天,天气晴朗。虽然是同往年一样的春夏交接,但与往年不同的是,京城凝重的政治空气和青年学生呐喊出的爱国强音。

北京大学的学生整队向天安门进发,比较理性而有秩序。这么大规模的学生集会,在中国历史上是第一次,难怪连北洋政府的警察都不知所措。

正午时分,烈日当空。从下午 1 时许,陆续有学生以学校为单位来到天安门前集会。只见"大队学生,个个手持白旗,颁布传单,群众环集如堵"。自明代以来,天安门在中国是一个强大的政治符号,昔日以皇权政治为中心的中央政府机关,成了新知识分子们表达政治意愿的场所。不多久,北京大学、北京高等师范学校等 13 所学校的学生 3 000 余人渐次到齐,学生们围立在金水桥前的两个华表之下,高呼"外争主权,内除国贼""取消二十一条""拒绝和约签字"等,口号震天。而尤其令人注目和激动人心的是两个标语:一是北大法科学生谢绍敏的血书"还我青岛",一是由高师学生张润芝撰写的对联:

> 卖国求荣,早知曹瞒遗种碑无字
> 倾心媚外,不期章惇余孽死有头
> ——卖国贼曹汝霖、章宗祥遗臭千古,北京学界同挽

学生们在天安门前一边散发传单宣言、喊口号,一边演说。北大学生显然成了这次示威游行的主持人和领导者,他们始终以学生领袖的姿态冲在最前面。北大学生段锡朋担任大会主席,许德珩被推举宣读了自己起草的《北京学生界宣言》,其中写道:

> 山东亡,是中国亡矣!我同胞处其大地,有此山河,岂能目睹此强暴之欺凌我、压迫我、奴隶我、牛马我,而不作万死一生之呼救乎?……夫至于国家存亡、土地割裂、问题吃紧之时,而其民犹不能下一大决心,作最后之愤救者,则是二十世纪之贱种,无可语于人类者矣。我同胞有不忍于奴隶牛马之痛苦,极欲奔救之者乎?则开国民大会,露天演说,通电坚持,为今日之要着。至有甘心卖国,肆意通奸者,则最后之对付,手枪、炸弹是赖矣。危机一发,幸共图之!

宣言一宣读,立即得到全体到会者一致通过。接着又有很多人发表演说。

集会结束后,学生们准备向使馆区进发。北大学生、《新潮》杂志社主任编辑傅斯年担任游行队伍总指挥。大家收到另一份由新潮社的罗家伦用白话文撰写的宣言,全文如下:

北京学界全体宣言

> 现在日本在万国和会要求并吞青岛,管理山东一切权利,就要成功了!他们的外交大胜利了!我们的外交大失败了!

山东大势一去，就是破坏中国的领土！中国的领土破坏，中国就亡了！所以我们学界今天排队到各公使馆去要求各国出来维持公理。务望全国工商各界，一律起来设法开国民大会，外争主权，内除国贼。中国存亡，就在此一举了！今与全国同胞立两个信条道：

  中国的土地可以征服而不可以断送！

  中国的人民可以杀戮而不可以低头！

  国亡了！同胞起来呀！[1]

  学生队伍将要开始游行时，曾经在沙滩阻挠北大学生出发的那位教育部代表（次长）又跟踪而来了，并询问学生集会游行的意图。学生们当即把传单送给他，并指着传单向他说："区区苦衷，尽在于此，一览便知，无待赘述。"步军统领李长泰[2]、警察总监吴炳湘也赶来干涉和恫吓，反而被学生们申斥了几句。游行队伍便向天安门广场东南角的东交民巷使馆区奔去。

  按照当年"五四"游行的路线，学生是由天安门向南行，再折向东，原计划是沿东交民巷通过使馆区，面晤英、美、法、意公使，面递山东问题意见书的，实际上却被阻于东交民巷西口的铁栅栏之外。原来北洋政府早令馆界巡警作了准备。学生代表罗家伦等向英、美、法、意各国公使署交涉，但无结果，因为当天是星期日，几位公使都出游去了。由于学生代表进入巷内面对的第一家使馆就是美国使馆，且当时美国对学生游行的态度和其他国家（如日本）确有不同，学生们由此对美国抱有一些幻想，将意见书递交给一个美国使馆工作人员，希望美国公使把中国民众的真实意见转达给巴黎和会的美国总统威尔逊，以争支持。但事实上，这不过是单纯的一厢情愿而已。

---

[1] 《每周评论》第21号，1919年5月11日。
[2] 李长泰，亦作李长太，时任北京步军统领。

北京5月的午后确实很热,在前前后后的交涉中,游行学生在烈日下整整晒了两个小时。此时,有人喊:"大家往外交部去,大家往曹汝霖家里去!"当大家决定改道时,"负总指挥的责任的傅斯年,虽恐发生意外,极力阻止勿去,却亦毫无效力了"①。

"五四"游行示威的队伍在东交民巷请愿受挫,激愤的学生转而冲向曹汝霖住宅赵家楼。

学生队伍遂转北走户部街,再东行经富贵街七折八拐,前往曹汝霖住处赵家楼,沿途又散发许多传单。下午4时许,游行的学生们呼声震天,以排山倒海之势,拥到赵家楼胡同的曹宅门前。曹宅内外,警察林立,门窗紧闭。学生们高呼:"卖国贼曹汝霖快出来见我!"趁着大部分人和警察理论,对其宣传爱国思想的机会,有个别学生翻墙而过,打开了大门。学生们冲入曹汝霖的住宅后,曹汝霖和正在曹宅的章宗祥迅速躲了起来。4点半时,学生们遍寻曹汝霖不着,愤激之至,又"看到卧室太华丽,又有日本女人,十分气愤,就用火柴把绿色的罗纱帐点燃了"②,引发了大火。

---

① 匡互生:《五四运动纪实》,中国社会科学院近代史研究所编:《五四爱国运动》上册,中国社会科学出版社1979年版,第494页。
② 许德珩:《五四运动六十周年》(1979年2月),中国社会科学院近代史研究所编:《五四运动回忆录》续册,中国社会科学出版社1979年版,第53页。

放火的学生是谁呢？正是北京高等师范学校数学系学生匡互生，这个在辛亥革命中扛过枪打过仗的湖南青年，在游行之前就做了暴力行动的预谋并写了遗书。当他取出预先携带的火柴决定放火时，被段锡朋发现并阻止说："我负不了责任！"匡互生毅然回答："谁要你负责任！你也确实负不了责任。"于是火就烧起来了。

此时，曹的父母及曹妾苏佩秋慌张出来夺门而去，学生并没有伤害他们，而是让警察把他们引走。躲在锅炉房的章宗祥听到上面放火，也跑出来向后门奔去。因为他穿着晨礼服，被学生误认为是曹汝霖，一个学生赶上前去用一根旗杆劈头一击，章宗祥就倒在地上装死。学生们一拥而上，捡起砖头瓦片乱砸一通。同在曹家的日本记者中江丑吉跑出来扑在章宗祥的身上连声喊叫："不要打了。"

曹宅火起后约半小时，警察总监吴炳湘、步军统领李长泰率大批军警赶到。这时，已近晚6时，学生大部散去，军警逮捕了未及散去的许德珩、易克嶷等32名学生。

24岁的北大文科预科学生郭钦光在5月4日当天，"奋袂先行，见当局下逮捕学生之令，愤然大痛，呕血盈斗"[①]，三日后病故。这是在五四运动中死去的第一位爱国志士，因而引起大家的沉痛哀悼，直接推动了5月19日北京学生总罢课。

大约与学生们所接受温文尔雅的教育理念有关，中国历史上的学生参政大多比较温和，用示威游行的激烈方式来抗议当局，实属罕见。"火烧赵家楼"原本是没有列入"五四"游行示威预案之中的，但却因学生的有序请愿受到阻挠和冷落而成为顺理成章的延伸。

尽管学生和社会的联系是千丝万缕的，而且民国时期的大学生多来自相对富裕、有一定社会地位的家庭，但青年学生的日常行为与整个社会的运作尤其是经济活动没有直接关联。"五四"游行示

---

① 龚振黄编：《青岛潮》，中国社会科学院近代史研究所编：《五四爱国运动》上册，中国社会科学出版社1979年版，第186页。

威的目的,一在于呼吁当局,二在于唤醒国民。要做到任何一点,仅靠学生的力量是不够的。因此,5月4日当天,北京学生就发出通告,呼吁全国工商各界一齐行动。

运动向社会延展

5月中旬,北京各校学生推出代表到天津、济南、南京、上海等地宣传,各地也从媒体舆论得知消息,五四爱国运动很快推向全国。6月3日,北京学生大批被捕的消息传到上海。6月5日起,上海有六七万工人相继举行声援学生的罢工,这又是中国历史上破天荒的大事件。人们常称之为"六三运动"。随后,北京、唐山、汉口、南京、长沙等地工人也相继举行罢工。当然,其中也有青年学生积极动员的过程。比如,上海华界电车工人原来对于罢工未有一定坚决的主张,"嗣经若干学生要求停驶,间有横卧轨道中以生命与抗者,一时人心大感动,遂同盟罢工"①。

五四运动时的上海街头,白旗白幡营造了一种激愤沉郁的爱国氛围。

在全国各地呼应北京学生行动、发动群众参与的过程中,以激烈行为来刺激群众的场景比比皆是。湖北阳新县"工业生张则范以钢剪砍断中指,用白布手巾书写血书'誓争青岛,众志成城'八大

---

① 杨尘因:《民潮七日记》,中国社会科学院近代史研究所编:《五四爱国运动》下册,中国社会科学出版社1979年版,第219页。

字"，"各代表奉为救国旗，通示各校，大为感动也"。① 江西女师范学生程孝芬"发起女子救国团，断指血书'提倡国货，用日货就是冷血动物'十余字"，其行为使"校长感愧，同学激发"，"赣省各界因之大为感动"。②

学生们对商界的动员同样带有强烈的刺激性。6月1日、2日，筹备中的全国学生联合会联络各界和学生采取一致行动。但上海商界考虑到营业的利润，没有立即同意学生的罢市要求。到了4日，上海的学生们按户动员各商号统一罢市。在遭到店主拒绝后，他们不惜以"沿街跪求"的办法，进行哀告。在学生们的要求和广大店员的支持下，各商号迫于形势，也不得不在5日上午陆续罢市，"至十二时，华租各界大小商号，已无一开门者，所余者仅外人所设之洋行耳"。在天津，马骏在动员绅商罢市时，曾以死"换诸君之牺牲"，愿以自己的性命"牺牲"换取商家牺牲私利，共同罢市。虽然自杀未遂，但"大众受此刺激，顿下决心，当场表决"，达不到要求"仍继续罢市"③。

这样，五四运动突破了知识分子的狭小范围，成为有工人阶级、小资产阶级和资产阶级参加的全国规模的群众运动，在各主要城市形成罢工、罢课、罢市的"三罢"高潮。斗争如燎原之火蔓延全国，扩展到20多个省区、100多个城市。这在中国历史上不曾有过。

迫于人民群众的压力，北洋军阀政府不得不于6月10日释放被捕学生，并宣布罢免曹汝霖、章宗祥、陆宗舆的职务。6月27日，旅法华工、留学生、华侨数百人前往中国政府全权委员陆征祥所住医院，要求拒签和约。第二天，中国代表没有出席巴黎和会的签字

---

① 龚振黄编：《青岛潮》，中国社会科学院近代史研究所编：《五四爱国运动》上册，中国社会科学出版社1979年版，第215页。
② 龚振黄编：《青岛潮》，中国社会科学院近代史研究所编：《五四爱国运动》上册，中国社会科学出版社1979年版，第234页。
③ 蔡晓舟、杨景工编：《五四》，中国社会科学院近代史研究所编：《五四爱国运动》上册，中国社会科学出版社1979年版，第483页。

仪式。而山东问题的最终解决，则是三年之后的事情了。

重要意义和历史性贡献

"五四运动，爆发于民族危难之际，是一场以先进青年知识分子为先锋、广大人民群众参加的彻底反帝反封建的伟大爱国革命运动，是一场中国人民为拯救民族危亡、捍卫民族尊严、凝聚民族力量而掀起的伟大社会革命运动，是一场传播新思想新文化新知识的伟大思想启蒙运动和新文化运动，以磅礴之力鼓动了中国人民和中华民族实现民族复兴的志向和信心。"[①] 不论是短期效果还是长远影响，不论对于社会进步还是青年成长，五四运动的意义和贡献都是历史性的、划时代的。

五四运动所表现出来的反帝反封建的彻底性，是以前历次爱国运动所不具备的。近代以来，中国要迈向现代化，面临两大敌人——帝国主义和封建主义。太平天国运动的主要目标集中于反对封建势力，对帝国主义抱有一定幻想；义和团运动则囿于小农意识和时代局限，出现盲目排外倾向；辛亥革命缺乏明确的反帝目标与坚决的反帝决心。五四运动的标志性口号是"外争主权，内除国贼"，斗争矛头十分鲜明，直指两大敌人。这一时期，在青年知识分子圈层，已经认识到"帝国主义和封建势力是我们国家民族的死敌"，民族意识和自我意识高涨，从民主、科学的视野猛烈批判封建旧礼教、旧文化。

五四运动促进了马克思主义在中国传播并与工人运动相结合，催生了新型政党的诞生。在十月革命和五四运动之后，社会主义思潮开始注入新文化运动，并逐渐成为主流。李大钊、陈独秀、毛泽东、杨匏安、蔡和森、周恩来、董必武、林伯渠、吴玉章等一批中国最优秀的分子，经过各自摸索，走到马克思主义的道路上来了。而且，

[①] 习近平：《在纪念五四运动100周年大会上的讲话》，人民出版社2019年版，第2页。

第一章／五四运动昭示新觉醒

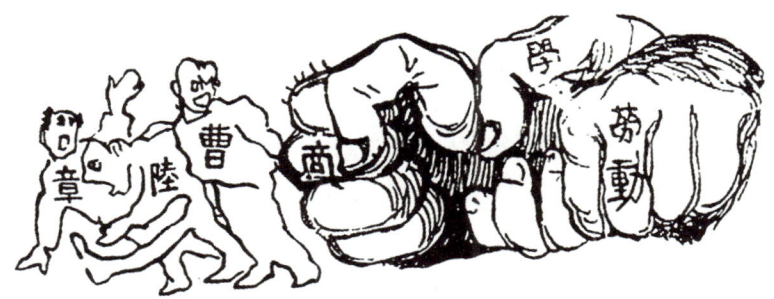

中国近代著名漫画家沈伯尘创作的这幅漫画,工、商、学三大群体握紧拳头,形成一种强大合力,显示觉醒后民众联合的力量。"通过五四运动,中国青年发现了自己的力量,中国人民和中华民族发现了自己的力量"。

早期的马克思主义者开始到工人中去进行活动。这样,建立一个以马克思主义理论为指导的工人阶级革命政党的任务就被提到议事日程上来了。诚如毛泽东所论:五四运动"在思想上和干部上准备了1921年中国共产党的成立"①。中共早期组织的成员(58人)几乎全是知识分子,其中35人是19世纪的"90后",5人为20世纪的"00后",这些青年总占比为70%。

五四运动探索了一条知识分子与工农相结合的道路。李大钊在"五四"前夕就说过:"要想把现代的新文明,从根底输到社会里面,非把知识阶级与劳工阶级打成一气不可。我甚望我们中国的青年认清这个道理。"②五四运动中,工人阶级作为一种自觉的政治力量登上历史舞台,使斗争取得重大胜利,敏感的知识分子"渐知工人阶级的势力比学生大"。于是,"五四运动中有一部分学生领袖,就是从这里出发'往民间去',跑到工人中去办工人学校,去办工会。"③

---

① 毛泽东:《新民主主义论》(1940年1月),《毛泽东选集》第2卷,人民出版社1991年版,第700页。
② 李大钊:《青年与农村》(1919年2月20—23日),《李大钊全集》第2卷,人民出版社2013年版,第422页。
③ 邓中夏:《中国职工运动简史(1919—1926)》,《邓中夏全集》下卷,人民出版社2014年版,第1354页。

五四精神作为一种基因,已经植入中国青年的思想细胞中。正像有的学者所论述的那样:"在百年中国数代年轻人的运动中,在革命、改革、改良、动乱、造反的社会状态里,只有五四是青春的,是酣畅淋漓的,是激荡的,是纯洁的;只有五四是老大中国的一次少年张狂,是衰败文明的一次青春救赎;只有五四空前绝后地打量着传统文明。青春五四跟我们数代年轻人的血脉相通。"①从某种意义上讲,五四精神是一种青年精神、现代精神、未来精神。

三、社团、期刊与马克思主义传播

五四时期是一个思想活跃的时代,特别是那些在学校学习和在工厂做工以及在其他具有近代意义的社会组织中工作的年轻人,他们不仅开始意识到自身的地位和责任,而且更加敏锐地感到自己的命运和国家的命运紧紧相连。于是,在较为宽松的社会氛围下产生了"三多":社团多、主义多、期刊多。各路社团千帆竞渡,各种主义同潮共涌,各类期刊各显神通。

五四社团与五四青年的分化

五四时期是我国历史上出现的第一次社团繁荣的时期。据粗略统计,形形色色的大小社团有 400 多个。除极个别的在百人以上,多则数十人,少则几个人。这些社团主要是由青年发起或以青年为主要成员,跨社团参与也是一种常态。其活动方式主要是出版刊物,发表言论。一时间,资本主义、实用主义、改良主义、自由主义等思潮并起,而社会主义也是当时人们公认的新思潮,推崇这一思潮成为青年们最时髦的行为。但社会主义思潮却包罗万象,十分庞杂,既有马克思恩格斯创立的科学社会主义,更有被称为"社会主

---

① 余世存:《序言》,叶曙明:《重返五四现场》,中国友谊出版社 2009 年版,第 7 页。

义"的各种流派,比如无政府主义、工读主义、互助主义、新村主义、泛劳动主义等等,不一而足。他们所表述的社会主义的意义并不是很清晰,加之尊奉者各有所好的理解,各种思潮显得极其错综凌乱。

从各社团的思想倾向来说,大致可分为:

(1) 信奉无政府主义的社团。当时无政府主义的信众最多,影响较大的社团有群社、实社、平社、奋斗社、进化社、民声社、民钟社等,代表人物有实社的黄凌霜、区声白,奋斗社的易家钺、朱谦之等。毛泽东、周恩来、恽代英、邓中夏等许多进步青年当时都曾受无政府主义思潮的影响。

(2) 杂糅各家、改良社会的社团。最典型的是工读互助团。它将工读主义、互助主义、无政府主义、新村主义、泛劳动主义、合作主义、基尔特社会主义等融合在一起,北京、上海、天津、广州、南京等地都成立有工读互助团组织。陈独秀、李大钊、恽代英、毛泽东、施存统、俞秀松等都参加过工读互助活动。毛泽东、恽代英等还在两湖宣传和设计新村活动。

(3) 提倡学术研究和人格修养的社团。这类社团有新教育共进社、平民教育社、曙光杂志社、少年社会杂志社、少年学会、青年学会、新心学会、新共和学会、觉社等。影响最大的是少年中国学会:毛泽东、张闻天、赵世炎、恽代英、高君宇、田汉、邓中夏等都是会员。

(4) 信仰和实践合作主义的社团。这类社团主要有北京大学消费公社、上海国民合作储蓄银行、上海平民学社、湖南大同合作社、武昌时中合作书报社、成都农工合作储蓄社、上海合作联合会,等等。这些社团企图通过合作社来实现社会平等、消灭剥削压迫,比较适合中国小资产阶级那种想改变自身地位而又害怕革命的矛盾心理。

(5) 倾向和初步信仰马克思主义的社团。这类社团数量不是很多,计有各地(北京、上海、济南)马克思学说研究会、北京大学平民教育讲演团、湖南的新民学会、天津的觉悟社、江西的改造社、武昌的利群书社和共存社、济南的励新学会等。

五四时期主要社团一览表

社团名称	创立时间	地点	主要发起人和骨干	特点
互助社	1917年10月	武昌	恽代英、梁绍文、冼震、黄负生	以"群策群力，自助助人"为宗旨，社员们都热心救国，并很注重个人品格的修养。
新民学会	1917年秋发起，1918年4月成立	长沙	毛泽东、蔡和森、何叔衡、张昆弟、肖子升、肖三、陈赞周	初以"革新学术、砥砺品行、改良人心风俗"为宗旨，"五四"后改为"改造中国与世界"。
学生救国会（初名爱国会）	1918年5月	北京	许德珩、易克嶷、熊梦飞、匡互生、夏秀峰、张传琦	该会派代表南下联络，得到上海、南京、天津、济南等地学生的支持，爱国会成为全国学生统一的爱国组织——学生救国会。
少年中国学会	1918年6月发起，1919年7月1日正式创立	北京	王光祈、陈清、雷宝菁、曾琦、李璜、张尚龄、周无、李大钊	以创造"少年中国"为宗旨，以"奋斗、实践、坚忍、俭朴"为信条，先后加入学会的有毛泽东、张闻天、赵世炎、恽代英、高君宇、田汉、邓中夏等，共120余人。
国民社	1918年10月	北京	邓中夏、许德珩、黄日葵、周炳琳、谢绍敏、张国焘、段锡朋	该社宗旨是"增进国民人格，灌输国民常识，研究学术，提倡国货"。该社一贯公开谈论政治，反帝旗帜鲜明。

(续表)

社团名称	创立时间	地点	主要发起人和骨干	特点
新潮社	1918年11月	北京	傅斯年、罗家伦、徐彦之、杨振声、汪敬熙	专以介绍西洋近代思潮,批评中国现代学术上、社会上各问题为职司。该社提倡白话文,反对旧礼教,但不谈政治。
平民教育讲演团	1919年3月	北京	罗家伦、周炳琳、许德珩、黄日葵、廖书仓、康白情、邓中夏、张国焘、易克嶷、王光祈	以"增进平民知识,唤起平民之自觉"为宗旨,以教育普及与平等为目的,用露天讲演的方法,进行平民教育。
工学会	1919年3月	北京	匡互生、周予同、刘薰宇	以"国有困难外交,则竭力以谋补救"为宗旨,原是一些穷苦学生学习互助的组织,在工学教育思潮和社会主义新思潮的影响下,希望有一个没有剥削和压迫的平等社会,认为要改造社会须打破劳心与劳力的界限,工与学并进,做工的人要读书,读书的人要做工,打破中国数千年来"贵学贱工"的谬见。
中华民国全国学生联合会	1919年6月	上海	段锡朋、何葆仁、陈宝锷、许德珩、黄日葵	该会是全国性学生组织,最初以"联络感情、昌明学术、促进社会、辅卫国家"为宗旨,是中华全国学生联合会的前身。

(续表)

社团名称	创立时间	地点	主要发起人和骨干	特点
永嘉新学会	1919年7月	温州	姜琦、郑振铎	以"培养德性、交换知识、促进思想之改革"为宗旨,设有图书部和讲演部等。该会的活动对文化闭塞的温州有一定的进步作用。
觉悟社	1919年9月	天津	周恩来、邓颖超、郭隆真、关锡斌（即管易文）、谌志笃、郑季清、潘世纶	本着反省、实行、持久、奋斗、活泼、愉快、牺牲、创造、批评、互助的精神,求适应于人的生活,做学生方面的思想改造事业。
少年学会	1919年9月	北京	赵世炎、党家斌、夏康农、陆鼎恒、汪德耀	以"发展个性知能,研究真实学术,以进取精神养成健全少年"为宗旨,定期召开学术讨论会,研究社会问题和新思想,组织暑期读书会,交流学习心得,参加进步的社会活动等,对于新文化运动的发展、进步思想的传播,起了积极作用。
平民教育社	1919年9月	北京	刘建阳、徐名鸿、张鸿图、刘瑛、丁一盛	该社受杜威学说的影响而成立,宗旨是"研究宣传及实施平民教育"。

(续表)

社团名称	创立时间	地点	主要发起人和骨干	特点
浙江新潮社	1919年10月	杭州	夏衍、谢锦文、汪馥泉、阮毅成、查猛济、施存统、俞秀松、周伯棣、傅彬然	宗旨是要本着奋斗的精神,用调查、批评、指导的方法,促进劳动界的自觉和联合,去破坏束缚的、竞争的、掠夺的势力,建设自由、互助、劳动的社会,以谋人类生活的幸福和进步。
曙光杂志社	1919年11月	北京	宋介、王统照、王晴霓、范玉瑾、徐彦之	以"本科学的研究,以促进社会改革之动机"为宗旨,办刊主导思想经历了从改良到革命的过程,具有很强的革命性和战斗性。
励新学会	1919年11月	济南	王尽美、邓恩铭、王志坚、李祚周、王象午、王克捷、赵震寰	该会以"研究学理,促进文化"为宗旨,积极研究、宣传新思潮,努力探索救国救民的道路。
青年学会	1919年末	开封	曹靖华、蒋侠僧、宋若瑜、汪涤源、王锡赞、汪昆源、潘保安、叶禹勤、关尉华、王培之、蒋鉴章(镜湖)	宗旨:发展个性的本能,研究真实的学问,养成青年的真精神。信条:奋斗!诚实!宏毅!勤俭!
北京工读互助团	1919年12月	北京	李大钊、蔡元培、陈独秀、胡适、王光祈、高一涵	宗旨是本着互助的精神,实行半工半读。特点是在互助的原则下,工学结合,以工养学。目的是组织工读互助团帮助北京的青年实行半工半读,达到教育和职业合一的理想。

(续表)

社团名称	创立时间	地点	主要发起人和骨干	特点
北京大学马克思学说研究会	1920年3月发起，1921年11月创立	北京	李大钊、邓中夏、黄日葵、高君宇、何孟雄、罗章龙、刘仁静	中国最早研究和传播马克思主义的团体，"以研究关于马克思派的著述为目的"，主要活动是搜集马克思学说的各种外文、中文书籍；编辑、刊印马克思主义论著；组织讨论会和主办演说会，对传播马克思主义、培养革命知识分子作出了积极贡献。
上海马克思主义研究会	1920年5月	上海	陈独秀、陈望道、李汉俊、李达、邵力子、沈玄庐、俞秀松、施存统	继北京"马克思学说研究会"之后，在中国最早出现的研究马克思主义的革命团体之一，通过组织座谈会、报告会，翻译进步书籍和写文章等方式来宣传马克思主义。
改造社	1921年1月	南昌	黄道、袁玉冰	宗旨是要改造社会，把"黑暗的旧江西"变为"光明的新江西"。
共进社	1922年10月	北京	刘天章、李子洲、杨钟健、杨晓初、刘含初	由旅京陕籍进步学生创建，以"提倡文化，改造社会"为宗旨，公开声称改造社会。

五四时期社团并立，异彩纷呈，学说竞起，令人目眩。彭明先生曾说："在中国新民主主义革命过程中出现的各种政治思潮，差不多都是在五四时期传入或兴起的；在中国新民主主义革命过程中的一些著名人物，都是在五四时期开始登上政治舞台的。"① 较早成立的一些社团，如国民杂志社、新潮社、新民学会、觉悟社等在五四运动中起了关键作用，成为爱国学生行动的指挥部。在问题与主义之争的影响下，在马克思主义日益广泛而深入的传播下，北京马克思学说研究会、湖南新民学会、天津觉悟社、江西改造社、武昌利群书社等社团的骨干都成为各地最早的马克思主义者，而新潮社等社团的成员则明显地向右转。少年中国学会由逐渐分化而走向正式分裂，邓中夏、高君宇、黄日葵、沈泽民等共产主义者坚持学会必须接受马克思主义并坚决走革命的道路，曾琦、李璜、左舜生等右翼分子则反对学会接受马克思主义，主张不谈主义、不从事政治活动。

五四期刊

五四时期，期刊是社团宣传主义的工具，是社团的喉舌，几乎所有社团都出版自己的期刊，其宣传的主色调与社团各自的宗旨完全吻合。中国近代初期，期刊和报纸不分家，自伍廷芳编《中外新报》变书本式刊物为分版报纸式刊物，报纸和杂志才开始分家。五四时期的《每周评论》《星期评论》《湘江评论》《浙江新潮》等都是这种杂志报纸化的产物，其特点是简便快捷、短小精悍、战斗性强。

---

① 彭明：《五四运动史》，人民出版社1998年版，第2页。

五四时期重要期刊一览表

期刊名称	创刊时间	出版地点	主要创办人	特点
《新青年》	1915年9月	上海 北京	陈独秀	中国近代史上最重要的革命报刊之一，该杂志发起新文化运动，并且宣传倡导科学、民主和新文学。俄国十月革命后，又成为宣传共产主义的刊物之一，后期成为中国共产党早期的宣传刊物。
《太平洋》	1917年3月	上海	李剑农、杨端六、周鲠生、皮皓白	由留英学生创刊，思想背景有着浓厚的英伦调和主义色彩，属综合性的杂志，政论为主，文艺为辅。主旨在"考证学理，斟酌国情，以求真是真非；于财政经济各问题，尤多论列；不为何种政团张其党势，亦不自立门户，别成一新政团之机关"。相比《新青年》，该刊言论态度更温和、持重，但作为留英学界的一股知识力量，同样对新文化运动予以积极的推动和引导。
《每周评论》	1918年12月	北京	陈独秀、李大钊	以"主张公理，反对强权"为宗旨，内容以及时反映当前迫切的政治问题为主，"重在批评事实"，与《新青年》"重在阐明学理"的特点互为补充，在当时具有很大的影响。

（续表）

期刊名称	创刊时间	出版地点	主要创办人	特点
《新潮》	1919年1月	北京	傅斯年、罗家伦、徐彦之、顾颉刚、俞平伯	该社"专以介绍西洋近代思潮，批评中国现代学术上、社会上各问题为职司"。大力提倡白话文和学术思想解放，反抗传统礼教，主张"伦理革命"。
《国民》	1919年1月	北京	邓中夏、高君宇、黄日葵、许德珩、曾琦、段锡朋	该刊反帝反侵略的爱国旗帜鲜明，宗旨是"增进国民人格，灌输国民常识。研究学术，提倡国货"。
《新教育》	1919年2月	上海	蒋梦麟、黄炎培、蔡元培、胡适	宣传杜威的教育思想、民主理念，认同孟子的性善主义，以为教育只是让儿童的本性得到正常发抒，让人类本有的善良因教育而得以呈现、发展。
《星期评论》	1919年6月	上海	戴季陶、沈玄庐、孙棣三	该刊是国民党人在五四新文化运动的影响下创办的进步期刊，主要介绍、研究国内外劳工运动，宣传社会主义和其他新思潮，倡导妇女解放，在五四时期名噪一时。曾和《每周评论》一起，被时人誉为"舆论界中最亮的两颗明星"；又与《每周评论》《湘江评论》《星期日》一起，并称为宣传新文化的"四大周刊"。

(续表)

期刊名称	创刊时间	出版地点	主要创办人	特点
《湘江评论》	1919年7月	长沙	毛泽东	辟有"东方大事述评""西方大事述评""湘江杂评""世界杂评""放言""新文艺"等栏目,以引导民众放眼世界、改造中国为宗旨,以宣传反帝、反封建、反军阀统治的思想和歌颂十月革命、宣传马克思主义为内容。
《少年中国》	1919年7月	北京	李大钊、王光祈、毛泽东、邓中夏、恽代英、张闻天	该刊为五四时期的大型综合性杂志,内容大致有两个方面:一方面是关于自然科学、文学、社会学、哲学的论文和译文,涉及人生观、世界观和社会问题的许多方面,当集中讨论某一问题时就出版专号;另一方面是一些阐发少年中国学会方针的文章、会务消息和会员的通讯。
《建设》	1919年8月	北京	孙中山、朱执信、廖仲恺	该刊在孙中山指导下、在中华革命党的经济支持下刊行,是中华革命党的理论刊物。它坚持的理论是三民主义,但未公开打出三民主义的旗帜。

(续表)

期刊名称	创刊时间	出版地点	主要创办人	特点
《解放与改造》	1919年9月	上海	张东荪、俞颂华、梁启超	该刊后改名为《改造》，发表了大量宣传西方各种社会主义思潮的文章，强调中国的当务之急是发展资本主义，企图将革命的高潮拉到改良主义道路上去，引起了关于社会主义问题的讨论。
《曙光》	1919年11月	上海	宋介、王统照、王晴霓、徐彦之、范予遂	宗旨是"本科学的研究，以促进社会改革"，前期理想主义色彩浓重，后期编辑思想发生很大的转变，积极宣传马克思主义，介绍俄国十月革命，在进步青年和团体中产生一定的影响。
《少年世界》	1920年1月	南京	杨贤江、恽代英、方东美	该刊有学生世界、教育世界、工厂调查、农村生活、社会批评、地方调查等多种栏目。内容注重实际调查和应用科学，与《少年中国》偏重理论研究相互补充。

马克思主义的传播

1917年俄国十月革命胜利的消息传来后，在中国传播马克思主义最卖力的期刊有《新青年》《每周评论》《国民》等，先后刊载文章有《我的马克思主义观》《法俄革命比较观》《庶民的胜利》《布尔什维克的胜利》等。1919年5月,《新青年》出版了由李大钊主编的"马克思研究专号",他亲自撰文《我的马克思主义观》。

杨匏安作为华南地区最早的马克思主义传播者,在《广东中华新报》上发表了许多宣传马克思主义的文章。李达在日本全力钻研马克思主义,阅读翻译大量著作,1920年夏回国后继续传播马克思主义,在和研究系分子关于社会主义的论战中起了重要作用,并主编《共产党》月刊。李汉俊也是较早接受和宣传马克思主义的留日学生之一,据不完全统计,从1919年到1921年7月,他在《新青年》《星期评论》《觉悟》《妇女评论》《建设》《劳动界》《共产党》等刊物发表60多篇译文和文章。

除了以上这些留日学生较早地传播马克思主义外,有些青年学生也较早地受到马克思主义的影响并积极宣传这一学说。年仅19岁的南京河海工程专门学校学生张闻天,在1919年8月19日至21日出版的《南京学生联合会日刊》上发表《社会问题》一文,文末就节录了《共产党宣言》第二章中的十条纲领。

陈望道翻译的《共产党宣言》,1920年8月在维经斯基出资创办的又新印刷所印行。由于排版工人的手误,书名排为"共党产宣言",9月重印时进行了更正。

到了1920年8月,由浙江青年陈望道翻译的《共产党宣言》的第一个中文全译本,在上海出版了。同年出版的还有马克思的《资本论自叙》、恩格斯的《科学社会主义》等。这一年,列宁的著作也开始散见于各报刊了。如刊于《新青年》的《民族自决》《过渡时代的经济》，刊于《曙光》的《旧制更新》《全俄经济委员会第三次大会蓝宁之演说》等。

马克思主义的广泛传播，引起北洋政府的极大恐慌，连续下令查禁"过激"刊物。《每周评论》被查禁了，《湘江评论》被查禁了，许多宣传无政府主义的刊物和书籍也被查禁了。1920年初，北洋政府通令查禁的刊物多达83种。

但真理是封锁不住的。不管反动派怎样三令五申，一禁再禁，马克思主义犹如日月经天、江河行地，越来越广泛地在中国传播着。

四、勤工俭学到法国

近代中国在被西方列强欺辱的过程中，也被迫开始"睁眼看世界"了，中国留学生也是被迫派出的。19世纪70年代，清政府为了使"西人擅之长技，中国皆得谙悉"，决定"选募学生出洋肄业西学"[①]，并于1872年至1875年间向美国派遣第一批留学生120名。1901年清政府推行"新政"后，留学生人数急剧增加，当时以留学日本为主，到1906年已达1.2万多人。陈独秀、李大钊、鲁迅、李达、李汉俊、周恩来、施存统、蒋介石、阎锡山等都是知名留日学生。清末民初，又出现留学美国的高潮。到1919年，高涨的爱国主义情绪与五四运动鼓舞着青年人寻找赴外留学的机会，于是，美国逐渐取代日本成为接纳中国留学生最多的国家，北京大学选派的段锡朋、罗家伦、康白情、周炳林、汪敬熙、杨振声、何思源是著名代表。同时，去欧洲的留学生也逐渐增多，形成了留法勤工俭学运动。与留日运动、留美运动不同，这次运动的组织者和倡导者，是颇有社会影响的在野人士和非官办的民间团体，他们大多是清末民初的留法学生，其中以李石曾、吴稚晖、张静江、蔡元培、吴玉章等尤为著名。

---

① 曾国藩、李鸿章：《奏选派幼童赴美肄业办理章程折》（1871年8月）。

勤工留法多才俊

约略统计,1919 年至 1920 年,赴法勤工俭学人数达 2 000 人。其中以经济比较落后的湖南、四川两省人数为多,各有 300 多人。华法教育会 1920 年对 1 230 名勤工俭学生所做的调查显示,大部分学生年龄在 25 岁以下,1/3 学生的年龄在 20 岁以下,只有 10 名学生年龄超过 30 岁。此外,赴法勤工俭学运动中有 40 名女性,女性比例大大高于同期赴美的中国留学生。

在赴法勤工俭学人群中,有一家数口、兄弟姐妹、师生同行者,一时传为佳话。如湖南的蔡和森偕母亲葛健豪(时年 55 岁)、妹妹蔡畅、女友向警予举家西渡。湖南的萧子升、萧三,安徽的陈延年、陈乔年,四川的陈炎、陈毅均为同胞兄弟。广东的刘抱蜀、刘无为是两姐妹,四川的邓绍圣、邓希贤是叔侄。贵州的黄齐生、王若飞是舅甥关系。

1920 年,葛健豪(55 岁,中)、蔡畅(20 岁,右一)、向警予(25 岁,左三)等勤工俭学生在法国蒙达尔纪女校留影。中国青年女性的觉醒,预示着整个社会即将开始大觉醒。

为什么去法国的留学生一时间增加到这么多人？就其经济原因来说，当然是由于一可"俭学"，二可"勤工"，不必像去英美留学那样花很多的钱，也不必有学历的限制（去法勤工俭学者，以中学生为最多）。从实用目的来看，勤工俭学运动更加关注工厂做工经验、职业技术教育。中国人希望自己的国家技术进步、经济发展，以此作为提高国内人们生活水平和教育程度的基础，以促成国民见多识广、积极参与政治的最终目标。

从思想源头上看：一是法国大革命的精神——博爱、平等、自由，是真正感召中国人的思想之源。法国社会诸多方面能够在价值目标上与新文化运动产生共鸣。从推动法国大革命的哲学家到巴斯德及其微生物学的创立，从孔德到拉马克，中国人兴奋地沉浸在全新的、先进的西方文化知识里。二是巴黎公社是世界上无产阶级武装暴力直接夺取城市政权的第一次尝试。它丰富和发展了马克思主义关于阶级斗争和社会主义的学说，在国际共产主义运动史上写下了光辉、伟大而悲壮的一页。

从情感上看，一战期间，曾应募到协约国麾下工作、总数超过17.5万的华工，其中也有数千人选择继续留法做工。法国被看作对外国人最为友好的国家。"法人对于他国人，亦亲和而无畛域，故他国人留学法国者最多。"

但更为深刻的原因，还是十月革命爆发所形成的世界革命潮流的影响，中国青年要从这种新时代的潮流中找到改革自己国家的道路。这一点，以吴玉章在欢送勤工俭学生出国的演说中讲得最为明确。他说：

> 此次世界大战而后，政治社会革新之声，遍于全球。我们国人亦知顺此潮流，研究改革。①

---

① 吴玉章：《送留法勤工俭学生之演说》，《晨报》1919年4月10日。

> 我们何以提倡留学法国？因为法国是欧洲文明中心，世界学术发明多由法国……俄国革命进步最快，是因为俄国有新党主政。俄国党人无不曾历法国。吾人欲察其发动之源，亦不可不一往考查。[①]

去法国是为了考察和学习"进步最快"的俄国革命，这里说得再明白不过了。

因此，留法勤工俭学运动和1920年初国内兴起的工读互助团运动，在现象上看虽有某些相似，如同是亦工亦读，但是从本质上看，却是截然不同的。许多具有初步共产主义思想的知识分子到法国以后都成为坚定的马克思主义者，如蔡和森、赵世炎、周恩来、朱德、陈毅、邓小平、李立三、聂荣臻、徐特立、李富春、蔡畅、王若飞、李维汉、陈延年、陈乔年、傅钟、何长工等。还有很多勤工俭学生在法国、比利时、德国接受了高等教育，成为学有专长的专业人才。

当运动成为常态

中国学生一旦来到法国，便迫切希望抓住学习和做工的机会。华法教育会在1920年底的调查显示，在1 414名勤工俭学生中，求学的有498人，做工的有579人。勤工俭学生的教育程度一般都不高，绝大多数只能去接受中学教育。尽管学习时间不足，系统学习也有限，但令人惊奇的是，大多数勤工俭学生还是完成了相当于中国中等教育的学业。一些同情勤工俭学运动的教育机构如蒙达尼各校，开设了专门的语言课程。勤工俭学生很少具备职业背景，举例来说，到20世纪20年代中期，在来法国之前仅有50人在工厂工作过（尽管他们在预备学校有过一些实践经验）。

总之，典型的勤工俭学生是二十来岁的青年，而且很可能来自

[①]《吴玉章君在四川留法预备学校之演说》，《民国日报》副刊《觉悟》1920年1月7日。

四川或湖南,只受过极低程度的教育,没有多少工厂经验和技术。但当他们来到法国之后,便既去学校求学,也去工厂做工。把勤工俭学生结合在一起的共同目标是救国。许多人都属于不同地区的组织或青年团体,但都面临着新文化、新环境、新技术甚至整个新世界的挑战。

　　随着勤工俭学生就业不足和华法教育会管理不善等问题的出现,如何解决这些问题变得复杂了。这样,在1920年至1921年,随着第17批中国青年离开祖国、前往法国,情况更加紧张,于是,受着失学、失业威胁的勤工俭学生在1921年内发动了三次大的斗争:争取生存权和求学权的二八运动、反对中法秘密大借款的斗争、进占里昂中法大学的求学运动。斗争提高了勤工俭学生特别是其中先进分子的觉悟,使得勤工俭学生更为团结,也更为激进。但最后一次斗争即占据里昂大学事件,导致104名勤工俭学生被押送回国,其中包括蔡和森、陈毅、罗学瓒、张昆弟、李立三等。至此,半工半读的勤工俭学运动在法国画上了句号。

第二章　建党建团中的青春能量

在五四爱国运动的激荡下,一大批先进青年的思想十分活跃,改造社会的愿望也十分强烈,青年群体中蕴藏着无限的革命动力。正如恽代英在日记中写道:"读报载北京学界事,但觉感情偾兴,恨不躬逢其盛。"①通过青年组织把政党的思想、主张灌输到青年之中,并对其实施有效动员,是政党推动青年运动最有效的路径之一。在创建共产党早期组织的过程中,陈独秀等"很重视青年,不仅需要其中少数急进人物参加,而且需要用各种形式来组织更广泛的青年,使他们参加多方面的工作"②。

一、从老渔阳里到新渔阳里

民国之初的上海,有一片旧式石库门里弄建筑,被称作渔阳里。这是一家名为义品房款的银行投资兴建的,为了纪念肇始于天津的创业史而取其名。当时渔阳里有一条南北贯通的弄堂,一头向南连着环龙路(今南昌路),这一段街坊被称为老渔阳里;一头向北连着霞飞路(今淮海中路),这一段街坊被称为新渔阳里。一南一北两个"渔阳里",南面的老渔阳里2号与北面的新渔阳里6号,相距不过百十米,都是聚集有志青年的重要场域,在中国革命史上留下了一段耐人寻味的佳话。

---

① 李良明、钟德涛主编:《恽代英年谱》,华中师范大学出版社2006年版,第118页。
② 张国焘:《我的回忆》上册,东方出版社2004年版,第93页。

第二章 / 建党建团中的青春能量

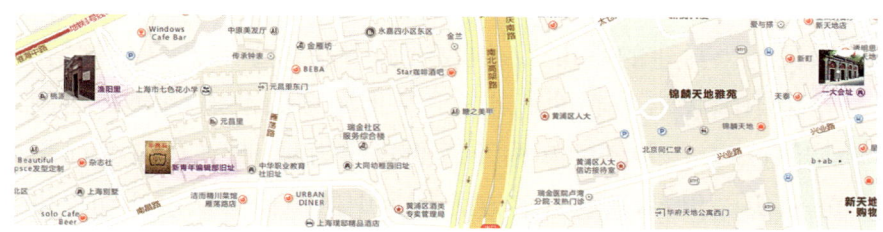

老渔阳里2号、新渔阳里6号和党的一大会址示意图

老渔阳里建党

1920年2月,为躲避反动军阀政府的迫害,陈独秀从北京秘密迁回上海①。在护送陈独秀离京南下的途中,李大钊和陈独秀商讨了建立中国共产党组织的问题。回到上海后,陈独秀因无处安身先下榻于惠中旅舍。后又染病,被好友汪孟邹接到亚东图书馆养病并暂住。此时,住在老渔阳里2号的柏文蔚②得知曾经患难与共的辛亥老友居无定所,自己又恰逢另有重任离沪(一说迁居新渔阳里),便将这栋宅邸交由陈独秀一家居住。陈独秀入住老渔阳里2号以后,《新青年》编辑部也随之从北京箭杆胡同迁到他沪上的寓所。在陈独秀周围,很快凝聚了李汉俊、沈雁冰、俞秀松、施存统、陈望道等一批爱国青年。

20世纪初,上海早已是中国最大的工商业城市,资本主义最为发达,无产阶级也最为强大。从六三工人大罢工后,五四运动乃至中国革命的中心很快就移到了上海。而且,上海当时是中国最大的对外口岸,和世界各国有着密切联系,文化教育也最为发达,各种思潮往往首先在上海传播。五四运动前后,政治团体林立,思想流派

---

① 陈独秀曾长期在上海活动,1915年9月在上海创办《青年杂志》。
② 老渔阳里始建于1912年,内有砖木结构两层石库门楼房8幢,其中2号楼坐北朝南,为二层砖木结构的旧式石库门住宅,柏文蔚入住后,人称"柏公馆"。柏文蔚,辛亥革命时期曾任安徽都督,邀陈独秀担任其秘书长。

纷呈,出现了一大批在全国有影响的报纸杂志。上海又是一座典型的半殖民地半封建的城市,各种政治势力在这里展开复杂的博弈。当时作为中国政治中心的北京,处于北洋军阀政府的严密控制之下,而上海却存在着各种互相矛盾的政治力量,此外还有大面积的美、英、法等国租界,这些在客观上都为中国革命者从事活动提供了可利用的空隙。因此,上海成为中外政治、经济、社会、文化信息交流的中枢之一。孙中山就把中华革命党总部设在上海,他本人也长期在上海居住。当时全国各地许多有志于改造中国的热血青年,在1920年前后纷纷来到上海。正如李达所说:

> 五四运动后,湖南、湖北、安徽、四川等地,有不少青年对旧社会不满,要求思想解放。……许多人脱离了家庭和学校,到上海找《新青年》社、《民国日报》副刊《觉悟》(邵力子等人办的)、《星期评论》(李汉俊等办的)。[①]

于是,上海作为最早的共产党组织和第一个青年团组织的诞生地的基本条件,逐渐成熟了。

老渔阳里2号陈独秀寓所,当年也是法租界内不起眼的普通民居。上海的共产党早期组织就是在这里创建的。这里本来就是《新青年》编辑部,该刊顺理成章地成为上海的共产党早期组织的机关刊。

---

① 《李达谈1920—1923年的社会主义青年团》(1957年1月),中国社会科学院青少年研究所青运史研究室编:《青运史资料与研究》第1辑,内部资料1982年2月印行,第134页。

4月,共产国际派东方局的维经斯基以记者身份到中国来了解社会和革命情况。他们一行先到北京与李大钊及一些倾向马克思主义的青年学生、进步人士座谈。李大钊又介绍他们到上海会晤陈独秀。5月,在维经斯基帮助下,陈独秀先建立了马克思主义研究会,邀请邵力子(时任《民国日报》副刊《觉悟》编辑)、陈望道(时任《新青年》编辑)、李汉俊(时任《新青年》编辑)、戴季陶(时任《星期评论》主编)、沈玄庐、俞秀松、沈仲九、刘大白等参加,组织学习和研究马克思主义的理论,同时酝酿建党的问题。6月,陈独秀同李汉俊、俞秀松、施存统、陈公培等人开会商议,决定成立共产党组织。据陈望道回忆:

> 大家住得很近(都在法租界),经常在一起,反复的谈,越谈越觉得有组织中国共产党的必要,便组织了"马克思主义研究会"。……那时候,我们时常在环龙路渔阳里开会(现在已改为纪念馆),陈独秀住在这里,我后来也搬到这里来住。[①]

也是在6月南方都市的炎热中,第二次来上海的毛泽东前往老渔阳里2号陈独秀寓所,一起探讨马克思主义和马列书籍。毛泽东1936年在延安接受美国记者斯诺访谈时说:

> 在那里我再次见到了陈独秀。我第一次同他见面是在北京。当时我在国立北京大学,他对我的影响也许比其他任何人的影响都大。[②]
>
> 到了1920年夏天,我已经在理论上和在某种程度的行动上,成为一个马克思主义者,而且从此我也自认为是一个马克

---

① 陈望道:《回忆党成立时期的一些情况》(1956年6月17日),中国社会科学院现代史研究室、中国革命博物馆党史研究室选编:《"一大"前后》第2辑,人民出版社1980年版,第20页。
② 《毛泽东自述》,人民出版社1996年版,第43页。

思主义者了。①

8月，共产党早期组织在老渔阳里2号成立，推陈独秀担任书记。在上海成立的共产党早期组织，实际上是中国共产党的发起组织，是各地共产主义者进行建党活动的联络中心。

新渔阳里建团

其实，在上海的共产党早期组织筹建之初，陈独秀根据俄共（布）的经验和中国的实际情况，明确指出，要"组织一个社会主义青年团，为中共的后备军，或可说是共产主义的预备学校，这个团的上海小组预计最先有30多人参加，他说这在苏俄叫作少年共产党，在中国则可命名为社会主义青年团，加入的条件不可太严，以期能吸收较多的青年"②。

上海的共产党早期组织正式成立后，8月22日，陈独秀即委派共产党发起组中最年轻的成员俞秀松等在新渔阳里6号③组建上海社会主义青年团。当事人施复亮（施存统）后来回忆上海社会主义青年团的组建过程时说：

> 所谓社会主义青年团的"八个发起人"，名字记不起了……是党通过他们出面的，并不是有八个人忽然异想天开地起来组织一个青年团。④

这"八个发起人"是俞秀松、施存统、沈玄庐、陈望道、李汉俊、金家凤、袁振英、叶天底。其中，俞、施、沈、陈、李、袁六人为上海的共产党早期组织的成员。

---

① 《毛泽东自述》，人民出版社1996年版，第45页。
② 张国焘：《我的回忆》上册，东方出版社2004年版，第93页。
③ 霞飞路新渔阳里6号（今淮海中路567弄6号），原为戴季陶寓所，1920年春戴季陶迁出后，维经斯基、杨明斋曾租用此处筹设"中俄通讯社"。
④ 施复亮：《一九二〇年到一九二三年的中国社会主义青年团》，《青运史研究资料》1980年第3期。

第二章 / 建党建团中的青春能量

为了招募更多有志青年,1920年9月28日,《民国日报》头版登载《外国语学社招生广告》:"文法课本由华人教授,读音会话由外国人教授,除英文外各班皆从初步教起……日内即行开课,名额无多,有志学习外国语者请速向法界霞飞路新渔阳里6号本社报名。"

新渔阳里6号的外国语学社和《民国日报》上的招生广告。这里成为中国共产党的第一所干部学校。

这座典型的石库门民居,门前挂出校牌,楼上是办公室和宿舍,楼下是教室和饭堂。杨明斋担任社长,俞秀松担任秘书。李达教日文,李汉俊教法文,袁振英教英文,杨明斋教俄文,会话则由维经斯基夫人库兹涅佐娃负责。学员获得的第一册理论教材就是由陈望道翻译的《共产党宣言》。该社实行半天上课和半天实践制度。所谓实践,或在由学员李启汉、严信民开办的上海工人半日学校宣传革命思想,或在由上海社会主义青年团团员李中创立的上海机器工会帮助建立基层工会,或在社内协助编辑《劳动界》周刊和油印中俄通讯社稿件。每星期召开一次学习性质的会议。在学员眼中,这所中共早期组织开办的第一所培养青年革命者的学校实为俄文专修馆或留俄预备班。学社平时有学员20人左右,最多时达到60人。

不久，上海社会主义青年团就从外国语学社的学员发展任弼时、罗亦农、萧劲光、任作民、王一飞、柯庆施、彭述之、李中、许之祯、傅大庆、周兆秋、梁百达、卜世奇、廖化平等人成为团员，刘少奇是在湖南入团后再到外国语学社的。此后又在工人和学生运动中相继发展了一些团员。1920年至1921年间，上海的团员曾达200人。

与此同时，8月，上海的共产党早期组织在老渔阳里2号创办了中国最早的宣传马克思主义的工人刊物《劳动界》，由陈独秀担任主编；9月1日，在老渔阳里2号编辑的《新青年》从第八卷第一号起，正式成为上海的共产党早期组织的机关刊；为更直接更全面地向进步知识青年进行社会主义和党建理论教育，11月7日，《共产党》月刊在老渔阳里2号创刊，李达担任主编。

上海团组织建立后，很多团员深入工人群众，开展教育宣传。团的书记俞秀松参加了中共上海发起组创办的《劳动界》周刊的编辑工作。青年团的一些工作报告、决议、文件也刊登在《共产党》月刊上。1920年10月3日，俞秀松和陈独秀等一起以参观员的身份，参加了在外国语学社召开的上海机器工会筹备会。1921年1月，俞秀松又被中共上海发起组指派为刚成立的职工运动委员会负责人，和李启汉一起负责组织与领导工人运动。早期团员之一李中是海军造船所青年工人，他积极组织上海机器工会，撰写的《一个工人的宣言》在1920年9月26日《劳动界》第7册上发表后，在工人中引起很大反响。上海团组织的其他成员，也经常深入工厂做社会调查，写出了一批抨击社会黑暗、启发工人觉悟的调查报告，如《我们底劳动力哪里去了?》《失业问题与社会主义》等。

上海的共产党早期组织也利用青年团的平台开展工作，曾在外国语学社以青年团的名义举行过"马克思诞辰纪念会""李卜克内西、卢森堡纪念会"，庆祝三八妇女节、五一国际劳动节等活动。当时上海党组织的负责人及其成员都直接参与上海社会主义青年团的工作。"青年团成立之初,共产党员不管年龄大小,都参加进去。陈独秀、李达也都参加了。"①"S. Y.②经常开会,讨论如何进行工作,都是在夜晚八九点钟开的,一般的会开一两个小时","有时陈独秀和杨明斋也来参加"③。包惠僧也曾回忆:"当时青年团每星期举行一次会议,是学习性质,每次都有政治报告,报告的内容多半是由党规定下来的"④。一些文献也显示,"团接受党给予的组织罢工和进行其他政治活动的任务。同时,团在自己的工作中保持独立性。许多团员同时也是中国共产党党员。"⑤

经过在新渔阳里6号半年多的学习,1921年春,外国语学社的学员30多人先后分三批赴莫斯科东方大学学习,有刘少奇、罗亦农、任弼时、萧劲光、王一飞、任作民、许之桢、傅大庆、周兆秋、谢文晋、汪寿华、彭述之、卜世奇、曹靖华、梁百达、廖化平、柯庆施、华林等。外国语学社在1921年冬结束办学。

上海社会主义青年团成立后的出色活动,被青年共产国际东方部书记格林誉为"中国青年团中最好的一个"⑥,并被邀请派代表参加1921年7月在莫斯科举行的青年国际第二次代表大会。上海团书记俞秀松与张太雷、陈为人一起应邀出席了这次会议。

---

① 施复亮:《中国共产党成立时期的几个问题》,中国社会科学院现代史研究室、中国革命博物馆党史研究室选编:《"一大"前后》第2辑,人民出版社1980年版,第36页。
② S. Y.,社会主义青年团的英文缩写。
③ 《魏以新谈社会主义青年团成立时的情况》(1980年6月),中国社会科学院青少年研究所青运史研究室编:《青运史资料与研究》第1辑,内部资料1982年2月印行,第146页。
④ 包惠僧:《党的一大前后》,《一大回忆录》,知识出版社1980年版,第28页。
⑤ 《中国代表团在青年共产国际第二次代表大会上的报告》(1921年7月),《俞秀松纪念文集》,当代中国出版社1999年版,第199页。此件署名为张太雷、秀松、陈为人。原件系英文,存俄罗斯现代文献保管与研究中心,全宗号533,目录号1,卷宗号39。
⑥ 《青年共产国际执行委员会东方书记处致中国上海社会主义青年团书》(1921年3月),共青团中央青运史研究室等编:《青年共产国际与中国青年运动》,中国青年出版社1985年版,第38页。

二、南北呼应的建党建团

最早酝酿在中国建立共产党的是陈独秀和李大钊,最早倡导在中国建立社会主义青年团的也是陈独秀和李大钊。陈独秀"词锋犀利,态度严峻,像一股烈火似的,这和李大钊先生温和的性格比较起来,是一个极强烈的对照"①。"南陈北李"作为革命导师,共同担当了发起人的重任。上海的共产党早期组织成立以后,通过各种方式积极推动各地共产党早期组织的建立。当上海、北京两地建立社会主义青年团之后,又通过写信寄发团章、派人指导或具体组织等方式推动各地青年团早期组织的建立。

上海建党、建团之后,北京的党团早期组织随即建立起来。随后,长沙、武汉、广州等地也建立了共产主义组织。这些位于"京广线"上的城市,成为早期建党建团的重镇。

北大进步师生成为骨干

1920年8月,陈独秀写信给北京的李大钊、张申府,建议他们在北方发起建立组织。北京的基础较好,早在同年3月就成立了以五四运动骨干和积极分子为主的马克思主义研究会。经过一系列的准备,10月,以北京大学进步师生为主要力量的北京的共产党早期组织,在北京大学图书馆李大钊的办公室成立了。他们随即着手筹建北京社会主义青年团。11月,北京社会主义青年团成立大会在北京大学学生会办公室举行,参加会议的有高君宇、邓中夏、罗章龙、刘仁静、何孟雄、缪伯英、朱务善、黄日葵、李骏、范鸿劼、张国焘等,大多数人都是北京的共产党早期组织成员。北京的共产党早期组织领导人李大钊"亲自入团,直接领导了它的活动"②。青年团初

---

① 张国焘:《我的回忆》上册,东方出版社2004年版,第89页。
② 《李大钊传》,人民出版社1979年版,第108页。

期的工作,主要是学生会方面的联络活动,以及在学生会中吸收同志。李大钊还指派北京的共产党早期组织成员张太雷回天津创建社会主义青年团,还委派高君宇到太原建党建团。

北大红楼,这座落成于1918年的新古典主义西式建筑,是北大校部、图书馆和文科教室所在地,蔡元培在这里办公,陈独秀、李大钊、鲁迅、胡适、杨昌济等在这里任教。北大红楼因此成为新文化运动的重要营垒,又是五四爱国运动的策源地。

北京的共产党早期组织为了传播马克思主义,1920年11月创办了《劳动音》,由既是党的早期成员又是团的早期成员的邓中夏担任主编。党还派邓中夏、何孟雄、罗章龙、张国焘等先后到长辛店、南口、唐山开展工人运动,他们均具党团的双重身份。北京团组织还加强与青年共产国际的联系,积极为准备赴苏俄学习的人员筹集经费,并召开特别会议,报告青年共产国际代表格林来华后在京活动情况,推举何孟雄为出席青年共产国际代表大会代表(后何到满洲里被扣,未去成),还专门致信青年共产国际第二次代表大会,报告北京团的情况。

从现有的档案中留下的当时打入青年团内部的密探写给北洋

政府步军统领衙门的密报中可以看出,李大钊经常参加团的活动,而且在处理重大事件时常发挥主要作用。① 另据现有史料记载,北京共产党自1920年10月成立至1921年7月,仅在1920年11月召开过一次更名会。而北京社会主义青年团自1920年11月成立后,先后于1921年3月16日、3月30日、4月6日、4月24日召开了四次会议,李大钊、张国焘、罗章龙等早期党员几乎都参加了青年团的所有会议。②

毛泽东在长沙找"真同志"

湖南当时是军阀政权统治最严密的省份之一,政治极端黑暗。毛泽东在北京、上海活动了半年多时间,与李大钊、陈独秀有了直接的接触和联系。③ 1920年7月返湘后,以在长沙的新民学会会员为骨干,相继发起成立文化书社和俄罗斯研究会,以先进思想吸引进步青年。10月,毛泽东收到陈独秀、李达的来信,受委托成立长沙马克思主义小组。先后收到自上海、北京寄来的两份社会主义青年团章程,随即便在长沙开始筹备社会主义青年团,在长沙第一师范学校、长沙商业专门学校、长沙第一中学等校的先进学生中,寻觅团员发展对象。

在这一过程中,毛泽东也与新民学会的中坚分子讨论建党的问

---

① 北京大学图书馆、北京李大钊研究会编:《李大钊史事综录》,北京大学出版社1989年版,第512页。
② 中共北京市委党史研究室:《中国共产党北京历史大事记(1919—1949)》,北京出版社2001年版,第16—21页。
③ 毛泽东本人1918年10月开始担任北京大学图书馆助理员之后,时常到李大钊处请教,并参加李大钊组织的学生研讨各种新思潮的活动(参见《毛泽东年谱(1893—1949)》上册,中央文献出版社2013年版,第38页);1920年春,毛泽东在北京组织驱张活动期间,与李大钊、邓中夏、罗章龙等有密切联系(参见《毛泽东年谱(1893—1949)》上册,第55页);1920年6月,毛泽东在上海期间,与陈独秀讨论过组织湖南改造促进会的计划和自己读过的马克思主义书籍,这时陈独秀正在上海筹备组建共产党(参见《毛泽东年谱(1893—1949)》上册,第59页)。因此,北京、上海两地区马克思主义传播的状况和共产主义者的活动,都对毛泽东产生了很大影响。

新民学会部分会员 1919 年 11 月 16 日在长沙周南女校合影。后排左四为毛泽东。新民学会取名于《礼记》所云"大学之道,在明明德,在亲民,在止于至善"。

题。蔡和森从法国来信,提出必须建立中国共产党,"因为他是革命运动的发动者、宣传者、先锋队、作战部。以中国现在的情形看来,须先组织他,然后工团、合作社,才能发生有力的组织。革命运动、劳动运动,才有神经中枢"。毛泽东回信说:我对"和森的主张,表示深切的赞同"①,同时通告说陈独秀已在国内开始建党活动。

1920 年秋,新民学会已经拥有 100 多名会员,是一个有相当社会影响的进步团体。其中一些先进分子已接受马克思主义,主张走十月革命的道路。在毛泽东、何叔衡等人的积极活动下,长沙的共产党早期组织于 1920 年初冬在新民学会的先进分子中秘密诞生。在反动军阀的残暴统治下,长沙党组织的建立和活动都十分隐蔽。到 1921 年 7 月,长沙党组织的成员有毛泽东、何叔衡、彭璜等人。

---

① 《新民学会资料》,人民出版社 1980 年版,第 130、150 页。

同年11月,毛泽东致信张文亮,随信寄上社会主义青年团章程10份。章程的宗旨在研究并实行社会改造。信中托张文亮为发展团员"代觅同志"。① 随后,毛泽东在湖南通俗报馆与张文亮会见,告以不日将赴醴陵考察教育;社会主义青年团的发展,此时"宜注重找真同志,只宜从缓,不可急进"。② 12月,毛泽东又到张文亮处商讨建立社会主义青年团问题,嘱告:"青年团等仲甫来再开成立会,注意研究和实行","多找同志"③。毛泽东首先从新民学会、俄罗斯研究会、文化书社的成员中发展团员,先后入团的有何叔衡、彭璜、陈子博、肖铮、夏曦、彭平之、郭亮、晏远怀、李代鄂、唐自刚、欧阳晕、龙起赓、杨骏、杨韶华、周毓明、谭克定、唐鉴、彭章达、李英、熊月腾等人。他们原计划等陈独秀来长沙主持成立仪式,后因陈去了广州未能来湘,长沙社会主义青年团遂于1921年1月13日召开成立大

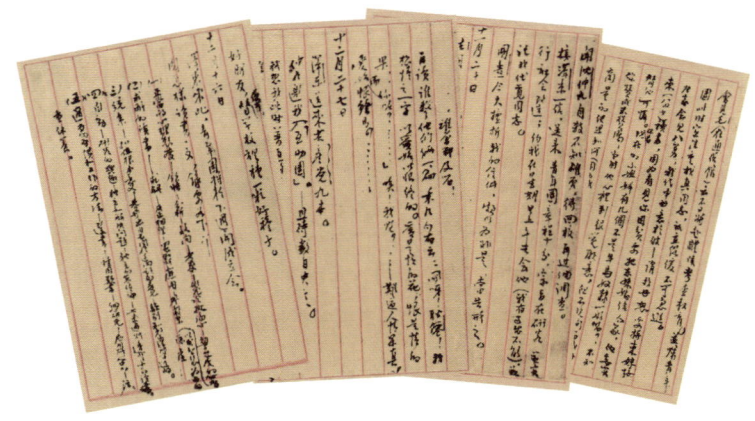

记载毛泽东要求找"真同志"的张文亮日记,是目前发现的较详尽的建团史料之一。

---

① 中共中央文献研究室编:《毛泽东年谱(1893—1949)》上册,中央文献出版社2013年版,第69页。
② 中共中央文献研究室编:《毛泽东年谱(1893—1949)》上册,中央文献出版社2013年版,第69页。
③ 唐宝林、林茂生编:《陈独秀年谱(1879—1942)》,上海人民出版社1988年版,第133页。

会,毛泽东担任书记,这应该是有明确记载的毛泽东担任的第一个政治职务。

正是因为找"真同志",长沙社会主义青年团成为一个信仰明确且坚定的青年团体。由于社会主义是一个相当宽泛的概念,包括很多思潮在内,各地的早期团员信仰并不统一,有的甚至互起冲突,最终成为导致队伍涣散、工作停顿的重要原因。而长沙社会主义青年团是唯一一个没有中断的组织。这说明坚持信仰是一个过程,也是需要付出代价的。

广州建党建团中的斗争

广州和上海一样,较早受到资本主义国家侵略,同时也较早接触了西方文化。五四运动之后,广州青年中的社会主义思潮蓬勃发展,聚集了一大批青年先进分子。有广州五四运动的学生领袖阮啸仙、刘尔崧,有刚从北京大学毕业回来的谭平山、陈公博,有从国外留学回来的杨匏安。谭平山、陈公博、谭植棠①等人在得知陈独秀在上海建党、建团并接到函约之后,立即起来响应,在粤籍的北大毕业生和广东高等师范学校、广东省立第一中学、广州农业学校、广东省立第一甲种工业学校的学生中物色对象,到1920年11月有十多人参加,就在广东高师召开广州社会主义青年团成立大会,选举谭平山为主要负责人,并制定章程②。陈公博曾谈道:"中国前途殊可

---

① 谭平山、陈公博、谭植棠三人在北京大学文科就读时,参加过北京五四运动,1920年7月,从北大毕业后回到广州,一直与陈独秀保持着联系,深受陈独秀、李大钊等具有初步共产主义思想知识分子的影响。
② 《广东群报》(1921年1月27日)登载了广州建团的全过程:"两月以前,广州城里的学生界,平素主张社会主义的和对于社会主义性喜研究的,起来组织个青年团。初发动于高师、一中、农业等校,就中以高师学生居多数,而粤籍的北大学生也有数人,此外更有现任教员和新闻记者。发起时统共不过十数人。第一次成立会于高师学校,制定章程,选定职员。""先是高师和男女各校学生,在去年(1920年)六七月间曾组了一个互助团,团员数十人,多半已是主张社会主义。至青年团成立,互助团分子多数主张与之合并,于是第二次常会提出通过,两个组织体遂合并为一。而青年团之外来加入者,又十数人,所以现在统共有数十人了。"

忧虑,兼之那时也震于列宁在俄国革命的成功,其中更有仲甫先生的关系,平山、植棠和我,遂赞成仲甫先生的主张,由我们三人成立广州共产党,并开始作社会主义青年团的组织,公开在广州宣告成立。"① 为了更好地宣传马克思主义,团结教育青年群众,谭平山等人在1920年10月创办《广东群报》。陈独秀积极支持该报的创办,在创刊号发表了《敬告广州青年》的文章。

广州社会主义青年团成立不久,无政府主义者区声白、黄凌霜等组织的青年互助团大多数成员提出与社会主义青年团合并的要求。经广州社会主义青年团第二次常会讨论通过,互助团并入了青年团。团组织成员迅速发展至数十人,并有许多同情者。早期团组织成员有谭平山、陈公博、谭植棠、刘尔崧、阮啸仙、杨匏安、林祖涵(伯渠)等人。

但是,无政府主义组织的并入,对广州社会主义青年团开展革命活动带来很多消极影响。1920年底陈独秀到广州后,领导广州团组织内坚持科学社会主义的成员与无政府主义者进行了坚决斗争,并开展了一些革命活动。1921年春,谭平山派团员梁复然、王寒烬到佛山开展工人运动,并负责发展团员。1921年4月18日,广州青年团结合纪念"五一"开展工人运动。他们在致劳动界的信函中,号召工人们进行总同盟罢工,一齐起来向资本主义制度宣战,实行社会主义。

武汉在上海指导下建党建团

武汉的共产党早期组织,是在上海的共产党早期组织直接指导下成立的。1920年夏,李汉俊从上海写信给董必武和张国恩,后又亲自到武汉面见董必武,商议在当地建立共产党组织的问题。同

---

① 陈公博:《我与共产党》,中共广东省委党史研究委员会办公室、广东省档案馆编:《"一大"前后的广东党组织》,1981年5月内部印行,第88页。

时,陈独秀也派刘伯垂到武汉筹建共产党组织。刘伯垂从上海带回了一份手抄的中国共产党党纲和一些新青年社出版的丛书。同年8月,在武昌抚院街董必武寓所,由刘伯垂主持召开会议,成立武汉的共产党早期组织。当时取名为"共产党武汉支部"。参加成立会议的有董必武、张国恩、陈潭秋、郑凯卿、包惠僧、赵子健等。刘伯垂在会上介绍了上海的共产党早期组织成立的有关情况,与会者传阅了上海党组织起草的党纲草案,研究武汉党组织日后的工作安排。由刘伯垂提议,会议推选包惠僧任书记。到党正式成立前,参加武汉党组织的还有黄负生、刘子通、赵子俊等。

武昌抚院街(今民主路)董必武寓所。当年34岁的董必武,无意间成为全国主持创建地方青年团最年长的人。

随后,根据刘伯垂从上海陈独秀处带回的有关建立青年团的要求,在共产主义研究小组的青年中组织社会主义青年团。最初吸收入团的是董必武、陈潭秋直接影响下的张培鑫等十多名进步青年。11月初,董必武和张国恩、李书渠等研究,正式成立武昌社会主义青年团,确定"团的主要任务就是实现社会主义"[①]。

---

① 本书编纂组:《董必武年谱》,中央文献出版社2007年版,第45页。

早期党与团如影随形

由此可见,1920年至1921年各地诞生的社会主义青年团早期组织,有的是当地共产党早期组织直接建立的,有的是在党的早期组织指导下建立的,有的是在党的早期组织影响下建立的。虽然最根本是因为共同信仰的吸引,但凡事从细小做起时依循的却是社会逻辑,师生关系、同乡关系的联络在早期建党建团时发挥了重要的桥梁作用。

由于党的早期组织也是刚刚成立,党与团两个组织的成员大多都是青年,而团员更为年轻。所以说,"年轻的共产党创建了更为年轻的青年团"。这一历史史实,奠定了中国共产党与中国共青团关系的基本框架,即共产党领导或指导青年团的工作,青年团在工作中担当党的助手和后备力量。

当时,党团早期组织的工作内容主要有三项:一是创办进步报刊和研究阵地,传播马克思主义,宣传社会主义思想。二是发展成员,壮大组织。三是开展工人运动,努力促进马克思主义同中国工人运动的结合。由于党团均属初创时期,在工作上相互借助,密不可分,青年团没有做自己独立的青年工作,党员团员也相互重叠,因而两个政治组织的功能边界比较模糊,工作关系尚未定型,甚至在"党"与"团"名称用词上都没有明显的区别,认为"党"与"团"是一样的政治组织,只不过"团"中青年人较多而已。比如,1921年在俞秀松或张太雷提交给青年共产国际二大的报告中曾经提到,上海团的名称最初曾定为"青年社会革命党",以后才确定为"上海社会主义青年团"[①]。

[①] 《中国代表团在青年共产国际第二次代表大会上的报告》(1921年7月),《俞秀松纪念文集》,当代中国出版社1999年版,第199页。

三、党的一大与青年组织

翻开上海市地图,你可能就会惊讶地发现,党的一大旧址到老渔阳里 2 号的直线距离也就 700 多米,到新渔阳里 6 号不过 900 米,到党的二大旧址(李达住所)也仅有 1 公里。这一带都是法租界。当年,新老渔阳里都曾作为党的一大会议代表中转站和讨论场。

党的一大代表与青年团的关系密切

1921 年 7 月 23 日,中国共产党第一次全国代表大会在上海望志路 106 号(今兴业路 76 号)召开,7 月 30 日会议遭租界巡捕干扰,最后一次会议被迫转移至浙江嘉兴举行。会上通过了中国共产党的第一个纲领和决议,选举了中央局领导机构,尽管陈独秀当时在广东忙于筹备办校,没能出席党的一大,但是由于他的威望和资历,还是被推选担任中央局书记。北京代表张国焘被选为组织主任,上海代表李达被选为宣传主任。在这次党的成立大会上,专门研究了在各地建立和发展社会主义青年团作为党的预备学校的问题,还研究决定了吸收优秀青年团员加入共产党的办法[①]。

党的一大正式代表 13 人(包括受陈独秀派遣的包惠僧),他们的平均年龄是 28 岁。这些代表大多数与各地的社会主义青年团关系密切,有的是创建人,有的是参与者(如下表所示)。

[①] 参见李达:《七一回忆》,《七一》杂志创刊号,1958 年 7 月 1 日;又见陈模:《董老的嘱咐》,《中国青年报》1956 年 9 月 16 日。

党的一大代表与青年团的关系

所代表区域	姓名	出生年月（年龄）	籍贯	与青年团的关系
上海	李达	1890年10月（31岁）	湖南零陵	参与上海社会主义青年团活动
	李汉俊	1890年4月（31岁）	湖北潜江	
武汉	董必武	1886年3月（35岁）	湖北黄安	创建武昌社会主义青年团
	陈潭秋	1896年1月（25岁）	湖北黄冈	
长沙	毛泽东	1893年12月（28岁）	湖南湘潭	创建长沙社会主义青年团
	何叔衡	1876年5月（45岁）	湖南宁乡	
济南	王尽美	1898年6月（23岁）	山东诸城	山东建团在党的一大之后
	邓恩铭	1901年1月（20岁）	贵州荔波	
北京	张国焘	1897年11月（24岁）	江西萍乡	参与创建北京社会主义青年团
	刘仁静	1902年3月（19岁）	湖北应城	
广州	陈公博	1892年10月（29岁）	广东南海	参与创建广州社会主义青年团
旅日	周佛海	1897年5月（24岁）	湖南沅陵	没有参与早期建团工作

早期青年团涣散的原因

党的一大后，因陈独秀尚在广州，书记一职暂由周佛海代理。1921年8月，陈独秀返回上海主持中央工作，中共中央工作部就设在他的家里。李达曾经回忆说：

> 九月间，陈独秀辞去广东教育厅长，回到上海来任中央局书记，他住在老渔阳里2号（他家住楼上的）。中央三人的集会，是在老渔阳里2号的楼下客堂，或厢房举行的。

也在8月，张太雷在出席共产国际三大和青年共产国际二大之后回国，带回了青年共产国际要求中国完成创建青年团工作的指示。于是，中共中央局决定由张太雷、施存统等人负责整顿和恢复

中国社会主义青年团。厘清各地青年团组织涣散的原因成为当务之急,经过梳理,他们发现:

首先,团内思想信仰存在分歧。当时,虽然马克思主义已在中国传播,但关于社会主义的讨论还在继续。"那时的中国社会主义青年团,只不过带有社会主义的倾向,并没确定哪一派社会主义"。各种社会主义流派在团内的反映所造成的思想信仰的分歧,使各地早期团组织往往不能确立共同的斗争目标,"团体的精神,当然非常不振",从而影响了青年团组织的号召力。比如,1921年3月,广州社会主义青年团中的无政府主义者集体退出,团员人数大大减少,5月前后团组织就暂时停止活动了。

其次,组织成分比较混杂。在团员中,除了大部分坚持科学社会主义并力图走十月革命道路的青年以外,"无政府主义者也有,基尔特社会主义者也有,工团主义者也有,莫名其妙的也有"。因此,"凡遇见一件事情或一个问题,各人所提出的解决方法或意见就不能一致,常常彼此互相冲突"。"每开一次会均有争论,并且有时甚至动武"。青年团组织成分的混杂,造成了严重的内耗,因此团的"团体规律和团体训练,就不能实行",严重削弱了青年团组织的战斗力。

最后,缺乏统一的领导机构。各地早期团组织创建后,还缺乏一个统一的领导机构。特别是1921年春上海团组织的主要领导者和大批骨干奔赴苏俄后,上海团组织的自身活动受到了影响,和各地的联系也减少了。因此,造成各地早期团组织之间步调不能一致。

由于上述各种情况,加上经费、人事变动等原因,1921年5月前后,一些地方团组织的活动,相继出现了一个暂时的停顿。

中国共产党领导整顿恢复青年团

1921年11月,为进一步加强对青年团的领导,陈独秀在老渔阳里2号第一次以"中央局书记"的名义,向各地党组织发出了《中国共产党中央局通告》,对党的组织、宣传工作作了部署,同时要求"全国社会主义青年团必须在明年七月以前超过二千团员",并要求各级党组织"切实注意"青年运动,对青年团组织的领导要"依新章从速进行"。①

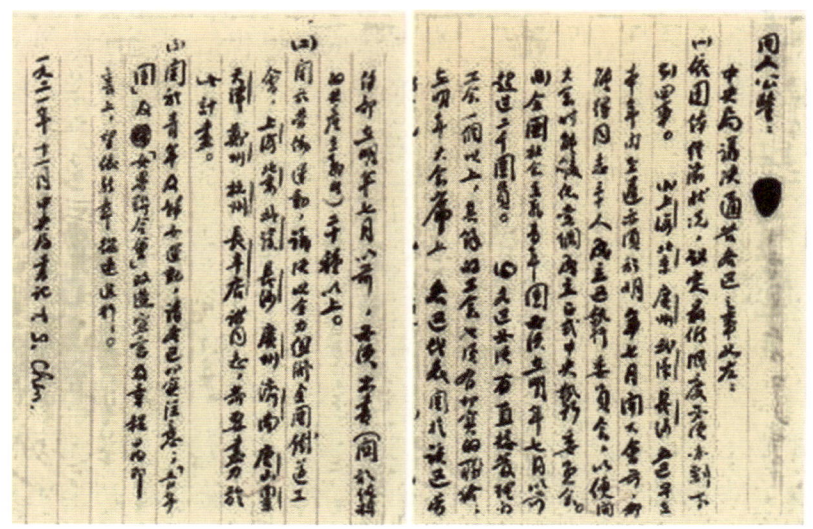

1921年11月,由陈独秀签发的《中国共产党中央局通告》,对工会、青年团、女界联合会提出明确指导性意见,也再次证明青年团的创建是在中国共产党领导下展开的。陈的署名为英文 T. S. Chen。

在具体工作中,张太雷等吸取了1920年建团的经验教训,明确规定了"社会主义青年团为信奉马克思主义的团体"②。他代表正在筹建的中国共产党向共产国际远东书记处作的报告中就指出:"我们党认为自己当前的任务是……进一步巩固共产主义者在社会

---

① 中共中央文献研究室、中央档案馆编:《建党以来重要文献选编(1921—1949)》第1册,中央文献出版社2011年版,第47—48页。

② 《中国社会主义青年团第一次全国大会》(1922年5月),中国新民主主义青年团中央委员会办公厅编:《中国青年运动历史资料》第1册,内部资料1957年印行,第125页。

主义青年团中的威信"。1922年1月,创办了团的机关刊《先驱》①。《先驱》发刊词明确指出,刊物的一个重要任务是:"努力研究中国的客观实际情形,而求得一最合时宜的实际解决中国问题的方案"。这时,中国共产党关于民主革命纲领的重要原则正在逐步酝酿,并不断体现在对青年团的思想整顿方面。例如,列宁关于《民族殖民地问题提纲初稿》就由《先驱》创刊号首先译载,使列宁的民族民主革命思想首先得以在团内传播。这对团组织的思想整顿,起了事半功倍的效果,对当时的团员青年产生了越来越大的凝聚力。

《先驱》创刊号。之所以称为"先驱",就是要传达青年走在民众前列、甘为时代先锋的意思。

在加强团的思想建设方面,《先驱》发挥了重要作用。它在创刊后即投入了与基尔特社会主义等思想流派的激烈论战,并出版了专

---

① 《先驱》从创刊号到第3期由北京社会主义青年团主办,邓中夏、刘仁静主编。第4期迁往上海,改由青年团临时中央局主办,施存统担任主编,蔡和森、高君宇等也参加了编辑工作。团一大后,从第8期转归团中央执行委员会出版,一直到1923年8月15日停刊,共出版25期。

刊《非基督教学生同盟号》，为廓清帝国主义奴化思想在青年中的影响摇旗呐喊。《先驱》还探讨和研究了青年团建设等一系列问题。总之，《先驱》在统一全团思想、加强对团员的马克思主义教育等方面作出了很大贡献。

各地恢复青年团的工作都是在党组织的领导下进行的。比如，广东青年团的改组和团员的重新登记工作就是由中共广东支部负责人谭平山直接领导的。他在1922年3月14日说："去年十月间上海总团提出改组，标明以马克思主义为中心思想……我当时受了上海总团的委托，再在粤组织分团。"①

在重视团的思想建设的同时，张太雷等人也加强了团的组织建设，重新制订了团的临时章程。经过整顿，一部分团员因为信仰分歧离开了团组织；一部分团员则转变立场，接受了马克思主义，取得了思想上和组织上的一致。在此基础上，团临时章程明确规定："正式中央机关未组成时，以上海机关代理中央职权"，"各地方团以各地社会主义青年团名之，为本团之一部"。这样，就开始有了临时性的全国性领导机构——青年团临时中央局，初步确立了对各地团组织的集中统一领导。

由于共产党的重视和帮助，各地青年团的思想建设和组织建设得到了加强，团的临时中央局也成立了，使各地团组织信仰一致、思想统一，组织和活动都发展到一个新的阶段。继1921年11月上海团组织首先恢复活动后，北京、广州、长沙、武汉等地团组织的活动也相继恢复和发展。随后，各地更多的团组织如雨后春笋般地建立起来。从1921年11月至1922年5月的短时间里，恢复和已正式成立的各地团组织共有18处，它们是：上海、北京、南京、天津、太原、保定、唐山、塘沽、武昌、长沙、杭州、安庆、广州、潮州、梧州、佛

---

① 广东省档案馆、中共广东省委党史研究委员会办公室编：《广东区党、团研究史料（1921—1926）》，广东人民出版社1983年版，第16页。

山、新会、肇庆,分布在江苏、安徽、浙江、河北、湖南、湖北、广东、广西等省市,全国共有团员 5 000 多人。此外,正在筹建和即将成立的各地团组织还有很多。一个有着统一思想的全国性的青年团组织已初具雏形。

各地团组织恢复发展后,都努力在工人、学生、农民中开展革命活动,并在 1922 年初发起的非基督教运动以及声援香港海员大罢工等反帝反封建斗争中,发挥了很大的作用。一些青年团员在革命斗争中惨遭反动军阀杀害。如长沙劳工会的领导人、青年团员黄爱、庞人铨,1922 年 1 月在领导工人罢工时,被反动军阀赵恒惕逮捕,17 日壮烈就义于长沙浏阳门外。黄爱、庞人铨被害后,毛泽东先后在长沙、上海等地多次主持召开了黄、庞追悼会。李大钊为黄、庞写了纪念文章,周恩来写了《生离死别》的诗悼念黄爱。《先驱》第 15 期赞扬黄、庞"是我们社会主义青年团的好团员,中国无产阶级最能奋斗的指导者","全国学生的先觉"。

四、广州东园的团一大

1922 年初,濒临南海的广州,社会政治环境相当宽松。孙中山第二次在广州建立政权,成为革命的大本营,政治民主气氛较好;这年 1 月举行的香港海员大罢工,坚持了 56 天,5 000 多名海员回到广州,罢工最终取得胜利;陈独秀担任广东教育委员会委员长期间,积极宣传新文化、科学社会主义。这是北京、上海等城市所不可能拥有的独特政治优势。

一封信改变了会议地点

当时,各地社会主义青年团已迅速发展到近 20 个,迫切需要从思想上、组织上进一步加强和巩固。团的临时章程规定:"有五个地方团成立时,即召集全国大会,通过正式章程及组织中央机关。"因此,召开团的第一次代表大会,制订正式章程,组建正式的中央领导机构,已成为重新恢复发展的团组织的最迫切任务。1922年2月,上海团临时中央局通知各地团组织,准备于4月在上海召开团一大。3月,青年共产国际代表达林抵沪,帮助筹备中国社会主义青年团第一次全国代表大会。4月,由张太雷、达林、蔡和森三人组成的委员会拟定社会主义青年团的纲领和章程草案。

在此期间,青年团临时中央局收到中共广东支部领导人谭平山在3月6日发出的致施存统的信,他在信中建议:"大会地点,如能够改在广州更好,因为比较的自由。"①党、团中央考虑到广州的政治环境比较好,而且全国劳动大会将在广州召开,决定将团一大会议延期至5月5日,会议地点定在广州。大会确定在马克思诞辰纪念日召开,有着重要的含义,它表明中国社会主义青年团是信仰马克思主义的。

4月27日至30日,中共中央局在广州素波巷19号(今广州第十中学院内)召开党、团干部会议,出席会议的有陈独秀、张国焘、张太雷、蔡和森、谭平山、林伯渠、达林等人。会议讨论了中国共产党在即将召开的第一次全国劳动大会和社会主义青年团第一次全国大会上应遵循的路线以及对国民党的态度问题。5月3日,团一大筹备会讨论了达林起草的青年团纲领,认为有不妥之处,推举蔡和森进行修正;会议通过了张太雷起草的青年团章程;会议还决定,由陈独秀起草中国青年工人之经济状况及改良之奋斗,由张太雷起草社会主义青年团与各团体之关系,由施存统起草临时中央执行委员会报告,由陈公博起草教育改良问题等事宜。

马克思诞辰纪念日

5月5日,中国社会主义青年团第一次全国代表大会在广州东

---

① 中共广东省委党史研究委员会办公室、广东省档案馆编:《"一大"前后的广东党组织》,内部资料1981年印行,第7页。

园召开。由于这次大会的开幕式是同马克思诞辰纪念大会和欢迎全国劳动大会代表一并举行的,因此来宾众多。有来自上海、北京、广州、长沙、武昌、南京、唐山、天津、保定等 15 个地方团组织的 25 名代表①,有青年共产国际代表达林等 2 人,还有朝鲜青年代表泰洪,中共中央局领导人陈独秀、张国焘等,以及来宾彭湃、刘尔崧、张善铭、郭瘦真、周其鉴、李启汉、谌小岑、胡占魁、王杲等。同时,出席全国劳动大会的代表及来宾等在场。如此,共有 1 500 多人出席大会开幕式。

这幅由广州美术学院师生创作的油画,再现了中国社会主义青年团第一次全国代表大会的场景。站立者为张太雷,其左侧正脸依次为陈独秀、蔡和森、施存统、谭平山等,右侧为俞秀松、高君宇(实际并未参会)、达林。

因未有会歌,经大会主席提议三呼"社会革命万岁"代替。之后,大会全体起立,向牺牲的黄爱、庞人铨致哀。张太雷致开幕词,讲道:"社会主义青年团一方面为经济革命运动",同时"联络各种革命势力,反抗国际帝国主义的势力"。"今天又是马克思的诞生纪念

---

① 这些代表是:张太雷(青年团临时中央局)、张继武(青年团临时中央局)、施存统(青年团临时中央局、上海)、蔡和森(上海)、邓中夏(北京)、俞秀松(杭州)、谭平山(广州)、王仲强(保定)、许白昊(上海)、王振翼(太原)、李树彝(唐山)、陈子博(长沙)、张仲毅(保定)、谭植棠(广州)、易礼容(长沙)、梁复燃(佛山)、金家凤(北京)、陈公博(广州)、张绍康(武昌)、吕一鸣(天津)、莫耀明(南京)、叶纫芳(潮州)、李峙山(天津)、梁桂华(佛山)、谢英伯(广州)。

日,我们纪念他,非因他是大学问家",而是因为"他是革命的实行家",而且与其他"社会改革家不同","他指出革命的方法"是"经过无产阶级专政","达到共产主义的社会"。① 张继武宣读了高丽共产党中央委员会代表金万海、高丽共产青年团临时中央局代表曹勋、高丽共产党女党员金济惠给大会的贺信。

陈独秀作了题为《马克思的两大精神》的讲演,指出"社会主义青年团就是根据马克思的学说而成立"的,"马克思的学说和行为有两大精神,刚好这两大精神都是中国人所最缺乏的"。一是"实际研究的精神",二是"实际活动的精神"。② 青年共产国际代表达林也在会上发表了题为《国际帝国主义与中国及中国社会主义青年团》的演说。

大会一共开了六天,共举行了八次会议。会议先后听取了施存统代表的青年团临时中央局和上海团的情况报告,以及各地代表谭平山(广州)、邓中夏(北京)、易礼容(长沙)、莫耀明(南京)等人所作的关于本地团的情况报告。

10日晚,会议通过认真讨论,通过了《中国社会主义青年团纲领》和《中国社会主义青年团章程》。团的纲领接受中国共产党的政治主张,明确提出"铲除武人政治和国际帝国主义的压迫",指出"中国社会主义青年团,一方面为改良青年工人、农人的生活状况而奋斗,并为青年妇女、青年学生的利益而奋斗;一方面养成青年革命的精神,使向为解放一般无产阶级而奋斗的路上走。然这种奋斗的道路并非直径的,所以现在中国社会主义青年团特规定下列现时的方针,以期达到最后的目的"。

当晚,大会还讨论通过了《青年工人农人生活状况改良的议决案》《关于政治宣传运动的议决案》《关于教育运动的议决案》《中国

---

① 《张太雷文集》,人民出版社2013年版,第59页。
② 《马克思的两大精神——陈独秀先生讲演》,《广东群报》1922年5月23日。

社会主义青年团与中国各团体的关系之议决案》等文件，并一致同意加入共产国际领导的无产阶级青年国际组织——青年共产国际。

晚上最后一项议程是"选举中央执行委员会"。通过投票选举，高君宇、施存统、张太雷、蔡和森、俞秀松当选为中央执行委员会委员，冯菊坡、林育南、张秋人为中央执行委员会候补委员。11日，在团中央执行委员会第一次会议上，施存统被推选为书记，团机关刊《先驱》的编辑由蔡和森担任。会议决定俞秀松、蔡和森、施存统三人驻上海；张太雷、高君宇两人驻广州，高君宇未到以前，由候补委员冯菊坡代理其职务。

总之，大会通过的决议表明，中国社会主义青年团已实现了思想上、组织上的完全统一，已真正成为纲领明确的、全国性的先进青年组织。从此，中国社会主义青年团在中国共产党领导的青年运动中，开始以组织者、动员者、协调者的身份成为党的助手。

团一大之后的青年运动

团一大之后，青年团中央执委会先后发出几十次通知，并在团的机关刊《先驱》上发表一系列宣言和重要文章，指导各地团的工作，加强团的集中统一领导。各地普遍对团的组织形式进行了改组和整顿，一些原已建团的省区地方团组织无论在质量上还是数量上都有了一定的发展，如湖南在一年内"扩充地方团至十一处之多，几乎无县无同志"[①]。一些原来没有团组织的省份如山东开始建立团组织。

团一大是和全国劳动代表大会一起召开的。大会结束至1923年2月7日京汉路惨案的九个月期间，在中国共产党的领导下，中国第一次工人运动逐渐发展到高潮。在这次工运高潮中，社会主义青年团积极地站在斗争的前列。

[①]《关于中央执行委员会报告的决议案》（1923年8月25日），中国新民主主义青年团中央委员会办公厅编：《中国青年运动历史资料》第1册，内部资料1957年印行，第359页。

1922年七八月间，中国共产党通过中国劳动组合书记部，在全国开展了劳动立法运动，提出了实际上是第一次工运高潮的斗争纲领《劳动法大纲》（共19条）。为了配合这一运动，《先驱》在第11期上全文刊登了《劳动法大纲》，并发表了由澄宇写的《少年工人与劳动立法》的文章，号召青年工人"尤其应当为他们自己的利益"，与成年工人协力合作，向国会请愿，举行游行、罢工以及其他示威运动，以求在宪法上规定劳动法案。① 由于《劳动法大纲》中有直接关系到青年工人利益的条文，广大青年工人积极参加了劳动立法斗争。

在北方区、武汉区、湖南区、上海区、广州区等各地的罢工斗争中，都有青年团员英勇斗争的身影，各地团组织本身也得到锻炼和发展。例如著名的安源路矿大罢工取得胜利后，安源的团员发展到100多人，并于1922年底建立了地方团执行委员会。

在京汉铁路大罢工中，青年工人因为较少家庭牵挂而显得更加英勇，他们"为自由作战，为人权作战，只有前进，决无后退"。

1923年2月7日，京汉铁路总同盟大罢工遭反动军阀吴佩孚

---

① 中国新民主主义青年团中央委员会办公厅编：《中国青年运动历史资料》第1册，内部资料1957年印行，第183—184页。

镇压,包括很多青年工人在内的罢工工人52人壮烈牺牲,300多人受伤,40余人被捕。震惊中外的二七惨案发生后,中国社会主义青年团中央执行委员会于3月1日发出了《中国社会主义青年团为"二七"大惨杀宣言》,强烈谴责反动军阀的血腥罪行,决心和全国工人"一致团结起来,奋力打倒军阀和帝国主义,争回我们的自由,以继诸先烈未竟的伟业"①。

第一次工人运动高潮后,一些领导人如邓中夏、林育南等在不久召开的中国社会主义青年团第二次全国代表大会上,当选为团中央执行委员会委员。

五、青年团的海外支部

诞生在法兰西土地上的中国少年共产党,是当时唯一一个在海外建立的青年团组织和中国社会主义青年团最早的海外支部。

"赶快团结起来"

留法勤工俭学的青年分别来自湖南、四川、广东、福建、江西、浙江、河南、陕西、贵州、直隶、奉天、山东、湖北、云南、山西、安徽、广西等地,价值信仰不尽相同,看问题的角度、视野,干事的能力、胆识也各有差异。在1921年2月"二二八"运动不久,一些先进分子就觉得有消除隔阂、团结起来的必要了。已于1920年夏在上海加入早期党组织的赵世炎,从克鲁邹致信在蒙达尼的蔡和森,提出成立一个包括留法学生和华工中优秀分子在内的共产主义组织的主张。蔡和森很快回信表示同意,并主张用"少年共产党"的名称。这便是成立旅欧青年团的最初酝酿。1921年五六月间,在一次工学世界

---

① 中国新民主主义青年团中央委员会办公厅编:《中国青年运动历史资料》第1册,内部资料1957年印行,第236页。

社的会议上,蔡和森曾提出成立少年共产党的建议,当时不同声音很多。

1921年10月,"争回里大"运动虽然失败了,但更多的留法勤工俭学生的政治觉悟有了很大提高,一些原来信奉无政府主义思想的学生如陈延年、陈乔年因而转变为马克思主义者,这说明建立共产主义组织的思想条件正在进一步成熟。同时,旅欧学生中的先进分子越来越认识到,"在勤工俭学生中建立一个严格的战斗的共产主义组织的必要性"①。

在柏林万赛湖的聚会中,23岁的周恩来(左二)加入中国共产党,介绍人是张申府(右一)和刘清扬(右二)夫妻俩。同船的还有觉悟社成员赵光宸(左一)。这是难得的革命浪漫主义场景。

天津学生运动的领导人周恩来是1920年12月乘法国"波尔多斯"号邮船抵达马赛港的。1921年春,周恩来经张申府、刘清扬介绍加入了中国共产党,他在长达三万字的长篇通讯《勤工俭学生在

---

① 李维汉:《回忆新民学会》,中国革命博物馆、湖南省博物馆编:《新民学会资料》,人民出版社1980年版,第486页。

法最后之命运》中写道：

> 途穷了，终须改换方向。势单了，力薄了，更需联合起来。马克思和恩格斯合声嚷道："世界的工人们，联合起来啊！"他们如今也觉悟了："全体勤工俭学的同志们，赶快团结起来啊！"①

"赶快团结起来"已经成为勤工俭学生中先进分子的共同要求。1921年底，为了把勤工俭学生中的先进分子团结起来，周恩来和赵世炎托人带信约在蒙达尼的李维汉到巴黎一个旅馆会面。经过讨论，他们一致认为应尽快成立旅欧青年共产主义组织。随后三人分头进行筹备工作。周恩来经常奔波于柏林和巴黎之间，在勤工俭学生中宣传共产主义，李维汉也积极在勤工俭学生中做宣传工作。赵世炎因证件在占领里昂大学事件中被没收，难以在巴黎居住，只得避居法国北方，通过通信同旅法、旅比的同志联系。他先后两次给因参加"争回里大"抗争被驱逐回国的中共党员陈公培写信，报告了"欧洲方面决定成立一个'青年团'（大约一月以内可以完成，因为现在开会地址是很难觅）"的详细情况，要求国内"速寄关于青年团一切的书报印件等来"，并提出了建团中的一些问题，希望陈公培能"转告青年团总部指示应有的方略"。②

经过周恩来、李维汉、赵世炎等卓有成效的宣传组织工作，把信仰共产主义的旅欧革命青年联合起来的条件业已成熟。

布伦森林里的韶光

1922年5月，为了尽快完成筹建共产主义组织的工作，赵世炎频繁奔走于法国巴黎、里昂、蒙达尼等地，进行了大量的卓有成效的组织工作，并与在比利时沙洛瓦的刘伯坚联系，汇总了德国、

---

① 天津《益世报》1921年12月23日。
② 《赵世炎旅欧书信选》，《"一大"前后》第1辑，人民出版社1980年版，第387—390页。

法国、比利时参加共产主义组织的人员名单。当时,参加筹建工作的工学世界社领导人李维汉、薛世伦等建议全社成员集体加入团组织,另有一些人则要求"有关的进步组织可由代表参加"①。显然,这两种意见都不符合团的组织原则。经过赵世炎的耐心说服,持这两种意见的人最后都同意了赵世炎"极端严格""取个人行动"②的意见,统一了思想。赵世炎还争取了陈延年、陈乔年参加组织。

6月3日,在巴黎西郊布伦森林的一块空场上,一个经营露天咖啡茶座的法国老太太租出18把椅子。勤工俭学于法、德、比三国的18名代表赵世炎、周恩来、李维汉、王若飞、陈延年、陈乔年、刘伯坚、佘立亚、袁庆云、傅钟、王灵汉、李维农、萧朴生、萧子璋、汪泽楷、郑超麟、尹宽、任卓宣,在此团团落座,举行旅欧共产主义组织第一次代表大会。

赵世炎主持会议并报告筹备经过,周恩来报告由他组织起草的章程。周恩来最初提议组织的名称是共产主义青年团,但多数人不赞成,主张叫少年共产党。会议开了三天,最后确定组织的名称为"旅欧中国少年共产党"。会议通过了章程,选出中央执行委员会三人:赵世炎任书记,周恩来任宣传委员,张伯简负责组织工作(因张在德国,先由李维汉代理,不久便由李正式接任)。

旅欧中国少年共产党的党部设在巴黎13区意大利广场戈德弗鲁瓦街17号赵世炎所住的小旅馆内,经常在那里工作的有赵世炎、李维汉和陈延年等人。赵世炎和周恩来在旅欧革命青年中享有很高的威望。他们两人有不少相似的特点:坚定,机智,待人诚挚,富有组织才能。当时正在法国的蔡畅曾多次这样评价他们:"恩来和世炎全身都是聪明!"

---

① 李维汉:《回忆新民学会》,中国革命博物馆、湖南省博物馆编:《新民学会资料》,人民出版社1980年版,第486页。
② 《赵世炎旅欧书信选》,《"一大"前后》第1辑,人民出版社1980年版,第387—390页。

中国少年共产党是旅欧勤工俭学生中先进分子的革命组织,具有鲜明特点。一是中国少年共产党的成员身处欧洲,在系统了解马克思学说的完整体系和基本原理上,在掌握马克思主义的立场、观点和方法上,有比国内团员更深的理论修养。二是中国少年共产党的成员较之国内的青年团员受到了更为广泛、复杂的国际环境的陶冶和影响,能够从更广阔的角度来比较半殖民地半封建的中国与西方资本主义社会以及社会主义苏俄之间的不同之处,因此对整个人类社会的发展,对共产主义事业,有着更为深刻的了解。三是中国少年共产党的组织更为严密,纪律更加严明。它直接借鉴了法国、德国共产党和青年团的一些组织形式,很多人甚至直接就是法共、德共的党员。很多人原先就是国内一些进步社团和学生运动的领导人。因此,这一组织成长出很多革命骨干,如蔡和森、赵世炎、周恩来、陈毅、聂荣臻、邓小平、李富春、王若飞、李立三、李维汉、陈延年、蔡畅等,后来都成为中国共产党的杰出人物。

旅 欧 之 部

旅欧中国少年共产党建立时,并不知道中国社会主义青年团第一次全国代表大会已于5月在广州召开,而且通过了团的纲领和章程,选出了中央执行委员会。稍后他们得知这一消息,即于10月召开大会,举行全体总投票,决定加入中国社会主义青年团。会后他们筹集路费,派李维汉回国与团中央接洽,表示"愿附属于国内青年团为其旅欧之部"。

在等待消息期间,陈独秀率中共代表团参加共产国际第四次代表大会和青年共产国际第三次代表大会抵达莫斯科。周恩来等闻讯后即去信表示敬意,并声明已向国内提出加入中国社会主义青年团的请求。陈独秀复信建议将"旅欧中国少年共产党"改名为"中国共产主义青年团旅欧之部",将"少共中央执行委员会"改为"执行委员会"。此函于1923年1月2日到达巴黎,周恩来等人遂决定不待

中国青年运动一百年

1923年2月,旅欧中国少年共产党临时代表大会代表在巴黎合影。后排左十为周恩来。这些近乎整齐划一的西式装束,既体现着家境与素养,也展示着胸襟与精神。

国内信至①,即实行少共改组,立即归属国内本团。

2月17日至30日,旅欧少年共产党在巴黎租了一个礼堂召开临时代表大会,到会代表42人,代表法、德、比团员72人。大会由赵世炎主持,经过讨论,大会正式通过把"少年共产党"改名为"旅欧中国共产主义青年团",明确规定"中国社会主义青年团中央执行委员会为本团上级机关"。大会通过了周恩来起草的《旅欧共产主义青年团章程》和关于学生运动、华工运动等问题的决议案,选举了新的执行委员会,周恩来为书记,尹宽(负责"共产主义研究会")、汪泽楷(学生运动委员会主任)、萧朴生(华工委员会主任)、任卓宣(出版委员会主任)为委员,刘伯坚、王灵汉、袁子贞为候补委员。会后不久,周恩来代表旅欧共青团执行委员会向团中央写了《报告第一号》:

我们现在已正式为中国社会主义青年团的旅欧战员了,我们已立在共产主义的统一旗帜之下,我们是何其荣幸!你们希

---

① 国内青年团中央的复函于1923年6月寄达巴黎,其内容与陈独秀复函的内容一致。

望我们"为本团勇敢忠实的战士"。我们谨代表旅欧全体团员回说:"我们愿努力毋违!"①

在报告即将发出之际,旅欧青年团收到了团中央 1923 年 1 月 29 日正式同意他们加入中国社会主义青年团的复信。

从《少年》到《赤光》

旅欧共产主义青年团的主要活动内容是什么?周恩来在给团中央的报告中这样说:"大体规定为共产主义的教育工作,换言之,即列宁所谓'学','学共产主义'。"②他们成立了共产主义研究会,组织青年阅读马列主义著作,用马列主义理论和俄国十月革命经验来武装团员和青年,并在思想教育的基础上发展团员。他们积极地在留法勤工俭学生中进行工作,并通过袁子贞担任书记的华工总会对旅法华工进行工作。

还有一项重要工作,就是出版理论刊物——《少年》。该刊创办于 1922 年 8 月 1 日,陈延年任主编,编辑部就设在戈德弗鲁瓦街 17 号小旅馆三楼第 16 号赵世炎原来住的那个小房间里。这个刊物的主要任务是"传播共产主义学理",发表过马克思的《历史要走到无产阶级专政》(《法兰西内战》的一部分)、列宁的《告少年》(即《青年团的任务》)等译文,还刊登过共产国际和青年共产国际的文件和消息。周恩来在《少年》上接连发表《共产主义与中国》等文章,热情洋溢地赞美:"共产主义之为物,在今日全世界上已成为无产阶级全体的救时良方。""资本主义的祸根,在私有制。故共产主义者的主张乃为共产制。私有制不除,一切改革都归无效。共产主义者决不作枝叶的问题,要大刀阔斧地来主张共产革命。"

---

① 周恩来:《"旅欧中国共产主义青年团"(中国社会主义青年团旅欧之部)报告第一号》(1923 年 3 月 13 日),《"一大"前后》第 1 辑,人民出版社 1980 年版,第 436 页。
② 周恩来:《"旅欧中国共产主义青年团"(中国社会主义青年团旅欧之部)报告第一号》(1923 年 3 月 13 日),《"一大"前后》第 1 辑,人民出版社 1980 年版,第 433 页。

中国青年运动一百年

法国巴黎是中国无政府主义思潮的重要发源地之一。同无政府主义思潮作斗争便成为《少年》的另一个重要内容，周恩来、赵世炎、陈延年等先后发表文章批判无政府主义。

《少年》与《赤光》封面。取名"少年"是希望国家、民族、民众都能焕发出青春力量；改名"赤光"既指红色的希望之光，又隐含无产阶级一无所有的意思。

随着国内革命运动的迅速发展，旅欧中国共产主义青年团的机关刊物《少年》于1924年2月改组为《赤光》。与《少年》比较起来，《赤光》更着重于揭露帝国主义列强和封建军阀压迫中国的黑暗事实，阐述现阶段中国革命的任务和方针，推动国民革命运动的发展。用他们自己的话来说，就是"改理论的《少年》为实际的《赤光》"。它的印刷份数比《少年》多，发行范围也比较广。周恩来负责编辑、发行，并担任主要撰稿人。李富春、邓小平、傅钟、李大章等也曾先后参加这里的工作。邓小平负责刻蜡版，还为此得到"油印博士"的称号。周恩来和邓小平从这时起建立了深厚的革命感情。几十年后，邓小平的女儿毛毛问父亲："在留法的人中间，你与哪个人的关系最为密切？"邓小平沉思了一下回答说："还是周总理，我一直把他看成兄长，我们在一起工作的时间也最长。"[①]

[①] 毛毛：《我的父亲邓小平》上卷，中央文献出版社1993年版，第122页。

第三章 以"革命"的名义集结青年

在 20 世纪上半叶的中国,战争与革命几乎成为一种社会常态。20 年代之初,帝国主义列强通过扶植北洋军阀来控制中国,民族经济遭受重创,军阀混战又导致民不聊生。有压迫就有反抗。"阶级革命""国民革命""全民革命"几乎同时并起,一时间"革命"话语渗入社会各层面,革命高于一切,甚至以革命为行为的唯一规范和价值评判的最高标准。在年轻的中国共产党的影响、策划和发动下,从青年学生到青年工人再到青年农民,广大青年积极投身"打倒军阀,除列强"的洪流之中,不断把国民革命推向高潮。当这场革命突然出现断裂,经受磨难的中国共产党在复杂的环境中,拿起武装,把愤怒的力量引向反动势力薄弱的农村,"打土豪,分田地",掀起土地革命的风暴,从而开辟出中国青年运动的新天地。

一、政治力量角逐"革命"舞台

20 世纪 20 年代初期,中国人民面前摆着两个突出的问题:第一,欧美列强已度过第一次世界大战后的严重危机,在远东又卷土重来,1921 年 11 月至 1922 年 2 月的备受世人注目的华盛顿会议,使中国恢复到几个帝国主义国家共同支配的局面。它们在中国既互相争夺又互相勾结。中国在政治上和经济上进一步为帝国主义列强所控制。中国民族工业在第一次世界大战期间比较顺利发展的条件又重新丧失了,社会上大多数人都直接感受到来自列强的巨大压力,反帝情绪普遍高涨。第二,在列强操纵下,军阀割据和军阀混战成为国内社会生活中的突出现象。卷入内战的军队,1917 年约5.5万人,到1924年增加到45万人。军费的激增,使人民担负的各种苛捐杂税达到难以承受的地步,国家处于四分五裂的状态,在连年处于战乱中的省份,人民连生命财产的起码保障也无法得到。

打倒列强,推翻军阀,变革现状,已成为中国社会各阶层强烈的共同愿望。

国共两党开始"抱团"合作

中国国民党作为老牌政党,在屡遭挫折后力量严重受损,内部成分也变得非常复杂。由于孙中山始终高举革命的旗帜,不屈不挠地坚持反对外国侵略者和军阀势力的斗争,所以在人们心目中,国民党仍是革命的象征。几经挫折之后,孙中山意识到革命必须另辟蹊径,于是开始同共产党人建立联系,真诚欢迎共产党员同他合作,欢迎苏联对中国国民革命的援助。他认为,"与苏俄建立一个更紧密的联系是绝对必要的","苏俄甚至在危难之中也是我唯一的朋友"。

中国共产党作为年轻政党,在所领导的二七大罢工失败后,越来越清楚地认识到,工人阶级虽然有坚强的革命性,但人数毕竟比较少,如果没有强大的同盟军,如果没有革命的武装力量,在一个毫无民主权利的国家,很难推翻势力强大的反动军阀。所以,必须寻找朋友,于是,中国共产党把目光移向了在当时被视为革命政党的国民党。

共产国际对中国革命倾注了高度热情。1920年秋,共产国际代表维经斯基到上海时,接受陈独秀的建议,会见了住在法租界莫利爱路29号的孙中山,谈得很融洽。曾参加中共一大的共产国际代表马林,于1921年末由翻译张太雷陪同,前往桂林会见孙中山。因为马林本人在印度尼西亚工作时曾有过跟民族主义政党合作、甚至让共产党员以个人身份参加民族主义政党的经验,所以他提出中

第三章 / 以"革命"的名义集结青年

中国社会主义青年团中央执行委员会委员张太雷担任孙中山与马林在桂林会面时的英文翻译（画作）。

国共产党与国民党合作的可能性。1922年8月25日，马林作为苏俄使者越飞的代表，在上海两次与孙中山会谈，商谈国民党联合苏俄同中国共产党合作等问题。马林告诉孙中山，共产国际已经决定中国共产党人加入国民党，并提出改组国民党的建议。

中国共产党人也加紧对两党合作的讨论。1922年7月，中共二大提出的设想是国共两党各自单独存在，实行平等的"党外合作"。同年8月，中共中央有关领导人在杭州西湖开会，马林提出实行"党内合作"，即共产党、青年团员加入国民党，把国民党改造成为革命各阶级的联盟。1923年6月，在广州召开的中共三大对国共合作的方针和办法作出了正式决定。

第一次国共合作正式形成的标志，是中国国民党第一次全国代表大会的召开。这次会议于1924年1月20日至30日在广州召开，这是国民党自其前身兴中会起，30年历史上第一次举行全国代表大会。大会审议通过的宣言，对三民主义作出顺应时代潮流的新解释,突出强调了反对帝国主义、平民权利、平均地权和节制资本等内容,从而使国民党一大的政治纲领与中国共产党在民主革命阶段的政治纲领的若干原则相一致。大会改组了国民党领导层,共产党员李大钊、谭平山、毛泽东、林祖涵、瞿秋白等10人当选为中央执行委员或候补执行委员,约占委员总数的1/4。其中,谭平山、毛泽东、林祖涵还担任部长一级的重要职务。同时,在各地的国民党领导机构中,年轻的共产党员和青年团员成为各机构的骨干力量。

国共两党对青年运动的政策取向

青年共产国际对中国的青年运动极为关注,专门成立远东书记处以指导中国、朝鲜等国的青年运动,执委会特意邀请上海社会主义青年团派代表参加青年共产国际第二次会议。1922年一二月间,远东革命青年第一次代表大会召开,会议通过《关于远东青年运动任务的提纲》,认为中国青年运动的任务是"进行反封建主义残余的斗争,也就是进行反对督军和主要反对奴役中国的外国资本,为中国摆脱国际帝国主义获得真正独立并建立民主共和国而斗争"。1922年召开的青年共产国际第三次代表大会,通过《关于东方国家工作的决议》,指出中国社会主义青年团面临的任务是"进一步在组织上加强青年运动和把注意力转移到青年工农工作上去",并强调"应以特别顽强的精神完成这项工作,因为至今运动主要的是依靠大学生"。

中国共产党一向重视青年作用的发挥,中共三大在确定实行国共合作的同时,还通过《青年运动议决案》,指出青年运动是党的重要工作之一,党对青年团应极力加以组织上和指导上之援助。青年团应以组织和教育青年工人为自己的重要工作;对于青年学生的宣传工作,要从普通的文化宣传进而提升为对马列主义的宣传,应引导青年学生从一般的学生运动发展成反对军阀反对帝国主义的国民运动;应即开始从事对于各地农民运动的宣传与调查工作,并号召青年团根据党的决议积极参加国民运动。

中国社会主义青年团二大在中共三大闭幕两个月后,即1923年8月在位于南京的东南大学召开。大会坚决接受中共三大所确定方针,并表示要努力协助中国共产党扩大国民党组织,在广大劳动群众中进行大规模的国民运动宣传,以促进国民革命的实际运动。

毛泽东作为中共代表在团二大上致辞,指出青年团的不足和努力方向。此为团二大会议旧址和毛泽东致辞记录稿。

1925年中共四大认为,"青年运动是共产主义运动中一部分重要的工作,因共产党是这一般共产主义运动的总指挥,青年运动必须在共产党指导之下,是无疑的。"社会主义青年团"在政治上是要绝对的受党指导,而在青年工作范围以内是须有自由活动的可能"。并明确要求社会主义青年团"在将来联合的团体中能获得指导的地位而能指挥中国一般的青年运动"。[①]

国民党也没有放松对青年运动的关注和领导。孙中山一直重视青年知识分子在革命中的作用,极力主张发展先进青年学生加入

---

① 中共中央文献研究室、中央档案馆编:《建党以来重要文献选编》第2册,中央文献出版社2011年版,第245、249页。

国民党。他对前来拜访的学生代表说："中国的希望,就寄托在你们这般青年人的身上。"并明确指出："中国革命的成功必须依靠青年的热情和支持","国民党的主义只有中国青年才能完成"。只有他们,"才是坚决的,能克服一切的"①。他热情号召青年们"来助我主张",甚至更简明地向青年们提出："既要革命,就请加入国民党。"② 1923年国民党的花名册上,海内外成员达23万人,其中青年知识分子占很大比重。

1924年1月,国民党一大之后设立青年部,负责领导青年从事革命运动,国民党右派邹鲁担任青年部部长。但"中央青年部与各地青年部没有发生关系","关于青年宣传的刊物很少,教育方面也没有顾及","海外各地的党部多半没有单独的青年运动"。

1926年1月,国民党二大通过《青年运动报告决议案》,提出有关青年运动的若干原则。国民党早期开展的青年运动得到了共产党的帮助和支持,呈现出勃勃生机,"国民党与学生间之界线,已连成一气"③。大会同时对中央青年部提出批评。会后,国民党左派甘乃光当选为国民党中央青年部部长,秘书由共产党员、共青团广东区委学生运动委员会书记黄日葵担任。国民党二大以后,中央青年部按照大会的要求,在中国共产党和中国社会主义青年团的积极支持下,开展一系列工作。

1927年,随着国民党集团叛变革命,国民党中央青年部的革命作用也告完结。1928年2月,在国民党二届四中全会上,蒋介石、胡汉民、戴季陶等人以"妨害本党代表国民之利益",易为共产党利用为由,取消了中央党部的工人、农民、妇女和青年等部,代之以"训练部"。

---

① 宋庆龄:《为新中国奋斗》,人民出版社1952年版,第99页。
② 中国新民主主义青年团中央委员会办公厅编:《马林在中国的有关资料》,人民出版社1980年版,第130页。
③ 上海《民国日报》1925年5月25日。

1927年8月，中共中央分析了学生运动的形势，及时制定今后学生运动的原则，即"在学生本身利益一直到实现土地革命的政纲之下，致力于团结左派学生的运动"。发展左派学生团体，但不必设任何全国性的统一组织。从此，全国学生运动开始了组织上、任务上的转变，在白色恐怖下继续坚持斗争。

为了总结大革命失败的经验教训，1928年六七月间，中国共产党在莫斯科召开第六次全国代表大会，分析中国革命的性质和形势，制定反帝反封建、实行土地革命、建立工农民主政权的革命纲领。会议通过《共产主义青年团工作决议案》，规定共青团"在最近时期中的根本任务，在于取得全部青年工人和被剥削的青年农民群众，以保证夺取政权的工农斗争"[①]。

7月12日，中共六大闭幕的第二天，在同一会址，中国共青团第五次全国代表大会如期举行。大会根据中共六大精神，确定了共青团的基本任务：争取团结更广大的劳动青年在中国共产党的周围，为进一步发动青年参加工农革命斗争，帮助中国共产党准备群众武装起义，推翻国民党政权，建立工农民主政权而斗争。大会号召全团要坚决地转变工作方针，努力宣传争取广大青年群众，准备迎接新的革命高潮。

二、风暴来临的前奏

五四运动之后，国内政治状况一度沉寂。广大青年在苦闷中彷徨，在冷峻的现实面前苦苦地思索。随着各种政治力量在政治、社会领域的博弈，广大青年的爱国情感再度受到强烈刺激，青年运动得以逐渐复苏。

---

① 中国共产主义青年团中央委员会办公厅编：《中国青年运动历史资料》第4册，内部资料1957年印行，第135页。

学生请愿与抗议

1922年11月,由直系军阀控制的北京中央政权委派彭允彝担任教育总长。彭到任后,借整顿校风为名,勾结军阀官僚,任用私党,克扣教育经费,遭到广大学生特别是北京学生的强烈反对,使五四运动以来相对沉寂的学生运动又开始活跃起来。

1923年1月17日,北京大学校长蔡元培不愿与彭允彝同流合污,上书大总统黎元洪,提出辞职。北大学生首先组织学生干事会,发表通电,掀起驱彭挽蔡运动。1月19日下午,北京大学、北京法政专门学校、北京工业专门学校、北京农业专门学校等校学生千余人赴众议院请愿,被大批军警和流氓使用刺刀、木棍和皮带进行围攻殴打,造成300多名学生受伤、50多名学生受重伤的流血事件。事件发生后,北大学生立即召开大会,通电全国,揭露反动政府暴行,表示驱彭决心。1月24日,北京34所院校5 000多名学生再次向众议院请愿,要求否决对彭允彝的同意案。但众议院竟以学生"聚众要挟"为由,仍通过了对彭允彝的同意案。

两次请愿的失败促使青年学生深刻反思,中国共产党也通过自己的机关刊物,积极引导学生把斗争锋芒指向军阀政府。这样,学生运动开始鲜明地把反对封建军阀作为自己突出的政治目标。《北大学生新闻》和《北京学生联合会日刊》等刊物,用大量事实揭露了封建军阀和帝国主义相勾结、祸国殃民的种种罪行。全国各地的学生会纷纷发表宣言、通电,抗议军阀政府的暴行,声援北京学生的正义斗争。于是沉寂了两三年的学生运动,又开始从北京向各地蔓延。

1923年3月15日,在湖南学生联合会的倡议下,北京、上海、武汉、长沙等17个地区的学生代表,在上海重组全国学生联合会。在黄日葵、夏曦、范鸿劼等一批共产党员和社会主义青年团员的努力下,这次大会制定了打倒帝国主义、打倒军阀、建设自由独立民主

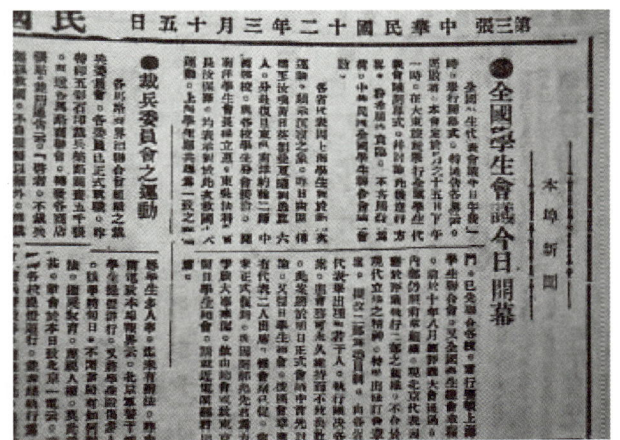

《民国日报》报道全国学生会议当日开幕

的国家、为青年学生的利益和被压迫的民众利益而奋斗的正确的政治目标。

全国学联重组刚刚完成,一场要求收回旅大的大规模抗议性群众运动迅速从东北蔓延向全国。北京学联率先行动,召开30余校参加的学生代表大会,讨论要求收回旅大的问题,并一致议决:通电国内外,举行大示威,召开国民大会,以及组织旅大问题研究会。3月20日,全国学联在上海发出通电,要求各地学生为收回旅大、废除"二十一条"举行游行示威。上海学生积极响应,联合工商各界民众,召开市民大会、上街演讲、举行示威运动。北京学联和北京各团体也组织两万余名学生、市民冒雨在天安门集会,通过了六条反帝议案。此外,天津、南京、广州、武汉、济南、西安等地的学生也联合各界举行了各种形式的示威游行。这次运动与以往两次运动相比,一个鲜明的特点,就是将反帝反封建军阀紧密结合起来,从而形成了学生运动的一次高潮。

各地青年投身黄埔军校和农讲所

对照俄国革命成功的经验,屡败屡战的孙中山痛切地感到,中国革命"只有革命党的奋斗,没有革命军的奋斗;因为没有革命军的奋斗,所以一般官僚军阀便把持民国,我们的革命便不能完全成功"。因此,他认为必须创立一支真正革命的军队,否则"中国的革命永远还是要失败"。[1] 他还强调,这支军队必须是一支有组织有主义的军队,要用革命的三民主义来加以武装和训练。国民党改组后,在苏联和中国共产党的帮助下,孙中山在广州黄埔长洲岛上创办了中国国民党陆军军官学校(即"黄埔军校")。这是一所以主义建军的新型军事学校。

为了充分利用这所学校以培养大批的革命干部,国共两党同时要求各地的组织,广泛吸收进步青年,甄选其中的优秀者进黄埔军校深造。1925年11月1日,中共中央发出第62号通告,指出:"广州黄埔军校正拟招收3 000名入伍生,望各地速速多选工作不甚重要之同学、少校同学及民校左派同学[2],自备川资和旅费,前往广州投考,以免该校为反动派所据;此事关系甚大,各地万勿忽视。"[3]一时间,各地青年纷至沓来,云集黄埔,许多青年知识分子投笔从戎,献身革命。到黄埔军校学习的青年团员先后就有500人。军校学员以广东、湖南、湖北、浙江等省籍居多。据不完全统计,仅第一期学员中就有湖南籍青年170多人,第一期至第四期的浙江籍学员计有419人。

在创办黄埔军校的同时,国共两党还在广州创办了农民运动讲习所,以培养各地农民运动的骨干。广州农民运动讲习所名义上是由中国国民党中央执行委员会创办、农民部主管,但实际上是由中国共产党提议开办和领导的。彭湃、罗绮园、阮啸仙、谭植棠、毛泽东先后担任负责人,周恩来、瞿秋白、吴玉章、萧楚女、邓中夏等都曾

---

[1] 孙中山:《在陆军军官学校开学典礼的演说》(1924年6月16日),《孙中山选集》下册,人民出版社2011年版,第952页。
[2] 少校,指中国共产主义青年团;民校,指中国国民党。这三处同学,分别指中共党员、共青团员、国民党左派党员。
[3] 《中共中央通告第62号——选派同志投考黄埔军校》(1925年11月1日),团中央青运史研究室、中央档案馆编:《中共中央青年运动文件选编》,中国青年出版社1988年版,第75页。

担任过教员。大多数学员也是由共产党的地方组织选送来的共产党员、青年团员和进步青年。

创办在广州的黄埔军校和农民运动讲习所,培养了大批青年革命骨干。

1924年7月至1926年9月,广州农民运动讲习所共举办了六届,培养了772名毕业生和25名旁听生。他们从农讲所毕业以后,其中的1/3由国民党中央农民部分派到广东各地任特派员,2/3回原籍,从事各地的农运工作。

黄埔军校与农讲所的成立,是国共合作的重要标志。它为大革命时期各地工农运动的迅速发展,为北伐战争的胜利培养了基础力量;使大批进步青年受到了初步的马克思主义理论教育,为中国革命历史上工农割据时期的到来准备了干部。

废约运动使青年运动呈南北呼应之势

国共合作建立以后,南方各地的青年运动异常活跃。相比之下,北方青年运动由于受北洋军阀的直接钳制和镇压,加上大批进步青年骨干南下广东,则呈现出疲软状态。在此之前,平津各地虽曾爆发过援助二七大罢工的学生运动和要求收回旅顺大连的群众运动,但总的来看,南北青年运动呈现着明显的不平衡状态。1924年初爆发的废除不平等条约的运动,初步打破了这种不平衡状态,青年运动渐呈南北呼应之势。

中国青年运动一百年

十月革命胜利后，苏俄政府两次发表对华宣言，表示愿意废除沙俄时代对华一切不平等条约。当1923年9月苏俄政府发表第三次对华宣言以后，中国人民要求恢复中苏邦交的呼声越来越高。1924年1月21日列宁逝世，《中国青年》和各地的学生刊物纷纷发表悼念文章。1月26日，北大马克思学说研究会、北京学生联合会、国民青年俱乐部、北大平民教育讲演团四个团体，在北大三院举行遥祭列宁大会，到会的有1 000多人。广大群众要求中苏建交的呼声不断高涨，北京政府被迫派王正廷同苏联代表举行复交谈判。5月，《中俄解决悬案大纲协定》正式签订。协定中规定：废除帝俄时代与中国签订的一切不平等条约，取消治外法权和领事裁判权，取消中东铁路除商务外的一切特权，等等。这是自鸦片战争以来中国外交史上第一个平等的协定。

中苏协定的签订大大鼓舞了中国人民的反帝斗争，全国随即掀起了一场废除一切不平等条约的运动。7月，北京学生联合会等50余团体联合组成反帝国主义运动大同盟，北京专科以上八校教职员联席会议发表宣言，要求取消一切不平等条约。8月，上海学生联合会总会等30余个团体组成废约运动大同盟。9月3日至9日，由反帝大同盟发起全国性的反帝国主义运动周，全国各地召开了群众大会。在废约运动高潮中，中国共产党发表对时局的宣言，指出："目前解救中国的唯一道路只有人民组织起来"，"解除一切军阀的武装，尤其要在根本上推翻外国帝国主义在中国一切既得的权力势力"[①]。与此同时，蔡和森、萧楚女、恽代英等在《中国青年》上发表文章，以大量的事实揭露了帝国主义侵略中国，利用各种不平等条约，在政治上、经济上控制中国内政外交的罪行，有力地推动了废约运动的深入发展。加之广大团员青年学生对反帝运动的广泛宣传和组织，这次运动在较短时间内就步入高潮。

[①]《向导》第82期，1924年9月10日。

非基督教运动和收回教育权的斗争

近代以来,西方列强对中国进行政治、军事、经济侵略的同时,又在各地设立教堂,创办学校,进行文化渗透。有识之士反对帝国主义利用宗教侵略中国的斗争,从来没有停止过。非基督教运动是中国共产党及其助手青年团成立后,反对帝国主义的第一个有组织的民众运动。

1922年初,当世界基督教学生同盟①准备在北京清华学校召开第十一次大会时,中国社会主义青年团便发起了非基督教运动,3月9日《先驱》发表上海各校非基督教学生同盟宣言,指出:世界的资本主义"先后拥入中国,实行经济的侵略主义了,而现在的基督教及基督教会,就是这经济侵略的先锋队"。"我们反对资本主义,同时必须反对这拥护资本主义欺骗一般平民的现代基督教及基督教会。"宣言对世界基督教学生同盟准备集合全世界基督教徒在北京清华学校开会表示抗议,号召广大青年学生和工人起来反对帝国主义的这种"学生同盟"②。

各地爱国学生和教育界爱国人士积极响应这一号召。北京各校学生和教职员200多人签名发起非宗教运动。他们鲜明地提出自己的运动目的,就是"笃信科学,尊重人们的自觉,拒绝帝国主义者的愚弄、欺骗,反对他们的侵略,要求自主、独立。极力铲除依赖性,铲除靠天、靠上帝、靠外国人帮忙的奴隶思想,力求自力更生,自求多福,加强四万万人民的觉悟和团结,争回已经丧失的领土主权,做一个有理智、没有迷信、头脑清爽、自由自在和自信的国民"。广州、南京、长沙、湖北、杭州等30余地,也纷纷成立反对宗教的组织。

4月4日至8日,世界基督教学生同盟在大批军警保护下在清

---

① 该同盟成立于1895年8月,是美国垄断资本扶植的一个国际性的基督教机构。
② 《先驱》第4号,1922年3月15日。

华学校开会,北京学生前往抗议。5月1日,非宗教大同盟在北大三院召开成立大会,500多人到会,选举李大钊、邓中夏、黄日葵等15人为干事。该同盟在各校开展活动的基础上,把组织扩大到社会各阶层及劳动人民中,并出版论文集《非宗教论》。其他许多地方也举行了反基督教的集会。由于这一运动没有常设的机关和舆论阵地作指导,因而在世界基督教学生同盟大会闭幕后不久,便陷于停顿状态。

低潮需要有人坚持。1923年12月,恽代英在《中国青年》第8期发表《我们为甚么反对基督教》一文,揭露基督教的欺骗性、侵略性、排他性,最后一针见血地指出,"基督教实在只是外国人软化中国的工具"。1924年国共合作实现以后,随着全国各地废除不平等条约运动的兴起,各地反对帝国主义利用基督教进行侵略的斗争又活跃起来。

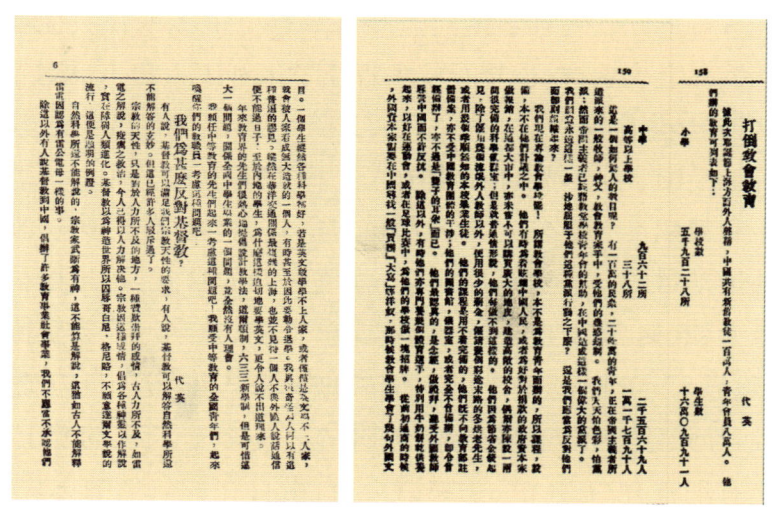

恽代英于1923年、1925年在《中国青年》上发表的两篇反对基督教的文章

1924年8月,上海各校的爱国学生重新发起组织非基督教大同盟,同时成立了一个有共产党人柯柏年、张秋人等人参加的五人委员会,具体负责运动的宣传、鼓励和组织工作。非基督教大同盟

吸取了过去的教训,不但建立起比以前更加坚强的组织,而且借《民报》副刊《觉悟》,出版"非基督教特刊"。12月,社会主义青年团与非基督教同盟联合出书,题目为《反对基督教运动》,对非基督教运动起了很好的宣传作用。

上海非基督教大同盟成立以后,各地群起响应。南京、苏州、宁波、杭州、绍兴、广州、长沙、青岛、武汉、河南、太原、西安、重庆等地及日本都先后组织了非基督教同盟,广泛从事发行刊物、演讲游行等活动。到了圣诞节前后,各地非基督教同盟掀起了宣传高潮。在许多教堂和教会学校里,贴满了反对基督教的传单、标语。这次运动的规模和声势,都远远超过了1922年的第一次非基督教运动。

通过各地对基督教会所办学校黑幕的揭露,非基督教运动呈现向前推进了一步的态势。1924年4月,广州教会学校圣三一中学学生首先发表宣言,反对奴隶式的教育,要求收回教育权。接着,东北教育界、广东学生会收回教育权运动委员会、广州反抗文化侵略青年团、中华教育改进社等团体也先后发表宣言,号召一致力争,收回教育权。少年中国学会、全国学生联合会、全国教育会联合会也纷纷响应。

中国共产党和社会主义青年团多方加强对这次运动的领导。1924年7月,团中央决定恽代英由宣传部委员转任学生部委员,以加强对学生运动的指导。12月,团中央通告各地,按照学生总会的通告,应及时整顿和改组各地的学生会,使他们能够真正代表学生群众的利益,积极组织各校学生参加收回教育权的运动。

与此同时,《向导》《中国青年》《中国学生》也发表了许多重要文章来指导运动的开展。1925年1月,《中国青年》第60期发表恽代英的《打倒教会教育》一文,指出:

> 有一百万的民众,二十余万的青年,正在帝国主义者所派遣来的一般牧师、神父、教会教育家手中,受他们的蛊惑劫制。

我们天天怕色彩、怕党派；然而帝国主义者已经藉教堂学校青年会的帮助，在中国造成这样一个伟大的党派了。我们愿意永远这样一盘（散）沙地屈服于他们这种党派行动之下么？还是我们应当为反对他们而即刻组织起来？

在收回教育权运动中，教会学校的爱国学生愤然退学，一些青年教徒也退出教会。1925年，随着五卅反帝怒潮的激荡，上海圣约翰大学学生发起退学运动，南京、九江、南昌、武昌、汉口、汉阳、湖南、北京、开封、广州、福建等地的教会学校，有的全体退学，使学校被迫解散，有的虽没有退学，也不断出现反对读经祷告、驱逐洋教员的风潮。

在各地学生运动的压力下，1925年北京军阀政府曾三次颁布取缔教会学校的命令。尽管后来在施行中打了许多折扣，又慑于西方列强的威胁而有所变动，但它毕竟是收回教育权运动的一个重要成果。

国民会议运动中的青年行动

1924年10月23日，直系将领冯玉祥发动北京政变，囚禁大总统曹锟，并通电呼吁"和平"。24日，北京政府下令停战，解除吴佩孚职务，成立以段祺瑞为首的北京临时执政府。在广州的孙中山认为，中国出现了辛亥革命以来和平统一的"最难得的机会"。为了迅速实现全国的和平统一，他决定接受冯玉祥的邀请，北上"共筹统一建设之方略"①。

中国共产党坚决支持孙中山北上，由此掀起了一场全国范围的国民会议运动。中国社会主义青年团也积极介入，《中国青年》发文指出：国民会议运动是"我们接近群众（各阶级的）、宣传群众、组织

---

① 上海《民国日报》1924年11月7日。

群众的最好机会"①，号召青年积极参加这个运动。恽代英在《"国民会议"与青年利益问题——我们的主张》一文中，就维护青年权益、青年教育、青年就业、青年婚姻恋爱等问题提出18条主张，号召全中国被压迫的青年们联合起来，竭尽全力以促成国民会议，为自身的幸福而奋斗！

11月17日，孙中山北上途经上海。国民会议运动在上海各界迅即兴起。26日，全国学联等团体代表53人开会，决定成立国民会议促成会筹备会，推举宣中华、俞秀松等7人为筹备委员。12月4日，大夏大学女生团、上海大学女生团及平民女校、杨树浦平民女校、上海妇女运动委员会等13个团体代表及其他参加者千余人在上海大学召开会议，决定成立上海女界国民会议促成会。21日召开成立大会，钟复光、刘清扬、向警予、杨之华等18人为委员，向警予任书记。26日，上海国民会议促成会成立，邵力子、俞秀松、林钧、刘清扬、向警予等20人任委员。

与此同时，北京、广州、张家口、南京、保定、济南、青岛、石家庄、湖南、湖北、浙江等地人民团体和学生社团也纷纷发表通电、宣言，拥护召开国民会议，并分别成立了国民会议促成会。

面对声势浩大的群众运动，军阀官僚极为恐惧，段祺瑞执政府企图利用善后会议来抵制国民会议。12月31日，孙中山抱病入京，10余万学生和各界民众齐集前门车站隆重欢迎，表达对这位革命领袖的爱戴和尊敬。孙中山的到来，有力地推动了北方革命运动的发展。1925年1月4日，在中国共产党领导下，国民会议促成会在北京召开，北京学生帮助出版会刊，寄发宣传品，到街头和群众游艺场所讲演，大张旗鼓地宣传召开国民会议的意义。

2月1日，段祺瑞集团操纵的、历时两个半月的善后会议在北京新华门内大礼堂召开。与之针锋相对，国民会议促成会全国代表

---

① 《中国青年》第59期，1924年12月27日。

大会3月1日也在北京开幕。这次代表大会是在各地国民会议运动基础上举行的一次全国民众代表的政治集会,到会代表200余人,代表20余省区、100多个地方的国民会议促成会及数十万的民众。会期一个半月。大会总的任务是动员民众"继续努力国民革命运动、求得真正的国民会议之产生"[1]。大会充分表达了中国人民"废除一切不平等条约""打倒军阀"的强烈要求。

国民会议运动持续半年左右,虽然并未达到目的,但广泛宣传了反帝反封建的迫切任务,宣传了"联俄、联共、扶助农工"三大政策,给广大群众上了民主革命的重要一课。

三、五卅运动掀起大革命高潮

1924年是中国革命形势不断高涨的一年。为了迎接和促进革命高潮,中国共产党于1925年1月在上海北四川路一座石库门房子里召开第四次全国代表大会。大会讨论的中心问题是党如何加强对日益高涨的革命运动的领导和为迎接革命高潮需要做的准备工作。大会通过的《对于青年运动的议决案》指出:

> 青年运动是共产主义运动中一部分重要的工作,因共产党是这一般共产主义运动的总指挥,青年运动必须在共产党指导之下,是无疑的。然而青年运动的发展应由青年自己担负,因为他们自身是青年,有他们的特殊经济要求,所以容易了解自身的需要,对于青年工作容易发生兴趣。[2]

议决案提出,当前团的三项最重要工作分别是青年工人运动、青年农民运动和青年学生运动,要求社会主义青年团在各地青年团

---

[1] 《向导》第113期,1925年5月3日。
[2] 中共中央文献研究室、中央档案馆编:《建党以来重要文献选编》第2册,中央文献出版社2011年版,第245页。

体中"能获得指导的地位而能指挥中国一般的青年运动"①。

党的四大结束的第四天,即 1 月 26 日,中国社会主义青年团第三次全国代表大会召开,地点也在上海。大会指出,社会主义青年团作为无产阶级青年群众的组织,"他的责任是领导无产阶级青年群众为他们自己的利益而奋斗"。大会通过的议决案规定了进行青年工人、农民、学生、妇女运动的方针与具体办法。这次大会还完成了一项非常重要的工作,就是决定把中国社会主义青年团改名为中国共产主义青年团。大会选举了新的中央执行委员会,并产生由张太雷(总书记)、任弼时(组织部主任)、恽代英(宣传部主任兼学生部主任)、贺昌(工农部主任)、张秋人(非基督教部主任)五人组成的新的团中央局。

团中央机关和党中央机关一样,都设在上海。此时,中国共产党、中国共青团已经着手为迎接革命高潮做准备工作了。

五卅运动中的青年学生

历史发展常常有这样的一种情形,一个小小的斗争火种,可能会引发一场熊熊燃烧的革命烈焰。1925 年 5 月上海工人反对外国资本家的罢工,就是这样一个火种。全国范围的大革命高潮,就是从这场罢工开始的。

5 月初,上海日本纺织同业会企图取缔工会,借故开除参加工会活动的工人,因而引起纱厂工人罢工。5 月 15 日,日本纱厂资本家害怕罢工扩大,又借口"存纱不敷",关闭工厂、停发工资。工人们据理力争,日本资本家悍然枪杀青年工人、共产党员顾正红,并打伤多人。这一流血事件,成为五卅反帝运动的导火线。

第二天,日商纱厂联合工会开会,罗亦农、恽代英等人参加了会

---

① 中共中央文献研究室、中央档案馆编:《建党以来重要文献选编》第 2 册,中央文献出版社 2011 年版,第 249 页。

议,上海学联也派代表出席,研究相关对策。随后,上海学联动员上海文治、复旦、交通、同济、暨南、南洋等院校及部分中学学生,组成30多个小队,每天分别到南京路、大世界、北站、十六铺码头等闹市区,向行人演讲、募捐。5月21日,英租界巡捕逮捕两名正在募捐的文治大学学生。24日,上海大学四名学生在去参加顾正红追悼会的途中又被租界当局逮捕。上海公共租界工部局竟以"煽动风潮""扰乱治安"的罪名,要在30日将被捕学生送到会审公堂审判。这自然激起广大上海工人、学生的极大愤怒。

5月28日,中共中央在上海召开紧急会议,决定于5月30日会审公堂审判学生之日,在上海租界内举行示威游行,抗议帝国主义屠杀中国人民的血腥罪行,并提出把工人的经济斗争发展成为反帝政治斗争。会后,上海总工会、上海学联连续召开会议,研究具体部署。同日,恽代英根据中央指示,主持召开了上海地委会议,贯彻中央的决定,并指定方升、徐伟、沈观、侯绍裘、何秉彝等九人为宣传报告员,分赴各校宣传动员。29日晨,九名宣传报告员在恽代英主持下,又召开紧急会议,并具体拟订了八点行动要求:

(1) 用全国学联名义领导上海学联,公开发动全市各公、私立大中学校全体学生,参加30日在租界举行的游行示威、演讲、贴标语和散发传单等活动;

(2) 具体分配各学校到指定的租界马路进行宣传;

(3) 在宣传时如有巡捕抓人,不必抵抗,以减少不必要的牺牲;

(4) 决定行动口令是"下雨""吃";

(5) 各校学生会组织纠察队,以维护游行秩序,组织交通队,以与总指挥部取得联系;

(6) 总指挥部设于四马路(今福州路)孟渊旅社三楼14号;

(7) 各校学生会立即按规定口号书写大幅标语,制作小旗,油印传单;

(8) 出发时间为5月30日下午1时。

会后,宣传报告员分头出发通知各校。当晚,上海学联召开各校代表大会,传达了八点行动要求,并确定了在斗争中相互联系、支援的方式方法。

上海学生联合会在五卅运动游行队伍中。五四运动是学生率先游行,随后工人声援,形成全国浪潮;五卅运动是工人先期罢工,学生后期声援,并联合各界推向全国。

5月30日下午,学生、工人组织的讲演队3 000余人,分别到公共租界主要马路讲演。南京路上到处是学生的讲演队,他们有的站在板凳上呐喊,有的挥舞着反帝标语小旗演说,有的散布和张贴"反对印刷附律""反对码头捐""反对越界筑路""抵制日货""援助被捕学生"等传单。不久租界巡捕开始抓人,被拘学生达100多人。示威游行队伍听到有人被捕,纷纷拥向南京路老闸捕房门前,要求释放被捕学生。英租界巡捕竟悍然向学生开枪射击,造成震惊全国的五卅惨案。在13名遇难者中,除一人36岁外,其余均为青年,最大28岁,最小15岁。他们是:

何秉彝，上海大学学生、共青团上海地委组织主任，时年23岁；

尹景伊，共青团员、同济大学学会负责人之一，时年21岁；

陈虞钦，南洋附中学生，南洋附小童子军总队长，时年17岁；

唐良生，电话公司接线生，时年22岁；

陈兆长，东亚旅馆厨工，时年18岁……

惨案发生的当夜，中共中央、共青团中央都召开会议，决定将斗争扩大到各阶层人民中去，组成广泛的反帝统一战线，发动全上海人民和青年进行罢工、罢课、罢市，抗议帝国主义的大屠杀，并组织行动委员会领导这次斗争。次日，一万多名工人、学生齐集上海总商会前，要求商界一致行动，举行罢市。随后，上海总工会公开成立，李立三、刘华分任正副委员长，刘少奇任总务主任，并决定自6月1日起发动全市各业工人实行总同盟罢工。

6月1日，20余万工人大罢工，5万名学生罢课，大部分商人罢市，形成"三罢"高潮。不久，由少年中国学会、文学研究会等12个团体组织的上海学术团体对外联合会主编的《公理日报》，中共主办、瞿秋白主编的《热血日报》，上海学联主编的《血潮日刊》先后出版。他们高举反帝的旗帜，有力地推动了斗争的发展。上海学联、总工会等6个团体还组织上海临时"济安会"，收集各地捐款，并发动学生组织募捐，举行援助工人的游艺大会，演出节目，卖票筹钱，支援和救济罢工工人。

五卅惨案震动了全国各地，约有1 700万人直接参加了运动。从通商都市到偏僻乡镇，到处响起"打倒帝国主义""废除不平等条约""为死难同胞报仇"的怒吼声。原来畅销的英货、日货被称为"仇货"，遭到广大人民群众的抵制。反对帝国主义的民族运动浪潮，以不可遏止的浩大声势迅速席卷全国，史称"五卅运动"。在共产党、

第三章 / 以"革命"的名义集结青年

五卅运动中上海各界举行总示威。没有社会各界的大联合,单靠学生运动是不可能取得预期效果的。

共青团的领导与影响下,广大青年学生成为这一反帝运动的积极宣传者和先锋。

五卅惨案发生后,在恽代英、任弼时领导下,中华全国学联于6月26日至7月6日,在上海召开了第七次全国代表大会。大会确定中国学生的历史使命是反对帝国主义及其走狗军阀。大会要求:一方面要健全和发展学生本身的组织,另一方面要与全国工农兵各界建立广泛的联系。为此,大会决定各地学生会组织中要设立工农部。大会还通过反对帝国主义、反对基督教、援助工农、学生组织问题、改进学生本身利益等九个决议案。会后,学联总会代表赴各地协助建立和健全学生会组织。到1926年6月,全国已有16个省建立了学联,加入省学联的有320多个市、县学联。许多学联都办有定期或不定期刊物,鼓吹国民革命,引导广大青年参加反帝斗争。

发生在广州和香港的省港大罢工,也是这个运动的重要组成部分。6月3日,广州各界群众举行声势浩大的示威游行,声援五卅运动。6月19日,香港各行业工人举行罢工。15天内,参加罢工的人数达到 25 万,其中十多万人离开香港回到广州。6 月 23 日,香港罢工工人和广州各界群众十万余人在广州举行大会和示威游行,途经沙基遭到英国军警的排枪射击,当场被打死 52 人,重伤 170 多人。在广州革命政府和罢工委员会的领导下,罢工工人随即对海口和香港实行封锁,繁华的香港变成了一个"饿港""臭港""死港"。省港大罢工前后坚持了 16 个月之久,十多万集中在广州的有组织的罢工工人,成为广州革命政府的有力支柱。

五卅运动掀起的反帝大风暴,冲破了二七大罢工失败后长期笼罩着的沉闷空气,形成热气腾腾的革命景象。中国共产党在领导群众性斗争的过程中得到很大发展。党员从这年年初的不足 1 000 人,到年底发展到 1 万人,增长了 10 倍。21 岁的陈云原是商务印书馆的学徒、店员,运动起来后,担任过商务印书馆发行所罢工委员会主席,并在这年八九月加入了中国共产党。中国共青团带领团员青年积极投身反帝运动和革命斗争,团的组织和团员队伍也快速发展。在这场运动中,全国民众尤其是青年学生的政治觉悟大大提高了,青年知识者同工人阶级及广大群众的联系大大密切了,把自五四运动以来的青年运动向前推进了一步,促进了工农兵学商的协同作战,成为 1925 年至 1927 年中国第一次大革命高潮的开端,标志着全国革命高潮的到来。

"三一八"壮举

在广东革命根据地获得巩固和南方反帝浪潮日益高涨的同时,北方也出现了人民革命高涨的好形势。国民党一大以后,1924 年 8 月,国民党中央在北京设立了执行部。执行部有执行委员五人,候补执行委员八人。李大钊、于树德、丁惟汾、于右任、王法勤分负组织、宣传、青年、妇女、商民等部工作。随后,又成立了有共产党人参加的国民党北京特别市党部。国民党二大后,1926 年 2 月成立的第二届北京执行部,增加顾孟余、徐谦等人。以李大钊为首的中共北方区委和国民党左派人士,通过国民党北京执行部和北京特别市党部,领导北方革命运动。

11月下旬,奉系将领郭松龄倒戈反奉,奉系军阀狼狈溃退。中共北方区委决定趁此时机开展斗争。11月28日,北京学生、工人和市民组成五万多人的示威队伍,以学生敢死队、工人保卫队[①]为前导,中间是学生和市民,最后是救护队。其时,各主要街道的许多屋顶上红旗迎风飘扬,天空中飘散着号召革命的传单,示威队伍沿途高呼"打倒帝国主义""打倒卖国政府""废除不平等条约"等口号,来到故宫神武门前,举行国民示威大会,公开提出要求段祺瑞下台。他们还包围了段祺瑞执政府,占领监察总局和邮电局。这次大示威被称为"首都革命",是城市暴动夺取政权的一次英勇尝试。由于承诺支持群众革命行动的国民军将领改变态度等原因,运动最终失败,但影响很大,上海、南京、开封、长沙、汉口等地纷纷响应,举行"反奉倒段"示威游行。

北方革命浪潮的发展和倾向革命的国民军(冯玉祥部)力量的扩大,使帝国主义十分恐慌。1926年3月12日,日本帝国主义派军舰掩护奉军军舰驶进天津大沽口,炮击国民军,被守军击退。随后,日本帝国主义又纠集英、美、法等八国公使要求国民军撤出防务和放下武器,并提出"最后通牒",限48小时内答复,否则就"武力解决"。

帝国主义的武装挑衅,激起中国人民更强烈的义愤。3月14日,在中共北方区委书记李大钊领导下,北京两万多名群众举行集会,抗议日军炮击大沽口。3月17日,北京各学校和社会团体400余人,在北大三院召集紧急会议,决定第二天在天安门召集国民大会。会后,分两组前往国务院、外交部请愿,要求段祺瑞执政府以强硬态度驳回"最后通牒",驱逐签署"最后通牒"的八国公使出境,表

---

① 五卅运动期间,北京大学学生就在国共两党的共同领导下组织了学生军。随后,在学生军的基础上组织了北京革命学生敢死队,在工人中组织工人保卫队。

示"愿作政府之后盾"。但段祺瑞执政府竟下令国务院门前的守卫军士行凶,当场刺伤代表多人,揭开了军阀政府屠杀爱国民众的序幕。

游行的群众队伍在段祺瑞执政府门前与卫队形成对峙。军阀的枪声再次惊醒民众:唯有革命,打倒军阀,中国才有出路。

3月18日上午,北大、师大、清华等80余校学生和总工会、总商会等140多个团体5 000多人在天安门前举行反对八国通牒的国民大会。会场上悬挂着17日受伤代表的血衣,上书"段祺瑞铁蹄下之血"八个大字。大会要求驳回八国通牒,立即撤退驻津外国兵舰,惩办大沽口肇事祸首,抚恤大沽口死亡军民,严惩枪杀各团体代表的祸首。会后组织了以北京大中学生为主的2 000多人的请愿团,前往铁狮子胡同执政府请愿。群众沿途高呼"打倒帝国主义""打倒段祺瑞""废除不平等条约"等口号。

请愿队伍进入执政府门前广场时,段祺瑞执政府卫队突然向请愿群众开枪射击,并用马刀、大刀、铁棍向群众大肆施暴,持续了半小时之久。当场有47人被打死,200余人被打伤。这就是"三一八惨案"。被鲁迅称为"民国以来最黑暗的一天"。

对于在示威中牺牲的青年学生，鲁迅称其是"为了中国而死的中国的青年"，并发出催人惊醒的呐喊："真的猛士，敢于直面惨淡的人生，敢于正视淋漓的鲜血。""苟活者在淡红的血色中，会依稀看见微茫的希望；真的猛士，将更奋然而前行。"①

三一八惨案用血的事实教育了中国青年。21日，中华民国学生联合会总会发出《为日舰炮轰大沽段祺瑞屠杀爱国学生宣言》，号召"以迅急之手段，高举革命旗帜以答复帝国主义及其走狗段祺瑞此次所加于我民族及爱国同学之残暴"。之后，中国共产主义青年团也发出《为段祺瑞屠杀爱国学生告全国青年》书，号召广大青年学生"扩大这次运动到广大的城市及乡村的工人及农民群众中间，号召民众起来示威，讲演日本帝国主义与段祺瑞的罪恶"。② 23日，上海学联召开代表大会，决定自24日起，各校罢课四天，声援北京学生的爱国运动，哀悼三一八惨案中的死难烈士。与此同时，天津、广州、长沙、武汉、桂林、南昌等地也纷纷组织"京案后援会"，召开"声讨段祺瑞惨杀北京民众大会"，并举行了声势浩大的游行示威活动，从而形成了一次广泛的群众革命运动。

三一八惨案后，在全国人民的声讨声中，段祺瑞执政府更加不得人心。国民军于4月驱逐了段祺瑞，执政府垮台。但是，国民军在奉直军阀的联合压迫下，先后放弃河南、直隶，退往西北。在奉系直系的残暴镇压之下，北方革命运动转入低沉时期。

没有青年就没北伐的胜利

1926年7月9日，国民革命军在广州誓师北伐。北伐的直接打击目标是受帝国主义支持的北洋军阀。早在五个月前，中国共产

---

① 鲁迅：《记念刘和珍君》，《鲁迅全集》第3卷，人民文学出版社2005年版，第290、294页。
② 中国新民主主义青年团中央委员会办公厅编：《中国青年运动历史资料》第3册，内部资料1957年印行，第50、85页。

党就在北京举行中央特别会议,号召工农群众全力支持即将举行的北伐战争。各地共产党、共青团组织纷纷组织青年,南下广东,参加北伐军。据不完全统计,仅安源青年参加北伐军的人数即达千余人。由于共产党员和共青团员在国民革命军中的骨干作用和先锋作用,北伐取得了节节胜利。

功勋卓著的叶挺独立团是一个突出的例子。该团共2 100人,连以上干部全部是共产党员。独立团属于国民革命军第四军,1926年5月作为北伐先遣队,从广东肇庆出发,向湖南进军。独立团在由工人和学生组成的平民救国团和工农武装的援助下,首占醴陵,全歼守敌,为北伐打开了通向长沙的大门。尔后,独立团在汀泗桥和贺胜桥的战斗中,与吴佩孚的主力部队浴血奋战,迫使吴军退守武汉。9月,北伐军兵临武昌城下,吴佩孚派兵死守。北伐军久攻不下,伤亡严重。在这种情况下,由100多名安源青年工人组成的工兵大队挖掘地道,炸开城墙,为北伐军攻克武昌铺平了道路。由于独立团英勇善战,所向披靡,第四军赢得了"铁军"的光荣称号。

青年工人组成运输队支援北伐战争

为了配合北伐军的胜利进军,各地共产党、共青团除动员广大青年直接参加北伐军外,还组织他们踊跃参加各种战勤工作:向工农群众宣传北伐意义;进行各种政治经济斗争,以动摇反动军阀的统治,配合和响应北伐军的军事进攻;协助共产党建立各种工农群众组织,如工会、农会、工人纠察队、农民自卫军、劳动童子团,负责站岗放哨,维持社会治安;组织卫生队、慰劳队、爆破队、敢死队等,侦察敌情,破坏敌军交通运输,救护北伐军伤员,鼓舞士气。各地工农群众相继掀起大规模支援前线运动。省港罢工工人组织 3 000 人的运输队、宣传队、卫生队,随军北上;北伐军进入湖南后,长沙、醴陵、湘潭、衡山、衡阳等地群众纷纷组织宣传队、交通队、向导队、暗探队、长矛队,支援北伐。人民群众的广泛支援,有力地保证了北伐军迅速战胜数量上占优势的北洋军阀部队,向北挺进。

北伐军占领武汉后,全国各地特别是湖北、江西的反英反奉运动空前发展。1927 年 1 月 3 日,驻武汉的英国水兵冲入华界,冲击正在集会庆祝北伐胜利的群众,当场刺死中国海员一人,刺伤群众数十人。5 日,武汉工人、学生和市民 40 万人冒雨举行反英示威大会。会后,群众向英租界进发,摧毁租界内的沙包、电网,驱逐英国巡捕,迫使英国水兵退回军舰,英勇地收回了汉口英租界。与此同时,九江工人、学生和市民在共产党领导下,也一举夺回九江英租界。在全国反英反奉运动的声势下,英国方面被迫于 2 月 19 日和 20 日与武汉国民政府外交部签署协定,正式承认汉口、九江英租界交还中国。反对帝国主义的群众性斗争取得重大胜利。

1926 年底,北伐军开始向江浙进军。为配合这一军事行动,中共领导上海工人阶级在 1926 年 10 月和 1927 年 2 月先后举行了两次武装起义。但由于敌我力量悬殊,经验不足,准备不够充分,起义归于失败。1927 年 3 月 21 日,在中共中央军委委员兼中共上海区委军事委员会书记周恩来的直接领导下,上海工人举行了第三次武装起义。上海 80 万工人举行总同盟罢工,60 多所大中学校学生罢课。随后立刻进行武装起义，各路工人武装纠察队，各个工厂、铁路、码头、市政、学校的成千上万群众，按照预定计划，向反动派展开进攻。经过30个小时的浴血奋战，于22日下午6时取得胜利。23日，召开市民大会，成立上海特别市临时政府。在上海工人的武装起义中，青年工人和学生起了很大作用。他们积极参加工人武装纠察队，广泛深入地开展思想动员和组织工作，战斗中身先士卒，冲锋在前。

为了推动北伐战争的顺利进行，一批富有革命理想和果敢精神的青年在两湖、广东等地农村积极开展宣传，组织农民协会，尤为突出。1925年12月，第五届农民运动讲习所结业的湘籍学员雷晋乾、易子义、毛泽民、贺尔康等人，以国民党湖南省党部农民运动特派员身份，深入农村，组织秘密农民协会。到1926年4月，湖南全省有28个县成立了秘密农协，会员3.8万人。1927年1月，湖南全省已有50多个县组织了农民协会，会员激增到200万人，直接领导的群众达1 000万之多。与此同时，共青团湖北省委积极协助中共党组织开展农运工作，1927年5月，该省农协会员由1926年7月的7.2万人猛增到250万人。1927年初，农民协会组织遍及全国12个省，会员人数达1 000万人以上。

四、大革命时期的思潮和斗争

每个时代都有一定的思潮，这些思潮必然同当时的政治风云、社会境况、民众心态有密切关系，从而体现出不同的时代特色。大革命时期各种思潮的交融与交锋，既反映了青年对国家道路的价值思考，又反映了先进青年为追求远大目标的身体力行。

《中国青年》喊出"到民间去"

"到民间去"的口号，最早出现于俄国早期革命民主主义者的旗帜上，它在中国青年知识者当中的提出、流行乃至实践，与《中国青年》杂志的努力密不可分。

《中国青年》创刊于 1923 年 10 月,《发刊辞》开宗明义地宣告,本刊就是要帮助青年分析纷繁复杂的社会和命途多舛的人生,探寻每一个人、每一个知识者在历史生活、社会整体结构中所处的位置,"引导一般青年到活动的路上""到强健的路上""到切实的路上"①。为此,《中国青年》以极大篇幅从政治经济、文化生活等方面详尽地分析中国当时的社会现状,阐述军阀内乱、人民贫困与帝国主义侵略的内在关系。如大量廉价洋货输入中国国土,使"中国纱厂只有停工,纱厂工人只有失业",广大农民"终日勤劳而不能自给";军阀混战"都是由于外国资本帝国主义的作祟"。②

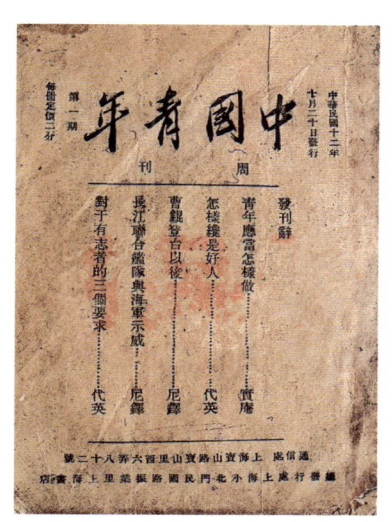

这是《中国青年》创刊号的封面。该刊至今仍在发行,是中国期刊界现存历史最为悠久的红色期刊。

青年知识者应以什么样的方式来改造社会?《中国青年》提出了一个响亮的口号——"到民间去"!《中国青年》认为"中国革命所以软弱不能完成的重要原因,是为革命主力的工人、农民、兵士这三个群众尚未醒觉和组织起来。换句话说,就是我们青年只在文章上

---

① 《中国青年》第 1 期,1923 年 10 月 20 日。
② 恽代英:《为什么有这么多内战》,《中国青年》第 49 期,1924 年 10 月 18 日。

和电报上空嚷,并未到这三个群众中去做宣传和组织的工夫"[1]。工人运动的历史说明,中国革命中"最重要的主力军,不论现在和将来,总当推工人的群众居首位"[2]。因此,青年知识者要投身革命,改造社会,就应深入工人群众中去,引导广大的工人阶级为改良自身的经济地位与社会地位而斗争。

《中国青年》还及时提出了发动农民的具体步骤:第一步,组织一个乡村运动研究会,以审量农民的地位与实力,了解农民的心理需求,详细而切实地研究最恰当的宣传方法与材料,发现农民运动最有力的口号;第二步,开展乡村的平民教育运动,以利于青年知识者和广大农民有接近的机会,团结农民,成为一个有系统的伟大的革命力量。为了使知识青年们更了解农村的真实情形,《中国青年》自第20期开始,专门开辟了一个关于农村调查状况的专栏,鼓励青年来稿进行讨论。恽代英、萧楚女等在这些来稿后面加上按语,分析得失,指出不足与今后努力的方向,从而使该栏成为"各地活动的青年互换他们做事的经验"的园地,收到了"观摩切磋的功效"[3]。这个园地还影响和推动了更多的青年走向切实的道路,活跃在农民运动之中。

"到民间去"运动有力地教育了一代青年,帮助处于苦闷中的青年知识者找到了一条走向人民之路,使其成为与工农运动相结合的一代新的知识分子。这批青年深入民众之中,从事宣传和发动群众的启蒙工作,为大革命的高涨准备了群众基础。

驳东方文化派

20世纪20年代初的中国是一个思潮激荡的时代,以梁漱溟、梁启超、张君劢等为代表人物的东方文化派,极力倡导东方式的精神生活,崇拜中国的旧伦理、旧道德,渲染东方文明的优越。在实践上,他

---

[1] 邓中夏:《革命主力的三个群众》,《中国青年》第8期,1923年12月8日。
[2] 《论工人运动》,《中国青年》第9期,1923年12月15日。
[3] 任弼时:《我们请求读者诸君帮助》,《中国青年》第70期,1925年3月14日。

们积极倡导"整理国故",将青年引向故纸堆中。1924年初,这批人更以欢迎印度作家泰戈尔来华为契机,掀起了一场研究东方文化的运动。

东方文化派的主张对于刚刚开始向封建传统进击的青年知识者来说,无异是一种反动。1924年1月,鲁迅在北京高师附属中学校友会上的讲话中,不无幽默地指出:

> 做事本来还随各人的自便,老先生要整理国故,当然不妨去埋在南窗下读死书,至于青年,却自有他们的活学问和新艺术,各干各事,也还没有大妨害的,但若拿了这面旗子来号召,那就是要中国永远与世界隔绝了。倘以为大家非此不可,那更是荒谬绝伦!①

鲁迅进而一针见血地指出,他们不是爱国者,而是一批"爱亡国者"。《中国青年》则以更为激烈的战斗姿态,抨击东方文化派是引诱青年"离开现实而玄想空虚的东方文化,以磨灭青年与现实环境奋斗的革命精神"②,号召青年走出书斋,走出故纸堆,"从混沌的玄学思想"走到"科学的精神"中来,从"昏迷的冥想生活"走到"活动的生活中来"③。

翻开中国青年运动史,我们不难发现,大革命时期,一大批青年知识者或由理工科转入文科,转入上海大学、黄埔军校,或中断学业,直接投身于国民革命运动的洪流。这一社会现象,是同《中国青年》的大力宣传分不开的。27年之后,作为该刊主编之一的任弼时曾这样说,大革命时期的《中国青年》,是"当时青年知识分子及一部分青年工人所喜爱的刊物,在它的鼓舞教育下,千百万青年投入了中国人民伟大的解放斗争"④。

---

① 鲁迅:《未有天才之前》,《鲁迅全集》第1卷,人民文学出版社2005年版,第175页。
② 林根:《两年来的中国青年运动》,《中国青年》第100期,1925年10月10日。
③ 沈泽民:《泰戈尔与中国青年》,《中国青年》第27期,1924年4月18日。
④ 任弼时:《纪念〈中国青年〉创刊二十七周年》,《中国青年》第50期,1950年10月21日。

反击国家主义派

国家主义派的主要分子最初集中在欧洲。1923年12月,曾琦、李璜在法国巴黎组成了中国青年党,标志着这个政治派别的形成。由于他们对外活动以"中国国家主义青年团"的名义出现,故称国家主义派。1924年,曾琦、李璜等陆续回国,在上海创办《醒狮》周报,所以又被称为醒狮派。他们以当时的中华书局、东南大学、政法大学为据点进行活动,并在上海、北京、广州等地建立"醒狮社",出版《孤军》《自强》等30多种刊物。国家主义派的核心是"国家至上""民族至上""民族优劣",并以所谓维护"国家""民族"的利益为幌子,疯狂进行反共、反苏活动,从根本上否认国家的阶级性质和社会各界在国家中的不同地位。

由于国家主义派盗用了五四运动中"外争主权、内除国贼"的口号,以"国家""民族"为幌子,加上他们之中有一些所谓"社会名流",因而曾欺骗了不少青年知识者,并一度把持过少数学校的学生会,国家主义的小团体也一度纷纷出现。

为了贯彻反帝反封建的革命纲领,争取受蒙骗青年学生,中国共产党、中国共青团以《中国青年》为阵地,对国家主义派进行有力批判。

第一,根据马克思主义的原理,阐述了国家的本质,指出了帝国主义时代国家主义的反动性。《中国青年》认为,国家是阶级的国家,"国家是从人类经济生活产生出来的,为此——胜利阶级用以治服其他阶级的工具而言"[①]。"阶级一日存在,阶级斗争便一日不会消灭,国家也便一日不得不被有力阶级——得胜阶级用为工具。"[②]

---

① 中国新民主主义青年团中央委员会办公厅编:《中国青年运动历史资料》第2册,内部资料1957年印行,第374页。
② 中国新民主主义青年团中央委员会办公厅编:《中国青年运动历史资料》第2册,内部资料1957年印行,第398页。

所谓"全民"的国家、"抽象的国家是根本不存在的"。国家主义为维护资产阶级的利益,对内以国家主义来"紊乱本国无产阶级之觉悟,缓和国内阶级斗争的怒潮";对外制造民族仇恨,扰乱国际无产阶级的阵营。"曾琦等仇恨共产党的程度与共产党在民众势力增长的程度为正比例。"①

第二,针对国家主义派以"阶级划分,争斗益烈,国内混乱时局无法廓清,而国际干涉的惨祸终难幸免"为由,对反对工农运动、反对阶级斗争的论调进行了批判。《中国青年》认为,工农阶级是国民革命的主力军。要取得国民革命的胜利,必须首先注重广大的工农群众的阶级利益,决不能牺牲革命主力军——工农阶级的利益"去博取那些反革命或怕革命危险的士商阶级的同情"。国家主义派反对共产党主张阶级斗争的险恶用心,就是要拿国家的观念压倒阶级的观念,是想"欺骗无产阶级,一方面要无产阶级受资产阶级之利用,帮着反对妨害他们发展的外国资本主义;一方面又想使无产阶级的眼光注意到排外,因而自甘忍受本国资产阶级的压迫,而不努力于谋自己阶级利益的争斗",使无产阶级"无法抵抗国民革命以后资产阶级的反动"。

第三,对于国家主义派以"外争主权、内除国贼"之名而反共反苏之实的反动本质,进行了批驳。《中国青年》指出,中国革命需要世界无产阶级的援助。这与帝国主义的侵略是有着本质的区别的。国家主义派最恨最怕的,不是英国、日本,而是一切帝国主义所痛恨的俄国,这只能说明国家主义派的反动。针对国家主义派反"共产"、反"赤化"的叫嚣,《中国青年》指出,事实上中国还未"赤化",就早已被帝国主义一致共管了。反帝爱国的"赤化"运动正是这场运动的先锋军,"倘若中国民众一天是革命的,他们便一天不能离开共产党,共产党便也不能舍民众而去——共产党是植基于革命民众之

---

① 张梓湘:《国家主义是什么》,《中国青年》第 133 期,1926 年 9 月 7 日。

上的,离开民众,共产党便没有存在的意义了。"①

《中国青年》还列举大量事实,指出国家主义者空喊"全民革命",却没有亲身做一点维护国家的工作。他们最大的努力,只是反对共产主义,而对帝国主义的侵略、军阀政府的腐败,不但不予揭露,反而全力支持、大加赞颂。他们是"抬外国资本主义的轿夫",是"保护洋资本家的卫队",是中国最反动势力的结合体。

经过《中国青年》的有力批判和彻底揭露,到1926年下半年,许多国家主义的团体纷纷瓦解,一些受骗青年开始"从国家主义中觉醒过来"。风行一时的国家主义,最终被广大青年所抛弃。曾琦、李璜等国家主义派的少数头目,则公开投入帝国主义和反动军阀的怀抱。

批判戴季陶主义

戴季陶早年曾追随孙中山参加反对北洋军阀的斗争,1920年他曾是上海的共产党早期组织的参加者之一。国共合作后,随着革命阵营内部阶级斗争的日益激化,戴季陶逐渐转向大地主大资产阶级方面,成为国民党新右派的一个重要理论家。他发表文章,写小册子,到青年中去讲演,疯狂地从事反共宣传活动。1925年5月,在国民党一届三中全会上,他建议以"建立纯正的三民主义"的中心思想作为国民党的"最高原则",还抛出《国民革命与中国国民党》《孙文主义之哲学的基础》等小册子,用所谓"孙文主义"来反对阶级斗争,反对国共合作,反对孙中山的新三民主义,要求加入国民党的共产党员、共青团员"脱离一切党派,作单纯的国民党党员"。这些思想言论被称为戴季陶主义,其实质是资产阶级反共、破坏统一战线和国民革命的一个重要表现。

1925年8月,恽代英在《中国青年》撰文批判戴季陶提出的孙

---

① 《中国青年》第102期,1925年11月20日。

中山的三民主义是继承了中国固有文化的谬论,驳斥了戴季陶的所谓的不相信中国固有文化价值,便不能创造文化,便不能进行革命的错误观点。同月,《向导》周报社出版瞿秋白的《中国国民革命与戴季陶主义》,对戴季陶的谬论进行了系统的批判。据说,这本小册是在一天夜里写成的。

9月1日,施存统在《中国青年》发出《评戴季陶先生的中国革命观》,揭露戴季陶"抹煞C.P.(共产党)与C.Y.(共产主义青年团)加入国民党后扩大国民党促进国民革命的功绩,而只一味以挑战的态度,用离间、挑拨、造谣的手段,来损害C.P.与C.Y."。这"不但做了资产阶级的工具,并且会做了帝国主义与军阀的工具"。① 同月,共青团中央三届二次扩大会议指出:"国民党右派戴季陶的阶级调和论调,已影响及于青年学生,甚至于我们的同志也受其影响,这就是对于我们一个极重要的警告。"会议要求"以后本团应在党的指导之下,与一切妨碍无产阶级斗争的反动思想奋斗,在各种行动斗争中,去批判反动思想的错误"②。

在批判戴季陶主义的斗争中,毛泽东的《中国社会各阶级的分析》在1926年3月13日出版的《中国青年》第116期上正式发表。文章指出,戴季陶的"真实信徒"叫嚷,"举起你的左手打倒帝国主义,举起你的右手打倒共产党","这两句话,画出了这个阶级的矛盾惶遽状态","这个阶级的企图实现民族资产阶级统治的国家,是完全行不通的",因为在当时世界上革命和反革命两大势力相对抗的局面下,"那些中间阶级,必定很快地分化,或者向左跑入革命派,或者向右跑入反革命派,没有他们'独立'的余地。所以,中国的中产阶级,以其本阶级为主体的'独立'革命思想,仅仅

---

① 中国新民主主义青年团中央委员会办公厅编:《中国青年运动历史资料》第2册,内部资料1957年印行,第276、278页。
② 中国新民主主义青年团中央委员会办公厅编:《中国青年运动历史资料》第2册,内部资料1957年印行,第314页。

是一个幻想。"①

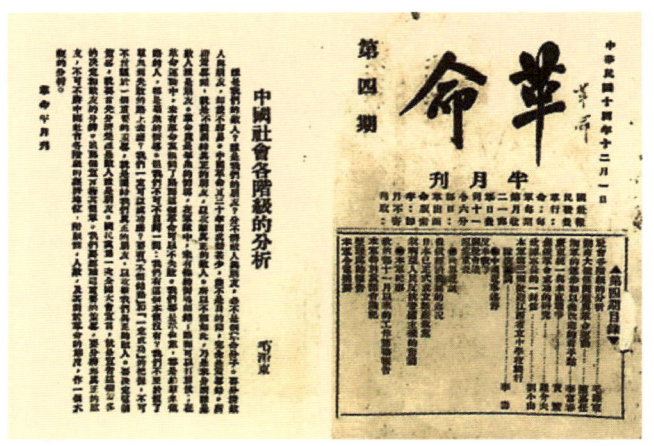

毛泽东为反对当时党内存在着的两种倾向而写的《中国社会各阶级的分析》，最早发表在国民革命军第二军（李富春任该军副党代表兼政治部主任）司令部编印的《革命》半月刊上，时间为1925年12月1日。

文章还对中国的工人阶级、小资产阶级和半无产阶级的经济地位和政治态度进行了分析，最后回答了"谁是我们的敌人，谁是我们的朋友"这个首要问题。毛泽东告诉青年："一切勾结帝国主义的军阀、官僚、买办阶级、大地主阶级以及附属于他们的一部分反动知识界，是我们的敌人。工业无产阶级是我们革命的领导力量。一切半无产阶级、小资产阶级，是我们最接近的朋友。那动摇不定的中产阶级，其右翼可能是我们的敌人，其左翼可能是我们的朋友——但我们要时常提防他们，不要让他们扰乱了我们的阵线。"②

中国共产党和共青团对戴季陶主义的批判，取得了很大的成绩。戴季陶本人都承认他的小册子一出版，就立刻受到"很大的攻击"，他的同伙"一半是忍气吞声，一半是委曲求全"。这也可说明革命的舆论压倒了戴季陶的反动叫嚣。

---

① 毛泽东：《中国社会各阶级的分析》（1925年12月1日），《毛泽东选集》第1卷，人民出版社1991年版，第4—5页。
② 毛泽东：《中国社会各阶级的分析》（1925年12月1日），《毛泽东选集》第1卷，人民出版社1991年版，第9页。

争夺学生运动领导权

青年群体历来就是各种政治力量争取的重要对象。为了反对右派势力争夺学生运动领导权,在中共两广区委学生运动委员会领导下,1926年7月,中华全国学联第八次全国学生代表大会在广州国立广东大学召开。出席会议的有北京、上海、四川、福建等21个地区学联的54名代表。

为了统一全国学生运动,组织全国学生力量共同对敌,大会提出了统一学生运动的联合战线口号,即组织统一、主张统一、行动统一。大会认为,要使全国学生投入反帝反军阀的民族革命运动中去,必须摒弃一切党派、主义的争持于学生联合会工作之外,同时容纳任何派别的学生于整个的学生联合会之中。必须维护学生运动的团结和统一,"决不能因学生个人间主义、宗教、思想之不同而影响到整个的学联会对外共同奋斗之进行;同时,我们尤不可在学生运动中存在着排斥某一党、某一派的观念或提出排斥某一党、某一派的口号"[①]。大会强调指出:在目前"反动势力业已看到中国学生运动不是'开除政策'或'屠杀政策'所能镇压下去的"[②],因而他们采用诱惑少数学生组织"各大学同志会"等来分裂学生运动,破坏学生运动。

为挫败敌人的阴谋,大会强调了统一全国学生运动的重大意义,并制定了统一学生运动的具体实施办法,从而巩固和扩大了学生运动的统一战线,使广大学生团结在民族革命的旗帜下,共同对敌,与企图分裂学生运动的右派、醒狮派、戴季陶主义者开展了斗争。

---

① 《中华全国学生联合会第八次全国代表大会文件》,中国新民主主义青年团中央委员会办公厅编:《中国青年运动历史资料》第3册,内部资料1957年印行,第181页。
② 《中华全国学生联合会第八次全国代表大会文件》,中国新民主主义青年团中央委员会办公厅编:《中国青年运动历史资料》第3册,内部资料1957年印行,第181页。

同孙文主义学会的对抗

黄埔军校是国共两党合作的产物,自然也就成为左、右两派青年交锋激烈的场域,这突出表现为青年军人联合会与孙文主义学会的对抗。

中国青年军人联合会第一次代表大会合影。前排左四是胡秉铎,左五是周逸群。

1924年,黄埔军校内成立由共产党员和革命学生组织的团体火星社。蒋先云、陈赓等为该社的骨干。1925年初,国民党黄埔军校特别党部改选,火星社发起竞选活动。当选的党部执行委员几乎全是共产党员,蒋介石竟因票少而没有当选。同时,在周恩来的积极推动下,黄埔军校成立了中国青年军人联合会,成员都是军校的共产党员、共青团员和进步青年军人,蒋先云、周逸群等为骨干。联合会积极宣传中国共产党的政治主张,宣传孙中山的新三民主义,组织和领导广州地区的反帝群众运动,出版《青年军人》《中国军人》《兵友必读》等刊物,并在广东各军中积极发展组织。同年4月,广州的会员即达2 000多人。张秋人曾在《中国青年》著文对该会加以介绍,指出广州的青年军人联合会是一革命青年的组织,它正努力从事三个方面的工作:(1)发动一切被压迫的民众,向帝国主义和军阀进攻;(2)深入士兵群众,启发他们的阶级觉悟;(3)努力同工农群众结合,组成严密的联合战线①。

为了与青年军人联合会对抗,在蒋介石暗中支持下,1925年4月,国民党右派在黄埔军校成立孙文主义学会,主要成员有贺衷寒、缪斌、王柏龄、戴季陶、冷欣、林振雄、陈诚以及当时虎门要塞司令陈肇英,海军将领陈策、欧阳格,广州市公安局局长吴铁城等。学会分子以黄埔军校和中山大学为主要活动地点,并在上海、北京、南京等地积极发展组织。他们出版的刊物有《国民革命》《孙文主义丛刊》等,叫嚣中国"用不着""马克思的无产阶级革命"。中国革命必须以"孙文主义为基础"。他们还常常借故向青年军人联合会会员寻衅,甚至进行辱骂和殴打。

中国共产党领导下的青年军人联合会,与孙文主义学会进行了针锋相对的斗争。他们在广东的湘军、粤军、滇军中积极发展会员,与孙文主义学会相对抗。但由于大革命后期中共领导人的妥协退让,1926年3月,蒋介石通过"中山舰事件"窃夺了国民革命军第一军的军权。随着共产党员被迫全部撤出第一军和黄埔军校,青年军人联合会也被迫解散。同年4月20日,孙文主义学会也自动解散。

五、逆境中的青年抗争

1927年4月12日,蒋介石突然在上海发动反革命政变,革命力量受到严重摧残。除武汉革命政府所辖的少数地区外,其他地区都处于白色恐怖之中,大批共产党员、共青团员和革命群众遭到屠杀、逮捕。正当共产党人在武汉商议、争论对策之际,7月15日,汪精卫集团以"分共"的名义,正式与共产党决裂,随后对共产党员、革命群众实行大逮捕、大屠杀。至此,国共合作全面破裂,由国共两党合作发动的大革命宣告失败。

作为青年运动领导核心的共青团,遇到了比以往任何时候都更

---

① 《中国青年》第74期,1925年4月11日。

为严重的困难,许多青年运动领导人被杀害,各级团组织被破坏,共青团员由 3.5 万人减少到 1.5 万人,团的组织和活动被迫转入地下。各地的学生组织被反动势力占据,劳动童子团几乎完全溃散。革命青年队伍也出现了严重分化。

但是,真正革命的青年,没有因为革命遭受挫折而动摇,没有被国民党新军阀的屠杀所吓倒。他们掩埋了战友的尸体,擦干了身上的血迹,继续跟着共产党,用武装斗争迎接新的革命高潮。其实,1927 年 5 月在党的五大闭幕后的第二天就召开的共青团四大,已经明确指出:"本团是无产阶级青年的革命组织,他应当在党的指导之下,吸引广大的劳动青年群众,参加革命的斗争,同时在这些斗争中去养成他们的共产主义者的精神。"①大会指明今后学生运动的主要方针是到群众中去——到农村中去,到军队中去。

红色暴动中的革命青年

1927 年 8 月 1 日,在以周恩来为书记的中共中央前敌委员会领导下,贺龙、叶挺、朱德、刘伯承等率领党所掌握和影响的军队两万多人,在南昌城头打响了武装反抗国民党反动派的第一枪,许多共青团员、革命青年、黄埔军校学生、农讲所学员参加了南昌起义。

8 月 7 日,中共中央在汉口秘密召开紧急会议(即八七会议),共青团中央负责人任弼时、李子芬、杨善南、陆定一出席了会议。会议批判了大革命后期党内以陈独秀为代表的右倾机会主义错误,确定了土地革命和武装反抗国民党反动派的总方针。随后,团中央在汉口召开驻汉全体中央委员会议,传达八七会议精神,指出今后青年运动的中心任务是,努力帮助党实行新的政策,积极参加武装暴动和土地革命;要求全团积极协助党搞好湘、鄂、粤、赣四省的秋收起义。

---

① 中国新民主主义青年团中央委员会办公厅编:《中国青年运动历史资料》第 3 册,内部资料 1957 年印行,第 442 页。

第三章 / 以"革命"的名义集结青年

9月9日,以毛泽东为书记的中共湖南省委前敌委员会发动湘赣边界秋收起义。起义部队中的青年官兵、安源煤矿的青年工人以及萍乡、醴陵、平江、浏阳的青年农民在起义中冲锋陷阵,英勇杀敌。起义受挫后,革命青年跟随毛泽东上井冈山,走上了以农村包围城市、武装夺取政权的革命道路。随着井冈山革命根据地和工农红军第四军的创建,相继恢复、重建了边界各地和红军的团组织。

广州苏维埃政府成立,29岁的张太雷代理主席。青春之血化作苏维埃旗帜上那一抹最鲜艳的红。

12月11日,中共广东省委书记张太雷和叶挺、恽代英、叶剑英等领导发动广州起义。起义前,共青团广东省委发出《告青年士兵警察和保安队书》,召开青工大会进行动员和部署,并组织宣传队到工厂农村扩大宣传。当天凌晨3点,赤卫队、少年先锋队与工人一起走上街头,高呼暴动口号,包围敌人各个机关驻地,展开了英勇搏斗。当天上午成立广州苏维埃政府,广大青年学生自动组成苏维埃政府宣传队,少先队自觉维持治安。在广州起义中,近6 000名起义者壮烈捐躯,其中绝大多数是青年人。在殊死的血战中,张太雷不幸中弹牺牲。年仅19岁的教导团女班长游曦率领全班战士坚守街垒,"人在红旗在",直到最后全部壮烈牺牲。起义失败后,起义领导人之一周文雍和中共两广区委妇女委员陈铁军不幸被捕,他们在就义前举行"刑场上的婚礼",一时传为佳话。

在革命低潮和敌强我弱的形势下,虽然大部分起义遭到挫折和失败,但广大革命青年在起义中表现出了前赴后继、百折不挠的斗争精神和跟着党探索中国革命道路的顽强意志。

在复仇烈焰遍地燃烧的情形之下,相当一部分人包括中共中央负责同志的头脑都在发热,于是制订的暴动计划越来越"左"。不少共青团干部也混淆了民主革命和社会主义革命的性质,认为革命形势仍在不断高涨,革命要以城市为中心;把暴动同一般斗争混同起来,认为一切斗争都要转变为武装暴动,暴动可以不计后果,也不一定夺取政权。所以在行动上,表现得比党更"左",不顾自己力量的强弱,不顾群众的情绪和要求,简单地去组织暴动。盲动主义使大革命受挫后青年运动保存下来的有生力量,又遭到了无谓的损失。

对团内这些盲动主义的错误,1927年12月周恩来在中共临时中央政治局会议上批评说,"共青团实有无动不暴的意见","将变成冒险主义"。1928年1月,时任团中央总书记的任弼时在《无产青年》发表《对于暴动问题的意见》,对"一切斗争皆成暴动"的观点进行了严肃的批评。团中央1928年2月作出决议,批评"这些盲动主义者往往只懂得暴动准备在军事上技术上的意义,而忽视了在组织上与政治上去准备暴动的重要工作,这完全是一种小资产阶级拼命走险心理的表现,直等于玩弄暴动"[①]。

盲动主义错误一开始就受到共产党和共青团内许多同志的抵制和批评,因而在1928年4月就基本上被克服了。

国统区青年运动的复苏及曲折

国民党于1928年底在形式上统一了中国之后,好景不长,新军

[①] 中国共产主义青年团中央委员会办公厅编:《中国青年运动历史资料》第4册,内部资料1957年印行,第15—16、48页。

阀内部连续爆发了蒋桂战争、蒋冯战争和中原大战,教育经费不断缩减,教育内容日趋复古反动,许多学校改为兵营,学生和青年知识分子一批批地失学失业,给工农大众和青年学生带来严重灾难。广大学生从消沉、苦闷、失望中和反动派的压迫下逐渐奋起,重新投入反抗国民党新军阀的革命斗争。

在上海学联带领下,有着光荣传统的上海青年学生,首先在1929年的红五月里活跃起来,广大学生英勇捣毁了镇压学生运动的整理委员会,在五九国耻纪念日,举行了万人游行示威和群众大会,接着,建立了上海青年反帝大同盟,公开举起反抗国民党、争取青年切身利益的旗帜,连续举行了数万人参加的五卅大示威、六二三沙基惨案纪念大会、八一大示威、九一大示威,自动启封了被封闭的学校,并在斗争中建立了工会青工部、童子团、学徒队。台湾革命青年团、朝鲜青年同盟也投入了这一斗争。

在河北地区,青年学生反军阀怒火也凶猛地燃烧起来。1928年上半年,阎系军阀实行"大学区制",强行将北平九所国立学校合并为京师大学,激起全市学生强烈反抗,纷纷集会示威、通电,并向北平、南京当局请愿。各校还组织了救校敢死队、武力护校队。反动当局虽然进行了暴力镇压,但在广大师生的不屈斗争下,终于在1929年暑假,宣布取消了"大学区制"。

东北三省青年学生反对国民党和奉系军阀的斗争也愈演愈烈。1929年11月9日,为纪念哈尔滨抗路大屠杀[①]一周年,哈尔滨5 000多名学生走上街头,举行示威游行,国民党出动军警逮捕了

[①] 1928年11月9日,哈尔滨的大学、中学和部分小学的学生5 000余人上街游行示威,要求当局废除张作霖与日本签订的出卖东北路权的《满蒙新五路协约》,遭到军警镇压,重伤8人,轻伤140人,住院43人,史称"一一九惨案"。这一事件打乱了日本掠夺中国东北路权的计划,推迟了修筑"五路"的进程。此后,日本虽然又采取各种手段兑现所谓《满蒙新五路协约》,但是,慑于东北人民的强烈反对,日本帝国主义开工修筑"五路"的野心终未能得逞。

30余名学生骨干。团中央发出紧急通告①,号召全国青年声援这场斗争,推动了东北青年革命运动的进一步开展。

1929年11月7日,厦门集美学生总会领导学生举行了反抗国民党强迫军事教育和反对帝国主义的大示威,遭到国民党军阀镇压。于是厦门大学、集美学校、漳州各中小学学生纷起罢课、示威,抗议国民党的白色恐怖,最后扩大为全省学生反对国民党的斗争。

广大学生争取民主自由、反对教育腐败斗争的兴起,进一步提高了他们的革命积极性,政治上日益要求摆脱国民党的统治和影响,思想上出现了研究社会科学的热潮。这时,介绍、研究马列主义政治经济的书籍不断增多,特别是上海"各书店老板拼命发行社会科学丛书,便是学生群众思想逐渐转变的反映"②。

从1930年开始,"左"倾错误占据领导地位。在斗争中,不顾敌我力量的悬殊,不考虑青年的觉悟和要求,不看形势和时机是否有利,强令团员青年经常地、无条件地举行罢课、罢工、游行示威、"飞行集会",给革命力量带来了严重损失。

左翼青年在上海

四一二反革命政变之后,革命暂时处于低潮。一大批革命的思想文化工作者,从北伐前线,从武装起义的战场,从海外,带着满身尘烟,陆续聚集于上海,开展革命文化活动。1930年3月,中国左翼作家联盟(简称"左联")在上海窦乐安路233号(今多伦路201弄2号)中华艺术大学成立,旗手是已成为共产主义者的鲁迅。参与左联发起和领导工作的冯雪峰、夏衍、钱杏邨(阿英)、瞿秋白、周扬、潘汉年,在1930年时的平均年龄只有26岁。继而,又成立了左翼

---

① 《团中央通告五字第七十二号》(1929年12月5日),中国共产主义青年团中央委员会办公厅编:《中国青年运动历史资料》第6册,内部资料1958年印行,第526页。
② 《学生运动的现势与我们目前的任务》(1929年9月28日),中国共产主义青年团中央委员会办公厅编:《中国青年运动历史资料》第6册,内部资料1958年印行,第347页。

社会科学家、戏剧家、美术家、教育家联盟以及"电影、音乐小组"及其他左翼团体,形成一支浩浩荡荡的文化新军。后来,在这些左翼团体的基础上,组织了中国左翼文化总同盟,共同接受中共文化工作委员会的领导,开始了中国共产党有组织地领导革命文化的新阶段,掀起了蓬蓬勃勃的左翼文化运动。著名的左联五烈士,就是这场运动的优秀青年代表。

鲁迅一向喜欢青年、爱护青年、鼓舞青年。面对无情的屠杀,他愤然拿起手中的笔予以坚决还击。

烈士李伟森,又名李求实,曾任团中央宣传部部长、团广东省委书记,参加了广州起义的领导工作。起义失败后即到上海投入革命文学运动,参加左联的领导工作。他一面从事共产党的理论宣传工作,编辑中共中央机关报《红旗日报》;一面翻译《朵思退夫斯基》《俄国农民与革命》《动荡中的新俄农村》等著作。

另一位烈士殷夫,即白莽,早在14岁时就开始写诗,在四一二反革命政变中因参加学生运动被逮捕。保释出来后,参加了太阳社,并领导青年工人运动,写出《归来》,开辟了政治抒情诗的新天地。后来,参加了团中央机关工作,编辑《列宁青年》,同时主编上海青年反帝大同盟机关刊物《摩登青年》,先后在《列宁青年》上发表了28篇作品。他的著名的红色鼓动诗有《五一歌》《伟大的纪念日》

《我们是青年的布尔什维克》《给新时代的青年》等，表现了无产阶级的战斗激情、革命者不怕流血牺牲的精神和战斗的信念。鲁迅为他的诗集《孩儿塔》作序，赞许说："这是东方的微光，是林中的响箭，是冬末的萌芽，是进军的第一步，是对于前驱者的爱的大纛，也是对于摧残者的憎的丰碑。"①

其他三位烈士柔石、胡也频、冯铿，都有一些有影响的作品，如柔石的小说《旧时代之死》《三姊妹》《二月》《希望》，胡也频的小说《到莫斯科去》《光明在我们的前面》，冯铿的小说《最后的出路》《红的日记》等。

大批投身于左翼文化运动的青年注意深入劳动人民，反映社会的黑暗，劳动人民和贫苦小资产阶级的痛苦和要求，在作品的题材和形式上都有了新的发展和创造，给文坛带来新气息。35 岁的左联成员茅盾开始创作长篇小说《子夜》，出版后三个月内重印四次，在当时是少见的。29 岁的进步青年作家巴金创作出版长篇小说《家》，在社会上产生广泛影响。33 岁的夏衍负责成立电影小组，先后拍出《春蚕》《渔光曲》《新女性》《风云儿女》等著名电影。23 岁的青年作曲家聂耳根据田汉歌词创作的《义勇军进行曲》，广为传唱。创作《毕业歌》《大路歌》《五月的鲜花》《松花江上》等表达抗日救亡强烈诉愿歌曲的，也都是左翼的青年文艺战士。

左翼文化运动是中国共产党在思想文化战线上向国民党进行斗争的重要方式，在宣传、动员、组织民众和青年，传播马列主义和中共方针政策，揭露国民党法西斯统治，推动国统区革命运动的深入上发挥了重要作用。同时促进了青年思想上、政治上的成熟，为一二九运动的爆发作了准备。

国民党反动派在对革命根据地进行军事"围剿"的同时，在其统治区也发动了文化"围剿"。到 1931 年 4 月，被禁书刊就有 228 种，

---

① 鲁迅：《白莽作〈孩儿塔〉序》，《鲁迅全集》第 6 卷，人民文学出版社 2005 年版，第 512 页。

后来竟达 676 种①。还采取法西斯手段和恐怖政策,封闭进步社团及其出版部门、书店,捕杀进步青年和左翼文化工作者。1931 年 2 月,如前所述的左联五位青年作家被国民党秘密杀害。为此,鲁迅写下《中国无产阶级革命文学和先驱的血》《为了忘却的记念》等文章,揭露和抗议国民党勾结帝国主义杀害革命青年的罪恶,还写下诗句"忍看朋辈成新鬼,怒向刀丛觅小诗"②,深深寄托着自己的哀思和对国民党法西斯行径的愤慨。

六、红色苏区的青年洪流

红色苏区是未来国家的雏形,是未来社会的试验田,是中国共产党创造的一个崭新的世界。青年无疑最先成为新社会新秩序的创造者,也是新权益的主要享受者。红色苏区的青年运动与中国共产党的建设与斗争形成交互影响的二重奏,成为中国青年运动新形态的初步探索。

苏区青年的权益

中共直接领导下的农村革命根据地,建立了苏维埃政权,实现了工农民主专政。广大青年翻身做了主人,一方面,积极为根据地建设作出自己的贡献;另一方面,通过新的体制机制实现在政治上、教育上的权益。

1930 年 5 月,全国苏维埃代表大会作出决定,在根据地首先为青年谋取"最低限度的政治上、经济上、教育上之解放",并"将随着全国苏维埃政权的经济的巩固及其发展而逐步改善"。③ 随着农村革命根据地的创建和发展,广大劳动青年在政治上获得了民主和自

---

① 见 1936 年 8 月,国民党中宣部秘密印发的《取缔社会科学反动书刊一览》。
② 鲁迅:《为了忘却的记念》,《鲁迅全集》第 4 卷,人民文学出版社 2005 年版,第501 页。
③ 《全国苏维埃代表大会告青年书》,中国共产主义青年团中央委员会办公厅编:《中国青年运动历史资料》第 7 册,内部资料 1959 年印行,第 607—608 页。

由，16岁以上的青年获得了一切政治权利，有参加苏维埃政府的选举权和被选举权，有监督苏维埃政府工作人员的权利，有言论、出版、集会、结社的自由。在经济上，解除了青少年遭受的剥削和压迫，保障了青少年的利益。劳动法规定青少年与成年人同工同酬，16岁至18岁青工每日工作6小时，14岁至16岁童工每日工作4小时，严禁雇用14岁以下的儿童；农村的劳动青年分得了土地和房屋。在文化上，青少年获得了受教育和娱乐的机会。

在文化教育方面，苏维埃政府普遍对青少年开展了识字扫盲和红色体育运动，大量兴办列宁小学、补习夜校、识字班，同时创办了农村俱乐部、工农剧社、歌舞团、图书室等群众文化阵地，用一切办法对青少年进行良好的教育和训练。在群众性的识字运动中，共青团动员绝大多数青少年参加识字组，还协助教育部门编写了许多思想性知识性融为一体、文字通俗生动有鼓动性的识字课本，把识字同启发群众阶级觉悟，进行武装斗争、土地革命和政权建设等政治思想教育的内容密切结合起来。

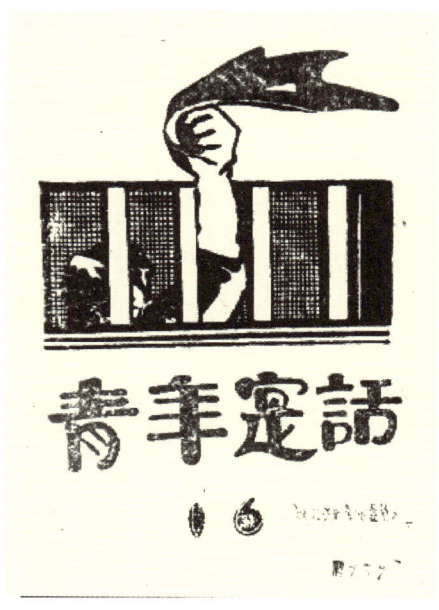

1931年7月1日，共青团苏区中央局的机关刊《青年实话》创刊。陆定一、魏廷群先后担任主编。主要撰稿人有顾作霖、凯丰、曾镜冰、张爱萍、陈丕显、肖华、刘志坚等。1933年初，上海团中央局迁入苏区与团苏区中央局合并后，《青年实话》成为团中央机关刊。

由共青团、少先队直接主办的俱乐部和红色体育运动也蓬勃开展。乡村俱乐部设体育、读书、墙报、晚会等小组,定期组织阅读《斗争》《红色中华》《青年实话》和党团文件,积极排演新戏。少先队中央总队部还编辑了《少队游戏》《少队体育》,作为各级少先队游戏体育的基本训练教材。

毛泽东(右一站立者)在第二次全国苏维埃代表大会上发言。

1934年1月,毛泽东在第二次全国苏维埃代表大会上指出,苏维埃文化教育总方针,"在于以共产主义的精神来教育广大的劳苦民众","教育要为革命战争与阶级斗争服务",要"使教育与劳动联系起来"。并且在青年和广大群众中,倡导和开展扫除文盲运动、农村俱乐部运动、红色体育运动和兴办工农剧社、歌舞团、图书室等,使广大青年受到良好的教育和锻炼,成为苏区一支朝气勃勃的突击队。

参与建设苏区

新生的苏维埃政权代表和关心工农劳动群众和青年的根本利益,得到了根据地青年的热烈拥护,他们以主人翁的姿态积极参加苏维埃的各项工作,勇敢地保卫红色政权,帮助政府实现一切决议,还通过"轻骑队"监督苏维埃的工作。轻骑队是共青团在发动青年积极参加苏维埃政权建设活动中成立的,检查政府执行法令和代表群众利益的情况,监督政府工作人员是否官僚腐化和脱离群众,揭露坏人坏事的群众性的青年监察组织。1931年在根据地出现后,共青团苏区中央局即利用这一有效形式,在各根据地普遍推广,扩大它的战斗作用。

在打土豪分田地的斗争中,农村青年勇敢地向地主阶级进行清算斗争,大胆地同瞒田、转移田、分田不均等现象作斗争;还帮助红军和政府调查户口,登记土地,评定土地等级,划分阶级,斗争和镇压恶霸地主,分配胜利果实,保证了分田工作顺利进行。

团组织和少先队还组织少先队员、儿童团员站岗放哨,监督地主富农分子的破坏活动,观察监视敌特的行动,把根据地布置成敌人钻不进跑不掉的天罗地网。同时,共青团还经常组织青少年学习苏维埃政府的土地法、劳动法、选举法、文化教育法等各种法令,帮助青少年了解根据地的政策和法令。

为了支援战争,改善人民群众的生活,共产党和苏维埃政府以极大的力量领导了根据地的经济建设。广大团员青年加紧春耕生产和秋收秋种,不让寸土放荒,力争多打粮食;带头组织互助合作,进行生产自救;踊跃捐献和收集破铜烂铁;宣传动员群众积极入股,扩大工农银行股金;帮助政府收缴税款,打击奸商和高利贷。

在国民党对根据地实行大规模军事"围剿"和经济封锁的形势下,共青团号召根据地青少年"一切为了前线",多种一棵菜,多打一升豆、一斗粮,支援红军打胜仗。在敌机不断空袭和骚扰下,青少年不畏艰险加紧生产,有时夜间打着灯笼火把进行耕种、收获。

苏区中的青少年组织

在刚刚创建的农村革命根据地,共青团组织(当时习惯上称"少共")起初和中共一样,是秘密的,随着根据地的发展巩固而公开。

团的组织对团员的要求很高,不但要承认和执行中国共青团的纲领和章程,还要承认和执行青年共产国际的纲领和章程,入团要履行严格的手续,当时入团誓词和入党誓词一样,都是"严守秘密,服从纪律,牺牲个人,阶级斗争,努力革命,永不叛党"。

随着土地革命的深入,红军和根据地的不断壮大,共青团组织也迅速壮大起来。到 1930 年 10 月,根据地的团员发展到 10 万人。村、乡、区、县都建立了各级委员会。少年先锋队是根据地共青团组织直接领导下的"工农劳动青年的群众的半军事性的阶级自卫组织","是红军的后备队"①。凡承认队章,年龄 16 岁至 23 岁的劳动青年皆可加入。在不足 300 万人的中央革命根据地内,1930 年少先队员就达 30 万人;1931 年时湘鄂赣根据地的少先队员超过 10 万,湘鄂西根据地有少先队员 14.5 万。

根据毛泽东 1930 年在兴国县的调查,凡有一个赤卫大队的地方,就有一个少队,不分男女,年龄 16 岁至 23 岁。有一个赤队及少队的地方,就有一个劳动童子团。不分男女,年龄 8 岁至 15 岁。每村一个团长。"童团的工作:第一是放哨,第二是检查烟赌,第三是破除迷信打菩萨。童团查烟赌打菩萨很厉害,完全不讲人情,'真正公事公办'。"②

为了鼓舞红军士气,保证红军作战和生活物资的供给,以及保证红军家庭的生活和生产,1931 年 2 月 19 日,共青团中央决定开展"共青团员的礼拜六"活动,"在休息日(星期、假日)动员一切的团员来做一定的工作(如搬运粮食、掘战壕、运枪械,及女团员来缝制军衣、军鞋、修补军装等)"③。此后,一个以拥军优属为主要内容的

---

① 《苏维埃区域少年先锋队章程》(1932 年 5 月 5 日),中国共产主义青年团中央委员会办公厅编:《中国青年运动历史资料》第 10 册,内部资料 1960 年印行,第 518 页。
② 毛泽东:《兴国调查》(1930 年 10 月),《毛泽东军事文集》第 1 卷,军事科学出版社、中央文献出版社 1993 年版,第 178 页。
③ 《团在苏区中的任务决议》(1931 年 2 月 19 日团中央局通过),中国共产主义青年团中央委员会办公厅编:《中国青年运动历史资料》第 9 册,内部资料 1960 年印行,第 57 页。

"共青团员的礼拜六"活动是共青团在苏区开展的为数不多的公开活动

"共产青年团礼拜六"活动蓬勃开展起来,并且由全体团员发展到全体青少年,最后在各根据地的各级党、政、后方军事机关、其他群众组织的全体工作人员中普遍推广。

1931年11月,苏维埃第一次代表大会通过《中国工农红军优待条例》后,共青团苏区中央局强调要求"礼拜六工作的主要内容,是帮助政府实现优待红军条例——耕作红军公田,帮助红军家属耕田,帮助红军的运输与收买粮食等"[①]。从而把团的活动和政府中心工作结合起来。为了全力支援红军,支援前线,解除红军后顾之忧,各级团组织、少先队、儿童团按照居住条件,组织耕田队、生产队,包耕包收,组织服务队定期登门挑水、打柴、做饭。经过广大青少年的努力,到1932年底,根据地红军公田收获粮食两万担。第五次反"围剿"失利后,礼拜六活动被迫中断了。

根据地除了共青团、少先队外,还建立了农会青年部、工会青年

[①]《苏区团第一次代表大会政治决议案》(1932年1月),中国共产主义青年团中央委员会办公厅编:《中国青年运动历史资料》第10册,内部资料1960年印行,第124页。

部、反帝大同盟青年部、妇联青妇部、轻骑队、儿童团等一批青少年组织和机构,更广泛地把根据地的青少年团结和组织起来。

红军中的青年工作

红军中的建团,早在党的六大上就作出了明确规定。但由于取消主义的影响,1930年5月以前,红军团组织还比较薄弱。后经党、团中央和青年共产国际的指示,到1930年11月,师以下单位均建立了团委,军以上在政治部设立了青年部,从而在红军中形成了团的组织和工作部门。为了进一步加强对根据地青年运动的领导,使共青团工作适应根据地蓬勃发展的需要,1931年初,团中央正式设立了共青团苏区中央局,顾作霖任书记。以后又创办了机关报《青年实话》和列宁团校,从而统一和健全了根据地内共青团的组织机构和领导体制,为根据地青年运动的广泛开展提供了组织保障。

1929年,毛泽东作为红四军前委书记,要求红军的前委、纵委都设立五人之青年工作委员会,支队委和支委则各设立一个青年委员,在各级党组织领导下从事青年工作。他还确定了青年士兵的教育工作的原则和方法。他要求红军每个纵队都设立青年士兵学校,以政治部主任为校长,以宣传科长为校务主任。编写青年的识字课本,用红军斗争简史、革命故事以及红军与白军、共产党与国民党、苏区与白区的对比来教育青年。

随着共青团在红军中的建立和发展,青年工作日益成为红军建设和革命战争的一支骨干力量。无论是在残酷的战争中,还是在推动部队文化娱乐卫生活动里,共青团始终把巩固和提高部队战斗力作为自己的主要任务,组织战士完成上级号召的各项工作。在行军中,广大共青团员和青年团结群众,模范遵守三大纪律八项注意,发扬阶级友爱。在作战中,和共产党员一起"冲锋在前,退却在后",在完成战斗任务中发挥突击队作用。在整训时,他们努力学习,用功操练,并举办晚会,开展各种竞赛。分散驻防时,共青团员带领青年做群众的宣传教育工作,帮助地方建立和健全青少年组织。

在周恩来的热情支持下,红军总政治部青年部在全军青年中开展了"四不五要三努力"的竞赛活动,要求全军青年战士不抽烟,不喝酒,不怕苦,不掉队;要团结友爱,要遵守纪律,要讲究卫生,要搞好军民关系,要积极参加文体活动;努力提高政治觉悟,努力提高军事本领,努力提高文化水平,使政治工作适合青年特点,收到了显著效果。同时,共青团还在青年战士中办小报,编歌曲故事,建俱乐部,组织体育队,开展演剧、演讲等文化娱乐活动,丰富了战士的精神生活。在那十分艰苦的岁月里,共青团通过卓有成效的活动,巩固提高了红军的战斗力,成为党和政治工作部门不可缺少的有力助手。

据统计,到1933年,"红军中百分之五六十是年青人,其中百分之三十三是共青团员。在红军军官和政治领导人中,共青团员占绝大多数"[①]。

扩红与参战

作为红军主要兵源的广大青年,在根据地持续掀起了参军参战热潮,使中国工农红军得到源源不断的补充。当时,根据地的团员、少先队员和青年,把参加红军作为最神圣的职责,到处可以看到母送儿、父送子、妻送郎、兄弟同参军的动人情景。动员青年参加红军,成为共青团经常性的一项主要工作,各级团组织开展了热烈的各种形式的竞赛活动。许多团支部是整个支部的团员参加了红军,更多的模范少先队整排整连整营整团地到了红军部队,各地还选送了大批团干部到红军中去做政治工作。

为培养少先队真正成为红军的可靠后备军,根据地各级少先队

[①] 《中国共青团代表宋一平向共产国际第七次代表大会的报告》(1935年8月16日),共青团中央青运史工作指导委员会等编:《中国青年运动历史资料》第13册,中国青年出版社1996年版,第112页。

中还成立了模范少先队,是完全仿照红军编制,按班、排、连、营、团组建起来的不脱产的军事化组织,队员全是18岁以上的男性,身体强健,政治觉悟高,军事训练内容多,组织纪律要求严,主要承担作战任务,经常单独或配合红军和赤卫队在本地区或敌占区开展武装斗争。当时中央革命根据地的模范少先队员曾发展到十多万人。

为了不断壮大红军有生力量,保卫革命根据地,从1932年到1934年,根据地多次进行了大规模的扩军运动,共青团责无旁贷地承担了这个光荣而艰巨的任务。中央革命根据地所在的江西省一马当先,1 000多名省、县区团干部、少先队干部带头组建了工人模范师(青工)、少队模范师(兴国县少先队员),输送给红军部队。仅1933年5月,江西全省就有近10万新兵到军区报到。到1933年7月,福建共青团组织也动员了315个连的模范少先队上了前线。

各级团组织在动员青年踊跃参加红军的同时,还领导少先队参加一些较小规模的战斗,牵制或阻击小股敌人;或随同主力红军一同上前线,担任警戒,歼灭残敌,看守俘虏。

在第二、第三、第四次反"围剿"时,少先队中央总队部曾组织了三次较大规模的参战活动。第一次有十个少队模范连,第二次有六个少队模范连,第三次有七个少队模范团。1932年八九月间,第四次反"围剿"中,总队部从汀州、瑞金、兴国、赣县、万安等地调了七个少队模范团,组成少年先锋师,配合主力红军在黎川、邵武一带抗击敌人。虽然大部分人是第一次上战场,但表现了有我无敌的英雄气概,受到了朱德总司令的表扬。

1933年春,在国民党军队即将对中央革命根据地发动第五次"围剿"之际,"扩大红军,捍卫胜利果实""紧急动员起来,保卫革命根据地"成为党、团组织的战斗口号。在空前规模的扩红运动中,共青团中央根据红军总政治部的建议,于5月20日作出了《关于创立少共国际师的决定》,接着少先队中央总队部在瑞金召开了江西、福建、湘赣、粤赣等省少先队长联席会议,号召干部、团员、少先队员带头参军,用武装上前线的实际行动,保卫土地革命的胜利成果,粉碎国民党反动派的进攻。会后,创立少共国际师的滚滚热浪遍及整个中央革命根据地。

当十几岁的孩子扛枪战斗在第一线时,足见战争残酷的程度。这些少年义无反顾,为了心中的远大理想,甘愿流尽最后一滴血,他们是真正的少年英雄。

8月5日,少共国际师宣告成立。全师由1万多名青年组成,党团员占70%以上,战士平均年龄18岁左右,还有不少十四五岁的红小鬼。先后担任师长的陈光、吴高群、彭绍辉、曹里怀和政治部主任冯文彬都不过二十几岁,政委肖华才19岁。在中央军委的授旗典礼上,全师指战员宣誓:"我们是工农的儿子,高举着少共国际师的旗帜,要消灭帝国主义国民党,准备以最后一滴血,为着苏维埃奋斗到底。"[①]此后,少共国际师进入了紧张的集训。9月上旬,少共国际师开赴反"围剿"战场,一连打了几个胜仗,朱德、周恩来、杨尚昆致电嘉勉。以后,少共国际师在将军殿、团村、大脑寨等地进行了几十次战斗,仗仗打得英勇壮烈。在石城保卫战中,5 000余名少

---

① 《红色中华报》1933年8月22日。

共国际师的战士,血洒疆场,完成了掩护主力部队转移的任务。1934年10月,中央红军开始长征。遵义会议后,全军整编,少共国际师和红一军团合编。

中央红军长征后,蒋介石又策划了更加残酷的"川陕会剿"。为扩红西进,开发新区,中共川陕省委和红四方面军决定由少共川陕省委组建少共国际先锋师,以配合红军作战,完成策应中央红军北上、西渡嘉陵江、冲破"川陕会剿"的中心任务。1935年1月上旬,2 800多名由12岁至20岁的男女优秀团员、少先队员和部分儿童团骨干组成的少共国际先锋师在旺苍坝正式成立。短短八个月,先后参加了广昭战斗、强渡嘉陵江战役、牛角洞战斗,在保卫后方机关、宣传扩大红军、支援前线中,出色完成了党和红四方面军交给的任务。4月,少共国际先锋师随红军总部撤出川陕根据地,踏上了北上抗日的征途。

第四章　发出抗日救亡最强音

　　一个民族最严重的危险和最大的耻辱莫过于亡国灭种。对于近代中国而言，这一危险主要来自帝国主义的侵略。九一八事变之后，中国民众的危机感越来越强烈。如果民族生存无法保证，那么其他任何问题都无从谈起。当中华民族到了最危险的时候，呼吁政府当局停止内战、收复失地的大多是青年；开展抗日宣传、广泛发动民众的大多是青年；拿起武器冲锋陷阵、抵御外侮的大多也是青年。一时间，在中国共产党的热烈宣传和大力推动下，中华大地从城市到农村，从前线到后方，到处都有爱国青年为抗日而四处奔波的忙碌身影，到处可见热血青年慷慨赴国难的动人场景。广大青年在中华民族最危险的时候发出了时代的最强音。

一、抗争：从"九一八"到"一二八"

　　1931年9月18日，一直抱着独霸东亚野心的日本帝国主义发动了武装侵略中国东北的战争。正在调动兵力大规模"围剿"中国工农红军的蒋介石，基于对国家实力、民族意志和战争形势的片面判断，推行退让不抵抗的"攘外必先安内"的政策，激起了全国青年和学生的抗日反蒋怒潮。晚清以来，西方列强对于中国的领土，要么是通过"体面"的条约加以占领，要么掠夺之后就呼啸而去，像日本这样赤裸裸地通过武力长期霸占，之前是没有的，而此时的青年已不再是麻木的"华老栓"，而是经过五四运动和大革命洗礼的一代新青年。因此，不是青年爱愤怒，实在是"中华民族到了最危险的时候"了。

第四章／发出抗日救亡最强音

南京成为全国学生抗日救亡的中心

九一八事变之前,蒋介石于7月26日曾致电张学良:"现非对日作战之时,以平定内乱为第一。"事变发生后,蒋介石仍然把希望主要寄托在国际联盟的出面干预上,"以求公理之战胜"。所以日本侵略者能够在此后的四个月内,迅即强占中国100万平方公里土地,相当于日本本土面积的三倍。消息传出,整个中国为之震动。

在全国青年中拥有巨大影响的《生活》周刊,发表了原来在政治上还处于中间状态的主编、36岁的邹韬奋写的《应彻底明了国难的真相》,文中满腔悲愤地指出:

今日日本在东北无端占我土地,焚我官署兵营,解我军械,逮捕我官吏,惨杀我无辜,凡此种种亡国奴所受之至惨极痛的悲剧,若我们无彻底觉悟与坚决奋斗的抗御,则为我们人人及身所必须遭遇,妻女任人奸淫掳掠,自身任人奴役蹂躏,子子孙孙陷入非人的地狱深渊,皆非意想而为可能的事实!①

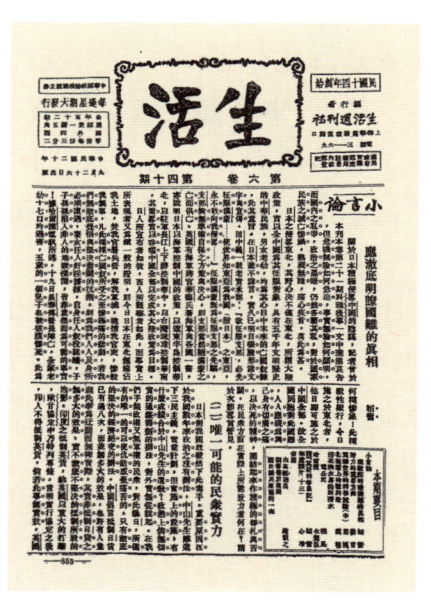

1931年9月26日在上海出版的这期《生活》周刊,把邹韬奋慷慨激昂的呐喊,传遍大江南北,长城内外。

9月21日,共青团中央发出告全国青年书,号召全国青年起来罢工、罢课、罢操、罢市,反对日本帝国主义的进攻。翌日,中共中央

---

① 《生活》第6卷第40期,1931年9月26日。

作出决议,号召全国人民进行广泛的反对帝国主义暴行的运动,组织各式各样的反对帝国主义的公开组织,并要求各级党团组织加强学生工作。

青年学生的爱国表达在经过四年多的低沉状态后,至此又集中爆发,抗议矛头直指南京政府。9月25日以后,全国各地学生纷纷派出代表,络绎不绝地拥到南京,向蒋介石直接请愿。9月28日,上海、南京的四五千人冒雨前往国民党中央党部、国民党中央军校请愿,迫使蒋介石当面接受学生的质问。随后,愤怒的学生冲进国民党政府外交部,痛打了外交部部长王正廷。

然而,事情并没有就此终结。11月3日,来自南京、上海、北平、天津、河南、陕西、山东、四川、广西、湖北、湖南、广东、江苏等省市的学生代表,在南京举行全国学生抗日救国会议,成立全国学生抗日救国联合总会。4日,大会作出向国民党中央请愿的决议。5日,冯庸大学学生千余人从北平出发,揭开了南下请愿的序幕。11日到达南京后,向国民党中央党部提出立即完成统一、克日收复东北失地、准备对日宣战等八项要求。

全国学生代表在南京中央大学会合,向政府要求对日宣战

11月18日，南京一万多名学生联合起来，向国民党第四次全国代表大会请愿，强烈提出武力接收东北失地、实力援助马占山、制止溥仪复辟等12条要求。19日，蒋介石诡称决心北上抗日，效命党国。于是，各地学生立即掀起"促蒋北上"的运动。25日，北平、天津、开封、上海、杭州等地两万多名学生代表陆续到达南京，随后于26日晨齐集国民政府门口，要求蒋介石接见，签署北上日期。下午，他们又聚集在公共体育场，召开"送蒋北上"大会，蒋介石派贺耀祖参加，贺声言"唯希望于诸同学者，须知攘外必先安内"。会后，学生们再次云集国民政府门口示威，坚决要求蒋介石接见。时值深秋，又逢凄雨，南京气温骤降，学生们顽强坚持斗争一天一夜。次日下午，蒋介石被迫出来敷衍搪塞一番，声称："如果三年以后失地不能收复，当杀蒋某人头以谢天下。"①

多次请愿无效后，广大学生逐渐认识到国民党政府对民众要求抗日"表面指导参加，实则横加干涉，而暗中之破坏，尤不遗余力"②，之前的种种幻想开始破灭。12月1日，北京大学南下示威团一行300人，乘车奔赴南京示威。4日，北平又有2 000多名学生组成北平学生南下示威团，冲破重重阻挠到达南京。受此鼓舞，青岛、济南、武汉、徐州、上海、广州、天津、安庆、苏州、杭州、西安、太原等地的学生代表也陆续赶到南京。

5日，北大示威团在南京示威游行，遭到宪警镇压，185人被捕，1人被打死，33人受重伤。部分学生逃往南京中央大学，宪警追至，与中大学生冲突。中大学生千余人结队至卫戍司令部要求释放被

---

① 中国人民政治协商会议南京市委员会文史资料研究委员会编：《抗日风云录——纪念抗日战争胜利四十周年》，南京文史资料专辑1985年内部印行，第44页。也有当事人回忆，当时蒋说："三个月内，我们一定会收复失地，如果不收复，我蒋某就亲自上前去堵炮眼。"见南京大学校庆办公室校史资料编辑组编辑：《南京大学校史资料选辑》，内部资料1982年印行，第314页。另有资料显示，当时蒋介石气急败坏地说："三个月内如不出兵，砍蒋某之头，以谢国人。"见郑洸主编：《中国青年运动六十年（1919—1979）》，中国青年出版社1990年版，第196页。
② 《申报》1931年12月24日。

捕学生，交涉代表反遭扣留。一二·五事件更激起全国学生的愤慨，纷纷赴南京请愿。

13日，云集南京的学生示威团已达两三万人，当晚各示威团代表在中央大学开会，成立了各地学生示威团联合办事处，统一指挥示威运动。15日，三万多名学生组成浩浩荡荡的游行队伍，向国民党中央党部示威，蔡元培、陈铭枢奉蒋介石之命接见学生时被打伤。国民党出动军警镇压学生，13名学生被捕，许多学生受伤。

17日，示威学生再次结队来到国民党中央党部。这里铁门紧闭，刀枪林立，学生高呼口号，砸毁大门上的国民党党徽，然后向国民政府进发。国民政府也是铁栅紧闭，戒备森严，蒋介石拒不接见。示威队伍折回走到中央日报社时，因不满该报对学生抗日活动的不真实报道，将报社一举捣毁。南京卫戍司令部立即派出大批军警镇压，30多人受伤，百余人被捕，上海一学生被军警刺死，抛尸河中，酿成珍珠桥惨案。18日凌晨，大批军警又包围了学生驻地，把学生捆绑起来，武装押送回原地。

珍珠桥惨案加深了青年学生对政府的失望，看似平常的一座桥却承载着厚重的历史。

南京政府对学生的爱国行动采取如此凶残的手段来对付，不能不激起人们更大的愤怒。宋庆龄在20日的上海《申报》上撰文指出：

这个"统一政府"竟力图镇压爱国的学生运动……可以明白地看出,新的统一的政府是由日、法、英、美等帝国主义的代理人组成的,是服务于这群利害冲突的主子的。①

22日,沈钧儒致电蔡元培转国民党四届一中全会:"东北不战而丧地数千里,未闻戮一误国之人员,学生何辜,罹此重戾?"郭廷以指出:"此为九一八后,学生抗日救国运动的第一阶段。这时学生尚乏严密组织,在政府压制之下,渐归消沉。"②

黑土上的抗争

九一八事变后,由于东北军奉蒋介石不抵抗之命,日本侵略军长驱直入,东北三省全部沦陷。在共产党、共青团满洲省委的号召下,哈尔滨青年首先组织了援马③代表团,奔赴齐齐哈尔,慰劳抗日将士,组建了一支学生团,编入马占山部队,直接对日作战。1932年初,吉林自卫军总司令率部发起哈尔滨保卫战,哈尔滨工业大学等校组织学生军和部队并肩作战。接着,黑龙江省呼伦贝尔警备司令苏炳文举旗抗日,从敌占区汇集来的数百名学生和青年工人积极投入该部,被视为骨干,新编为第九团。

中国共产党在东北开始直接创建武装,到1933年上半年,由中共满洲省委领导的十多支抗日游击队和工农义勇军中,许多学生共产党员、共青团员成为创始人或领导骨干。5月,中共和共青团满洲省委决定建立东北人民革命军和东北民众政府。此后,各地工农义勇军和抗日游击队即扩大改建为东北人民革命军。5月30日,共青团满洲省委发布《满洲青年义勇军组织大纲》《满洲青年义勇军

---

① 《宋庆龄选集》上卷,人民出版社1992年版,第85页。
② 郭廷以:《近代中国史纲》下册,(香港)中文大学出版社1986年版,第661页。
③ 九一八事变后,黑河警备司令兼黑龙江陆军步兵第三旅旅长马占山,在齐齐哈尔就任黑龙江省政府代理主席兼军事总指挥,率领爱国官兵奋起抵抗日本侵略军,江桥抗战打响了抗日第一枪。

斗争纲领》，号召 16 岁至 23 岁的青年参加青年义勇军，为打倒日本帝国主义、推翻伪满洲国、团结反日群众、实现民族解放、保护青年利益、建立民众政府而英勇战斗。

东北人民革命军第一军独立师少年营，是东北青年抗日武装的突出代表。1933 年 9 月创立时，参加的多数是十四五岁至十八九岁的青少年，他们动作敏捷，机智灵活，大多担负保卫司令部、侦察搜索、通信联络、牵制和袭击敌人等任务，多次给日军以沉重打击，敌人惊呼少年营为"学生敢死队"。仅组建后的一年时间内，就与日伪军作战 33 次，其中取胜 31 次，打死打伤日伪军 110 人，缴获枪支 84 支、战马 110 余匹。同时消灭反动地主武装 7 处，击溃 11 处，发展反日会员 2 000 余名，还建立了一批青年义勇军和农民自卫队。

学生的劳军与支前

得寸进尺、得陇望蜀是贪婪者的本性。日本侵占东北以后，又于 1932 年 1 月 28 日向上海大举进攻，驻守上海的国民党第十九路军奋起抵抗。这极大地鼓舞了上海学生的爱国热情，两三天之内就有数千名学生报名参战。2 月 3 日，上海大学生义勇军 500 余人和救护队 300 余人组成"十九路军随营学生义勇军"奔赴前线，"分别担任战地勤务、后方宣传、建筑防御工事、直接参战等任务"，"皆精神奋发，成绩卓著"[①]。复旦大学和冯庸大学的学生抗日救国义勇军多次向十九路军将领请求，也于 2 月初进入吴淞阵地。与此同时，上海学生在募捐、支前、慰劳、宣传等方面也做了大量的工作。沪上青年学生再度把全国青年抗日救亡运动推向高潮。

一二八事变后，国民政府临时迁都洛阳，河南各地学生纷纷派代表到洛阳游行请愿，强烈要求停止内战，出兵抗日，并支援十九路

---

① 上海社会科学院历史研究所编：《"九一八"—"一二八"上海军民抗日运动史料》，上海社会科学出版社 1986 年版，第 368 页。

军抗战。3月17日,国民党政府主席林森路过开封,开封各校学生云集火车站请愿,提出反对议和、誓死抵抗、收复失地、保障民众运动等11项要求。林森被迫表示接受学生意见。但5月5日,国民党政府却与日本侵略者签订了《淞沪停战协定》,并进一步对国统区抗日运动采取高压政策。

然而,中国青年抗日救亡热情是压制不住的。到1933年初日军进攻热河时,青年学生的救亡运动又开始复兴。宋哲元率第二十九路军在长城抗战,北平各校学生开展了扩大募捐、战地服务和慰劳活动。冯玉祥等在张家口组建察哈尔抗日同盟军,北平、天津、保定、唐山、察哈尔等地青年学生积极响应并踊跃加入。同盟军的学生大队和政治工作人员,大半是华北学生。同盟军经过艰苦战斗,一度收复了察哈尔全省,各地的学生联合会、华北青年抗日同盟会等抗日团体纷纷致信致电,表示愿做同盟军后盾,并积极捐献财物。

学生抗日救亡运动从九一八事变后的迅速高涨,到一二八事变后的暂时退潮,曾被称为"是只开花而没有结果"。1935年12月,共青团中央在一份文件中分析道:"九一八事变后,英勇南下学生示威团之遭受失败,而不能达到其救国目的,就是由于当时学生组织的涣散、行动的不统一,更是没有注意深入到工农军政商学各界同胞中去,没有推动他们组织起来,以致不能把各界同胞的同情,变成一致的行动,使运动形成孤立所致。"①

二、一二九运动风暴

华北是当时中国的政治、经济、文化中心地区之一,当时包括河北、山东、山西、察哈尔、绥远五省和北平、天津两市。这里有广袤肥沃的平原,有储藏丰富的煤矿,还盛产棉花和羊毛。日本早已对这

---

① 《中国共产主义青年团中央委员会为抗日救国告全国各校学生和各界青年同胞宣言》(1935年12月20日),共青团中央青运史工作指导委员会等编:《中国青年运动历史文件选编》第13册,中国青年出版社1996年版,第59页。

中国青年运动一百年

一地区垂涎三尺，侵占东北后开始图谋此地。但是，侵略者大概没有想到，这里自古就多出"慷慨悲歌之士"，包括华北青年在内的广大民众在外敌压境面前，是决不会屈服的。

"中华民族到了最危险的时候"

1935年，日本政府加紧策划华北五省（河北、山东、山西、察哈尔、绥远）"自治"，企图不损一兵一卒，得到华北五省。6月9日，蒋介石政府和日本侵略者签订《何梅协定》，同意成立"冀察政务委员会"，搞所谓"华北政权特殊化"。这样，继东北沦陷之后，华北又成了日本侵略者的天下，中华民族的危机更加严重了。

这时平津一带还是中国的领土，却到处可以看到荷枪实弹、气焰嚣张的日本军人和骄横狂傲的日本浪人，到处可以看见从这里潮水般涌向全国的日本走私货物和毒品，到处可以看到宣扬所谓"王道乐土"之类的汉奸标语图画。各类事件层出不穷，地方一日数惊。一个青年学生在写给《大众生活》主编邹韬奋的信中说：

> 我从南方到了华北还不久，但这环境给我极大的苦楚。我有时烦闷得像胸口塞了一块重铅，有时悲愤得血管像要爆裂，但悲愤有什么用呢？所以结果还是闷得像胸口塞了一块重铅。
>
> 敌人更聪明了，竟不血刃的得了华北二省。他们得寸进尺的野心，固不足异，但我们政府的含垢忍辱，何一至于此？政府当局及学校当局屡次谆谆告诫，要学生安心读书，但是敌人的飞机尽在我们头上掠过，所谓野外演习的炮声震得教室的玻璃窗发抖，机关枪不断的响着在打靶。这一颗颗的子弹，好像每颗都打在我们心上一样的难过。先生，我们能念书吗？[①]

[①]《大众信箱》（四），《大众生活》第1卷第6期，1935年12月。

第四章／发出抗日救亡最强音

这就是当年无数中国人、特别是青年学生的亲身感受和痛苦心情。这是谁都无法逃避的令人心碎的现实。这一年,以《义勇军进行曲》为主题歌的影片《风云儿女》拍摄完成,"中华民族到了最危险的时候……"这首歌迅速唱遍全国以至海外有华人居住的地方,唱出了当时中国人的普遍心声。这种悲愤的情绪郁积着,奔突着,增长着。整个中国就像座喷薄欲发的火山,一旦受到触动,便会出现惊天动地的大爆发。离开民众这种普遍而强烈的情绪,抗日救亡运动高潮的兴起是难以想象的。

1935年5月24日《申报》刊登的《风云儿女》放映广告

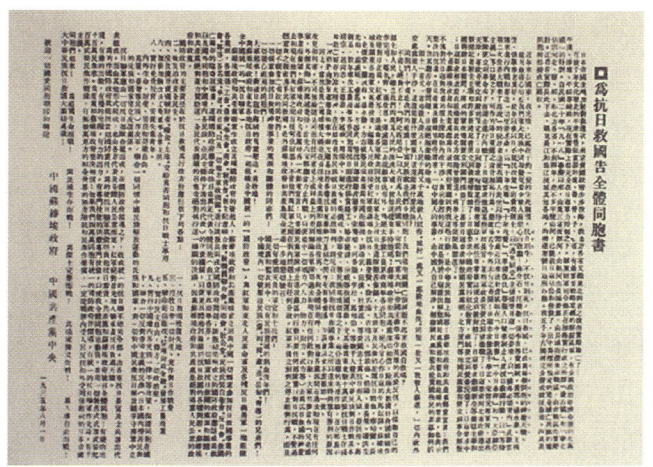

《八一宣言》公布之时,中共中央正在长征途中,并未获悉宣言内容,但已经根据华北事变后的形势,开始着手建立民族统一战线的事情了。1935年11月中旬,中共驻共产国际代表团派张浩由苏联回国到达陕北瓦窑堡,传达了宣言内容和共产国际关于建立广泛的反法西斯统一战线的精神。这与中共中央之前的努力,不谋而合。

正当人们对民族存亡忧心忡忡之际,同年10月1日,中共驻共产国际代表团以中华苏维埃共和国中央政府、中国共产党中央委员会的名义在法国巴黎出版的《救国报》上发表《为抗日救国告全体同胞书》(因为是8月1日撰成的,所以又称《八一宣言》)。宣言明确提出:"抗日则生,不抗日则死,抗日救国,已成为每个同胞的神圣天职!"号召停止内战,建立抗日民族统一战线,组织国防政府和抗日联军,动员全国人力、物力、财力,实现对日抗战。宣言很快经过不同途径传到国内,在社会各阶层尤其是学生界引发强烈反响。

在中共北平党组织的领导和影响下,北平、天津十所大中学校学生自治会发表《为抗日救国争自由宣言》,揭露了国民党政府非法逮捕杀戮爱国青年的罪行,向国民党要求爱国自由,并积极准备抗日请愿活动。一些文化教育界的共产党员和进步教授也努力宣传中国共产党的抗日救国主张。

11月18日,党组织依托北平各校黄河水灾赈济会的组织力量,成立了北平大中学校学生联合会(简称"北平学联"),执行主席为北平女子第一中学学生郭明秋(共青团员),秘书长为清华大学学生姚克广(即姚依林,共产党员),年龄都只有18岁。学联中共党团书记为彭涛,成员有谷景生、周小舟,他们都是二十岁刚出头。学生党员骨干有北京大学黄敬、东北大学宋黎等,团员骨干有燕京大学黄华、镜湖中学孙敬文等。虽然当时党员、团员人数比较少,但由于顺应潮流和民众要求,在学生群体中又是能指明行动方向并且最有组织能力的,自然就担负起了登高一呼、统率全局的重任。

寒冷街头的游行示威

冀察政务委员会成立的日子临近了。12月6日,北平15所大中学校的学生自治会发表《北平各校通电》,谴责国民党政府自九一八事变以来的妥协退让政策,痛陈今日之中国"强敌已入腹心,偷息绝不可得","今日而欲求生路,唯有动员全国抵抗之一途"。这时,传来国民党政府将于12月9日成立冀察政务委员会,以实现所谓华北特殊化的消息。在这紧急时刻,北平学联党团果断决定,在这一天发动抗日救国请愿游行。

12月9日上午10时许,北平的街头依旧冰冷。在中共北平临时工委领导下,在北平学联的组织和指挥下,东北大学、中国大学、北平师范大学、北平大学法商学院、女一中、师大女附中、镜湖中学等校学生冲破军警阻挠,汇集新华门前,求见国民党北平军分会代理委员长何应钦。何已躲在小汤山,其秘书代见,学生代表提出反对"防共自治"运动、公开宣布中日交涉经过、不得任意捕人等六项抗日民主要求,均被拒绝。于是游行指挥部立即决定将请愿改为示威游行。广大爱国青年学生高呼"打倒日本帝国主义""反对冀察政务委员会的成立""反对华北自治""停止内战,一致

被阻在西直门外的清华、燕京等大中学校的学生举行群众大会。清华大学学生陆璀站在凳子上,手持话筒,向围观的群众宣传抗日救国。

抗日""武装保卫华北"等口号。游行队伍行至西单平津卫戍司令部时,军警持木棍皮鞭殴打学生,被打散的学生又重新集合前进。下午,大队经西四、护国寺转至沙滩时,辅仁大学、北京大学等校学生加入了游行行列。队伍扩展到四五千人。队伍行至王府井南口时,大批军警用水龙、皮鞭、木棍等工具围堵殴打学生,有30多人被捕,数百人受伤。

被阻于西直门外的清华大学、燕京大学、北平大学农学院等校学生,就地进行了抗日宣传,坚持到傍晚。许德珩、吴承仕等许多进步教授参加了请愿游行。美籍教授斯诺夫妇随队拍下了不少珍贵照片。同日,清华大学救国会发表了由该校学生党员蒋南翔起草的《告全国民众书》,悲愤地喊出了爱国学生共同的呼声:

> 现在,一切幻想,都给铁的事实粉碎了!"安心读书吗"?华北之大,已经安放不得一张平静的书桌了!起来吧,亡国奴前夕的全国同胞![1]

为抗议国民党政府对学生爱国运动的镇压,在北平学联的领导下,从12月10日起,北平各校学生宣布实行全市总罢课。待到14日,北平的报纸登载了国民党当局决定在12月16日成立冀察政务委员会的消息,学联立即决定在16日再次发动大规模示威游行。

12月16日当天,参加示威游行的北平城内各校学生组成三个大队,分别由东北大学、中国大学、北京大学学生率领,突破军警阻拦,在城内游行。城外各校编成一队,由清华大学、燕京大学学生率领,冲开铁路门,整队向和平门进发。上午11时,各路学生、各界群众和东北流亡同胞共三万多人(其中学生一万多人,工人、农民和市

---

[1] 《清华大学救国会告全国民众书》,《一二九运动》,中共党史资料出版社1987年版,第143页。

第四章 / 发出抗日救亡最强音

在"一二一六"示威游行中,勇敢的爱国学生从国民党当局军警手中夺过水龙进行反击。

民约两万人)在天桥会师,举行市民大会。大会通过《不承认冀察政务委员会》《反对华北任何傀儡组织》《收复东北失地》等决议案。会后,又举行大规模的示威游行,再次遭到军警镇压,学生被捕者数十人,受伤者300余人。但慑于人民爱国运动的压力,国民党当局被迫宣布冀察政务委员会延期成立。

　　北平学生的救亡斗争迅速传开,全国各地民众纷纷行动起来。从12月11日开始,天津、保定、太原、西安、济南、杭州、上海、武汉、宜昌、成都、重庆、广州、南宁等大中城市,先后爆发学生的抗日集会和示威游行。香港的爱国学生也开展了募捐和宣传活动。陕西苏区学生联合会还发出了响应通电。许多地方的工厂也举行罢工,风暴迅速席卷全国。紧随着一二九运动的发展,上海和许多城市相继建立起各界救国联合会。这是事态的又一个重大发展。由北平学生点燃的抗日救国烈火,已成燎原之势。

反"聆训",南下去农村,成立民先队

国民党政府对重新燃起的学生爱国运动恨之入骨,他们一方面继续镇压爱国学生,下令提前放假,强迫学生回家,以使学生运动瘫痪;另一方面下令学生派代表去南京"聆训",企图拉拢分化学生,把学生运动纳入他们的轨道。在这种形势下,学生运动如何深入?该向何处去?这是亟待解决的问题。经过激烈的争论,北平学联决定利用寒假,组织南下扩大宣传团到农村去,把学生运动发展成为全民族的抗日救亡运动,并决议不派代表到南京"聆训"。

1936年1月初,由平津学生组成的平津南下扩大宣传团沿着平汉铁路向冀中平原挺进。宣传团设总指挥部,下设四个分团,北平学生编为第一、第二、第三团,天津学生是第四团。在南下途中,学生们冒着刺骨的寒风,日行数十里,啃着冻硬了的干粮、咸菜,晚上和衣睡在冷炕上。沿途每到一处,就召开大会,进行演讲,散发传单,教唱救亡歌曲,演《打回老家去》等抗日戏剧,并帮助当地农民和师生组织抗日救国团体。他们还深入贫苦农民中去调查访问,了解

南下扩大宣传团在河北固安向农民宣传,这是青年知识分子与基层民众相结合的具体体现。

到农村的租佃关系和多如牛毛的苛捐杂税,认识到民众中蕴藏着抗日救国的巨大力量。

国民党当局十分惧怕学生抗日宣传活动在农村产生影响,下令沿途各县对南下学生随时镇压、限制,还派出大批军警特务,到处堵截。宣传团被迫于1月中下旬返回到北平、天津。此时,学生们深感团结起来、把救亡运动坚持下去的必要。第三团被押解回北平后,随即组建中国青年救亡先锋团。第一、第二团在保定提出建立民族解放先锋队。三个团在北平汇合后,经中共北平市委同意,建立的组织统一定名为民族解放先锋队(简称"民先队")。1936年2月1日,在北平师范大学召开了民族解放先锋队成立大会,选举了总队部,通过《斗争纲领》《工作纲要组织系统》《成立宣言》等。当时下设26个分队,队员300人,归中共北平市委直接领导。

由于民先队的主力处在华北国防前线,他们深感学习军事技术、掌握枪杆子的重要性。因此,民先队在北平总队部设有武装部。从1936年到1937年,北平学联和民先队总队部多次在西山举行军事训练和游击战演习,还成功举办三次夏令野营,开展军事动作练习和时事问题讨论。这些活动磨炼了民先队员们的意志,增强了军事技能,提高了思想水平。

民先队成立初期只在平津两地发展,但暑期以后在各地迅速发展起来。到年底,民先队不仅在上海、武汉、广州、太原、西安、济南、苏州、杭州、徐州、长沙、成都、南昌、开封、洛阳、保定、青岛、香港等地,而且在巴黎、里昂、东京、南洋等处也建立了组织,民先队员达到6 000多人。

任弼时曾高度评价民先队:

> 在一二九运动中产生的中华民族解放先锋队,不仅在当时的学生运动中起了骨干作用,而且抗战以后大批民先队员走上

抗日前线,在坚持敌后斗争,开辟抗日根据地的工作上面,也起了不小的作用。①

三三一抬棺游行与策略调整

随着学生抗日救亡运动的深入和发展,国民党政府加紧对学生运动进行镇压和破坏。1936年1月29日,国民党政府教育部发出整饬学生的训令,阴谋进一步迫害爱国学生。2月20日,国民党政府又颁布《维持治安紧急办法》,明令军警可以枪杀抗日群众,逮捕爱国分子,解散救亡团体,封闭救亡刊物。于是,大规模镇压学生运动的白色恐怖又开始了。

2月1日凌晨,大批保安队和军警闯进天津北洋工学院,打伤学生多人,抓走十多人。19日,蒋介石密令北平、天津两市市长取缔两地的学联。从21日起到月底,北平200多名学生被捕,大批学生被开除。3月以后,上海、青岛、济南、南京、武汉、太原、开封、西安等地的爱国学生也相继遭到逮捕,学生救亡团体被强令解散。

在白色恐怖下,一些积极学生产生了急躁情绪。3月9日,被军警逮捕关押近一个月的河北省立北平中学(校址在北平地安门东大街)学生郭清惨死狱中。消息传出,北平学生震怒了。31日,北平学联在北大三院召开追悼郭清大会,民先队员、学生骨干700多人参加。军警包围了会场,同学们从后墙挖洞冲出去,抬着一口空棺材上街游行。清华大学和燕京大学的学生打先锋,北京大学的学生压后尾,沿北池子、南池子一路向南。游行队伍一出长安街,就被骑摩托车追来的保安队打散,多人受伤,54人被捕。三三一事件发生后,北京大学校方出示布告:(一)停止本届学生会执行委员会的一切活动;(二)开除韩天石、巫省三等四名爱国学生。北平学生运

---

① 任弼时:《在中国新民主主义青年团第一次全国代表大会上的政治报告》(1949年4月12日),《任弼时选集》,人民出版社1987年版,第490页。

动陷入更加孤立的境地。

在此关键时刻，刘少奇受中共中央委派到天津领导北方局工作。4月5日，他就三三一抬棺游行事件发表《论北平学生纪念郭清烈士的行动》一文。4月10日，又发表《肃清关门主义和冒险主义》的文章，系统地分析批判"左"倾关门主义和冒险主义，正确阐述党的路线、方针和政策，同时提出要吸取教训，总结经验，积蓄力量，保存骨干，团结群众。针对平津学生运动中存在的问题，刘少奇又提出了"正确对待教师和学校当局""正确对待二十九军和宋哲元"两个小心谨慎的策略。

北平学联根据中共的政策和刘少奇的指示，检查了自己的工作，接受了抬棺游行的教训。在巩固和健全各校学生组织的基础上，针对国民党的"读书救国论"，提出"救国不忘读书，读书不忘救国"的口号，在各校成立了各种学术团体，开展学术活动，改变部分学生把读书和救国对立起来的思想，争取教师和家长的支持。

4月间，北平学联改为北平学生救国联合会后，为促进师生合作救亡，先后发表《给五四运动先进者的一封信》《告各界人士及各校师长的公开信》，主动争取各界和师长的同情、指导、援助和合作。在"师生合作"的口号下，学生活动邀请爱国教授出席指导和讲演，66名教授发表《对时局的意见书》，要求蒋介石抗日，学生救国联合会又马上发动签名运动，支持教授的行动。在对二十九军的态度上，学生们根据刘少奇的意见，提出了"拥护二十九军抗日""拥护宋哲元将军抗日"的口号，利用各种机会与二十九军士兵联欢，参加了该军追悼长城抗战将士的大会。这些活动逐渐改变了学生与军队的对立，激发了广大官兵的爱国热情，促使宋哲元转变了对学生爱国运动的态度。

一二九运动不仅使人们长期郁积在心头的愤懑一下子倾泻出来，同时也引起许多人深思这一切究竟是为什么，并从平时的宁静生活或狭小圈子中猛然惊醒过来。大批原来在政治上处于中间状态的人，不再回到旧日的生活轨道上去了。当时的北京大学学生袁宝华回忆道：

> 我们这些青年学生，过去没有参加过政治运动，像我这样的人在当时有点代表性，还不是党员，政治上也不是那么清醒，可是有满腔抗日救国的热情，游行队伍一到，那就积极参加。我还在我们那个班上号召一番，叫大家都参加去。游行回来以后，人就好像变了，劲头也大了，胆子也壮了，看到一起参加游行的人感到非常亲切。①

有这样思想经历的人，在当时是相当普遍的。一二九运动不仅掀起了救亡运动的高潮，推动了抗日，并且给迎接抗战、给中国共产党准备了一大批骨干力量。正如毛泽东所指出的：

> 一二九运动是动员全民族抗战的运动，它准备了抗战的思想，准备了抗战的人心，准备了抗战的干部。
>
> 将成为中国历史上的一个非常重要的纪念。②

一年后的西安请愿

1936年12月，为了深入发动民众逼蒋抗日，西安中共组织决定于一二九运动一周年之际，发动西安学生举行请愿斗争和游行示威。12月9日，西安学联和民先队在东北民众救亡总会和西北各界救国联合会的配合下，动员西安大中小学万余名学生举行了纪念大会和游行示威。

学生集队时，警察竟开枪射击，打伤一名学生，大队遂向"剿匪"

---

① 袁宝华在"北京大学一二九时期在京部分老同学座谈会"上的发言，《一二九运动回忆录》，人民出版社1982年版，第150页。
② 毛泽东：《一二九运动的伟大意义》（1939年12月9日），《毛泽东文集》第2卷，人民出版社1993年版，第253页。

第四章 / 发出抗日救亡最强音

总部、省政府、绥靖公署请愿。学生高呼"反对内战,一致抗日"等口号,并要去华清池向蒋介石请愿。蒋闻讯打电话给张学良,要他制止,如学生不服,则"格杀勿论"。张学良驱车赶至灞桥,劝学生回去。学生不肯,且悲愤陈词。张学良深受感动,表示一星期之内,用事实来答复他们的要求。请愿目的基本达到,学生队伍于傍晚返城。

西安学生举行一二九运动一周年纪念大会和游行请愿,强烈要求抗日。

当晚,张学良到临潼向蒋介石反映学生们的请愿要求,再次陈述停止内战、一致抗日的主张。蒋介石非但不听,反而斥责道:"你到底是代表学生还是代表我?""对于那些青年,除了用枪打,是没有办法的。"①这一天,西安学生的爱国行动和蒋介石的顽固态度给张学良、杨虎城以很大刺激,他们终于下了最后的决心,于12月12日实行兵谏,扣押蒋介石,用事实回答了西安学生的请愿要求。

西安事变爆发后,张学良、杨虎城撤销西北"剿共"总部,解散国民党陕西省党部,改组陕西省政府。中共中央应张、杨之邀迅速派出以周恩来为首的代表团来到西安,协商解决这次事件。全国学联、共青团中央、民先总队部也相继派人到西安指导青年运动。新的形势极大鼓舞了西安青年的抗日热情。13日以后,西安青年学生组织了大批宣传队,向工农商学兵各界宣传这次事变的真相和张、杨的主张,组织各界民众参加抗日团体和活动。

---

① 《解放日报》1936年12月17日。

在中共中央代表团的调解下,蒋介石接受了"停止剿共,一致抗日"的主张,西安事变于12月25日和平解决。西安青年学生原来绝大多数主张杀蒋,经中共代表团周恩来、博古等人的耐心说服和解释,他们从民族利益出发,很快消除了疑虑和灰心的情绪,接受了中共的正确主张。

三、青年抗日团体的组织与整合

抗日救亡高潮的来临,迫切要求团结最大多数中华儿女、社会民众一道抵御外侮。革命斗争形势是千变万化的,所以没有一成不变的组织形式,而组织新形式总是在斗争中应运而生的。中国共产党审时度势,顺势而为,领导组建了一大批青年抗日团体,西北青年救国联合会就是抗日战争时期中国青年运动的一面旗帜。

西北青年救国联合会的成立与发展

一二九运动爆发后,共青团中央响应中共建立抗日民族统一战线的主张,于1935年12月20日发表了《为抗日救国告全国各校学生和各界青年同胞宣言》,号召"一切爱国的青年同胞和青年组织,大家在抗日救国的义旗之下联合起来",提出愿意开放组织,把共青团"改为抗日救国青年团"[①]。

此时,日益发展的民族解放先锋队引起了中共中央高层的极大兴趣。1936年8月5日,中共中央书记处在《给北方局及河北省委的指示信》中,要求"党要帮助团成立单独的组织","不用 C. Y. 的名字去开展青年的工作,而用民族解放先锋队之类的名字,以取得公开或半公开的存在,以便吸收各阶层各党派所影响下的广大群

[①]《中国共产主义青年团中央委员会为抗日救国告全国各校学生和各界青年同胞宣言》(1935年12月20日),共青团中央青运史工作指导委员会等编:《中国青年运动历史文件选编》第13册,中国青年出版社1995年版,第147页。

众,实现 C. Y. 是青年群众组织的任务"①。8月9日,张闻天致信刘少奇:关于青年组织"象现在 C. Y. 这样的组织,结果会变成秘密的狭隘的第二党式的组织的。我们现在要利用各种各样的公开的名称组织青年群众,北平的民族解放先锋队之类,实际上就是这类性质的组织"②。随后,根据北方局的决定,北平、河北等地团组织也先后取消,以民族解放先锋队代之,原有的团员一律转为党员。

9月下旬,中共中央和共青团中央收到青年共产国际来的电报,要求中国共青团"从绝对严密的工作方式转变到利用一切公开和半公开的可能,建立包括不仅青年工人而且包括广大农民学生及失业青年等民族解放性质的群众的青年团",最重要的任务"就是建立为发扬文化和民主自由的广大青年运动,利用一切方法,使青年积极参加全民救国的斗争"。③ 11月1日,中共中央政治局召开会议专门讨论共青团的改造问题,作出《关于青年工作的决定》,强调"应该彻底改变在青年运动中的工作方式,抛弃一切第二党的关门主义的工作方法,采取青年的、群众的、民主的、公开的工作方式"④。

经过筹备,1937年4月12日至17日,西北青年救国联合会第一次代表大会在延安举行,根据地、国统区、沦陷区20多个省、市和民先全国总队部、中国学联的312名代表参加了大会。毛泽东在大会上解释了国共合作、和平民主、团结抗日的新政策、新口号,号召全国青年团结起来,跟全国人民一道结成几万万人的大团体,打败日本帝国主义。周恩来、张闻天、朱德、博古等也分别讲话。大会根据中央领导人的指示精神,提出《全国青年救国纲领(草案)》《中华青年救国联合会组织简章(草案)》,通过《目前政治形势与青年救亡

---

① 团中央青运史研究室、中央档案馆编:《中共中央青年运动文件选编》,中国青年出版社1988年版,第439页。
② 张培森主编:《张闻天年谱》上卷,中共党史出版社2000年版,第248页。
③ 《青运史研究》1985年第3期,第29页。
④ 团中央青运史研究室、中央档案馆编:《中共中央青年运动文件选编》,中国青年出版社1988年版,第443页。

运动的决议》。决定建立西北青年救国联合会,规定青救会"是各党派各界青年联合的群众团体",其"中心的任务是一切为着中华民族的团结和统一而奋斗",从而作为各地青年团体的最高领导机关。选举原共青团中央局书记冯文彬担任西北青年救国联合会主任。

西北青年救国联合会第一届执行委员会委员是清一色的红军将士,这是时代使然。在残酷的战争环境中,生存第一,胜利第一,武装第一。

会后,共青团中央停止工作,开始以西北青年救国联合会的名义开展工作。7月,中共中央设立了青年部,以指导全国的青年运动。各地共青团普遍进行改造,成立各级青救会,"从乡的青救会,以至区的、县的都统一在西青救领导之下"①。

1938年5月5日,中共中央决定"县委以上地方党部直至中央,成立青年工作委员会"②,中共中央青年工作委员会(简称"中央

---

① 《新华日报》1939年9月20日。
② 团中央青运史研究室、中央档案馆编:《中共中央青年运动文件选编》,中国青年出版社1988年版,第453页。

青委")由中共中央书记处书记、中组部部长陈云兼任书记,冯文彬任副书记。6月7日,中共中央又发出加强战区青年工作的指示,要求青救会成为"有生气的活跃的组织",强调战区青年工作的中心是建立青年半武装及武装组织,加强青年文化政治教育。要求"青救的一切工作必须深入到村,其支点放在青年武装及民革室、小学校,从工作中去健全村青救,并定期的民主改选村青救,发扬大众的民主主义的工作作风"。①

在很短时间内,青救会成员迅速增加,在根据地的抗日斗争中发挥着积极作用。10月10日至11月21日,西北青救会在延安召开第二次代表大会,到会的有西北青年救国会的代表,华北、华南、内蒙古、南洋等地青年团体和青年工作者的代表,国民党青年组织的代表,共314人。这次会议成为抗日战争开始后全国抗日青年的一次大会师。毛泽东专门为大会题词:"努力前进,打日本,救中国!"中共中央和边区政府领导人朱德、王明、陈云、林伯渠、徐特立等出席了大会并分别讲话。冯文彬作《中国青年运动的新方向》的总报告,提出不同地区(我后方、敌占区和敌后方)青年工作的不同方针和不同形式。大会通过了《抗日少年先锋队章程》《儿童团组织章程》。大会决定,为了建立各青年团体的相互联系,共同

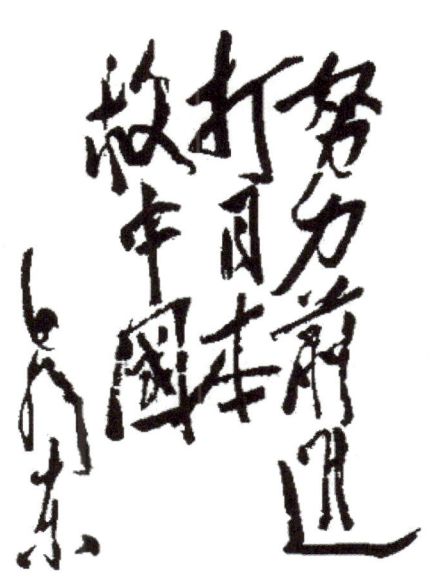

"打日本,救中国"成为当时青年运动的主题和方向

---

① 团中央青运史研究室、中央档案馆编:《中共中央青年运动文件选编》,中国青年出版社1988年版,第489、461—463页。

促成青年运动的统一和全国青年的团结,特成立中华青年救国团体联合办事处,作为全国青年抗日救国运动的领导机关。

大会以后,各地迅速建立和发展了青年救国团体。在华北地区(包括晋、冀、察、鲁、绥及豫之一部分),到1939年7月,晋察冀边区就有青救会会员22万人(儿童12万人),晋西北有会员12万人(儿童占一半),晋东南有会员30万人(包括儿童),晋西南有会员8.2万人(儿童占一半),冀鲁豫有会员7万人(儿童3万人),胶东有会员8万人(儿童2万人),鲁西北有会员3万人(1/3为儿童)。这样,许多抗日根据地,大部分青少年和儿童都被组织起来了,各村都有青救会小组和儿童团的组织。到1941年春,各抗日根据地的青救会会员达到100万人以上。

1941年苏德战争、太平洋战争相继爆发后,共商反法西斯和统一中国青年运动大计逐渐被提上日程。经西北、晋西北、晋东南、晋察冀、陕甘宁、冀南等地青救会和华北青抗先总队、八路军朱德青年纵队等11个团体发起倡议,1942年1月上旬,全国各地不同党派中的青年代表、华侨及香港等地的青年代表228人在延安聚会。朱德到会讲话,希望全国青年积极参加抗日军队,用有组织的武装力量消灭法西斯;号召全国青年紧密团结,建立牢固的反法西斯统一战线。大会号召"一切过去曾经有过争执、斗争、磨擦的朋友,不念旧恶,抛弃成见,不分彼此,不分阶级,不分党派的在反法西斯主义旗帜下团结起来"[①]。大会发起组织中国青年反法西斯会,并成立了该会的临时委员会,以促进正式组织的成立,聘请毛泽东、朱德、蒋介石、冯玉祥、宋庆龄等为顾问。

在敌后抗日根据地,青救会广泛建立各种青年军事组织,在参战中不断壮大正规军。晋西北青救会在半年之中发展不脱产的青年队队员3.5万人,半脱产的青年游击小组180多个。1941年,在

---

① 《解放日报》1942年1月23日。

第四章 / 发出抗日救亡最强音

山东根据地，不但多数县建有青年连，专区建有青年营或青年支队，而且成立了青抗先省级临时总队部。在晋察冀边区，冀中青救会动员了10.5万名青年参加了青抗先，北岳区青救会在村、乡、县的青年班、排、连、营普遍建立的基础上，很快组建起1 600多人的青年支队。到1941年底，华北各根据地的青抗先队员超过了40万人。1940年两个月内，晋察冀边区有5 000多名青年参加了八路军。在山东，经各地青救会动员参加抗日部门的青年到1942年达到5万人以上。青抗先和青年游击小组积极配合主力部队或单独作战。

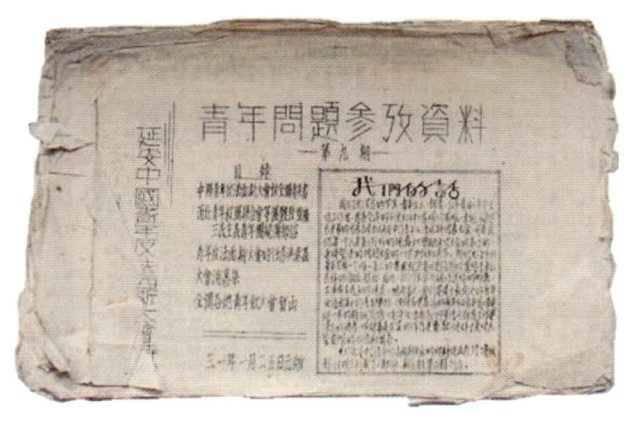

由西北青年救国会编写的《青年问题参考资料》记载了中国青年反法西斯大会的情况。图中的"三一年"指民国31年，即1942年。

同时，青救会还是根据地建设的一支积极力量。陕甘宁边区青救会与教育厅作出《关于开展国民教育工作的共同决定》，与八路军留守兵团政治部和边区保安政治部签订《关于加强部队青年工作与地方青年工作的互助协定》，协助做好各项工作。在大生产运动中，青救会发动青年参加劳动互助，组织劳动竞赛。

在青救会开展工作的过程中，由于一些原在城市做学生工作的青年干部，没有充分了解认识农村环境、战争环境的特定情势，出现一些与农村中心工作结合不密切、过分强调青年组织独立性和青年特殊任务等偏向。为了总结经验，纠正偏向，1941年6月4日，中共中央发出《中央关于青年工作的决议》，指出，"党对青年群众运动,应该尊重其独立性,绝对不能以党的命令去强制青年团体执行,而只能依靠在青年团体中工作的党员进行解释说服工作,取得其同意,然后执行。但这决不是做青年工作的党员的独立性;对一切做青年工作的党员,应该坚持党的统一";要"引导青年的积极性及好胜心理向着青年起模范作用的方面去,而不是引导到过于突出甚至和成年、老年相隔离相对立的方面去"。

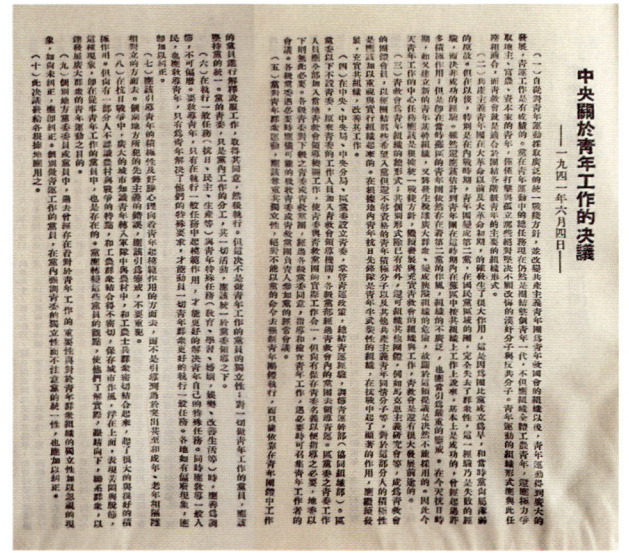

《中央关于青年工作的决议》收录到中共中央书记处1941年编写的《六大以来——党内秘密文件》之中。

1942年以后,根据地普遍实行精兵简政,强调实行一元化领导。在整风运动中,进一步批判和纠正了青救会工作中的一些偏向,"青"字号生产、文化组织被大量取消,青抗先、青年队和青年营、青年纵队等青年军事组织分别交武委会和八路军领导,边区以下的青委合并于青救会等主要青年团体的党团,大部分青干校也与党的干校合并。与此同时,大批青年干部转业做别的工作,许多地方在"改造群众运动"的口号下,为实行统一政策和组织,各级青救会与工会、妇联、文协等团体相继合并,组成各级民众抗日联合会或抗敌后援会,内设青年部负责青年运动。

第四章 / 发出抗日救亡最强音

虽然中共中央政治局 1942 年 9 月在《关于统一抗日根据地党的领导及调整各组织间关系的决定》中,要求纠正党、政、军包办,干涉民众团体内部生活与工作,尊重民众团体的独立性,保障民众团体的合法地位,但随着形势的发展,一些地方青救会陆续被解散,大部分根据地青年工作不是由党委、政府兼管,就是只有上中层领导机关,下层组织涣散。直到 1944 年下半年以后,随着形势好转,山东、晋绥、晋察冀等部分地区青年组织和工作才逐渐恢复。

共产党领导的各地青年抗日团体

1937 年 2 月 6 日至 9 日,由一二九运动催生的民族解放先锋队在北平召开了第一次全国代表大会,正式将这一组织定名为中华民族解放先锋队(仍简称"民先队"),选举了民先全国总队部,李昌当选为总队长。大会确定民先队是民众救亡的先锋团体,目前的基本任务是努力促成全民族抗日联合战线,促成国内和平统一和民主政治的实现。2 月 11 日,民族解放先锋队和中国青年救国先锋团在北平师范大学开会,合并成立为一个统一的中华民族解放先锋

一二九运动催生的中华民族解放先锋队,是以爱国青年为主体的广泛的民众救亡组织,对随后的共青团改造为西北青年救国会有直接启发意义。

队。在中国共产党领导下，民先队积极开展活动，利用各种形式宣传抗日主张，团结广大青年。

同时，民先队积极为各抗日根据地输送新生力量，华北差不多有游击队的地方，都有民先队员参加。民先队还举办游击队干部训练班，在临汾、济南也举办了短期训练班，学习形势和军事，学习游击战战术，以及学习如何开展农村工作、军队政治工作、群众工作、宣传工作等。

1938年春，民先队总队部迁到武汉后，先后创办《解放之路》《动员》《战斗青年》等报刊，并出版了一些抗日救亡小册子，号召青年投身民族解放事业。随后，民先队总队部组织一部分民先队员转移到南京、武汉、开封、西安、太原等地，积极开展宣传教育，帮助各地建立救亡团体，把抗日救亡的种子撒向全国。到1938年6月，全国民先队员总数已达五万多人，鄂、豫、苏、皖、湘、赣、川、粤、桂等地以及海外都有民先队分队部。

民先队的积极活动与广泛影响引起了国民党的恐惧，提出要强制取缔。同年10月召开的西北青年救国会第二次代表大会，决定不再发展民先队，而是实行有组织的转变。有的转变成读书会、歌咏队，有的被吸收为中共党员，有的前往延安和抗日根据地，广大民先队员仍然在为民族解放事业奋斗。

全国学生抗日救亡运动兴起以后，迫切需要一个全国性学生组织来统一全国学生行动。1935年12月26日成立的平津学生联合会，积极筹备和联络各地学校。在中共北方局和上海临委的具体指导下，1936年5月29日，中国学生救国代表大会在上海召开。大会通过《中国学生救国联合会成立宣言》《中国学生救国联合会纲领》《中国学生救国联合会简章》，规定中国学联"以团结全国学生、促成全国统一战线、抗日救亡、争取民族解放"为宗旨，选举中国学生救国联合会（简称"中国学联"）领导机构。中国学联成立后最突出的一项工作，就是进一步加强了与世界学生运动的联系，还与英、美、法、德、日、缅、新加坡、马尼拉等地青年学生团体建立联系,在海外华侨学生、留学生中组织了各种抗日团体。1938年3月26日,中国学联在武汉召开第二次代表大会。周恩来出席大会并题词:"学习,学习,再学习!在学校里学习、到前线上学习、到军营中学习、到群众中学习,一切学习都为着争取抗战胜利,都为着建设国家、复兴民族。"从而使中共的抗日救国纲领在学生中具体化为全国学生的奋斗目标。大会以后,进步抗日学生的力量得到了较大规模的发展。

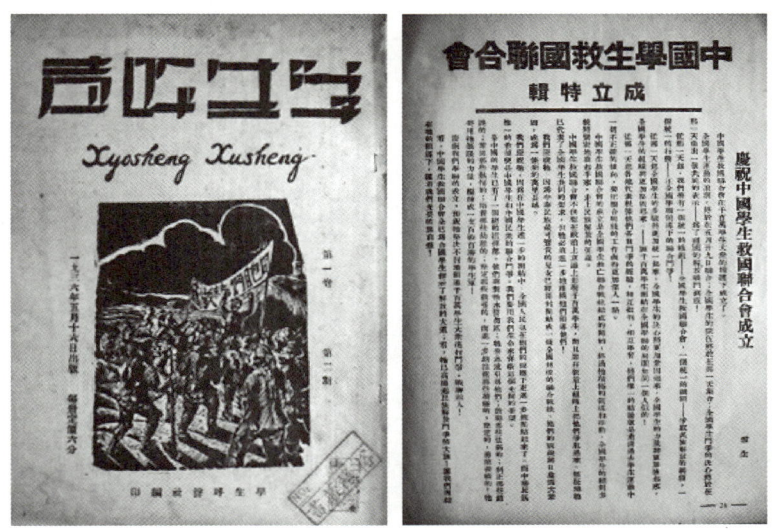

《学生呼声》创刊于中国学生救国联合代表大会筹备期间。1936年6月15日,第一卷三、四期合刊出版中国学生救国联合会成立特辑。

1937年11月,中共湖北省青委筹建青年救国团(简称"青救团")。12月,青救团在武汉召开成立大会,最初的成员都是参加过一二九运动的平津、上海、武汉等地的青年。青救团成立的目的和任务,是团结和教育广大青年开展抗日民族统一战线,推动国民党抗战,反对妥协投降,把中国共产党的主张变成群众的行动。青救团发展很快,湖北、湖南、河南、安徽、江苏、江西、四川等省都有它的组织和成员，人数曾达五万之众，仅武汉就有一万多名团员。它和民先队一样，是全国有影响的青年抗日救亡组织。青救团内部建立了中共组织。抗战初期，青救团在中国共产党的领导下，团结广大青年，开展了声势浩大的广泛的抗日救亡运动；派遣团员、青年参加八路军办事处举办的抗日游击战训练班，学习政治军事；还成立了三个军队服务部，介绍200多名青年到部队去；组织600多人的"八路军学兵队"奔赴延安。1938年6月至10月武汉会战期间，青救团员在前线参战的有七八千人。青救团作为中共领导下的一个规模大、影响广的青年抗日团体，被国民党政府视为心腹之患，1938年8月被国民党政府强令解散。

1945年4月，新安旅行团成立10周年之际，团员们在淮安合影。大概是因为抗日战争胜利在望，每个队员脸上都洋溢着灿烂的笑容。

新安旅行团（简称"新旅"）是中国共产党领导下的青少年抗日团体，1935年5月诞生在江苏省淮安县河下镇新安小学。团员最小的八九岁，多数在十一二岁至十六七岁之间。14名团员在团顾问（校长）汪达之的带领下，冲破国民党阻挠，东起黄海之滨，南到港澳地区，西达兰州以远，北抵内蒙古百灵庙，行程五万余里。先后参加该团的有六七百人之多，在全国20个省市留下抗日宣传的足迹。他们"人小志气大，爱国走天下"，充分发挥少年儿童的特点和长处，发扬"救国、革命、创造三种精神"，以文艺为武器，为抗日救国奔走呼号，先后帮助各地建立150多个抗日少年儿童团体，尤其是将苏北地区18万少年儿童组织到儿童团和少先队的大旗下，被人们誉为"中华民族的小号手"。受到中共领导人周恩来、董必武、刘少奇、陈毅高度赞扬。皖南事变后，为了避免遭到国民党的迫害，"新旅"的主要成员都去了抗日根据地。

  1938年1月1日，中国共产党为了加强对广东青年抗日运动的领导，发动广州学生抗敌救亡会、救亡呼声社、青年群社、平津同学会、留东同学抗敌后援会、中山大学抗日先锋队、中大附中抗日先锋队、青年抗日先锋团这八个主要青年抗日团体联合建立广东青年抗日先锋队（简称"抗先"）。在《发起宣言》中明确阐明其工作任务是"建立巩固的富于战斗性的青年统一战线"，号召全省青年"站在民族解放斗争的最前线，有计划地分布到大小县市乡村去动员工农群众，武装工农群众"[①]。抗先建立以后，就注意组织力量到农村去，到工厂去，到抗战的前线去，发动群众，引导青年学生与人民群众相结合。广州沦陷后，抗先撤向农村，工作的中心从城市走向广大农村，从抗日救亡宣传走向抗日武装斗争，大批的抗先队员加入各种抗日武装，参加打击日本侵略者的一线战斗。1939年10月，国民党妄图用三青团吞并抗先未能得逞。1940年4月，国民党宣布解散抗先，并准备逮捕总队部所有工作人员。抗先按照党的指示，在组织形式、工作方法上实行了大的转变，继续坚持斗争。

[①] 广东青运史研究委员会办公室编：《广东青年运动回忆录》，广东人民出版社1986年版，第167页。

各族各界青年投身抗战

卢沟桥的炮声震撼着祖国大地,也震动了千百万牵挂着祖国命运的海外青年华侨。国家兴亡,匹夫有责。为了祖国的独立、民族的生存,素有爱国爱乡光荣传统的华侨们纷纷投入御侮的洪流。抗战爆发后,各国华侨迅速组织起华侨抗敌后援会、南洋华侨筹赈祖国难民总会、全欧华侨抗日联合会、华侨筹饷会、华侨救国会、华侨救济委员会等抗日救亡团体,开展了轰轰烈烈的抗日救亡运动。据统计,抗战的头四年,华侨捐款达国币26亿元,占当时国民党政府抗战军费的85％。各地青年华侨广泛开展抵制日货、提倡国货的斗争,有的地区成立抵制会,组织青年铁血团。在抗战期间,还有大批青年华侨回国参军参战,其中仅粤籍青年华侨就有四万人。这些青年华侨回国后,有的参加八路军、新四军、广东东江纵队、琼崖游击队、闽南抗日游击队,有的前往国民党各战区,参加各兵种。他们浴血奋战在硝烟弥漫的抗日战场,涌现出许多可歌可泣的动人事迹。

港澳台青年利用各自特殊的环境,以特殊的组织形式和活动形式,开展各种抗日救亡的活动,配合、支持和参加祖国的抗战。蒙古族、回族、满族、朝鲜族、壮族、白族等少数民族青年,分别在不同地域,组织各种救亡团体,开展抗日宣传,有的直接组织武装,拿起武器,不断给侵略者以打击。

四、"全国模范":延安青年运动

延安,中国西北黄土高原上的一个边陲小城,早年曾以宋朝心忧天下的爱国将领范仲淹在此驻守而知名于世。在抗日战争爆发后,延安作为中共中央和八路军总部所在地,成为爱国青年向往的圣地。在中国共产党领导下,来到延安的青年在这里创造着一种新生活,升腾起一种新希望。毛泽东评价道,"延安的青年们是团结的,统一的","而且和工农群众相结合","他们真是抗日救国的先锋","延安的青年运动是全国青年运动的模范。延安的青年运动的方向,就是全国的青年运动的方向"。①

宝塔山、延河水、老城墙,这就是当年延安城依山傍水的形胜了。

"到延安去"

随着全面抗战的爆发,中国抗日民族统一战线逐渐形成,当时国民党和共产党都在号召抗日。在很多青年眼中,国民党大,共产党小;国民党强,共产党弱;国民党是"正统",共产党是"偏安";国民党近在身边,共产党远在陕北。"一批人报考国民党中央军校,一批人心向共产党抗日军政大学。这两批人平时在学校,因为意见相异,时常争论不休。"②更多的进步青年不只是怀有抗日救国的热忱,而且都在理性地思考、比较、选择:虽然国共两党都宣称要抗日救国,哪个是大公无私真正抗日,哪个是以抗日为名继续行一党之私?青年人要救的国是要恢复传统的旧秩序,还是要经过抗日建设

---

① 毛泽东:《青年运动的方向》(1939年5月4日),《毛泽东选集》第2卷,人民出版社1991年版,第568页。
② 王仲方:《永远的延安:我们的青春岁月》,中国文史出版社2011年版,第1—2页。

中国青年运动一百年

一个新社会?

此时,青年学生已成为各方政治力量积极争取的对象。中共中央组织部部长陈云及时提出"广招天下士"的主张,并先后起草《关于大量发展党员的决议》《关于吸收知识分子的决定》,力主要与国民党抢夺知识分子,认为"谁抢到了知识分子,谁就抢到了天下"。中国共产党积极有效的人才政策、旗帜鲜明而又合情入理的动员宣传、八路军果敢的抗日行动和不凡战绩、共产党人坚定的信仰和无私的献身精神、延安自由开放的社会环境等,都深深打动了爱国青年的心。成千上万的爱国青年怀着抗日救国热情,先后从日寇占领区、国民党统治区甚至海外,长途跋涉,越过层层封锁,历尽艰辛,奔赴陕北参加革命,其中包括不少平津的大学生。当时中共中央所在地延安已日益成为万众瞩目的红色大本营,"到延安去"成为当时一切向往革命的热血青年和有识之士的共同选择。

当年,印度援华医疗队队长爱德华在目睹蜿蜒山路上向延安进发的青年队伍时,由衷地赞叹道:"奇迹,奇迹,这简直就是奇迹!这是20世纪的耶路撒冷!"

1937年11月上海沦陷后,一批上海青年辗转13个月,艰难跋涉5 000公里,历经千辛万苦,终于来到他们心中的革命圣地延安。一名青年当时在日记中写道:"打断骨头连着筋,扒了皮肉还有心,只要还有一口气,爬也要爬到延安城。"据统计,仅1938年5月至8月,经西安八路军办事处介绍奔赴延安的爱国青年就有2 288人。

全面抗战初期的两三年间,奔赴延安的爱国青年和知识分子就多达四万余人,其中南洋华侨青年有600多人。这些追求进步的青年,有的来自国民党统治区,有的来自沦陷区,还有的来自南洋和欧美国家;有汉族,还有回族、蒙古族、满族、朝鲜族等十几个民族;有工农群众,有社会贤达,有名人名家,甚至有国民党军政人员,最多的是青年知识分子。出身官宦世家的17岁浙江少女陈慕华,当年拿着国民党空军介绍函件(其叔陈栖霞为国民党空军第三路司令官),坐着小汽车来到八路军西安办事处要求去延安,一时备受关注。在林伯渠的安排下,终于如愿成行。著名诗人何其芳这样描述当时的情景:

> 延安的城门成天开着,成天有从各个方向走来的青年,背着行李,燃烧着希望,走进这城门。学习、歌唱,过着紧张的快活的日子。然后一群一群地,穿着军服,燃烧着热情,走散到各个方向去。①

这些进步人士和青年知识分子,在陕北这座革命熔炉中,通过共产党的教育和自身的社会实践,大多数成为中国革命坚定的奋斗者。

延安是个大熔炉

随着抗日战争的全面爆发,抗日前线和迅速扩大的根据地迫切需要大批干部。如何才能将投奔延安的热血青年转变为党政军各方面工作的行家里手呢?毛泽东认为,培养干部最好最有效的办法是办学校。从安吴青训班到"窑洞大学",中国共产党在十分艰苦的环境中,以极其简陋的条件为民族独立和人民解放培养了大批青年人才。

---

① 《何其芳文集》第2卷,人民文学出版社1982年版,第174页。

安吴青训班主任冯文彬（中排右一）、教务处长刘瑞龙（中排左一）与部分学员在一起。

1937年10月，为了适应抗战初期党的青年工作的需要，西北青年救国会在陕西三原县创办战时青年短期训练班。1938年1月，迁至泾阳县安吴堡，因此得名"安吴青训班"。朱德亲自担任青训班的名誉主任。此地南距西安约70公里，北距延安约300公里，遵照毛泽东"来者不拒"的指示，利用国共合作初期西安的地理优势和宽松环境，广泛吸收各地各类爱国青年。青训班以"训练青年干部，服务战区、军队、农村，开展青年运动，组织动员青年参加抗战，达到统一青运，完成中华民族彻底解放"①为宗旨，以"坚定刻苦，勇敢活泼，民主团结，虚心切实"②为校训。青训班实际上执行着延安"门卫"的职责，秘密进行初步政治审查工作。到1940年共举办14期，培训学员1.2万多名，分别输送到延安、前线、敌后根据地、国民党友军、爱国青年团体以及自己的家乡，参加和开展抗日救亡斗争。1940年4月，根据形势的变化，青训班撤离安吴堡。原安吴青训班最后留下的学员和从敌后根据地撤回青训班的战工团员，以及陕甘宁边区青救会干部成为泽东青年干部学校的首届学员。

---

① 郑洸主编：《中国青年运动六十年（1919—1979）》，中国青年出版社1990年版，第260页。

② 郑洸主编：《中国青年运动六十年（1919—1979）》，中国青年出版社1990年版，第260页。

为加速青年人才的培养和文化氛围的营造,在延安这个当年六万人口左右的小城周边,建有 30 多所干部学校,创办有五六十份报纸杂志,经营十余家书店和出版社。这里资源有限,但理想无限。在黄土高坡的沟壑之中,到处是学校,遍地是歌声,满眼是青年,"开学典礼不断、结业歌声不绝"的景象使延安成为一座名副其实的学城。这些"窑洞大学"造就了一代优秀的知识青年,培养了许多军事、政治、文化、党务、民运等方面的人才,其中以抗大、陕公、鲁艺最为著名。

中国人民抗日军事政治大学(简称"抗大")以培养军事人才为主。其前身是 1936 年 6 月在陕北安定县(今子长市)瓦窑堡创办的中华苏维埃共和国西北抗日红军大学,不久改名为中国抗日红军大学。1937 年 1 月,红大随中共中央进驻延安,改名为中国人民抗日军事政治大学。学员以部队中抽调的干部为主,后来也招收知识青年。抗大成立最早,名气也最大。很多开国将帅都在抗大工作、学习过。毛泽东曾高度评价道:"昔日之黄埔,今日之抗大,是先后辉映,彼此竞美的。"①抗大一所学校及其分校就培养了十几万名革命骨干,对争取民族独立和人民解放发挥了极为重要的作用。

陕北公学(简称"陕公")以培养行政、民运干部为主。陕公于 1937 年 8 月创办,随即招生,同年 9 月 1 日正式编班上课。学员来自全国各地,也有南洋、朝鲜等地归国华侨青年。毛泽东在为陕北公学成立与开学纪念的题词中写道:"要造就一大批人,这些人是革命的先锋队。这些人具有政治远见。这些人充满着斗争精神和牺牲精神。这些人是胸怀坦白的,忠诚的,积极的,与正直的。这些人不谋私利,唯一的为着民族与社会的解放。"②从 1937 年 8 月到 1939 年 7 月的两年时间里,陕公先后培养了 6 000 余名青年抗日干

---

① 毛泽东:《抗大三周年纪念》(1939 年 5 月 26 日),《毛泽东文集》第 2 卷,人民出版社 1993 年版,第 187 页。
② 《毛泽东年谱(1893—1949)》中卷,中央文献出版社 2013 年版,第 34 页。

毛泽东在陕公第二期开学典礼上作报告,他的演讲从来都是生动幽默、发人深思,领袖就是这样引领青年的。

部,吸收了其中3 000多人参加中国共产党。毛泽东曾高度评价陕公的作用:"陕北公学是属于中华民族的,因为他为着抗日救亡而设,因为他收纳了全国乃至海外华侨的优秀儿子。""中国不会亡,因为有陕公。"1941年9月,陕北公学、中国女子大学、泽东青年干部学校合并为延安大学。1943年4月后,延安自然科学院、鲁迅艺术文学院、新文字干部学校、民族学院、行政学院相继并入延安大学。

鲁迅艺术学院(简称"鲁艺",后更名为"鲁迅艺术文学院""延安大学鲁迅文艺学院")以培养文化、艺术人才为主。1938年3月,在毛泽东、周恩来等人建议下,鲁迅艺术学院在延安的窑洞里诞生。为适应抗日民族统一战线的形势,鲁艺校董事会成员由国民党元老、中共主要领导、国民政府教育部门负责人和社会知名人士共同组成。学员大多是来自北平、上海等地演剧队的青年。办学目的是培养文艺干部,研究正确的艺术理论,整理中国艺术遗产,建立中国新的艺术。1939年8月,鲁艺从延安城北门外搬迁到城东郊桥儿沟天主教堂。1942年5月,鲁艺很多师生参加了延安文艺座谈会,聆听了毛泽东的重要讲话。文艺座谈会后,毛泽东又向延安鲁艺师生发表讲话,号召大家走出"小鲁艺",到"大鲁艺"(指广阔的社会生活)中去。此后,鲁艺的作家、艺术家们纷纷积极深入工农兵,表现工农兵,在文学的民族化、群众化上取得了重大突破。

延安青年运动的特点

延安是中共中央机关和八路军总部所在地,近水楼台,延安青年运动是在中共领导人的直接指导下开展的。当时青年们约请中共领导人讲课、题词,基本上是凡请必到。毛泽东多次为抗大、陕公等学校题词、演讲,他送给青年的两件礼物,一是坚定不移的政治方向,二是艰苦奋斗的工作作风。他说:"我的礼物就是这两件,好不好,你们再想一想。我想是有用处的。只要我们有一个一致的政治方向,有艰苦奋斗的工作作风,而且坚持这一方向和作风,就可能把全国人民团结起来,就能战胜日本帝国主义。"①

毛泽东 1939 年 5 月初关于青年运动的两篇文章均收录在《毛泽东选集》第 2 卷,为中国青年运动指明了正确方向。

在五四运动 20 周年的纪念日,毛泽东撰写文章《五四运动》,发表《青年运动的方向》讲演,肯定中国青年运动在整个人民革命运动

---

① 毛泽东:《在陕北公学第二期开学典礼大会上的讲话》(1938 年 4 月 1 日),《党史研究》1981 年第 4 期。

中的地位和作用。他指出,"五四"以来中国青年们"起了某种先锋队的作用",就是"带头作用,就是站在革命队伍的前头"。青年运动是整个人民革命运动中的"一个方面军,而且是一个重要的方面军"。他认为,"看一个青年是不是革命的","就是看他愿意不愿意、并且实行不实行和广大的工农群众结合在一块"。① 朱德送给青年们的三件宝贝是镢头、枪和笔。他勉励青年们拿起镢头开荒种地,在劳动中锻炼自己,建设好边区;拿起枪来打击敌人,学会武装斗争,保卫好边区;拿起笔来学习马克思列宁主义和文化知识,武装自己的头脑。他指出:"在目前中国,共产主义的道路首先要驱逐日寇建立新中国,这符合着中华民族和全体中国人民的利益。""如果中国青年想前进而不想后退,如果中国青年想在长期斗争中不作时代

冼星海指挥鲁艺同学演唱《黄河大合唱》,名震一时。磅礴的气势、撼人的旋律、激进的呐喊,只有辽阔的黄土高原才配做它的彩排场。这是一个民族不屈精神的象征。

---

① 毛泽东:《青年运动的方向》(1939年5月4日),《毛泽东选集》第2卷,人民出版社1991年版,第566页。

落伍者,那么他就必须走上这独一无二的道路——共产主义的道路。"①张闻天、周恩来、刘少奇、陈云等也多次撰文、演讲,指导延安青年运动的发展。

延安青年的精神是自由的、清新的、昂扬向上的。延安是青年人精神的天堂。华君武1938年10月从上海经香港、成都、西安来到延安,先住在城里的招待所,第二天就有两位同志代表组织来看望,"他们一身灰布制服,清清爽爽,干净利落,和蔼可亲,温暖周到,让我一下子就感觉到这是一个怎样清明公平的新世界"②。中央宣传部有关宣传、文化工作的会议,也会邀请文化青年参加,听取他们的意见和建议。紧张的学习、创作生活之余,延安青年在晚饭后与三五好友在延河边散步谈心,朗诵诗歌,畅想未来,具有一种独特的浪漫气息,成为终生难忘的记忆。鲁艺常常在周末举行晚会,逢年

1939年延安抗大三周年纪念大会上,前来祝贺的青年们打出毛泽东、朱德、斯大林的画像。

---

① 朱德:《五四运动与青年》,《新华日报》(华北版)1940年5月3日。
② 朱鸿召:《延安曾经是天堂》,陕西人民出版社2012年版,第11页。

过节美术系都有画展,文学系出墙报,主持召开诗歌朗诵会。冬夜漫长,十个八个同学围在一个窑洞里,抓阄讲故事。

当时,延安实行供给制,住处、家具、伙食、衣服、油灯蜡烛、写作用的墨水纸张,甚至女性用的卫生纸,一概都由公家按时定量供给。延安机关干部、学校师生、每年夏冬两季所发的衣服鞋帽,都是一式一样的。吃饭是在露天院子里,每一组一个瓷罐,小米饭常常挺硬。但简约而充裕的物质生活保障支撑着青年们的理想大厦。他们后来有人回忆说:

> 虽然一切都是简陋的粗糙的,但心情是愉快的。我们不追求豪华,追求的是理想,美好的人类理想,才来到这荒凉的山沟沟里,这里的人们都在从事一番轰轰烈烈的革命事业,这些人是不追求物质生活的享乐才来到这儿的,他们都是崇高的"同志"![1]

延安青年是"团结、学习、劳动"的。中国共产党为了教育青年、培养骨干,在延安及周边地区先后创办了30多所干部学校。学员们实行生产运动,开发了上万亩荒地。当年的陕公学生会组织部部长写道:"从早到晚,忙忙碌碌,为了学习,为了各种会议,为了劳动服务,挖窑洞、筑校墙、做防空设备、布置教室和礼堂、写墙报……天天都在战斗地学习,用战斗的精神保证了学习计划的完成。"[2]一位投奔延安的青年在晚年也回忆道:

> 延安啊延安,你从艰苦中找得乐观,你从劳动中夺取幸福,你从战斗中获得安乐与发展!延安啊延安,我不能用别的名称

---

[1] 韦婴:《延安作家生活纪实》,程远主编:《延安作家》,陕西人民教育出版社1992年版,第502页。

[2] 齐语:《在洪炉中的生活和学习》,刘葆观主编:《血与火的洗礼——从陕北公学到华北大学回忆录(1937—1949)》上卷,中国人民大学出版社2007年版,第110页。

叫你,我只能称呼你是个"赤脚天堂"!①

1942年5月延安文艺座谈会召开后,来延安的青年作家、艺术家们纷纷下乡下工厂到部队,深入工农兵生活,更加深入地开始了与工农兵相结合、为工农兵服务的新历程。

五、党对国统区、沦陷区青年运动的指导

从历史主流的走向看,中国青年向来是有骨气的,从来就不屈服于外来的暴力压迫。抗日战争时期,不论是在国民党统治区,还是在日本占领区,热血爱国青年的这种反抗一直没有停止过。中国共产党正确研判形势,以极大的热情和耐心,对国统区、沦陷区青年运动及时做出指导。

国统区青年积极参与抗战

卢沟桥战火燃起后,北平爱国青年在中共北平市委领导下,立即行动起来。中华民族解放先锋队、北平学联派出代表,冒着生命危险来到前线,慰劳抗日勇士。青年学生们组织了募捐团、慰劳团、看护队、宣传队、战地服务团。学联得知前线需要麻袋,马上发起捐集一万条麻袋运动,接着又发起为二十九军官兵捐献一万件背心运动。民先队组织的义勇队,还参加了实际战斗。天津青年抗日团体"海风社"在七七事变后发出抗战宣言,号召大家"毫不犹豫地站在时代前头,肩负起民族兴亡的责任","一致奋起,共图生存"②。南开大学学生会也致电宋哲元,赞扬"我二十九军英勇抗战,为国牺牲,实堪钦佩"③。

在上海八一三抗战中,各界青年用各种方式支持前线将士。淞

---

① 蔡若虹:《赤脚天堂——延安回忆录》,长沙美术出版社2000年版,第108页。
② 《卢沟桥事变风云篇》,中国人民大学出版社1987年版,第320页。
③ 《卢沟桥事变风云篇》,中国人民大学出版社1987年版,第320页。

沪地区的爱国学生,建立起红十字会医院、救护所,全力抢救伤员。不少学校组织了战时服务团,前往战地开展服务的同时深入农村宣传抗日主张,还开展救护、宣传、募捐、慰劳等活动。女童子军杨惠敏身携国旗,冒着生命危险,冲破日军的封锁,把旗帜交给孤军困守四行仓库的谢晋元团战士,鼓舞了战士们的抗日热情。许多原来在日资工厂做工的青年工人,不顾失业挨饿,毅然退出日资工厂。

1937年末,上海、南京、太原等地相继被日本占领,国民党政府迁都武汉,华北、上海、南京等地的大批青年学生也聚集在武汉,他们对形势发展万分焦虑。12月31日,周恩来应武汉大学"抗战问题研究会"之邀,向全校师生作了《现阶段青年运动的性质和任务》的报告。他指出:"中国的青年,不仅要在救亡的事业中复兴民族,而且要担负起将来建国的责任。"①号召青年们到军队里去,到战地服务去,到乡村中去,到被敌人占领了的地方去,开展抗日斗争。这个演讲当时发表在《战时青年》上,很快在广大青年中产生热烈反响。

中国青年记者学会开会,也需要成熟的资深人士坐镇。

---

① 《周恩来选集》上卷,人民出版社1980年版,第89页。

第四章 / 发出抗日救亡最强音

从七七事变到武汉失守一年多的时间内,青年抗日文化运动出现了生气勃勃的气象。新闻界于 1938 年 3 月 30 日在武汉建立了中国青年记者学会(简称"青记"),并在延安、徐州、南昌、长沙、广州、成都、重庆、香港等地建立分会。大批记者深入战地进行采访,写出了许多有影响的战地特写和通讯,极大地鼓舞了民众的抗日热情。青年诗人艾青的《向太阳》、田间的《给战斗者》、高兰的《我的家在黑龙江》等诗篇热情讴歌神圣的抗战和人民的斗争,还出现朗诵诗与街头诗运动。青年文化工作者组成各种形式的演剧队,运用街头剧、活报剧等形式,到处广泛宣传抗日,《三江好》《最后一计》《放下你的鞭子》等剧目最受欢迎。作曲家创作了《全民抗战》《毕业上前线》《壮丁上前线》《太行山上》《游击队歌》《到敌人后方去》等著名歌曲。美术界、电影界、出版界的青年文化工作者,积极运用漫画、版画、木刻、墙头画、故事片、纪录片、新闻片、书刊宣传抗日。青年抗日文化运动的高涨,起到了动员底层群众、振奋民族精神的积极作用。

共产党对国统区青年运动方针的调整

在抗日救亡成为时代主旋律的背景下,国民党政府不得不"联共抗日",但其始终没有放弃反共反人民的方针,尤其是在广州、武汉失陷后,国民党对抗战失去信心,采取消极抗日、积极反共的策略。1937 年 5 月,中共中央在延安召开白区党的代表会议,刘少奇代表中共中央向会议作报告,提出要广泛地组织青年,并提出全面具体的意见。1938 年 3 月 21 日,中共中央正式提出了"在敌人占领的中心城市中,应以长期积蓄力量、保存力量、隐藏力量,准备将来的决战为主"[1]的思想。1939 年 12 月,毛泽东在《中国革命和中

---

[1] 中共中央党史研究室:《中国共产党历史大事记(1919.5—2009.9)》,中共党史出版社 2006 年版,第 81 页。

国共产党》中提出,在敌人长期占领的反动黑暗的城市和反动黑暗的农村中,必须采取荫蔽精干、积蓄力量、以待时机的方针。1940年5月4日,毛泽东又进一步提出了长期埋伏的命题,形成了党的白区工作的十六字方针——"荫蔽精干、长期埋伏、积蓄力量、以待时机"①。同年6月3日,中共中央书记处作出《关于目前国民党区学生工作的几个决定》,明确指出:"今后国民党区学生运动的根本方针,应是长期的潜伏发展,积蓄力量,争取人心,故工作中心应由校外救亡工作立即转为校内学生工作。"

1938年7月,国民党的三民主义青年团(简称"三青团")一成立,中国共产党就把它作为争取的对象。1938年10月,毛泽东在中共扩大的六届六中全会上指出,国民党组建三青团,"表示了把他自身变为抗日建国的民族联盟之开始"②。主张对三青团采取赞助的态度,对其发展对象、组织原则等提出意见和建议,以争取其向好的方向发展,成为全国青年的统一组织。根据这一指示,1938年12月,中央青委副书记冯文彬在全国党的青年工作人员会议上,特别谈到要"争取三民主义青年团为广大的统一战线的组织"。1939年1月国民党五届五中全会后,三青团积极参与反共摩擦,中国共产党仍旧采取积极争取的态度,认为"它是有可变性的,它在环境好转、国民党更进步的条件下,亦可以向好的方面转变的,有可能成为青年统一的组织"③。同时,为争取三青团的转变,中国共产党一方面对三青团提出善意的批评,帮助它做好支持抗战的工作;另一方面发动中间派知名人士参加三青团,并有计划地训练一批忠实可靠的共产党员,以抗日积极分子的身份加入三青团,以此来改变三青

---

① 毛泽东:《放手发展抗日力量,抵抗反共顽固派的进攻》(1940年5月4日),《毛泽东选集》第2卷,人民出版社1991年版,第756页。
② 毛泽东:《论新阶段》(1938年10月14日),《中共中央抗日民族统一战线文件选编》下册,档案出版社1986年版,第143页。
③ 《中央青委给少共国际的信》,《中共中央抗日民族统一战线文件选编》下册,档案出版社1986年版,第288页。

团的组织成分和领导成分,争取它向好的方向转变。一些地方如广西的三青团工作就深受中国共产党影响。1940年前后,广西三青团各级团部领导干部中,中共党员有十三四人,进步青年有十人。后来,三青团紧紧追随国民党积极反共,中国共产党才彻底放弃了对三青团的争取。

皖南事变后,国统区陷入白色恐怖之中。针对国民党的高压政策和部分党员缺乏工作信心的情况,周恩来在重庆提出"勤业、勤学、勤交友"三项任务,交友的对象主要是学生和职业青年。在组织上,转向隐蔽的、分散的、小型的活动,于是在重庆、成都等地出现了一种新的组织形式。它接受中共领导,但没有名称,规模很小,一般只有三至五人,而且不发生横向联系,只是单线领导。这种组织无章程,无纲领,也没有定期的会议,成员之间的结合,纯粹建立在私人友谊和政治了解的基础上。周恩来把这种组织称为"据点"。到1945年,"据点"已发展到48个,联系了989人,其中大学生有464人。"据点"的广泛建立与积极努力的工作,使广大进步青年团结在中国共产党周围,并在学生的各种活动中起决定作用。

沦陷区青年不可征服

为了领导沦陷区人民的抗日斗争,中国共产党先后派出大批人员到日伪占领的城市去工作,同时抽调和动员大批进步青年,到根据地参加城工训练班,然后回城市工作。为加强沦陷区的工作,中共中央要求遵照"荫蔽精干、长期埋伏、积蓄力量、以待时机"的方针,将秘密斗争和公开斗争相结合,充分利用公开合法活动,团结与发展进步力量,建立广泛的统一战线,打击削弱汪伪势力。

按照中共中央的指示,沦陷区的青年工作改变了抗战初的被动局面,建立起许多秘密青年组织作为党的外围组织。如南京的青年互助会、青年救国社、民社、读书会、团结救国社,武汉的文艺生活社、现代读书会、武汉青年救国大同盟,北平的三一读书会、海燕社等,在上海也有各种名义的读书会。在这些秘密青年组织内,学习马列主义书籍,学习根据地出版的毛泽东的《论持久战》《论抗日民族统一战线》《新民主主义论》等著作,斯诺的《西行漫记》(即《红星照耀中国》)、艾思奇的《大众哲学》、沈志远的《政治经济学大纲》《共产主义ABC》等书籍,也受到进步青年的欢迎。

1943年8月,北平中学生自发组织文艺团体"海燕社",印发刊物《海燕》,经常举办读书会,组织郊游活动。1944年,海燕社骨干分批到抗日根据地参加晋察冀分局城工部举办的训练班,其间陆续加入中国共产党。这是1943年秋组织郊游时的合影。

沦陷区中共地下组织不仅建立了许多秘密的青年抗日团体,而且善于利用敌人的内部矛盾扩大抗日的力量。当时日本特务监视学生活动很严,中共地下组织就利用一些大汉奸做挡箭牌,利用"中国青年模范团"等汪伪青年组织的招牌搞合法斗争;汉奸之间狗咬狗,都要争夺青年,中共地下组织就利用机会组织合法团体,敷衍上层,掌握中层,面向基层,打开局面,掩护党的秘密工作。在汪伪的重要青年组织和学校中,中共地下组织都派党员打入,并设法掌握了其中一些青年组织的实际领导权,利用这些合法青年团体,掩护进步青年的抗日活动,团结大批进步青年。

抗战后期,沦陷区的青年抗日力量已经有了较大发展。1943年至1944年底,中共地下组织利用汪伪的"干字运动实践会",先后举办过两期寒假生活营,每期有100名会员,主要对象是大中学生,还吸收少数职业青年。与此同时,中共地下组织也加强了城市党的组织发展,许多优秀的青年被吸收入党,党的工作面扩大了,接触青年的面也更加广泛了。

随着抗日战争形势发展的需要,中共地下组织在一些城市郊区着手组织地下武装,青年又成为其中最活跃的力量。后来由于形势急剧变化,组织地下军的任务未能实现,但为这些城区的解放战争时期的学生运动准备了一批骨干力量。

上海"孤岛"时期的青年反日活动

上海"孤岛"时期,上启1937年11月日本占领上海而租界独存,下至1941年12月日本发动太平洋战争占领上海全部租界。"孤岛"时期的上海青年并不孤立,他们在中国共产党的领导下,和整个沦陷区青年一道,开展了轰轰烈烈的抗日活动。

日军占领上海后,租界外的学校纷纷迁入租界,租界内学生人数猛增至十万人之多。中共地下组织对"孤岛"的学生抗日斗争非常重视,专门建立了学生工作委员会(简称"学委"),在各大中学校建立了中共支部,领导青年学生开展各种抗日活动。

1938年7月,上海日伪政府要求租界内的学校一律向其申请登记,激起教育界和社会的强烈不满,拒绝登记。中共地下组织领导的进步学生组织上海学生界救亡协会(简称"学协")作出决议,在各学校开展护校运动,反对登记,抵制奴化教育;并通电上海全市教育界,提出了"宁肯牺牲学业,不受奴化教育""誓死保卫教育主权的完整"等口号。8月26日,租界内87所中等学校联合登报,声明国家办理教育宗旨,始终不渝,拒绝向日伪政府登记,运动取得胜利。

1940年3月30日,汪精卫在南京成立伪"国民政府"。上海中共地下组织在"孤岛"发动了一场反汪运动。上海"学协"发表宣言,声讨汪精卫卖国罪行。第二天,各校举行罢课和反汪宣誓,并组织宣传队上街,散发反汪传单,有的召开大会,揭露汪逆叛国罪行。在几万学生反汪浪潮下,租界百余所大中学校纷纷通电,反对汪伪政权,重申拥护抗战。这场反汪斗争,狠狠打击了租界的汉奸势力,鼓舞了人民的抗日信心。

"孤岛"时期,中共地下组织还注意在学生中建立广泛的统一战线,扩大抗日力量,开展形式多样的活动。为支援抗战,学生们在"孤岛"多次进行义卖、义演、募捐等活动,其中在1938年"七七""八一三""九一八"纪念日和1939年新年四次献金达4万余元,征募寒衣款2.5万元,这些钱除了救济难民和上交给大后方的国民党政府外,一部分通过中共地下组织,支援了在江南江北浴血奋战的新四军。在中共地下组织的帮助下,许多进步青年奔向抗日根据地,有的到了延安,有的参加了新四军。1938年、1939年,"孤岛"的青年学生参加了上海各界民众慰问团,两次去安徽慰问新四军,许多学生留下参加了新四军。

国统区学生的争民主运动

1942年昆明学生发动的"倒孔运动",是抗战时期影响较大的一次争民主、反独裁的青年运动。香港沦陷前夕,国民党行政院院长孔祥熙不顾滞留在香港的知名人士,反而空出飞机抢运私产,甚至将他的几只洋狗也用飞机运到重庆。这一情况,激起学生极大愤怒。1942年1月6日,西南联大、中法大学、云南大学等校学生千余人举行倒孔游行,高呼"打倒发国难财的孔祥熙"等口号,并写标语,贴反孔传单。游行后,各校联合召开全市学生大会,向市民揭露孔祥熙搜刮民脂民膏、大发国难财的罪行,要求政府取缔特务统治、制裁孔祥熙。西南联大学生还出了壁报,声讨孔祥熙。蒋介石一再密令云南省政府主席龙云,对倒孔运动"负责取缔,严予禁止"。国民党中央执行委员会秘书处也致函教育部,要求制止学生的倒孔运动。行政院、教育部接连密电西南联大校方,要求立即"制止出轨行动"。这次倒孔运动,是皖南事变后第一次对国民党的示威,也是抗战期间昆明学生的第一次游行。这次事件教育了青年,暴露了四大家族的极端腐朽,给国民党政府以重大打击。

1944年纪念"七七"抗战七周年之际,昆明西南联大、中法大学、云南大学、省立英专四校3 000余学生联合召开时事座谈会。闻一多、吴晗、潘光旦等教授相继发表演讲,要求改革政治,号召学生追求光明,打倒黑暗,加紧争取民主,争取自由,不要吝惜任何牺牲。10月7日,成都五所大学的学生2 000余人,举行国是座谈会,要求结束国民党一党专政,成立民主联合政府。10月31日,国民党派1 200余名警察、特务,荷枪实弹,包围成都市立中学,镇压学生。有30余名学生被打伤,40余人被逮捕,造成"市中血案"。为了声援市中学生,11月11日,成都各大中学校学生万余人召开大会,举行罢课、请愿和游行示威,抗议国民党特务的暴行,要求严惩肇事凶手,赔偿学生损失。

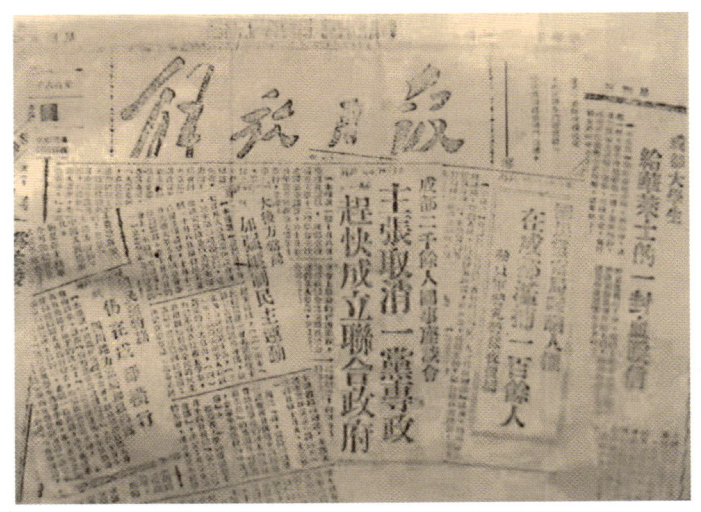

延安《解放日报》报道成都华西坝五大学国是座谈会及成都学生爱国民主运动。

对于学生运动的高涨,国民党、三青团极为仇视。国民党中央党部发出密令,要昆明、成都地方当局对"学生的不轨言行,严加防范"。三青团中央团部指示各地团部"研讨校内各种学生活动进行,尤须预防学潮之发生"①,把"校内各种学生活动情形及各种动态,须随时以最简便、最迅速方式呈报中央团部"②。

进入1945年,学生爱国民主运动发展得更快、更猛。2月22日,重庆各界青年包括学生、中小学教师、工厂青工等联名向《新华日报》呼吁成立民主联合政府。3月11日,浙江大学全体学生发表促进民主宪政宣言。4月1日,成都燕京大学全体学生发表主张民主团结宣言。接着,昆明西南联大、云南大学等学校的学生都发表了国是主张。

抗战后期,中国共产党领导的地下青年组织得到较快发展。1944年秋至1945年上半年,中共在原来"据点"和其他小组的基础上,先后建立了一些进步青年组织。1944年10月,成都的学生秘密小组以"青年民主宪政促进会"的名义,与华西坝五大学联合发起国是座谈会之后,青年民主宪政促进会决定进一步扩大规模,并改名为"成都民主青年协会"(简称"民协"),积极推动成都的学生运动和民主运动。1945年5月4日,成都各大学105个社团在华西坝联合举行纪念五四运动26周年大会。"民协"根据中共南方局的指示,积极参加和领导。

1945年3月,西南联大的中共党员和进步学生秘密组织中国民主青年同盟(简称"民青")。4月30日到5月6日,"民青"和昆明四所大学学生自治会举行五四纪念周活动,把学生民主运动引向深入。5月中旬,他们又联合发起成立昆明市大中学校学生联合会。昆明学联建立后,各校民主活动得到蓬勃开展。

重庆是抗战时期国民党统治的中心,反动力量较强。皖南事变后,中国共产党经过一段时间的艰苦工作,在重庆中央大学建立"据点",团结了一大批进步学生。到1944年下半年,"据点"成员已达

---

① 三青团中央团部编:《中央团讯》,中国第二历史档案馆藏。
② 三青团中央团部编:《中央团讯》,中国第二历史档案馆藏。

百人左右。1945年春,中大、复旦两校各自建立统一的"新民主主义青年社"(简称"新青社")。1945年8月,中共南方局正式批准成立"新青社"。"新青社"的章程规定:本组织"接受中国共产党的领导,为实现新民主主义革命而奋斗"。"新青社"建立后,在学生运动中起了领导和骨干作用,中大等校的"新青社"在学生中积极开展工作,不久就把三青团把持的学生自治会领导权夺了过来。

"民协""民青""新青社"三个进步青年组织,是在抗战后期建立的地下青年组织,有明确的纲领和章程,接受中国共产党的领导,成为西南地区学生运动和青年运动的核心力量。

第五章　以战斗姿态迎接解放

抗日战争是一百多年来中国人民反对外来侵略者第一次取得完全胜利的民族战争，从而成为中华民族从衰败走向复兴的重要枢纽。由于中国抗日战争对世界反法西斯战争所作出的巨大贡献受到国际社会的肯定和尊重，中国的国际地位有了很大提高。同时，经历过14年战争洗礼的人民对安居乐业的新生活的渴望无以复加，和平建国成为当时国人最普遍的政治诉求。但是，抗战胜利后，国民党集团却企图使中国社会退回到抗战前的一党专制独裁的反动统治状态，悍然发动内战，激起中国共产党及各民主党派、社会各界的强烈反对。解放区青年积极参军参战，保卫胜利果实。国统区青年运动此起彼伏，连绵不断。这两股青年运动遥相呼应，共同推动了埋葬蒋家王朝的历史进程。

一、和平幻想的破灭与初步斗争

抗日战争的胜利，并没有给饱受苦难的中国人民带来他们期盼已久的天下太平、安居乐业，蒋介石顽固坚持内战与独裁的既定方针，执意重燃内战烽火，再次置民众于水深火热之中。国内局势的动荡及经济的衰败，使广大民众尤其是国统区民众的生存状况不断恶化。在对这种社会状况反思的过程中，很多青年对中国共产党政策、主张的了解不断加深，价值认同不断增强。

解放区青年愈加觉醒

日本投降的消息传来后，抗日根据地的军民同全国人民一样，也沉浸在无法用言语形容的欢乐中。据聂荣臻回忆:"那些天,延安一片欢腾。宝塔山下,延河两岸,中央机关和延安群众敲锣打鼓,载歌载舞,沉浸在一片胜利的欢乐之中。"①因为这些年的浴血奋战,根据地军民付出的实在太多太多,大家都渴望和平的早日到来,好安居乐业,重建家园。尽管人们有着这样善良的愿望,但是,要实现和平建设谈何容易?胜利刚刚到来,内战的阴云就已悄悄笼罩在中国上空。

延安军民庆祝抗战胜利集会

日本政府发出乞降照会的当天,即1945年8月10日,朱德总司令向各解放区抗日部队发布命令,要求他们向附近的敌军送出通牒,限期要求敌军缴出全部武器,否则立即予以消灭,并接管敌军所占的城镇和交通要道。第二天,蒋介石却发出两个互相矛盾且极端无理的命令:一个是给各战区国民党部队的,要求他们"加强作战努力,一切依照既定军事计划与命令推进,勿稍松懈";另一个命令专

---

① 《聂荣臻回忆录》中册,解放军出版社1983年版,第568页。

门要求第十八集团军"原地驻防待命"。8月13日,毛泽东为朱德写了一封电报给蒋介石,指出"驻防待命"的说法不但不公道,而且违背中华民族的民族利益。"我们认为这个命令你是下错了,并且错得很厉害,使我们不得不向你表示:坚决拒绝这个命令。"

其实蒋介石打内战的决心已经定了,只不过一时还有许多困难和顾忌。所以连续三次致电毛泽东,假惺惺邀请他到重庆谈判。中共中央和毛泽东洞察局势,以弥天大勇接受邀请,前往重庆与国民党谈判,赢得了政治主动和天下人心。最终,国共双方于10月10日签订会谈纪要。尽管共产党要尽可能争取和平,而蒋介石却在谈判之中的9月17日,以命令形式向内部重新颁发十几年前"围剿"红军时他手订的"剿匪手本",指令各部队"切实遵守"。

从抗战胜利到全面内战爆发,虽然国共双方一时剑拔弩张,但也只是一些局部冲突和较量。此时,全国解放区共约有1亿人口,青年占1/5,约为2 000万。解放区青年政治觉悟的高低、人心的向背,直接影响着人民解放战争的胜负。从整体上看,以农村青年为主体的解放区青年呈现以下特点:

第一,分得胜利果实过程中呈现出复杂的心态。中国社会结构和社会心态是比较复杂的,尤其是在农村。土地改革作为一场农村社会天翻地覆的运动,其直接效果就是广大农民认同共产党,拥护支持共产党。但本来给农民带来巨大利益的土地改革,一开始并没有立刻燃起农民的热情之火,他们往往胆小怯懦,不敢立即起来响应。为此,中国共产党从改造传统的民俗伦理入手,通过"挖穷根""斗争大会"等方法,激发农民对地主阶级的被剥削感、阶级对立意识、革命斗争意识和拥护中共的意识。在此基础上,一向温和、忍让的中国农民将整个地主阶级打翻在地的阶级情绪开始得到极大宣泄。

第二,在各项政治参与中不断提高觉悟和能力。从抗日战争到解放战争初期,中国共产党的力量相对弱小,要战胜强大的敌人,所依靠的只能是人民群众的力量。为此,党领导解放区农民进行了大规模的形式多样的政治参与:参加战事运动、参加土地改革、参加政治团体、参加政治选举、参加政治监督等。这些政治参与打破了农村几千年来的传统,改变了农村基层的政治生态。农村青年通过参与各式各样的政治活动,逐步消融了长期习惯性的政治冷漠,由观望到被动介入,再到主动参与,表现出了惊人的积极性、主动性和创造性,为民主革命成功和解放区各项事业的发展提供了坚实的保障。

第三,渴望建立青年自己的先进组织作为依靠。经过14年的抗日战争,解放区青年的政治觉悟普遍提高,并涌现了大批优秀的积极分子。这些青年经历了抗日战争的锤炼和考验,政治觉悟和团结程度有了空前的提高,在解放区的各方面工作中,涌现出了三四百万青年积极分子,大约占解放区青年总数的20%。他们迫切要求政治上的进步,要求加入党组织,但其中能够被吸收入党的青年只有四五十万,还有一大批青年不能被吸收到党内来。而此时青年抗日救国会已经完成了历史使命,在很多地方处于自流或取消状态。这样,青年积极分子需要有一个单独的组织以满足其工作与学习的要求,并成为党团结领导广大青年群众的核心。

国统区青年学生由不解到愤懑

正当国统区广大青年沉浸在胜利的欢乐中、强烈要求和平民主的时候,国民党内部暴露出来的种种腐败丑恶现象却给他们当头浇了一盆冷水。在收复区,国民党各种接收大员蜂拥而至,他们在接收敌伪产业的同时,任意将收复区的民有企业和房产指为敌产加以没收,甚至连敌伪人员的小老婆也成了接收对象,疯狂地抢洋房、汽车,抓黄金、美钞。人们称这些接收大员是"三阳(洋)开泰"(捧西洋、爱东洋、要现洋)、"五子登科"(位子、金子、车子、房子、女子),接收变为"劫收"。国民党政府还乘接收之机,强迫收复区人民用伪币兑换法币,将收复区人民手中仅有的资财搜刮殆尽。国民党官僚资本更是变本加厉地囤积居奇,垄断原材料和市场,从大发"国难财"变为大发"胜利财"。就连国民党政府军令部部长徐永昌在胜利不久的日记里也不得不如实写道:"平津近有谣谚曰:'天天盼中央,中央来了更遭殃'之语。"[1]时任军政部部长兼后勤部总司令的陈诚后来回忆道:"可怜八年浴血奋战的结果,最后却带来了一场'胜利灾难'。这些话听起来当然使人扫兴,然而却不能不承认这是眼睁睁的事实。"[2]

丁聪的漫画《五子登科》生动描绘出国民党接收大员的丑态。

国民党统治区敏感的青年在经历了过山车式的情绪跌宕之后,从困惑不解迅速转向失望和愤懑。他们既忧自身命运,更忧国家前途。

第一,生存状况的不断恶化使多数学生对国民党统治的信任开始解体。连年抗战已使国民经济遭受重创,抗战胜利后百废待兴之

---

[1] 徐永昌:《徐永昌日记》第 8 册(手稿本),台北"中研院"近代史研究所 1990 年影印,第 197 页。

[2] 陈诚:《陈诚先生回忆录——抗日战争》上册,台北"国史馆"2004 年版,第 224 页。

时，四大家族利用特权操纵物价，囤积居奇，使正常的经济秩序遭到严重破坏。当时的高等学校，大部分学生生活支出的来源是政府财政拨款，一方面是物价日夜飞奔，另一方面政府拨付的费用未能根据物价指数予以调整，而是几年来保持一贯稳定，导致学生的生活水平每况愈下，最低的生活需求都难以保障，时常面临饥饿的威胁。对大多数人而言，没有什么压力比生存压力让人感受更深刻，与政府对抗的理由中没有任何理由比生物学意义上的生存更为充分。

第二，青年学生对和平民主、民族复兴的认同度在提升。鸦片战争以来，几乎未曾间断的民族危机的刺激，不断激活并强化着学生的爱国传统和民族意识。在抗击日本侵略的过程中，他们不仅与全国人民一同度过了那段苦难的岁月，而且感受更为深刻——抗战最艰难的时期，大部分高校为躲避战乱纷纷内迁，迁徙的过程极其艰辛，成千上万的学生颠沛流离，经常陷于困顿，被誉为"中国教育史上的长征"。在漫长的迁徙途中，艰难的处境，尤其是对民生疾苦的深度感知——相当一部分学生第一次离开城市，第一次如此贴近底层百姓的生活——使他们感受到的不仅仅是切肤之痛，更有对和平民主以及民族复兴的极度渴望。抗战胜利后，他们以为苦难的日子终于过去了，对未来生活充满憧憬，凡是能够推动国家振兴、人民安居乐业的事情，他们都会发自内心地拥护和支持，对于那些与此背道而驰的事情则会坚决反对。由此，也就不难理解为什么学生对蒋介石的内战独裁行为如此敏感，学生运动为何在抗战胜利不久就迅猛发展起来了。

第三，爱国学生对新理论、新知识乃至"禁书"的好奇与接受。青年学生大多思想活跃，比一般人更容易接受新思想和新知识。当面对无数使他们困惑、痛苦或者感到彷徨的社会现实问题时，他们会如饥似渴地找各种新书来读，寻求问题的答案。其中，包括鲁迅、邹韬奋的著作，中国共产党所办的报纸、杂志（抗战胜利初期，还可以公开发行，但不久就被封禁了），以及生活书店、读书出版社、新知书店出版的哲学社会科学书籍,如艾思奇的《大众哲学》、胡绳的《辩证法唯物论入门》、华岗的《社会发展史纲》、范文澜的《中国通史简编》、薛暮桥的《经济学》、许涤新的《现代中国经济教程》等。在部分学生中,还秘密流传着油印的或经伪装的毛泽东著作,如《中国革命和中国共产党》《新民主主义论》等。

第四,进步学生在对国共两党的比较中作出坚定选择。青年学生是激情的,又是理性的。看似冲动的行为背后,一定会有理念的支撑。在抗战中期,面对国民党的迫害,中共中央及时对国统区青年工作的方针作出调整,确定"荫蔽精干、长期埋伏、积蓄力量、以待时机"的十六字方针。中共中央南方局书记周恩来根据党中央的指示精神,结合国民党统治区的具体情况,号召进步青年"勤学、勤业、勤交友"。这样做的结果是,党的精干力量得以保存,而且团结、培养了大批积极分子,在一些主要城市和学校形成了以党为核心的革命青年的层级组织,包括许多出身上层社会的学生,如傅作义的女儿傅冬菊、陈布雷的女儿陈琏、张自忠的女儿张廉云等大批青年学生加入共产主义的阵营。

反甄审:"谁是伪学生"

如果说国民党的腐败和反动使国统区的青年大失所望的话,那么国民党在胜利后对收复区青年的甄审,更给了他们当头一棒。

1945年9月20日至26日,国民党政府召开教育复员会议,修正通过了《收复区中等以上学校甄审办法》,规定收复区专科以上学生必须经过甄审合格,才准继续入学。国民党对汉奸采取姑息宽容政策,却视收复区的学生为"伪学生",这怎能不激起收复区广大学生的不满和反对?北平、上海、天津、南京、青岛以及东北各大城市的学生,先后开展了反甄审的斗争。

10月上旬,北平成立了北大师大校友联合会,率先发表了《给收复区全体青年同学的一封信》,通过了《北平各校友反甄审决议》

等。北平学生反甄审的号召在各地引起广泛影响。

上海交大等六所学校向国民党当局要求改变甄审决定无效后,在中共地下党员的领导下,成立了秘密的"学生协会",提出了"人民无伪,学生无伪"的口号。11月6日和10日,六校学生两次向国民党接收大员李熙谋和教育部部长朱家骅请愿,并在11月6日举行了有千余人参加的抗战胜利后的第一次大游行。

正义从来不会被强权所蒙蔽,不会被暴力所压服。1946年1月14日,青岛各校师生反甄审示威游行队伍行进在胶州路上。

在青岛,一些学生和小学教员先后成立了高初中毕业生联谊会,多次向国民党请愿,要求放宽甄审办法,均遭拒绝。为此,联谊会于12月16日晚上街张贴标语。不料,文德女中青年女教员费筱芝在张贴标语时,遭国民党军队士兵枪杀,国民党的暴行激怒了青岛青年。继崇德、文德女中罢课后,其他各校也相继罢课,1946年1月14日,举行了有8000余学生参加的大闹市府的请愿活动。

天津学生反甄审斗争发展到1945年12月形成高潮。12月31日下午,6000余学生冲破国民党政府军警阻挠,包围了教育局,在强大的压力下,教育局局长不得不签字盖章,答应了学联关于反甄审的主要要求。

国民党收复区的反甄审斗争得到了广大人民和舆论界的支持。最后,国民党教育部部长朱家骅被迫承认"人民无伪,学生无伪",答应了"先补习后甄审"的要求,并在各主要城市设立了临时大学,学生们终于取得了继续读书的权利。

甄审与反甄审的斗争,无情地揭露了国民党反动派的无理和狡诈。甄审是国统区学生对国民党幻想破灭的起点,"客观上起了削弱正统思想,降落国民党政治影响的作用"。[①]

一二一运动:"反对内战,争取民主"

抗战期间迁到云南的西南联合大学(由北大、清华、南开三校组成,共2 000多学生),一向被称为"民主堡垒"。抗战胜利后,学生们面对严重的内战危机,群情激愤,就是中间分子同样也有强烈的民主要求,赞成反对内战、反对独裁。对此,国民党军队经常以查户口等为名,搜捕进步人士。云南的政治空气十分紧张。中共云南省工委书记郑伯克和西南联大党支部负责人交换意见,认为:"鉴于云南目前局势险恶严峻,既要响应中央号召,又应因地制宜,客观环境既不利,只能争取合法地开个时事晚会。"于是,他们"决定召开一次以反内战为内容的时事讲演会,请几位敌人不太注目的教授讲授,发表一个通电,以此来促进反内战运动"。[②]

这时,西南联大15个学生团体联名要求联大学生自治会通电反对内战。联大党支部抓住时机,经在联大学生自治会中的党员提议,由联大、云大、中法、英专四所大学学生自治会于1945年11月25日召开一次时事座谈会。这一天,时事晚会在西南联大草坪上如期举行,到会者达6 000多人。民主战士吴晗、周新民、闻一多参

[①] 中共青岛市委:《青岛学生运动的始末》(1946年1月),内部资料。
[②] 郑伯克:《白区工作的回顾与探讨》,中共党史出版社1997年版,第256页。

加了讨论会,钱端升、伍启元、费孝通、潘大逵四位教授就和平民主、联合政府等问题做了讲演。包围会场的国民党军队突然用冲锋枪、机关枪、小钢炮对着会场上空射击,还切断电源。会场上人人义愤填膺。大会通过了反对内战、要求和平民主的宣言,发出呼吁美国青年反对美军参加中国内战等通电。

26日清晨,国民党中央社竟造谣说"昨晚七时许,发生匪警"①冲突,污蔑爱国学生的集会。愤怒的昆明各校学生相继罢课。至28日,罢课学校已达30余所,并组成了全市大中学校联合罢课委员会。11月底,在联合罢课委员会的统一指挥下,昆明各校又组织了100多个宣传队上街宣传,揭露国民党反动派的罪恶。

国民党云南当局面对昆明学生总罢课和上街宣传,连夜召开会议,策划镇压。他们命令各校当局交出"思想有问题"的学生,限令各校28日复课,否则即"采用武力压制,不惜流血"。12月1日上午,大批国民党特务和身着制服、佩戴符号的军人,携带武器,分别闯入西南联大、云南大学,并且投掷手榴弹,杀死4人(其中有南菁中学教师、共产党员于再,西南联大女生、共产党员潘琰),重伤11人(其中有共产党员缪祥烈)。

一二一惨案发生后,被彻底激怒的昆明师生掀起更大规模的反内战、争民主运动。在继续坚持罢课的同时,每天出动100多个宣传队到主要街道、工厂和郊区农村宣传,并编印各种传单、文告,到处散发。从12月2日起,西南联大在图书馆为四烈士设置灵堂,几乎每天都挤满了成千上万前来致敬的市民,有的甚至是从数十里外的郊区赶来的。

这一惨案发生时距抗战胜利仅有三个来月,虽然国民党反动派封锁消息,但联大学生代表迅速赶到重庆、成都,说明事实真相。《解放日报》《新华日报》对昆明惨案真相作了详细报道,美国《密勒

---

① 昆明《中央日报》1945年11月26日。

昆明各界人士为在惨案中遇难的四烈士送葬。画面中那个大概是赶来维持秩序的警察,也应该为这一悲壮场面所动容。

氏评论》也对此作了报道,很快就震动了全国。在成都,四川大学、金陵大学、燕京大学等5 000多名大中学生在华西坝举行追悼大会,会后举行反内战示威游行,部分教师和国际友人文幼章教授加入了游行。在重庆,郭沫若、沈钧儒、史良等主持召开追悼大会,到会约3 000人,群情激愤。在光复不久的上海,举行大规模的悼念活动本来是有困难的。中共上海市学委得知,于再烈士的妹妹打算在上海玉佛寺做一次佛事祭奠她的哥哥,在商得家属同意后,在玉佛寺举行公祭。

一二一运动深刻揭露了国民党反和平民主的本质,促使更多的青年学生从对国民党的幻想中进一步觉醒过来。经过这一运动,国民党的影响一落千丈。相反,共产党对青年学生的影响得到了进一步加强。周恩来当时高度评价道:

五四运动未完成的任务由"一二九"青年运动继承起来,"一二九"未完成的任务由今天的青年运动继承起来。青年是争取和平、民主的先锋队,谁有青年,谁就有将来。国民党反动派残杀青年,压迫青年;共产党则爱护青年,培养青年。①

国统区青年抗争国民党的倒行逆施

一二一运动后,国民党当局谋划寻机报复,他们利用青年学生的爱国热情,借口东北问题和张莘夫事件②,在全国掀起了一股反苏、反共的逆流。从1946年2月中旬开始,一些国民党和三青团分子到各校欺骗蛊惑。22日,重庆万名学生上街游行,混在学生中的一些特务和暴徒带头狂呼反苏反共的口号,冲击《新华日报》门市部,捣毁中国民主同盟机关报《民主报》营业部。23日,由三青团组织和控制的"上海学生护权运动大会",挟持和欺骗2 000多名学生举行反苏游行,包围了正在举行庆祝苏联红军节招待酒会的苏联驻沪总领事馆,呼喊反苏反共口号。24日,成都部分学生也参加反苏游行,一些人乘机捣毁了《新华日报》成都营业处。在此前后,北平、天津、南京、武汉、西安、太原、南昌、贵阳以及东北、台湾等地,在国民党的策动下都举行了反苏游行。

对这股反苏反共逆流,新华日报社发表社论,揭露国民党"利用政府尚未宣布对苏交涉真相的时机,煽惑反苏游行,以遂其摧残民主舆论,保持独裁专制之目的,并图浑水摸鱼,将暴行责任转嫁于纯洁之青年学生"的诡计。在中共光明磊落的声明影响和各进步青年组织的工作下,各地学生都不同程度地参与抵制这股逆流。

在昆明联大,当国民党把持的法学会决定在2月25日举行东

---

① 《周恩来年谱(1898—1949)》,中央文献出版社1998年版,第645页。
② 根据国民党政府和苏联政府签订的协议,苏军应在日本正式投降后的三周开始撤退,三个月内撤退完毕。后来在国民党政府的要求下,苏军撤退日期一再推迟。但国民党隐瞒问题真相,反说苏军延迟撤退是"中共阻挠接受自己的国家主权",是"苏联拒绝从东北撤军"。张莘夫是国民党政府驻抚顺煤矿的接收委员、工程师。他在抵达李子石车站后被不明来历的匪徒杀害,国民党造谣说是被苏军和八路军杀害,用以掀起反苏反共恶浪。

北问题讲演会时,昆明学联在联大校本部大门上贴出了学联与讲演会无关的声明,受蒙蔽的学生见此纷纷离去。在上海,新本女中的学生被国民党训导主任胁迫参加游行时,途中一些进步学生高呼"要和平、要民主、要自由"的口号,吓得训导主任赶紧把游行队伍拉回。在重庆,游行队伍中的共产党员和进步学生把游行转变成向国民党外交部请愿,要求公布中苏谈判内容和东北问题真相,使不敢公布真相的国民党当局极其狼狈,蒋介石也不得不假装澄清。

从 1946 年新春开始,上海学生接连开展了助学和尊师运动。参加这一运动的学生达三万余人,有力地揭露了国民党反动派积极准备内战、极力摧残教育的行径,进一步促进了上海学生的团结,促成了上海学生团体联合会的成立。到当年 6 月,上海、南京、杭州等地的反内战、争民主运动达到高潮。上海 100 多所学校 5000 余名师生于 6 月 16 日借举行"尊师庆功联欢大会"之机,进行"反对内战、争取和平"的总动员。从延安秘密来沪视察工作的中共中央青委书记冯文彬和中共上海市委学委领导人以群众的身份出席了大会。会后,上海学生组织了"上海市学生争取和平联合会",在全市开展了反内战签名活动。6 月 13 日下午,杭州浙江大学等 20 余所大中学校学生及部分教职员工共 5000 余人,举行制止内战、反对出卖内河航行权的示威游行。爱国民主人士马寅初在演讲后,"一马当先",走在队伍的前列。游行中途遇到大雨,大家仍精神抖擞,冒雨前进。

6 月 23 日,以圣约翰大学学生陈震中、东吴大学学生陈立夫与民主人士马叙伦等 11 人为代表的上海人民和平请愿团赴南京请愿。上海 130 多所大中学校的学生和各界群众五万余人举行热烈欢送大会。会后,又举行声势浩大的反内战示威游行,人们称为六二三反内战运动。三天后,即 1946 年 6 月 26 日,国民党反动派悍然点燃了全面内战的战火。

随着全面内战的爆发,国统区以学生为主体的青年运动发展至一个新的阶段。当时,原在大后方的清华、北大、中大、复旦、同济、浙大等大学逐步迁回上海、南京、杭州、北平、天津等地。国统区青年运动的中心已从大西南移向国民党统治区的心脏宁沪杭和平津唐等大城市。其斗争目标,也从向国民党争取和平民主,逐渐发展为反对美帝国主义干涉中国内政、打倒国民党反动统治的斗争。国统区的青年运动,即将掀开新的更加雄壮激烈的一页。

二、"反蒋保田"与参军参战

整个解放战争期间,解放区青年主要参与了三件大事。一是参军参战,保卫胜利果实。二是参与土地改革,发展生产,支援战争。三是参与青年团重建,在土改中建团。前两件大事互为因果,只有发动土地改革,铲除几千年来的封建土地所有制,才能真正调动广大农民尤其是农村青年建设新生活的积极性。同时,只有把解放区各项生产搞好了,才能保证前线的物资供应;解放区青年只有踊跃参军入伍,才能保证人民军队的兵源补给。这是前方打胜仗的两大基础,只有前方打了胜仗,才能保卫解放区的革命成果,巩固后方的革命新秩序。而在这一过程中开始重建的青年团,积极组织动员解放区青年参与土改,参军参战,发挥了不可替代的推动作用,逐渐成为指导解放区青年运动的核心团体。

解放区青年运动需要新的发动机

抗战胜利后,青年救国会就完成了它的历史使命。其实,1942年以后,有些解放区的青年救国会就日渐涣散,青年工作日趋消沉。到了1946年,问题更严重了。陕甘宁、太行、晋冀鲁豫等解放区的中下层青救会组织大多停转,上层机构有名无实。山东、晋察冀、华中、晋绥等解放区各青救会组织虽存在,但工作方针不明确,工作任务不具体,整个青年工作处于自流状态。

在充分了解各地情况的基础上,1946年八九月间,任弼时在延

延安枣园中共中央书记处礼堂旧址。很多重要会议在这里召开,毛泽东去重庆谈判也是在这里决定的。讨论重新建团的两次中央会议都在这里举行。

安枣园书记处礼堂两次主持召开了中央会议,讨论重新建团问题。在8月26日召开的中央书记处讨论青年团问题会议上,朱德、任弼时、胡乔木及康生、饶漱石等听取了中央青委的汇报,主要内容是各解放区青年工作与组织概况、对青年工作的种种主张、成立青年团的必要性和根据、成立青年团的初步设想等。接着,山东、陕甘宁、张家口解放区青救会和青联负责人介绍本地区青年运动状况。汇报完毕后,朱德等中央领导发言,表示同意组织青年团。会后,任弼时将这次会议讨论的问题和意见向毛泽东做了汇报。毛泽东说:搞青年团是好的,可以征求一下各解放区的意见。9月13日,中共中央第二次讨论建团问题。除毛泽东、刘少奇外,在延安的所有中央书记处书记、政治局委员、中央委员和候补委员都出席了会议,有朱德、任弼时、林伯渠、徐特立、蔡畅、陆定一、习仲勋、马明方、康生、饶漱石、陈伯达、安子文、胡乔木、黄敬、刘宁一、李颉伯等。经过热烈讨论,会议一致认为,要建立青年团,但需先经过试点。

随后,中共中央青委便会同陕甘宁边区青联一起研究制订《在陕甘宁试办青年团的计划》,在延安、绥德、米脂三县进行建团试点,中央青委并在延安的冯庄、丰足火柴厂、延安行知中学首先试建青年团。11月5日,中共中央发出由任弼时起草的《关于建立民主青年团的提议》。解放区中共各中央局、各分局,按照提议要求,陆续择地试建青年团。12月7日,中共西北局召开常委会,学习中共中央建团提议,听取延安试建青年团的工作报告,会议决定扩大建团试点工作的范围,每个分区都选择一个县进行,并向中小农村发展。

山东解放区接到中共中央建团提议后,先在老根据地滨海的莒南县开展建团试点工作。经过两个月的试建,在沟头区的金沟官庄、沙窝头、胡家官庄建立了三个秘密团支部,发展团员20多人。1947年1月,中共华东局召开青年工作会议,决定每个区党委都要选择一个或几个县为试点,普遍开展试建青年团的工作。

1946年11月,晋绥边区首先在兴县第一完小试建团的组织。12月,发展了6名团员,建立了团小组。这是晋绥边区的第一个团组织。12月,中共中央青委听取了晋绥边区建团准备情况后,全面布置了建团工作。1946年冬,晋察冀边区青联根据中共中央建团提议的精神,讨论制订了《关于试建青年团计划》,并在平山县韩庄和曲阳县文德村试建了团组织。接着,青联又在定县结合土改建立了"毛泽东青年团",半年多的时间,全县就建成支部198个,发展团员4 981人。

1947年7月17日至9月13日,刘少奇在河北省平山县西柏坡主持召开了全国土地会议。8月末至9月20日,中共中央青委召开了解放区青年工作代表会议。各解放区汇报和介绍了试建青年团的情况和经验,决定扩大团的试建工作,并强调要在土地改革和各种实际斗争中建团。鉴于土地会议上已提出公开共产党的组织,会议决定改变秘密建团的做法,公开建团。会议期间,中共中央书记处书记刘少奇、朱德到会讲话。这次会议,对于统一思想、总结经验、纠正不足、推动试建青年团工作的进一步开展,起了很大作用。

全国解放区青年工作代表会议后,随着土地改革运动的深入,试建青年团的工作在解放区更广泛地进行着。1947年9月,中共

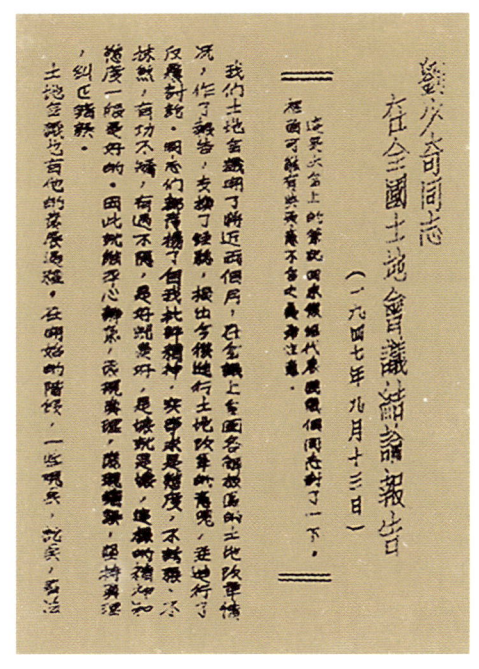

刘少奇在全国土地会议结论报告和全国青年工作会议的讲话中，对如何建团进行了深入阐述。

中央青委派黄若暾和李明到东北传达中央试建青年团的精神，并协助试建青年团。11月，中共东北局召开常委及有关同志参加的座谈会，听取了黄若暾、李明的汇报，一致赞同立即在东北解放区试建青年团。黄若暾和李明在调查研究的基础上，分别到宾县农村和哈尔滨市电车厂进行建团试点，取得了经验。1948年五四青年节，哈尔滨市毛泽东青年团成立，成千的民主青年联盟盟员转为团员。7月，中共东北局发出建团指示。8月，东北解放区青年工作会议召开，成立了东北解放区毛泽东青年团筹备委员会，决定在东北各地普遍试建团。到1948年底，试建青年团的工作在各解放区普遍展开，并获得很大成功，为中共中央决定正式建团提供了依据，为青年团从试建到全国普遍建立奠定了坚实的基础。

试建青年团开始后，解放区的青年运动一改涣散和沉闷状态，出现了蓬勃发展的局面，广大青年和团员在解放区的各项工作中，发挥了明显作用。

土地改革当先锋

全面内战爆发时,解放区主要在农村和一些中小城市,解放区民众绝大多数是贫苦农民,他们渴望得到土地。1946年5月4日,中共中央通过《关于土地问题的指示》,指出中国共产党应坚决支持群众在反奸、清算、减息、退租、退息等斗争中,从地主手中获得土地,实现"耕者有其田"。在土改运动中试建的青年团,带领团员青年在斗争地主、看管地主、分配斗争果实、维持社会治安等方面发挥了重要作用。晋绥解放区临县郝家坡的团员青年在斗争地主时,带头上台控诉地主罪恶。在分配土地时,有的农民自私自利,农会开了几次会都分不下去,团员青年便站出来,提出尖锐批评,坚决主张公平分配,结果使分配土地顺利进行。晋察冀解放区平山县大齐乡的青年团支部,组织警卫小组和检查小组,看守和监视地主,调查地主活动情况,保卫胜利果实。干部群众称赞说:"青年团就是咱们的眼睛和耳朵。"

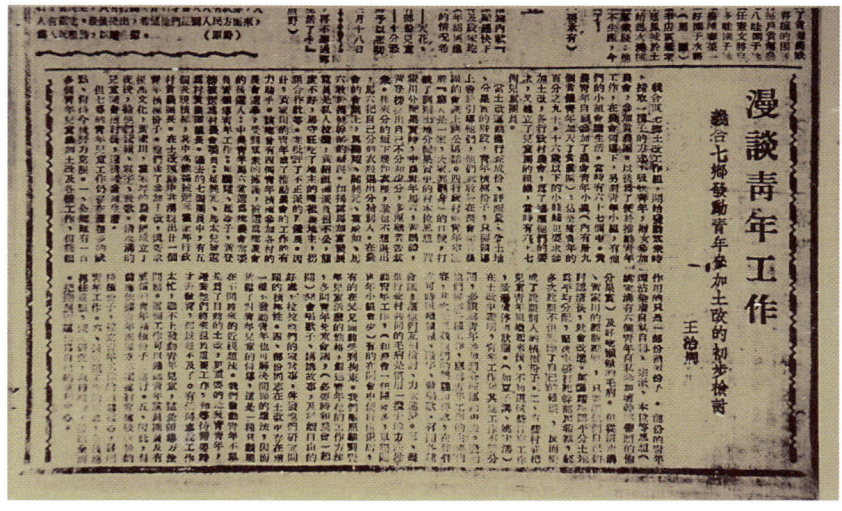

1948年3月28日《群众日报》登载《漫谈青年工作——义合七乡发动青年参加土改的初步检讨》一文。

团员青年在生产学习上也是模范。他们常是农村劳动互助组织的发起人和积极参加者。据华北解放区定县100个团支部的调查,在团员带动下,按照自愿两利的原则,组织234个互助组,包括1021户。陕甘宁边区吴堡等县的青年变工队,经常帮助烈军属耕种土地。解放区的青年工人在全体工人中占很大比重。他们在"后方多流汗,前方少流血"的口号下,同老工人一道,争分夺秒地抓紧生产,努力提高产品质量和数量,制造了几百万解放大军所需的被服、弹药和物品。石家庄大兴纱厂的团员青年积极参加厂方推行的标准工作法生产竞赛,2/3的团员夺得竞赛红旗,团员李淑砚领导的车组是全厂唯一连得三次红旗的车组。在学习文化上,团员青年也发挥了主动性和积极性。山东解放区莒南县金沟官庄,以前只有2个人会记账,12个人粗通文字,经过团员青年带头组织群众学习,全村能认两三千字的,就有52人。

解放区的学校,普遍推行新民主主义的教育方针,实行理论联系实际的学习方法,使学生逐步树立为人民服务及与工农结合的思想,他们在课堂上努力学习,在解放区的各项工作中同样作出了自己的贡献。在东北解放区,有2万多学生参加各种革命工作,其中仅哈尔滨一地就有1900多名学生参加了土改,4000名学生参加了城市建设。在国民党军队大举进攻山东解放区时,山东大学学生担任了粮站、担架、运输等工作,许多人后来成为华东人民解放军机械化兵团中的坦克手和榴弹炮手。淮海战役中,开封学生写慰问信250万封,制作慰问袋19.6万个。

"保卫土地、保卫翻身果实"

随着土地改革运动的发展,农民获得了土地,极大地提高了发展生产和支援解放战争的积极性。试建中的青年团在其中发挥了积极的推动作用。全面内战爆发的四个月内,各解放区就有30万翻身的青年农民参加了人民解放军。广大民众和地方游击队还积极地投入提供军粮、运输物资、保护伤病员、传递信息、袭击敌军等各种活动。

在"保卫土地、保卫翻身果实"的口号下,掀起了大规模的参军运动,团员青年踊跃参军。陕甘宁边区 573 名团员自动报名参军,带动全区成千上万的青年入伍。在粉碎国民党军事进攻中,团员青年英勇作战,不怕牺牲,涌现出许多可歌可泣的英雄事迹。从晋察冀解放区怀来县走出的青年战士董存瑞,在 1948 年 5 月 26 日解放热河隆化城的战斗中,毅然托起炸药包,以身体作支架,炸毁敌军碉堡,牺牲时年仅 19 岁。部队党委授予他"战斗英雄"称号,并将他生前所在班命名为"董存瑞班"。

这是解放区某村庄为欢送青年参军而举行的"骑大马、戴红花"活动的生动场景。孩子们怯生生的目光中,隐约透露出内心的艳羡。

没能参军的团员青年大都参加了游击队,是解放区民兵的基本成员,担负了配合主力部队作战、站岗放哨、保卫当地政府和群众等任务。山东解放区鲁南滨海地区的女团员侍振玉,在沭河两岸和群众一起,坚持了 18 个月的游击战争,参加大小战斗 92 次。更多的团员青年参加了各项支前工作,成为担架队、运输队、民工队的主力。华东野战军司令员陈毅曾深情说道:"淮海战役的胜利,是人民群众用小车推出来的。"

在后方各项支前工作中，同样涌现出大批英雄人物。山西文水县云周西村15岁的支前模范、共产党员刘胡兰，1947年1月12日被闯入该村的山西军阀阎锡山的军队抓获。在敌人的威胁面前，刘胡兰坚贞不屈，大义凛然，壮烈牺牲。毛泽东闻讯后亲笔题词："生的伟大，死的光荣。"

三、风生水起的"第二条战线"

1946年6月26日，国民党军队开始大举进攻中原解放区，发动全面内战。随后在不到两年的时间内，国统区接连出现三次学生运动高潮，分别是抗议美军暴行运动，反饥饿、反内战、反迫害运动，反美扶日运动。这三次高潮环环紧扣，迅猛推进。在这一过程中，1947年5月30日，毛泽东在新华社评论中指出："中国境内已有了两条战线。蒋介石进犯军和人民解放军的战争，这是第一条战线。现在又出现了第二条战线，这就是伟大的正义的学生运动和蒋介石反动政府之间的尖锐斗争。"①

把国民党统治区的学生运动和人民解放军的战争放在一起，称为"两条战线"，这是一个很高的评价。学生运动之所以被称为"第二条战线"，之所以在中国人民解放事业中占有如此重要的历史地位，根本原因在于：人心向背从来都在政治局势演变中起着决定作用。

抗暴运动："美军滚出中国去"

抗日战争期间，不少美国军人特别是空军人员来到中国大后方。在中国人看来，他们是盟军，是来帮助中国抗战的，因此对他们怀着一种亲近感。但抗战胜利后，情况很快起了变化。美军做的第

---

① 毛泽东：《蒋介石政府已处在全民的包围中》（1947年5月30日），《毛泽东选集》第4卷，人民出版社1991年版，第1224—1225页。

一件事，就是运用它的空军和海军优势帮助国民党军队迅速抢运到华北、华东去。美国海军陆战队也大批进驻中国境内。在平津地区，就驻有美国海军陆战队5.3万人。美军以占领者的姿态在中国土地上为所欲为，横行霸道。据不完全统计，1945年8月到1946年11月，在北平、天津、青岛、南京、上海发生的美军暴行多达3 800起，中国人遇害死伤达3 300人以上。在北平，1946年9月至11月，美军制造暴行32起，造成15人死亡、25人受伤。肇事美军在国民党当局庇护下逍遥法外，早就激起北平各界人士和广大人民群众的极大愤慨。

1946年11月，国民党政府又同美国政府签订《中美友好通商航海条约》（简称《中美商约》），其实质是把"中国全部领土、全部事业，一律对美国开放"。郁积在中国人民胸中的怒火已经到了迸发的临界点，这是什么力量也阻挡不了的。

12月24日晚上（也是西方圣诞节前夜），北京大学先修班19岁的女学生沈崇，在平安影院看完电影返家行至东单广场附近时，被两名美国海军陆战队水兵强奸。事件发生后，国民党北平警察局连忙封锁消息，但一些有良知有胆气的报纸，不顾禁令和阻挠刊登了这一事件。消息传开后，人们义愤填膺，北平各校学生积压在心头的怒火，"轰"的一下燃烧起来。北平市民、学生一致认为："这是一种兽性的行为，这是新帝国主义蹂躏中国的深一层表露，受奸污的不仅是沈小姐一人，而是全中国的妇女，全中国的同胞。"①北京大学、清华大学、燕京大学等校学生纷纷要求罢课和游行，抗议美军暴行。《观察》北平特约记者写道：

> 看到了这一种消息，每个北大的同学都咬牙切齿，气愤万分，随即墙壁上贴满了红的绿的抗议宣言。同时，灰楼有女同

---

① 本刊特约记者：《北平学生示威记》，《观察》第1卷第21期，1947年1月18日。

学的哭声,有些是愤慨,有些是恐惧,她们说:"我们是来自天南地北的女孩子,没有亲戚,没有友人,美军是这样的暴行,我们是这样的没有保障。谁能担保同样的污辱不会落在我们的头上?"……当天的晚上,无论在西斋、三院、红楼与灰楼,每个人都抛下了书本,讨论着有关抗议工作的事项,有的并发动了签名,种种激昂的言论与行动,写出了暴风雨前夕的情景。①

国民党反动派通过中央社发布歪曲事实真相的消息,诬蔑受害者"似非良家妇女"(其实,沈崇是晚清两江总督沈葆桢的曾孙女,刚从南方来北平求学),并竭力为犯罪美军开脱罪责,说是"酒后失检,各国均所难免"等,更激怒了北平学生。

12月29日,北大抗议美军暴行筹委会召开各系级代表会议时,突然闯来几辆吉普车和大卡车,运来100多个手执木棍、腰悬手枪的暴徒,大打出手,并霸占会场,宣布成立所谓"北平各大学学生正义联合会",反对罢课和游行。随后他们呼啸而出,顺带把沙滩民主墙上的大字报撕个精光。这种极端无赖的行径,无疑给学生们的抗暴行动火上浇油。

12月30日下午1时半,清华、燕京、北大、辅仁、中法、朝阳等大学参加抗暴游行队伍的5 000余人,冒着零下15摄氏度的严寒,高举"抗议美军大游行"的横幅,浩浩荡荡,经东皇城根、东华门奔向王府井大街。途中,北平师大、北平铁道管理学院等校学生陆续加入游行队伍。游行队伍一路高呼"抗议美军暴行""美军退出中国"等口号,沿途向群众散发各种宣传品。随后,到东单广场举行抗议集会,向万余观众发表演讲。"休息时且由女同学讲述美军于该地之兽行经过,声泪俱下,同学多眼含热泪。"②自1935年一二九运动以来,北平市民还没有见过如此热烈的场面。同一天,天津的南开

---

① 本刊特约记者:《北平学生示威记》,《观察》第1卷第24期,1947年2月8日。
② 《抗议美军驻华暴行运动资料汇编》,北京大学出版社1989年版,第166页。

北平学生抗议美军暴行的游行队伍在行进中。抗议的浪潮随即席卷全国，20多个城市起来响应。

大学和上海的复旦、同济、暨南等大学也宣布罢课（沈崇原是上海某女子中学学生，上海学生闻讯后极为愤怒）。

在1947年整个1月份，上海、南京、天津、武汉、长沙、南昌、济南、广州、福州、台北、桂林、成都、重庆、西安、兰州、开封、洛阳、沈阳、长春等大中城市的学生不断罢课，举行游行示威，参加的人数达到50万。许多大城市成立了"抗暴联"。3月8日，全国学生抗暴联合会在上海成立。

学生的抗暴巨潮，在社会各界得到广泛同情。中国民主同盟在1月上旬举行一届二中全会。全会的政治报告中说："这不是单纯的反美运动，而是中国人民警告美国离开中国内战的旋涡，而是中国人民反对内战、争取和平的群众大运动！这种运动才是中国和平民主的真基础！"文化界、妇女界、工商界团体和著名人士，纷纷发表谈话或公开信，强烈抗议美军暴行，要求美军撤出中国。胡子婴说："只有美军立刻退出中国，才能消灭这类暴行，不然我们得永远承受如同日军在中国时的同样耻辱!"马寅初说:"假使这种事情也能忍受,中国做奴隶的资格就养成了,我们决不能忍气吞声。""现在的政府到底是中国人的政府,还是美国人的政府?假如是中国人的政府,应该迅即提出抗议,严重交涉,否则就该下台,愧对国人,还有什么面目坐踞高位?"①

中共中央在 2 月 1 日举行政治局会议,讨论毛泽东起草的《迎接中国革命的新高潮》的党内指示。周恩来在会上作了国民党统治区人民运动的报告。他在报告中第一次把国民党统治区的人民运动称为"第二战场"。他说:反美斗争,去年还不会料到有这样大的发展,因为许多人原来对美国有幻想。现在,学生运动和小贩运动都直接的是反美运动。群众中,从贫民、工农到民族资产阶级都不满美国的压迫。斗争还要继续发展下去。这个运动是配合自卫战争最有力的运动。②

为什么抗战胜利后不久,抗暴运动会以那样的声势席卷全国?因为这个问题,触及了亿万中国人心灵深处最为敏感的痛处。中华民族在一个多世纪以来受尽了外国列强的欺凌和侮辱。经过 14 年浴血抗战,终于打败长期骑在中国人头上作威作福的日本侵略者,每个中国人都觉得扬眉吐气,可以抬起头来做人了。人们最无法忍受的,是重新看到外国列强又以征服者的姿态,无视中国的主权,无视中华民族的尊严和利益,在中国土地上任意杀害和污辱中国的同胞。③

抗暴运动有力地打击了国民党对内残酷镇压、对外卖国媚外的反动政策,使广大学生抛弃了对美国政府和国民党反动派的最后一丝幻想。抗暴斗争中产生的学生抗暴联合会,为国统区学生运动的

---

① 《抗议美军驻华暴行运动资料汇编》,北京大学出版社 1989 年版,第 390、392 页。
② 周恩来在中共中央政治局会议上的发言记录,1947 年 2 月 1 日。
③ 金冲及:《第二条战线:论解放战争时期的学生运动》,生活·读书·新知三联书店 2016 年版,第 24—25 页。

进一步高涨作了组织上的准备。总之,抗暴运动"标志着全国性的革命高潮确已接近"①,解放战争时期第二条战线的序幕已经拉开。

五二〇运动:"反饥饿要饭吃,反内战要和平"

由于国民党发动全面内战,军费激增,造成连年财政赤字。为了弥补赤字,国民党政府滥发纸币,引起通货膨胀,物价飞涨。从1947年2月至5月,物价上涨了四倍。当时美联社在一条电讯中列表说明:法币100元1937年可买两头牛,1938年买一头牛,1940年买一头猪,1943年买一只鸡,1945年买一条鱼,1946年买一个鸡蛋,1947年只能买三分之一盒火柴。普通民众生活举步维艰,濒临饥饿境地。自1947年3月起,全国已有38个城市十几万人多次掀起"抢米"风潮。

国民党发动内战引起的经济危机,更造成了广大青年的失学和失业。同时,军费大量挤占了教育经费,物价暴涨也引起学费和生活费的飞涨。1947年2月新学期开始,北平大学竟有500至600名学生因付不起学费而失学。至于毕业更等于失业,成千上万家工厂倒闭,几百万的失业大军,哪里还有毕业学生的就业机会?即使还能在学校就读的学生,也因飞涨的物价而挣扎于饥饿之中。5月,每个公费学生每天的菜金800元,只够买两根半油条或一块豆腐,而没有公费的学生情况更惨。学生食堂伙食越来越差,由于长期营养不良,学生得肺病的人数惊人。5月13日上海医学院学生体格检查,得肺病的高达15%。因贫病交迫,失学失业而自杀的学生也日益增多。

处于秘密状态的中共中央上海局敏锐地觉察到学生群众中出现的新动向,认为这场运动比抗暴有更大的社会基础,并且判断

---

① 《中央关于响应北平学生反美蒋运动的指示》(1947年1月5日),《中共中央青年运动文件选编》,中国青年出版社1988年版,第641页。

5月可能是这一高潮的开始。这样,反饥饿、反内战运动的高潮,首先在国民党政府的首都南京掀起,"成为整个运动主流"。时任中共南京市委书记的陈修良回忆道:"1947年4月间,中央有指示给上海局,要求进一步发动学生运动。于是上海局通知我迅速回沪,讨论南京的学生运动。""上海局书记刘晓同志问我:南京有没有力量发动学生运动?我汇报了南京的情况以后,大家认为有条件在国民党首都发动一次大规模的反饥饿、反内战的群众运动。为什么要在南京先发动呢?因为它是'首都',政治影响比上海大。随后还决定南京与沪、平、津、杭的各大城市学生联合起来进行斗争。"①

这个运动最初喊出的口号是"抢救教育危机",并且有一个重要特点:由大学教授先采取行动。那时候,随着内战扩大,军费日增,教育经费已如江河日下。4月26日,南京的中央大学教授会召开紧急会议,要求比照物价指数发给薪水和提高教育经费,并推出13名教授为代表向教育部请愿。5月6日,因请愿毫无结果,召开全校教授大会,到会的有100多人,要求政府改革政治、经济、教育,改善教职员工生活待遇。12日,中央大学教授会为了扩大影响,召开了中外记者招待会。教授们的态度是比较温和的,但老师们的这种悲惨处境和不平常行动自然给了学生不小刺激。学生生活状况也正急遽恶化。1946年12月规定的大学公费生的副食费每年2.4万元,本来太低,到1947年5月上旬一直没有变动,而在这期间食品价格已上涨4.3倍。中央大学校方鉴于学生伙食确实已经差到不能再差的地步,决定采取临时措施,从5月4日起将公费生伙食标准皆按4万元计算,但政府拒不同意。于是,压抑已久的愤怒终于大爆发了。5月12日,中央大学学生举行代表大会,决定从第二天起罢课,并派出代表向政府请愿,仍毫无结果。南京其他高等学

---

① 《陈修良文集》,上海社会科学出版社1999年版,第205页。

校随后相继罢课。17日,成立"南京区大专院校争取公费待遇联合会",决定在20日国民参政会开幕那一天组织请愿,并向全国九大城市的大学发出电报,要求一致行动。

反饥饿、反内战运动此时在全国范围内也已猛烈展开。清华大学、北京大学学生宣布分别从17日和19日起罢课三天,并派出上千人上街宣传。南开大学、北洋大学宣布从18日起罢课三天。上海和杭州各大学也相继罢课,并决定派代表到南京参加对国民参政会的请愿。

面对日益高涨的学生抗议浪潮,国民党政府采取的对策仍是严厉镇压。蒋介石在5月18日为此发表书面谈话进行威胁道:"如长此放任,不但学风败坏,法纪荡然,势必使作育青年之教育机关,成为毁法乱纪的策源地。国家何贵有如此之学校,亦何惜于如此恣肆暴戾之青年。为保障整个国家之生命,与全体青年之前途,将不能不采取断然之处置。"

在南京五二〇大游行中,学生们在中山路与警察抢夺水龙。

各校学生闻知后,舆论顿时哗然。20日清晨,南京的中央大学等校学生5 000多人和前一天从上海、杭州、苏州赶来的学生代表,高举"挽救教育危机联合大游行"的横幅,向国民参政会前进。到达珠江路时,道路已被军警封锁。在交涉无效的情况下,游行队伍向封锁线冲去。顿时,国民党军警特务用皮带和木棍乱打,用水龙对准学生猛冲。当手无寸铁的学生冲过封锁线后,预先埋伏的军警又冲出来对其围打和逮捕。学生被打成重伤的有20人,轻伤的有90人,被捕的有20余人。一部分学生终于冲出包围,重新整队向国民大会堂进发,在国府路(今长江路)口又被以骑兵、防护团、青年军、武装宪兵和机关枪队组成的五道防线阻拦。队伍被迫停住,和国民党军警对峙。下午,一场暴风雨袭来,游行队伍屹然不动。后来,国民参政会秘书长邵力子会见学生代表,答应全部要求,并同意将请愿书等转达给全体参政员和政府。下午6时许,学生游行队伍高呼口号,仍沿原路线行进后返校。五二〇运动便因5月20日这个日子而得名。这件事发生在孟良崮战役结束后的第四天,使国民党当局更处于内外交困的局面中。

北平学生反饥饿反内战的游行队伍通过天安门城楼

第五章 / 以战斗姿态迎接解放

同一天,北平大专学校学生7 000多人,高举"华北学生北平区反饥饿反内战"的横幅,在市区游行。走在队伍前列的是清华大学退伍军人学生大约300人,"该大队队员衣从军时之美式戎装,头戴钢盔,护卫于校名横额左右"①。他们行进时高呼"抗战军人只打日本,抗战军人不打内战",十分引人注目。下午6时半行进到当时位于沙滩的北京大学结束。天津的南开大学、北洋大学等校学生1 400多人分两路游行,也遇到警察和便衣暴徒用短棍、皮带、砖头等殴击,造成9人重伤、23人被捕。

五二〇事件发生后,国民党当局的暴行极大地激怒了更多普通学生。学生斗争的口号中又增加了"反迫害"的内容。以上海为例,21日成立"上海学生抗议五二〇惨案后援会"。从第二天起到24日,罢课的大中学校增加到80多所。那么多中学生积极投入到运动中来,是以前不曾有过的。许多原来在政治上处于中间状态的学生,出于正义感,也积极投身到运动中来。运动的规模和声势都大大超过年初的抗议美军暴行运动。

在五二〇运动的基础上,各地在南京的学生代表于5月23日在中央大学开会,决定成立四区(后扩大为京沪苏浙豫五区)学联,并发起组织全国学联。6月中旬,全国各地学生代表在上海集会,成立了全国学联②,这标志着全国学生大联合的形成。

国民党政府完全没有想到在它的后方会出现如此广泛的群众抗议运动。他们的对策只有一条,就是继续加强高压。在上海,警备司令部勒令《文汇报》《新民晚报》《联合晚报》三家同情学生运动的报纸停刊。武装军警包围封锁各大学校园,有些大学门口开来铁甲车或架起机枪恐吓学生。军警闯入校园搜捕学生,先后被捕的学

---

① 《平津学生反内战反饥饿运动的初步调查材料》(1947年5月17日—24日),共青团中央青运史工作指导委员会等编:《中国青年运动历史资料》第17册,中国青年出版社2002年版,第167页。
② 新中国成立后,全国学联把这次会议作为第十三次全国学生代表大会。

生有200多人。在武汉,6月1日凌晨3时,武装军警1 000多人突然冲入武汉大学校园搜捕学生,开枪扫射,投掷手榴弹,杀死学生3人。武汉大学教授发表宣言说:"根据医生对死者的伤口检查,所使用的枪弹竟还是国际战争中禁用的达姆弹。"

这场运动以极快的速度从个别要求发展成共同要求,从局部发展到全国,从自发的生活斗争发展成政治运动,揭开了中国学生运动史上新的一页。

学生的反饥饿、反内战、反迫害运动,博得社会各界的强烈同情。5月28日,平津教授费孝通、吴晗、陈岱孙、金岳霖、邓之诚、俞平伯、黎锦熙、陈序经、卞之琳等585人发表宣言,指出一切学潮、工潮的根源都起于经济危机,而经济危机又是长期内战的恶果。同一天,黄炎培在日记中记录著名女教育家吴贻芳教授向蒋介石"述特警凶暴殴学生状"。"蒋愤斥说:'是我叫他们打的,他们是自卫,否则学生打他们了。'"①31日,南京的警备司令部派人到中央大学,拿着40人的名单,称前来逮捕,被校长吴有训、训导长刘庆云拒绝。

毛泽东在这年5月30日为新华社所写的评论中这样写道:"学生运动的高涨,不可避免地要促进整个人民运动的高涨。""和全民为敌的蒋介石政府,现在已经发现它自己处在全民的包围中,无论在军事战线上,或者是在政治战线上,蒋介石政府都打了败仗,都已被它所宣布为敌人的力量所包围,并且想不出逃脱的方法。"②

反美扶日运动:"不许西洋鬼子帮东洋鬼子"

经过反饥饿、反内战、反迫害运动的洗礼后,国民党统治区学生群众的思想认知已经发生深刻变化,燃烧起来的怒火已不可扑灭。

---

① 《黄炎培日记》第9卷,华文出版社2008年版,第286页。
② 毛泽东:《蒋介石政府已处在全民的包围中》(1947年5月30日),《毛泽东选集》第4卷,人民出版社1991年版,第1224—1225页。

新学年开学不久,又发生了浙江大学学生自治会主席于子三被军警秘密逮捕并在监狱中杀害的事件。1947 年 10 月 30 日,浙江大学学生 2 000 多人举行控诉大会,决定罢课三天。第二天,浙江大学教授会和讲师助教会宣布罢教。浙大校长竺可桢也强烈支持学生,并亲赴南京向各界人士介绍惨案发生的经过。这个事件得到全国学生的声援。北平、天津、上海、南京、武汉、重庆、昆明、西安、台北等 20 多个城市和 15 万人以上的大中学生参加了抗议的罢课、集会、追悼等活动。此后,学生运动此起彼伏,不间歇地向前发展。

国民党政府为了进一步搞垮各地学校中的进步学生自治会,12 月 6 日,由教育部颁布了《修正学生自治会规则》,规定学生自治会的筹备人员和理事,要由学校当局"指派、圈定",对"违背校规的学生自治会,学校当局有权随时解散"①。根据这个规则,12 月 22 日,南京中央大学学生自治会首先被解散,接着国民党政府又拿上海同济大学开刀,妄想杀一儆百。

同济大学学生在其美路(今四平路)上与国民党反动军警展开激烈搏斗。

---

① 《修正学生自治会规则》(1947 年 12 月 6 日),南京国民政府教育部档案,中国第二历史档案馆藏。

1948年1月13日，同济大学第三届学生自治会改选，领导权完全掌握在进步学生手中。校长丁文渊为此宣布开除学生，禁止自治会的任何活动，"如有违背，决不姑息"。学生为了保卫已取得的民主成果，决定无限期罢课，如校方不收回成命，将赴南京请愿。1月29日，经多次交涉无效后，同济大学学生赴京请愿。下午3时半，复旦大学、上海交通大学等29所学校前来欢送的学生共4 000人齐集于其美路（今四平路）同济工学院门口，国民党武警、骑巡队冲入学生队伍，当场撞伤、打伤、踏伤学生69人，其中重伤4人。当晚，愤怒的学生在同济工学院礼堂（今"一二九"礼堂）举行"血债晚会"，国民党警察、特务又包围并冲进礼堂，强行逮捕学生200多人。第二天，国民党政府又特派教育次长杭立武到沪，想强行解散同济大学。

同济"一二九"惨案发生后，在全国引起强烈反响。华北学联及北平50所大中学校学生会发表联合声明，严正宣告决不承认《修正学生自治会规则》，组织"华北学生争民主、反迫害、声援同济后援会"，举行"华北学生反迫害、支援同济学生控诉示威大会"。武汉大学学生也罢课和绝食一天，香港学联和各群众团体，正在加尔各答召开的东南亚青年会议等也致电声援。

进入1948年，中国人民解放军已开展全面战略进攻，解放了大片土地和一些重要城市。解放战争的节节胜利，鼓舞着国民党统治区人民，激励着第二条战线上的青年学生。

这年3月，华北学联组织了一次平津学生大联欢活动。这次活动引起国民党当局的恐慌，公开宣布取缔华北学联。北平学生在4月初举行了"保卫华北学联"的抗争，得到社会各界的支持，举行了三天的罢课、罢教、罢工、罢诊、罢研、罢职的"六罢"斗争。这些都汇成连绵不断的冲击波。到五六月间，又在全国范围内掀起反对美国扶植日本运动的高潮。

抗战胜利两年后，美国为了自身在全球的战略利益，开始在远东扶植日本。这一举动深深刺痛饱受日本军国主义者侵略之苦的中国人的心。中共上海局《反对美国扶植日本运动的简报》写道:"美帝公开提出'扶日复兴'后,我即提出'反美扶日'与'拯救新民族危机'口号。首先集中宣传与统整各方力量,策动此运动。到5月初在我直接间接布置下,公开发表反美扶日文章近500篇,并组织几次上层分子座谈会,与发表了一篇100余人签名的宣言。继之在下层群众中亦开始广泛讨论动员。至此'反美扶日'问题渐成蒋区严重问题,各地上层分子也相继发表宣言,学生也随而行动。"①

5月4日,上海全市120多所大中学校1.5万名学生在交通大学举行五四营火晚会,请国际问题专家孟宪章教授演讲。他以大量资料揭露美国扶植日本的事实。会上宣布成立"上海市学生反对美国扶植日本、挽救民族危机联合会"。各大中学校学生纷纷征集签名,举办讲座、进行座谈、出版壁报、举办展览会、演唱《黄河大合唱》等抗日歌曲,还深入街道里弄进行宣传。5月22日,上海1.5万名学生又在交大举行五二○周年纪念大会,在"团结全国人民""反对美国扶植日本""击退一切迫害""争取革命运动胜利"的巨幅标语下,与会学生举行了校内游行和集会。

上海学生在交通大学民主广场举行反美扶日集会。

---

① 共青团中央青运史工作指导委员会等编:《中国青年运动历史资料》第18册,中国青年出版社2002年版,第200页。

大会决定发起10万人参加的"反美扶日"签名运动。

"反美扶日"运动很快发展到全国。南京各校学生5月21日在中央大学举行"五二〇血案周年纪念大会",提出"反美扶日、反卖国、反迫害"的口号。30日,平、津、唐12所大专院校与沈阳来平学生3000人,在北京大学举行"反对美国扶植日本、纪念五卅"大会,发表宣言,游行示威。6月8日,广州中山大学学生千余人召开反美扶日座谈会。17日,昆明近万名学生举行反美扶日大会,宣布罢课一天,举行示威游行。

"反美扶日"斗争直刺美国政府和国民党政府的神经。6月4日,美国驻华大使司徒雷登发表声明,威胁说,这一运动"倘若继续进行,可能致不幸之结果"①。作为对这一恐吓的回答,上海学生在司徒雷登声明的第二天就举行了"反美扶日"大示威。国民党当局

北平学生"反对美国扶植日本军国主义"大游行的队伍从民主广场出发。

---

① 《驻华大使(司徒雷登)致马歇尔国务卿》,中国现代史资料编辑委员会编:《美国与中国的关系》下卷,内部资料1957年印行,第851页。

调集大批军警严密包围交大、复旦、同济、中华工商等校,阻拦学生游行队伍走出学校,但仍有其他学校学生5 000多人到外滩集合示威。此后,北平学生于6月9日举行了罢课和示威游行,广州、福州、重庆、昆明等地学生也纷起响应。

反美扶日运动,成为继抗议美军暴行和反饥饿、反内战、反迫害运动后又一次学生运动高潮。在这场运动中,国统区学生南北呼应,几十万学生和教职员工参加了斗争。在国民党政府加紧对学生运动镇压的时候,全国学生们坚持爱国斗争,表现了可歌可泣的英勇气概,也进一步揭露了国民党的卖国行径,有力地配合了人民解放战争的进行。

反美扶日运动后,学校开始放暑假,而在北平又发生"七五"惨案。原来在1948年春天,东北野战军已经解放东北全境99%的地区,国民党军队龟缩在长春、沈阳、锦州等几座孤城之中。于是,国民党政府下令将东北几所大专院校迁到北平。五六月间,两万多名东北学生陆续到达北平,北平市参议会却通过决议,要求停发东北各国立学校的经费及学生公费,并把"不合格"学生"拨入军队服兵役"。7月5日,5 000名东北学生到北平参议会请愿,要求撤销决议案,毫无结果。愤怒的学生捣毁北平参议会并包围议长住宅。军警开枪镇压,打死、打伤50多人。惨案发生后,在北平的东北和华北学生一万多人在7月9日高举"反剿民、要活命"大旗,到北平行辕请愿,并举行示威游行。在青年学生的质疑和抗议声中,国民党政府的"合法性"已经丧失殆尽了。

这时,全国形势正在发生根本变化,得民心者得天下,由中国共产党主导的战略决战渐次展开,国民党在大陆的统治岌岌可危,已经陷入越来越混乱的局面之中。

四、全中国青年力量大汇聚

进入1949年,三大战役尘埃落定,全国解放已经指日可期。如何将革命洪流中的青年力量最大限度加以汇聚，并成功转化为新生政权的拱卫力量、建设力量，成为中国共产党关注的焦点。在党的领导下，在中央青委的直接推动下，1949年3月至5月，中华全国学生联合会、中国新民主主义青年团、中华全国民主青年联合总会相继成立。通过这三大青年组织，把全国青年力量汇集起来，使中国青年运动达到空前的团结和统一，预示着中国青年将在中国革命和建设事业中将有更大的作为空间。

青年学生在新的旗帜下再次凝聚

在整个新民主主义革命过程中，青年学生始终与广大民众同呼吸，与中华民族共命运。他们在中国共产党的领导和影响下，在不同历史阶段，都能义无反顾地走在时代的最前列。全国学生联合会诞生于火热的五四运动中，在长达30年的奋斗中，根据不同的历史环境和时代要求，经历了多次重新建立和内部变革，从1919年到1947年，全国学生代表大会共开过13次。随着新中国诞生的临近，全国学联迫切需要一场凤凰涅槃。

1948年11月5日，中国解放区青联发出通告，要求解放区学生选派代表组织筹备委员会，于次年2月召开解放区学生代表大会。后来，由于革命形势迅速发展，全国解放的日子已经不远，便决定将原计划召开的解放区学生代表大会扩大为中华全国学生代表大会。这个决定得到了从上海迁至华北解放区的中国学生联合会和原解放区学生联合会筹备委员会的赞同。1949年2月1日，在中国解放区青联的指导与协助下，由中国解放区青联、国统区中国学生联合会、原解放区学生联合会和从国统区来解放区的各地学联负责人共同组成中华全国学生第十四届代表大会筹备委员会，中国学生联合会代表陈震中为主任。

经过一个月的紧张筹备，中华全国学生第十四届代表大会于1949年3月1日至6日在中国学生运动发祥地北平召开。来自西

第五章 / 以战斗姿态迎接解放

中华全国学生第十四届代表大会会场

北、东北、华北、北平、天津、中原、华东、沪杭苏、南京、广东、武汉等地区及中国学联的 204 名代表出席了会议。尚在平山县西柏坡的朱德为大会题词：

> 庆祝你们在解放了的北平开全国学生代表大会，这是你们的幸运。请你们努力学习一切科学，掌握一切技术，在这个得到了自由的美丽的锦绣山河上，欢迎你们来参加人民大众的新建设，建设一个独立的、自由的、民主的、富强的、繁荣的新中国。

中共中央、世界民主青年联盟、国际学联等向大会发来贺电、贺信。中共中央在贺电中说：

> 中国学生在中国近代革命历史上有过光辉的贡献。现在中国学生和中国人民长期奋斗的第一步目标，即推翻帝国主义、封建主义、官僚资本主义的反革命统治，正在接近于完全实现，中国学生已经有可能自由地与劳动人民相结合，自由地为人民共和国的伟大的革命事业和建设事业服务了。希望你们

的大会号召全国学生再接再厉,积极地参加和援助中国人民解放斗争,使这个斗争迅速地获得最后的胜利。同时努力学习,不断地提高自己的觉悟,不断地加强与劳动人民的联系,不断地掌握科学知识,以便在建设人民民主的新中国的伟业中完成新的历史任务。

中华全国学生第十四届代表大会会址定在北平艺术专科学校礼堂,会场高挂着巨大的书本围着谷禾和齿轮的大会纪念章图案。3月1日,叶剑英代表中共中央向大会致辞。3月2日,冯文彬作为中国解放区青联代表向大会作了题为《与工农群众结合,为工农群众服务》的报告。他在回顾中国学生运动历史后说:"30年来,一部学生运动史,可以说就是一部知识分子走向与工农群众相结合的发展史。"为什么学生一定要和工农相结合、为工农服务?他说,道理很简单:"工人农民在数量上说占全国人口的90%;在质量上是一切财富的创造者","离开了工人农民,就没有了中国革命,也就没有了中国。"因此,"从来的学生和知识分子就只有两条路可走,或者是

参加学代会的各地代表乘坐在解放战争中缴获的国民党军的卡车去参观学习,一切都是新奇的。

为反动的剥削阶级服务,或者是为被剥削的劳动人民服务,除此以外是没有第三条路可走的。"他接着讲了同工农结合、为工农服务的具体方法。他在报告最后说:"学习和工农群众结合,为工农群众服务,这是学生运动的唯一正确方向。"代表们围绕冯文彬的报告,热烈讨论了与工农群众结合、为工农群众服务的问题。

大会一致通过了《中国学生运动的当前任务》的决议。决议总结了"五四"以来中国学生运动对于中国人民解放事业的伟大贡献,指出:"在半殖民地半封建的国度里,它曾经不仅起了传播革命理论的桥梁作用,而且成为中国人民革命运动的积极参加者和组织者。""在将来新民主主义建设事业中,还要起着更大的作用。"决议指出:"中国学生之所以能够获得辉煌的业绩,是由于我们学生运动和中国人民革命运动紧密结合,特别是每次运动中学生和工农群众的结合,其次是由于同学们热爱真理,坚决英勇。"决议指出,当前中国学生运动的首要任务,是要"坚决拥护中国共产党毛泽东主席提出的真正民主和平的八项条件,和中国人民在一起,加紧努力,粉碎美帝国主义与国民党反动政府的虚伪和平,把革命进行到底,在全国范围内建立新民主主义的中华人民共和国"。

大会通过了《中华全国学生联合会章程》,选出由42人组成的全国学联执委会。选举北平市学联主席谢邦定为主席,晏福民等六位来自华北、东北、西北、华东中原和上海区的学生代表当选为副主席,柯在铄担任秘书长。3月6日,大会隆重闭幕,宣布中华全国学生联合会正式成立。

在第十四届学代会召开的前后,中央青委始终发挥着重要作用。尤其是在会议召开过程中,冯文彬除了作主题报告之外,在3月1日至7日,每天都从北平向尚在西柏坡的中共中央和任弼时报告全国学代会相关情况:3月1日,报告全国学代大会开幕情形;2日,报告全国学代大会第二日情形;3日,报告全国学联章程草案讨论情形;4日,报告学代会第四日开会情形,另专报关于增加学代会通电条文的请示；5日，报告全国学代会第五日情形；6日，报告学代会闭幕式情形；7日，请示学代会决议文字修改问题。从电报内容上看，中央青委是在主导会议的进程，而每份电报都是在一天议程结束后的晚上发出的。1949年5月19日，冯文彬又专门向毛泽东书面报告全国学生代表大会情况。这既体现出中央青委冯文彬等人严谨缜密的工作作风，又足见中共中央对学代会的高度重视。

此次学生代表大会结束后，各地区学生代表分赴各自岗位，不论是解放区还是国统区，都在积极贯彻执行大会决议，推动各地学联的成立，组织动员学生参加支援人民解放战争的各项工作，迎接全国解放的到来。

先进青年的群众组织重新建立起来

斯大林在1926年曾经讲过：在中国，青年问题现在是有头等的意义，能够推动中国革命向前进展。过去30年青年运动的经验显示，必须有青年群众自己的积极分子组织战斗核心，作为青年群众的领导力量。在各解放区试建青年团获得诸多收获的基础上，适应全国即将解放的新形势，1949年1月1日，中共中央颁布了《关于建立中国新民主主义青年团的决议》[①]，明确了中国新民主主义青年团的性质、任务、建团方针和步骤，吹响了在全国普遍建团的号角。决议指出：

> 中国新民主主义青年团，是在中国共产党的政治领导之下坚决为新民主主义而斗争的先进青年们的群众性的组织，是党去团结与领导广大青年群众的核心，是党以马克思列宁主义教育青年的学校。
>
> （团的当前任务是要）团结和组织先进青年的积极分子，再

---

① 中共中央文献研究室、中央档案馆编：《建党以来重要文献选编（1921—1949）》第26册，中央文献出版社2011年版，第1—6页。

经过这种青年积极分子的组织,去团结和教育广大的青年群众,和中国人民一道,为了彻底推翻帝国主义、封建主义与官僚资本主义在中国的统治,为了建立新民主主义的中华人民共和国,为了全中国和全人类的彻底解放事业而奋斗到底,并在这种实践的奋斗中不断地教育中国的青年。

团的基本任务,在于有系统地学习马克思列宁主义,从革命实践中不断地教育自己的团员和青年群众,同时应当以马克思列宁主义的精神组织广大青年群众积极地参加我党和人民民主政府所号召的各种运动。

新民主主义青年团要建立在青年群众的自愿和自觉的基础之上,要在群众运动与各种工作中公开地进行建团。

(团的建立)应当是有重点地逐步地向前推进,首先从城市、工厂、学校、部队及人口较集中、党的工作基础较好的村镇开始,然后再求普遍的发展。

建立全国性的和各地方新民主主义青年团,是当前青年运动的中心环节,是党在目前革命形势胜利发展下的极重要工作之一,各地党委必须予以重视。

随着地方团组织的普遍建立和团员的大量增加,到1949年4月,全国团员累计达19万多人。召开全国团的代表大会,制定团的工作纲领、章程,选举团的中央委员会,正式成立中国新民主主义的青年团,已经成为十分急迫的事情。1949年2月,中共中央成立了中国新民主主义青年团筹备委员会,任弼时任主任,冯文彬、廖承志、蒋南翔任副主任。经过紧张筹备,1949年4月11日至18日,中国新民主主义青年团第一次全国代表大会在刚刚解放的北平举行。出席会议的代表有部队中的战斗英雄,工厂、农村中的劳动模范,学校中的学习模范,中国青年运动各个历史时期的青年代表,共340人。

中国青年运动一百年

中国新民主主义青年团第一次全国代表大会会场，与中华全国学生第十四届代表大会是同一地点。

刚刚率中共中央、人民解放军总部进驻北平十几天，居住在香山双清别墅的毛泽东为大会题词："同各界青年一起，领导他们，加强学习，发展生产。"朱德为大会题词："由于人民解放战争即将在全国范围内取得完全胜利，领导青年群众积极参加恢复和发展工业和农业生产，已日益成为新民主主义青年团的头等重要的任务。"中共中央也发来贺电。

4月11日，朱德代表中共中央和人民解放军总部向大会致贺词。12日上午，任弼时代表中共中央向大会作了政治报告[①]。他指出：

> 30年来的近代革命史，证明中国青年运动是中国革命运动中的一个重要组成部分。……保证中国共产党对于中国新民主主义青年团的正确领导，是中国青年运动正确地向前发展的决定因素。过去30年来的历史事实，充分说明中国共产党是中国青年最好的领导者和保护者。自从中国共产党诞生以

[①]《任弼时选集》，人民出版社1987年版，第474—492页。

来，历次伟大的青年运动，所以获得光辉的成绩，都是和中国共产党的正确领导分不开的。如果离开中国共产党的领导，或者当中国共产党对于青年运动的领导发生某些偏差时，那么那里的青年运动也就会随之而受到某种程度的损失。

在现在中国共产党有着这样强大而普遍的组织，有着正确的政治路线和自己的领袖；而青年运动本身也有了丰富的经验，有了犯"先锋主义""闹独立性"（应称为青年主义倾向更为恰当，以免与青年组织在组织上应有的独立性混淆）偏向的历史教训，应当是比较不容易重犯过去的错误的。自然对这些历史错误偏向，应当时常警惕，当它出现的时候，则须适当地加以纠正，使青年运动走向正确的轨道。但绝不应因为怕重复错误，就连青年团的组织也不去建立了，如果是这样，那就要犯错误。

在这里，任弼时还阐述了青年带头当先锋与先锋主义及青年组织应有的独立性和闹独立性之间的区别。他指出："带头作用，打先锋，不仅是可以的，而且要去提倡，但不要走到先锋主义。先锋主义是不顾共产党的领导，而企图去代替党的领导，这种偏向我们应当反对。"他强调："闹独立性的偏向应加以反对，但同时应当注意尊重青年组织在组织上应有的独立性。"任弼时在报告中还提出了今后团的任务和青年运动的方向。大会一致通过决议，以任弼时的报告作为今后全团工作的总的指导方针。

冯文彬在12日下午，以《中国新民主主义青年团的任务与工作》为题，向大会作了工作报告，就青年团的任务、工作、工作方式、工作作风、团与各方面的关系和团中央的工作提出了具体意见。13日，蒋南翔作了《关于中国新民主主义青年团团章的报告》。17日，冯文彬据大会的讨论，就青年运动历史上反倾向斗争的基本教训、如何将大会精神贯彻到实际工作中去、为团结教育青年一代而斗争等问题,向团代表大会作了结论。最后,大会通过了团的章程,通过了关于团的任务与工作报告、大会结论等决议,选举了中国新民主主义青年团中央第一届委员会,任弼时为中国新民主主义青年团名誉主席,冯文彬任团中央书记,廖承志、蒋南翔为副书记。

21日,毛泽东、朱德在北平香山接见团一大的部分代表。同日,两人联名发布《向全国进军的命令》。从20日子时起,人民解放军东、西突击集团分别从镇江—江阴间、贵池—湖口间强渡长江。

22日,周恩来在协助毛泽东部署人民解放军渡江战役的繁忙工作中,抽暇到会向代表作了《团结广大人民群众一道前进》的报告,指出,在我们已经解放大量城市的今天,"摆在我们面前的问题,就是把工作重心放在城市,同时还要联系农村",很好地解决城乡关系问题。同时强调了团结广大人民群众一道前进的重要性,勉励青年在千军万马中敢于与人家来往,说服教育,向人家学习,团结最广大的人们。[①]

中国新民主主义青年团第一次全国代表大会的召开,在中国青年运动史上有着十分重要的意义。没有中国共产党的关怀、领导,就没有青年团的重建,就没有青年运动的发展。不论是1920年至1922年的初创,还是1936年至1937年的改造,抑或1946年至1949年的重建,都说明了一个道理,即中国革命和建设事业需要青年运动的推动和配合,青年运动需要青年团作为核心,青年团作为党的助手和后备军,作为广大青年在实践中学习共产主义的学校,作为广大青年具体利益的代表者和维护者,是其他组织和团体无法替代的。1949年团一大的召开,全面总结了中国青年运动的历史经验和教训,为中国新民主主义青年团继承和发扬中国青年运动的光荣传统,在中国社会主义革命和建设中作出更大贡献,奠定了基

[①]《周恩来年谱(1898—1949)》,中央文献出版社1998年版,第844页。

础。这次大会是一次继往开来的大会,它标志着中国青年运动又有了自己的领导核心,并进入了一个崭新的历史发展时期。

"青年大团结,建设新中国"

组织青年是必然的、必要的,但在全国即将解放的态势下如何组织,即还要不要保留和发展青联,中共党内党外意见并不尽一致。1948年9月,中共中央召开会议讨论这个问题。10月11日,周恩来专门致函毛泽东:

> 请考虑明年全国青年大会,究只成立一个新民主主义青年团及其中委会,还是同时仍须成立青年联合会的中央机构。我意,如包括全国学生联合会,基督教青年组织及其他青年团体等等,恐只成立一个新民主主义青年团,是不够的。而在开全国青年代表大会同时,即可开新民主主义青年团的代表大会。因此,两个团体,恐仍须分别成立。但全国青年联合会可成为青年团体的联合组织,新民主主义青年团只以团体资格参加,并起领导作用。①

毛泽东批示:"同意这样做。"刘少奇、朱德、任弼时等亦无异议。同年10月,毛泽东在为中共中央起草的《关于九月会议的通知》中明确提出,1949年上半年"将召开全国青年代表大会,成立全国青年联合会;并将建立新民主主义青年团"②。

经过半年的筹备,1949年5月4日至11日,中华全国青年第一次代表大会在北平市国会街26号(今北京市宣武门西大街57号)隆重举行,出席会议的代表553人,包括全国和海外不同地区、不同民族、不同职业、不同阶层、不同党派、不同政治信仰和宗教信仰的

---

① 共青团中央青运史工作指导委员会等编:《中国青年运动历史资料》第18册,中国青年出版社2002年版,第577页。
② 《毛泽东选集》第4卷,人民出版社1991年版,第1349页。

青年与青年工作者。这是一次全国青年的胜利大会师。中共中央及全国和世界进步青年都关心着这次大会。

中共中央给大会发来贺电,希望"全国的爱国青年除了必须继续与帝国主义侵略者及中国反革命残余作坚决斗争以外,必须把主要的努力放在学习和建设的任务方面,以便迅速在全国恢复和发展工农业生产和文化教育事业,使军事上和政治上胜利了的中国人民,在经济上和文化上也得到同样的伟大胜利。我们相信,勇敢的中国青年在实现新的任务的时候,将和过去一样,站在人民的前列。"

毛泽东的题词是:"团结各界青年,参加新民主主义的建设工作。"朱德也为大会题词:"青年大团结,建设新中国。"世界民主青年联盟、罗马尼亚劳动青年联盟、朝鲜民主青年联盟等都发来贺电。世界民主青年联盟在贺电中说:"中国青年在他们英勇的人民行列中的斗争,是全世界所有爱好和平的青年的灯塔。"

中华全国青年第一次代表大会会场

5月4日,朱德代表中共中央向大会致辞并接受青年代表献旗。5月5日,廖承志在大会上作了《中国人民解放战争中的青年运动与今后中国青年的基本任务》的报告。他总结了中国青年在解放战争中的功绩,提出了中国青年今后的三大任务:拥护人民民主革命的彻底完成,拥护人民民主的新国家;加强生产建设工作;学习新民主主义,学习科学和文化。蒋南翔作了《中国青年团体参加国际青年活动》的报告,严济慈、吴晗分别作了《青年与科学》和《青年与文化》的报告。会议期间,还有40多位各方面代表发言,讲述他们的斗争经验和英雄事迹,受到与会代表的欢迎。

5月7日,周恩来在大会所作《全国青年团结起来,在毛泽东的旗帜下前进》的长篇报告中,专门讲了学习毛泽东的问题。他用毛泽东的历史来说明毛泽东是可以学得到的。毛泽东之所以伟大,乃是他在革命的锻炼中,不断虚心向群众学习、不断进步的结果。他特别希望中国青年要学习毛泽东坚持真理与团结大多数的精神,按照毛泽东提出的劳资两利、公私兼顾、城乡互助、内外交流的四面八方的政策,团结全国90%以上的人民和青年,建设新中国。周恩来的报告,给代表们上了一堂生动的历史唯物主义课,明确了团结大多数是青联的重要原则和任务。

随后,大会通过了中华全国民主青年联合总会(简称"全国青联")简章,明确规定全国青联为全国各民主青年团体的联合组织,组织上实行团体会员制。全国青联的最高权力机关是全国青年代表大会。

5月12日,毛泽东、朱德等在部署中国人民解放军向全国进军的繁忙军务中,接见了出席中华全国青年第一次代表大会的全体代表。

大会最后一致同意扩大中国解放区青年联合会为中华全国民主青年联合总会,并选出了109名包括各方面代表的全国委员。在5月22日召开的第一次全国委员会议上,又推举出25人为常务委员,廖承志为主席,钱俊瑞、谢雪红、钱三强、沙千里为副主席。中华全国青年第一次全国代表大会的召开,宣告了中华全国民主青年联合总会的成立。

中国新民主主义青年团、中华全国民主青年联合总会、中华全国学生联合会的正式成立,把全国青年力量汇集起来,使中国青年运动达到空前的团结和统一,预示着中国青年将在中国革命和建设事业中作出更大的贡献。

五、为了新中国,前进

青年人总是充满无限幻想和饱满激情,尤其是对于新国家、新社会的憧憬,更是远远超过其他年龄的人群,因此在中国共产党的号召下,期待光明的青年们具有更加果敢的行动力,他们甘愿为新中国的诞生贡献自己的青春力量。

向全国进军中的解放区青年

当解放战争进入最后阶段,在"保田保家打老蒋"口号的动员下,解放区掀起更大规模的参军支前高潮。成千上万翻了身的农村青年,参加到人民解放军的行列之中。渡江南下前夕,仅河南一地就有七万多人报名参军。老百姓感慨道:"过去国民党是抓丁,绳子捆着绑着,打着走,全家全村遭殃。现在自觉自愿来参军,男女老少齐欢送,全家全村既光荣又高兴。"大批农村青年还参加支前民工队,送粮食、抬担架、运弹药。他们提出:"哪怕风吹雨打,哪怕道路艰险,军队打到哪里,我们就支援到哪里"。"吃饭不吃半饱,走路不走半截"。"大军南下我南下,咱也要打到南京去,活捉蒋介石,解放全中国"。

解放区的青年工人在全体工人中占有很大比重,虽然在生产技术上可能暂不如成年人,但有很高的革命热情和生产积极性。他们在"后方多流汗,前方少流血"的口号鼓舞下,同成年、老年工人一道,争分夺秒地加紧生产,努力提高产品数量和质量,为前线几百万大军所需的物资供给提供了保证。

就在中国新民主主义青年团第一次全国代表大会接近尾声之

第五章 / 以战斗姿态迎接解放

际,1949 年 4 月 20 日子时,中国人民解放军第二、第三野战军百万雄师,以排山倒海之势,强渡长江。4 月 23 日晚,攻占了国民党的统治中心南京。5 月 27 日,又占领了中国最大的城市、最重要的经济中心上海。渡江战役胜利后,各路大军中的广大青年指战员又随着党中央的指挥向南方、向西北、向西南、向华南挺进,猛追穷寇,全部歼灭尚在中国大陆上作困兽斗的国民党残余军队。

国统区青年积极"应变",迎接解放

随着 1948 年秋全国战略决战的揭开,国民党统治区各城市的青年运动先后开始转入积极应变、迎接解放的新阶段。

在北平,随着平津战役的迅速进行,北平青年根据中共中央的指示,开展了以保护城市、护厂护校、反对南迁为主的各种斗争。在这些斗争中,北平各校的学生发挥了很大作用。他们在数千名"民青""民联"成员的带动下,在保护好自己学校的同时,还到校外协助调查各大机关、企业的财产,搜集重要资料,为解放军提供情报。由于广大青年和全市市民的共同努力,以及北平国民党守军傅作义部的和平起义,军警特务的破坏活动被粉碎,整个城市和工厂都完好地保存下来,学校也无一南迁。

1949 年 4 月 1 日,国民党政府代表团飞往北平与中共和平谈判,南京中央大学、金陵大学、政治大学等 11 所专科以上学校 6 000 多名学生举行了请愿游行,为代表团送行,要求国

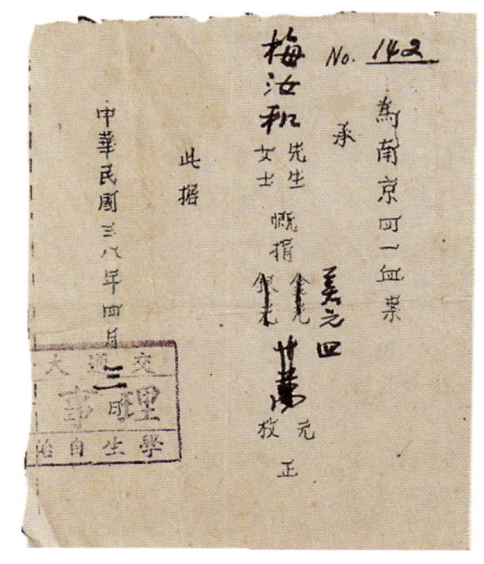

1949 年春,刚从美国回到上海不久的梅汝和教授,为南京"四一"血案捐款。

民党政府接受中共提出的八项和平条件。当游行结束、各校学生返回时，却遭到预先埋伏的国民党"军官收容总队"一群凶手的毒打，学生们便折向总统府请愿，要求严惩凶手，后来又遭赶来的"军官收容总队"的殴打。南京"四一"惨案发生后，上海、成都、重庆、长沙等地学生便纷纷举行罢课抗议，表示声援，向国民党政府提出严正要求。通过斗争，广大学生更加团结，准备迎接解放。

当1949年4月21日人民解放军百万雄师横渡长江，发起猛烈进攻的时候，南京、上海、杭州、武汉等城市的广大青年在中共地下组织的领导下，纷纷参加秘密的人民保安队（地下军）和宣传队、应变会、师生安全互助会等组织，积极保护工厂、学校、机关、仓库及公共场所，以免遭国民党军警的破坏。当人民解放军攻入这些城市后，他们又主动为解放军做向导，协助维持秩序，监视战争罪犯，收缴敌人武器，为保护这些工商业大城市作出了贡献。在上海，到4月下旬，人民保安队中的进步学生就超过了一万人，几个重点学校有组织的学生已超过这些学校学生总数的80％。这些学生地下军利用国民党行政院"应变"口号的合法性，团结广大学生，向国民党政府要"应变粮""应变钱"，借机转移校产，储存粮食，同时加强护校工作。这些学生地下军还采取写信、寄宣传品、打电话、个别会等形式，向国民党军警发出警告，要他们反正起义，立功赎罪，如果继续为非作歹，定不宽待。另外，学生地下军在为解放军收集情报、迎接解放等方面作出了积极贡献，一些学生甚至献出了年轻的生命。

在积极应变、迎接解放的斗争中，地处东南、西南的广州、重庆等地的青年斗争最为激烈艰苦。国民党眼看自己在大陆的统治将最后灭亡，狗急跳墙，疯狂对这些城市进行控制和破坏。在重庆，当1949年11月下旬解放军逼近时，国民党军警在重庆实行破坏计划。29日，分别包围了二十一兵工厂、大溪沟发电厂、大渡口钢铁厂等，把大批炸药搬入厂内各要害部门和地方。在这危急时刻，以青年工人为主的护厂队进入车间，架起机枪、步枪和敌人对抗，并不断喊话,迫使敌人退出工厂。

南下服务团与西南服务团

随着人民解放军势如破竹的胜利进军,一些大城市先后获得解放,很多青年响应共产党和解放军的号召,纷纷参加服务团,随部队向尚未解放的东南和西南各地进军。1949年6月上旬,上海解放仅几天,解放军就准备南下解放福建。中共华东局决定成立南下服务团,随解放军南下接管城市。消息一传开,许多青年尤其是在校学生积极踊跃要求参加,年龄最小的仅14岁,甚至出现姐妹三人一起报名、表兄妹四人一起参加的动人景象。最终被批准参加南下服务团的上海各界青年2 000多人,大中学生占1/2。

上海市学生南下服务动员大会会场

经过短期学习和集训后,南下服务团开始南下征程,两个月后到达福建,很快分散到省内各地战斗、工作,成为解放福建、建设福建的一支重要力量。在组建南下服务团的同时,解放军南京军管会开始筹组西南服务团。6月30日,南京市学联在原国民大会堂举行参加西南服务团的动员大会。南京中央大学、金陵女子大学等30所院校共3 500名学生参加了大会。大会后仅两星期,报名者已达3 000多人。上海也在短时间内组成了2 600多人的西南服务团。

7月25日,经短暂集训学习的上海西南服务团团员移师南京,和南京西南服务团会合,成立了西南服务团总团部,负责人有邓小平、宋任穷、曹荻秋、彭涛、张霖之等。全团共一万余人。西南服务团在南京进行了两个多月的集训,邓小平、刘伯承、宋任穷等先后为服务团上课、作报告。10月初,西南服务团从南京出发,先后经过江苏、安徽、河南、湖北、湖南、贵州、云南、四川八个省,全程8 000余里,其中从湖南湘潭以下3 000余里,全部徒步行军。全体团员不怕路途艰险,不畏土匪骚扰,于1949年底至1950年初先后到达四川、贵州、云南三省,参加了当地政权的接管、剿匪等工作,"为解放西南,建设西南作出了很大的贡献,许多同志坚持在西南工作……一些同志在解放初期的清匪反霸、减租减息、土地改革等斗争中光荣牺牲。"[1]其中仅在云南玉溪、楚雄、曲靖地区的征粮清匪斗争中,就牺牲了87名西南服务团团员[2]。

积极参加各级人民民主政权的建立

为了培养建团骨干和青年干部,根据中共中央的要求,1948年9月中央团校在平山县两河村正式成立。1948年底,在解放战争节节胜利的形势下,中央团校的第一期学员和工作人员接受了参加接管平津的工作。学员经过九天徒步急行军,到达河北良乡县的东洋庄。叶剑英、彭真等给第一期学员和工作人员作了关于接管平津学

---

[1] 宋任穷1986年11月19日复共青团江苏省委信。
[2] 中共云南大理州委党史征集办等编:《西南服务团史料选》,内部资料1987年印行,第40页。

校、工厂工作的报告。随后,团校学员都参加了接管平津的工作。

团校学员和工作人员到工矿企业、市政交通部门、学校、街道和农村,发动群众,宣传党的政策,组织群众学习政治和文化,帮助建立基层政权,开展建团工作,在实际工作中经受了锻炼。在接管天津期间,吸收天津市一些大中学校和工厂中近200名优秀青年到中央团校学习。参加接管北平的学员,受青年团北平市工委委托,于1949年2月举办了青训班,参加了团市委举办的学生暑期学习团的工作,并从中选拔了优秀青年参加中央团校的第二期学习。

毛泽东在中南海接见中央团校第一期学员并讲话

7月4日,中央团校第一期学员毕业典礼在中南海怀仁堂举行,毛泽东、朱德出席并讲话。毛泽东在讲话中对学员提出无限希望:"你们学了唯物史观之后,就要懂得一步一步前进。有了条件,准备好力量经过人民共和国稳步地走向社会主义——共产主义,到达阶级的消灭和世界大同。"朱德在讲话中则要求学员毕业后要积极进行肃清封建残余势力的工作,要用最大的力量进行生产建设,要为党培养千千万万的青年干部。毛泽东和朱德的讲话,使学员们受到了很大的鼓舞和教益。团校一期既荟萃着各解放区来的老一代团干部,也集聚着来自蒋管区青年运动的领导人,这些学员大都成为全国青年工作的骨干力量。

1949年10月1日,首都军民30万人在天安门广场隆重举行开国大典,毛泽东亲手升起第一面五星红旗,并向全世界庄严宣告:伟大的中华人民共和国成立了。在长达四个多小时的群众游行期间,毛泽东几乎没有休息过。他不停地在城楼上穿梭,不停地高喊着"同志们万岁""人民万岁",向群众挥手致意。有时他也会走到观礼的各个代表团中间和大家握手、向大家问好。最后一个由青年学生组成的群众方队走到金水桥南头的时候,他们没有按照预案继续向西行进,而是高呼着"毛主席万岁"的口号,冲过金水桥,拥到天安门城楼下。这时候毛泽东也把身子探出城楼,高喊着"青年同志们万岁""学生同志们万岁",向大家挥手致意。

中华人民共和国的诞生,标志着中国青年运动从此进入了一个全新的历史时期。

第六章　站在巩固新生人民政权的最前列

对于绝大多数中国民众和新中国的共产党领导人来说，1949年是一个充满希望的乐观年代。10月1日被历史定格，中华人民共和国宣告成立，中国人民从此站起来了，一个崭新的国家巍然屹立在世界东方。世界各国历史一再证明，一个通过战争手段获取的全新政权建立后，执政集团首要的战略考量，就是巩固政权，站稳脚跟，消除来自内外的威胁和不稳定因素，建立新的政治秩序与社会秩序。新中国成立后，中国青年在中国共产党的领导下，满怀豪情地站在巩固新生政权的最前列。

一、百废待兴中的"建国一代"

全国性的巨大胜利是令人鼓舞的，不论是社会贤达，还是普通民众，都对未来的新国家、新社会充满无限憧憬和期待。尤其在新解放区的广大农村和刚刚夺取的城市里，共产党的干部和人民解放军在各项工作中表现出来的全心全意为人民服务的作风、艰苦奋斗的精神和严明的纪律，令与共产党人少有接触的人们耳目一新。

广大工农劳动群众以翻身作主人的崭新面貌投入生产恢复和新秩序的维护；青年学生和知识分子欢欣鼓舞，踊跃参加各项社会工作；工商业者在大势所趋之下，愿为发展生产、繁荣经济尽一分力量；许多海外华侨和留学生放弃优裕生活，回国施展本领；过去政治上的中间力量，包括从反动营垒分化出来的人主动向人民靠拢；解放区和原国民党统治区共产党的力量、革命的力量迅速汇合起来，

1949年10月1日,首都30万军民在新整修出来的天安门广场参加开国大典。

更有力地发挥核心作用。中华大地呈现出万象更新的局面。当然,大国初立,新生人民政权也面临着很多困难和挑战。

新中国成立之初的形势

首先,新中国处于错综复杂的国际环境之中。中华人民共和国的成立,得到苏联、东欧以及亚洲人民民主国家和一些西欧国家的承认和支持,这是建设新中国的有利外部条件。但以美国为首的帝国主义国家,则对新中国采取不承认和敌视的态度,并实行封锁和威胁。帝国主义者期待着中国共产党的失败,预言新的人民政府将会像旧中国政府一样,不能解决几亿人口的吃饭问题。有些周边新兴的民族独立国家对新中国还不了解,存有各种疑虑。总之,在国际斗争和对外交往方面,新中国面临着严峻的考验。

其次,国内存在很多突出问题。军事上,人民解放战争虽已取得基本胜利,但还没有完全结束。国民党还有 100 多万军队在西南、华南和沿海岛屿负隅顽抗。在新解放区,国民党溃逃时留下的大批残余力量,同当地恶霸势力以及惯匪相勾结,以土匪游击战争的方式同人民政权相对抗,严重危及社会政治新秩序的建立和稳定。经济上,新中国继承的是一个十分落后的千疮百孔的烂摊子,生产萎缩,交通梗阻,民生困苦,失业众多。特别是国民党统治下长期的恶性通货膨胀,造成物价飞涨、投机猖獗、市场混乱的局面,给国民经济的恢复带来极大的困难。此外,在拥有三亿以上人口的新解放区还没有实行土地改革,封建半封建的土地所有制还严重束缚着生产力的发展。这种情况如果不彻底改变,中国人民革命的胜利就不能巩固,社会生产力就不能得到解放,新中国的工业化就不可能实现。这些情况表明,中国革命虽然取得基本胜利,但还有很大一部分民主革命的任务没有完成。

最后,中国共产党自身也面临着新的考验。随着中华人民共和国的成立,繁重的经济建设任务摆在面前,要求党必须克服困难,向一切内行的人们学习经济建设和治理国家的本领。更重要的是,在进入繁华城市、执掌全国政权的新的历史条件下,党如何继续保持同人民群众的血肉联系,继续保持谦虚、谨慎、不骄、不躁和艰苦奋斗的优良作风,不被权力、地位和资产阶级的捧场所腐蚀。这是党的七届二中全会已提出警告的,也是要由实践来作出回答的重要课题。

面对新中国成立之初的复杂形势和种种困难,中共中央保持清醒的头脑,满怀信心地迎接挑战。根据七届二中全会制定的各项基本方针,党采取一系列积极稳健的政策措施,有条不紊地领导全国各族人民巩固新生人民政权,医治战争创伤,恢复工农业生产,开始了建设新中国的伟大进程。

"建国一代"青年的构成与特点

百废待兴的事业需要广大民众在中国共产党的引导和部署下

去推动和展开。新中国成立初期,大陆男性人口平均年龄39岁,女性为42岁,20多岁的青年是国家建设的绝对主力。这一代青年大约出生于20世纪30年代,他们的童年都是在战争时期度过的,经历了较多的生活苦难。具体来讲,新中国成立之后的中国青年群体大概可以分为四类:

青年游行庆祝中华人民共和国成立

第一类是老解放区青年。从抗日战争到解放战争,他们出生成长于中共局部执政的根据地、解放区,从小耳濡目染党的政策、主张和党员干部的作风,所在家庭享受到了减租减息以及土地改革带来的实实在在的利益。很多人参加过儿童团,站岗、放哨、查路条,有的在重建青年团中加入了团组织,他们积极地发展生产、参军参战、筹粮筹物、支援前线,发自内心地渴望人民战争能够早日取得全国性胜利。他们绝大多数衷心拥护新政权,热爱新国家,工作积极主动,热情很高。

第二类是原国统区的进步青年(以青年学生为主)。他们在求学期间大多靠公费维持生活,由于国民党发动内战造成经济凋敝,物价飞涨,学生们的生活同广大市民一样困难。到了解放战争后期,青年学生对国民党的统治已经十分不满。原沦陷区青年学生最初对国民党还抱有一些幻想,但"中央来了更遭殃"的现实使他们逐渐认清了国民党的腐败和专制。因此,广大青年学生在国共两党展开命运决战时,几乎"一边倒"地倾向共产党,很多人参加了中共地下组织影响下的自治会、读书会、壁报社,乃至中共的各种外围组织如中国民主青年同盟、中国进步青年联盟。他们通过集会、罢课、示威游行抗议国民党的独裁专制和帝国主义的暴行,形成了声势浩大的第二条战线。他们比较认同共产党的政治主张,把民族和国家的希望寄托在共产党执政上。

第三类是新解放区的普通青年(以农村青年为主)。随着人民解放战争的迅速胜利,新解放区的农村青年原有的生活生存环境被大大改变,原来习惯的东西一下子打了个颠倒,以前作威作福的地主老财没了神气。大部分农村青年一开始政治意识不明显,被裹挟

参加新中国第一个五四青年节庆祝活动的青年们,手持团旗意气风发地通过天安门。

在时代潮流中,只觉得能挺直腰杆做人了,除了接受共产党新政权之外,别无选择。经过轰轰烈烈的土地改革,他们分到祖辈可望而不可求的土地等生产资料,从谨小慎微的受益,到激发出对地主阶级的阶级对立意识,在传统心态历经空前激荡和改造的过程中,逐渐加深了对共产党的认识,拥护共产党的政策。

还有少数青年由于出身富家,家庭成员曾经是革命的对象或其他原因,与共产党结怨甚深;有的是流氓青帮,念念不忘东山再起;还有的游手好闲之气较重,不劳而食惯了。他们头脑比较顽固,对国民党的片面宣传深信不疑,幻想国民党能够"反攻大陆",因而敌视新中国和共产党。

如果从职业上分类,"建国一代"青年群体有青年工人、青年农民、青年学生、青年军人、科教文卫青年知识分子、青年工商业者等几大类。不同职业群体与新老解放区相互交叉,形成较为复杂的青年构成和特征。这一代青年的精神面貌总体上是昂扬向上、积极进取的。新中国成立初期,中国新民主主义青年团、中华全国民主青年联合会、中华全国学生联合会的各级组织在凝聚青年、动员青年、组织青年方面发挥了不可替代的重要作用。

二、唱响爱国主旋律的政治动员

抗美援朝战争是第二次世界大战结束后,第一场大规模的国际性局部战争,是新中国成立后中国人民同世界上最强大的敌人进行军事较量并取得胜利的一次保家卫国战争。① 当战火烧到鸭绿江边时,中国共产党经过深思熟虑,毅然作出出兵朝鲜的决定,这是中国人民反对帝国主义的长期斗争在新中国成立的历史条件下的继续。

---

① 当代中国研究所:《中华人民共和国史稿》第一卷(1949—1956),人民出版社、当代中国出版社2012年版,第85页。

第六章 / 站在巩固新生人民政权的最前列

青年中存在的疑问和困惑

新中国的诞生极大地提振了中华民族的士气，尤其广大青年坚信中国共产党一定能够引领这个国家走向光明的未来。当美国纠结所谓的"联合国军"武装入侵朝鲜时，基于解放时期对美国的认知，大多数青年异常愤慨。当听到美军飞机侵入中国领空进行侦察并对我境内目标进行轰炸和扫射，造成我方财产损失、人员伤亡时，一时群情激昂。当然，也有一些青年还存在疑虑。有的学生"埋头读书"，很少认真注意时事，当一些党团员向他们宣传"形势的严重性"时，很多人表示"感到突然"①。还有的青年问，美国侵略朝鲜，我们干吗要出兵？个别青年还认为，"美国科学最发达"，美国军队是现代武器装备，还有原子弹，我们能打赢吗？当时在浙江大学任教的夏承焘在1950年10月30日的日记中写道："日来以朝鲜美军大胜，上海谣言甚盛。机关中旧穿列宁装者，多改穿西装。"②部分青年工人怕当兵，逃避不上工。有些学生也有询问共同纲领中第23条义务兵役制何时实行。

其实，在决定是否出兵朝鲜的中共中央政治局会议上，具有丰富战争经验的政治家、军事家们也存在一些不同意见。很多人认为："(1)我们的战争创伤还没有治愈；(2)土地改革工作尚未完成；(3)国内的土匪、特务还没有彻底肃清；(4)军队的装备和训练尚不充分；(5)部分军民存有厌战情绪等。"③因为困难多，没有取胜的十分把握，所以大多也不赞成出兵朝鲜。

时事宣传与政治动员

在反复权衡利弊之后，中共中央作出了"抗美援朝，保家卫国"

---

① 《斗争》第70期，中共中央华东局1951年编印，第14页。
② 傅国涌：《1949：中国知识分子的私人记录》，长江文艺出版社2005年版，第196页。
③ 《彭德怀军事文选》，中央文献出版社1988年版，第321页。

1950年10月19日黄昏,中国人民志愿军隐蔽地跨过鸭绿江,赴朝作战。

的决策,毅然派遣中国人民志愿军赴朝作战。

但是,部分干部群众心中疑虑并不会自动消失,因此,1950年10月26日,在志愿军刚刚出动一周,也就是打响入朝作战第一仗的次日,中共中央发出《关于在全国进行时事宣传的指示》,指出"美军扩大侵朝并直接侵略台湾,严重威胁我国安全,我国不能置之不理。为了使全体人民正确地认识当前形势,确立胜利信心,消灭恐美心理,各地应即展开关于目前时事的宣传运动"[①]。根据这一指示,各机关、团体、学校、工厂和部队都由专家或干部作有系统的报告,进行热烈讨论,还出大幅墙报,购置有关书报,组织街道宣传,掀起学习时事的热潮。

1950年11月9日,中国人民保卫和平反对美国侵略委员会发出深入普及抗美援朝教育的号召。青年学生是时事宣传的生力军,他们首先自我学习,自我提高。北京各校学生分别搜集了美帝百年

[①] 中共中央文献研究室编:《建国以来重要文献选编》第1册,中央文献出版社2011年版,第378页。

侵华史实、中朝两国在历史上的唇齿关系、朝鲜人民参加中国作战的英勇事迹等各方面的资料，还根据个人的兴趣，分别研究些专门问题，如组成原子弹研究小组等。在燕京大学等学校，由于有些学生对"美国之音"认识不足，又特别以"美国之音应不应该听"为题，举行座谈。教师们也积极参加时事学习，教育引领学生。如北京八中教员在物理课上就讲原子弹问题，历史教员讲美国侵华史，音乐教员教同学唱抗美援朝的歌曲，美术教员帮同学们画漫画，这样就使时事学习在各方面开展起来。北京八中还举行控诉大会，很多学生和教员争先恐后地上台控诉自己经历过的或亲眼看见的帝国主义罪行。控诉会很快成为北京市许多学校和工厂所普遍采用的方式。在控诉美帝罪行时，很自然地联系到日本帝国主义和国民党反动派的暴行，同时也想起今天和平幸福的生活。许多具体的事例使同学们加深了对帝国主义侵略本质的认识，加强保卫新生活的决心。

据《中国青年》刊载，通过深入的学习和群众性的控诉运动，仇视、鄙视、蔑视美帝国主义的爱国主义精神在学生们中间就更为高涨，大家纷纷要求以实际行动支援朝鲜人民。在清华大学的反美侵略大会上，一个少年儿童队员讲话说："我向大哥大姊们提出一个问题，假如明天战争来到了我们的面前，你们每个人是不是肯献出自己的热血保卫祖国？""能！"台下同学以怒吼的声音回答了他。在那几天中，很多学校都可看见呼吁积极行动的大字报。北京市第三女子中学的23个同学写信给毛泽东："毛主席：你是了解中国青年的心情的。中国青年决不做刺刀下的工程师、文学家"，"有一天祖国需要青年学生时，我们将首先担负这光荣而伟大的任务。"育英中学同学给毛泽东的信上说："我们永远记着你的话，我们要做景阳冈上的武松，在野兽面前决不畏缩。"

经过自身提高的青年学生纷纷走上街头，深入工厂、农村，利用多种形式宣传抗美援朝的意义。北京市从1950年10月到1951年

1月,先后有三万多名大中学生到各市区、工厂及80%的郊区进行了宣传。据北大等30多个学校不完全统计,2.1万多名学生参加宣传工作,创作文艺作品2 300多件,宣传覆盖群众57万人次以上。

常州青年举行"抗美援朝,保家卫国"大游行

上海是一个从来不肯落后的城市。12月9日,上海10万大中学生在"一二九"纪念日举行"抗美援朝,保家卫国"大游行。各工厂、学校在上海各级青年团组织指导下,普遍开展时事学习,举行座谈会、讨论会、控诉会,使不少过去有着亲美、崇美、恐美思想的青年转变成为仇视、鄙视、蔑视美国。

中共南京市委在12月7日就南京学生反美控诉运动情况向华东局并中央的报告中谈到,主要是发动学生联系自己的切身体会控诉美帝国主义,揭穿它的欺骗宣传,克服崇美、恐美思想,并召开全市学生代表的控诉大会,举行全市学生抗美援朝保家卫国示威大游行,激发反美爱国情绪,推动抗美援朝运动。南京学生的这些行动与北京、上海等地学生运动一起,汇成了"反帝爱国斗争的怒潮","这次中国学生的正义的爱国行动,规模的宏大,步伐的整齐,尤其是思想内容的丰富和深刻,是学生运动史上所空前的。"①

在重庆,团员青年参观了中美特种技术合作所,看到被烧死的烈士们的焦骨和血衣,备受感染,纷纷要求积极投身抗美援朝运动,决不让美帝再来残害人民。

广州"全市有103所学校的3万多师生在抗美援朝宣传周活动中,和各文工团连续三天到各工厂、街道、郊区进行宣传演出"。

通过这些活动,广大青年认识到唇亡齿寒的道理,划清了狭隘民族主义与崇高爱国主义的界限,认识到一个真正的爱国主义者也是一个伟大的国际主义者。通过宣传教育,青年们不仅自身觉悟有了提高,还促进了社会各界对抗美援朝运动的认识。由于青年们对国家抗美援朝决策的理解和拥护,在接下来的报名参军工作中,他们积极响应,表现出极大的热情。中共中央在1950年12月发布的《关于进一步开展抗美援朝运动的指示》中提出,在过去一个时期,有两种方法证明是很成功的,一是诉苦运动,另一种就是集会游行示威。

"务使全国每处每人都受到这种教育"

1951年2月2日,中共中央发出《关于进一步开展抗美援朝爱国运动的指示》,指出"在各阶层人民,特别是工农群众中,应广泛进行时事教育,开展蔑视、鄙视、仇视美国帝国主义与提高民族自信心自尊心的运动"②。毛泽东在2月18日为中共中央起草的党内通报中,对于抗美援朝运动的深入与普及工作进行了专门指示:"必须在

---

① 社论:《进一步开展反帝爱国运动》,《人民日报》1950年12月14日第1版。
② 中共中央文献研究室编:《建国以来重要文献选编》第2册,中央文献出版社2011年版,第23页。

全国范围内继续推行这个运动","务使全国每处每人都受到这种教育"。①

这些指示推动了政治动员的进一步深入,各机关、团体、学校、工厂和部队不断深化学习方式,掀起学习时事和动员的热潮。青年团、青联、学联等青年团体通过各种时事报告会、讨论会,说明美帝侵略朝鲜与我国的关系,指出形势的严峻性,宣传抗美援朝的伟大意义。

前文提过抗美援朝运动初期,有些学生"觉得突然",感到打败美国还是很困难,但由于"中国共产党和毛主席当时的威信很高",各阶层民众对其宣传易接受,尤其是学生,动员起来很快。许多学生纷纷给志愿军写慰问信,寄慰问袋,并积极参加抗美援朝的宣传。在抗美援朝运动中,学生对志愿军都非常崇拜,入党、参军在当时都是很光荣的事。口红、丝袜等都不要了,觉得那是美帝的、资产阶级的东西。最时髦的服装成了列宁服。②

抗美援朝运动中的社会动员几乎扩展到新政权在革故鼎新中的全部工作。周恩来曾经这样评价道:

> 这对全国人民的抗美援朝,同样是一个重大的动员。这次动员的深入、爱国主义的发扬,超过了过去任何反帝国主义的运动,这是一个空前的、大规模的、全国性的、领导与群众结合的运动,它的力量将是不可击破的。中华民族的觉醒,这一次更加高扬起来了,更加深入化了。③

---

① 中共中央文献研究室编:《建国以来重要文献选编》第2册,中央文献出版社2011年版,第36页。
② 侯松涛:《全能政治:抗美援朝运动中的社会动员》,中央文献出版社2012年版,第110页。
③ 《周恩来军事文选》第4卷,人民出版社1997年版,第230页。

三、参军参战,参加军干校

中国共产党领导的战争,向来以"人民战争"而著称,其最大的优势在于能够动员千千万万人民群众参与其中,善于调动一切可以调动的力量,获取支撑战争的不竭源泉。在"抗美援朝,保家卫国"强烈氛围下,全国掀起参军、参战、支前的热潮。据当时的《北京市抗美援朝运动报告》记载,抗美援朝在北京市展开初期,"在若干工厂、学校已经形成反美高潮"。"石景山钢铁工人咬破指头签名上书毛主席要求出兵,河北高中学生半夜起来锻炼身体准备参战。"北京市第一女子中学学生"看到美帝下令向中朝边界火速进攻","全班愤怒痛哭"。① 如此极端的情绪表达,除了个性特质因素外,与党、团所营造的浓郁的社会氛围有直接关系。这也正是动员的成功之处。

政策动员

为了加强国防建设,争取抗美援朝战争的胜利,1950年12月1日,中央军委、政务院发布《关于招收青年学生、青年工人参加各种军事干部学校的联合决定》。《人民日报》为此发表社论《爱国青年的光荣岗位》,号召"每一个爱国青年都应该积极投身到祖国国防建设中去"。

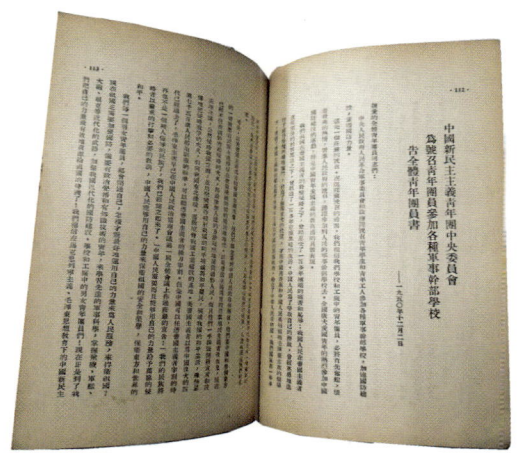

"党有号召,团有行动"是传统,也是特色。

---

① 《北京工作》第8期,中共北京市委政研室1950年编印。

在中央颁布决定的第二天,也就是12月2日,中国新民主主义青年团中央委员会做出了《为号召青年团员参加各种军事干部学校告全体青年团员书》,以激昂的语气写道:

> 这是一个庄严的号召,在这庄严的号召面前,我们相信我们学校和工厂中的青年团员,必将首先奋起,怀着最高的热情,响应人民政府的号召,踊跃参加到人民的军事干部学校中去。全国广大爱国青年热烈参加中国国防建设的运动,将是中国青年爱国主义的新高涨的具体表现。……我们每一个男女青年团员,都会问过自己,怎样才能最好地用自己的力量为人民服务,来捍卫祖国?现在祖国正需要加强国防,需要有政治觉悟和有知识技术的青年,来学习先进的军事科学,掌握飞机、军舰、大炮、坦克等近代化的武器,加强我国近代化的国防建设。学校和工厂中的男女青年团员们!现在正是到了我们把自己的力量最有效地贡献给祖国的时候了!

中央人民政府人民革命军事委员会和政务院的招生决定及团中央和全国学联的动员号召发出后,各地学生反应热烈。"热烈响应祖国号召"是校园中绝大多数党团员积极分子的一致表示。在报名的日子里,各地学生都很踊跃,很多地方出现连夜守候或者半夜就起床站队的现象。全国各地报名人数到1月底为止共25万人,原定分两期进行的动员工作一次性完成。被批准的学生不仅在数量上满足了规定的要求,而且也保证了质量,党团员占一半以上。非党团员的学生一般也是积极分子。公布录取名单时,被批准的学生欢欣鼓舞,感到很光荣,很多人都表示服从组织分配,争取做学习模范,当个战斗英雄。未被批准的学生觉得非常遗憾,有的人甚至懊丧而哭。

1951年6月24日,政务院决定再次招收青年学生参加军事干部学校。消息传来,广大青年学生欢欣鼓舞,奔走相告,掀起了又一轮参军热潮。第二次招生以初中和初中毕业生为主,大学和高中动员的人数较少。由于有了第一次做基础,各地普遍进行的"比上一次做得好些,完成得也更迅速",因为青年的政治觉悟有了明显提高。所以此次报名并未过多地宣传,许多地方反而以缩短报名时间来限制报名人数,许多工作基础较好的学校,报名时间仅仅一天或半天就结束了。

7月初各地学生开始报名,经过体格检查、政治审查、集中欢送等几个阶段,到7月30日左右,全国招生工作即告结束。这次比第一次招生的人数多,但比上次完成得更迅速,波动也小。据不完全统计,此次全国报名学生在38万人以上。录取学生中党团员占35%到40%。

至此,中央人民政府革命军事委员会和政务院先后两次招收青年学生、青年工人参加军事干部学校,各地积极响应中央的号召,结合本地区的实际情况,都圆满地完成了招收任务。

各地的热烈反响

北京作为新中国的首都,是各种政策、运动的风向标。中央政府招收学生参加军干校的决定发表后,中共北京市委立即成立了以副市长吴晗为主任的招生委员会,具体负责报名、审查和录取工作。首都青年学生积极响应号召,踊跃报名。有些学校的学生反复朗诵招生文件,下面的学生一边听一边鼓掌;有的学生挂起"我是人民空军""我是人民海军"的纸牌,自动集合起来在校园内和街上游行。招生决定将报名时间定在1950年12月10日至1951年1月10日。报名进行得很迅速,北师大附中在13日一个下午,就有424人报名。清华大学正式报名仅9小时就结束了,报名人数超过需要人数的9倍。中国人民大学有2 000余人报名。在4天的报名期内,全市学生、青工报名14 074人,录取3 507人,其中,党、团员占半数,比原计划超额75%。

北京大学向来有爱国传统，这是学生在民主广场欢送参军同学。

  这次动员工作对学校的教师教育也很大，许多教授和教员看到学生踊跃报名的场面，觉得"共产党、人民政府真有办法"，认为有这么多有知识的青年参加军队，会成为一支不可战胜的力量，这和国民党动员学生参加青年军的情形大不相同。所以他们对学生采取非常支持的态度。很多学校为参军的学生立了"光荣纪念碑"，把它看成是本校的光荣。

  上海是中国最大的工业城市。1950年12月4日，上海团市委、市学联联合发出热烈响应党中央、政务院以及团中央、全国学联参加军事干校号召的通知，并立即在全市范围，利用报纸、电台、大字报、黑板报、壁报等一切可以利用的舆论工具，大张旗鼓地进行宣传动员，一场声势浩大的参加军事干校的运动迅速在全市青年学生和工人中展开。许多学生自发成立各种以英雄的名字命名的战斗队，用英雄的事迹激励自己，积极报名参加军干校。更多的同学则是用写血书的形式，向保送委员会表示自己的决心。据统计，在第一次招生决定公布后，上海共有2万余名学生和青年工人报名参加，录取5 193人，其中党员85人，团员2 757人，党、团员占参干总人数的54.7%。

第六章 / 站在巩固新生人民政权的最前列

上海交通大学的革命性一直很强,青年学生积极报名参军参干。

1951年6月24日,政务院决定再次招收青年学生加入军事干部学校。消息传出后,上海掀起了第二次参军热潮。复旦大学两小时内就有200多人报名,因报名人数太多,远远超过了计划招生的人数,校保送委员会只得提前结束报名。第二次报名参加军事干校的学生共有11 497人,被批准参加的有3 615人,其中92.4%为中学生。

广州是一座具有光荣革命传统的城市。广州成立了军事干部学校招生委员会,由团市委负责招生的具体工作。在动员发动阶段,重点召开了两方面的会议。一是召开学生代表会议,邀请各校校长参加,让一些决心报名的典型作介绍,也请校长讲话,鼓励青年一代立志报国,投身到国防建设中去。二是家长代表会议。提高家长的认识,争取家长对子女参加军干校的支持。广州媒体也起到了很大的作用,除登载或播出中央的文件、指示外,还有广州市有关领导的讲话、动员报告、其他城市和本地的动态等。《南方日报》几乎每天都登载有关参加军事干校的消息,并多次发表社论。

通过广泛、细致的宣传工作,广州青年参军的热情十分高涨,报

一代青年有一代青年的担当,广东青年踊跃报名参加军事干部学校。

名人数每天都在突破。据统计,第一次招生工作期间,全市报名参加军事干校的大中学生有 12 556 人(其中团员约 3 000 人,适龄团员基本全部报名),被批准入伍的 2 170 人(其中团员 812 人);青年工人报名 1 294 人(其中团员 388 人),被批准入伍的 80 人(其中团员 33 人)。1951 年 11 月 9 日,广东省人民政府在广州越秀山体育场召开大会,欢送参加军事干校的青年,当年的《南方日报》以"越秀山头鲜花红旗辉映、10 万市民欢送军干校健儿"为题,详细报道了当时的感人场景。由于有第一次报考军事干部学校的基础,第二次招收的决定见报后,短短的几天,全市就有 8 500 多人报名投考,其中学生 6 000 多人,社会青年 2 400 多人。这次批准入伍的共 1 026 人,其中团员 260 人。

在辽宁,美国侵朝战争爆发后,辽宁广大青年积极报名参军参战。十几天内,仅安东(丹东)、大连、本溪、锦州四市报名的就多达几万人。除了报名参加军干校外,留在后方的广大团员、青年响应党的号召投入到生产建设和支前工作中。辽东地区有 28 331 名青年志愿参加担架队,2 530 人参加各种运输工作,47 292 名青年参加战勤工作。本溪一青年为抢救伤员几个月内献血5 864毫升。鞍山的青年工程技术人员放弃休息时间抢修高炉,修复工厂,为前线作战创造良好的物质基础。

浙江省共有2 000万人口,要求报名参军的农村青壮年就有100多万。1951年1月,全省报名参加军干校的团员青年7 000余人,录取2 306人,其中团员1 161人。7月6日至7日,第二次招生时,全省有2.75万多名青年报名参加军干校,录取2 250名学员。全省团员青年还积极参加抗美援朝爱国捐献运动,仅杭州市中等以上学校就捐款2亿多元,捐书刊2 000多册,给志愿军写慰问信4 000多封。

截至1951年10月,全国铁路系统报名志愿赴朝的员工达到铁路员工总数的75%,赴朝的团员和青年有6 100多人。入朝的铁路员工80%在前线立了功。

全国各地青年都呈现出跃跃欲试、你追我赶的积极状态。军干校第一次招生时,在抗美援朝运动较好的地区及老区工作开展较快,历时较短。河北全省从布置到完成为14天,石家庄市只用了一个星期。在抗美援朝运动开展较迟的地区及新区工作开展较慢,历时较长。如西南及华东、中南的大部新区,皆历时一个月以上,工作多结合抗美援朝运动与教会学校反诽谤反侮辱的反美爱国运动而进行。第二次报名,如青海的学校,报名时间最长的是2小时,最短的只有20分钟。但此次全国报名人数仍达38万,超过上一次的数目。许多上次阻拦自己子女参军的家长,这次鼓励自己的子女报名。济南三中有68位家长联名写信给毛主席,表示自己欢送子女去军干校的决心。江西省在1950年12月和1951年6月两次招收军干校工作中,共有3.2万名青年工人和学生报名,录取3 000名。河南省有21 301名学生(占总数的41.8%)自愿报考军干校,其中5 000名学生、53名青年工人被录取。山西省在抗美援朝运动中有7 963名团员参加了志愿军,有991名学生团员投考了军事院校。

天津有1.7万多名青年报名参加军干校。

充满英雄主义和国际主义的青年官兵

在广大青年学生踊跃报名参加军事干部学校的同时,还有更多社会各界青年报名参加中国人民志愿军,以能够参与到这场正义战争之中而自豪,广大城乡出现父母送子女、妻子送丈夫、兄弟争相参军的动人景象。毛泽东的长子毛岸英也奉调随第一批志愿军入朝参战。据不完全统计,抗美援朝期间,全国报名青年达70万人,仅东北地区就动员了近40万人参军(其中约30万人参加志愿军),70多万人组成大车队、担架队,还有司机、铁路员工、医务人员等4.5万人,前往担负战场勤务。这些大多数是青年。

黄继光牺牲时21岁,邱少云牺牲时26岁,罗盛教牺牲时21岁。2009年,这三位志愿军战士一起被评为"100位新中国成立以来感动中国人物"。共和国不会忘记,人民不会忘记。

在朝鲜战场上,中国人民志愿军中青年指战员占66%,战斗连队中青年达到80%以上,基层官兵大部分是青年团员,战斗英雄50%以上为青年人。黄继光用胸口堵枪眼光荣牺牲,被团中央授予模范青年团员;追认为中国共产党正式党员;中国人民志愿军领导机关追记特等功,授予特级战斗英雄称号;朝鲜民主主义人民共和国最高人民议会常务委员会追授"朝鲜民主主义人民共和国英雄"称号,并授予金星奖章和一级国旗勋章。邱少云为保证战斗胜利被烈火烧身而牺牲,被所在军党委追认为中国共产党党员,并追授模范青年团员称号;中国人民志愿军领导机关追记特等功,追授"中国人民志愿军一级英雄"称号;朝鲜民主主义人民共和国最高人民议会常务委员会授予"朝鲜民主主义人民共和国英雄"称号,同时授予金星勋章、一级国旗勋章。罗盛教为救出朝鲜少年跳入冰窟而光荣献身,朝鲜民主主义人民共和国授予一级国旗勋章和一级荣誉勋章,中国人民志愿军追记特等功,团中央追认为模范青年团员,并号召全国青年和全体团员向他学习。在抗美援朝期间,志愿军被人们誉为"最可爱的人"。

青年在参与中转变认知

从1950年12月到1951年7月,中央人民政府革命军事委员会和政务院先后两次招收青年学生、青年工人参加军事干部学校。从时间上看这次活动并不长,但这次活动引起的反响在当时是空前的,对"建国一代"青年的影响是巨大的。

这次运动使青年们更加关心政治,关心国家大事,普遍受到了一次爱国主义和国际主义的教育。这次动员学生参加军干校的工作,是和进行爱国主义教育密切结合的,参与的人数多、地域广。有偏僻地区的中小城市的学生,一向政治上比较落后的教会学校的学生,还有西北某些少数民族的学生。这样多的人参加进来,这在中国学生运动的历史上是空前的。广大学生在这次运动中受到了爱国主义教育的洗礼,特别是深切体验到共产党和人民政府对青年的爱护和关怀。热爱祖国、热爱毛主席的思想在学生当中空前增长。广大学生在个人、家庭、国家的关系的认识上有了明显的提高,集体主义观念得到加强,"个人志愿应当服从社会需要""国家前途决定个人前途""保卫祖国就是保卫千千万万人的母亲,也就是保卫自己的母亲"的意识深植心中。当时的学生们普遍反映:"在政治上这一个月来学到的东西,要比过去一年学到的还多。"

这次运动使新中国的青年看清了美帝国主义的真实面目,打破了民族自卑心理。原来在一些青年中存在的"亲美思想一般已被摧毁,崇美心理有极大扫除,恐美心理基本上已被打破"。运动开始时,群众的恐美心理比较普遍,对出兵没有信心,很多人认为:"解放军是土包子,没法跟美国兵打","出兵也不过是打游击"。但等到前方我志愿军打了胜仗的消息传来,反应完全不同了。很多青年议论说:"没想到会打得像今天这个样子","美帝真是纸老虎"。恐美的思想被打消了。战争的胜利使一些青年人开始批判自己的崇美思想。朝鲜战争前,有的人认为"美国是天堂,一切东西都好","美国创造了许多物质文明,给全世界享受"。经过朝鲜战场上的胜利,经过轰轰烈烈的抗美援朝运动,这些崇美心理被粉碎了。取而代之的是"祖国伟大,要努力学习让中国强大起来"的民族自豪感。

1950年12月,原为美国教会在北京开办的燕京大学的学生们踊跃报名参军,争赴朝鲜前线。1951年2月,中央政府教育部接管了燕京大学。

这次活动也锻炼和考验了青年团组织，使青年团组织的地位在青年中有了很大的提升，和群众的关系得到改善。活动一开始，各地的党团员就积极带头报名参军，党团员报名者占党团员总数的70%以上。以燕京大学为例，有95%的党团员都报了名。在批准参军的学生中，党团员约占一半以上。党团员不仅带头报名参军，还积极向周围群众做宣传工作，帮助青年解决思想问题和实际困难。青年团的威信有了很大提高，改变了群众对团员的认识。有的同学说："过去看团员和我们差不多，现在觉得确实比我们强。"这次活动也普遍对团员进行了一次教育和考验，加强了他们的组织意识和责任感，扩大了团的政治影响。这次活动中，青年团既是活动的参加者又是组织者，在贯彻党的方针政策、积极配合其他部门开展工作以及活动组织的方式方法等方面，青年团都得到了锻炼和提高。

四、捐献热潮与爱国公约

为在全国更加普遍和深入开展抗美援朝运动，以便与志愿军在朝鲜战场的胜利作战相呼应，1951年一二月间，中共中央发出一系列指示，明确了爱国运动的三件中心工作：(1)反对美国重新武装日本，争取全面的公正的对日和约；(2)募集救济品、慰劳品，组织慰问团，救济朝鲜难民，慰劳中国人民志愿军和朝鲜人民军；(3)发起订立爱国公约，开展生产竞赛和拥军优属工作。广大青年在中国共产党领导下，很快就掀起捐献热潮，同时坚守自己的岗位，以出色的工作支援抗美援朝战争。

捐献即爱国

在全国抗美援朝运动中，1951年6月，中国人民抗美援朝总会发出关于捐献飞机大炮等三项号召，随后引发全国响应。北京仁立公司的毛纺厂是华北第一家民族资本家经营的毛纺织厂，率先捐献相当于一架喷气式飞机的款项，并把这架飞机命名为"仁立号"。28

中国青年运动一百年

岁的豫剧著名青年演员常香玉带领香玉剧社一行59人先后在河南、湖北、湖南、广东等地巡回义演170多场,将所得捐献购买了一架战斗机。许多工厂的工人每月捐献一至六个工作日的工资,有的还把参加义务劳动或加班生产作为捐献。至1952年5月底,各界人民的捐款可购买战斗机3 700多架。东北地区掀起"男女老少齐上阵,家家户户忙炒面"的热潮,仅20多天,就有405万斤炒面送到前线。

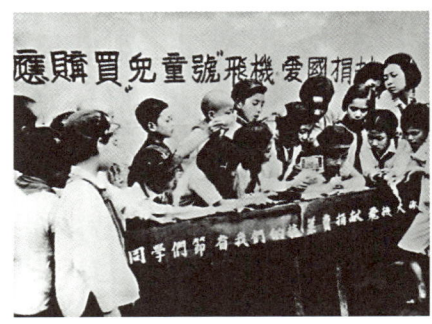 

在当时看来,飞机、火炮是战争的利器。少年儿童也动员起来了,左图是他们踊跃捐款购买"儿童号"飞机,右图是北京育英中学队员们捐献一支"少年号"冲锋枪并给金日成写信。

在全国踊跃捐献的热潮中,广大青年参加了"中国青年号""中国学生号""中国儿童号"飞机的爱国捐款活动。北京育英中学的队员们捐献了一支"少年号"冲锋枪,通过相关途径转交给了朝鲜人民军。金日成亲自复信说:"你们的来信和冲锋枪都收到了,我谢谢你们!冲锋枪已经按照你们的愿望转交给人民军的英雄了。希望你们好好学习,锻炼身体,做毛主席的好孩子。"据不完全统计,全国各地大城市学生捐款和中国青年报社代收的捐款,到1951年10月中旬达到60亿元(旧币)。北京青年团为了配合抗美援朝,对学生进行爱国主义教育,组织放映"寒假学生早场电影"。这项活动共组织了53场,放映了26部以爱国主义为题材的影片,观众达38 653人次。

"工厂就是战场"

订立爱国公约,是群众自己的一种创造,得到中共中央认可,很快在全国普遍开展起来。它把人们抗美援朝、保家卫国的爱国热情同自己的实际行动结合起来,并用公约形式固定下来,作为行动准绳,使抗美援朝运动更加深入人心。爱国公约的内容,最普遍的是在工业、农业、商业、交通等各领域开展生产竞赛和增产节约活动。"一切为祖国""一切为了最可爱的人",成为国内青年支援抗美援朝战争最有力的行动口号。

工人们开展"抗美援朝劳动日"活动

鞍山钢铁厂是全国的重点企业,又接近抗美援朝前线,工人提出:"工厂就是战场,机器就是枪炮,我们在后方多流汗多生产,志愿军就能少流血多杀敌。"武汉工人也提出"车间就是战场,工人就是战斗员,开快机器,多做一件活,就等于多消灭一个敌人"的口号。沈阳机器三厂团员赵国有发明了"车铣结合"的操作方法,创造新的劳动纪录。东北第五机器厂马恒昌小组将劳动热情与钻研技术相结合,超额完成国家下达的生产任务。国营青岛第六棉纺厂女团员郝建秀创造了一套科学的细纱工作法,极大地提高了工作效率。山西省劳动模范李顺达领导的互助组,向全国农村发出爱国竞赛挑战书,号召努力多产粮棉来支援前线。到1951年10月,仅北京、天津、上海等城市和河北省的统计,有80%以上的人民群众订立了爱国公约。

五、以爱国精神整合统领青年运动

任何时代、任何国家,爱国主义都是永恒的正面主题,不论对哪个年龄段、哪个行业、哪个阶层都具有强烈的感染力。把握住了这一关键,就可以生成整合社会的重要能量。新中国成立初期,中国共产党成功地运用了这一策略:一手抓战争,一手抓内政;以战争凝聚人心,促进各项内政,以稳定的社会秩序支撑战争。

随着1951年抗美援朝运动达到高潮并走向普及与深入,毛泽东与中共中央开始强调并具体部署"三大运动"同步配合推进。1951年1月19日,在与各中央局及大城市党委统战工作领导人员的谈话中,毛泽东强调:"反美、土改、镇压反革命,是当前的三大运动。"[①]在第二天中共中央举行的茶话会上,周恩来也指出,目前我国面临的中心任务有三个:抗美援朝、土地改革、镇压反革命。而抗美援朝运动被视为"一切工作的动力"。

土地改革运动与抗美援朝相结合

中国革命的根本目的,在于推翻旧社会,建设一个人民当家作主的新社会。新中国成立后,在广大国土上开展了中国历史上从来不曾有过的大规模社会改革。由于中国人口的绝大多数在农村,这场社会改革中最重要的自然是农村土地制度的改革。1950年6月,中央政府讨论通过了《中华人民共和国土地改革法》,土地改革

---

① 《中共党史教育参考资料》第19册,国防大学出版社1986年版,第235页。

第六章 / 站在巩固新生人民政权的最前列

在有三亿多人口的新解放区分期分批展开。土地改革是中国广大地区社会结构的大变动,把地主阶级控制下的旧农村变成农民当家作主的新农村,是一场激烈的阶级斗争。其方法是有领导地放手发动群众,划分阶级,没收和分配土地,然后经过复查,发给农民土地证。对地主分子也分给他们一份土地,把他们逐步改造成为自食其力的劳动者。

从 1950 年冬到 1953 年春,在新解放区占全国人口一多半的农村,党领导农民完成了土地制度的改革。青年农民走在土地改革的前列。

1950 年 8 月,青年团中央召开全国农村青年工作会议,明确规定:"青年团在新区农村的主要任务,是全力发动青年农民与全体农民一道参加土地改革和减租、反霸的斗争。"很多团干部(包括很多城市青年)参加了土改工作队,在青年中广泛宣传土改政策,并通过回忆诉苦、讨论谁养活谁等办法,提高农村青年的阶级觉悟,动员青年参加农会。在分配土地时,许多团员青年积极说服家长不争多、争好、争近、争肥,为分配土地工作的顺利展开提供很强的助力。同时,团员青年还积极参加民兵,保卫胜利果实。

镇压反革命运动与抗美援朝运动相结合

巩固新生人民政权的斗争,首要的一项任务是建立和稳定社会经济秩序,为恢复和发展生产事业提供安定的社会环境。新中国成立之初,各地还潜伏着国民党派遣特务等反革命分子约60万名、反动党团骨干分子约60万名。这些反革命分子对人民政权斗争的策略是"长期潜伏,等待时机,重点破坏与暗害活动",尤其着重在财政经济部门中进行抢劫物资、破坏机器、纵火、爆炸、盗窃、暗杀、窃取国家机密等破坏活动,企图阻挠新中国的建设工作。坚决镇压一切革命活动,严厉制裁一切危害人民的反革命分子,成为巩固人民民主专政、巩固和发展中国人民胜利成果的紧迫任务。

1950年10月10日,中共中央发出《关于镇压反革命活动的指示》。从12月开始,在全国大张旗鼓地开展镇压反革命运动。1951年2月21日,中央人民政府公布《中华人民共和国惩治反革命条例》,镇压反革命达到高潮。1951年3月5日,团中央、全国青联、全国学联联合发表《拥护〈中华人民共和国惩治反革命条例〉的声明》,号召"全国青年一定要和国内外一切反革命分子作坚决的斗争","以巩固人民民主专政,保卫我们伟大的祖国"。许多青年提高了敌情观念,积极检举和协助政府搜捕反革命分子。还有一些青年站稳革命立场,大义灭亲,主动检举自己的反革命亲属。

抗美援朝背景下的"三反""五反"运动

鉴于在增产节约运动中揭发的大量贪污、浪费现象,1951年12月,中共中央决定在县级以上党和政府机关人员中开展反贪污、反浪费、反官僚主义的"三反"斗争。1952年1月,中共中央又要求在全国大中城市资本主义工商业者中开展反行贿、反偷税漏税、反盗骗国家财产、反偷工减料、反盗窃经济情报的"五反"斗争。"三反""五反"运动是触及思想灵魂的深刻的社会改革运动。运动中,青年

苏州商业系统青年职工在人民路向政府呈报检举信的情景

中的思想问题很多,有些青年觉得运动与自己关系不大,有的顾虑情面,怕打击报复。各地团组织注意结合运动的每一个步骤和青年的思想实际,开展有针对性的思想教育。

1951年12月19日,团中央召开中央直属机关青年团积极分子大会,分析青年中存在的思想问题及产生原因,指出青年应该怎样参加运动。《中国青年》杂志、《中国青年报》发表社论、评论。各地团组织认真组织团员青年学习参观,提高广大青年的认识和觉悟,一方面要清除"三害""五毒";一方面要在思想上树立起国家人民利益第一的新观念,培养爱护公共财产、廉洁朴素的新道德。天津22个国营企业中,91%的团员和31%的青年同贪污分子进行了面对面的斗争。上海私营企业团员青年揭发资本家问题达22万多件。

"小运动汇合成大运动"

抗美援朝运动之下的小运动,如教会学校的反侮辱、反诽谤运动,拒映美片、反听"美国之音"的运动,慰问志愿军运动,志愿报名参军与支前运动,游行示威运动,以及青年工人参加军事干部学校运动等,也在次第展开,这样,"大运动与小运动结合,使小运动汇合成大运动"①。在这种运动体系的建构中,"三大运动相互关联,互为条件,大运动之下还有单独的或相互交叉的子运动"②,从而形成一个立体式的运动网络。正是这一运动网络的运行,才形成对全社会各个阶层的强大动员力,力求达到中共中央提出的"务使全国每处每人都受到这种教育"③的目标,力求使运动"进一步的普及和深入到每一农村、每一机关、每一学校、每一工厂、每一商店、每一街道和每一民族聚居区域"④。在社会动员的全面扩展中,抗美援朝运动扩展为以整个社会为对象的革故鼎新的全面社会改造。

"抗美援朝就是一切工作""一切工作都是抗美援朝",也正是在

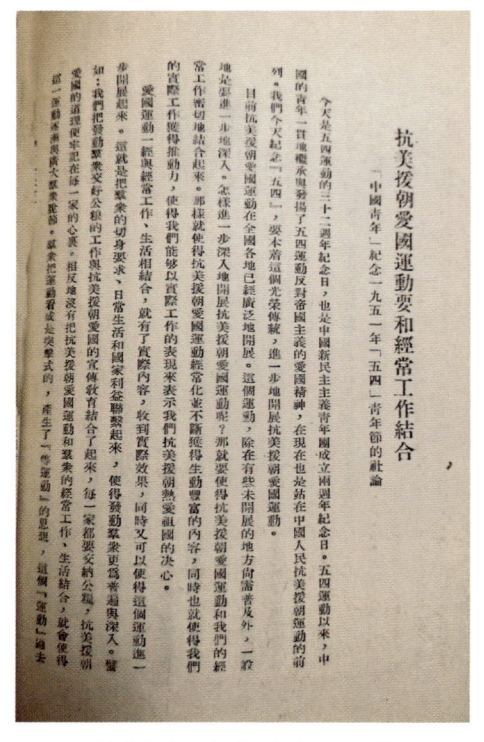

《中国青年》杂志刊登 1951 年五四青年节社论《抗美援朝爱国运动要和经常工作结合》。

---

① 《华东局宣传部关于抗美援朝保家卫国运动的初步总结》(1951 年 1 月),《斗争》第 66 期,中共中央华东局 1951 年编印,第 10 页。
② 刘一皋:《社会动员形成的历史反视》,《战略与管理》1999 年第 4 期。
③ 《中共中央关于进一步加强统一战线工作的指示》(1951 年 2 月 28 日),中共中央文献研究室编:《建国以来重要文献选编》第 2 册,中央文献出版社 2011 年版,第 73 页。
④ 全国人民政治协商会议《关于进一步开展抗美援朝运动致各地政协委员会的电文》(1951 年 2 月 16 日)。

这种思路的实践中,一种全能式政治正在逐渐形成。事实证明,这种选择在当时的历史条件下是取得了很大成效的。从各阶层民众被发动的规模和程度来看,抗美援朝运动中中国民众所体现出的爱国热情,在以爱国主义为主题的动员中,都是前所未有的。

执政党对青年工作的指示

青年团的根本任务就是"拉队伍,跟党走"。1949年4月,中国新民主主义青年团第一次全国代表大会召开时,全国仅有19万名团员。团的组织建设面临的重要任务,就是建设一个全国性的比较健全的青年团组织。到了9月,全国团员达90万人。10月,青年团中央召开常委扩大会议,要求各级团组织要"团结广大青年,纠正关门主义",积极发展团的组织。到1950年3月,全国团员总数发展到150万人。不到半年时间,团员增加了60万人。1950年10月,中国人民解放军总政治部召开全军青年工作会议。根据全军和全国青年团组织建设的情况,毛泽东为会议书写了"巩固地向前发展"的题词,进一步指明青年团组织的发展方向。1953年六七月间的中国新民主主义青年团二大,正式把这一题词作为团的组织工作的方针。团员队伍的扩大,为抗美援朝的组织动员准备了力量。

但是,在中国共产党成为执政党的新环境中,青年团应该如何运作呢?1952年8月,毛泽东两次主持中共中央会议讨论青年团的工作,并在会上提出两个题目:一是党委应如何领导青年团,二是青年团应如何工作。8月25日至9月4日,青年团举行一届三中全会着重讨论了毛泽东提出的青年团如何工作的问题。会议认为:第一,不要过分强调团的系统领导,而要切实地尊重各级党委的统一领导。第二,政治上、工作上要有积极性、主动性,不懂的东西要大胆向党委请示。第三,每个干部要老老实实,埋头苦干,要以切实的工作成绩来体现助手作用。

毛泽东关于《青年团的工作要照顾青年的特点》的谈话影响极为深远,直到今天。

1953年6月,抗美援朝战争胜利在望,停战谈判各项协议均已达成。毛泽东在接见团二大大会主席团时,发表了《青年团的工作要照顾青年的特点》的著名讲话,解答了党如何领导青年团,特别是青年团如何工作的问题。第一,指出了青年团的工作方针。他说:1952年我出的两个题目,"都包含了如何照顾青年的特点。""青年团要配合党的中心工作,但在配合党的中心工作当中,要有自己的独立工作,要照顾青年的特点。""党和团的领导机关,都要学会领导团的工作,善于围绕党的中心任务,照顾青年特点,组织和教育广大青年群众。"第二,提出"三好"作为青年团工作的方向。他说,新中国要为青年着想,要关心青年一代的成长。他祝贺青年们做到"身体好,学习好,工作好"。第三,指出了青年团工作的一些基本方法。这就是要从青年的实际出发,"青年就是青年,不然,何必要搞青年团呢?"不照顾青年的特点就会脱离群众;要照顾多数,密切地联系广大青年群众,不要把圈子搞得太小;两头都要抓紧,学习工作要抓紧,睡眠休息娱乐也要抓紧。①

四个月之后,即1953年10月,中共中央发出《关于加强党对青年团的领导给各级党委的指示》,要求各级党委应特别注意:第一,必须注意照顾青年的特点。第二,必须在党的统一领导下建立团的独立活动和加强团的系统领导。第三,要注意加强团的组织建设,加强党对团的思想、政治领导,使团充分发挥其作为党的后备军的作用及使团有可能源源不断地向党和国家输送干部。第四,各级党委应指定一个党委委员与同级团委保持经常联系,随时向团传达党的指示及帮助解决日常困难问题。党委会上要定期检查和讨论团的工作。团的重要会议党委应派人参加,给予指导。

所有这些来自党内最高层的指示指导,都为即将回归工业化建设常规环境中的青年运动,指明了发展方向。

旧时代"一去不复返了"

纵观人类发展历史,在很多时候,道德正义的伸张是建立在国家实力之上的。抗美援朝战争的胜利,极大地提高了中国共产党在全国人民心目中的威信和新中国在世界舞台上的地位和分量。中国志愿军司令员彭德怀豪迈地指出,"西方侵略者几百年来只要在东方一个海岸上架起几尊大炮就可霸占一个国家的时代是一去不复返了"②。

中国共产党积累起在全国执政的最初经验,应对和驾驭复杂局面,一方面根据战场形势和国际形势的变化适时调整战争指导原则,另一方面统筹战争和建设全局,使各方面工作紧密配合。抗美援朝战争的胜利,提高了中国人民的民族自信心和民族自豪感,使

---

① 毛泽东:《青年团的工作要照顾青年的特点》(1953年6月30日),《毛泽东文集》第6卷,人民出版社1999年版,第276—279页。
② 彭德怀:《关于中国人民志愿军抗美援朝工作的报告》(1953年9月12日),中共中央文献研究室编:《建国以来重要文献选编》第4册,中央文献出版社2011年版,第327页。

一部分曾经对美帝国主义抱着恐惧和幻想的人受到深刻教育而觉悟起来。时任政务院总理周恩来评价道：抗美援朝"是一个重大的动员。这次动员的深入、爱国主义的发扬，超过了过去任何反帝国主义运动，这是一个空前的、大规模的、全国性的、领导与群众结合的运动，它的力量将是不可击破的。中华民族的觉醒，这一次更加高扬起来了，更加深入化了"①。

抗美援朝战争的胜利顶住了美国侵略扩张的势头，对外，维护了亚洲和世界的和平，使新中国的国际威望空前提高；对内，则进一步激发出中国民众尤其是广大青年蕴藏着的巨大力量，对于破除"恐美症"，增强民族自尊心和自信心，乃至对社会改革和经济恢复都起到了有力的促进作用。这对外对内两种巨大推动力与抗美援朝战争同步迅猛发展，相互借力，中华民族形成一股锐不可当升腾之势。效果之好、态势之强，是许多人在中国人民志愿军参战之前未曾料想到的。

---

① 《周恩来军事文选》第4卷，人民出版社1997年版，第230页。

第七章　改变"一穷二白"面貌的突击队

　　新中国成立后,在短短的三年内就根本扭转了国民党反动统治留下的混乱局面,实现了政治、经济、社会的稳定,各方面都取得了超出预期的成绩。但1952年全国农业总产值仍明显高于工业总产值,中国仍是一个落后的农业国家,工业水平严重落后,许多工业部门还未建设起来。中国人不但不能造飞机、汽车、拖拉机,连手表等日用消费品也不能造,都要向外国购买。面对这种情况,中国共产党和中国人民建设富强国家的心情是急迫的。1956年,毛泽东在《论十大关系》中说:"我们一为'穷',二为'白'。'穷',就是没有多少工业,农业也不发达。'白',就是一张白纸,文化水平、科学水平都不高。……我们是一张白纸,正好写字。"①两年后,他更加豪迈地说:"一张白纸,没有负担,好写最新最美的文字,好画最新最美的画图。"②青年作为最具活力、最具创造力的群体,无疑是改变"一穷二白"面貌的突击队。

一、社会主义改造中的各界青年

　　在中国实现社会主义,是中国共产党自创立时就确定的奋斗目标。而在半殖民地半封建的历史条件下,实现社会主义必须分两步

---

① 毛泽东:《论十大关系》(1956年4月25日),《毛泽东文集》第7卷,人民出版社1999年版,第43—44页。
② 毛泽东:《介绍一个合作社》(1958年4月15日),《建国以来毛泽东文稿》第7册,中央文献出版社1992年版,第178页。

走：先取得反帝反封建的新民主主义革命胜利，然后才能转入社会主义革命。由于中国经济十分落后，党在全国解放前夕设想，可能要到15年之后才能考虑向社会主义转变的问题。新中国成立后，在短短三年内就根本扭转了国民党反动统治留下的混乱局面，实现了政治、经济、社会的稳定，各方面都取得了超出预期的成绩。中共中央决定从1953年起执行我国发展国民经济的第一个五年计划，并提出向社会主义过渡的总路线。

学习、宣传过渡时期总路线

为把中国建设成伟大的社会主义国家，1952年9月，毛泽东在中央书记处会议上讲话指出："我们现在就要开始用10年到15年的时间基本上完成到社会主义的过渡，而不是10年或者以后才开始过渡。"①这是中共中央对党在过渡时期总路线的初步酝酿。12月，中宣部发布经中央批准的《为动员一切力量把我国建设成为一个伟大的社会主义国家而斗争——关于党在过渡时期总路线的学习和宣传提纲》，正式表述为："从中华人民共和国成立，到社会主义改造基本完成，这是一个过渡时期。党在这个过渡时期的总路线和总任务，是要在一个相当长的时期内，逐步实现国家的社会主义工业化，并逐步实现国家对农业、对手工业和对资本主义工商业的社会主义改造。"②随后，全国掀起了学习、宣传和贯彻总路线的热潮。

12月13日，青年团中央发出了《关于学习和宣传国家在过渡时期总路线的指示》，要求各级团组织，组织好全体团员和全国青年的学习和宣传，把它看作青年团在当前和今后长时期最根本的思想建设任务。

---

① 薄一波：《若干重大决策与事件的回顾》上卷，人民出版社1997年版，第220页。
② 中共中央文献研究室编：《建国以来重要文献选编》第4册，中央文献出版社2011年版，第602页。

第七章 / 改变"一穷二白"面貌的突击队

首都青年在天安门广场宣传过渡时期总路线和总任务

各地团员青年除了参加各种统一的学习宣传活动之外,还根据青年自身的特点组织活动。青年们单独讨论一些自己关心的问题,参加和听取模范人物的报告,通过真人真事和亲身体验,从政治上翻身、经济上好转、文化上提高、婚姻上自主等方面进行回忆对比。青年们在学习的基础上,还采用多种形式向人民群众宣传。通过总路线的学习宣传活动,广大青年认识到国家工业化的重大意义,认识到社会主义改造和国家工业化的关系,初步划清了劳动与剥削的界限,明确了前进的方向。

在学习宣传总路线的过程中,一些地方对团员、青年提出了过高过急的要求;或以粗暴的方法对待某些思想认识问题,简单地生硬地检查思想。有的提出要在团员和青年中"铲除"或"肃清"资本主义思想;有的把某些团员和青年中存在的一些落后意识和缺点,笼统地当作"资本主义思想",把某些正当的生产、交换或消费行为,当作"自发势力"予以批判;有的以粗暴的方法对待认识问题,甚至搬用土改中划分阶级成分的方法"划清"劳动与剥削、社会主义与资本主义的界限，因而形成了过火的斗争，引起了思想上的混乱。用这种急躁情绪和粗暴的做法来对待团员、青年的思想和行为，使一些团员、青年惶惑不安，不敢向摊贩、私商买吃的穿的用的东西，怕受资本主义"侵蚀"；有的副业也不敢搞了，怕被人认为是"自发势力"。一些感到有压力或被斗争的团员、青年更产生了悲观消极情绪。

1954年3月，青年团中央发出《关于总路线教育中防止发生急躁情绪和粗暴作法的通知》。团中央认为，发生上述现象的原因，主要是团内理论水平低，对总路线的精神理解不够。部分团干部对于我国社会的基本情况及我党的社会政策还没有确切的认识，对青年团"以理服人"的教育工作的根本原则也还不能很好地掌握。团中央指出，在目前错综复杂的社会关系中，要求广大团员和青年都立即肃清资本主义思想，显然是办不到的。向团员和青年讲清社会主义和资本主义的思想界限，是一个耐心、细致、反复的艰苦教育过程。在教育方法上，应当是正面启发，循循善诱，树立先进的榜样，鼓舞他们追求上进，在长期革命实践中，才能逐渐和资本主义思想划清界限，逐渐克服资本主义思想的影响，树立巩固的社会主义思想。团中央的这个通知，得到了中共中央的同意，下发各地以后，对于继续广泛和深入地进行总路线的学习宣传，起到了积极的指导作用。

热火朝天的农民入社

怎样把占中国人口绝大多数的农民组织起来走社会主义道路，是一个需要探索并正确解决的大问题。1953年2月，中共中央把《农业生产互助合作的决议（草案）》修改后作为正式决议下发各地，全国农村积极稳妥地开展了互助合作运动。头两年，由于坚持了逐步转变的方针，实行自愿互助等原则，互助合作运动得到了健康的发展。在互助合作运动中，农村青年从亲身的经历中体会到组织起来力量的强大,对搞互助合作表现出较大的热情。到1954年6月底,全国已有450万团员参加了互助合作组织,约占农村团员总数的75%,其中入社的为35万名。在互助组和合作社担任组长、正副社长、会计、生产队长和技术员等职务的团员达100万人以上。在推广农业技术上,团员、青年更是一支积极的力量。青年农民的生产技术一般都比较差,但他们的学习积极性很高,接受新的生产知识也较快。一些地方采用选派团员、青年参加政府举办的技术训练班,以及参观国营农场、生产评比和劳模会见、搞小块试验田等方式积极组织青年学习农业技术。东北地区前后训练了拖拉机手1.6万名,其中85%是青年;河北团省委与农业厅协商选派了2.1万名团员经过训练后担任了社、组的技术员;黑龙江团省委组织了23万名团员、青年学习和推广肇源县的丰产经验;陕西武功县团委和农业技术推广站订立了向农村青年传播技术的教学制度,五个月内在24个团支部内普遍传播植棉、防虫、选种等技术,直接接受教育、培训的青年达5 000余人。

为总结在互助合作中的青年工作,青年团中央于1954年7月召开了农村工作会议。会议讨论通过了《青年团中央关于当前团在农业合作化运动中几项工作的决议》。决议指出:为了实现团在农村中的根本任务,团的组织必须从四个方面开展自己的经常工作。这就是:第一,加强对青年的社会主义思想教育,充分发挥青年在互助合作和劳动生产中的积极性和创造性;第二,根据当时当地的需要和可能,大力组织青年学习农业技术知识和推广农业先进增产经验;第三,按照群众自愿原则和当地具体条件,组织文化学习和适当开展群众文化活动;第四,随着农业合作化运动的发展和青年政治觉悟的提高,不断地扩大和巩固团的组织。中共中央批转了这个决议并指出,团中央农村工作会议决定从四个方面开展自己的工作是正确的,也是适应农业互助合作的发展和今后工作的需要的。要求各级党委继续注意运用团在农村中的日益增长的力量,进一步发挥团在农村工作中的党的助手作用①。

1955年夏秋以后,农业社会主义改造发展为农业合作化运动。7月,中共中央召集省、市、自治区党委书记会议,毛泽东在会上作了《关于农业合作化问题》的报告,对合作化发展的速度提出了新的要求。会后,各地错误地批判了所谓"右倾"问题,提出了一些操之过急的要求,急于向高级合作化过渡。于是,农业合作化运动急速发展。1956年3月底,入社农户占全国农户总数的90%,年底参加高级社的农户达到农户总数的87.8%,基本上实现了完全的社会主义改造。

1955年10月,青年团二届四中全会要求各地团委,以积极主动的精神,放手组织和发挥青年的积极性,使青年真正成为农业合作化事业中的一支突击队伍。青年们积极投入农业合作化运动,带头参加农业合作社并积极宣传。但是由于思想上急于过渡,有些青年不顾主客观条件办起了"自发社"。河南安阳地区7个县有424个"自发社"是青年团员办起来的。在一些地方还出现了强迫命令、一窝蜂问题。

农业合作化运动的急速发展,迫切需要大量的管理人员和技术人员。青年团主动地有计划地协助党和政府进行培训工作。青年团二届四中全会制订了培训计划。全国从青年中培训出会计员200万人、农具手300万人、技术员150万人、饲养员150万人,以及与此相适应的生产队长和种植小组长。

农业合作化过快过急的发展所引起的生产关系的突变,使农民由过去的小生产者一下子变成集体所有制的主人,但是他们的思想觉悟、认识水平都还没有随之转变。因此,在合作社的集体劳动和日常生活中经常出现不遵守劳动纪律、不顾劳动质量、不爱护集体

---

① 中国新民主主义青年团中央委员会办公厅编:《团的文件汇编(1953年7月—1955年1月)》,内部资料1955年印行,第130、121页。

第七章 / 改变"一穷二白"面貌的突击队

在广泛动员下,不论厚道持重的老庄稼把式,还是急于改变现状的农村后生,都竞相加入合作社。

财物等问题。为了巩固农业生产合作社,从 1954 年开始,全国 20 多个省市首先在广大农村青年社员中开展了"争做一个优秀社员"的活动。他们以"爱国爱社、积极劳动、虚心学习、克服困难、团结友爱"的实际行动,努力做好一切工作。江西上饶地区 90% 以上农业社的青年开展了这一活动,评选出的青年优秀社员占青年总数的 20.3%。这一活动对于教育青年、激发青年爱国爱社精神、鼓励青年发挥劳动积极性起了一定的作用。但是,当时农业社出现的问题主要是生产关系变革过急过快,脱离了生产力的发展水平,因此这种活动并不能从根本上解决农业发展问题。

扎扎实实的手工业合作化

对个体手工业的社会主义改造,是过渡时期总路线提出的三大改造任务之一。由于我国工业基础薄弱,手工业历来在国民经济和社会生活中占有重要地位。我国手工业的行业和品种很多,如陶瓷器、度量衡器具、小五金、竹木漆器、农具、制糖、酿酒、面粉、毛皮、针织、刺绣、文具、民族乐器、雕刻等,几乎包括人民日常生活的各个方面。在广大农村,农民的生产资料和生活资料大部分是由手工业生产的,占所需量的 60% 至 80%,而由大机器生产的只是少部分。据

1954年调查，全国手工业从业人员2000万人，手工业总产值占工农业总产值的10.1%。

新中国成立后，党和政府在努力帮助手工业恢复和发展生产的同时，积极探索手工业者走向集体化的途径。过渡时期总路线公布之后，手工业的社会主义改造进入新的发展阶段。1953年11月至12月的第三次全国手工业生产合作会议，确定了"积极领导，稳步前进"的方针，以及"手工业生产小组、手工业供销生产合作社、手工业生产合作社"的组织形式，"在方法上，应当是供销入手，实行生产改造；在步骤上，应当是由小到大，由低级到高级"。

手工业全部合作化的伟大胜利值得庆祝

手工业中的青年，是手工业社会主义改造的一支重要力量。青年团华南工委①1954年下半年先后在韶关、佛山等地对四种行业五个手工业生产合作社的调查表明，五个手工业社中共有社员190人，其中青年89人，占社员总数的46.8%；五个社44名理监事中青年21人，占47.7%。又据青年团江西省委1954年8月在南昌、

---

① 新中国成立初期，全国设立东北、华北、西北、华东、华南、西南六大行政区，各区都设立了团的工作委员会。青年团华南工委就是其中之一。

吉安等地调查,手工业中的青年占手工业职工的 30% 至 40%[①]。他们在生产中努力学习技术和文化,订立师徒合同和"技术互教合同",密切师徒关系,虚心向老师傅学习手艺,不断提高技术水平和实际操作能力。他们积极参加生产劳动,努力增加产量,不断提高质量,千方百计降低成本,出色地完成了各项生产指标。他们认真执行生产协议,在团结手工业者改善经营管理、端正营业态度等方面起了积极作用。据典型材料调查,这一时期,手工业领域涌现出来的大批各类先进模范人物中,团员、青年占 80% 左右,担任手工业合作社干部的团员、青年占 40%。

工商业走向公私合营

由于中国民族资产阶级的特点,新中国成立初期,人民政府创造了加工订货、经销代销、公私合营等形式,把资本主义工商业逐步引上国家资本主义的轨道。1953 年,过渡时期总路线公布后,加快了对资本主义工商业改造的步伐。

在私营企业中,青年职工约占整个职工总数的 40%,是一支重要的力量。各地通过召开青年职工代表会,组织报告会、参观、座谈等形式,对青年职工进行社会主义改造的教育,帮助他们了解共产党的方针、政策,打消思想上存在的疑虑,积极自觉地投入各项工作中去。在一个时期,青年团在私营企业中的工作,一般局限于少数大厂,而对中小企业的工作有所忽视,力量也比较薄弱,活动也不经常。且对私营企业中团的基层干部培养差,致其业务水平低、凝聚力弱,不能把广大青年吸引在团组织的周围,发挥他们的积极作用。

对私营企业大规模改造后,各级团组织都根据工作的需要,集

[①]《团内通讯》1955 年第 64 期。据推算,手工业社中青年占职工总数的 30% 至 40%,与团华南工委和团江西省委的调查基本一致。

1954年在上海,年长的与年轻的工商业者共同集会,向政府申请对其私有产业进行"公私合营"。

中时间训练了一批支部委员以上的团干部,使他们较快地熟悉了业务,发展了组织,活跃了生活,进而更好地发挥了青年职工的作用。许多团的组织为给资本主义工商业的顺利改造创造条件,还组织了青年突击队和青年监督小组,同中老年职工一道,投入企业的生产改造,保证合营、生产两不误。仅上海、北京、天津、广州、武汉、西安、沈阳这七大城市,就有13万多青年职工组成了8 600多支青年突击队。他们以主人翁的劳动态度,白天积极参加提高产品质量、节约原材料、降低成本等生产劳动,晚上又参加清理资产,清扫厂房、铺面等工作,"公平合理、实事求是、迅速正确"地进行清产核资。北京市私营企业的青年职工有一半以上参加了这种突击活动。他们同全体职工一道,仅用四天的时间就完成了清产核资任务。

据典型调查和推算,全国有青年工商业者七万人,他们一般参加剥削的时间不长,80%以上的人不到五年,50%的人不到三年;资金不多,50%左右的人都在3 000元以下,不少的人还是在近期才继承了产业；多数企业中的实职人员又有一定的文化技术，有一定的管理能力。加上他们都年轻，"来日方长"，故比老一代工商者的顾虑少，更关心自己的前途，容易接受共产党的政策，是资产阶级中的一支进步力量。在全行业公私合营高潮中，青年团和全国青联，组织青年资本家，通过代表会、报告会、座谈等形式，学习时事政策（有的还系统地学习了社会发展史），进行自我改造。

为进一步推动工商界的各项工作，发挥工商界青年更大作用，青年团中央和全国青年联合会于1956年2月22日至29日，在北京召开了全国工商界青年积极分子大会。出席大会的有各省、市、自治区五万人口以上城市的青年资本家和资本家子女共806人（其中资本家子女165人）。会议期间，毛泽东、刘少奇、周恩来、彭真等接见了全体代表，并合影留念。毛泽东勉励他们团结起来，好好学习，好好进行自我改造。

全国工商界青年积极分子大会会场气氛异常热烈。

陈毅代表中共中央致辞。李维汉代表中央统战部作了报告，报告讲到工商界青年积极分子在资本主义工商业的社会主义改造中所表现的积极作用，回答了大会在讨论中所提出的问题，并且向工商界青年积极分子和全国工商界青年提出在今后改造中的主要任务。廖承志代表全国青联和团中央作了《跟祖国一道前进》的报告,指出,这次大会表明了工商界青年决心要跟着工人阶级走,要跟着共产党走。但是,这仅仅是开始,还要更加努力地进行改造。这些讲话和报告,给他们以教育和鼓舞。在会上很多人写了自我改造的决心书和立功计划,表示要做社会主义改造的积极分子,争做社会主义建设的积极分子。会议在热烈掌声中通过了全国工商界青年积极分子大会致毛主席的保证书,还通过了全国工商界青年积极分子大会致全国工商界青年的一封信。这次会议在全国工商界青年和资本家子女中震动很大,产生了良好的影响。

二、"到最艰苦最需要的地方去"

从1953年起,我国开始全面执行发展国民经济的第一个五年计划。在工业化建设方面,主要围绕限额以上的694个大型工业项目进行建设。五年内,将建立起许多中国历史上没有过的规模巨大的钢铁、汽车、飞机、拖拉机、新式机床、重型机器、发电和矿山设备等工矿企业。五年内,将改造、扩建一批老的企业。

国家大批新型工厂矿山的建设,以及一批老企业的改造,需要集中大量的工人、工程技术人员,特别是青年工人、青年工程技术人员从事这项工作。为动员大批青年参加国家建设,团中央响亮地提出"把青春献给祖国""一切为了社会主义""到最艰苦最需要的地方去"的号召。一代青年从祖国工业化的大局,从全国人民的根本利益出发,响应号召参加国家建设。许多青年农民告别了世世代代小农经济的传统生产方式,与大生产结缘;许多青年学生响应号召,告别了老师和同学,穿上了工人阶级的服装;许多解放军战士响应号召,从硝烟弥漫的朝鲜战场,从祖国沿海诸岛扫荡蒋军残部的战斗中,从边防前哨转业到建设岗位上。为了充实新建企业,一些老企业的青年工人和青年技术人员,离开了熟悉的生产(工作)环境,告别了父母、妻子、孩子,愉快地走上新的工作岗位。在建设我国第一座规模巨大的重型机器厂——太原重型机器厂时,华东工业部和上海大批工程技术人员前往帮助工厂建设,天津、北京、上海等地也来了大批铆工、下料工、装配工、管理干部,帮助工厂建设。1953年、1954年,仅上海一地就有七万多名青年奔赴祖国各地支援国家的重点建设。

清华大学毕业生同广大青年一样,以到祖国最需要的地方去为荣。

广大青年为了实现国家的独立富强,不怕千辛万苦,朝气蓬勃地工作在工业基地上。在建设鞍钢的工地上,来自祖国各地的青年们表现出高涨的劳动热情。那里的住宿紧张,刚从大学毕业分来的技术员,不得不六七个人挤在一间20平方米的屋子里,一张床挨着一张床。吃饭、看电影、理发、照相、买东西都得排成长蛇阵。生活苦不苦呢?一名青年技术员回答说:"是艰苦一些,但算不了什么。房子不够正是需要我们来建设!"他们正是怀着这样一颗建设祖国的心投身鞍钢建设的。他们的宿舍离工地有15华里,有的技术员到下班时间,还为没有做完的工作而放心不下,宁肯错过乘交通车的时间工作到深夜,冒着凛冽寒风步行15华里回宿舍。他们不怕生活上的困难和劳动条件的艰险,豪迈地说:"我们是一群钢铁的人,有着一颗钢铁的心,用钢铁的意志来建设这座钢铁的城市。"他们硬是凭着顽强的毅力与中老年职工一道,建设起了这座现代化的钢都。

为寻觅祖国的地下资源,华北101地质勘探队的青年们风餐露宿,战斗在穷乡僻壤,不顾恶劣的生活环境和工作条件,积极完成勘探任务。为了寻找祖国地下宝藏,三万多名青年千里迢迢来到辽阔神秘而又荒无人烟的柴达木,开发这块沉睡千万年的土地。1955年6月,青年团员陆铭宝带领38人的青年钻井队,率先来到大戈壁克拉玛依,他们用三块石头架起炉灶,到十几里以外的地方捡回枯柴,从120余华里外的地方运回水,战胜了成群的牛虻和蚊蝇,经过夜以继日的战斗,终于使一号井在10月30日喷出了原油。这里一切,都是从零开始,白手起家。搞化验没有药瓶就找些酒瓶子、罐头筒代替,没有放药瓶的地方,就在墙上钉上一块木板当瓶架。几个人挤在一张办公桌上搞实验或办公。没有化验水泥的仪器和做蒸馏水的设备就自己做,克服重重困难完成了化验任务。在克拉玛依,除陆铭宝钻井队外,其他钻井队也陆续来到这里寻找地下宝藏。克拉玛依就是被这样一批开拓者铺平了前进的道路。后来大批青年从祖国各地来到这里共同奋斗,终于把昔日荒凉的戈壁滩变成了初具规模的石油城。

三、"哪里有困难,哪里就有青年突击队"

开展大规模经济建设,把中国建设成一个繁荣富强的现代化国家,是100多年来几代中国人梦寐以求的理想。中国近代民族民主革命也好,新中国最初几年的社会改革和经济恢复也好,都是为实现这个目标扫清障碍,创造必要的前提。而青年群体正是这样一支不容忽视、具有无尽潜力的重要力量。诚如列宁所论,"真正建立共产主义社会的任务正是要由青年来担负",青年"应该是千百万共产主义社会建设者的带头人,一切男女青年都应该成为这样的建设者。不吸收全体工农青年参加共产主义建设,你们就不能建成共产主义社会"。"共产主义青年团应当是一支能够支援各种工作、处处都表现出主动性和首创精神的突击队。"①从 20 世纪 50 年代起,中国青年作为经济建设的生力军,通过青年突击队这一组织形式,在"急、难、险、重、新"的工作中发挥了独特作用。青年突击队作为青年在建筑业、采矿业、制造业以及农业等领域中发挥作用的一种形式、一种平台,激励着一代青年踊跃投身社会主义建设,其影响力一直延续至今。

被"逼"出来的首支青年突击队

在热火朝天的社会主义建设中,中国共产党统筹农业、轻工业和重工业的发展比例、步骤和进度,青年团的主要任务是:"动员全体青年团员,站在工业、农业、国防和文化的战线上的最前列,以对祖国对人民的无限忠诚,积极参加建设祖国的伟大事业,在各种工作岗位上努力学习,努力发挥自己的积极性和创造性,并团结全国青年和全国人民一起为完成和超额完成国家工农业计划而努力。"②

在第一个五年计划里,我国在工业化建设方面,要建立 694 个大型工业项目,其中包括钢铁、汽车、飞机、重型机器、发电、矿山设备等重要企业,还要改造一批老企业。在东北地区,1949 年从经济恢复时期开始,就陆续在一些工厂、矿山、铁路部门中出现了若干优秀的青年班、组、队等生产组织形式。如苏家屯机务段 105 号青年司机郑锡坤、耿本善等,在中长铁路局开展的日车 500 公里多拉快跑运动中,每日平均完成 550 公里,并在大官屯—苏家屯牵引 4 170

---

① 列宁:《青年团的任务》(1920 年 10 月 2 日),《列宁选集》第 4 卷,人民出版社 2012 年版,第 281、288、295 页。
② 《中国共产党中央委员会关于加强党对青年团的领导给各级党委的指示》(1953 年 10 月),中央团校青年团工作教研室编:《中国青年运动历史文件选编》,内部资料 1979 年印行,第 188 页。

吨，超正常牵引量一倍以上，挂车长达 93 辆，创了当时的全国最高纪录，被铁道部和沈阳市评为劳动模范。1952 年，在鞍山基本建设部门，由青年团组织发起建立的青年班、组、队，发挥了很好的作用。东北团委总结了他们的经验，向东北局、团中央作了关于建立青年班、组、车间、队的报告。报告说，在工业生产和基本建设部门，有领导、有计划地建立青年生产班、组、车间、队，这是教育并发挥团员青年的积极性、创造性和突击作用的一个重要形式和方法，应在东北全区积极而稳妥地发展和提高。这些说明，青年突击队的产生，适应了当时经济发展和建设特征的现实需要，也有它自身产生的必然性。

左图为第一支青年突击队诞生地——苏联展览馆（后改名北京展览馆），右图为 17 名青年突击队队员合影。

第一支青年突击队诞生在青年密集的建筑行业。1953 年 10 月，苏联展览馆建筑工程在北京西郊（现在早已成为北京的繁华地带）破土动工。这是一项规模大、时间紧、意义重的工程，关系到第一个五年计划的整体建设。按照进度，当年底必须完成土方施工，1954 年初进入结构施工。当时负责工程的五位苏联专家对施工的进度十分不满意，毫不避讳地批评中方管理、技术水平落后。的确，当时很多工人来自农村，出力气可以，但技术活不行，很多人连怎么砌砖、水泥配比这些基本常识都不懂。1954 年 1 月，工程进入冬季

第七章 / 改变"一穷二白"面貌的突击队

施工最紧张阶段,主要是要完成混凝土结构工程,其中支模板又成为关键环节。如果不能及时完成,将会给整个工程带来严重影响。而且春节马上就要来了,大批工人要回家过年。当时苏联专家找到工地上的很多领导问,能不能冬季施工? 能不能不回家过年? 能不能带头突破定额、超额完成任务? 但工地上的领导谁也不敢答复。其中的一个专家多洛普切夫最后找到工地分团委书记曹建华,说苏联在战争时期为了提高战斗能力和处理急难险重任务,成立了青年骑兵突击队,你们能不能搞一个类似的组织,来带动整个工程? 曹建华把苏联专家的建议汇报给工地党委,经同意后由团委出面挑选18名木工,组成青年突击队。

1954年1月14日,全国第一支青年突击队组建完毕。最初的突击队中有17名南方师傅和1名北方师傅,结果干起活来发现,南北方的语言差异让他们在工作中根本无法交流,南方人说话太快,北方人听不明白,最后这名北方师傅主动退出了队伍。这17人中胡耀林(上海松江人)年龄最大,30岁,也是唯一的中共党员,因此大家选他当突击队队长。突击队成立后,创造了用3个小时完成7个小时工作量的奇迹,接着,又创造了以181个工作日完成原计划用478个工作日支工业馆拱顶大梁模板任务的奇迹,高工效、高质量地完成了任务。他们提高生产效率达到146%。

青年突击队在工地上不断创造奇迹,在成立十几天后,团市委将胡耀林青年突击队的材料呈报北京市委和团中央,很快引起了重视。时任团中央书记的胡耀邦兴奋不已,在视察工地时对青年突击队队员说:"你们很了不起啊,你们没有怕困难,攻破了道道难关,突破了定额,提高了生产效率,在基本建设中作出了榜样、立了大功呀!"

胡耀林青年突击队的出色表现,给全工区的青年树立了榜样。他们的行动在青年工人中引起了强烈的共鸣,青年们纷纷模仿,在短短的时间内,涌现出了各种各样的青年突击队。到1954年2月中旬,青年突击队的工作形式迅速在工地推广,又建立了瓦工突击队、抹灰工突击队、电气工突击队、水暖工突击队、混凝土工突击队等六支青年突击队,都超额完成了任务。3月21日,工区行政和团委联合召开青年突击队建队大会,向七支青年突击队颁发了队旗,正式宣布青年突击队成立。青年突击队的大量涌现,使生产建设任务完成的时间大大提前,质量不断提高。

这其中还有一个插曲。展览馆工程结束后,这些诞生在工地上的青年突击队全部解散,有的回到了自己单位,有的离开北京回到家乡。胡耀邦了解这一情况后,提出"青年突击队要成为今后经济社会发展的重要的固定组织形式"。胡耀林青年突击队成员重新聚齐,青年突击队也不再是临时组织,而是成为建筑业一种固定的组织形式。青年突击队也成为社会主义建设时期的一个新名词。

胡耀林突击队建成后,当时北京市的各处工地争相仿效,除了直接建青年突击队(西北郊八大学院工地组建张百发钢筋工青年突击队、东南郊焦化厂工地成立了于春和瓦工青年突击队)之外,还出现了其他以青年为骨干力量的"青字"号工程。比如东北郊酒仙桥电子管厂工地、西南郊原子反应堆工地出现了青年工段。在城区的广播大厦、电报大楼、北京饭店西楼、国际饭店、政协礼堂、同仁医院、友谊医院等工地以及市委大楼、团中央礼堂、百货大楼等十多项重点工程上都出现了青年工地、青年工段、青年突击组、青年生产队等多种多样适合各自系统特点的青年生产组织和活动形式,形成了以青年突击队为龙头的"青"字号工程,调动了一大批青年的热情与才智,拓宽了突击队工作的领域,为新生的国家经济建设发挥了积极作用。

青年突击队中的"典型"

青年突击队的出现,立即引起了中共中央、青年团中央和中共北京市委的高度重视。1954年6月,团中央帮助青年团北京市委总结了苏联展览馆工区组织青年突击队的工作经验,在"重点试建,逐步推广"的方针指导下,在《人民日报》和《中国青年报》上作了报道,并发表了以推广组织青年突击队为主要内容的社论。随后《工人日报》也发表了报道和社论。中共北京市委高度赞扬青年突击队是组织青年工人积极参加劳动竞赛,发挥其首创精神,推动劳动竞赛进一步高涨和对青年工人进行共产主义教育的一种有效的组织形式和工作方法。青年突击队的组织形式和工作经验迅速得到了各地团委的普遍重视,都先后着手建立和发展了青年突击队。

1954年12月,中共中央批转了《青年团北京市委关于青年突击队工作向党市委的报告》。批示指出:按照青年特点,建立青年突击队,是组织青年工人积极参加劳动竞赛,发挥其首创精神,从而推动劳动竞赛的进一步高涨和对青年工人进行共产主义教育的一种有效的组织形式和工作方法。已经建立的青年突击队的经验证明,青年突击队在提高生产效率,突破劳动定额,加强薄弱环节,保证完成紧急任务等方面,成绩是显著的,它对于提高建筑工业的生产水平有重大作用。各建筑工程单位的党组织,应经常给青年团的工作以具体有力的领导,并通过青年团加强对青年突击队的政治思想领导,防止其产生骄傲自满、脱离群众的情绪和忽视质量安全以及单纯提高劳动强度影响身体健康的偏向。

到1954年12月,26个省、市和自治区的基本建设中已有青年突击队(组)650个、队员1.2万人。其中以北京市发展最快,全市已有135个队、队员2 500多人。天津市工程公司21个青年突击队,从建立到11月底,共接受了105项任务,其中有101项突破了定额,最高者达到定额的442.7%。太原市化工工程公司三工区在安装2.5公里长的引水管道工程时,因工人的劳动纪律松弛,生产效率低,生产进度无法保证,但在油麻工青年突击队建立以后,其合理地组织了劳动,建立了责任制和质量标号制,改进了六种操作方法和工具,提高效率一倍到两倍,提前23天完成了任务。山东建筑工程公司第五工程处张树臣所领导的瓦工青年突击队与18个瓦工小组,发起学习双手挤浆法的竞赛,20天内使全工地砌混水墙效率超过中央定额的30%,青年突击队取得了超额220%的成绩。西南水力发电工程局狮子滩工地石工场青年突击队,在竞赛中采用了连续钻孔等先进方法,迅速突破行政规定的每日每台风钻钻孔25米的定额,创造了6.5小时钻孔84米的新纪录,推动了同工种的两班每台风钻日进尺量平均巩固在50米以上。在竞赛评比中,有不少青年突击队(组)被评为先进小组。据山西省三个建筑工程公司的调查,在41个青年突击队和青年生产组中,已有25个被评为工地、公司的甲等模范生产组。

青年团中央认真总结了青年突击队的工作经验和成功经验,找出了尚存的问题和以后的工作方向,并上报给中共中央。1955年2月,中共中央批转了青年团中央《关于在基本建设部门中发展青年突击队的组织向中央的报告》,指出"这是一项好的经验,望各地参照办理"。在党中央的关怀下,在全国各地党、政、工、团组织的直接领导下,青年突击队得到了迅猛发展。在第一个五年计划期间,仅全国各地基建工地的青年突击队就有7 500个,参加青年13.5万人。其中,北京市第六建筑工程公司张百发钢筋工青年突击队、北京市第三建筑工程公司李瑞环木工青年突击队,成为先进典型。

张百发钢筋工青年突击队于1954年建队。当年3月,北京市第六建筑工程公司承建北京地质学院和北京航空学院工程的第一工区决定建立由张百发、杨福林、邓闯生等12人组成的张百发钢筋工青年小组。这一年,张百发只有19岁。当时,没有钢筋工的活儿,这个钢筋工青年小组的第一项任务是挖下水道。在开工典礼上,他们提出:"向中国人民志愿军学习,哪里有困难,就到哪里去。"第一天他们就突破了每人每天2.5立方米的定额,每人平均挖土方7立方米。在挖到4米深时,出现了流沙,塌方很厉害,扬土就更费劲。队员们的双手磨出了血泡,但谁也没有停止工作,终于200%

第七章 / 改变"一穷二白"面貌的突击队

左图为张百发钢筋工青年突击队收工的情景，右图为全体队员合影。

地完成了任务。不久他们又接受了挖臭水沟的任务。4月，北京六建党委正式命名张百发钢筋工青年小组为张百发钢筋工青年突击队。突击队接到的第一个任务是在北京地质学院工地的化学试验楼工程上绑扎钢筋。经过他们奋力拼搏，超额30%完成了任务，打响了建队后的第一炮。

之后，张百发钢筋工青年突击队先后运用和改进了"五轮直铁器"等先进工具，采取"集中配料，统一加工"的方法，突破了劳动定额，提前完成了生产任务。1954年他们共接受71项任务，超额完成69项，平均达到定额145%，节省人工772个，钢筋消耗率由规定的3%降至0.5%，节省钢筋12吨。全年出勤率达99.7%，无工伤事故。"一五"期间，他们转战北京和外地很多工地，承担834项任务，其中832项都非常出色地完成了。1956年第二季度以后，他们开始向全能突击队迈进。钢筋接头多，浪费大，他们就自己学电焊、学气焊技术。他们发现钢筋工的活儿没有了，就主动把烘烤工作阳台铁栏杆的活儿接下来，边做边学，学会烘炉技术。以后他们根据生产需要，又学习掌握打混凝土、白铁工、水暖工的技术，基本上做到了"集体全能"，有效地减少和避免了窝工等问题。团北京市委在全市青年突击队和青年工人中开展推行张百发学习掌握多种技术经验的活动，全市青年突击队掀起了"学张百发队，赶张百发队"的热潮。张百发青年突击队1954年被评为北京市建筑业模范小组。1955年他们作为先进集体参加了全国青年社会主义建设积极分子大会，得到团中央授予的"朝气蓬勃，永远前进"锦旗。1956年和1959年，这个队两次被选为全国先进集体。

在学习文化和技术、大搞技术革新方面，北京市第三建筑公司的李瑞环木工青年突击队是个突出典型。青年突击队从诞生起，就不是单纯靠拼体力来完成工作任务的，大力开展技术革新活动也是青年突击队的一个突出特点。

建筑行业流传着这样一句话："放样技术高不可攀，不放样除非鲁班。"多少年来，木工们一直沿袭着这条法则。放大样烦琐、精细，以盖房子为例，要做一个屋架，就先得找一块和屋架同样大小的平地，放下地梁，按图纸上画线，放样的角度和尺寸一点不能差，否则盖房子就对不上茬了。当时担任青年突击队队长兼团支部书记的李瑞环，虽然只有小学四年级的文化程度，却有一个念头，难道不能找出一种科学的方法来替代放大样这种法子吗？他到处向老师傅请教，查阅大量书籍，想从中找出方法，但各种方法都离不开"放样"。一次他从技术员那里打听到，要想通过计算省去放样，必须懂得数学中的"三角理论"，从此李瑞环就开始猛攻数学。1958年，他考入北京建工业余学院学习数学，特别是几何和代数。从此无论走到哪里，他总带着那只小书包，在人民大会堂工地也没有落下功课。

学习商高定理和相似三角形定理之后，李瑞环立刻联想到做房架。发现只要知道房屋的跨度和屋架的高度，就可以得出屋架下面以及全部斜撑的尺寸和斜角，完全不必照老办法放样。在人民大会

第七章 / 改变"一穷二白"面貌的突击队

堂宴会厅铺人字地板,最初聘请的老师傅也要放样,花了一天半都没画好。李瑞环坐在一边琢磨了一阵,利用商高定理求出每档人字地板的间距,又利用平行线定理找出了画线方法。李瑞环木工青年突击队在地板施工中,还研制了推车式地板刨,刨地板时不用趴着或跪着干活,大大提高了施工效率。最终,突击队仅用了8天,就完成了原定45天完成的任务。

左图为电影《青年鲁班》(1963年由北京电影制片厂摄制)剧照,木工青年突击队队长李三辈(原型为李瑞环)正在带领队员们攻克革新"放大样"传统技术的难关。右图为李瑞环所著《木工简易计算法》。

突击队不放样只计算的方法,挑战了多年的行规。在人民大会堂施工中,突击队接受一项制作外檐模板的任务。他们采用自己的办法,却受到了当时技术主管和检查员的抵制。为了防止出现差错,前一天晚上,李瑞环和突击队员反复利用公式进行验算,并在床铺板上放了小样来核对。深夜两点,他又和几名队员来到人民英雄纪念碑前,实地校验自己算出的公式。第二天他们按照自己的计算结果,截好69立方米的木料,搬到屋顶,果然一点不差。七天的任务,只用了三天半就完成了,技术主管这才信服了李瑞环突击队的实力。

为了让这套方法普及，李瑞环将计算方法编成了简易的计算表，让文化不高的职工只需要熟记和多应用就可以了，不到两个小时，整个突击队的队员就全部学会了。很快，这套新技术的"工地版"就全面铺开。在培训班上，每个学员都能够不费太大力气就全部掌握了。

有趣的是，在1958年热火朝天的人民大会堂工地上，有20多支青年突击队进驻，其中张百发钢筋工青年突击队、李瑞环木工青年突击队、王学礼木工青年突击队、丁庆云混凝土工青年突击队被戏称为青年突击队中的"四小名旦"。在木工青年突击队利用自创的计算表和计算公式下料，免去了"放大样"工序，提前完成铺宴会厅人字板和支外檐模板任务的同时，张百发带领的青年突击队从最初的12个人，扩充到200多个人。突击队三班倒连轴转，从来没有休息过一天，即使是睡觉都从来不脱衣服。

随着城市工矿企业青年突击队的蓬勃发展，农村青年突击队也在各地组建起来。广东省中山县新平乡第九农业生产合作社青年突击队就是一个著名的例子。

1955年春，新平乡在掀起备耕热潮时，经第九农业生产合作社团小组长提议，党支部批准，36名农村青年组成了一支青年突击队。他们不仅在推广先进技术和保证耕作质量上发挥了先锋作用。在备耕入泥时，他们带动全社每天入泥由400多艇增加为1 020艇。他们不仅在推广先进技术和保证耕作质量上发挥了先锋作用，而且在克服生产无人负责现象以及在爱护集体财产、维持集体利益方面，也起了模范带头作用。他们到20公里以外去借田育秧，保证了按时插秧。他们还带头扑灭螟虫，推行密植先进技术。

中共粤中区党委对此评价了三句话："党委为领导，老农作参谋，青年打先锋。"团中央了解情况后明确指出："青年突击队的做法，是调动青年社会主义建设积极性的好形式，可以在全省、全国总结推广。"1955年下半年，中共中央要求各地总结、选送一批农村工

第七章 / 改变"一穷二白"面貌的突击队

作的经验文章。《中山县新平乡第九农业生产合作社的青年突击队》被编入《中国农村的社会主义高潮》一书。毛泽东为该文写了按语:"这一篇很好,可作各地参考。青年是整个社会力量中的一部分最积极最有生气的力量。他们最肯学习,最少保守思想,在社会主义时期尤其是这样。希望各地的党组织,协同青年团组织,注意研究如何特别发挥青年人的力量,不要将他们一般看待,抹杀了他们的特点。"①

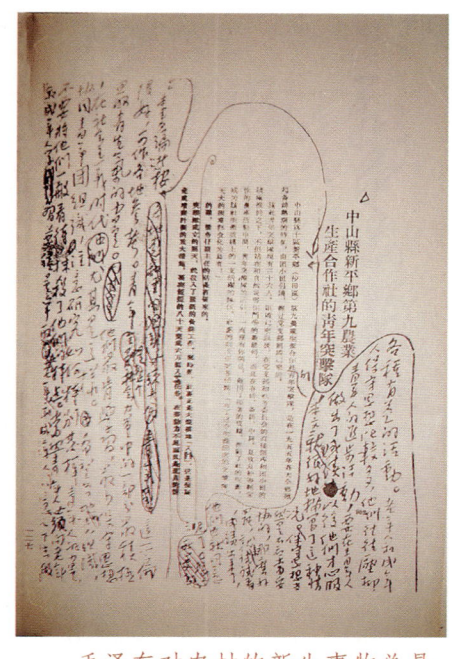

毛泽东对农村的新生事物总是充满无限热情。

青年突击队的建立是青年团围绕党的中心工作,开展团的独立活动的一种组织形式,也是青年团开展工作的主要内容之一,还是青年团围绕党的中心工作开展独立活动的体现。青年人精力旺盛、体力充沛,富于进取心和创造性,喜欢集体生活和竞赛。青年突击队的组织形式和活动方法,适应了青年的特点和需要。它使得广大青年在参加社会主义建设的实践中学习到文化、科学、管理等方面的知识技能的同时,也学习到了劳动协作、勇敢攻关、积极向上的高尚品德。青年突击队的建立激发了青年的荣誉心和责任感,把青年建设社会主义的劳动热情吸引到推广先进经验、掌握新技术和开展技术革新方面。既发挥了他们的积极性和聪明才智,又保持了青年突击队员的劳动热情,使生产率不断提高、生产纪录不断刷新,加

---

① 毛泽东:《〈中国农村的社会主义高潮〉按语选》(1955年9月、12月),《毛泽东文集》第6卷,人民出版社1999年版,第466页。

快了建设速度，成为经济战线上的一支重要力量。

经久不息的青年突击

1958年开始的"大跃进"，是中国共产党在探索中国自己的建设社会主义道路中力图打开一个崭新局面的尝试，历史证明这个努力是不成功的。但在当时的历史环境中，各地区、各领域的青年突击队依然奋勇争先，在建设中发挥排头兵作用。以青海省互助土族自治县为例，1958年3月，正值全县大部分地区开始春耕大生产的时候，中共互助县委发出"苦战四十天"、实现"水利化"的号召，在全县春耕第一线紧急调出占总劳动力40%的4万多男女劳动力，按军事化的组织和行动要求，迅速在全县展开一场"水利化"运动。在"水利化"建设大军中，共青团组织起近5 000名青年成立了180多个青年突击队和青年爆破组。面对险要的施工环境和艰巨的施工任务，这些突击队和爆破组冲锋在前，毫不畏惧。哪里有困难，哪里就有青年突击队的身影。巴洪乡一个由18名土族和汉族青年组成的突击队，置生死于度外，系身于数十米高的悬崖上破劈坚石，6天时间打通了这条干渠上一段艰险地段。该干渠负责人称赞"巴洪青年突击队是本干渠的开路先锋"。西干渠填坝工地上参加运土的纳家农业社青年突击队队长、共青团员沈占全制造、推广单轮小推车，运土效率比背篓运土高一两倍。仓家沟青年突击队队长、团支部书记刘凤琴是个独生女，为了照顾患病的母亲又不影响工程进度，她都是每天晚上收工后翻山越沟走五六里夜路回家，天亮前又返回工地。① 尽管4万名劳动力用30多天时间建成的2 720多公里的盘山渠，最终没有"化"出一亩水浇田，但那个时代战天斗地、攻坚克难的突击队精神是不容置疑的。

大家都知道，河南林县人民在太行山深处开凿出来的红旗渠被

---

① 柴成岳：《大跃进时期的青年突击队》，《炎黄春秋》2004年第10期。

称作"人间奇迹"。这一引水工程从 1960 年 2 月开工,历经十年风雨,排除种种干扰,终于建成了主干渠和所有配套工程,为林县人民引来了幸福水。青年洞是红旗渠总干渠的咽喉工程之一,从地势险恶、石质坚硬的太行山腰穿过。洞长 616 米、高 5 米、宽 6.2 米,纵坡为 1/5 000,设计流量 23 立方米/秒,挖石方 19 400 立方米,总投工 13 万余个。该工程动工于 1960 年 2 月,当年 10 月因自然灾害和国家经济困难,上级决定红旗渠停工,农民生产自救,总干渠被迫停工。

英勇无畏的林县青年为改变世代宿命,发挥了战天斗地的突击队作用。

为早日将漳河水引入林县,建渠干部群众提出"宁愿苦战,不愿苦熬",并挑选了 300 名青年组成突击队,背着领导坚持继续施工,当领导来检查时,他们就躲起来,领导走了继续施工。当时每人每天只有六两粮食,为了填饱肚子,就上山挖野菜,下漳捞河草充饥。很多人得了浮肿病,仍坚持战斗在工地,以愚公移山精神,终日挖山不止。他们创造了"连环炮""三角炮""瓦缸窑炮"等爆破方法,使挖山日进从 0.3 米提高到 2 米多。经过一年零五个月的奋战,终于在 1961 年 7 月 15 日将洞凿通,完成了红旗渠建设的关键工程。为纪念青年们艰苦奋斗的业绩,此洞被命名为"青年洞"。1973 年,时任全国人大常委会副委员长郭沫若为此工程题写了洞名。周恩来总理会见外宾时曾说过:"新中国出了两个奇迹,一个是南京长江大桥,另一个是红旗渠的建成。"

青年突击队诞生于20世纪50年代,有其特殊的时代背景和历史必然。应该说,青年突击队是在劳动竞赛中诞生,并在劳动竞赛中发展壮大起来的。青年突击队的发展始终伴随着劳动竞赛,此起彼伏的劳动竞赛,将青年人的热情与激情充分地释放出来。青年突击队的历史,也是社会主义劳动竞赛的历史。历史证明,在这种火红的青春的竞赛中,青年突击队在你追我赶中创造了一个又一个奇迹。而且,在很多地方、很多行业一直传承着"青年突击队"的名称和精神。如北京市的青年突击队,1956年9月发展到493支,"文化大革命"十年一度停顿。改革开放后,首都青年突击队又重新活跃起来。

四、"青字号"生产组织与活动

青年的创造力总是无穷的。除青年突击队之外,在生产活动中,青年团教育和组织青年立足于本职岗位,同有经验中老年人一起发挥作用,并按照生产的需要和青年的特点,建立了青年的各种生产组织形式。

争做社会主义建设积极分子

为了更好地发挥青年在国家建设中的积极性和创造性,动员全国青年为完成和超额完成第一个五年计划而奋斗,1955年2月,团中央决定发起"争取做一个社会主义建设积极分子"和"为社会主义建设立功"活动。消息一经发出,青年职工纷纷修订自己的生产(工作)计划,创造新的定额,推行增产节约;农村青年也提出了许多具体的行动口号和竞赛目标。涌现了大批热爱工作、虚心学习、不怕困难、联系群众,在青年中很有影响的积极分子,全国约计不下400万人。

9月,全国青年社会主义建设积极分子大会在北京隆重召开。刘少奇、周恩来、朱德分别为大会题词。邓小平代表党中央在大会

第七章 / 改变"一穷二白"面貌的突击队

上讲话。这次大会是我国各族男女青年向社会主义进军的大会师。出席这次大会的积极分子都是经过基层提名、群众鉴定、组织审查而选拔出来的真正出色的人物。团中央特向出席大会的青年积极分子颁发了"青年社会主义建设积极分子章",授予163个先进集体、单位题为"朝气蓬勃,永远前进"的锦旗。

全国青年社会主义建设积极分子大会在全国政协礼堂举行,图为代表们依次进入会场。右上角图为青年积极分子奖章。

这次大会对全国各界青年的震动大、教育深,广大青年迫切要求了解、学习青年积极分子的先进思想和经验。会议期间,《中国青年报》每天都发表大会的消息和介绍积极分子的先进事迹,因而发行量由45万份猛增到168万份。会后,各地运用各种形式,迅速把大会精神传达给了广大青年群众。青年们纷纷制订或修订了计划,有挑战有应战,"争做社会主义建设积极分子"的活动又进一步在全国开展,青年的建设热情更加高涨。

中共中央充分肯定了团中央的做法,指出"采用召开青年积极分子大会的方法来组织和发动青年建设社会主义的积极性是一项好经验。希望各级党的组织必须十分重视群众运动中培养使用积极分子的工作,注意指导和帮助青年团开好各种类型的青年积极分子会议,并采取具体措施切实贯彻执行好这些会议的决议和各种倡议"。

农村青年生产队

青年生产队是在 1954 年春天开始建立起来的一种青年生产组织形式。最早建立的是河北冀县兴村红星农业生产合作社的青年生产队。1954 年 3 月,农业社连续遭受洪水和虫害的袭击。青年们显示了突击作用,引起党支部和社委会的重视,决定建立青年生产队。由团总支书记邢同鱼任队长。此后,各地陆续出现了一些青年生产队。到 1956 年春天,在农业生产合作社内建队的约有 16 万个,队员 500 余万人。建队的农业社占全国总社数的 15%。

这是辽宁人民出版社 1956 年出版的介绍青年生产队活动经验的图书。

农村青年生产队这种生产组织形式,在推广先进经验和新的技术措施中,发挥了带头作用。青年人身强力壮、积极热情、突击性强,一般劳动效率都比较高;青年人上进心强,富于集体荣誉感,在遵守纪律、提合理化建议、对农业社领导的监督等方面都能起示范作用。但是,这种单独的青年生产组织,也带来了一些不可避免的问题。第一,青年比重过大,辅助劳动力少,全劳动力、半劳动力搭配与农活的需要发生矛盾,造成劳动力浪费,影响本身的收入。第二,青年的生产经验缺乏,经营技术差,一些基本的操作技术也不够熟练,因而影响农活质量。第三,青年生产队的成员一部分或全部和原有的家庭分开,给农业社的经营管理增添了麻烦,给队员的家庭生产、生活带来诸多不便。

1956 年 1 月,毛泽东做了"不要普遍建立单独的青年生产队"

的批示。5月,邓小平就青年生产队问题发表了意见,他指出:

> 青年生产队这种形式,肯定过去是起了好作用的,今后用不用这种形式,由合作社来决定。今天需要今天就组织,明天不需要明天就不组织,后天需要还可以再组织。现在看来,青年生产队很明显有好的地方,也有不便的地方,有正号也有负号,青年团要注意全面地研究。
>
> 青年生产队是一种手段,不是一种任务,不能把手段当任务。这一种形式行就用这一种,那一种形式行就用那一种。任何的形式都不会长期地永远地无条件地存在的。对于任何一种形式,都不要当成是一成不变的。变化,决定于任务的需要。①

从此之后,各地停止了继续建队,并经过细致周密的调查研究,对已建立起来的青年生产队,根据既有利于生产又不挫伤青年积极性的原则,由农业生产合作社进行整顿。后来,这一组织形式逐步消失。

青年节约队

1953年,我国进入了第一个五年计划时期,开始了大规模的经济建设。广大青年在党的领导下积极投入到各条战线的生产运动中,为完成和超额完成国家计划而奋斗。当时,由于我国经济基础薄弱,资源短缺,各方面条件都很差。在钢材、木材、水泥等原材料的供应上出现了紧张的局面。因此,努力增产和节约钢材、木材、水泥,战胜原材料缺乏的困难,就成为一切工业基本建设部门青年的光荣任务。

1953年10月,增产节约竞赛在各地厂矿和基本建设中已经普

---

① 邓小平:《青年活动的组织形式不要一成不变》(1956年5月6日),《邓小平文集(1949—1974)》中卷,人民出版社2014年版,第238页。

遍开展起来,生产战线上出现了许多模范事迹和先进生产者:鞍钢公司机械总厂工具车间团员王崇伦订出了一年完成三年任务的个人增产节约计划,被称为"走在时间前面的人";唐山钢铁厂团员蔡连成创造了"转炉先进操作法",一年可增产 203.8 亿元;重庆 102 钢铁厂第二场实习生青年团员杨杰,提出在炼钢化铁时用含矽多的灰口铁代替含矽少的白口铁的建议,大大减少了矽的用量,全年可为国家节约 58 亿元。"增产节约"成为当时工业战线上的响亮口号。

鞍钢金属结构制造厂的青年在残废料库测量残料规格,准备投入生产使用。

第一支青年节约队是在 1954 年 8 月由长春建筑工程公司成立的。它不是固定的生产组织形式,而是群众自愿参加的一种义务劳动的组织。通常是在不影响青年生产、休息的条件下进行活动。青年节约队一问世,就很快受到青年和工矿企业的欢迎。从吉林省一份报告看,1954 年,长春市就已经建立了 30 个青年节约队。根据长春、吉林、辽源、四平、延边、通化六个市、地委和五个直属厂矿的统计,到 1955 年 6 月底,已建立了 566 个青年节约队和青年节约小组,有 15 768 人参加。

第七章 / 改变"一穷二白"面貌的突击队

1955年7月,中共中央提出"厉行全面节约,克服一切浪费"的号召。8月,青年团中央书记处转发了团吉林省委关于青年节约队的工作报告,团中央批示:发动最广大的青年厉行节约、反对浪费是青年团当前的重要活动之一。从此以后,全国各地的青年节约队有了进一步的发展。1955年9月底统计结果显示,全国有青年节约队7 163个,参加的人数为31.4万人。青年节约队活动的开展,为国家拣回了大量被遗弃的金属和建筑材料、机器零部件,以及木料、砂石、砖瓦和工具;改进了行政管理,特别是材料的管理;提高了青年时时严格要求自己、处处注意节约、爱护国家财产的观念;锻炼了青年向产品质量低劣和一切浪费现象作斗争的品质。青年节约队的活动和实际效果也影响了广大职工,推动了全面节约运动的开展。

据山西省调查,80%的青年工人都参加了这些活动。据该省19个企业单位统计,在这一时期内,青年工人突破定额、创造新纪录共142件。各地工业中的青年突击队、节约队和监督岗的组织也有很大的发展。如在这一时期中,辽宁建立了2 195个青年节约队,创造了实行"节约手册"等新的推行节约的方法。他们还开展了拣废钢铁的义务劳动,利用这些废钢残料为国家创造了大批合乎规格的产品。在各个大、中城市中也开展了这一项活动,到9月底全国已有节约队7 613个,他们一共为国家拣了废钢铁10万余吨。

在青年节约队的发展中,广州市的情况比较有代表性。在一份回顾当年情况的材料中写道:广州铁路局青年调度员黄铿铭,认真学习了苏联苏德尼学夫的综合调度法,推行了计划调度经验,从1955年7月至1956年1月共组织了超车轴259个列车,超轴53 639吨,共防止了机外停车415次,受到广州铁路局的通报表扬。

广州造纸厂青年基建技术员黄汉荣五年共提合理化建议57

件,被采纳了 34 件,为国家节约 96 134 元。广州通用机器厂青年下料工原照辉提出合理使用原材料的建议,从 1956 年 2 月至 3 月,全组节约钢材 22 吨,成为全市青年班组先进的典型之一。1956 年 5 月 29 日,毛泽东视察广州造纸厂,并在磨木车间接见团支部书记区润甜。毛泽东勉励青年工人:"为了建设社会主义,要注意点滴节约,充分利用木材;要多培养工人阶级的技术力量。"这一指示极大地激发了广大青年的劳动热情和增产节约的积极性。1956 年,广州市 266 个青年节约队开展节约竞赛,举行了 11 次义务劳动,为国家捡回 9 700 多元废旧材料。1957 年,广州市有 34 支青年节约队,计有广州水泥厂、广州铁路局营业所等单位,在两个月内共收拾废旧钢铁金属零件 83 吨,价值 6 万多元。

各地青年节约队活动开展得很是规范,有队伍、有证书、有表彰。

在 20 世纪 50 年代开展的增产节约活动中,团中央注意了把教育宣传和奖励挂钩。1957 年 3 月,青年团中央作出了《关于奖励 1956 年在增产节约钢材、木材、水泥活动中获有优秀成绩的青年的决定》,对 1956 年各地在增产和节约钢材、木材、水泥的活动中有优秀成绩的 179 个青年生产集体和个人,以及组织这一活动有优良成绩的 9 个团的基层组织给予奖励,对其中成绩特别突出的 14 个青年生产集体授予奖旗,对其余 174 个集体和个人授予奖状。

1958年11月21日至12月2日，第二次全国青年社会主义建设积极分子大会在北京召开。很多的青年班、组、岗、队、手都掀起了社会主义建设的立功活动。其中比较典型的是长春。1958年，中共长春市委号召全市各条战线要深入开展增产节约运动。为了充分发挥广大青年在增产节约运动中的积极性和创造性，团市委于年初在全市青年中开展增产节约万辆解放牌汽车（价值）活动。这一活动立即得到长春市广大青工的热烈响应，青年们迅速行动起来，结合自己的实际工作制定增产节约计划和实现的措施。为了实现自己的奋斗目标，他们动脑筋、想办法，到处可以看到突破定额、创造新纪录、大胆革新技术的生动事例。长春市青年提的合理化建议达到了3 000件。由于广大青年的积极努力，到6月28日统计，长春市青年增产解放牌汽车11 129辆（价值），提前实现了增产节约万辆汽车（价值）的计划。

青年的增产节约运动，在农业生产中也发挥了积极的作用。随着耕作制度的改革和复种面积的扩大，对肥料的需要量也随之增加。在一个时期，自然肥、化肥普遍不足。1955年冬至1956年春，全国有7 000万农村青年参加了积肥运动，积肥8 000多亿斤。各地农村青年还普遍开展了"秋收拣粮运动"，据河北、贵州、江西等七个省初步统计，共有360余万青少年参加运动，拣回粮食2 000余万斤。

青年监督岗

青年团组织建立青年监督岗，是从苏联共产主义青年团学来的经验。苏联的经验证明，建立青年监督岗是团组织参加经济活动、生产活动的有效的形式。监督岗的内容主要是发动青年监督生产和管理中存在的问题以及领导的官僚主义作风，参与企业管理。监督的方法是实事求是、以理服人。事实证明，它是组织青年参加生产和经营管理，进行民主监督的一种有效形式。

监督岗主要通过岗报（黑板报）进行活动，标题醒目，通俗易懂，图文并茂。栏目和形式多样，有快板、诗歌、顺口溜、小品文、讽刺漫画等。内容有批评、表扬、建议、意见、反映问题、协商事宜、帮助、劝告、举办展览等。青年监督岗的成员，由具有一定政策水平、敢于开展批评、熟悉生产过程、技术业务水平较高的青年担当，岗长在群众中具有一定的威信和领导能力。组建监督岗都有一定的程序和仪式，一般是群众推荐，团组织与党支部商定，举行建岗仪式，领导颁证授旗，这样既激励岗员的积极性，也提高了监督岗的权威性。

1954年3月，北京石景山钢铁厂团委学习苏联列宁共青团监督岗活动的经验，结合本厂具体情况，建立了临时性的青年监督岗，7月又发展为正式的青年监督岗。青年监督岗成立后，对促进生产、减少浪费起到了很好的作用。这一形式在全市被逐步推广。1955年1月，青年团北京市委在给中共北京市委和团中央的《关于重点试建青年监督岗的报告》中说："青年监督岗是青年团在党的领导下，按照青年特点建立的，是协助党和行政及时防止、消除生产中的缺点的一种群众活动。"1955年2月，《北京日报》发表了石景山钢铁厂团委的文章《石景山钢铁厂青年监督岗的成长》。次日，又发表了石景山钢铁厂党委的文章《领导团组织建立青年监督岗工作中的一些体会》。很快，北京的很多工厂都成立了青年监督岗。1955年12月，团市委召开北京市国营、地方国营和公私合营工厂中青年监督岗负责人和团的干部会议，交流了监督岗活动的经验，要求各厂矿团组织加强对监督岗的领导，没有建立监督岗的单位要迅速建立，已经试建的要好好推广。

据统计，到1955年12月底，北京全市有43个厂矿建立了180个青年监督岗，拥有岗员1 430多人，在生产中发挥了突出的战斗作用。《北京日报》于12月11日为此发表社论《在厂矿中大力开展青年团监督岗的活动》，宣传青年监督岗的开展情况。

第七章 / 改变"一穷二白"面貌的突击队

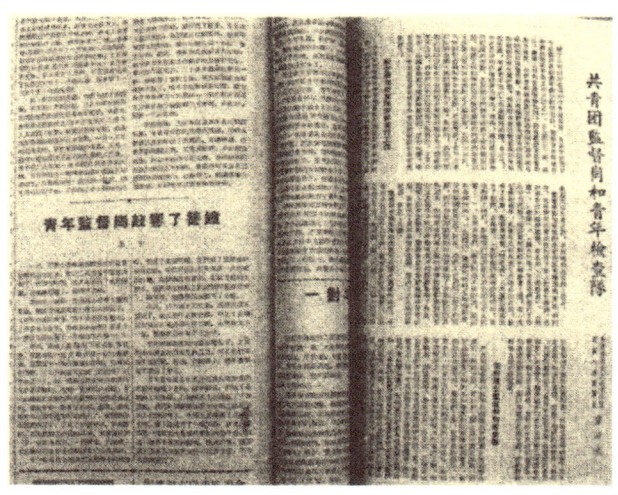
当年《中国青年》杂志刊登介绍共青团监督岗的文章。

到了1956年,青年监督岗的形式又有了发展,在原来各厂单独设立监督岗的情况下,又出现了联合设岗。1956年2月,北京市双轮双铧犁青年团监督岗总岗成立。这是因为北京市1956年双轮双铧犁的生产任务,交给了123家工厂完成。为协助党和政府监督各厂实现社会协作和消除各厂劳动竞赛中的缺点,团北京市委成立了青年团监督岗总岗。市委工业部部长贾庭三任总岗总指挥,团市委第二书记王照华和第三地方工业局副局长袁永厚任副总指挥。总岗成立后,各区成立了监督岗分指挥部,各厂建立了监督岗。监督岗总岗对促进按期、按质、按量完成双轮双铧犁生产任务,起到了很好的作用。截至1956年8月,北京29家工厂共设立青年监督岗500多个。青年监督岗成为青年班组中的核心组织,被誉为生产战线上的"哨兵"。

在全省范围内推广建立青年监督岗要数山东最早了。1954年第四季度,团山东省委在组织试点干部学习苏联共青团建立青年安全监督岗工作经验的基础上,开始在济南柴油机厂和青岛国棉一厂重点试建了青年安全监督岗,并取得了初步经验。在济南和青岛试点后,全省许多地区相继试建监督岗。至 1955 年 9 月,济南、青岛、淄博等市已稳步进行推广。监督岗活动不仅提高了青年的道德品质,同时取得了各级党委对这项工作的支持,使得各厂矿生产工作和企业管理中的各种违纪、官僚主义等问题明显减少。

天津市工厂企业中建立青年团监督岗是从 1955 年初开始的,他们也是先试点后推广。团天津市委根据苏联共青团与北京石景山钢铁厂建立监督岗的工作经验,先在国营天津钢厂与棉纺三厂进行了重点试建,然后,在其他工厂陆续试建。1955 年 9 月,全市工厂企业团的基层干部会议交流了本市建立监督岗的经验后,才稳步推广。至 1955 年底,在国营与地方国营工厂企业中,全市共有百余单位建立了 196 个监督岗,比较普遍大量的建立是在 1956 年以后,截至 1956 年 7 月底的统计,工厂企业中(不包括铁路和城厢、南开区所属单位)共有 447 个基层单位建立了 1 378 个监督岗,其中国营、地方国营工厂企业有 92 个单位、546 个监督岗,公私合营工厂有 355 个单位、832 个监督岗。

从散落在一些材料中的数字记载可以看到,浙江省 1954 年成立了 450 个青年监督岗;山西省 1956 年建立了 552 个青年监督岗、检查队,有青年岗员、队员 6 000 多人活跃在工交战线;辽宁建立了 3 463 个监督岗,拥有成员 25 077 人;长春市从 1955 年开始在工厂建监督岗,1957 年有 354 个青年监督岗、3 539 名岗员。青年监督岗在工地、车间、商店普遍建立起来,哪里有团组织,哪里就有青年监督岗。在帮助企业改进管理和消除缺点方面,共青团监督岗发挥了尖兵作用。

到 1955 年底,全国工矿企业有青年监督岗 1 122 个,参与其中的青年职工有 5 000 多人。而且,在农村也建立了青年监督岗、青年检查队(组)。青年监督岗这种活动的开展,既抵制、消除了工厂、农村生产和管理中的缺点和不良现象,显示了青年敏锐的斗争作用,发展了工农业生产中的群众监督力量,又培养了青年关心集体、爱护国家财产、坚持原则的优良品质。实践证明,组织青年监督岗是吸引青年协助行政管好工农业,发挥青年积极性,培养教育青年的一个有效的形式和方法。

青年植树造林活动

新中国成立时,中国森林资源缺乏,森林面积仅占全国总面积的 7.9%。所以,有计划地植树造林、绿化祖国,成为全国人民一项重要而迫切的任务。1955 年毛泽东向全国人民发出了在 12 年内绿化祖国的号召。中共中央在提出的 1956 年到 1967 年全国农业发展纲要草案中规定:"从 1956 年开始,在 12 年内,绿化一切可能绿化的荒地荒山,在一切宅旁、村旁、路旁、水旁,以及荒地上荒山上,只要是可能的,都要求有计划地种起树来。"

全国青年响应"绿化祖国"的号召,立即开展了一个规模空前的植树造林活动。从 1955 年入秋至 1956 年春,全国有 6 660 万青年投入植树造林洪流,造林 546 万亩,种植树木 22 亿株。1956 年 3 月,五省区(陕西、甘肃、山西、内蒙古、河南)青年造林大会在延安召开。胡耀邦在会上作了题为《青年们! 把绿化祖国的任务担当起来》的报告,号召全国青少年要下定决心,一定要把伟大的祖国绿化起来,一定要把祖国大地变成绿色的"海洋"。会议还听取和讨论了林业部副部长罗玉川所作的题为《学会林业技术,向荒山荒地进军,为绿化祖国而奋斗》的报告和水利部黄河水利委员会主任王化云所作的题为《为兴修水利、保持水土而斗争》的报告。

五省区青年造林大会在全国青年中产生了广泛的影响,全国青少年进一步开展了规模巨大的绿化祖国的活动。仅在 1956 年,全国就有 1.2 亿青少年参加了植树造林活动。他们组建了数以万计的青年造林突击队,在荒山安营,在峻岭扎寨,风里来雨里去,雨天一身泥,晴天一身尘,战天斗地,誓把祖国山河新造就。他们把"绿

参加五省区青年造林大会的陕西代表团在荒山植树

化祖国,向荒山秃岭进军""给沙漠披上绿装""让黄河变成清河""把我们的家乡变成花果山""让荒山变成森林,把空地变成绿园"等口号变成自己的实际行动。广大青少年先后开展绿化长江、绿化黄河、绿化长城、绿化西北黄土高原活动。大筑东北、西北和内蒙古防护林带,营造东起府谷、西至定边的陕北防沙林带,以及其他林带。大搞万里林荫道,绿化了成千上万的荒山、荒沟、荒滩,大小路旁和溪流。

在植树造林活动中,青年是一支活跃的力量。他们以战斗的姿态,一直走在活动的最前列,取得了很大的成绩,积累了很多宝贵的经验,涌现了大批的先进集体和积极分子。无疑,青年植树造林活动是值得赞赏、值得肯定的。但是,由于缺乏具体组织领导大规模造林的经验和对新形势下伴随绿化活动而产生的一些新问题估计不足、研究不够,较多地注意了活动规模和种树的数量,而对技术指导和物质准备注意不够,未能及时将青年可贵的热情引导到提高造林质量和巩固造林成果上来,造成植树的成活率不太高,没有完全达到中共中央提出的"不但要快造,而且要造好""不但要多栽,而且要栽好"的要求。

五、"向科学进军"

对于青年来说,建设社会主义工业化国家,不仅需要开发身体的吃苦耐劳力量,更需要掌握科学知识和技能。旧中国的教育是典型的精英模式,普通民众很少识字更不敢妄言科技了。中国共产党要做的事情就是改天换地,改造的是社会形态,这种历史使命的完成所信赖的,就是新一代有文化的以青年人为主体的中国民众。

"扫除文盲,普及文化"

扫除文盲,普及文化,从短期看,是提升当下劳动生产力和民众生活质量的需要;从长期看,是提升民族素质重要的基础性工作。毛泽东早在抗战时期就指出:"从80%的人口中扫除文盲,是新中国的一项重要工作。"①新中国刚建立的1950年,中央人民政府政务院就发布了一系列关于开展职工业余教育的指示,并在1952年掀起了"扫除文盲,普及文化"的高潮。1953年批判扫盲工作上的急躁冒进后,在人民群众中产生了学习文化的消极情绪。1955年3月,青年团中央宣传部分别到辽宁和湖南、江西调查青年文盲状况。从文化水准较高的辽宁省来看,农村青壮年(14岁至45岁)520万人中,文盲半文盲占75%。从全国来说,数字还要大些,农村青壮年中的文盲半文盲占80%左右。

为了满足农村青年再不做"睁眼瞎"的急迫要求,激励青年的学习积极性,推动文化建设事业的发展,1955年12月,青年团中央作

---

① 毛泽东:《论联合政府》(1954年4月24日),《毛泽东选集》第3卷,人民出版社1991年版,第1083页。

参加扫盲班学习的,既有年长者,也有很多年轻人。

出《关于在七年内扫除全国农村青年文盲的决定》。计划用七年的时间,即从1956年到1962年,依靠已有的3 000多万农村识字青年,扫除全国7 000多万农村青年文盲,使全国青年文盲的80％左右脱离文盲状态,使他们每人认识1 500字左右。为鼓励青年团组织和广大知识青年踊跃参加扫盲工作,团中央还作出了《奖励扫除文盲运动中的青年积极分子的办法》。为把分散的农村知识青年团结和组织起来,以解决扫盲的师资困难,团中央于1956年1月又发出了《关于普遍建立青年扫盲队的通知》,要求全国农村团的组织普遍建立青年扫盲队,组织农村知识青年担任民校、记工学习班、识字小组的教员和辅导员。

青年团中央的决定和通知发出后,各地团委都加强了对扫盲工作的具体组织和领导,省、地、县、区、乡订出了本地区的扫盲规划,动员高小、初中毕业生,以及已脱盲的青年和部分小学教师担任扫盲工作,于是在全国范围内再次掀起了扫盲高潮。

在扫盲活动中,各地创造了班级教学的农民业余文化学校、小组教学的识字小组、个别教学的包教包学等切合实际的具体形式。

第七章 / 改变"一穷二白"面貌的突击队

山东莒南县高家柳沟村团支部创办的"记工学习班"属于班级教学的民校形式。他们根据学以致用的原则,把学习的内容和记账的需要结合起来,先学社员的姓名、土地坐落、农活农具的名称,再学各种数码和记账格式。学习方法是,把姓名、土地坐落、农活、农具名称等常用字分类排列,先学相同的字,后学不同的字。仅两个半月时间就有100多名青年和壮年,学会了243个字,基本上能记自己的工分账,有的还当了合作社的记账员。毛泽东赞扬这个团支部"做了一个创造性的工作"。他说,"看了这种情况,令人十分高兴","这个经验应当普遍推行","这种学习班,各地应当普遍地仿办。各级青年团组织应当领导这一工作,一切党政机关应当予以支持"。①

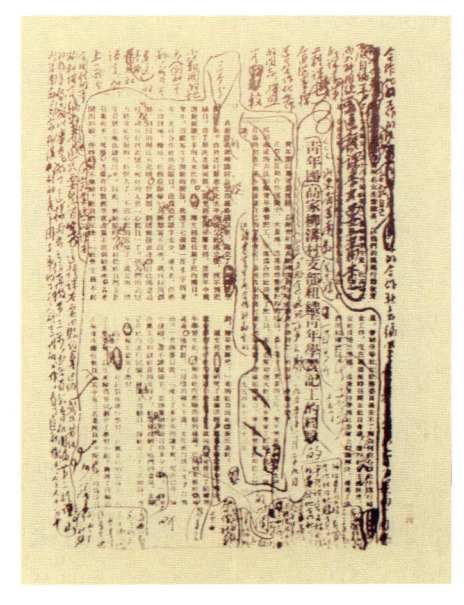

毛泽东称赞一个村团支部工作并书面批示,是不多见的。

这些组织形式都是扫除文盲、普及文化行之有效的好形式。青年学习积极性很高,取得了明显的效果。离沈阳20余里的右城子村的文盲全部入学,其中有41名学员参加炕头识字小组,不到四个月的时间,有17人识字1500字以上,能写出200字左右的短文;有24人识字1000字以上,可以写出100字左右的短文。另一个识字小组有四名学员,其中两个是有两个孩子的母亲,她们识字都在1500字以上。在广大农村出现了"人人下地带书本,户户传来读书

---

① 毛泽东:《〈中国农村的社会主义高潮〉按语选》(1955年9月、12月),《毛泽东文集》第6卷,人民出版社1999年版,第455—456页。

声"的动人景象。群众学习文化的这种高涨情绪,不是个别现象,而是极其普遍的。

扫盲工作进展很快。仅1955年秋以后的一年时间里,全国农村就扫除文盲六七百万人,超过历史上的任何一年。如果从1950年算起,到1957年全国共扫除文盲约3 000万人,其中青年2 000余万人。

"向科学进军"

新中国成立后,随着国民经济的恢复和各项建设的逐步开展,时时处处都碰到如何对待知识分子这个急迫而严峻的问题。此时,世界科学技术的发展再次呈现出迅猛的势头,新技术、新工艺层出不穷。1955年底,当新中国第一个五年计划即将进入关键性的第四年的时候,各种建设人才匮乏的问题显得更加突出和尖锐。

对于旧社会过来的知识分子,党和政府一直采取团结、教育、改造的政策。许多知识分子怀着报效祖国的热忱,投入国家建设中。但我们党内也存在着忽视知识分子作用的倾向。为了改变这一现状,中共中央决定专门召开一次关于知识分子的大会。

《人民日报》头版头条报道知识分子问题会议,同时登载周恩来的报告全文。

第七章／改变"一穷二白"面貌的突击队

经过一个多月的调查和筹备,大会得以顺利召开。在大会上,周恩来以他特有的亲切语调,作了《关于知识分子问题的报告》。他说:知识分子中间的绝大多数已经成为国家工作人员,已经为社会主义服务,已经是工人阶级的一部分,在社会主义时代,我们必须依靠体力劳动和脑力劳动的密切配合,依靠工人、农民、知识分子的兄弟联盟。他向全党和全国人民发出了"向科学进军"的号召,要求"我们必须急起直追,力求尽可能迅速地扩大和提高我国科学文化力量,而在不太长的时间里赶上世界先进水平"。

会议从 1956 年 1 月 14 日开到 1 月 20 日。大会闭幕那天,毛泽东来到怀仁堂,幽默地说:要革愚昧无知的命,单靠大老粗,没有知识分子是不行的,中国应该有大批知识分子。1956 年的春天来得特别早,正是因为这次会议,许多人把 1956 年称为"知识分子的春天"。在这个烂漫的春天里,人们心情舒畅,许多知识分子焕发出巨大的热情。全国也掀起了向科学进军的热潮。

一些关于正确对待和使用知识分子的具体措施被推出并得以落实,一级教授、研究员、高级工程师的工资得到大幅度提高。一年后,中国科学院颁发了 1956 年度科学奖金。46 岁的华罗庚、45 岁的钱学森、37 岁的吴文俊的论文获得一等奖,每人得到一万元奖金,对于当时月平均工资只有几十元的中国人来说,这是一个天大的数目。党对知识分子的政策成了当时人们谈论最多的话题。科学成为人们心中最神圣的字眼。广大在职知识青年对在不太长的时间内赶上世界科学先进水平的奋斗目标感到极大振奋。

根据调查和推算,1956 年底中国具有初中以上文化程度的在职青年有 300 多万人,其中初中程度的约 150 万人,高中程度的 72 万多人,受过高等教育和中等专业学校毕业的约 63.5 万人。这些知识青年,大多数是新中国成立后成长起来的。他们刻苦学习,积极钻研,进步很快,许多人已担任了各个部门的重要工作。许多青年经过业务进修也取得了很好的成绩。高等学校的青年助教能够开课的已占 50%，担负了讲师、教授的部分实际工作。科学院的青年助理研究员和研究实习员，虽离开学校不久，已有 50% 以上的人能够独立进行研究工作，有些人已写出有价值的学术论文。在职知识青年在向科学进军中热情很高、决心很大。

在向科学进军活动中，北京钢铁学院学生在安装 X 光结构分析仪。

1956 年上半年，青年团组织广泛地向青年进行了"向科学进军"的动员，到 11 月，全国已有 40 多个省、市（包括一些中等城市）召开了动员青年向科学进军的会议。《中国青年》《中国青年报》针对青年向科学进军的问题作了连续不断的宣传和指导。团中央要求各地青年团要组织好三支队伍：第一支是学校队伍，第二支是在职知识青年队伍，第三支是普及文化扩大知识分子的后备队伍。这就意味着，青年团协助党向科学文化进军组织好了三支巨大的第二梯队。加上全国已有的 10 万高级知识分子的第一梯队，就有了四支强大的队伍，对任何坚固的科学堡垒都有攻克的希望。

为了组织、引导在职知识青年向科学进军，青年团做了一系列工作。第一，引导青年树立正确的学习态度。向科学进军开始时，一些青年信心不足、决心不大，踌躇不前；一些青年则对"进军"方向不明确，急于求成，产生了急躁情绪和不切实际的幻想。针对这些问题，团组织引导青年明确向科学进军必须从逐步精通本行业的科学、技术做起。明确向科学进军的内容不仅是自然科学，也包括社会科学、文学艺术；不但要学习科学理论，也要钻研业务和工作中的实际问题。从而克服了青年中那种"只有做技术工作和科学研究工作才能'进军'，做其他工作无军可进""要进军就要进学校"等片面认识。第二，组织青年制订或修订个人进修规划。在尊重青年个人志愿，明确奋斗目标，从主客观实际出发，兼顾国家建设需要和个人兴趣爱好的基础上，帮助他们作出长远规划、近期安排，避免急躁情绪。第三，帮助青年创造一个好的学习条件。协同有关部门帮助青年建立业余学习组织，以满足青年学习、科研的要求；建议有关部门压缩会议，尽量少占或不占青年的业余时间，使之有更充足的时间进行学习；改善环境，改进居住条件，增设桌椅，加大灯光亮度，开放必要的办公室为学习室，提供学习资料等。事实证明，只要领导重视与支持，团组织多方力争，这些都是能够办到的。

共产党的号召、青年团的动员，帮助青年解决了很多向科学进军中的实际困难，全国知识青年广泛而迅速地掀起了一个向科学进军的热潮。他们抓紧业余时间认真读书，刻苦钻研科学难题。以中青年为主体和生力军的科研队伍、工程技术队伍，以前所未有的热情投入国家的建设事业当中，创造了一个又一个新中国的历史纪录：1956 年，第一批国产汽车出厂，第一架喷气式飞机翱翔蓝天；1957 年，第一座长江大桥——武汉长江大桥通车；1959 年，大庆油田第一口油井喷射出石油；1960 年，第一枚近程导弹发射成功；1964 年，第一颗原子弹爆炸成功；等等。

丰富多彩的业余文化活动

为使广大青年能够正确地认识自然现象及其规律，了解天体、生物及人类的起源，破除迷信思想，树立辩证唯物主义的世界观，从 1955 年下半年起，团中央和中国科协在大中城市的青年职工、街道青年和文化水平较低的机关青年中有计划地开展了"自然科学常识的通俗讲演"教育活动。通过科学讲座和演讲，广播电台举办节目，把讲稿印成小册子发售，或在报上发表文章供青年阅读，以及进行图片和模型展览，推荐科教片、通俗读物等形式，学习"宇宙是什么""天气的变化""生命的起源""从猿到人""物质的构造""原子能和人类的将来"等科学技术知识，收到比较好的效果。

20世纪50年代初出版的重要读物。这些图书影响了几代中国青年。

书籍是增进青年知识、丰富青年文化生活、对青年进行教育的一种重要工具。团组织在有关方面的支持下，帮助厂矿、机关、学校和集体宿舍办好阅览室，推广书籍，开展读书活动，培养青年爱好读书习惯。鉴于农村通俗书刊十分缺乏，为使农村青年能看到更多的图书，学习更多的文化科学知识，许多城市机关、工矿、学校中的青年积极向农村青年赠书，帮助建立农村图书室、图书流动站和流动图书箱。团中央宣传部还向全国青年推荐《钢铁是怎样炼成的》《卓娅和舒拉的故事》《拖拉机站站长和总农艺师》《把一切献给党》等优秀读物，《人民日报》《光明日报》《中国青年报》《工人日报》《北京日报》《文艺报》《文艺学习》《读书月报》《中国青年》等报纸杂志，发表了介绍这些优秀读物的文章，中央人民广播电台举办了介绍优秀读物的专题节目，一些图书馆举办了读书报告会，在青年中产生了良好的影响。

开展农村文化工作，繁荣文艺的关键是积极办好俱乐部。许多地方农村青年以俱乐部为中心,经常开展歌咏、舞蹈、戏剧等艺术活动,以灵活多样、活泼有趣的形式和方法,丰富业余文化生活。1955年底,文化部和团中央决定大力动员和组织城市各种文化艺术团体全面地实行文化下乡,在农村开展群众性的文化艺术活动,推动农村文化艺术的普及和提高。

为繁荣文艺,1956年3月,青年团中央和中国作家协会共同召开全国青年文学创作者会议。与会的青年作者499人,其中来自各行各业的业余青年作者占82%。作家协会的茅盾、老舍,苏联作家巴巴耶夫斯基在会上谈自己的创作经验。中宣部、团中央负责同志也在会上发了言。一些作家和青年作者谈了自己的心得。大会闭幕后,周恩来为青年作者和参加全国话剧会演的话剧工作者作了《关于培养文艺界的新生力量》的报告。这次会议对繁荣文艺创作、培养文艺的新生力量起了积极的推动作用。

第八章　塑造社会主义新人运动

任何一种政治体系，都离不开价值理念的支撑，努力塑造、整合公民的价值和信仰就成为任何一个执政党和国家政权关注的基本问题之一。中国共产党领导的革命，不仅仅是为了夺取政权，而且要通过改变社会组织结构，焕发民众精神面貌，创造出一个全新的社会。改造社会、开创社会新风尚需要由新的人格来支撑，新人格的塑造工程从青少年开始才会更有效。中国共产党的思想宣传工作一直都很有特色，在影响人、教育人、塑造人等方面积累了丰富的经验。共青团的主要功能也在于培养人，以共产主义理想和道德教育特定对象——广大团员和青少年。正如列宁所论："做一个青年团员，就要把自己的工作和精力全部贡献给公共事业。这就是共产主义教育。只有在这样的工作中，青年男女才能培养成真正的共产主义者。"[①]在新中国成立初期物质尚不丰裕的社会环境里，"人穷志不要短，越到困难的时候，越要有志气"，"要对青年进行共产主义教育"，"要树立共产主义的远大理想"。[②]

一、改天换地需要新气象

新中国成立之初，在中国民众的头脑中，有两套观念体系：一是传统的观念体系，另一套是革命的观念体系。20 世纪上半叶的中

[①] 列宁：《青年团的任务》（1920 年 10 月 2 日），《列宁选集》第 4 卷，人民出版社 2012 年版，第 294 页。
[②] 邓小平：《要对青年进行共产主义教育》（1961 年 10 月 23 日），中共中央文献研究室编：《毛泽东邓小平江泽民论世界观、人生观、价值观》，人民出版社 1997 年版，第 264 页。

国革命,是具有一定的反传统色彩的。中国共产党的奋斗目标是经过新民主主义这个阶段,最终实现共产主义。在中国共产党看来,共产主义的观念体系强调的是财富与收入的平等分配、人与人之间的平等友爱、强烈的集体主义观念,注重人的精神能量的发挥。新中国的成立为塑造社会主义新人提供了有利条件。1950年土地改革法的颁布,使深受剥削压迫的中国农民摆脱千百年来封建宗法的人身束缚。这一年还颁布了《婚姻法》,从法律意义上保障了男女婚姻自由、一夫一妻、男女权利平等。也是从这年开始,各项民主改革和抗美援朝爱国运动的展开,使社会各阶层人民受到深刻的思想政治教育,脱离了过去所受帝国主义、封建主义和国民党反动派的影响,逐渐改造从旧社会带来的旧思想、旧观念、旧习惯。而且,党和政府还采取坚决措施,彻底取缔旧社会遗留的卖淫嫖娼、贩毒吸毒、聚众赌博等各种丑恶现象,使社会风气大为好转。

《婚姻法》的颁布,废除了旧的婚姻制度,保护了青年女性的权益。图为一对农村新婚夫妇愉快地共同劳动。

一直以来,中国共产党视青年群体为充满生机活力、敢于破旧立新的新兴力量,"期待他们成为革新道德规范和建立新的社会秩序的角色担当者。在旨在否定封建的、资产阶级的价值观和道德,建立新共产主义道德规范和社会秩序的政治改革和社会改革中,由被认为较少接受旧思想、旧道德的青年来承担特殊的角色,这既符合新政府的要求,也容易为社会接受。"①

二、开创"热爱劳动"新风尚

新社会需要新风尚,工农当家作主的社会主义国家尤其如此。在传统的中国,"学而优则仕"理念渗透到社会各个角落,体力劳动被严重轻视。显然,这种旧观念不利于工业化国家的建设,不利于工匠精神的培育,也不利于广大青年的健康成长。在新的历史环境中,需要树立新的价值观、人生观和劳动观,需要大力弘扬"热爱劳动"的新风尚。

"万般皆下品"的旧心态

随着国家经济和文化教育事业的发展,全国高小和初中毕业生的人数逐渐增加。1954年,暑期毕业的高小生达400万人,初中生60多万人。这些毕业生普遍的想法是要继续升学。他们的父母(特别是劳动人民)过去饱尝没有文化的痛苦,渴望自己的子女能够多上几年学、多读几年书。同时,社会上也存在着"万般皆下品,唯有读书高""劳心者治人,劳力者治于人"的错误思想,普遍认为学生只有升学才有"出路",参加生产劳动是"屈才"、没有出息。不少学校只追求传授知识,追求升学率而忽视劳动教育,导致学生普遍轻视体力劳动,特别是轻视农业劳动。农村部分毕业生不安心甚至根本不参加农业劳动,就是已从事农业劳动的,也有相当一部分人思想不稳定。1954年4月,青年团中央发出了《关于组织不能升学的高小和初中毕业生参加或准备参加劳动生产的指示》,要求各级团

---

① 陈映芳:《"青年"与中国的社会变迁》,社会科学文献出版社2007年版,第166页。

第八章 / 塑造社会主义新人运动

组织十分重视这项工作。要在党的领导下,积极协助与配合有关部门,加强热爱农村、热爱劳动的教育,做好具体的思想工作和组织工作,妥善解决不能升学的高小和初中毕业生参加或准备参加农业劳动的问题。

教育改变观念

在开展劳动教育中,各地普遍采取召开初中高小毕业生代表会议的形式。辽宁等16个省和内蒙古自治区,1954年开过代表会的县有923个,占这些省(区)总县数的66%,直接受到教育的中小学毕业生达20万人。同时,各地学校中的团组织、学生会、少先队密切结合教学工作,适当地组织体力劳动,参观工厂和农村,请劳动模范作报告,并举办讲演、座谈等来加强对学生的劳动教育。特别是各地大力宣传在劳动生产中取得显著成绩的高小和初中毕业生的范例,为高小、初中毕业生树立了效仿榜样。

徐建春是山东掖县后吕村的农家女,后来成为知识青年上山下

徐建春在田间劳动的场景和《人民日报》的报道。

乡运动中最早的"明星"人物。1951年春,16岁的她高小毕业,也想继续读书。当时土地改革按照人头分土地,因为家里劳动力不够,母亲想让她帮忙回家种地。就这样,徐建春家和村里另四户人家组成一个互助组,参加农业生产。从没有种过地的她,在老农的帮助下,掌握了耕、耧、锄等庄稼活,不久还被选为互助组组长。1952年10月,在知青徐建春回乡不到两年的时候,《山东青年》杂志以《前年她是个女学生,现在成了模范的互助组组长——模范团员徐建春访问记》为题进行宣传报道。

1953年,由于中国出现农业减产,粮食短缺,城市就业困难。政府决定压缩中小学,要求家在农村的中小学毕业生回乡参加农业生产。徐建春作为响应这一号召的生动范例被推向了全国。1954年3月12日,《人民日报》转载山东《大众日报》的文章《徐建春——农村知识青年的好榜样》,这是党报为全国知识青年正式树立起的第一个先进典型,短短几个月里,徐建春接到了两千多封来信。很快,徐建春加入了中国共产党,成为当时全国最年轻的人民公社女社长,接着又被评为全国劳动模范,当选为全国人大代表、共青团中央委员,成了知青在农村可以"大有作为"的代表。1957年5月,作为"扎根农村的青年典型",徐建春到北京参加中国新民主主义青年团第三次全国代表大会,受到毛泽东的接见。

吕根泽是吉林延吉县梅兰村的青年团员,1951年初中毕业后回乡参加农业生产。1952年他领导的互助组推广先进种植法,每垧①地增产2 000斤,被评为县里的三等丰产模范互助组。他大胆进行农业科学实验,1952年至1954年进行了12种水稻优良品种试验。他在改良品种、增加单位面积产量方面做出了很好的成绩,1954年代表我国农村青年,出席了国际农村青年大会。

通过劳动教育,广大青年懂得了"劳动创造一切"的道理,清除

---

① 垧:指土地面积。东北地区1垧约合15亩。

轻视劳动特别是体力劳动的错误观点及其影响,正确地认识体力劳动,培养自觉的社会主义劳动态度,养成劳动习惯;懂得在社会主义国家里,劳动不分高、低、贵、贱,一切劳动都是光荣的事业。今天的学习,获取各种知识,正是准备为国家建设更好地劳动。为了树立正确的社会舆论,各地团组织还积极地向学生的家长讲清,小学和初中教育担负着向高一级学校输送新生和为劳动生产培养后备力量的双重任务。中小学生毕业后,除一小部分升入高一级学校外,大部分应该参加或准备参加劳动生产,源源不断地补充劳动队伍,使家长们逐渐懂得高小和初中毕业生参加劳动生产的必要性和重要意义,在社会上形成一种欢迎这批生力军参加劳动的气氛。

劳动教育,在社会上荡涤了轻视劳动特别是轻视体力劳动的错误思想,开始形成一种正确对待劳动的社会舆论,青年也提高了认识,初步树立了热爱农村、热爱劳动的思想观念。从1953年至1955年的三年中,青年团协助党和政府具体组织安置了800余万高小和初中毕业生参加生产劳动,使大批不能升学的毕业生找到了出路,解决了他们的就业问题。

在20世纪50年代后期和60年代前期的回乡、下乡知识青年中,涌现出一大批先进个体,最为知名的有三人:一是在河北省宝坻县(现属天津市)县城读完初中,却毅然回到本县农村老家,立志做有文化新农民的女青年邢燕子;二是江苏盐城龙岗中学毕业,品学兼优却回乡务农,立志耕耘的男青年董加耕;三是北京市良乡中学高中毕业,却放弃高考,自愿下乡到河北省宝坻县窦家桥大队插队落户的北京女青年侯隽。1960年9月17日,《中国青年报》发表长篇通讯,介绍邢燕子立志改变家乡面貌的事迹,在青年中产生热烈反响。一个多月内,上海等18个省市就有600多名知识青年以妣为榜样,奔赴农业第一线。1963年3月20日,《人民日报》集中报道了董加耕、邢燕子、侯隽等一批先进人物事迹。董加耕在几个月内就收到数百封来信,很多知识青年纷纷表示要向他学习。

1964年12月26日,是毛泽东的71岁生日。他破天荒地在这天宴请宾客,在人民大会堂的小宴会厅品字形地摆了三张桌子。客人主要有钱学森、邢燕子、董加耕、王进喜、陈永贵。周恩来安排董加耕、王进喜坐在毛泽东左边,邢燕子、陈永贵坐在毛泽东右边。同一桌就座的还有钱学森、余秋里。毛泽东高兴地说道:"今天既不是做生日,也不是祝寿,而是实行'三同'。我用自己的稿费请大家吃顿饭。我的孩子没让来,他们没有资格。这里有工人、农民、科学家、解放军,不光是吃饭,还要谈话嘛!"

在实践中深化劳动认知

组织青年参加义务劳动,是劳动教育的又一种形式。1954年暑假(7月25日至8月25日),青年团北京市委先后发动16所大学、60所中学的学生(约18 580人次,不少学校报名的学生达到95%),参加苏联展览馆挖湖工程的义务劳动,共挖土5 542立方米,完成全部土方工程的50%以上,为国家创造财富2 100余万元(旧币值)。通过义务劳动,学生受到了一次深刻的劳动教育。许多

1954年,太原市青年参加引排污水、挖湖堆山、叠墙铺路的义务劳动。

学生认识到体力劳动不是想象的那样简单，开始重视体力劳动，并体会到社会主义事业是亿万人民的事业，是亿万人民密切配合、共同劳动的结果，因而增强了集体主义观念；许多学生参加劳动后，更加珍惜劳动果实。

1954年9月，青年团中央在批转《青年团北京市委关于组织大中学生参加义务劳动的报告》中指出，组织青年参加义务劳动，不仅可以为国家创造财富，而且可以培养青年集体劳动的习惯和热爱公共事业的精神。它是对青年进行共产主义教育的一种有效形式。团中央认为，义务劳动不仅在学生中有必要提倡，而且在机关、工厂和农村青年中也可以提倡。同年12月，河北省平谷县青年团为做好粮食、棉花、油料的安全入库，发动3 000多名团员、青年参加修路义务劳动，共修路210华里，不仅为国家节省了开支，使全县900余万斤粮、棉、油安全入库，而且，又对青年进行了一次热爱劳动、热爱公共事业的教育。此后，义务劳动作为团组织的一项活动内容，在全国开展起来，并逐渐成为一项传统性的活动。

三、培养共产主义道德

新中国成立后的17年间，帮助广大青年树立共产主义理想、认同社会主义道路、培养新型道德，是党和政府的重要职责。从施动的组织机构看，最高层是中共中央，负责制定总体战略和规划；中宣部及各级党委宣传部，掌握新闻媒体，具体指导思想教育和政治宣传；国务院系统的教育部、文化部及各地教育局、文化局，各级共产党组织的委员会、支部、小组，青年组织（共青团、青联、学联、少先队）的中央机构及地方各级组织承担着组织实施的具体任务。从实施路径来看，通过制定法律、政策等社会运行的新规则来规范民众的个人行为，通过新闻媒体的宣传帮助民众对新政权行为有更多了解，通过学校教育提升青少年的认知能力和对中国共产党的认同，通过文艺作品的创作演出来感染人，通过党的各级组织、人民团体各级组织去做人的思想工作。按照党的设计,塑造社会主义新人,要求全体国民(尤其是可塑性强的青少年)不仅要关心自己的事,而且要出席各种政治集会,参加学习班,相互督促思想和行动。把国家和集体利益放在家庭之上,完全献身于推动无产阶级革命事业,而不是像在封建旧时代那样寻求个人发达或光宗耀祖。当然,任何思想教育都不可能是一劳永逸的,需要长期反复强化;单纯的思想教育是有限的,要在实践中开展。青年团作为最具政治色彩的群众组织,其基本职能是教育青少年,是协助中国共产党培养年青一代,使之成为社会主义合格的建设者和可靠的接班人,因此其主导的思想塑造活动是相当积极、活跃的。

第一次大规模宣教

20世纪50年代中期,由于中国共产党对人民群众的社会主义教育日益深入,全国青年的精神面貌总体来说是好的。但新中国的建立毕竟为时甚短,旧社会的恶习和剥削阶级的腐朽思想以及一切残余的旧势力,仍然在青少年中施加他们的影响。在一些大、中城市的青年中,还存在着纪律松弛、道德败坏、偷窃、拐骗、贪污、赌博以及严重地破坏公共秩序等不良现象,某些情况还是很严重的。据统计,上海市1953年青少年犯偷盗罪的有1216人,而在1954年上半年已达到986人;天津市第三区流氓分子200余人,而青少年就占2/3;北京市1954年4月至6月,共逮捕612个有严重罪行的流氓,其中青年就有380余人。

一些青年中出现的道德败坏、腐化堕落现象,是有其历史根源和社会根源的。第一,旧社会遗留下来的流毒很深。流氓、阿飞、恶棍、暗藏的反革命分子还在胡作非为,他们腐蚀一些年幼无知的青少年,组织流氓集团。上海一地就有"九条龙""十三太保""四霸王""金山五虎将"等157种之多的流氓团伙。这些团伙毒害了一批青年。各大、中城市的旧书店、旧书摊和落后的文娱场所,没有得到认真的整顿和改造,还继续传播着封建迷信、神怪、色情、强盗等思想毒素。第二,社会上残存的不法分子、流氓分子对青年的腐蚀。经过"三反""五反",漏网的抗拒改造的不法分子、流氓分子,为了转移青年工人的视线、逃避监督,一方面物质引诱,一方面生活腐蚀。第三,与青年团工作中的缺点也有一定的关系。在一定时期,青年团的工作只注意了中心工作,对青年的特殊利益要求关心不够,没有把思想政治工作渗透到青年的业余文化生活中去,更没有深入到集体宿舍中去,宿舍成了"政治工作的死角"。

1954年春天,中共中央提示青年团中央书记处,要注意青年中的纪律和社会风气问题。5月,团中央常委会认真研究后,要求各地团组织"对这个问题要加以重视"。10月12日,《中国青年报》刊登《马小彦为什么会腐化堕落的》,10月16日出版的《中国青年》杂志上刊登《在歧路上》,两篇文章分别揭露了两个青年腐化堕落的事实。同时,在《中国青年报》上发表《反对腐化堕落和流氓行为,向一切毒害青少年的现象坚决斗争》的社论,从而拉开了一场以团结教

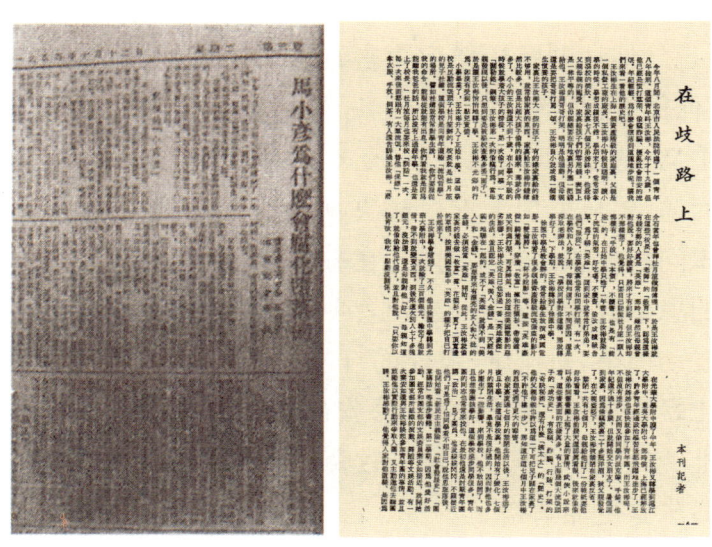

《中国青年报》(左)、《中国青年》杂志(右)刊登的青年腐化堕落的案例。

育广大青年为重点、改造社会风气为目的的"加强对青少年的共产主义道德教育,抵制资产阶级思想侵蚀"教育活动的序幕。接着,《中国青年报》《中国青年》连续刊发青年中的几件道德败坏的典型事例,连续发表一系列社论,在青年中引起强烈震动,引起整个社会的注目。

为把整个教育活动引向深入,1954年11月,青年团中央书记处向中共中央呈报《关于加强对青年的道德教育 抵制资产阶级思想侵蚀的请示报告》。报告对教育活动作了具体部署:第一,坚持正面教育的方法;第二,要以积极的态度去关心青年的学习和文化生活;第三,要面向广大青年,着重做好后进青年的工作;第四,在大、中城市,建议由政府有关部门给予那些勾引唆使青少年犯罪的流氓头子以必要的打击;第五,要用新的书刊来代替旧的书刊,以新内容的曲艺代替旧曲艺,取缔和改造下流娱乐场所。

1955年1月,党中央批转了团上海市委《关于加强培养青年共产主义道德品质 抵制资产阶级思想侵蚀的报告》,指出:肃清青年中的道德败坏现象,是一个长期的任务,轻率、急躁的办法都是不行的,但要充分估计到腐朽势力毒害青年的严重性,积极加强对青年的教育,任何忽视青年教育的观点,都是错误的;从正面加强对青年的集体主义、热爱劳动、遵守法纪、尊重社会公德的教育,对待青年的思想问题,要从思想上求得解决,单纯以行政手段来解决青年的思想认识问题的想法是不对的;在教育中,不要把对流氓的打击和对青年的思想教育混在一起,两者要严格区别,对流氓、盗匪,在社会上要发动检举,对流氓、盗匪的打击,由公安、司法机关处理;对落后的文化娱乐场所,由文化局、公安局协同有关部门进行改造。中共中央批转的这个报告,使这一教育活动的目的、教育内容、政策界限和策略步骤更加清楚了。

1955年2月,青年团中央召开二届二中全会,中心议题是研究进一步加强对青年的共产主义教育的问题。会议指出:培养青年的共产主义道德品质、抵制资产阶级思想侵蚀的工作,要结合各项实际工作稳步深入地开展下去。在青年中提倡勤劳、俭朴、正直、诚实的作风,反对腐化、奢侈、欺诈、虚伪的恶习,并与一切勾引青年犯罪的流氓、盗匪作斗争。在进行这项工作的时候,应当运用各种典型事例来进行教育,坚持说服教育的方针。在知识青年中,要抵制和批判唯心论,有步骤有组织地学习辩证唯物论。要鼓励青年和坏人坏事作斗争,勇敢地揭发贪污、浪费和违法乱纪的问题。这次全会对整个教育活动的深入发展起了推动作用。

"培养青年共产主义道德,抵制资产阶级思想侵蚀"的宣传教育活动,从 1954 年 10 月至 1955 年 7 月,历时十个月。在全国大陆(除西藏以外)的 135 个大中城市先后开展了这一教育活动。青年受教育面多的达 90%(如上海、西安),一般的也在 70% 左右。个别城市还在人民群众中进行了教育。教育活动收到显著效果:第一,社会上初步形成了一种关怀、保护青少年成长的舆论力量。不少家长检讨了过去溺爱、娇养子女的不当,有的开始注意寻觅有关教育子女的书籍、文章来看,有的主动到学校反映子女的情况,有的带着子女请求团支部"领他们走正道",有的制订了教育子女的计划。学校的教师克服了"教书不教人""管校内不管校外"的态度,开始注意加强对学生的引导和教育。工矿企业的领导也认识到道德教育对青年生产、工作、学习的深刻影响,注意了加强青年职工的思想教育。政法机关对毒害青少年的流氓、盗匪和不法分子进行了打击。政府有关部门对反动、淫秽、荒诞的书刊和下流娱乐场所作了取缔和改造。第二,提高了青年的拒腐能力,推动青年对新道德的积极追求。青年们说,这次教育给自己"敲了警钟""打了防疫针",是关系自己"一辈子的事"。有的立志要做"不锈钢"。许多后进青年开始有了不同程度的转变。过去跑下流娱乐场所或看淫秽书刊的青年,认识到"下流娱乐场所去不得,淫秽书刊看不得"。有行为不道德的青年做了自我批评。道德教育激发了广大青年的政治觉悟,很多青年积极靠近团的组织,争取入团。在遵守劳动纪律、学习纪律等方面也有了很大的长进,青年中涌现了很多好人好事。第三,帮助团干部改进了工作方法和作风。许多基层团组织在行政、工会的支持下,整顿和加强了图书馆、阅览室、健身房、球队、剧团以及宿舍等方面的工作,普遍开始重视组织青年过好业余生活和节假日,注意指导青年的恋爱婚姻问题,特别注意了对后进青年的团结教育工作。

道德教育积累了一些经验,这就是:第一,提高团干部对一切腐朽思想严重危害青年和加强青年道德教育重要性的认识,激发他们的紧迫感、责任感,是搞好这次道德教育的重要动力之一。第二,依靠党的领导,取得社会舆论及各方面的配合与支持,是这次道德教育能够健康发展并取得较好效果的重要条件。第三,运用典型,联系实际,划清界限,积极引导,采取正面教育的方针,是搞好这次道德教育的基本原则、方法;认真做好后进青年的教育帮助工作,争取落后青年的转变,是这次道德教育的目的之一,也是青年团工作带根本性的问题。

但是,因为此次集中教育的时间比较短,加之这次教育只着重揭露、批判腐朽思想和糜烂的生活方式对青年的毒害,所以当时青少年道德品质中存在的问题不可能通过这次教育全部得到解决。同时,团中央对这次道德教育的复杂性、艰巨性,事先也认识不足、研究不够,开始时也没有向全团作统一的明确的布置,当《中国青年报》《中国青年》公开揭露反面典型、发表社论后,一些基层团组织行动起来,组织教育活动,又因教育的目的、内容、方针、政策不明确,而显得混乱。青年团二届二中全会对教育活动起了推动作用,可在6月以后,尚未结束集中教育的地方,又因开展反浪费以及其他政治活动改变了原计划。

1956年9月,青年团中央书记处就"培养青年共产主义道德,抵制资产阶级思想侵蚀"的工作,向中共中央作了总结报告。报告指出:"培养青年的共产主义道德品质并不是一朝一夕的事,而是一项长期的复杂的任务",一定要把反对腐朽思想侵蚀毒害青年的斗争进行到底,"把道德教育作为一项经常性的教育任务,贯彻到各项实际工作中去"。

中共中央及时批转了团中央书记处的总结报告,报告指出,"在党的领导下,青年团组织协同有关方面进行的培养青年共产主义道德、抵制资产阶级思想侵蚀的宣传教育工作是有成绩的。它不仅在反对资产阶级思想及其生活方式对青年的侵蚀方面起了显著作用,而且通过这一工作,打击了社会上勾引青年犯罪的资本主义势力及其他腐朽势力,引起了社会上有关方面和人民群众对于教育青年的重视,推动了青年团组织注意改进对青年的思想教育工作。所有这些,都为今后经常地、有系统地结合各项实际斗争来培养青年的共产主义道德品质,创造了有利条件。"

第二次大规模宣教

思想道德教育不可能一劳永逸。"大跃进"后出现的经济困难,导致社会上的不良现象有所增长,影响了部分青年。1961年10月,邓小平在共青团的工作会议上提出,要好好注意青少年中的道德风气问题。12月,共青团中央在广州召开12个省市团委负责人座谈会,认为对青少年进行共产主义道德教育,是一项经常性工作,在国家经济生活比较困难的时期,更要有意识加强,这是共青团的一项特殊职责。1962年5月,中共中央批转了团中央《关于加强城市青少年共产主义道德教育的报告》,指出加强对青年的道德教育,在当前国家经济困难的情况下,尤为重要。中共中央要求各地党委根据当地情况,具体指导共青团及有关部门,加强这一方面的工作。

随后,一场针对青少年的道德教育活动作为全民的社会主义教育的一个组成部分,在全国各大中城市展开了。各地在向青少年解释形势、分析困难、宣传政策、指明方向、统一认识的基础上,主要侧重三个方面：一是倡导维护社会公德、自觉遵纪守法的道德风气，抵制那种破坏社会治安、扰乱公共秩序的行为；二是倡导关心集体利益和群众利益、爱护公共财产的道德风气，反对那种贪污盗窃、不劳而获、投机倒把等不法行为；三是继承党和人民的革命传统，发扬艰苦奋斗的优良作风，培养勤劳俭朴的生活习惯，鄙弃那种好逸恶劳、腐化堕落的行为。

在教育中，各地采用正面引导、民主说理等富有感染力的方式方法；对于那些在困难面前顾大局、识大体、艰苦奋斗、克勤克俭的先进人物进行表扬，树立榜样；对于在道德行为上犯了错误的青年，采取耐心细致的教育帮助，避免简单粗暴和轻易惩办的做法。为了引起社会各方面的注意和更深刻地教育青年，对个别情节严重、具有反面教育作用的典型，则在适当范围内有领导、有组织、有准备地开展讨论。同时注意不在少年儿童中搞反面典型，也不号召青年进行对照检查，更不号召"坦白检举"、"人人过关"、几查几整、批判斗争。

这次教育活动的一个特点，就是把加强思想教育同解决青年必要的实际问题相结合，积极而又实事求是地解决一些可能解决的生活问题。各地注意了加强城市中无组织的社会青年的工作，这部分青年当时全国约有195万人。对他们的安排主要是逐步地、有计划地动员他们上山下乡，参加农场或公社的劳动，或进入半工半读学校，允许自谋职业。对年龄尚小、想继续升学的青年，组织他们自学，适当开设补习班和民办学校。对于城市中在业在学的青年，则帮助他们安排好生活。当时有些青年由于乱花钱，欠了债，缺了粮，弄得生活无着，以致走了邪路。

在这次教育活动中，各级团组织注意指导青年学会计划用粮、用钱，精打细算过日子，对他们的业余生活也加以组织和指导，使他们在物质条件比较艰苦的时候，能够得到较好的休息和正当的文化娱乐，保持健康、向上、乐观的精神。这次道德教育从实际出发，要求明确,方法得当,在中国共产党的统一领导和各方面的配合下,收到比较好的效果。1963年,共产主义道德教育与学雷锋活动相结合,得到更加深入的发展。

随着1963年"以阶级斗争为纲"的社会主义教育运动的全面铺开,"阶级教育"就成了青少年政治思想教育的新内容。1964年6月,中国共青团第九次全国代表大会提出的青年革命化任务,就是以"以阶级斗争为纲"的理论为依据的。大会之后,毛泽东在对他侄子毛远新的谈话中,明确提出:阶级斗争是青年的一门主课。培养革命接班人的条件,第一条搞马列主义就是要搞阶级斗争,阶级斗争到处有,青年要在阶级斗争的大风大浪中成长。①

气氛热烈的共青团九大会场

共青团九大精神的传达,特别是毛泽东提出的"阶级斗争是青年的一门主课",改变了在社会主义时期应以经济建设为中心的正确提法,把对青年进行阶级教育摆到了过高的地位。于是,整个青年思想教育工作全都纳入阶级教育的轨道,学习毛泽东著作、学习雷锋活动,全都贯彻"以阶级斗争为纲"的方针。

---

① 佘世光主编:《当代中国的青年和共青团》下册,当代中国出版社1998年版,第130页。

四、"毛主席的书我最爱读"

早在党的七大确立了毛泽东思想在党内的指导地位后,对毛泽东思想的宣传和学习活动就在党内开始了。1949年5月,周恩来在中华全国青年第一次代表大会上,发出了"学习毛泽东"的号召,要求全国青年"学习毛泽东整个的思想体系"。为了帮助中国人民正确了解中国革命的经验,掌握中国革命和建设的基本理论和方法,中共中央提出系统地学习马克思列宁主义原理同中国革命具体实践相结合的思想——毛泽东思想。应该说,毛泽东著作是毛泽东思想的重要载体,革命战争年代,毛泽东思想指引中国革命从胜利走向胜利。新中国成立后,毛泽东思想作为中国共产党的指导思想,对于中国社会思想发展的方向和人们的价值取向发挥着重大的决定性的影响,而且在很大程度上决定着整个社会的精神风貌。

全国青年"学毛著"

1951年10月,《毛泽东选集》第一卷正式发行,第一批总发行量超过62万册,成为当时社会政治生活中的一件大事。在干部和共产党员,在青年、知识分子和各界人民群众中,形成了学习毛泽东著作的热潮。随着1952年4月、1953年4月《毛泽东选集》第二、三卷的分别出版,毛泽东思想作为中国革命和建设的指导思想在全国得到广泛传播。

1952年团的一届三中全会以后,团的系统掀起了一个学习马列主义、毛泽东思想的热潮。从团中央书记处开始,首先在工作中贯彻毛主席的指示。在此时的《中国青年报》《中国青年》杂志上,也开始登载学习毛泽东思想的认识和体会。1957年,黑龙江省开始出现了首批工农青年学习毛泽东著作小组。他们注意理论联系实际、学用结合、学以致用,并在报刊上经常发表学习文章,《红旗》杂志还刊登了哈尔滨市第七百货商店职工魏淑琴学习小组的介绍文章。

第八章 / 塑造社会主义新人运动

广大青年以极大的热情开展学习毛泽东著作活动。

到了1958年,在"大跃进"的推动下,全国开始出现了工农学理论、学哲学的热潮。1958年6月28日,团的三届三中全会作出了《关于组织广大青年学习马克思列宁主义、学习毛泽东著作的决议》,号召全国青年开展一个学习马克思列宁主义理论、学习毛泽东著作的运动。这是全国范围内第一个开展群众性学理论活动的决议。1958年参加学习活动的青年约1 000万人,到1959年坚持继续学习的有200万人,他们大多是共青团干部和各条战线青年中的先进分子。

1960年1月,中共中央批复了共青团中央书记处关于开展毛泽东著作的学习运动提法问题的请示。中共中央批示:"在青年中组织毛泽东著作的学习运动,在提正式的完整的口号的时候,用'学习马克思列宁主义、学习毛泽东著作'的提法较为妥当。但在国内普通场合(包括讲演题目、文章和消息的标题等在内)可以用'学习毛泽东思想'。""我们不把'学习马克思列宁主义、学习毛泽东思想'并列起来提,是避免人们把'马克思列宁主义'和'毛泽东思想'误解为两回事;而正确的理解是,'毛泽东思想'本身就是马克思列宁主义,并且是马克思列宁主义的重大发展。"中共中央对共青团中央开展学习马克思列宁主义、学习毛泽东著作活动的指导和支持,进一步增强了团中央开展这项活动的信心和决心。

到 1960 年 2 月,全国用各种形式组织起来学习毛泽东著作的青年已达 2 000 万人。面对全国广大青年的学习积极性,同年 3 月,共青团三届六中全会批准了《共青团中央关于加强学习马克思列宁主义、学习毛泽东著作的工作规划》,指出"组织广大青年学习马克思列宁主义、学习毛泽东著作,是团的特别突出的政治任务","是共青团思想建设中的一个最核心的问题",要求各级团组织"必须坚持理论联系实际的原则,边学边用,学以致用"。

黑龙江现场会议及随后的观摩团活动在全国青年中影响很大,推动了学习活动的进一步发展。

4 月 10 日至 20 日,共青团中央、全国总工会、全国妇联在哈尔滨联合召开"全国青年学习马克思列宁主义、学习毛泽东著作黑龙江现场会议"。参加会议的有共青团、工会、妇联等各系统的干部,学习毛著的先进单位代表、毛著学习积极分子,共 1 080 人。会上,工、农、商、学、兵等各个方面的 77 名代表进行了发言。

会议交流总结了组织青年学习毛泽东著作的经验,主要是:(1)几千万人参加学习活动,是一个伟大的新生事物,必须随着政治和生产实际的需要,不断地从思想上进行发动。(2)学习理论要和讨论当前的政治形势、任务相结合,和生产斗争相结合,和改造思想相结合。(3)要逐步建立一支强大的辅导队伍,并注意加强培训,提高教学质量。(4)加强领导,全面规划。对不同工作职务、觉悟程度和文化条件的人,要有不同的要求。对学习、生产(工作)和休息三个方面的时间,要作合理安排。政治理论学习和文化技术学习要兼顾。(5)保证党的领导,密切各方面协作。青年团在组织学习上要当好党的助手,多做工作,不争名利。

现场会议结束后,5月至7月,团中央组织"全国青年学习马克思列宁主义、学习毛泽东著作观摩团",分两路到25个省市区的87个城市进行观摩学习和交流经验活动,参加活动和听过观摩团报告的青年达100多万人次。千百万青年把毛泽东著作看作必修的教科书,从中学习观察、分析问题的立场、观点、方法。

学习活动中的科学与"迷信"

大凡学习都需要有理性和科学的态度才有成效。在广大青年学习毛泽东著作过程中,一些地方出现了简单化、庸俗化和实用主义的倾向,在学习内容上受到阶级斗争扩大化和个人崇拜的影响,在学习组织上存在形式主义,以及某些强迫命令的做法。针对以上情况,1964年5月,共青团中央在批转团陕西省委宣传部《当前组织青年学习毛主席著作中几个值得注意的问题》中指出:各级团组织"必须做冷静的促进派,经常注意保持清醒的头脑,爱护青年的积极性,把学习运动建立在扎扎实实的工作的基础上面"。团中央强调说:"组织青年学习毛主席著作是一项长期的、根本的思想建设任务,是依靠青年自己的刻苦读书和用心思考的自觉的学习活动","要求过高过急,单纯追求数字,追求形式上的一律,都会给群众增加负担,挫伤他们的学习积极性,好事办坏。"团中央要求各地团组织在组织学习时"要区别对象,抓住重点,全面安排"。

克拉玛依石油工人在工地休息的间隙学习毛泽东著作。

"工作重点首先应该是那些先进的学习小组和常年坚持自学的积极分子,不断巩固他们的成绩,提高他们的学习质量,依靠他们去影响和带动广大青年学习。对于那些根本不具备自学毛主席著作条件的人,不要勉强组织他们去自学。对于青年的工作、学习和休息,以及他们的政治理论学习、技术学习和文化学习,也要做好全面安排。"团中央的这些意见,保持了清醒的头脑,给予学习运动积极引导。

1965年8月,中共中央书记处听取团中央书记处的工作汇报,针对青年学习毛泽东著作运动中的问题,邓小平、彭真、罗瑞卿等提出许多重要意见,主要是:(1)组织青年学习毛泽东著作要坚持自愿原则,不要形成社会强制。(2)要根据不同情况进行组织指导,不要搞形式主义。(3)学习内容要广泛些,学习方法要灵活多样。在越来越"左"的政治氛围中,这些正确意见不可能得到认真贯彻执行。

1966年1月,根据当时的政治形势,共青团提出应当"把活学活用毛主席著作放在一切工作的首位",4月又做出决议,强调共青团的全部工作集中到一点,就是教育和组织青年读毛主席的书、听毛主席的话。到了1966年下半年,青年学习毛泽东著作活动,被林彪等人推上了极端。一时间,整个中国普天之下"红海洋",六亿神州背"语录",无处不唱语录歌,直至达到"语录不离手,万岁不离口","早请示、晚汇报","三忠于四无限","有问题"的要向毛主席"请罪",没有问题的要向毛主席"表忠心"。这样一种具有宗教色彩的"造神"运动,使学习毛泽东著作活动完全走向了反面。毛泽东的话被说成"一句顶一万句","理解的要执行,不理解的也要执行"。在红卫兵、造反派分裂成各种小宗派的情况下,毛泽东的话被作为"最高指示",成了闹派性、打派仗的"武器"。

1969年被评为延安县活学活用毛泽东著作积极分子的北京知青。

1969年,共青团的组织整顿和思想整顿开始,团组织再次举起了用毛泽东思想武装青年的旗帜。次年7月,中共中央发出了51号文件,要求各级党组织把整团建团提上议事日程,认真地把团组织整顿好、建设好,强调整团中要加强毛主席著作学习,突出思想教育工作,把共青团建设成"忠于毛主席、忠于毛泽东思想、忠于毛主席革命路线的共青团,建设成为活学活用毛泽东思想的大学校"。

此后几年,这一要求被当作共青团思想建设的方向,青年活学活用毛泽东思想的群众运动接连不断,以毛泽东思想为武器的斗、批、改接连不断。然而,这一切仍然是在错误路线引导下进行的,不可能也无法达到教育青年、武装青年的目的。

五、"学习雷锋好榜样"

推出先进、宣传先进、学习先进是各级党、团组织常用的工作方法,当时各地各行业也推出不少典型楷模。应该说,学习雷锋运动是影响范围最大、持续时间最长、涉及面最广的一项教育活动。这场由共青团发起的经久不息的教育活动,生动地诠释了"一个大国和一个小兵""一个民族和一种精神"的内在逻辑,在塑造社会主义新人运动中发挥了不可替代的重要作用。

还原一个真实的雷锋

雷锋,原名雷正兴,乳名庚伢子。1940 年 12 月 18 日出生在湖南省望城县安庆乡(今雷锋镇)简家塘村一户贫苦农民家里。当时战乱频仍,普通民众生活在水深火热之中。1945 年、1946 年、1947 年,父亲雷明亮、哥哥雷正德、母亲张元满相继悲惨死去,年仅 7 岁的雷锋成了孤儿,六叔祖父一家收养了他。雷锋从小就是一个自觉节俭的好孩子,不丢一粒米、一棵菜。与叔祖父一起唱皮影戏,有人看他年纪小,顺手给点零钱,但他从来都是"交公"。1949 年春,雷锋为了减轻叔祖父的负担,又一次离家出外讨饭,过着流浪生活。

雷锋的微笑成为一个时代的经典

1949年8月湖南解放时,小雷锋便找到路过的解放军连长要求当兵。因太小没被同意,却积蓄了参军的愿望。很快雷锋加入了儿童团,不久又当了儿童团团长。1950年夏,乡政府供他免费读书,1954年加入中国少年先锋队。1956年夏天,他小学毕业后在乡政府当了通信员,不久调到望城县委机关当公务员,被评为模范工作者。1957年2月,加入新民主主义青年团。1958年春,雷锋到团山湖农场就职。由于工作先进,被评为优秀拖拉机手、治水模范。

1958年秋,雷锋响应党和国家号召,到辽宁鞍山钢铁厂参加社会主义建设,被分配到鞍钢化工总厂洗煤车间当推土机手。翌年8月,到弓长岭焦化厂参加基础建设,曾带领伙伴们冒雨奋战保住了7 200袋水泥免受损失,当时的《辽阳日报》报道了这一事迹。在鞍钢和焦化厂工作期间,他曾3次被评为先进工作者,5次被评为标兵,18次被评为红旗手,并荣获"青年社会主义建设积极分子"的光荣称号。

1959年12月征兵工作开始,雷锋报名参军。他身高只有1.54米,体重不足55公斤,不符合征兵条件,但因政治素质过硬和有经验技术,最后被破例批准入伍。参加人民解放军后,鉴于他的技术特长,被编入工程兵某部运输连四班。他努力钻研汽车驾驶和保养技术,后任班长。他心地善良,助人为乐,多次为灾区学校捐款捐物,只要是对人民有利的事,他都心甘情愿地去做,为此留下"雷锋出差一千里,好事做了一火车"的美誉。他曾多次立功,被评为节约标兵和模范共青团员,1960年11月入党,后被选为抚顺市人民代表。

1962年2月,雷锋在沈阳军区首届团代会上介绍学习毛主席著作经验。

1962年8月15日,雷锋不幸因公殉职,年仅22岁。在抚顺市望花区政府礼堂召开了隆重的追悼会,近十万人护送雷锋的灵柩到烈士陵园。

雷锋精神的产生是有深厚社会基础的。雷锋出生在抗战时期,全家受尽为富不仁者的欺侮和侵略者的霸凌,最终家破人亡。小雷锋孤苦无助时,被好心的乡亲收留,湖南民间那种淳朴重义、守望相助的氛围感染着他。新中国成立后,学校又免费接收他上学读书,受到党和政府的关爱。在他的成长过程中,旧社会的苦和新社会的甜形成鲜明对比,他从骨子里理解受助的可贵,也深深埋下了回报新社会的种子。

学雷锋活动的全国性发动与深入开展

雷锋牺牲后,他所在的3317部队举办了雷锋烈士事迹展览。当时辽宁抚顺团市委认为,雷锋不仅是解放军学习的榜样,也是青少年学习的榜样,于是在1962年10月发出通知,号召全市青少年参观展览,学习雷锋。这一通知得到热烈响应,一个月之内就有12万人次的青少年参观展览,团市委还组织雷锋生前战友作报告42场,印制雷锋事迹小册子3万份。共青团辽宁省委派专人到抚顺考察后,完全同意在全省青少年中开展雷锋事迹巡回报告和展出,反响强烈。

第八章／塑造社会主义新人运动

1963年2月5日,《中国青年报》刊登《永生的战士》一文,介绍雷锋的成长经历,并发表社论《要像雷锋那样战斗和生活》。2月7日,《人民日报》以近两个版的篇幅介绍了雷锋的事迹,还发表了辽宁省广大青年积极开展学习雷锋事迹活动的消息。《解放军报》还连续发了《像雷锋那样做毛主席的好战士》等三篇社论。毛泽东仔细阅读后,在一次谈话时对罗瑞卿(时任国务院副总理、中国人民解放军总参谋长)说:"雷锋值得学习啊!向雷锋学习,也包括我自己,我也向雷锋学习。"这是毛泽东第一次讲雷锋,也是毛泽东第一次被雷锋的英雄事迹所感动。毛泽东对他的湖南小老乡赞赏有加,高度评价了一个普通战士的牺牲精神和奉献精神。2月9日,总政治部向全军发出通知,号召全军开展宣传和学习雷锋同志模范事迹活动。

2月15日,共青团中央发出《关于在全国青少年中广泛开展"学习雷锋"的教育活动的通知》。通知指出:"雷锋同志光辉的一生,为我国青年树立了一个具有坚定的无产阶级立场和高尚的共产主义思想品德的榜样。……团的组织要引导青少年着重学习雷锋同志的:(一)忠实于党,忠实于社会主义事业的无产阶级立场;(二)自觉地服从祖国的需要,以人民利益为重,做一个'永不生锈的螺丝钉',全心全意为人民服务的精神;(三)关心同志,助人为乐,毫不利己,专门利人的共产主义风格;(四)坚韧不拔、勇于克服困难的意志和克勤克俭、艰苦朴素的作风;(五)坚持又红又专的方向,下苦功夫,努力学习毛主席著作,刻苦钻研业务技术,模范地完成工作任务。……把这项活动作为当前进行共产主义教育的一项重要措施。"①

雷锋的不平凡事迹也感动了《中国青年》杂志的编辑们。他们思考、议论着,怎样把雷锋这个社会主义和平建设时期的突出典型,

---

① 中国共产主义青年团中央委员会办公厅编:《团的文件汇编(1963)》,内部资料1965年印行,第133页。

更全面、完整地介绍给广大青少年,让雷锋精神在神州大地上发扬光大。经过认真讨论,编委会决定:第5、6期《中国青年》杂志合刊,出版"学习雷锋专辑"。在讨论编辑计划时,大家感到,《中国青年》杂志是个半月刊,宣传规模、速度都比不了报纸,所以,对雷锋的宣传应在高度、深度和声势上下功夫,力求在许多报刊已经宣传的基础上做到后来居上。大家一致要求,恳请毛主席亲笔题词,请周总理题词,也请中央其他领导题词。2月15日,编辑部给毛泽东写的信被送到了中南海。据林克后来回忆,毛泽东要他先拟几句话,作为题词参考。他大概拟了"学习雷锋同志全心全意为人民服务的思想"等十来句话。毛泽东却开门见山、言简意赅地题下了"向雷锋同志学习"七个遒劲有力的大字,2月22日交给林克,由他转交《中国青年》杂志社记者。

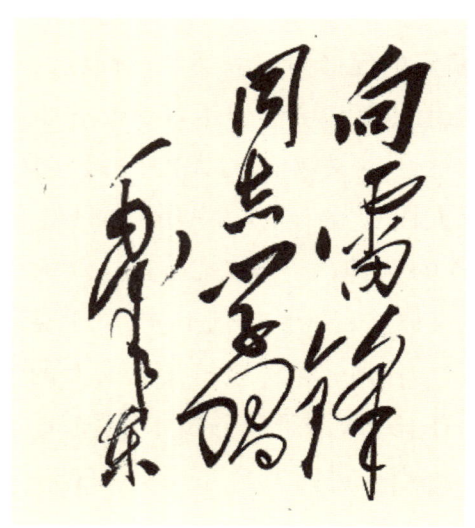

这七个字内涵极为丰富,构成几代青年人健康成长的重要基因。

毛泽东的题词使《中国青年》"全杂志社轰动了,团中央机关也轰动了"。经请示团中央书记处,并经中央有关领导决定,毛泽东题词由新华社制版于3月1日发给全国各新闻单位,并定在3月2日一齐刊出。后来,罗瑞卿鉴于各报要在当天刊登一篇关于论述国际共运问题的重要文章,指示新华社于4日发出毛泽东题词通稿,首都各报在3月5日刊登,唯《中国青年》杂志可按原定日期3月2日出版。

周恩来的题词是"雷锋同志是劳动人民的好儿子,毛主席的好战士",早于毛泽东的题词被送到编辑部,也刊登在3月2日出版的《中国青年》"学习雷锋同志专辑"上。后来,周恩来又应《解放军报》要求再次题词:"向雷锋同志学习,憎爱分明的阶级立场,言行一致的革命精神,公而忘私的共产主义风格,奋不顾身的无产阶级斗志。"同一期《中国青年》还刊登了老一辈革命家董必武、郭沫若、罗瑞卿、谢觉哉应编辑部之请所写的诗文。

刊登有毛主席题词手迹的《中国青年》"学习雷锋同志专辑",在青年中引起极大反响。这期《中国青年》在北京和外地的代印点几经重印,累计印数达800多万份,仍不能满足读者需要。3月7日,《中国青年报》等报纸又发表了刘少奇、周恩来、朱德、邓小平等中央领导人给雷锋的题词。刘少奇题词:"学习雷锋同志平凡而伟大的共产主义精神"。朱德的题词是:"学习雷锋,做毛主席的好战士"。邓小平的题词最具鼓动性:"谁愿当一个真正的共产主义者,就应该向雷锋同志的品德和风格学习"。

毛泽东"向雷锋同志学习"的题词公布以后,全国各地迅速形成了一个学习雷锋的热潮。各地党委对这一活动非常重视,将其列为全民社会主义教育的一部分。在各地的青年集会上,许多党委负责同志都出面向青年讲话,进行思想动员。28个省(市、自治区)党报,从2月上旬到3月中旬,发表了有关雷锋的报道、论述总计达160多万字,中央和各地的广播电台、电视台也多次播送了雷锋的生平事迹和有关报道。青年中的反响异常强烈,《中国青年报》在近40天内,就收到有关学习雷锋的群众来信来稿1.58万多件,比以往任何一次宣传先进人物要多几倍。

为了宣传雷锋事迹,中国人民解放军总政治部和共青团中央于

1963年3月至6月,解放军总政治部与共青团中央联合在军事博物馆举办雷锋模范事迹展览会,观众达80余万人次,留言2.2万余条。

1963年3月19日在中国人民革命军事博物馆联合举办了"雷锋同志模范事迹展览"。周恩来总理参观了展览,看了雷锋同志的亲笔日记。几天的时间,登记参观的就有60多万人,参观的时间排到7月份。"学雷锋,做毛主席的好学生""像雷锋那样工作、学习和生活""做永不生锈的螺丝钉""写自己红色的历史",成为当时青年的行动口号。祖国辽阔的大地上,到处回响着"学习雷锋"的大合唱:

> 学习雷锋好榜样,忠于革命忠于党。
> 爱憎分明不忘本,立场坚定斗志强。
> 学习雷锋好榜样,艰苦朴素永不忘。
> 愿做革命的螺丝钉,集体主义思想放光芒。
> ……

就这样,在毛主席和其他老一辈革命家的亲切关怀和号召下,一个向雷锋同志学习的热潮,在全国蓬勃地开展起来。而 1963 年 3 月 5 日,也作为毛主席"向雷锋同志学习"的题词日期,载入史册①。1963 年也因此成为全国青少年学雷锋活动的高潮年。

在雷锋的高尚道德品质和共产主义思想影响下,青少年的思想道德水平大为提高。毫不利己、专门利人,热爱集体,团结互助,尊老爱幼,拾金不昧的好人好事层出不穷;艰苦朴素、克勤克俭、努力工作、刻苦钻研、奋发上进的正气得到发扬;贪图享受、损人利己、贪污盗窃等歪风邪气受到抵制,社会主义新人新事蔚然成风。学雷锋活动在很大程度上推动着 20 世纪 60 年代初期的社会风气焕然一新。

1963 年,山东省济南市历城区的农村青年在田间地头阅读雷锋事迹,争做一个雷锋式的好社员。

---

① 2000 年,共青团中央、中国青年志愿者协会共同决定把每年的 3 月 5 日定为"中国青年志愿者服务日"。

到1966年"文化大革命"开始,随着阶级斗争的日益扩大化、复杂化,学雷锋活动开始走向低谷,逐渐湮没于群众性的社会主义教育运动中。"文化大革命"期间,雷锋形象被扭曲,学雷锋活动受到了冲击,"学习雷锋好榜样"的歌声消失了,学雷锋活动的历史出现了长时间的空白。直到粉碎"四人帮"以后,在党中央的部署下,全民的学雷锋活动再次在全国展开。

几十年来,全国出现过数次大规模学雷锋热潮,先后有十几位党和国家领导人为雷锋题词。雷锋日记、诗文、发言提纲及各类介绍雷锋的著作、文艺作品,一再翻印。宣传学习雷锋的活动,突破了新中国所有英雄模范的规模和规格,成为永远流传的经典。

雷锋精神感召下的一代人

雷锋的一生是短暂的,给人们留下的不仅仅是作为标兵、模范的各种业绩,更重要的是可贵的雷锋精神。

毛泽东题词后曾对林克说了一段寓意深刻的话:

> 学雷锋不是学他哪一两件先进事迹,也不只是学他的某一方面的优点,而是要学他的好思想、好作风、好品德;学习他长期一贯地做好事,而不做坏事;学习他一切从人民的利益出发,全心全意为人民服务的精神。当然,学雷锋要实事求是,扎扎实实,讲究实效,不要搞形式主义。不但普通干部、群众学雷锋,领导干部要带头学,才能形成好风气。①

1963年5月,毛泽东在杭州召集部分中央政治局委员和大区书记讨论《中共中央关于目前农村工作中若干问题的决定(草案)》时谈到,为了造成调查研究的风气,做好我们的工作,各级党

---

① 林克:《回忆毛泽东同志为学习雷锋题词的经过》,中国人民政治协商会议湖南省望城县委会文史资料研究委员会编:《望城文史》第9辑,内部资料1993年印行,第42页。

委要在日常工作中讲哲学,对干部进行马克思主义认识论的教育,要让哲学从哲学家的课堂上和书本里解放出来,变成群众手里的尖锐武器。哲学并不难,不要把哲学看得那么神秘,哲学是可以学到的。我看过雷锋一部分日记,这个人就懂得一点哲学。① 毛泽东对雷锋的这个评价,进一步诠释了他为什么要号召全国人民向雷锋学习,同时也让世人领略到了毛泽东看问题的思想高度和理论深度。

如前所述,周恩来的题词比较明确涵盖了雷锋精神。周恩来对身边工作人员说,你们年轻人要向雷锋学习,我同样要向雷锋学习。向雷锋学习,没有哪些人该学哪些人不该学的问题。向雷锋学习,就是要为人民而加倍地工作,这就是我的理解。②

上海国棉六厂女工正在阅读"向雷锋同志学习,做五好工人"的黑板报。

在学习雷锋活动中,共青团中央具体提出学习雷锋的五个方面。在各级共青团的推动下,学习雷锋运动不断走向深入。在学习活动逐渐深入的过程中,青年们比较注意把学习雷锋同当时的革命

---

① 中共中央文献研究室编:《毛泽东年谱(1949—1976)》第 5 卷,中央文献出版社 2013 年版,第 226 页。
② 中共中央文献研究室编:《周恩来年谱(1949—1976)》中卷,中央文献出版社 1997 年版,第 539 页。

和建设任务、同自己的本职工作紧密结合起来，"学雷锋，见行动"，把学习雷锋激发起来的政治热情，落实到搞好工农业生产、努力钻研业务、刻苦学习、做好本职工作中去。先进榜样是巨大的教育力量。广大青年学雷锋见行动，思想品德健康成长，雷锋式的青年大批涌现。学习雷锋之后的几年间，中国又涌现了无数雷锋式的英雄模范人物，有见义勇为舍己推军马、保卫铁路旅客安全的爱民模范欧阳海，有在抗洪抢险中英勇献身的优秀共青团员谢臣，有在暴风雪中英勇保护集体羊群的英雄小姐妹龙梅和玉荣，有为抢救两名落水少年而英勇牺牲的模范共青团员张英男，有在强台风袭击下抢救遇难群众而英勇献身的优秀共青团员林成，有在战斗中头部负重伤、仍顽强坚持战斗到胜利的海军战士、模范共青团员麦贤德，有"一不怕苦，二不怕死"的董存瑞式英雄王杰，有为抢救被惊马严重威胁的六个少年而英勇牺牲的刘英俊，等等。这些雷锋式的英雄模范人物的出现，足以看到雷锋精神的延伸和一代新人的成长。

第九章 "文化大革命"中的青年行动

实现中华民族伟大复兴,是自 1840 年以来历代仁人志士追求的共同梦想。但对于如何复兴、走什么样的复兴之路,却存在不同的设计和构想。20 世纪五六十年代,鉴于中国所处的国际环境日趋紧张,中国共产党对国家民族发展的前景产生深深的焦虑。在极其敏感复杂的心境下,最高决策层从理论思考到实践探索变得越来越绝对化,使"阶级斗争"的火药味越来越浓。在党的领导人的支持下,青少年学生成了"煽文化大革命之风,点文化大革命之火"的急先锋[①]。所谓"红卫兵运动",从一开始就是一场被极左思潮扭曲的青年运动。

一、焦虑的政治氛围与青年的政治化

任何一个重大历史事件的发生,都有其复杂的历史因素和现实因素。毛泽东一直把建设社会主义新中国作为自己的奋斗目标。他渴望在中国建立起一整套全新的社会制度,并且鉴于苏联的教训,力求找到一条适合中国特点的社会主义道路。但出于对国内阶级斗争形势过于严重的估计,脱离了原来的理性探索,在焦虑的政治氛围中,推动社会大众越来越政治化了。

国际反修与国内反修的交互影响

本来,中国革命最初是以俄为师的,新中国的经济建设最初也

---

① 席宣、金春明:《"文化大革命"简史》,中共党史出版社 2006 年版,第 103 页。

是以苏为师。苏联作为世界上第一个社会主义国家，被称为世界共产主义运动的"老大哥"，在社会主义阵营中威望很高。"苏联的今天，就是我们的明天"成为中国老百姓家喻户晓的宣传口号。但在1956年2月的苏共二十大上，苏共第一书记赫鲁晓夫大肆攻击、全盘否定党的领袖斯大林，由此引发一场给国际共产主义运动造成巨大损失的政治大风暴。1956年6月波兰事件爆发，10月匈牙利事件爆发，都引发了中共领导人对修正主义的高度警觉。随着赫鲁晓夫对中国1958年"大跃进"和人民公社化运动的讥讽嘲笑，对金门炮击的指责和提出成立中苏联合舰队、在中国设立由苏方管理的长波电台妄图控制中国海军的无理要求遭到拒绝等事情的发生，中苏两党之间的关系急剧恶化。1960年7月，苏联政府突然单方决定全部召回在中国工作的苏联专家。此后，又多次公开指责攻击中国内政，这些都加深了毛泽东和中共中央对修正主义危险性的认识。从1963年3月到1964年10月，中苏两党围绕所谓"关于国际共产主义运动总路线"展开了一场空前规模的大论战。勃列日涅夫上台后，在中苏边境陈兵百万，并在蒙古国进驻军队，对中国形成大军压境之势。同时，美国扩大侵越战争，中国援越抗美。在此情势之下，中国共产党对世界战争形势作了最为严重的估计。

  毛泽东在指导全党与"苏修""美帝"针锋相对之际，也对中国是否会发生"党变修、国变色"表现出深深的忧虑。1963年5月，毛泽东对浙江干部参加劳动的材料进行批示，认为干部参加劳动是"防修"的一个好办法，并且警告全党，如果放松阶级斗争，那就不要很多时间，马列主义的党就一定会变成修正主义的党，变成法西斯的党。在城市搞"五反"，在农村搞"四清"，就是挖修正主义的根子。① 由于对党内和国内政治局势的严重估量，毛泽东逐渐把自己注意力

---

① 中共中央文献研究室编：《毛泽东年谱(1949—1976)》第5卷，中央文献出版社2013年版，第221页。

的重点,从防修转向反修,而反修的重点又从下层转向上层,直至中共中央的一线主要领导人。到 20 世纪 60 年代中期,毛泽东认为中央出了修正主义,党和国家已经面临资产阶级复辟的危险。1965 年秋,毛泽东就明确提出"如果中央出了修正主义怎么办"的问题。为此,他设想通过一场更大规模的"运动"来防止资本主义复辟。

中国共产党在全国执政后,毛泽东始终把青年视为国家的未来、民族的希望,培养合格的无产阶级事业接班人是全党的当务之急。他不止一次地讲到"教育青年是个大问题",而且随着国际国内形势的发展变化,对"接班人"问题越来越重视。1957 年毛泽东指出:"我们的教育方针,应该使受教育者在德育、智育、体育几方面都得到发展,成为有社会主义觉悟的有文化的劳动者。"① 为了反对和防止"和平演变",毛泽东更加强调使广大青年树立正确的政治观的重要性,他认为"没有正确的政治观点,就等于没有灵魂"②。

1962 年 9 月,毛泽东在党的八届十中全会上强调,加强对青年的阶级教育,保证国家五代十代永远革命、永不变质。1964 年 6 月,毛泽东发表了关于培养接班人问题的讲话。他谈道:"苏联出了修正主义,我们也有可能出修正主义。如何防止出修正主义,怎样培养无产阶级的革命接班人?我看有五条……要准备好接班人。无产阶级的革命接班人是要在大风大浪中成长的。"③ 7 月,毛泽东又指出,"为了保证我们的党和国家不改变颜色,我们不仅需要正确的路线和政策,而且需要培养和造就千百万无产阶级革命事业的接班人。帝国主义的预言家把'和平演变'的希望,寄托在

---

① 毛泽东:《关于正确处理人民内部矛盾的问题》(1957 年 2 月 27 日),《毛泽东文集》第 7 卷,人民出版社 1999 年版,第 226 页。
② 毛泽东:《关于正确处理人民内部矛盾的问题》(1957 年 2 月 27 日),《毛泽东文集》第 7 卷,人民出版社 1999 年版,第 226 页。
③ 《毛主席论教育革命》,人民出版社 1967 年版,第 18—21 页。

中国党的第三代或第四代身上。我们一定要使帝国主义的这种预言彻底破产。"①

党的八届十中全会会场

社会高度政治化之下的青年群体

1949年新中国成立后,西方国家对中国实行经济封锁,军事包围,外交孤立。中国政府实行"一边倒"的外交政策,同时在国内加强对意识形态的统一。从对《武训传》的批判到"思想改造运动"再到反右扩大化,把社会各个领域都涂上浓重的政治色彩,尤其对思想领域的不同声音形成高压态势。在这样的政治环境中,极易形成"政治化人格"。所谓"政治化人格",指的是人们的行为表现出强烈的政治化倾向,其言行举止都带有鲜明的政治性,这在青少年群体中尤为明显。

一是从对中国共产党高度信赖到对党的领袖的个人崇拜。中国人民在中国共产党和毛泽东的领导下,取得了民主革命和社会主

---

① 《人民日报》1964年7月14日。

义革命的胜利,在社会主义建设中,也取得了很大成就。广大青年深信党和毛泽东的领导是英明的、正确的。他们参与各种政治活动和社会活动,并不是出于自己的切身感受和判断,而是响应党的号召。"毛主席指示我照办,毛主席挥手我前进"。个人崇拜大行其道,忠于人民演变为忠于最高领袖个人。以致于有观点偏执地认为,对毛泽东的个人神化,成了在"文化大革命"中起特殊作用的红卫兵组织诞生的政治前提[①]。

二是"左"倾思想不断得到强化和加固。新中国成立后,经过多次群众性政治运动,"革命""斗争"的话语体系和思维方法逐渐成为社会意识形态的主流,"左"的理论和说教已经被认为是正当其理、毋庸置疑的。青少年群体生活在这样一种政治氛围中,认为中国就是世界革命的中心,在含义不清的"反修防修"的号召下,完全相信"修正主义导致资本主义复辟迫在眉睫"和"不斗则退,不斗则垮,不斗则修"的舆论宣传,在"保卫红色江山永不变色"的强烈责任感的激励下"争当革命事业接班人"。

三是思想活跃但缺乏实践经验和理性判断。处于青春期的人群,其自我意识趋于成熟,希望独立地探索人生和社会,充满了理想、好奇和激情。而一旦形成了某种想法和意念,他们就有一股初生牛犊不怕虎的精神。他们思想单纯,需要崇拜偶像,却难以对复杂的社会现象进行科学的分析和判断。对于"什么是社会主义,什么是资本主义;什么是无产阶级专政,什么是资产阶级专政;什么是马列主义,什么是修正主义"这些政治理论问题,很多青少年只是停留在表象化的认识层面。

四是发展成长的某种愿望与党的改造社会的一些思想相契合。"文化大革命"之前就有学生闹事,反对官僚作风。"文化大革命"中毛泽东认为,群众有气要发泄,"资产阶级就在党内","打倒走资本

[①] 高皋等:《"文化大革命"十年史》,天津出版社 1986 年版,第 40 页。

主义道路的当权派"。这与青年学生反对官僚主义的愿望是一致的。"文化大革命"中,红卫兵到各地串连,徒步远行,被很多青年人视为是接触社会、了解基层、开阔眼界、锻炼意志的好机会,唯恐落于他人之后。

二、红卫兵成为急先锋

作为党的最高领导人,晚年毛泽东最忧虑的是中国会不会出修正主义的问题。如何防止资本主义复辟,维护党的纯洁性,在毛泽东看来,一定要自下而上地把群众放手发动起来,形成一股势不可挡的巨大冲击力量,去揭露旧体制中存在的一切"黑暗面",创造出一个前所未有的、热气腾腾的、大风大浪的新局面来。正如他在1966年6月的一首诗中所写的那样:"青松怒向苍天发,败叶纷随碧水驰。一阵风雷惊世界,满街红绿走旌旗。"

红卫兵首先在中学里产生

1966年5月,中共中央政治局扩大会议通过《中国共产党中央委员会通知》(简称"五一六通知"),旋即作为中共中央文件在党内传达,并通过报纸社论在社会上传播。5月29日,清华附中的十几名学生,凭着干部家庭的政治氛围和灵通的上层信息来源,怀着革命接班人的神圣使命感,聚集在圆明园旧址,成立了全国第一个

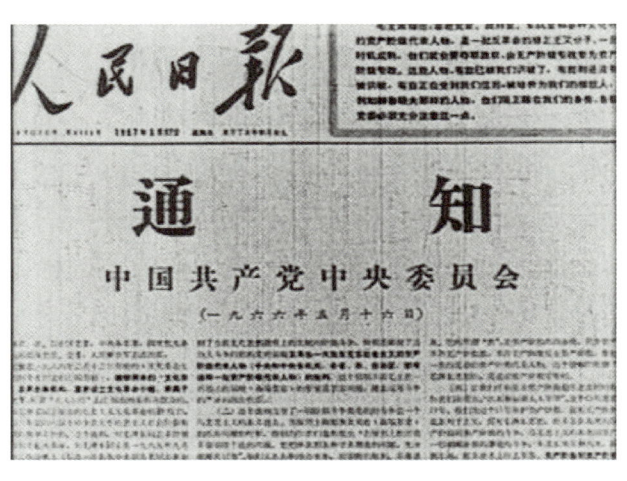

《人民日报》头版登载"五一六通知"

红卫兵组织——清华附中红卫兵,意思为保卫红色政权的卫兵。6月初,北京大学附属中学部分学生成立与清华附中红卫兵类似的自发学生组织——"红旗战斗队"。这两个组织是毛泽东发动"文化大革命"后全国最早产生的红卫兵组织。随后,"红卫兵"这一名称不胫而走,出现在北京各个校园。

6月24日,清华附中红卫兵贴出《无产阶级的革命造反精神万岁》的大字报,写道:"革命就是造反,毛泽东思想的灵魂就是造反""不造反就是百分之一百的修正主义!""修正主义统治学校十七年了,现在不反,更待何时?""我们既然要造反,就由不得你们了!我们就是要把火药味搞得浓浓的。爆破筒、手榴弹一起投过去,来一场大搏斗、大厮杀。什么'人情'呀,什么'全面'呀,都滚一边去!"①7月4日,他们又贴出《再论无产阶级的革命造反精神万岁》的大字报。许多中学内也纷纷成立红卫兵组织。

毛泽东回到北京后,清华附中红卫兵把两张大字报寄给毛泽东。7月31日,毛泽东写了回信。信中说:"两张大字报,说明对一切剥削工人、农民、革命知识分子和革命党派的地主阶级、资产阶级、帝国主义、修正主义和他们的走狗表示愤怒和申讨,说明对反动派造反有理,我向你们表示热烈的支持。"②这封信没有送出,但作为八届十一中全会文件印发了,社会上迅速传播开来。大中学校中,红卫兵组织立刻风起云涌般普遍成立起来。"革命无罪,造反有理",成为一时喊得最响亮的口号。不管怎么样的事情,包括不少无法无天的坏事,只要打起"革命造反"的旗号,仿佛就都是正常的,都可以任意去做。

---

① 清华大学附属中学红卫兵:《无产阶级的革命造反精神万岁》,《红旗》1966年第11期。
② 毛泽东给清华大学附属中学红卫兵的信,1966年7月31日。

毛泽东这样支持红卫兵，不仅因为他认为学生们年轻，受旧思想影响少，朝气蓬勃，有一股不可阻挡的闯劲，而且还有更深一层的考虑。他曾对身边工作人员说：

> 文革中这些群众主要是年轻人、学生，正是杜勒斯们寄托和平演变希望的最年轻的一代。让他们亲身体验斗争的严重性，让他们把自己取得的经验和认识再告诉他们将来的子孙后代，一代一代传下去，也可能使杜勒斯的预言在中国难以实现。
>
> 我考虑发动群众。我把批判的武器交给群众，让群众在运动中受到教育，锻炼他们的本领，让他们知道什么道路可以走，什么道路是不能走的。我想用这个办法试一试。我也准备它失败。现在看来群众是发动起来了，我很高兴，他们是同意我的做法的。①

由此可以看出，毛泽东的确是想把"文化大革命"作为锻炼革命事业接班人的路径来考虑的，可惜所造成的不良后果远远超出了他原来的预料。

"破四旧"

红卫兵的形形色色的"革命造反"运动是从"破四旧"开始的。诚如1966年6月1日《人民日报》所指出的那样："无产阶级文化大革命，是要彻底破除几千年来一切剥削阶级所造成的毒害人民的旧思想、旧文化、旧风俗、旧习惯，在广大人民群众中，创造和形成崭新的无产阶级的新思想、新文化、新风俗、新习惯。这是人类历史上空前未有的移风易俗的伟大事业。"②8月1日至12日召开的党的八

---

① 中共中央文献研究室编：《毛泽东传（1949—1976）》下册，中央文献出版社2003年版，第1432页。
② 《横扫一切牛鬼蛇神》，《人民日报》1966年6月1日。

第九章/"文化大革命"中的青年行动

届十一中全会,使中共中央在法定程序上确认了"文化大革命"的发动,"破四旧"被全会通过的《中国共产党中央委员会关于无产阶级文化大革命的决定》(简称"十六条")所肯定。一场史无前例的政治大动乱已不可避免。

天安门广场上的红海洋

党的八届十一中全会结束一周后,8月18日,百万群众庆祝大会在北京天安门广场隆重举行。参加大会的主要是来自北京和全国各地的青年学生。这次大会的群众规模和热烈场面是新中国成立以来所罕见的。毛泽东在新中国成立后第一次穿上绿军装,出席会议,在六个多小时里一直坚持在场。几万名戴着红袖章的红卫兵在大会上异常引人注目。在天安门城楼上,在东西两侧的观礼台上,站满了红卫兵的代表。天安门广场和广场两侧的东西长安街,都由红卫兵维持秩序。新华社报道说:"在大会进行中,师大女附中一个'红卫兵',登上天安门城楼给毛主席戴上'红卫兵'的袖章。毛主席和她亲切握手。"① 这次大会把本已存在的个人崇拜发展到更

---

① 《人民日报》1966年8月19日。

加狂热的程度。

"八一八"大会是运动发展的一个重要转折点。红卫兵们似乎一下子从会议精神中找到了显示他们力量最好的方式。会后,出现了两个重大变化。第一个重大变化是:红卫兵开始冲出校园,走上街头,"杀向社会",先是北京,再是上海、天津等各大城市,声势浩大地开展所谓"向一切旧思想、旧文化、旧风俗、旧习惯发动了猛烈攻击"的"破四旧"活动,把"革命造反"迅速扩展到全社会。

"文化大革命"发起不久,一群狂热的红卫兵在"破四旧"的号召下,将孔庙内的石碑拉倒。

这些红卫兵中的大多数人,充满热情,认为自己所做的都是正当的"革命行动"。但他们政治上很幼稚,处于狂热状态,政策和法制观念十分淡薄,参加行动的人员又比较复杂,无政府主义思潮迅速泛滥起来,他们张贴大字报,集会演说,做出许多荒唐和过火的举动。一部分红卫兵在"破四旧"的名义下,捣毁、涂抹文物古迹,焚烧中外古典名著、珍贵文物字画,连山东曲阜的孔庙和孔林也未能幸免。他们到处发布通令,把许多传统的有影响的路名、商店名、医院名等斥为"封、资、修",进而改换成有着浓厚政治色彩的新名称;在街上强行剪发,剪破他们认为的"奇装异服";在"破四旧"的名义下冲入居民住处抄家。更令人痛心的是,很多地方发生了严重破坏法制、任意打人致死事件。

一部分红卫兵对他们认定的"阶级敌人"实行揪斗、体罚和抄家。教育界、学术界、新闻界、文艺界、出版界等领域的领导、教师、专家、学者、编辑等,被当作"反动学术权威""反革命修正主义分子"受到批斗和抄家。一些著名知识分子如老舍、傅雷因受到人格侮辱而自杀。不少人被强行遣送回乡。党政机关的各部门几乎都因派出过工作组而遭到红卫兵的猛烈冲击,许多负责人被野蛮地揪斗和毒打。据不完全统计,北京市 1958 年确定保护的 6 843 处文物古迹中,遭到破坏的达到 4 922 处。北京市到 1966 年 9 月底,被抄家的达 32 600 多户。上海市仅半个月就被抄家 84 200 多户。这些恶劣行径远远超出了人们的预想。

运动中出现的这些极端行为,同毛泽东的初衷并不相符。他通过《人民日报》社论提醒红卫兵要用文斗,不用武斗。但总体评价红卫兵行动的主流是好的,认为他们的激烈行动对破除旧思想和旧秩序、打开一个新局面是需要的,出现某些偏差并不奇怪,有问题也只能到以后再解决,决不能对他们泼冷水,更不能"压制"和"打击"。8 月 21 日,他在中央政治局常委扩大会议上说:"提倡文斗,不要武斗,这是今天要谈的第一个问题。"但又说:"我们不干涉,乱他几个月。我们坚决相信多数人是好人,坏人只占百分之几。"①"来一个放任自流",也是他在 8 月下旬说的。事实上,在"不干涉""放任自流"的情况下,什么荒诞、离谱的事情都会发生。红卫兵中许多严重破坏社会秩序、践踏民主和法制的不法行为,不但没有得到遏制,反而是火越烧越旺。

---

① 中共中央文献研究室编:《毛泽东年谱(1949—1976)》第 5 卷,中央文献出版社 2013 年版,第 615 页。

"大串连"

"八一八"大会后,另一个变化是:出现了红卫兵的全国大串连,把"革命造反"的火烧到全国去。8月下旬起,红卫兵运动已形成全国性大串连的浪潮。北京学生分赴各地,向全国播撒"文化大革命"的火种。各地红卫兵也纷纷拥入北京"取经"。到8月28日,外地来京学生已达14万人。31日,毛泽东第二次在天安门广场接见红卫兵。中共中央、国务院发出通知,参加大串连的学生一律免费乘坐火车,伙食和住宿由当地政府安排,费用由国家财政开支。这样,大串连更加如火如荼般开展起来。毛泽东几乎每隔半个月就要接见一次来自全国各地的红卫兵。到这年11月止,他共八次接见北京和来京串连的红卫兵总共1 100多万人次。这样的全国大串连,到年底才逐步停息下来。

 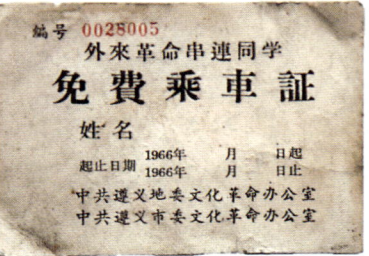

行色匆匆的大串连脚步与各地所发的免费乘车证

红卫兵的全国大串连产生巨大的辐射作用。从北京开始的对党政机关的猛烈冲击迅速扩大到全国。中央到地方的各级党政领导机关纷纷被围攻,被"炮打",被"横扫"。相当多的党政负责人遭到红卫兵的攻击和责难,被迫没完没了地检讨,却始终无法"过关";有的被野蛮揪斗以致失去人身自由,实际上已无法正常工作。许多党政机关陷入瘫痪或半瘫痪,社会秩序处于失控的无序状态。全国局势日趋混乱。

这种状况不能不使相当多的一批高中级干部感到强烈的怀疑和不满。在基层干部和群众中,信任并支持多年来做过许多好事的各级领导干部的人仍占着大多数,被称为"保守派"。群众中的两派对立日益明显。红卫兵的过激行动受到来自各方面的抵制。

参与"武斗"

1967年,"文化大革命"局势发生急剧变化,进入一个社会更动荡、冲突更加激烈、范围更加扩大的新阶段。这年第一天,《人民日报》《红旗》杂志共同发表元旦社论《把无产阶级文化大革命进行到底》,发出不同寻常的信号:"一九六七年,将是全国全面展开阶级斗争的一年。"社会上本来就充满"山雨欲来风满楼"的紧张气氛。"全面展开阶级斗争"是怎么一回事?局势将怎样发展?答案很快就有了,那就是"全面夺权"。这是一个巨大变化,因为直到1966年底,各地造反派对党政机关主要是围攻、"炮打"和揪斗领导干部,还没有从下而上起来"夺权"。

"全面夺权"是从上海开始的。"夺权"的主力已不是学校的红卫兵,而是张春桥、姚文元控制下的工厂和机关干部中的造反派。接着,夺权活动在全国范围内迅速展开,并很快形成山头林立、无政府思潮泛滥的局面。党政组织和公检法部门受到冲击,失去和几乎失去作用,一些军队机关也开始受到冲击。

"文化大革命"开始以来,得到江青和中央文革小组支持的北京高等学校造反派组织一直派人到全国各地串连,设联络站,煽风点火,兴风作浪,不少地区的恶性事件是在他们直接指挥下发生的;各地造反派组织也纷纷成立"驻京联络站",在1967年达到数千人。这是武斗不止、造成严重伤亡的重要风源。他们的头面人物是:北京大学聂元梓、清华大学蒯大富、北京师范大学谭厚兰、北京航空学院韩爱晶、北京地质学院王大宾,当时号称"五大领袖"。

那时候,北京高等学校多数师生已对这种无休无止、徒然造成严重破坏的派性武斗十分厌倦,做了"逍遥派"。但聂元梓、蒯大富等自恃"造反有功",又有中央文革小组做"后台",依然一意孤行,不仅插手各地,而且在学校内部制造流血事件,尤以清华大学最为严重,造成前来制止武斗的"工人毛泽东思想宣传队"的五名队员惨遭杀害。此事受到毛泽东的严厉批评。

红卫兵运动的危害

红卫兵组织从诞生开始,就充分显示了"无产阶级革命派"的"造反"精神。红卫兵在运动中满怀激情,高喊"造反有理!""革命就是造反,毛泽东思想的灵魂就是造反!""我们过去造反,现在造反,将来还要造反!"[1]1966年10月以后,红卫兵向党政机关发动猛烈冲击。从中央到地方的各级党政领导机关纷纷被围攻,被"炮打",被"横扫"。在1967年初开始的夺权运动中,不受任何约束的红卫兵更是冲锋陷阵,"横扫一切牛鬼蛇神"。毛泽东认为,有一部分干部"不接近人民群众,也不接近下级干部,做官当老爷。对付这些人,我毫无办法。这回好,群众就整他了。"[2]因此许多党政机关陷入瘫痪,社会秩序陷于失控的无序之中。当中央察觉到这种混乱的局面不能延续时,红卫兵运动已有些脱缰了。比如,中央要他们实

---

[1] 清华大学附属中学红卫兵:《无产阶级的革命造反精神万岁》,《红旗》1966第11期。
[2] 中共中央文献研究室编:《毛泽东年谱(1949—1976)》第6卷,中央文献出版社2013年版,第133页。

现大联合,一些红卫兵却热衷于小团体主义、派性斗争和大规模的武力械斗;中央要他们拥护"支左"部队,一些红卫兵却大"揪军内一小撮";中央指示他们"复课闹革命",一些红卫兵却充耳不闻。诚然,党在"文化大革命"期间的许多政策是错误的,但红卫兵的行为并非是自觉地抵制这些错误的政策,而纯粹是由于无政府主义和极端民主意识的驱动。

反映红卫兵造反的木版画

红卫兵运动严重干扰了工农业生产和交通运输秩序,破坏了国家财产。1966年8月之后,红卫兵刚开始到工厂、农村串联时,曾受到各级干部和群众的抵制,工农业生产尚能正常进行。但是,在红卫兵运动的强大冲击下,工厂、农村很快陷入一片混乱,停工停产,完全打乱了正常的生产秩序。红卫兵干预工厂、农村的"文化大革命"运动,加剧了工农群众组织内部的斗争和混乱。一些红卫兵组织还和工农群众组织长期冲突、武斗,更进一步破坏了工农业生产,造成国家财产的严重损失。红卫兵在运动中成群结队,走南闯北,造成车站、码头的拥挤混乱,车船的超负荷运行,使交通运输经常阻塞、中断,严重破坏了正常的交通运输秩序。

1967年下半年，在毛泽东的直接干预下，由红卫兵运动引发的社会动乱相对趋于缓和。随着工人、解放军宣传队的进驻和领导学校，以及大规模知识青年上山下乡运动的展开，原来喧嚣如潮、不可一世的各种红卫兵组织，无法再进行活动。① 到1968年底，大规模、成建制的红卫兵运动事实上就结束了。

三、"文化大革命"中的共青团

实际上，"文化大革命"一发动，团中央就首当其冲，因为面对的都是起来"闹革命"的青年学生，所以很难置身事外。1966年5月16日，中共中央政治局扩大会议通过的"五一六通知"，成为发动"文化大革命"的纲领性文件。自6月1日起，许多学校的领导机构陷于瘫痪。由于毛泽东不在北京，中央工作由刘少奇、邓小平主持，经中央政治局扩大会议讨论，决定向大中学校派出工作组，北京市中学的"文化大革命"运动交由团中央负责。7月18日，毛泽东由武汉回京后，认为"派出工作组是错误的"，团中央从各地抽调的1800多名团干部，稀里糊涂地都犯了"方向路线错误"。8月1日至12日，毛泽东在北京主持召开党的八届十一中全会，严厉指责刘、邓派工作组到大中学校的做法。在会上，毛泽东严厉批评团中央："不但不支持青年学生运动，反而镇压学生运动，应严格处理。""团中央应该站在学生运动这边，可是他站在镇压学生那边。"并说："凡是镇压学生运动的人，都没有好下场！"针对有人说胡耀邦、胡克实犯错误是"糊糊涂涂"的说法，毛泽东反驳说："'二胡'不是糊糊涂涂，是明明白白。"8月13日晚，北京市中学红卫兵在工人体育场召开万人群众大会，中央政治局常委李富春到会，代表党中央和毛主席宣布改组团中央书记处的决定。8月15日，又专门召开团中央机关全体工作人员大会，李富春再次宣布改组团中央书记处的决

---

① 席宣、金春明：《"文化大革命"简史》，中共党史出版社2006年版，第163页。

第九章 / "文化大革命"中的青年行动

定,停止九届团中央书记处的工作。1969年4月,团中央机关全体干部和全部直属单位的工作人员被下放到河南信阳潢川县黄湖农场接受劳动改造。

这样,共青团的系统领导完全中断,随着"文化大革命"运动的深入发展,省、市、县各级共青团都受到冲击,有的甚至机构瘫痪,基层组织遭到严重破坏。1969年4月,毛泽东希望共青团能重新成为全国青年的领导核心,并在党的九届一中全会的讲话中提出了整团的问题。1970年7月12日,中共中央发出《中共中央关于整团建团工作的通知》,要求各级党组织充分重视这项工作。到1971年初,全国一半以上的团支部开展了整团建团工作,恢复了组织生活。

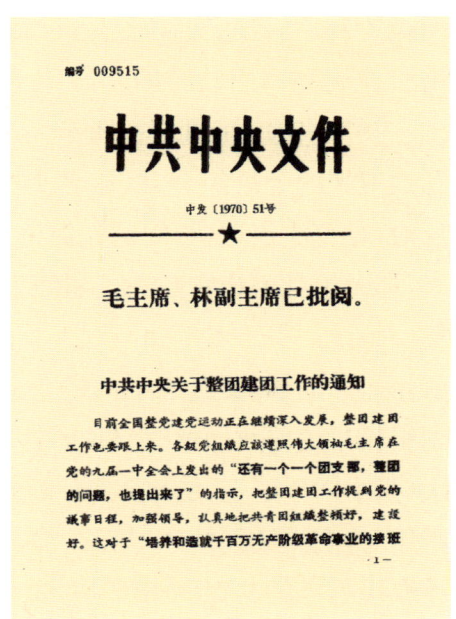

这是带有鲜明时代印迹的中央文件。

1971年林彪事件发生后,中共中央决定在全国开展"批林整风"运动,同时在一定程度上对极左思潮进行批判。共青团的恢复与建设也在加快推进。1972年下半年,全国大部分地区的基层团组织都恢复了组织生活。1972年10月14日,中共中央向全国批转了中共上海市委《关于筹建共青团上海市委的请示报告》,同意建立省(市、自治区)一级团委。于是从1973年2月至7月间,全国(除台湾省外)29个省、市、自治区都先后召开了共青团代表大会,成立了团省、市、自治区委员会。北京、辽宁、黑龙江、内蒙古、江西、云南、西藏七个省、市、自治区的提法是:"共青团要加强对红卫兵的领导";河北、福建、湖北、广东、甘肃、宁夏、新疆七个省、自治区的提法是："共青团要协助和支持红卫兵工作"；唯独上海，在报告和决议中没有表示意见，但在提交团代会讨论的团章修改草案中提出："中国共产主义青年团在中学中的组织名称是红卫兵"。这说明林彪集团被粉碎后，江青集团还在继续推行"左"倾错误主张和做法，并想借机控制和利用共青团。

1975年初，王洪文在团十大筹备组会议上提出，在中学把共青团和红卫兵两个组织合并，定名为"红卫兵"。他不顾许多与会同志的反对，径直决定：这个问题先保密，写在团章上，团的十大通过后再公布，那时候乱就让它乱去。谢静宜立即心领神会，卖力地为王洪文捧场。她说："关于青年团与红卫兵的关系问题，先不要讲，现在的任务就是，选代表时要有红卫兵的正式代表。"她在同团十大筹备组几位副组长讨论修改团章时又说："这就简化了青少年参加政治组织的层次（指中学以红卫兵代替共青团），领导关系更明确了。"江青集团别有用心，阴谋策划使红卫兵在共青团组织中占据席位，并妄图用红卫兵取代中学的共青团组织，在全国搞两个组织并存的局面，以此来肯定"文化大革命"的"成果"，削弱共青团在青年中的威望和影响。

毛泽东闻知后，非常生气，说："你们不要共青团，我要！"再次挫败了江青集团的阴谋。

四、尾声之处的抗争

"文化大革命"自1966年被由上而下地发起以后，虽然号称"群众运动"，但却违背了群众的意愿和利益。十年之后，对"文化大革命"的强烈不满却催生了一场真正的、来自人民的群众运动，而这场运动的矛头正对准了"文化大革命"本身。这时，拥护党的正确领导的青年群众真正成为运动的主人。[①]

[①] 中共中央党史研究室：《中国共产党的九十年》，中共党史出版社、党建读物出版社2016年版，第624页。

第九章／"文化大革命"中的青年行动

冰封不住的沉痛哀悼

1976年元旦,尽管广播喇叭中响彻着"到处莺歌燕舞"的欢快诗句,却无法驱散全国人民心头的惨雾愁云。1月8日,党和国家的重要领导人周恩来逝世。周恩来对党和人民无限忠诚,鞠躬尽瘁。在"文化大革命"中周恩来顾全大局,任劳任怨,为维持党和国家的正常工作,为尽量减少动乱所造成的损失,为保护大批党内外干部,进行了坚持不懈的努力。他同林彪、江青两个反革命集团的破坏进行各种形式的斗争,耗尽了心血。他的逝世引起全党全军和全国各族人民的无限悲痛。十里长街、万人同哭的悲壮送殡场面,反映了人民在党和国家危难的时候,对于失去这位卓越领导人的极度痛苦的心情,对于如何才能摆脱灾难争取国家光明前途的无比忧愤的心情。

这幅画作生动展示了十里长街送总理的动人场景。京城万人空巷,男女老少自发来到长安街两旁,怀着无比沉重的心情悼念人民的好总理。

1月11日下午,天色阴沉,朔风凛冽。周恩来的遗体要从北京医院送八宝山火化。人们从四面八方汇聚到十里长安街的两旁,肃穆伫立，等候了一个小时又一个小时，要为人民的好总理送行。悲怆的哀乐中，周恩来的灵车缓缓驶过。夜深了，风紧了，灵车已经过去了几个小时，但伫立在大街两旁的人群，依然在默默地等待着灵车的归来，迎候着总理的英灵。中国人民把对共产党的期待、希冀和热爱，都倾注在她的杰出代表周恩来的身上了。

在为周恩来治丧期间，"四人帮"发出种种禁令，竭力阻挠和污蔑群众性的悼念活动。他们不准人们佩黑纱、戴白花、开追悼会，要求各种娱乐活动继续进行。这一切，无疑加剧了人民群众对"四人帮"的仇恨。从1月9日到15日追悼大会以前的六天中，媒体只发表了（实际上是不得不发的）两则党和国家领导人以及首都群众代表同周恩来遗体告别和举行吊唁的消息。13日，姚文元一连三次向新华社下达指示，要少登悼念消息。16日追悼大会后，又下令："治丧报道要立即结束！"这些违背民心的举动，更加激起包括广大青年在内的全国民众的极大愤怒。

这时，离清明节不远了。3月19日，北京市朝阳区牛坊小学学生在人民英雄纪念碑前献上第一个悼念周总理的花圈。3月24日，南京的江苏新医学院师生抬着花圈游行至雨花台，在革命烈士纪念碑前举行悼念周总理的仪式。第二天又在新街口贴出"誓死捍卫敬爱的周总理"等大标语。他们的行动推动了南京群众运动的发展。3月25日，《文汇报》刊登新闻《走资派还在走，我们就要同他斗》，把一场悼念周总理、声讨"四人帮"的群众抗议运动之火点燃起来了。

3月28日是星期天，南京大学400多名师生上街游行，到梅园新村周恩来旧居庄严宣誓，沿途许多工人、学生、干部加入，汇成巨大的示威洪流。3月29日，南大校园内挤满各界群众，传抄标语和大字报。南大学生组成20多个小组，跑遍全市主要街道，刷上了"文汇报的反党文章是篡党夺权的信号弹"等大标语。3月30日晨，南大学生在铁路工人支持下，用柏油和白漆把"警惕赫鲁晓夫式的野心家、阴谋家篡党夺权""谁反对周总理全党共诛之!"等大标语刷在列车车厢上,让奔驰的列车把战斗的号召带到北京,带到上海,带到全国各地。当天晚上,学生们还在闹市区新街口、鼓楼、山西路散发传单,发表讲演。几天来,到梅园新村悼念周总理的人流,不分昼夜,绵延不绝。抬着花圈列队游行去雨花台的,每天多达五万人左右,道路被挤得水泄不通。3月31日,南京汽车厂制泵分厂职工在新街口东侧最醒目的地方贴出大标语:"打倒大野心家、大阴谋家——张春桥!"直接点明斗争目标,把南京的群众运动推到了高潮。南京的群众运动使"四人帮"万分恐惧,他们诬蔑"那些贴大字报的,是为反革命复辟制造舆论",是"反革命逆流",下令取缔群众的大字报、游行等。

南京事件是丙辰清明节天安门事件的前奏。正当"四人帮"费尽心机要把它压制下去的时候,它所点燃的烈火已经在天安门广场上冲天而起了。

丙辰清明的呐喊

1976年3月30日,北京市总工会在人民英雄纪念碑南面的浮雕上面,贴出第一篇怀念周恩来、声讨"四人帮"的悼词。被称为"丙辰清明前的第一声呐喊"。浮雕上放置了一个洁白的花圈,有29人签名。一夜过后,人民英雄纪念碑四周放满了花圈。数不清的悼词、诗歌、小字报,出现在纪念碑上、花圈丛中。许许多多的单位和个人自发地到广场举行悼念仪式。4月1日,天安门到处是悼念周恩来的人群,真是"天安门前花似雪,纪念碑下泪如雨"。广场成了悼念周恩来的灵堂,斥责"四人帮"的法庭。而那篇悼词像一块磁石吸引了上千群众,开始人们只是默默地抄录,后来抄录的人越来越多,站在悼词旁边的一名男青年,便自告奋勇地高声朗读起来:"敬爱的周总理……我们决心化悲痛为力量,向伟大领袖毛主席、向您庄严宣誓……誓与党内外的资产阶级血战到底!"

4月2日清晨,北京街头出现第一支游行队伍——中国科学院109厂职工,用四辆卡车开道,抬着四个大花圈和四块木制大诗牌,走进天安门广场。这天,北京各单位传达中央关于南京事件的电话通知,说"清明节是鬼节","送花圈是'四旧'",并警告人们"天安门有反革命分子捣乱",不要到天安门广场去。首都人民蔑视这些警告、阻挠,继续拥向天安门广场。人们发出了"民心不可侮,党心不可欺""反周民必反,批邓民不依"的呐喊。诗牌、挽联、传单数量猛增,揭露、嘲笑、咒骂"四人帮"的诗词越来越多。"妖魔""鬼蜮""豺狼""野心家""阴谋家"等成了"四人帮"的代名词,"白骨精"就是对江青的专用语。"我们怀念杨开慧"一句标语,表达了人们对江青的憎恶。直到深夜,还有成千上万的人在抄写诗词、悼文,护卫着花圈、挽联。

北京红旗越剧团导演李铁华在天安门广场发表演讲,抨击时政。

4月3日,天色阴沉,细雨蒙蒙。无数支送花圈的人流从四面八方拥进天安门广场。花圈把纪念碑的基座堆满了,便向周围的广场扩展。到了晚上,送来的花圈又比白天增加几倍。数不清的诗词、挽联、悼文及传单遍布广场。人们大声朗诵,俯首抄写。清华学生写的《献上一朵素洁的白花》,被几千人聚集广场中央反复齐声朗诵。还有人把悼念周总理的诗词谱成歌曲,在广场教唱。天安门广场上出现了万人大合唱的动人心魄的场面。

4月4日是丙辰年清明节,又逢星期天,天安门广场的群众运动达到高潮。虽然"四人帮"下了不许悼念的禁令,但首都人民无所畏惧,还是争先恐后拥向天安门广场。早上7时,青云仪器厂职工分四路纵队,共275排,抬着34个花圈,从西单来到天安门广场,绕场一周,举行隆重的纪念仪式。北京铁路分局青年工人王海力在天安门广场展示血书,场面十分感人。这天,来到广场的群众达200万人。整个广场淹没在人潮花海之中。各式各样精致的花圈从天安门城楼前面的广场一直排到人民英雄纪念碑的南端。纪念碑四周的青松翠柏,系满了朵朵小白花,宛如覆盖着一层白雪。纪念碑上,周恩来的巨幅画像,安放在"人民英雄永垂不朽"这一行耀眼的大字之下。画像下面,用大朵白花镶边的黑布上,横排四个大字:"民族英魂"。13块方框大匾悬挂在纪念碑前的13根旗杆上,"敬爱的周总理我们永远怀念您"13个大字横贯天安门广场。空中,两串黄色气球悬系两根白色飘带,一边写着"怀念总理",一边写着"革命到底"。

在阴沉的天色下,天安门广场显得格外肃穆,格外悲壮。此时此刻、此情此景之下,诗词成了群众表达和交流内心情感、意志和愿望的最好手段。向来有诗国之称的中国,有史以来从未有过这样动人心魄、这样气壮山河的伟大的诗歌运动。人们写诗填词,朗诵传抄,倾泻缅怀周总理、痛斥"四人帮"的感情,抒发对社会主义民主的追求和实现四个现代化的渴望。

《清明呐喊》的四言诗,是北京师范大学一位学生在同伴们支持下写的。内容是:"前番悼念,又哄又压。九十余日,百人遭抓。今朝扫墓,变本厉加。言称'破旧',用心毒辣。《文汇》《参考》,舞爪张牙。人民愤怒,后台出马。颠倒黑白,诬人造假。遥桥①无罪,总理有瑕?桩桩件件,有目共察。追根寻源,辽海两家。篡权野心,一如林家。若其得逞,必拥苏家。人民眼亮,尔辈眼瞎。民不畏死,何以惧怕。犹谢去者,唤起民心。革命新史,由此填发。呐喊呐喊,喊哪喊哪。浩荡洪流,冲毁厮家。"这首诗把"四人帮"的野心和手法,揭露得淋漓尽致。一贴出就受到热烈的欢迎,传颂传抄者络绎不绝。

《请收下》是北京工业学院10位学生献给周恩来的散文诗。诗牌上方是周恩来的遗像,周围环绕着精心制作的10朵红花,诗牌两边以"君以赤心育花开,我洒碧血染红花"为挽。人们流着泪读着这首诗:"收下吧,请收下新一代心上的鲜花;收下吧,请收下接班人深情的鲜花!手捧着她,我们仿佛又看见您——敬爱的总理啊,目光炯炯,右手拂在怀间,巍然屹立在蓝天白云下……"诗里还写道:"任刮起十级台风,掀起万丈黄沙,谁也不能折断我们不屈的脊骨……当敌人妄图把太阳推向海底,上锁钉枷,我们将用钢铁的胸膛护住上升的红日,我们将用青春的热血烧红满天的朝霞。""到那天,我们将用震天的万门礼炮将您隆重地唤醒,把您请进壮丽的共产主义大厦,请您在检阅台上给我们讲话。再献上这样一束——共产主义的鲜花!"②诗中

天安门广场大量的声讨檄文、战斗诗词的展示,激起人们发自内心的强烈共鸣,争相传抄,迅速流传。

---

① 遥桥:暗指姚文元、张春桥。
② 《革命诗抄》,中国青年出版社1979年版,第265、267页。

第九章 / "文化大革命"中的青年行动

强烈地表达了青年一代的爱憎、意志和决心。

4月4日晚9时,纪念碑西南角出现名为"第十一次路线斗争"的传单,几千人围着听一名女军人朗诵。传单指斥江青扭转批林批孔大方向,把矛头指向周总理,背着中央接见外国传记记者,诬蔑中央领导同志,在四届人大争当总理;传单赞扬毛主席识破了江青,按周总理的意图召开了四届人大,取得了斗争的初步胜利,后来又批评江青,停止其在中央工作;在周总理患病期间,由邓小平主持中央工作,斗争取得了决定性胜利。传单认为邓小平重新主持中央工作,全国人民大快人心。这份传单,虽然史实不很准确,却表达了人民对这段历史的评价,反映了人民对江青一伙的憎恶。人们听了一遍还嫌不够,要求再念一遍。人们打亮手电,连续读了五遍才停下来。在丙辰清明之夜,由朗读这份传单形成了一个怀念周总理、拥护邓小平、声讨"四人帮"的高潮。

正当广场上诵读着"第十一次路线斗争"等传单、群众的革命义愤高涨之时,部分在京政治局委员举行紧急会议,决定采取紧急措施,以应付"更大事端",其中包括从当晚开始清场,把天安门广场的花圈送八宝山,组织公安机关破案抓捕群众,布置工人、民兵和公安人员出动,要围住纪念碑,阻止群众去送花圈。

4月5日凌晨1时到2时,天安门广场上的花圈惨遭洗劫。早晨6时,广大民众继续拥向天安门,发现花圈被收走了,诗词被撕掉了,挽联、条幅都不见了,纪念碑周围是三道戒备森严的封锁线,又听说有些人被抓了,异常气愤。9时左右,人群聚集在人民大会堂东门口,要求"还我花圈""还我战友",高呼"人民万岁"等口号。群众前往设在广场东南角小红楼里的"工人民兵指挥部"交涉,头头避而不见。时间已过中午,群众对受到的压制和捉弄再也无法忍受。愤怒的群众把指挥部的几辆汽车和公安部门的"广播宣传车"推翻烧着了。下午5时许,指挥部小楼起火。群众和民兵、警察发生冲突,双方都有受伤。

在下午的政治局会议上，决定由北京市委第一书记吴德出面讲话，然后动用民兵清场。晚上6点半起，广场开始反复广播北京市委第一书记的录音讲话，声称近几天来，"极少数别有用心的坏人利用清明节，蓄意制造政治事件"，"今天，在天安门广场有坏人进行破坏捣乱，进行反革命破坏活动"，要求"认清这一政治事件的反动性"，"革命群众应立即离开广场，不要受他们的蒙蔽"。三个小时以后，广场上突然灯火通明，广场四周的民兵、警察和卫戍部队一齐出动，封锁了天安门广场。在清场过程中，多人被捕。

以天安门事件为中心的群众运动一时被镇压了下去，但它在全国人民心中燃起的火焰是扑不灭的。这场群众运动鲜明地表达了中国人民拥护以邓小平为代表的党的正确领导、同"四人帮"势不两立的坚决态度、实现四个现代化和社会主义民主的强烈愿望。它为10月粉碎江青反革命集团奠定了坚实的群众基础。

全国范围的青年抗议

北京青年和人民在天安门广场的斗争，不仅与南京人民的斗争息息相通，而且和全国各地青年和人民的斗争息息相通。在天安门事件前后，全国各地青年同当地的人民群众一起，也爆发了悼念周恩来、抗议"四人帮"的群众运动。

4月4日清晨，国营天津实验工厂1 300多名职工到烈士陵园，敬献12个三米高的花圈、花篮，一名共青团员代表全厂职工致悼词，然后又把8个花圈、花篮送到中心广场。为了表示对首都人民正义行动的支持，他们还派人把一个精致的花圈送到北京天安门广场。与此同时，天津大学、南开大学等单位的青年也以各种形式悼念周恩来，声讨"四人帮"。天津大学机械制造系的三名女学生，自费赴京到天安门广场扫墓献花，她们抄录了大量的革命诗词，带回天津后，又抄成大字报张贴，传播了首都青年和人民的正义呼声。

4月3日，太原市五一广场上悼念的队伍如浪如潮。特别引人注目的是 30 多名年轻的公安战士组成的悼念队伍和解放军驻太原某部年轻战士排成的七路纵队,举行了不带枪的游行,受到了群众鼓掌敬礼。太原铁路客运段京快一组的 36 名年轻的列车员,把太原人民的爱和恨带到北京金水桥畔,又把天安门广场的许多诗词转抄贴到五一广场。太原江阳化工厂一名青年工人贴出了自己写的词(署名"江阳工人劲草"):"昔见梅花笑,今见梅花愁,已是清明春来早,雪伴忠魂吼。骨灰江河撒,丹心天地投,鞠躬尽瘁为人民,罪名何所有?"这首词引起了人们的共鸣,越来越多的人把斗争矛头指向"四人帮"。

在二七大罢工的发源地郑州,4 月 4 日,从黎明到深夜,成千上万的人民群众络绎不绝地来到二七大罢工纪念塔下,在广场周围贴满悼念周总理、声讨"四人帮"的宣传牌、传单、诗词、祭文。三名青年创作的署名"钟声"的长诗《悼总理》,无情地鞭挞了"四人帮",指出了"有人身上的光彩,全靠画家的毛笔涂抹,有人昙光般的高名,全凭大喇叭强吹"。这首长诗受到了郑州人民的喜爱,却触怒了"四人帮"在河南的亲信。

在富有革命传统的浙江大学,师生们在校门口矗立起一座形同天安门广场人民英雄纪念碑的木制巨碑,上面镶嵌着周恩来的织锦像,两旁排列着 16 个花圈和铁树松柏。校园里贴的《丙辰清明节特刊》上,登载着恩格斯《在马克思墓前的讲话》、斯大林《悼列宁》和邓小平在周恩来追悼会上的悼词全文,同时尖锐地指出:"林彪一类打着红旗反红旗的反革命两面派、野心家、阴谋家,尽管他们猖獗一时,到头来无不落得个身败名裂的下场。"

清明节,安徽省合肥市砂轮厂一名青年工人写了一首署名"心中"的诗——《周总理,我们怀念您》贴在了长江路的闹市街头。这首诗像迎接阴霾的雷火,震动了全市人民的心。人民被压抑的全部的爱和恨,一下子全都爆发出来了。合肥市果品公司的几个青年,接着贴出了署名"坟江""仲甫"的两首战斗诗篇。安徽大学和合肥工业大学的师生在长江路上贴满了悼念周恩来、声讨"四人帮"的大标语。东门一所小学300多名师生戴着黑纱、白花,手捧周恩来遗像,高唱《国际歌》,高呼革命口号,沿长江路游行。中国科技大学附中的师生托着花圈,举着挽联,列队来到中共合肥市委广场,举行了隆重的追悼大会。更多的人拥向大蜀山烈士陵园,合肥市又是一片花山诗海人潮。

古城西安悼念敬爱的周总理

西安市人民声讨"四人帮"的战斗独树一帜,漫画成为他们的武器。4月5日,在钟楼附近老邮局的西墙上,贴了一幅关于江青、张春桥的漫画,还有人和诗曰:"是人非似人,真妖真离奇。首长和'旗手',吕武岂能比。黄粱梦一枕,总理女皇帝。"

以知识青年为核心的清明节悼念活动在许多农村进行。在河北省藁城县的一个农村大队,清明节清晨,设在大队学校的周恩来灵堂里人流络绎不绝,在周恩来的遗像前,小学生们献上了436朵小白花,意味着"一颗白花一颗心,少年热血祭英灵。宏图大业总理志,实现'四化'有新人"。知识青年们不断朗读着自己书写的诗词。一名知识青年还在学校院子里贴出了四张分别题为《好梦夺权》《陷害忠良》《假装革命》《玉宇澄清万里埃》的漫画。

第九章 / "文化大革命"中的青年行动

4月7日晚上,全国所有广播电台同时广播了《中共中央关于华国锋任中国共产党中央委员会第一副主席、中华人民共和国国务院总理的决议》和《关于撤销邓小平党内外一切职务的决议》。在第二项决议里,天安门事件被定为"反革命事件",邓小平也因天安门事件的发生和所谓"最近的表现",被撤销党内外一切职务,保留党籍,以观后效。从4月8日起,"四人帮"开动了他们所掌握的全部宣传机器,对天安门事件进行了大量的歪曲事实的宣传,并且加紧了对群众的控制和镇压,全国笼罩着白色恐怖的气氛。但火焰并没有熄灭,青年的斗争仍在继续。

上海虽是"四人帮"严密控制的地区,可4月8日天刚蒙蒙亮,在上海市人民广场中心的主旗杆上,却升起了一面悼念周恩来的旗帜,洁白的绢绸上,绣着周恩来的遗像,下面写着"沉痛悼念恩来总理"。这是上海市徐汇区服务公司建新机修厂一名青年工人冒着生命危险升上去的。

同一天,广州半导体材料厂一名青年电工写了一封信,寄给了当时被"四人帮"心腹所控制的人民日报社,信中提出"支持邓小平!""打倒张春桥!""打倒姚文元""打倒江青!"信的最后写道:"舍得一身剐,誓把阴谋家拉下马!""野火烧不尽,春风吹又生!"

在"四人帮"严密控制的辽宁省,许多青年也喊出了正义的声音。4月10日,抚顺市邮电局一名青年工人以"抚顺市广大革命群众"的名义,投书市革委会,热情赞扬天安门广场人民的英勇斗争:"这一革命行动……大快人心,大长了革命群众的志气,大灭了野心家的威风。我代表全市广大革命群众对于天安门广场示威游行,表示衷心支持,坚决反对那些执迷不悟、替强权政治服务的忠实走狗们。……乌云遮不住太阳的光辉,一切阻挡革命人民群众前进的敌人是绝对没有好下场的。"

4月12日清晨,广东韶关市三名18岁左右的青年,在六个居民点贴出了十几张标语,号召群众起来,"伸出医国的手,重整河山"。同时还抄出了稍作改动的《革命烈士诗抄》中贺锦斋的诗词:"花好正含苞,色胜鲜桃,一遇东风即吐娇,飞遍全国成硕果,意志难摇。反动命难逃,挣扎徒劳,革命巨浪比天高。试看江南与江北,滚滚波涛。"

天安门广场的诗词、祭文、悼词以及当时场景的照片、录音带等,在天安门事件被镇压后,如何保存,成为青年群众在新的情况下同"四人帮"的另一种斗争。人们冒着危险,想尽一切办法躲避搜查,收藏那些珍贵的物品。西北冶金设计院一名青年工人把录音带看得比自己生命还要宝贵。他先把磁带藏在北京家里绘图版夹心中、马克思像的底座下;后来又转移到兰州,放在密封的雪花膏瓶里,埋进煤球堆;最后又转移到嘉峪关。人们坚信,这些东西迟早会重见天日,作为革命文物放射出它应有的光辉。

一代青年获新生

天安门事件前后,监狱里关押了一批因悼念周恩来、声讨"四人帮"而被捕的所谓"反革命",大多是在新社会长大的青年。他们被戴上镣铐,屡遭毒打,艰难的铁窗生活考验着他们的意志,"始知革命非容易,且爽精神看威淫"。他们真理在胸,正义在手,相信自己的事业是符合人民利益的,千百万人民群众是站在自己身边的。尽管身陷囹圄,他们仍然坚持斗争。

1976年10月6日,中共中央政治局执行党和人民的意志,采取断然措施,粉碎了江青反革命集团。消息传开,举国欢庆。中国又重新走向光明,"四人帮"被押上了历史的审判台。

在人们欢庆胜利的时候,他们没有忘记半年前北京天安门广场和全国许多地方的花山人海。他们没有忘记那些泪洒广场、血染雄碑、向"四人帮"发动了大规模抗议斗争的勇士,没有忘记他们还戴着"反革命"帽子,被锁在铁牢里。人们热切地盼望着这一光辉的人民运动昭雪平反。

第九章 / "文化大革命"中的青年行动

《人民日报》头版头条为天安门事件平反

　　1978年11月16日,《人民日报》公布了中共北京市委的决定,宣布天安门事件完全是革命行动,为受到迫害的同志一律平反,恢复名誉。随后,中共十一届三中全会公报宣布:1976年4月5日的天安门事件完全是革命行动。以天安门事件为中心的全国亿万人民沉痛悼念周恩来同志,愤怒声讨"四人帮"的伟大革命群众运动,为后来粉碎江青反革命集团奠定了广泛、深厚的群众基础。全会决定撤销中央发出的有关"反击右倾翻案风"运动和天安门事件的错误文件。历史作出了结论,天安门事件冤案终于得到平反、昭雪,一代青年获得了新生!

第十章　旷日持久的上山下乡运动

应该说，中华民族的伟大复兴是整体复兴、全面复兴，不论城市农村、沿海内地、各行各业。而现实中经济社会发展的确存在地域、城乡、行业等方面的不平衡，处理好国民经济和社会发展中的诸多矛盾，是执政党治国理政的重要内容。对于一代伟人毛泽东来讲，消灭城乡差别、工农差别、脑力劳动和体力劳动的差别一直是其孜孜以求的理想目标。本来，从革命战争年代到和平建设年代，"走与工农相结合的道路"一直是中国青年运动的方向。而某种理念一旦被绝对化，在实践中就容易出现偏差。知识青年上山下乡运动，就是这样一场不同寻常的青年运动。它时间跨度很长，起因和影响都相当复杂。

一、现实环境与理想设计

以"文化大革命"爆发为界，知识青年上山下乡运动可以分为前后两个时期。20世纪50年代，知识青年上山下乡的主要目的是为农村输送大量有一定科学文化知识的知识青年。1957年4月8日，在刘少奇主持下写成的《人民日报》社论《关于中小学毕业生参加农业生产问题》进一步指出："就全国说来，最能够容纳人的地方是农村，容纳人最多的方面是农业。所以，从事农业是今后安排中

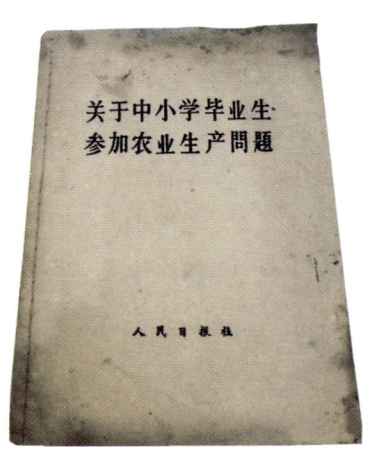

这本1957年4月出版的只有11 000字、仅售0.03元的小书，对中国知识青年的命运产生了重大影响。

学毕业生的主要方向,也是他们今后就业的主要途径。"可见,知青上山下乡是在城镇就业门路较窄的背景下,为减轻青年就业压力而找到的一条有价值的途径。在当时,这一做法正好适应了农业合作化后农村对有文化的农民和边疆地区对开发建设的需要。到了20世纪60年代后期,主要目的转变为让知识分子到农村、到基层向农民、工人学习阶级斗争、生产斗争的知识。那么,城市知识青年为什么一定要走向农村呢?

国内外政治背景

1949年中华人民共和国成立后,毛泽东始终对西方国家的封锁、威胁、压制无所畏惧,同时又对西方采取的"和平演变"策略保持高度警觉。1956年苏共二十大赫鲁晓夫全盘否定斯大林,并接连发生苏联干涉东欧社会主义国家内政的事件,这引起了整个社会主义阵营的极大震动,中苏之间开始出现分歧。从1956年下半年到1957年,中国出现了一些城市工人罢工、多起大中学生罢课请愿事件,不少地区接连发生农民闹退社、闹缺粮的风潮。在随后的整风运动中,极少数知识分子乘机鼓吹"大鸣""大放""大民主",向党和新生社会主义制度放肆地发动攻击,甚至提出"轮流坐庄"的言论,直接挑战来之不易的新政权。中共中央对此十分警觉,决定开展反右派斗争。

更使党的领导层忧心忡忡的是,堡垒是最容易从内部攻破的,毛泽东多次提醒各级领导干部防止"和平演变",并为此提出反对国内修正主义,也开始重新考虑中国未来的走向,并着手开始了重塑新一代中国知识分子的实践。知识青年上山下乡被认为是"防修反修的百年大计,千年大计,是培养无产阶级革命事业接班人的根本途径"。1965年6月,高等教育部根据毛泽东关于培养革命接班人的指示精神,向中共中央提出了《关于分配一批高等文科毕业生到县以下基层单位工作的请示报告》。中央在转批这个报告时指出:

分配一批大学生到农村,是实现知识分子同工农相结合,培养革命接班人的有效途径之一[①]。

党的领导人对知识青年的一贯认识

毛泽东在很早就认识到知识分子的重要性,1939年12月,毛泽东讲道:"共产党从诞生之日起,就是同青年学生、知识分子结合在一起的;同样,青年学生、知识分子也只有跟共产党在一起,才能走上正确的道路。知识分子不跟工人、农民结合,就不会有巨大的力量,是干不成大事业的;同样,在革命队伍里要是没有知识分子,那也是干不成大事业的。"[②]

然而,他同样指出中国知识分子大都出身于资产阶级和小资产阶级家庭,在一定的阶级地位中生活,各种思想无不带有阶级烙印,他们的世界观基本上是资产阶级和小资产阶级的代表,只有长期不懈的改造,才能使他们成为无产阶级的知识分子。由此不难看出,改造知识分子是毛泽东不断追求的目标。如何改造知识分子?毛泽东认为唯一有效的途径就是知识分子与工人、农民相结合,与生产实践相结合,在实践中用马克思主义的世界观不断改造,使之成长为又红又专的无产阶级知识分子。毛泽东作为新知识分子的杰出代表,并不断成长为伟大的无产阶级革命家、政治家,这与他多年的革命斗争,以及与工农群众密不可分的丰富实践息息相关。毛泽东对中国知识分子清醒的认识,以及自身成长的经验,可能成为他倡导和推动知识青年上山下乡的内在动力和理论依据。

早期中国共产主义者思想的影响

五四时期,许多进步思潮都程度不等地表现出"脱离都市,回到

[①] 薄一波:《若干重大决策与事件的回顾(修订本)》下卷,人民出版社1997年版,第1200页。
[②] 毛泽东:《一二九运动的伟大意义》(1939年12月9日),《毛泽东文集》第2卷,人民出版社1993年版,第256页。

乡间去运动"的倾向,以为都市太烦扰,想约同志到乡村居住,实行"半耕半读"。一度接受新村主义的恽代英说:"我们预备在乡村中建造简单的生活","村内完全废止金钱,没有私产,各尽所能,各取所需"①。

李大钊也曾用理想化色彩描绘农村和农民,把农村当作净化心灵的道德之乡和精神高地。"都市上有许多罪恶,乡村里有许多幸福;都市的生活黑暗一方多,乡村的生活光明一面多;都市上的生活几乎是鬼的生活,乡村中的活动全是人的活动;都市的空气污浊,乡村的空气清洁。"他们号召:"青年呵!速向农村去吧!日出而作,日入而息,耕田而食,凿井而饮。那些终年在田野工作的父老妇孺,都是你们的同心伴侣,那炊烟锄影、鸡犬相闻的境界,才是你们安身立命的地方呵!"②

毛泽东早年也曾表示:吾国现时有一弊,即学生毕业后,"多骛都市而不乐田园",而欲除此弊病,应使学生直接参加社会所需要的生产,而这种生产的场所必须在农村,一边读书,一边工作,这种工读生活是新社会的细胞。

中国共产主义者早期思想中这些热烈、美好的憧憬或多或少地延续到新中国成立之后,成为消解城市化建设紧迫感的原因之一。当然,重要的是,这不是以往某些思潮的简单翻版,而是存在着产生这些思潮的土壤③。

知识青年的思想动态

"知青一代"是与共和国一起成长起来的一代人,他们所接受的教育使他们中许多人充满了理想主义、英雄主义的情怀,以天下为

---

① 《恽代英日记》,中共中央党校出版社1981年版,第652页。
② 李大钊:《青年与农村》(1919年2月20—23日),《李大钊全集》第2卷,人民出版社2013年版,第426页。
③ 郑谦:《"文化大革命"中知识青年上山下乡运动五题》,《中共党史研究》2013年第9期。

己任的献身精神和强烈的阶级斗争意识。一位作家回忆说,在整个中小学时代,她"最喜爱的是《红岩》《欧阳海之歌》《青春之歌》","也喜欢《青年近卫军》《卓娅和舒拉的故事》《钢铁是怎样炼成的》《勇敢》,这些都是我早期读的书"。"这些革命英雄主义的作品对我世界观的奠定和文艺观的形成发生了积极的影响"。另一位作家说:"对于六七十年代的知青来说,英雄主义曾经是哺育他们成长的摇篮,是不可缺少的精神滋养",他们"渴望无私奉献,渴望通过献身即为某种神圣目的而死来达到升华精神的崇高境界"。

一名红卫兵在信中说:"中国的未来是属于我们的!世界的未来是属于我们的!我们不能忘记世界上还有三分之二的人民处于水深火热之中","世界革命的历史责任天然地落到了我们肩上"。①他们崇拜毛泽东、格瓦拉②、胡志明③,相信中国的今天,就是世界的明天。他们充满了革命饥渴和幼稚憧憬,相信共产主义的胜利在有生之年一定会实现。

二、"广阔天地,大有作为"

新中国成立后,人民政府全面接管教育事业,并有准备、有计划、有步骤地改革旧的教育制度、教育内容、教学方法。城乡中小学教育得到较快发展,到1953年不能升学的人数达到213.4万。为了缓解城镇的容纳压力,1953年12月,《人民日报》发表社论《组织高小毕业生参加农业生产劳动》,首次提出由政府出面动员组织一部分青年学生到农村就业的设想。这可以视为日后波澜壮阔的上山下乡运动的最初源头。

---

① 转引自郑谦:《"文化大革命"中知识青年上山下乡运动五题》,《中共党史研究》2013年第9期。
② 格瓦拉(1928—1967),古巴共产党、古巴共和国和古巴革命武装力量的主要缔造者和领导人之一。
③ 胡志明(1890—1969),越南共产党的卓越领导人,时任越南劳动党(今越南共产党)中央委员会主席。

"向荒原进军"：出征北大荒

自 1953 年开始，在经济建设第一个五年计划实施过程中，一方面城市存在大量中小学毕业生未能升学或就业，另一方面农村需要大批有文化的知识青年投入劳动者的队伍中去。1955 年 6 月 27 日，中共中央转发青年团中央《关于苏联开垦荒地的一些情况的报告》（这是中国青年代表团赴苏联学习共青团工作经验的考察报告），成为城市青年开展大规模垦荒运动的前奏。1955 年 8 月，《人民日报》一篇社论指出："新中国成立的时间还短，还不可能马上就完全解决城市中的就业问题。如果国家用分散经济力量的方法把每个人的职业都包下来，那么，工业的发展就要受到挫折。必须指出，家在城市的中小学毕业生中有一部分人目前的就业问题是有一定困难的。""农业生产对于中小学毕业生的容纳量是十分巨大的，现在需要量很大，以后的需要量更大。"[①]1955 年 8 月至 1956 年上半年，为落实中共中央批转中央农村工作部《关于垦荒、移民、扩大耕地、增产粮食的初步意见》，且受到中共中央转发团中央《关于苏联开垦荒地的一些情况的报告》的政治鼓舞，向有"开风气之先"传统的青年团发起青年志愿垦荒运动，从而成为知识青年上山下乡的又一直接源头。而毛泽东在 1955 年 9 月所题写的组织青年学生参加农村合作化按语中的"大有作为"，则成为知识青年自愿向下流动的重要动力源。

1955 年 8 月初，青年团中央书记处书记胡耀邦说：开荒的大风暴还没有来，但大风暴之前必有闪电。北京可以带头，榜样的作用是很重要的。只要我们首先把垦荒队搞起来，就能带动许多城市青年下乡[②]。8 月 5 日，北京市石景山区西黄村乡乡长、20 岁的杨华与

---

① 《必须做好动员组织中小学毕业生从事生产劳动的工作》，《人民日报》1955 年 8 月 11 日。
② 顾洪章主编：《中国知识青年上山下乡始末》，人民日报出版社 2008 年版，第 16 页。

四名有志于垦荒的北京青年商议组建垦荒队的事。随后,这五位发起人向青年团北京市委提交了组建北京青年志愿垦荒队的申请书:

> 我们是北京市郊区的五个青年人。我们早就想给你们递这份志愿到边疆开荒的申请书。最近我们五个人在一块儿琢磨了好几天,觉得该向我们的团组织提出来了!我们愿意用我们青年团员的荣誉向你们提出:请批准我们发起组织一个北京市青年志愿垦荒队到边疆去开荒,使我们能够为祖国多贡献一份力量。
>
> ……
>
> 我们不是说空话的人。不管边疆的路程多么遥远,也拦不住我们远征的决心!不管边疆的风雪多么寒冷,也吹不冷我们劳动的热情,边疆那正是考验青年人最好的战场。苏联共青团员建立共青团城和开垦荒地的榜样在鼓舞着我们!胜利在向我们招手!让我们高举起志愿垦荒队的旗帜大踏步前进吧!

8月12日晚,胡耀邦在家中的院子里接见了杨华等五人,给予热情的鼓励和慰勉。8月16日,杨华等人的倡议书在《人民日报》《中国青年报》等报纸上发表后,在北京及全国广大青年中引起强烈反响,很多青年纷纷报名,要求参加北京市青年志愿垦荒队。青年团北京市委从报名的青年中挑选出60人作为首批队员,组成全国第一支青年志愿垦荒队。杨华任队长,庞淑英、李连成、李秉衡、张生任副队长。

8月30日,首都1 500多名青年举行盛大集会。胡耀邦在会上作了《向困难进军》的重要讲话。他说:"我代表青年团中央欢送你们,欢送你们到伟大祖国的边疆黑龙江去开荒。你们是光荣的第一队,是中国青年的一个有意义的创举。"他号召垦荒队员"要向困难进军!有一千条困难,就要打破一千条,有一万条困难,就要打破一

第十章 / 旷日持久的上山下乡运动

团中央书记处书记胡耀邦为第一支青年志愿垦荒队授旗,并和垦荒队队长杨华成为终身的朋友。

万条"。胡耀邦代表团中央亲手把一面绣有"北京青年志愿垦荒队"的队旗授给垦荒队。

9月3日,北京青年垦荒队到达祖国北部边陲黑龙江省萝北县。萝北县位于小兴安岭东南端、黑龙江与松花江汇合处,北部与苏联隔江相望。这里天气寒冷,地广人稀,野兽成群,可供开垦的土地400万亩,耕地5万亩。俗称"三十里地对面炕,六十里地是邻居"。这里的土地虽然肥沃,但是交通很不方便,唯一的交通线是日本侵占时期留下的从鹤岗到黑龙江边肇兴的所谓"国际公路"。冬季大雪封路,交通阻断。

垦荒队员们刚进垦荒点时,在北大荒的草原上搭起了帐篷。60名队员就挤在10个单帐篷里,女队员住"二楼",男队员在地上铺上厚厚的草,住"软卧沙发"。第一个晚上,成群的野狼把队员们包围了,狼围着帐篷嗥嗥地叫,大家感到瘆人!这时,队员们想起老乡们介绍用火对付狼的办法,就在帐篷周围点了几堆火,果然,狼不敢走近了,只是围着帐篷嚎叫着。队员们吓得不敢睡觉,一直坐到天亮。没有房子,大家就砍伐树条,搭起一个个临时窝棚;没有床,割些野草垫着就是床;没有井,吃水困难,就喝泥坑里沉积的黄泥水;一时买不上盐,就吃冰冷的辣窝头。

北京青年志愿垦荒队在黑龙江省萝北县举行开荒仪式。

9月10日,北京青年志愿垦荒队在萝北的荒原上隆重地举行开荒仪式。中共萝北县委书记阮永胜、青年团中央和团黑龙江省委的领导都前来祝贺。60名垦荒队员庄严地举起右手,庄严宣誓:

> 我是一名青年志愿垦荒队员,我志愿来到萝北县。面对祖国的河山,脚踏边疆的荒地,背负人民的希望,我们宣誓:坚持到底、不做逃兵,要把边疆变成家乡,勇敢劳动,打败困难,要把荒地变成乐园。服从领导,遵守纪律,决不玷污垦荒队的旗帜。完成计划,争取丰收,为后来的青年开创道路。倘若我违背了自己的誓言,辜负了党的教导,我愿受集体的制裁。我一定要全心全意地实现自己的誓言。

宣誓结束后,阮永胜为开荒第一犁剪彩。六副犁杖一字排开,当杨华高喊一声"开犁"时,哪知道东北马听不懂北京人的吆喝声,惊得狂奔起来,把扶犁人甩出几米远,幸亏没有摔伤。后来,队员们虚心向当地老农请教,边干边学,逐渐学会了扶犁、"清荒"、打草、伐木、运输等农活,渐渐地,干活的进度超过了当地农民。他们开荒种地,没有机器,就用人力;工具不多,就有啥用啥。镰刀割破了手,也不吭声,顽强地战斗着。荒原上蚊蠓肆虐,劳动时被咬肿了脸和手,一声不吭;晚上被咬得不能入睡,就点起篝火唱歌跳舞。

北大荒的冬天,寒风刺骨,当时的气温降到零下40多摄氏度。

有的队员手冻僵了、鼻子冻肿了、耳朵冻起了大疱。有个叫周俊的小伙子,10个脚指甲全冻掉了,血顺着脚趾往下流,可他仍忍着剧痛,坚持赶车。

1956年元旦后的一天,半夜12点多钟,天空下起鹅毛大雪,厚厚的积雪已经把帐篷埋了半截,在北京没见过这么大的雪,队长杨华忽然想起山里伐下的木材还没运下山呢,就立即决定,紧急集合,上山运木材。运输队员在黑蒙蒙的深夜借着雪光上路了,到伐木场时,木材已全部被大雪盖住,大家硬是从雪堆里扒出木材。在太阳升起来时,10台大车全部装完,开始运往山下。

在严峻的困难面前,大部分垦荒队员经受住了考验,但也有个别队员出现动摇,要卷起行李返城。杨华急了,咬破手指写下了血书:"我是荒原上的一名垦荒战士,我要永远做个垦荒战士,我中途不叛变,不做逃兵。要依靠党、依靠群众,去克服一切困难,要把一切献给祖国。"这鲜红的血书教育了垦荒队员。队员们又重新唱起《青年垦荒队队歌》:

> 告别了母亲,远离家乡。踏上征途,远离故乡。穿过那无边的原野,越过那重重的山冈,高举起垦荒的旗帜,奔向遥远的边疆。勇敢地向困难进军!战胜那风雪冰霜!在那荒凉的土地上,将要起伏金色的麦浪,让那丰收的粮食,早日流进祖国的谷仓。在那辽阔的土地上,我们要建立起美好的家乡,用我们辛勤的双手,建设祖国富饶的边疆。

随后,大家又重温《青年垦荒队誓词》。党组织还做了耐心细致的思想工作,进一步坚定了垦荒队员扎根边疆的信心。大家又迎着新的困难,继续奋战。

垦荒队员的物质生活是特别清贫的,在拓荒的前三年中,没有分配给个人一分钱,实行类似战时的供给制,既不挣工资,也不分红,就连生活津贴也没有。三年中除每人每年发一套棉衣、一套单

北京青年垦荒队队员在开荒典礼时写下豪迈的誓言。

衣和一双鞋外,每人仅发过一顶狗皮帽子、一件棉大衣,每月吃 11 元钱的伙食,零用钱几乎都是家里寄来的。吸烟的队员没钱买烟,就用柞树叶子代替,偶尔有支烟也要大家分享。

在相互鼓励、相互帮助下,垦荒队员们经受住恶劣环境、艰苦生活、繁重劳动等困难的考验和锻炼,在与荒原的奋战中,取得了丰硕的成果。到 1955 年 9 月下旬,他们已开荒 800 多亩,唤醒了这块沉睡千年的处女地。1956 年 10 月 24 日,垦荒队全体队员打电报给青年团中央,报告他们丰收的喜讯。在一年多的时间里,他们垦荒 3 000 亩,生产粮豆 140 吨,上缴国家 74 吨,收入 1.56 万元,生产蔬菜 30 万公斤,还盖起了宿舍和食堂。有 15 名垦荒队员入党,13 名入团。他们用实际行动实现了自己立下的誓言,在北大荒建立了第一个以来源地命名的集体农庄——北京庄。

为协调北京青年垦荒队的行动,1955 年 11 月,青年团中央初步确定在北京市青年志愿垦荒队所在地萝北县建立一个青年垦区,由黑龙江省人民委员会派员勘察出土地 30 万亩,争取 12 月上旬前，订出土地的初步规划。计划在两年之内，从北京、天津、河北陆续动员 5 000 名青年前去完成全部土地的耕种任务，建立 10 个集体农庄，并计划在当年冬天，为来年来到垦区的青年砍伐 3 000 方盖房用的木料和部分烧柴。11 月初，先由河北、天津动员 150 名青年前去，会同北京市青年垦荒队砍伐木柴。在当地，中共黑龙江省委则提出，全省 1956 年将再由移民垦荒 45 万公顷，连同 1955 年夏天已垦的 5 万公顷，总共 50 万公顷。希望能由团中央负责，首先动员选拔 17 万名青年前往，耕种这 50 万公顷土地，以便迅速完成耕种任务，节约国家一部分资金，减少大量移民中的食、宿、供应的困难。一场更大规模的青年垦荒运动即将来临。

1956 年初，又有山东青年垦荒队和第二批哈尔滨、北京、天津等地青年先后共 14 批 2 567 人到达萝北。为了加强对各省市青年垦荒队的领导，萝北县成立了青年垦区委员会，各垦荒队混编成四个大队。1956 年五四青年节，建立集体农庄委员会，为各队命名。北京青年垦荒队的新建点，命名为北京青年集体农庄（简称"北京庄"）。其他依次为天津庄、哈尔滨庄、河北一庄、河北二庄、山东一庄、山东二庄和山东三庄，共八个青年集体农庄。同年 6 月，青年团中央书记处书记胡耀邦到萝北县考察，探望在荒原建点的青年垦荒队员，赞许他们为祖国献身的崇高理想和艰苦创业的英勇精神，并赠言："忍受，学习，团结，斗争。"他还幽默地说，希望下次来能听到"鸡鸣、狗叫、娃娃哭"。

南方的青年坐不住了

北京青年到东北志愿垦荒的消息传开后，上海青年也活跃起来了。上海市民主青年联合会委员陈家楼等给市长陈毅写信，要求到边疆开荒，建设共青城，并刺破手臂，滴血签名。陈毅收信后接见了他们，在表示赞扬的同时对他们说："你们的信收到了，我非常高兴。不过我要批评你们，写血书不好，得了破伤风怎么办？我陈毅赞扬你们，我到北京去，一定向党中央、毛主席汇报。"毛泽东听了陈毅的汇报后，建议上海青年到江西去，说那里气候和上海接近，吃的是米饭。

1955年9月10日，上海市青年社会主义建设积极分子大会上，青年团上海市委书记李琦涛作了总结报告。陈家楼和吴爱珍、石成林、吕锡龄、韩巧云五位青年，倡议组织一支上海市青年志愿垦荒队，到祖国最需要的地方去开垦荒地。陈家楼在大会上宣读了他们向青年团上海市委和上海市民主青年联合会提出的申请书，并当场表示，决心向一切困难进军，要把荒山僻野变成丰饶肥沃的田地。9月12日，团市委和市青联分别举行常委会，一致作出决定，接受陈家楼等人的倡议，并号召全市青年学习他们的爱国主义精神，以进一步搞好生产、学习和工作的实际行动支持他们。9月17日，江西省农业厅负责人对新华社记者发表讲话："江西省各级人民政府和江西省革命老根据地人民热烈地欢迎上海青年志愿垦荒队的到来。"消息传开后，上海许多青年热血沸腾，在不到一个月的时间内，就有数千名青年报名，要求参加志愿垦荒队。他们中除了社会青年外，还有大学生、工人、店员、学徒、护士、农民等。

上海市人民政府、青年团上海市委对青年志愿垦荒队的组建给予高度重视。他们大力支持陈家楼等人的行动，一方面派出专人到江西联络选址，另一方面对组成人员进行严格挑选，配备带队人员、医生、电工、水工和懂农业生产的人员，考虑到他们将在江西成家立业，甚至连男女比例都作了相应安排。接着，在上海团校举办了为期十多天的学习班，组织大家到江湾五角场农业社劳动锻炼，熟悉农业生产；为适应江西人民的生活，还专门练习吃辣椒。

10月初，上海青年志愿垦荒队在上海团校举行了隆重的出征大会，副市长宋日昌把团市委特地制作的、上面绣着"向困难进军，把荒山变成良田"的锦旗授给垦荒队。10月15日，上海第一支青年志愿垦荒队一行98人出发奔赴江西。在上海火车站，举行了隆

第十章 / 旷日持久的上山下乡运动

上海市青年志愿垦荒队队员告别家乡和亲人,奔赴江西省德安县鄱阳湖畔,开荒创业。

重热烈的欢送仪式。队员们将锦旗挂在车窗口,高唱着音乐家司徒汉专门谱写的《垦荒队员之歌》与上海的亲人告别。

10月18日,上海市青年志愿垦荒队来到了位于南昌、九江之间的德安县九仙岭下八里乡安家落户。德安县九仙岭一带,满目荒山,荆棘丛生,钉螺遍地,人烟稀少,常有野兽出没。青年志愿垦荒队员克服重重困难,披荆斩棘,挖井开塘。他们一边搭建茅棚,一边开荒修路,手磨破了,肩压肿了,仍然咬紧牙关坚持着。他们每人一天仅有三分钱的菜金,睡的是四面透风的茅棚,大家以劳动为荣,以苦为乐,团结奋斗,走上了一条前人没有走过的道路。他们那种"向困难进军,把荒山变成良田"的精神,在当时产生了很大的影响,陈家楼等青年成为当时上海青年们心中的楷模。不久,又有上海青年陆续到江西各地垦荒。据统计,1955年,上海青年志愿去江西垦荒的总计有848人。

上海青年志愿垦荒队的活动得到了青年团中央、上海市、江西省各方面的重视和大力支持。1955年11月29日,团中央书记处书记胡耀邦到江西视察工作时专程到德安县九仙岭看望上海垦荒队员。胡耀邦观看了垦荒队的茅舍、图书馆、食堂、猪圈以及队员们新开垦的梯田、刚种下的小麦和油菜,详细地询问了队员们的生活、

上海青年志愿垦荒队队员在用松枝、毛竹搭起的"共青社"门前合影,展现出大无畏的革命乐观主义精神。

工作、学习等情况。胡耀邦问:"茅棚还住得惯吗?"队员回答:"茅棚是我们亲手盖的,我们要永远住下去。"胡耀邦笑着说:"茅棚是临时的,我们只能叫它三岁,不能叫'万岁'。你们将来要把这里建成像上海一样,楼上楼下,电灯电话,那样才行。"胡耀邦又和队员们一道研究了来年的生产计划,当汇报中说来年计划收入每人200元,胡耀邦说:"我听了有点替你们担心,收入太少了。你们不怕吃苦的精神好得很,开荒就是搞社会主义建设,搞社会主义要大家生活一天比一天好,你们明年的生活一定要比今年好才行。你们不仅要勇敢,要不怕困难,而且要动脑筋,想办法,多积肥,多搞些副业,增加收入。"这时,陈家楼把小山竹劈开夹上药棉,做成一支"大笔"。胡耀邦看了,很高兴地说:"这是一支很有创造性的大毛笔嘛!"说着拿起笔沾上墨汁,题写了"共青社"三个大字。胡耀邦鼓励队员们说:"现在前进的路上还横着两条'大河',这就是愚昧和贫困。同志们,我们一定要下决心闯过这两条'大河',也一定能闯过这两条'大河'。"胡耀邦还在一些队员的日记本上题词:"决心为共产主义奋斗""努力做社会主义的积极分子""做祖国好儿女"等。晚饭时,胡耀邦和队员们一起吃了一顿盐豆稀饭。临行时,胡耀邦勉励队员们:"我们要战胜困难,多想办法,一定要把共青社办好。"

胡耀邦回北京后不久,收到上海垦荒队员的生产计划修改报告。他立即写了回信,并寄了书籍、二胡、唢呐、三弦、篮球和一只闹钟。胡耀邦在信中说:"用稿费为你们买了几件乐器,供你们文娱活动使用;买了书,供你们学习;送一只闹钟,愿你们和时间赛跑。"

1956年3月,上海市副市长金仲华率领的访问团与江西省副省长欧阳武率领的视察团一起看望了分布在江西省六个县的上海志愿垦荒队员,并向他们赠送了菜种、图书、缝纫机、油印机等物资。同年3月17日,青年团江西省委组织部向全省各团地、县(工)委组织部发出《关于做好上海志愿垦荒群众中几项团的组织工作的通知》。要求各级团组织必须做好如下三项组织工作:一是及时接转好垦荒团队员的组织关系;二是及时编入组织,过组织生活;三是加强垦荒团员和青年的政治思想领导。对其中表现好的团员应当注意吸收为当地团县、区委委员和团基层组织的领导骨干。在今后县、区召开有关团的会议时,应当适当照顾垦荒团员代表。

胡耀邦和上海市领导对垦荒队的关心和支持、上海人民的大力援助、当地政府的支持帮助,极大地激发了垦荒队员的劳动热情,经过一年的艰苦奋斗,上海青年志愿垦荒队"共青社"开垦了1 700亩荒田,加上当地农民送的8 000多亩熟田,生产出了180万斤粮食和其他农副产品。一些青年加入了共产党和青年团组织,当地政府给了垦荒队员很大的荣誉:周文英出席了江西省党的代表大会,曹瑾出席了江西省妇女社会主义建设积极分子大会,有的垦荒队员当上了省人民代表。

积极投身垦荒运动的还有温州青年。1955年2月,中国人民解放军解放了一江山岛,盘踞大陈岛的蒋军慑于解放军的声威,仓皇逃窜。逃跑时,对大陈岛进行了一场罕见的洗劫,岛上1.8万多居民,被强行押往台湾,渔船被带走或毁坏沉没,岛上一切民用生活设施如房屋、商店、医院、学校,以及水库、水井等被摧毁,到处是废墟。1956年1月,在青年团中央书记处书记胡耀邦的号召和北京、上海等青年志愿垦荒事迹的影响下,温州青年纷纷报名参加开发建设大陈岛的青年志愿垦荒队。仅在一个星期内,报名者就达到2 000多人。青年团温州市委在他们中间挑选了260人组成第一支垦荒队,队员们的年龄为14至22岁。1月21日,团中央专门派人到温州,向他们赠送了绣有"建设伟大祖国的大陈岛"的红旗和贺信。这面红旗就成了他们的队旗。1月31日,首批260名队员高举大陈岛温州青年志愿垦荒队队旗,在青年团中央、团浙江省委代表护送下,登上大陈岛。

大陈岛望夫礁山顶,温州青年志愿垦荒队全体队员破土开荒。

垦荒队到大陈岛后,十五六岁的姑娘喂猪养兔,小伙子们上山开荒,下海捕鱼。强台风曾数次卷走了他们的劳动成果,但他们坚忍不拔,从头再干。有的队员亲属去信,要他们回温州,他们却在荒岛上宣誓:把青春留给大陈岛,把它建成东海上的一颗明珠。在他们最困难的时候,胡耀邦两次约见垦荒队的代表,两次写信鼓励他们为建设大陈岛贡献力量。青年志愿垦荒队就这样在中国共产党和人民的鼓舞下,在青年团组织和领导的鼓励下,历经艰难曲折,和全岛军民一起艰苦奋斗,终于使大陈岛面貌一新,成为东海上的一颗明珠。

《中国青年报》对青年垦荒队不遗余力进行宣传报道,胡耀邦号召青年的讲话被谱成"青年们,向荒地进军"的歌曲,到处传唱,将这场运动推向高潮。

"农村是一个广阔天地"

1955年,在毛泽东的领导和发动下,一场轰轰烈烈的农业合作化运动在全国范围内迅速发展起来。为解决农业合作化过程中的问题,毛泽东在当年9月至12月主持编辑《中国农村的社会主义高潮》一书,并亲自加写许多按语。他曾自问自答:"全国合作化,需要几百万人当会计,到哪里去找呢?其实人是有的,可以动员大批的高小毕业生和初中毕业生去做这个工作。"① 当看到河南省郏县大李庄乡《在一个乡里进行合作化规划的经验》后,他兴奋地写道:"其中提到组织中学生和高小毕业生参加合作化的工作,值得特别注意。一切可以到农村中去工作的这样的知识分子,应当高兴地到那

河南省郏县广阔天地大有作为人民公社吴堂大队"铁姑娘队"在劳动。

---

① 毛泽东:《〈中国农村的社会主义高潮〉按语选》(1955年9月、12月),《毛泽东文集》第6卷,人民出版社1999年版,第454页。

里去。农村是一个广阔天地，在那里是可以大有作为的。"①这段按语成为各地政府开展动员工作的指导思想，也激励着数以万计的城镇知识青年主动融入上山下乡的大潮之中。

13年后，即1968年7月15日，经河南省革委会、许昌革委会批准，郏县革委会整合原属大李庄乡的部分村队，单独成立"广阔天地大有作为人民公社"。在20世纪六七十年代，"广阔天地大有作为人民公社"的公章仿佛是道"御赐金关令"，走到哪里都一路畅通，此地也成为"中国知青运动的圣地"。

追根溯源，上山下乡的前奏始于20世纪50年代初，最初的提法是组织青年学生参加农业生产劳动。第一次明确提出"下乡上山"的概念，则是1957年10月中共中央发布的《一九五六年到一九六七年全国农业发展纲要（修正草案）》，文件指出：城市的中小学毕业的青年"应当积极响应国家的号召，下乡上山去参加农业生产"②，主要是到郊区、到农村、到农垦区或者山区。这里，已经把城镇知青参加农业生产概括为"下乡上山"。

从1955年到1966年，知青上山下乡运动随着国家经济建设的起伏而波动：建设规模扩大、劳动力需求量大时，这一工作不显得突出；而在压缩建设规模、精简城镇职工时，这一工作便得到加强。总的来说，这一时期的知青上山下乡政策是比较稳妥的。这里需要指出的是，虽然1955年至1966年之间的知识青年范围主要指部分未能升学、就业的城镇中小学毕业生，以及一些自愿从事农村、边疆建设的青年，但应注意到，他们中有一些人是主动响应党和国家号召，自动放弃了升学、就业机会，怀着建设社会主义新农村、开发建设边疆的抱负，立志下乡或支援边疆建设的。

20世纪50年代后期开始的下乡插队及60年代中期的突出上

---

① 《毛泽东文集》第6卷，人民出版社1999年版，第462页。
② 中共中央文献研究室编：《建国以来重要文献选编》第10册，中央文献出版社2011年版，第579页。

山为发展阶段。1958年开始的违背经济规律的"大跃进"造成工农业生产大滑坡,促使1962年初中共中央提出压缩2 000万城镇人口,直接推动了城镇知识青年大规模下乡插队;1960年8月,中共中央提出"大办农业、大办粮食",动员知识青年下乡又被提上日程;稍后,中共中央、国务院把"下乡上山"确立为城镇知识青年就业的一项长远方针。

总的来说,1955年至1966年这段时间的知青上山下乡工作做得还是比较稳妥的。党中央是在结合国情探索一条就业门路,知青的思想也是比较安定的。从1962年秋到1966年夏,四年共计下去知青129万,它适应了发展国民经济总方针的要求,减少了城镇人口,支援了农业生产和边疆建设。

北京又一拨刚毕业的大学生满怀热情和希望,收拾行装,准备走向农村这个广阔天地。

1965年,国务院副总理兼中央安置领导小组组长谭震林强调:"下乡上山,上山应该是主要的,从长远看,上山发展生产的潜力很大。"故1967年7月9日《人民日报》社论以"坚持知识青年上山下乡的正确方向"为题,自此全国范围内逐渐通用"上山下乡"这个提法。

上山下乡运动中的共青团

这里先做一个说明,以 1957 年 5 月团三大为界,之前是中国新民主主义青年团,简称"青年团";之后改名为中国共产主义青年团,简称"共青团"。由于上山下乡的动员对象是城市青年学生,因此,从 20 世纪 50 年代一直到"文化大革命"之前,团组织在其中发挥了举足轻重的作用。

1955 年 8 月,青年团中央书记处根据党中央指示,借鉴苏联的经验,决定在全国范围内有重点地组织青年志愿垦荒队,从而掀起一波小高潮。1956 年 9 月,团中央在批转青年团湖南省委关于青年垦荒队问题的报告中指出,垦荒队是国家移民的一部分,它的工作应当由各地党委和政府统一管理起来。当然,有关地区的团委也需要采取负责到底的精神,加以关心和帮助,及时地把情况和问题反映给党和政府。[①]

此后,各级团组织依然关注上山下乡问题,积极开展针对城市青年的动员工作。1960 年 10 月,共青团中央书记处就关于动员青年投入农业生产第一线和广泛开展热爱农业劳动教育问题向中共中央作了请示报告。认为,抽调大批劳力加强农业生产第一线,是全党正抓的一件大事,也是当前青年团工作中一项中心任务,需要突出地抓一抓。[②] 1962 年,在中共上海市委提议下,共青团上海市委组织"青年农业建设队",专门招收高中毕业生,参加为期一到两年的农业劳动,作为以后长期下乡务农的准备。在动员青年下乡过程中,共青团中央就动员方式提出五个结合:轰轰烈烈的宣传运动和精雕细刻的个别发动相结合,以个别发动为主;临时的集中动员

---

① 中国共产主义青年团中央委员会办公厅编:《团的文件汇编(1956)》,内部资料 1958 年印行,第 256 页。
② 中国共产主义青年团中央委员会办公厅编:《团的文件汇编(1960)》,内部资料 1962 年印行,第 451 页。

和经常的教育相结合,以经常教育为主;自上而下的教育和群众的自我教育相结合,以自我教育为主;动员青年和说服家庭相结合,以动员青年为主;政治动员与必要的物质保证相结合,以政治动员为主。①

后来的上山下乡运动是全国、全党乃至整个社会的任务,已经超出了青年团的自身能力和职责范围,但团组织仍然是不可或缺的辅助力量。对于青年团在上山下乡运动中应有的角色担当,党和国家领导人给予了明确指示。1963年10月,周恩来在《中国青年》创刊40周年晚会上提出,《中国青年》杂志的方针应该是"面向农村、兼顾城市",整个青年团工作也应当如此。② 随即,团中央组织调研组分赴各地调研,并召开动员城市青年下乡工作的汇报会;还准备于1964年五四青年节召开全国城市知识青年上山下乡积极分子代表大会,以便在夏秋时掀起一个热潮;同时集中力量,保证国营农场和集中插队地区的团支部,都有一份《中国青年报》和《中国青年》杂志。1965年2月,周恩来在知识青年安置报告中又特别提到青年团,指出,安置工作总要有一个青年团做助手,青年团是党的帮手,对青年的安置工作,负责任最大。要使下乡青年有政治、有经济、有文化、有军事这四项主要的精神食粮。这是一个伟大光荣的任务,青年团要担负起来。③

地方共青团为号召激励知识青年扎根边疆、建设边疆,以"共青团"的名义建有一些农场。1958年3月,新疆兵团党委批准共青团兵团委员会第二次(扩大)会议通过的《关于义务劳动,捐献资金创建共青团农场的决议》,号召兵团青年,自愿报名,组成千人突击队,

---

① 中国共产主义青年团中央委员会办公厅编:《团的文件汇编(1964)》(上册),内部资料1965年印行,第263页。
② 共青团中央青运史工作指导委员会办公室编著:《中华人民共和国青年工作编年纪事(1949.10—1994.12)》,天津人民出版社1996年版,第169页。
③ 共青团中央青运史工作指导委员会办公室编著:《中华人民共和国青年工作编年纪事(1949.10—1994.12)》,天津人民出版社1996年版,第197页。

不要国家一分钱,到塔里木创建共青团农场。之后,农7师和农8师提出自建共青团农场的要求。为此,兵团党委作出决定:凡自建共青团农场的单位,可以不上缴捐款和抽调人员;不建共青团农场的单位,捐款和自愿报名人员由兵团统一调配。不久,全兵团捐款即达300余万元,报名青年达5 000余人,农1师、农2师、农4师、农6师、农7师、农8师和机运处各建起一个共青团农场,哈密建了共青团园艺场。当年开荒5 800公顷,播种2 300公顷。

新疆建设兵团农6师共青团农场早期开发情景。

当然,在那个精神战胜物质的年代,也有一些地方和单位在动员青年下乡时,刻意夸大当地的有利条件和"美景",对困难条件却轻描淡写或干脆略去不提。1964年4月,中共中央批转的团中央书记处《关于组织城市知识青年参加农村社会主义建设的报告》指出,"有的地方,用物质引诱和欺骗的办法,到处许愿,又不能兑现。结果引起青年的反感,给以后的动员和巩固工作带来麻烦"[①]。

[①] 中国共产主义青年团中央委员会办公厅编:《团的文件汇编(1964)》,1965年内部印行,第264页。

三、"接受贫下中农的再教育"

1966年"文化大革命"爆发后,全国大、中、小学"停课闹革命","造反"浪潮很快遍及全国,高等学校停止招生,社会动荡中国民经济衰退,城市就业极为困难。1966年、1967年、1968年这三年的高、初中毕业生,有1 100万人,他们既不升学,又找不到工作,成为严重的社会问题。一些地方的少数学生开始小规模地探索到农村去的途径。这种少数人的自觉、自发行为很快就被国家有组织的动员所取代。似乎也可以这样理解,知青上山下乡是当时中国单一呆板的经济体制所决定的,如果不理顺经济关系,进行经济体制改革,允许多种经济形式并存、广开就业之门,即使不发生"文化大革命",知青上山下乡的做法可能仍然要继续下去。

最高指示及政治动员

1968年4月4日,中共中央、国务院、中央军委、中央文革小组正式提出按照面向农村、面向边疆、面向工矿、面向基层(即"四个面向")的分配方针,对大、中、小学一切学龄已到毕业期限的学生,一律及时地作出适当安排,做好分配工作。当年6月,中央在一个通知中再次明确对大专院校毕业生按"四个面向"方针进行分配,毕业生一般都必须先当普通农民、工人,彻底打破大专院校毕业生只能分配当干部,不能当工人、农民的旧制度。1968年12月22日,《人民日报》以《"我们也有两只手,不在城市里吃闲饭!"》为题,报道了甘肃省会宁县部分城镇居民到农村安家落户的消息。编者按中发表了毛泽东的指示:

> 知识青年到农村去,接受贫下中农的再教育,很有必要。要说服城里干部和其他人,把自己初中、高中、大学毕业的子女,送到乡下去,来一个动员。各地农村的同志应当欢迎他们去。[1]

---

[1] 《"我们也有两只手,不在城里吃闲饭!"》,《人民日报》1968年12月22日。

"文化大革命"开始后的知识青年上山下乡,第一拨大多是城市的红卫兵。

指示发表后,知识青年上山下乡运动在1968年底至1969年上半年骤然达到高潮,仅1969年初的一个半月就有155万以"老三届"为主体的知青下乡。到当年4月底,全国有405万知青和城镇居民到农村落户。当然,不论是从规模、组织、性质还是从后果等方面看,这时的知青下乡与"文化大革命"前已经不可同日而语了。各级组织、特别是街道组织层层动员,敲锣打鼓欢送知识青年到农村去、到建设兵团去,从而在全国掀起了知识青年上山下乡的热潮。一度震撼全国、轰动世界的红卫兵运动,便化解于上山下乡之中了。

中国历来有"以吏为师"的传统。党的各级领导干部以身作则,常常是打开工作局面、推动运动发展的重磅措施。1957年解放军女少将李贞亲自送其侄女下乡,1963年全国妇联主席康克清亲自送其孙女上火车。1968年12月,毛泽东的动员令发出后,周恩来勉励侄女周秉建扎根内蒙古,并反对她参军,要她重回草原。1969年,中共元老董必武让最小的儿子董良翮到河北农村插队,并叮嘱他要"和群众同甘苦,决不能高人一等";1974年,华国锋步行到北京一六六中学参加学生家长会,支持即将毕业的女儿华小莉到远郊区平谷县插队。在下乡知青中,包括老将军、老红军、部长、省市领导、大学教授、民主人士领导干部子女确实发挥了典型示范作用。在基层也是如此,很多干部以身作则,带头送子女下乡。

1968年冬,北京青年告别亲友赴陕北农村插队落户。

当上山下乡运动越来越被政治化之后,一些地方开始频频采用政治的强制手段来"动员"不愿上山下乡的城市青年毕业生。1968年下半年,北京市革委会主任谢富治就公开说:"我告诉你们,等到什么时候也得走,十年不招工,十年不当兵,等也是白等。"①北京市的具体做法是,抓落后典型,组织大家来批判这些不听话的中学毕业生;强制毕业生参加某种学习班,彻底认识自己的错误思想,并表示愿意服从组织分配到祖国最需要最艰苦的地方去。有的地方或单位为了完成动员任务,变相对青年及家长施加压力。比如,规定对不报名上山下乡的青年,不给安排工作;对阻碍子女上山下乡的职工要与单位联系,是党员的要考虑党籍问题。还有一些地方从动员毕业生下乡时起,就宣布一切厂矿不得招工,违反规定的招工必须辞退;对长期不到校的毕业生,不再列入分配对象。这就使得毕业生除下乡外无他路可走。有些学校工宣队将因各种正当理由(体

---

① 周亚平:《知识青年上山下乡运动纪实》,东方出版社2013年版,第76页。

弱多病、年龄未满16周岁、家庭有困难等)暂时留城的毕业生集中到一起办"学习班",并声明"只要你一天不'自愿'报名,这种'学习班'就一天不结束",甚至发出警告:"你们如果再赖在城里不走,通知街道,连破烂都不让你们捡到!"①

遍地开花的上山下乡

上山下乡的目的地很多,包括云南、贵州、湖南、内蒙古、黑龙江等地。政府指定"知识青年"劳动居住的地方,通常是边远地区或经济落后、条件较差的县,这一做法很快就成了既定政策。在当时,有一部分青年是"满怀热血"地投入这场运动中,所谓"满怀豪情下农村""紧跟统帅毛主席,广阔天地炼忠心"。但也有一部分城市青年是被政府强制离家、迁往农村的。与其在城市的生活相比较,知青们普遍感觉在农村生活很艰苦,无法继续接受正常的知识教育,几乎没有文化生活,和当地农民的关系也远非融洽。

这种敲锣打鼓的欢送场面在1968年底很常见

---

① 刘小萌:《中国知青史:大潮(1966—1980年)》,当代中国出版社2008年版,第99页。

第十章 / 旷日持久的上山下乡运动

从上山下乡一开始,对城镇知识青年的安置方式就主要有两种:一种是到国营农、林、牧、渔场当农业工人,或到生产建设兵团当兵团战士;另一种是到农村社、队插队落户当农民。两者的生活水平、劳动条件、经济收入方式乃至社会身份,都存在明显差异。从1962年到1972年的10年间,全国共有873万城镇知识青年上山下乡,其中到农村插队落户的有666万人,占总数的76%,到国营农、林、牧、渔场和生产建设兵团的207万人,占24%。

下乡插队的形式主要有单身插、集体插。单身插的好处就是耕地、住房、农具、生活等具体问题好解决,见效快,下乡知青容易实现自给自足,与农民一道劳动,容易掌握劳动本领,安家落户以后易于巩固。但单身插的弊病也很多:知青单身一人,劳动之余还要从事家务,负担过重;生活单调,缺乏文化生活和娱乐;对知青工作难以管理,以致放任自流,导致了一系列问题。所以,从1963年起,对插队知青进行集体安置的做法得到大力提倡。集体插队的基本方式是选择有条件的公社和生产队,安置三五人或六七人一组,组成一个小集体户,集体生活,分散劳动。以后,一些地方还兴建了包括十几人、几十人的大型集体户。集体户的优点是知青力量集中,可以成为生产上的突击力量;适应青年喜欢合群的特点,便于互相照顾、帮助;吃、住问题容易解决;容易管理和组织;能比分散插队节省30%左右的安置经费。

然而,"文化大革命"兴起后,"再教育"理论成为指导上山下乡运动的金科玉律,在公社或大队建立知青集体户(又称"知青点")的做法,首当其冲受到了批判。1964年,湖南沅江县星火公社曾把66名下乡知青单独组成一个新建队,为他们盖了房,修建了球场。"文化大革命"初,这种集体安置方式也被当作"黑典型"。其理由是在公社、大队建立"青年点"使知识青年脱离了政治,脱离了贫下中农,仍然是"出门一大群,不问阶级事,三叔二大爷,仍是一家人",丧失了阶级斗争自觉性。文章还批判"青年点"使知识青年从"旧学校"

的深宅大院刚冲出来,就又被关进大队"青年点"的深宅大院。结果,跟贫下中农"扯不上筋,挂不上骨,没有靠帮",致使贫下中农不能掌握"再教育"大权。这样,知青集体户由之前公社、大队建点向生产队建点转变,知青点转向小型化,单人插队、三四人插队的现象相当普遍。这样,不仅之前的老问题又卷土重来,还产生了一些新问题。1973年全国知青工作会议决定中止分散插队,要求发展知青集体户和公社、大队兴办的独立核算的集体所有制知青场(队)。

成都知识青年赴云南上山下乡

早在20世纪50年代中期,就有一些知识青年参加农场建设,比如杨华的北京青年志愿垦荒队、上海青年志愿垦荒队等都是这种形式。1962年至1966年,国营农场累计接收安置了42万城市知识青年。"文化大革命"开始后,知识青年上山下乡的规模迅速扩大。截至1972年底,到国营农场和生产建设兵团的知识青年已有200多万人,约相当于全国城镇上山下乡知识青年总和的1/4。这以后,多数农场、兵团人员极度饱和,安置知青人数剧减。整个"文化大革命"期间,安排到国营农垦系统的知识青年近250万人(约为下乡知青总数的18%)。到国营农垦系统的知识青年中,有60万人是跨省、区安置到边远地区国营农场和生产建设兵团的。他们主要来自京、津、沪三大城市和浙江、四川两省。北京青年12万人,大部分到黑龙江垦区,少部分到内蒙古垦区;上海青年27万人,其中12万人到黑龙江垦区,近10万人到新疆垦区,4万人到云南垦区;天津青年8万人,半数以上到黑龙江垦区,其余主要到内蒙古和甘肃农场;浙江青年4万人,大部分到黑龙江垦区;四川青年4万人,绝大多数到云南垦区。

北京市女子第六中学第一批赴内蒙古大草原插队的新牧民

20世纪60年代后期,全国大部分省、区相继以国营农场为基础,组建了一大批生产建设兵团或农建师,划归各大军区或省军区领导。生产建设兵团是带有军队编制特点的大型国营企业,内部保持着军队师、团、营、连的建制和与之相关的政治工作机构和制度。生产建设兵团虽有"屯垦"的功能,但非正规军队,它同时兼具安排城市失业青年就业和备战的目的。"文化大革命"发生之前,全国就有一大批"知青"到生产建设兵团参加"屯垦"。

生产建设兵团体制肇建于20世纪50年代初。1954年,经中共中央批准,组建了新疆生产建设兵团。兵团以平战结合、寓兵于农、"屯垦戍边"为宗旨,实行以农为主,农、林、工、牧、副多种经营的方针,在发展农垦事业的同时兼有巩固边防的作用。新疆生产建设兵团鼓励城市知识青年在新疆安家落户,宣传进兵团就是参军,发军装;不满16岁的到新疆可以上技校,毕业后愿意回城市的可以回去。因此,吸引了不少青年学生报名。到"文化大革命"爆发前,新疆生产建设兵团共接纳上海知青9.7万人,加上来自北京、天津、武汉、浙江、江苏等省市的知青,总数达到12.7万人。这些知青被分别安置在南起塔里木河南岸,北到中蒙苏边境的阿勒泰,南北相距2 000公里的广大地域。

周恩来视察新疆生产建设兵团石河子农场,与来自上海的知识青年杨永青(左二)等亲切交谈。

知识青年到兵团后,在屯垦戍边方面作出了很多贡献。1965年7月,周恩来、陈毅(时任副总理兼外交部长)出国归来路经新疆时,视察了石河子垦区。他们看到垦区良田棋布,渠道纵横,林带葱郁,工厂林立,非常高兴。周恩来、陈毅在石河子接见了上海知识青年杨永青等11人。周恩来指着陈毅对知识青年们说:"这是你们老市长,他关心你们,特意来看望你们。"①杨永青的父亲是香港的资本家,她不留恋家庭富裕的生活,坚决要求到边疆扎根。周恩来了解到这一情况后说:出身于剥削阶级家庭和有复杂社会关系的人,都要看他们现在的表现和立场。一个人的出身不能选择,但前途是可以选择的。只要能同原来的剥削家庭划清界限,全心全意地为无产阶级革命事业服务,就会有光明前途。②周恩来还引用"埋骨岂须桑梓地,人生到处有青山"的诗句教育兵团干部战士扎根边疆。

1968年底,中苏关系对立,毛泽东发出了"全民皆兵""招之即来、来之能战、战之能胜""备战备荒为人民""深挖洞、广积粮"等一系列关于备战的指示。城市里开始修建防空洞,沿海地区不少军工企业纷纷西迁。正是在这样的背景下,各地组建了大量以知青为主要成员的生产建设兵团。从1969年初到1970年,原有的黑龙江生产建设兵团大规模扩大建制,同时新成立了内蒙古、兰州、广州、江苏、安徽、福建、云南、浙江、山东、湖北共10个生产建设兵团以及西藏、江西、广西的3个农垦师,加上50年代组建的新疆生产建设兵团,全国共有12个生产建设兵团及3个农垦师。"文化大革命"期间,进入国营农场系统的知识青年近半数被安置在生产建设兵团,遂使这种组织形式与轰轰烈烈的上山下乡运动形成不解之缘。

与到农村插队落户当农民相比,去生产建设兵团应是比较理想的选择。在兵团,生活待遇有基本的保证,有固定的经济收入,医疗卫生条件较好,组织上有人管理。知青本人则往往为兵团属于中国人民解放军的"序列"所吸引,对于众多因种种原因不能加入解放军这所"学习毛泽东思想大学校"锻炼成长的热血青年来说,参加兵团

---

① 张百顺等:《上海女知青采访录》,《新疆日报》1993年1月9日。
② 中共中央文献研究室编:《周恩来年谱(1949—1976)》中卷,中央文献出版社1997年版,第741—742页。

屯垦戍边,在"反修的前哨"当"不戴领章帽徽的解放军",未尝不是一种心理上的慰藉。

在特殊的历史背景下,由于各种因素的作用,知识青年上山下乡变成了"文化大革命"运动的一个组成部分,演变成一场政治运动。1968年当年在校的初中和高中生,全部前往农村。"文化大革命"中上山下乡的知识青年总人数达到1 600多万人,1/10的城市人口来到了乡村。这是人类现代历史上罕见的从城市到乡村的人口大迁移。全国城市居民家庭中,几乎没有一家不和"知青"下乡联系在一起。这一时期的上山下乡是在"左"的理论指导下的运动,否定了"文化大革命"前17年教育制度下提出的教育理论,致力重构知识分子与工人、农民的"理想"社会关系。从具体的做法上看,带有明显的强制性质。总的来说,"文化大革命"中的这场运动给全社会带来了持久的消极影响。

四、政策调整与"返城风"

1972年,知识青年上山下乡运动遇到很大阻力:下乡知青失望,家长忧虑,农民不满。这种状况对即将毕业的城市中学生和他们的父母亲友产生了不利影响,人们普遍把上山下乡视作畏途。这场涉及千家万户的运动显然进入一个关键时刻,如果不采取有力措施清障除污,加以疏导,丛生的积弊可能会导致严重的社会后果。

一封信引发全国知青政策调整

1971年"九一三"事件后,一种比较务实的思潮和实践逐渐发展起来。1972年12月,福建李庆霖写信给毛泽东,反映知青工作中普遍存在的一些严重问题。1973年4月,毛泽东在复信中承认"全国此类事甚多",表示"容当统筹解决"。此信成为"文化大革命"

中知青工作的一个重要转折点。当年6月至8月,国务院召开全国知识青年上山下乡工作会议,把调整工作推向高潮。会议承认:"现在,动员城镇中学毕业生下乡的工作越来越难做,仍在农村的知识青年也有相当大一部分不大安心。"为把知青工作顺利开展下去,会议突出了对知青"大有作为"的宣传,强调注意培养使用他们。与此相配套,中央加大了政策调整的范围和力度,使知青的处境有所改善,一定程度上缓解了矛盾。这些指导思想和政策的调整,在一定程度上否定了下放初期种种"左"的或极左的做法,实际上恢复了"文化大革命"前的一些做法。

如果说1968年的下放高潮使"文化大革命"中的知青工作在性质、方法等方面区别于1966年以前的话,那么,以1973年全国知青工作会议为代表的政策调整则显示出"文化大革命"的知青工作已部分地恢复到1966年以前。当然,这种恢复不具有全局的意义,而且以后还因不断受到江青等人的干扰而一再反复。

国家虽然一向号召知识青年在农村扎根,为此树立了一批招工不走、招生不去、"铁心务农"的学习楷模,但是从20世纪70年代初起知青返城人数还是明显增多了。最初,招工、招生、征兵是知青调离农村的主要途径,即所谓"两招一征"。1973年起随着对知青政策的落实,以招工、考试、病退、困退、顶职、独生子女、身边无人、工农兵学员等各种各样名目繁多的名义返城的青年显著增加了。到70年代后期,出现了大规模的抗争,知青们通过请愿、罢工、卧轨甚至绝食等方式强烈要求回城,其中以西双版纳的抗争最为出名。

大规模"返城风"

1976年,随着"文化大革命"的结束,党逐步以解放思想、实事求是的态度来解决知识青年上山下乡中存在的实际问题。1978年10月31日,国务院召开了全国知识青年上山下乡工作会议,在总

情绪激动的云南知青罢工、下跪要求回城。

结上山下乡工作经验教训的基础上,决定调整上山下乡政策。主要内容是逐渐缩小上山下乡的范围和在城市积极开辟新的就业、升学领域。在这期间,由云南开始,出现了大规模的"返城风"。

1979年,邓小平提出要用经济手段解决政治问题。建议在减少知青下乡的前提下,将知青经费中不必支出的部分用来扶持城市安排知青就业。这样,从1980年开始,利用经济手段解决知青的就业问题得到了良好的效果。随着工资制度的改革,国家作出给自1962年以后下乡的1 500万插队知青计算工龄的决定。知青工作中的遗留问题逐步得到解决。至此,知青上山下乡逐渐淡出社会生活,成为一个历史概念。

五、复杂的双重效应

知识青年上山下乡运动的发展是分阶段的,不论在哪个阶段,都对当时国内的政治秩序、经济建设、文化教育及城乡关系产生过极其深刻的影响。总的来看,"文化大革命"之前的知识青年上山下乡起到了良好的社会效果,在工作方式、方法上是基本得当的。"文化大革命"兴起之后,一切都失去了原有的秩序。"不分青红皂白,也不管你情愿不情愿,一律搞知青上山下乡,结果把原本的知青下乡搞得面目全非了。本来是好事,可好事做绝了也就成了坏事。"[1]总而言之,这是举世罕见的城乡劳动力的大出大进、大进大出。

---

[1] 侯隽:《不悔的青春》,《八小时以外》1990年第6期。

第十章／旷日持久的上山下乡运动

不可小觑的正面效应

1968年至1978年,上山下乡知青共计有1 600多万,大批城市青年到农村去,与农民相结合,他们之间相互影响,知识青年通过深入农村充分了解了中国的国情,在艰苦的农业生产中,他们的思想得到锤炼和改造。同时,大量知识青年离开城市流向农村,对减轻城市就业压力、缓解粮食危机、根除一系列社会问题等具有深远意义。胡耀邦很好地归结了知识青年在中国历史上的巨大作用:(1)为中国青年找到了一个为祖国、为社会主义、为人民服务的正确方向。(2)促进了中国社会风气的进步。(3)为发展社会主义农业贡献了巨大的力量,为人民创造了财富。(4)向农村传播了知识。①

艰苦环境下,来到黑龙江的知青们自力更生改善生活,用自己种植的蔬菜做一顿可口的午餐。(摄影　沈建兵)

第一,知识青年在民间、在底层、在与农民的共同生活和劳作中,学到了许多在城市、在课堂学不到的东西,获得了许多书本上没有的感性认识,了解到中国社会底层的真实情景及其政治、经济运

---

① 刘小萌:《中国知青史:大潮(1966—1980年)》,当代中国出版社2008年版,第492页。

行机制的某些特点。这种特殊的底层经历使他们学会了区别宣传与实际、理想与现实,学会了用自己的脑子去思索。"容易与底层社会和民众建立起天然的精神上的、情感上的联系,从而熟知国情民意"。正如一位知青所说,到了农村"才知道什么叫中国,才知道我们的老百姓是多么苦,又是多么好"。对此,一位学者评论说,这两个"才知道",无论是对知青本人,还是对未来中国,都非同小可,意义重大。这就是进步,这就是中国改革的认识基础。

第二,知识青年作出的贡献是不应忽略和抹煞的。在上山下乡的知识青年中,有许多人几年、十几年如一日地艰苦创业,在新疆、黑龙江等边远和不发达地区,创办起、建设着诸如北大荒北京庄、江西共青垦殖场、湘潭红旗农场、株洲知青林场等许多场队,不仅为国家创造了财富,也为创办社队企业作出了一定贡献。他们中还有一些人热心为当地农民教学、行医,在一些边远落后地区起到了文化传播和卫生普及的作用。上山下乡知识青年中的绝大多数人把自己一生中最宝贵的年华献给了农村、边疆,在各自立足的土地上留下了奋斗的足迹,有的甚至献出了年轻的生命。他们中的一些人今天仍然坚持在农村和边疆,在实现农业现代化的历程中起着骨干作用。

第三,不平坦的经历造就了知青一代人的特殊气质和人格。很多知识青年在"与天斗、与地斗、与人斗"中增长了见识,练就了本领,学会了思考。上山下乡将知识青年捶打得那样深沉、老练、豁达,那样坚韧、冷静、豪放,那样不易冲动,不易偏激,不易随波逐流,那样珍惜与热爱生活,始终坚韧地应对人生道路上的各种挑战和苦难。上山下乡还培养起知青不甘落后、不甘沉沦、奋发进取的人生信念,培养起体察国情民情,关心民族命运,希冀中国稳定发展的政治品格。即使在今天,广大返城的知青依然以自己的方式支持着当初插队的农村,许多知青社团心系"第二故乡",为当地社会公益事业献计献策,奔走呼吁。

第十章／旷日持久的上山下乡运动

1976年,北大荒建设兵团知青姜昆(二排左四)要调到中央广播文工团工作了,临行前与兵团十六团领导及招待所工作人员合影留念。(摄影　牛家常)

第四,知青岁月淬炼一批人才。在中国科学院,很多院士都有知青经历,比如陈竺、韩启德、武维华、白春礼、程津培等。从北大荒也走出了李晓华、姜昆、梁晓声、张抗抗、聂卫平、何新等企业家、艺术家、作家、世界冠军。他们说,北大荒精神哺育了他们成长。几十年来一直密切关注中国发展的美国前国务卿基辛格认为:"新一代的中国领导人经历过中国的动荡岁月,这种经历使他们在面对当前各种挑战时更加坚强。"据统计,中国共产党第十八届中央委员会205名委员中,65人有过知青经历,占31.7%;在25名政治局委员中,有7位曾是知青,占28%;在7名政治局常委中,习近平、李克强、张德江、王岐山4人曾有知青经历,占比57.1%。习近平在陕西省延川县文安驿公社梁家河大队度过了七年知青岁月,李克强在安徽省凤阳县大庙公社插队四年,张德江在吉林省汪清县罗子沟公社太平大队当过两年知青,王岐山则在陕西省延安县冯庄公社当过两年知青。他们在偏僻贫穷的中国农村历尽艰辛,动荡的岁月磨砺

435

了他们脚踏实地的品格。习近平在梁家河的七年时间,正值其15到22岁,是他由少年向青年的过渡阶段。后来,习近平曾深情自述:"我的成长、进步应该说起始于陕北的七年。"①他在1995年接受中央电视台采访时说:那时候什么活儿都干,开荒、种地、铡草、放羊、拉煤、打坝、挑粪……几乎没有歇过。他扛200斤麦子,十里山路是不换肩的。②

"文化大革命"的动荡岁月锻造出知青这一代领导人坚毅果敢的性格,他们怀有理想主义情结,对民族的复兴、富强、文明、民主道路有着强烈追求;他们在改革开放中成长成熟,是改革开放的参与者、受益者和推动者,较少受到传统教条和旧体制的束缚,更懂得自我思考和探索,更具国际视野;他们吃过苦,有承受能力,懂得怎样在逆境中求存。无疑,中国知青一代领导人将在历史上打下他们独特的印记,带领中国寻找在世界的坐标。

未曾预料的负面影响

"文化大革命"以来,国家政治形势剧变,知识青年上山下乡的政治意义被大大突出,它不可避免地被打上了那个时代的政治烙印,成为"文化大革命"的一个重要组成部分,这种靠外部强制力成长起来的知青运动,必将随着那个时代的结束而走向终结。"文化大革命"期间的知识青年上山下乡是一次不成功的探索和尝试。随着"文化大革命"的结束,千百万知青的返城,发起这场运动最初的主要目的,即解决城市就业,防修反修,"再教育"一代新人,缩小和消除三大差别等都付之东流了。

第一,加剧了现代化建设人才奇缺的局面。据统计,由于"文化大革命",我国少培养100多万名大专毕业生和200万名以上的中

---

① 习近平:《我是黄土地的儿子》,《西部大开发》2012年第9期。
② 《学习时报》特约评论员:《习近平总书记的成长之路》,《学习时报》2017年7月28日第1版。

专毕业生,形成了"人才深谷"。这首先在于"文化大革命"中断教育,摧残知识和知识分子,而知青上山下乡运动又加剧了教育中断。正如邓小平指出的,知识青年上山下乡是导致高等教育质量差的一个重要原因。在知青上山下乡运动开始的头两年,只有一小部分青年能得到升学或就业机会,大部分青年都下到农村、边疆。"有的地区因初中毕业生全部上山下乡,停办了高中。一些地方,大批在校的初、高中一、二年级学生,也随毕业生到农村去安家落户。"①在1968年之后的十年间,数以千万计的知青放弃学业来到农村参加劳动。虽然后来知青中的一部分人又获得学习机会,但大多数人因文化基础过差,只有相当于初小甚至还不到初中的文化程度,已无缘知识提升。同时,由于受"读书无用""读书吃亏"等思想的影响,更多人丧失了学习积极性。上山下乡运动的开展,影响了国家建设需要的受过良好培训和教育的人才队伍建设。

知识青年们在劳动间歇学习《毛主席语录》

---

① 谭宗级、郑谦:《十年后的评说》,中央党史资料出版社1987年版,第150—151页。

第二,带来了严重的社会问题。大批知识青年上山下乡,虽然减轻了城市就业压力,但这是一时的。城市企业用人却要从农村中招,形成了城乡劳动力大对流的局面:十年间从农村中招工一千几百万人①,职工人数猛增,加剧了市场供应的紧张,使国民经济陷入困难。当成千上万知青重新返城时,他们却成了待业青年,待业队伍中返城知青成了主体。为了解决这一尖锐矛盾,国家计划委员会决定"把来自农村的劳动力清退回农村后,生产和工作确实需要的,经省、市、自治区劳动部门审查批准,可以补充城镇待业青年和上山下乡青年"。②

第三,给国家带来了沉重的经济负担。"文化大革命"期间上山下乡的知青规模巨大,仅安置费一项,数额就大得惊人。按照1973年的标准,国家为每一位上山下乡知青提供的安置费平均为500元至550元。按十年1600多万人核算,国家共拨出知青安置经费近100亿元。③ 这仅仅是国家一级的直接拨款,不包括各省、直辖市、自治区每年拨出的数额巨大的知青专款,维持分管知青机构的所需开支。据统计,1968年至1978年,知青的安置费约占国家总支出的1.2%,探亲的交通费用等开支不计算在内。④

第四,给部分地区的农民和部分知青家长造成负担。对于大批知青下乡,各地农民是当作一项政治任务来接受的。在那些人多地少的地区,由于安置人数过多,增加了农民负担,形成与农民争土地、争工分、争口粮的状况,损害了农民的利益。多数插队知青由于在生活上不能自给,要靠家庭补贴,一般每人每月至少要补助五元,知青家长同时还承受着巨大的思念之苦,精神上备受煎熬。有中央

---

① 《全国知识青年上山下乡工作会议纪要》〔1978〕74号。
② 《国家计委关于清理压缩计划外用工的办法》1979年3月27日。
③ 杜鸿林:《风潮荡落:中国知识青年上山下乡运动史(1955—1979)》,海天出版社1991年版,第297页。
④ 杜鸿林:《风潮荡落:中国知识青年上山下乡运动史(1955—1979)》,海天出版社1991年版,第298页。

领导人曾讲,国家花了 70 亿,买了四个不满意[①]。"四个不满意"是指农民、知青、知青父母和政府都不满意。

第五,给一些知识青年个人命运带来许多不幸。对于正处在人生黄金时代的青年来说,他们丧失了接受正规教育的机会,成为在文化学识上准备不足的一代人。事实证明,脱离文化教育,离开文化素养的提高,孤立地谈论改造世界观,"接受再教育",不仅不利于青年在思想、精神、个性上的全面发展,反而易受各种落后思想的影响。部分知青上山下乡之初被众星捧月,当真正成为农民之后,尤其是返城之后,在城市人面前,在留城的同龄伙伴面前,他们往往会有一种莫名的自卑感。

[①] 转引自顾洪章主编:《中国知识青年上山下乡始末》,人民日报出版社 2008 年版,第 126 页。

第十一章　在反思追问中重新奋起

1978年,对于中国来说,历史再次证明了物极必反的铁律。党的十一届三中全会之后,中国历史揭开新的篇章。随着拨乱反正的全面展开,改革开放也逐步付诸实施,党和国家的工作中心开始转移到经济建设上来,实现了新中国成立以来党和国家历史上具有深远意义的伟大转折。中国青年也从迷茫、狂热、不理性和无序的状态下走出来,以理性、务实而又充满热情的姿态投身于改革开放的大潮之中。中国青年运动逐渐摒弃轰轰烈烈的"群众运动"模式,在政策制度的导引下,以建设性姿态,多样化方式,积极参与、嵌入改革开放伟大洪流之中。

一、三中全会实现伟大转折

历史的发展从来不是直线的。"文化大革命"虽然在形式上结束了,但长期形成的指导思想上"左"的错误的影响不可能在短期内消除,"两个凡是"的戒律成为束缚人们思想、阻碍拨乱反正的政治樊篱。党内健康力量推动真理标准问题的大讨论,开始打破"左"倾错误的思想禁区,引发解放思想的潮流。与此同时,世界经济快速发展,科技进步日新月异。国内外发展大势都要求中国共产党尽快就关系党和国家前途命运的大政方针作出政治决断和战略抉择。顺应时代潮流和人民愿望,1978年12月召开的党的十一届三中全会,实现了新中国成立以来具有深远意义的伟大转折,也为中国青年运动的发展指明了正确方向。

第十一章 / 在反思追问中重新奋起

北京青年在天安门广场载歌载舞,欢庆粉碎"四人帮"的胜利。随后,展开揭批运动。

团十大阐述青年一代新使命

在很多时候,历史转折是建立在有决策力和行动力的政治团队形成共识的基础之上的,这需要一个过程。"文化大革命"结束后,中共中央首先领导全国人民开展揭发、批判、清查江青集团的斗争。这一决策顺应了全国人民的要求,得到了全国共青团干部、团员和广大青年的热烈拥护。在"揭、批、查"的过程中,各级团组织揭批了江青集团诬蔑共青团组织青年开展生产活动是"生产团"、是"不抓大事"的谬论,明确了团的工作任务,广泛地开展了为实现四个现代化贡献青春的活动,把团员、青年的积极性引导到全面完成和超额完成国家经济计划上来。

1977年8月,中国共产党第十一次全国代表大会在北京召开。虽然这次大会仍然肯定"文化大革命"的错误理论和实践,但宣告了"文化大革命"的结束,重申在20世纪内把中国建设成为社会主义现代化强国的根本任务。1978年二三月间召开的五届全国人大一次会议重申了实现农业、工业、国防和科学技术现代化的奋斗目标。随着政治主基调的基本确定,酝酿多年的共青团十大终于提上了议事日程。

极具时代烙印的《中国青年》复刊号封面

距1964年6月共青团九大召开14年之后,1978年5月4日,中共中央发出《关于召开中国共产主义青年团第十次全国代表大会的通知》,决定共青团十大在10月召开,其任务是,遵循党的十一大路线,深入揭批"四人帮"破坏共青团工作的罪行,总结新中国成立以来青年运动的历史经验,制定今后共青团工作的方针任务,动员团员、青年为实现党在新时期的总任务而奋斗。5月6日至10日,共青团十大筹备委员会成立,并召开第一次会议。中共中央组织部部长,原第九届团中央第一书记胡耀邦受中共中央委托,在会上提出要正确对待共青团过去的历史。他说,共青团是一部光荣的历史,新中国成立后三届团中央委员会都是执行了中共中央青年工作路线的,"要敢于理直气壮地讲"。在团十大筹备过程中,一些相关恢复工作同时展开。7月,停办12年的中央团校正式恢复,8月10日举行开学典礼;9月11日,停刊达12年之久的《中国青年》杂志复刊,复刊号发表特约评论员文章《破除迷信,掌握科学》;10月7日,共青团中央机关报《中国青年报》复刊,发表了毛泽东1955年为《中山县新平乡第九农业生产合作社的青年突击队》一文所写按语的手迹,以《学习毛泽东》为题发表了周恩来1949年在中华全国青年第一次代表大会上的报告第三部分,寓意十分明显而深刻。

工厂里的共青团员在钻研技术,力争创出优异成绩,向共青团十大献礼。

1978年10月,中国共产主义青年团第十次全国代表大会在北京召开。大会听取、讨论和通过了韩英代表团十大筹委会所作的《为伟大的新长征贡献青春》的工作报告,大会提出并阐述了新时期青年一代的光荣使命:把毛泽东思想的伟大旗帜一代一代传下去,极大地提高整个青年一代的科学文化水平,做国家建设的英勇突击队,为共产主义道德风尚的大发扬而斗争。大会根据新时期的要求,提出把共青团建设成团结青年的更加坚强的核心:做好思想工作;积极引导青年前进;照顾青年特点,全面关心青年成长;工作着眼多数,最大限度地团结青年;巩固团的组织,加强团干部队伍的建设。大会号召全国青年要广泛地同世界各国青年交朋友,促进世界青年的大团结,勇敢地为人类的进步事业而奋斗。

共青团十大是一次深入揭批林彪、"四人帮"的团结战斗的大会,是动员全团和各族青年进行新长征的誓师大会。这次大会是在党的十一届三中全会召开前夕召开的,正在酝酿中的一些精神在团十大上已有所体现,所以这次团代会的基本思想是正确的。但由于党的十一大对"文化大革命"的错误理论、政策和口号仍加以肯定,这时还没从指导思想上完成拨乱反正的任务。因此,共青团十大不可能从根本上清除"文化大革命"中严重"左"倾错误的影响。

三中全会为青年运动指明方向

被打开的思想闸门有其自身延展的内在逻辑。1978年12月18日,即中央工作会议(此会开了35天,为三中全会的召开做了充分准备)结束后的第三天,党的十一届三中全会在北京京西宾馆隆重举行。这次会议彻底否定了"两个凡是"的方针,高度评价了关于真理标准问题的讨论,重新确立解放思想、实事求是的思想路线;停止使用"以阶级斗争为纲"的口号,作出把党和国家的工作重心转移到经济建设上来,实行改革开放的伟大决策。会议确立的党在新时期的政治路线:全党、全军和全国各族人民同心同德,进一步发展安定团结的政治局面,并立即动员起来,鼓足干劲,群策群力,为在本

《人民日报》发表党的十一届三中全会公报。

世纪内把中国建设成为社会主义的现代化强国而进行新的长征。共青团跟随党的步伐,进行了拨乱反正,在团的思想政治工作、争当新长征突击手活动、关心青年切身利益和共青团自身建设方面,逐步打开了工作局面,中国青年运动进入一个新的历史阶段。

1979年2月,共青团中央召开团省、市、自治区委书记会议,明确提出把学四化、干四化作为新时期青年的主课,把学习宣传三中全会精神、做好大转变中的思想工作作为全团的第一项任务。强调指出:"工作重点的转移,绝不意味着思想政治工作可以取消或削弱。相反,这个转移要求我们坚持正确的政治方向,切实加强思想工作,提高思想工作的水平。"三中全会前后,全国继续深入开展关于真理标准问题的讨论,共青团组织全团干部积极参加了这一学习讨论。通过讨论,对于探索、研究新时期的青年和青年工作,进一步拨乱反正、解放思想,活跃团的工作起了积极的作用。

全国青联、全国学联在青年中有着特殊的影响。1979年5月3日至10日,中华全国青年联合会第五届委员会和中华全国学生联合会第十九次代表大会同时在北京举行。大会通过的《中华全国青年联合会章程》进一步明确了"为在本世纪内把我国建设成为具有现代农业、现代工业、现代国防和现代科学技术的社会主义强国而奋斗""努力学习现代科学技术和文化知识"等内容。会议召开期间,正值五四运动爆发60周年,团中央隆重举行纪念大会,包括青联委员、学联代表在内的3 000名各界青年参加了大会。时任中共中央主席华国锋在会上指出,党和人民希望青年站在时代的前列,继承和发扬五四运动的光荣革命传统,成为新长征的突击队。

团十一大、团十二大提出新任务

准确地说,1982年12月召开的中国共产主义青年团第十一次全国代表大会,是改革开放后召开的第一次团的全国代表大会。经历过无数政治风浪的老一辈革命家们如邓小平、叶剑英、陈云、李先念、胡耀邦等，对大会高度重视。一个月前被共青团十届四中全会增选为团中央书记处第一书记的王兆国，代表团十届中央委员会作了题为《团结全国各族青年，向社会主义现代化的光辉前程进军》的工作报告，提出：为四化建设英勇劳动、依据四化需要而勤奋学习、适应四化要求而开创新风是中国青年的主要任务。

又经过五年多探索实践，1988年5月，共青团十二大回顾了青年运动的历史性发展，肯定了改革开放时期共青团工作的基本经验，阐明了带领青年为发展生产力艰苦创业、在改革开放的环境中造就一代四有新人的历史任务，会议还指出要积极稳妥地搞好团的体制改革。这次大会是一次改革、民主、团结、高效的大会。改革作为共青团十二大的旗帜，激励着共青团团结带领广大青年全面投入改革开放的大潮之中。

二、历史拐点处的价值重塑

敏感于事物的发展变化是青年人的天性，尤其处在大变革、大转折的历史关头，青年们的思考往往直达事物本源和人生的终极意义。"文化大革命"中的青年学生在无意识状态下做了工具性"先锋"，拨乱反正和开创局面同样都需要青年的果敢精神。历史与现实的无尽纠结，注定这一代青年要处于痛苦的思想旋涡之中。要在思想深处彻底打通，需要足够的时间和强有力政策的助推。

把十年内乱耽误的青春讨还回来

"文化大革命"结束后，百废待兴。上大学成为许多年轻人心中的梦想。在刚刚复出工作的邓小平的积极推动下，1977年10月，国务院批转教育部《关于1977年高等学校招生工作的意见》，正式恢复中断了十年的高等学校招生统一考试制度，重新通过文化考试招收新生。青年学生欢欣鼓舞，以极大的热情投入学习文化知识之中。控诉"四人帮"的罪行，追回被"文化大革命"耽误的青春成为1977年前后青年学生的思想主线。

1977年底,参加高考的考生正在认真答卷。

于是,广大青年尽自己最大努力去追寻失掉的时间,高考热潮波及全国。"文化大革命"前出版的未及修订的《数理化自学丛书》被抢购一空,还出现了父母、夫妻、兄弟、师生同场应试的情况。1977年10月,中国科技大学研究生院成立,3.5万份报名表告罄,第二年继续招生,报录比例高达16∶1。到1977年底,全国共有12届中学毕业生和各行各业青年570多万人(考生平均年龄已经接近30岁)报名应试,共招收新生27.3万人,录取率为4.7%①,其中"老三届"学生约占1/3强。在此基础上,1978年第一季度扩大招生和老校挖潜招生8万多人。"文化大革命"后,经过统一考试择优录取的第一批大学生,于1978年2月前全部入学。

高考恢复的同时,1977年11月12日,《北京日报》发表了一位青年的来信《向"四人帮"讨还青春》,并以此展开了"怎样为光明的中国贡献青春"的大讨论。广大青年学生踊跃参加了这一讨论,"怎

---

① 《1977年恢复高考:国家命运的转变》,人民网2009年8月26日。

样为光明的中国贡献青春"成为当时大学生们思考的主题。在这场讨论中,他们凝重地沉思:没有任何一代人遭受过我们这一代所经历的可怕的知识断层和精神困惑。他们清醒地自励:被耽误的中国只能靠被耽误的中国人来改造。当时,校园中最振奋人心的口号便是"向科学进军""攀登科技高峰",最受青年学生推崇的一句话就是"世上无难事,只要肯登攀",最为青年学生珍惜的便是"时间老人"。

这是1979年四川大学图书馆内青年们争分夺秒、孜孜以求的学习场景。

这一时期,青年学生们刻苦学习的精神是十分感人的。1979年3月22日的《中国青年报》报道了当时大学生和青年们发愤学习的一些情况。文中写道:

> 乾坤扭转,万象更新,北图[①]门庭若市,座无虚席。960万册藏书如春花一般群芳比艳,700个座位只有捷足者可望先登,其中大部分是青年学子们。他们醒悟到时光已经流逝,从激愤中沉静下来,聚集精力,制订目标,以更加紧迫的心情,开

---

① 北图即北京图书馆,1998年12月更名为"国家图书馆"。

第十一章 / 在反思追问中重新奋起

始了一场勇猛的进军!

朝霞尚未映红北海白塔,北图门前已经排上了从四面八方赶来读书的人群。他们一边跺着脚驱赶着早春的寒冷,一边用冻僵的手翻动书页,或默诵着外语单词、元素周期表。在阅览室一角的窗台上放着两个烧饼,它的主人靠它充饥,以便一直读到日落西山。有人用鲁迅先生的话"倘能生存,我当然仍要学习"勉励自己。有人把业余时间看成是生命的三分之一。他们何等地珍惜时间,珍惜自己的青春年华呵!他们是一代青年的缩影,从他们身上,我们看到了现代化的希望,看到了祖国的未来。

20世纪70年代末的王府井新华书店是全北京唯一一家大型书店,不仅老北京人来这里买书,外地来出差的、旅游的,都要到王府井书店逛一圈。还有外地的学校、图书馆,都认王府井书店。从那时起一直在书店工作的艾康明后来回忆说,当时一出最新的高考教材,来买的人特别多。可书店的大堂太小,无法承载那么多顾客,于是就在大楼一层的三个入口处分别设置了临时柜台,人们在门外排队,几名售货员站在柜台后面不停地给他们拿书售书。"人太多,根本来不及,都顾不上打包捆扎,直接找好了塞进顾客自己准备好的袋子里。有一回顾客们买书太着急,人多一拥上来,直接就把玻璃柜台给挤碎了。"回忆起那段"疯狂"的日子,艾康明感慨道,"有时到中午书就卖光了,要想再买呀,可就得登记了,等书店到货了再通知顾客。那时候的出版印刷技术也没现在这么发达,印刷的速度都赶不上买书的速度。"[①]

应该说,恢复高考是中国改革开放的先声,也是全面拨乱反正的突破口。新录取的大学生都经历过"文化大革命"动乱,在一个新

---

① 蒋若静:《时代"书单"年年变 老店营销日日新》,《北京青年报》2018年12月5日。

的时代来临之际,他们的思想意识注定要充满矛盾和困惑,注定要经历痛与苦的洗礼。这些在"文化大革命"中备受知识凋零摧残的青年,在国家历经劫难后进入欣欣向荣的时期接受高校教育,他们和恢复正常的教学秩序后的中学生一起,在这期盼已久的科学文化的春天里,以追回青春、刻苦学习的实际行动,揭开了中国青年运动史上新的一篇。

反思追问中的迷惘彷徨

1978年下半年,真理标准大讨论否定了"两个凡是",打破了盛行已久的个人崇拜的精神枷锁。1978年底召开的党的十一届三中全会,预示着中国社会将要发生一场深刻变革。主导政治文化的变迁影响着大众政治文化的走向。大学生中不少人曾是当年的红卫兵小将,他们为自己的无知、狂热而痛悔,但情感又一下子难以接受对"文化大革命"的否定。其实,在三中全会召开之前的1977年,《人民文学》就发表刘心武的短篇小说《班主任》。这篇大胆揭露、深刻控诉极左思潮对一代人精神摧残的作品,被认为是"伤痕文学"的开山之作。复旦大学中文系学生卢新华在1978年8月11日《文汇报》上发表短篇小说《伤痕》,深刻揭露了极左政治思想运动给一个普通家庭造成的伤害,以形象与情感的力量唤醒人们将愤怒批判的目光投向刚刚过去但在人们心

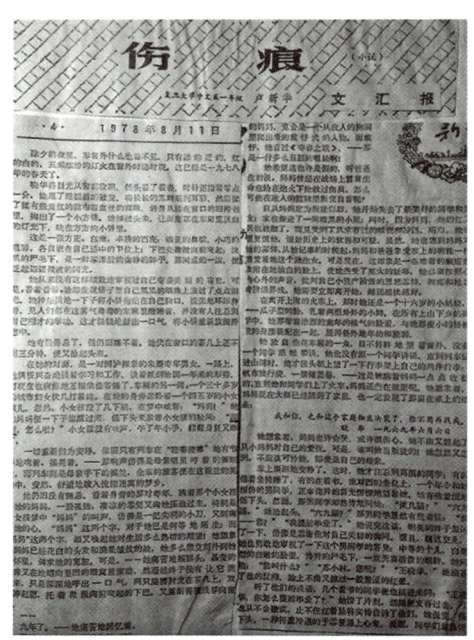

这是《伤痕》的剪报,剪报是当年读报人的常见做法。

灵并未消逝的可憎年代,因而轰动文坛。随后一大批情绪与《伤痕》相似的文学作品相继发表,引发大学生对社会、信仰、人性、自我、价值等领域的情绪化批判。

青年的迷惘情绪也反映到社会上。北京市电报大楼以西人行道边上一堵约二百米长的灰墙,因地处闹市口,近旁有一座大的公交站,人流如织,所以常被贴上寻人启事之类的便条。1978年11月,一些非官方的报纸刊物首先被张贴在这墙上。比较出名的有《四五论坛》《北京之春》《人权同盟》《探索》《今天》《沃土》,还有青岛的《海浪花》、贵州的《启蒙》等。12月13日,在中央工作会议闭幕式上,叶剑英表示,这次中央工作会议体现了我们党内的民主,西单民主墙体现了社会上的民主,这些民主精神都要发扬,我们要在全党、全国造成真正民主的空气,使广大干部群众精神振奋、心情舒畅。"西单民主墙"持续近一年时间,后因被一些别有用心的人所利用而被取缔。

稍后,文学界又出现反思历次政治运动,特别是反右斗争中"左"的错误的"反思文学",以及以表现"人性""人情"和"人的异化"为内容的作品,如1980年出版的《人啊,人!》引发了文艺评论界关于"人性"、人道主义等问题的讨论。而1978年12月《今天》杂志的创刊,标志着朦胧诗开始进入反思行列。从"即使我只仅仅剩下一根骨头,我也要哽住我的可憎年代的咽喉"到"卑鄙是卑鄙者的通行证,高尚是高尚者的墓志铭",从"中国,我的钥匙丢了"到"黑夜给了我黑色的眼睛,我却用它来寻找光明",青年诗人在深刻反思中透露着人本主义、英雄主义情怀。与此同时,哲学界也围绕人在马克思主义中的地位、人道主义、"异化"等问题展开持久讨论。1981年1月,人民出版社将相关讨论文章以《人是马克思主义的出发点——人性、人道主义问题集》为题结集出版,在全国范围内产生了较大反响。

1980年第5期《中国青年》杂志,刊登了一封署名为"潘晓"的来信,来信的主题是:"人生的路呵,怎么越走越窄……"由此引发了

中国青年运动一百年

一场关于人生价值的大讨论。这场讨论实质是对"文化大革命"期间和"文化大革命"前人生价值观念的反思,大家这才发现,自己所坚信和追求的理想与现实竟有着惊人的差距,人生的历程是如此的艰辛,人生的目标又是如此的飘忽不定。"潘晓"信中问:"什么是人生的目的?""人的本质是不是自私的?""主观为自己,客观为他人的人生信条对不对?"这些今天看来普普通通的问题,在当时引起了极大反响。《中国青年》杂志也创造了发行400万份的奇迹。来信的作者、讨论的始作俑者"潘晓",并非一个人,而是两个人(一男一女)的化名,这是经历了"文化大革命"动荡的人们在当时常见的保护自己的方法,就是匿名。实际上,男的叫潘祎,女的叫黄晓菊,都是20多岁的青年。"潘晓讨论"表明,历经劫难的青年大学生们已经开始对个人与社会的关系问题进行认真思考,昭示着青年自主选择人生道路时代的到来。

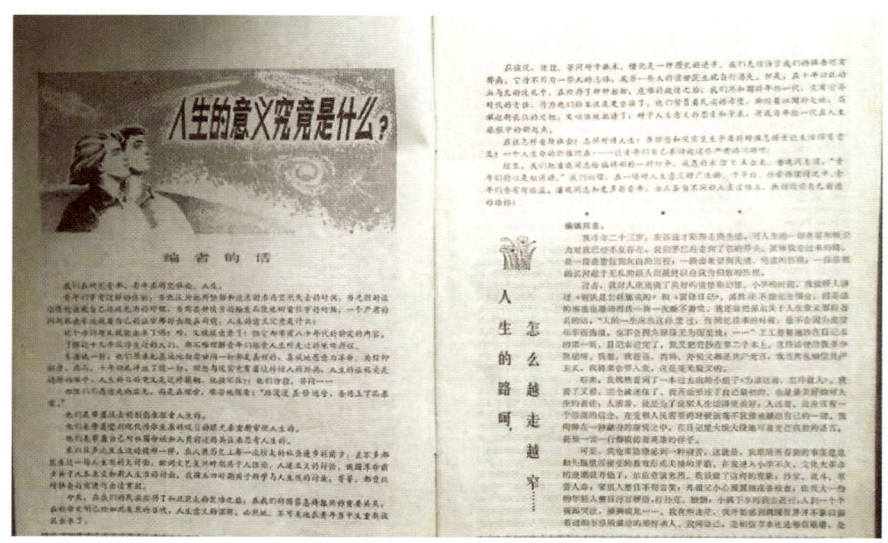

《中国青年》1980年第5期"潘晓讨论"

1981年1月,《中国青年》杂志发表了题为《六万颗心的回响》的文章,算是为这次大讨论作了一个总结。不过,在广大青年人中间,后续的讨论并没有因此而停止,直到1983年之后,相关讨论才渐渐平息。虽然这次大讨论并没有得到一个明确而具有广泛共识的结论,但它所引发的对现实、对人生的思考,是广大青年在改革开放之后在思想上受到的第一次洗礼。这次大讨论也因此成为改革开放之初思想解放大潮中的一个标志性事件。日后创办了中国最大的饮料公司之一的广东乐百氏集团创始人何伯权回忆说,当时是中山县小榄镇团委干部的他,曾与一位女孩一起热烈讨论过这个话题,正是"潘晓来信"让他重新审视和规划自己的人生,那个女孩后来成了他的妻子。

稍后,社会上又接连出现了"麦克唐纳与雷锋精神"讨论、"张华救老农"讨论,反映出改革开放之初青年人的价值迷茫与自我反省。这些讨论在那个封闭日久的社会无疑带有颠覆性的冲击,让人们尤其是青年开始怀疑现有生存状态的意义和价值,对未来的生活产生前所未有的憧憬和谋划。

西方思潮的影响和对"文革"的反思相互交织,自然反映到大学生的政治态度和政治价值取向。1980年9月至10月,北京17所高校的近百名大学生宣布参加所在区的人民代表竞选。他们的竞选演讲和辩论内容涉及政治、经济、文化、教育等诸多领域,其中既有对中国国情的理性分析,也有哗众取宠的高谈阔论,还有少数过激言论,把不满情绪发泄在党的领导和社会主义制度上。"校园竞选"事件表明,20世纪80年代初,中国大学生有着参与国事、关心政治的良好动机和政治热情,但普遍缺乏对国家治理复杂性的深度认知。为此,1981年3月,《光明日报》发表特约评论员文章《爱国主义是建设社会主义的巨大精神力量》。

鉴于大学生政治热情的释放和西方社会思潮的持续影响,1982年10月,教育部发出《关于在高等学校逐步开设共产主义思想品德课程的通知》,要求对大学生有计划地进行共产主义思想品德教育。1983年7月,中共中央下发《关于加强爱国主义宣传教育的意见》,

对大学生的爱国热情进一步规范引导。1984年4月,教育部出台《关于在12所院校设置思想政治教育专业的意见》,把大学生思想政治教育具体落实到学科建设上。

旧的价值体系被打破,而新的价值体系尚待构建,在思想界、理论界占主导地位的话语体系带有鲜明的意识形态色彩。在这种价值失重、理论缺氧的环境中,大学生转而在西方现代哲学、心理学和早期人文主义的学术著作中寻求寄托,先后形成"萨特热""尼采热"。以至于1982年中宣部《宣传动态》转发了上海团市委研究室关于西方思潮对大学生影响的一则材料,称西方学术译著在大学校园中流行,是自青年穿喇叭裤、戴盲公镜①、听邓丽君歌曲之后的"第二次冲击波"。

1986年,李泽厚在《走向未来》创刊号发表题为《启蒙与救亡的双重变奏》的文章。他认为,"从五十年代中后期到'文化大革命',封建主义越来越凶猛地假借着社会主义的名义来大反资本主义,高扬虚伪的道德旗帜,大讲牺牲精神,宣称'个人主义乃万恶之源',要求人人'斗私批修'作舜尧,这便终于把中国意识推到封建传统全面复活的绝境。以至'四人帮'倒台之后,'人的发现''人的觉醒''人的哲学'的呐喊又声震一时。"②1988年,《新启蒙》论丛出版。这些理论领域的思考者标榜自己是反传统的,认为新旧儒学形异而实同,都是要用共性来否定个性,用群体来压抑个体,用结构来限制动力,用义务来压制权利。他们提出要用人道主义的马克思主义反对教条主义的马克思主义。他们致力于批判传统文化的固有偏见与从海外传入的似是而非的理论,肯定五四启蒙运动中提出的人的觉醒、个性解放、人格独立和人道主义思想。他们看到了五四启蒙运动的中断,认为在20世纪80年代的新的形势下,中国的现代化需

---

① 盲人所戴的一种眼镜,现用以指太阳镜。
② 李泽厚:《中国现代思想史论》,东方出版社1987年版,第36页。

第十一章 / 在反思追问中重新奋起

要一场比五四运动更加深刻更加广泛的文化启蒙运动。这些理论和思想在广大青年尤其是大学生群体中产生了深刻而复杂的影响。

"从我做起,从现在做起"

青年族群有着无限的发展空间,因此对个人上升通道尤为关注,并以此来观察社会、评价政策。1979年12月,清华大学化学系七二班采取自我教育的方式,开展了社会主义制度问题的讨论。经过讨论,同学们初步划清了三个界限:第一,把社会主义基本制度同某些具体政策的偏差区别开来;第二,把社会主义制度同中国共产党在工作中的错误区别开来;第三,把社会主义制度同个别单位、个别党员干部的错误区别开来。由此,同学们认识到,一些丑恶的社会现象都有它的社会历史根源,社会主义制度也是在发展中才能一步步完善,要建立健全美好的社会主义制度,需要几代甚至几十代人的努力,这副担子也落在了青年一代的身上。为此,青年大学生不能停留在认识上,更不能旁观,还要实干,虽然每个人的力量有限,但只要"从我做起,从现在做起",就能推动国家经济社会发展行稳致远。

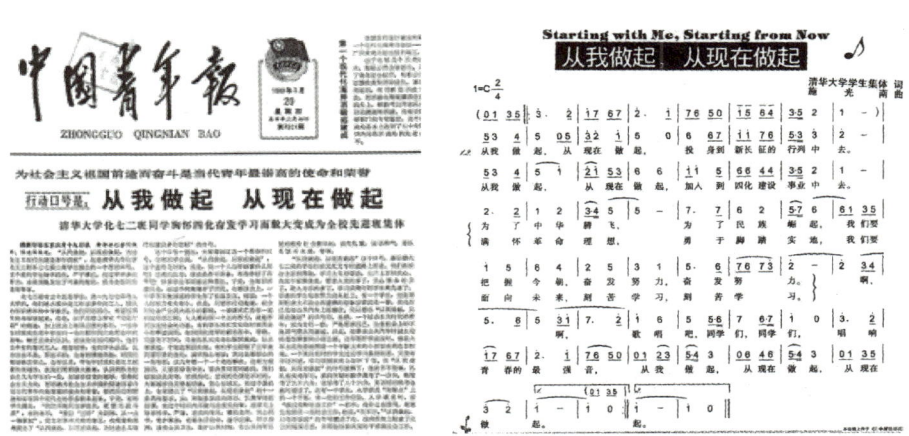

左图为1980年3月20日《中国青年报》报道清华大学化学系七二班团支部的先进事迹,右图为当时唱红校园的歌曲《从我做起,从现在做起》的歌词和曲谱。

1980年3月,清华大学化学系七二班响亮地提出了干社会主义、干四化,"从我做起,从现在做起"的口号和八条具体要求。主要内容有:积极参加政治活动,认真上好政治课;在学习上培养科学、严谨、老实的作风;尊敬教师,关心同学,热爱集体;在集体活动中,遵守纪律,听从指挥;讲究公共卫生,爱护公共财物,在公共场所自觉维护社会风尚;讲究礼貌,说话和气等。

"从我做起,从现在做起",为社会主义现代化建设多作贡献,这是新一代大学生发出的青春强音。这一口号体现了中国青年学生献身四化的壮志豪情,表达了他们在新长征路上奋发图强、艰苦奋斗的实干精神。共青团中央极其重视对这一口号内涵的发掘和意义的推广,1980年春及时决定在青年学生中大力提倡"从我做起,从现在做起"的精神,鼓励广大青年学生在向四化进军的"新长征"中争当突击手。

"从我做起,从现在做起"口号主要是在大学、中学校园里迅速传播的。1980年3月,辽宁省沈阳市九十九中学召开全校团员代表大会,提出"学习清华化七二,从我做起,从现在做起"的口号,同学们纷纷表示:"我们一定要向大哥哥大姐姐们学习,把中国共产党新时期的总路线与自己的学习、劳动、生活结合在一起。"3月22日,首都中学生集会提出了"八十年代立志成才,为祖国四化从我做起"的口号。

江苏省41所高校七万多名大学生提出倡议:"从校内做起,从自己做起,从点滴做起,为共产主义道德风尚大发扬而努力",并开展了丰富多彩的文明新风尚竞赛活动。辽宁大学团委、学生会,围绕着"是灰心抱怨等待观望,还是振奋精神敢挑历史重担?""是只当评论家,还是要当实干家?"等问题,组织同学们讨论,并在学代会上向沈阳市大专院校提出了"从我做起"十条倡议,得到了14所高校的积极响应,并开展竞赛活动。南开大学学生认为,"我们的祖国是由学校和其他各个单位组成的,学校又是由班级组成的,我们爱祖国,首先要爱学校、爱班级、爱老师。"由此,南开大学从1981年初开始开展了"我是爱南开的(周恩来语)"活动,南开校园发生了很大变化。一位老教授感慨地说:"'文化大革命'把人与人的关系搞坏了,今天雷锋精神又回来了,我打心里高兴。"

青年学生们从感伤与失落、苦闷与彷徨、叹息与埋怨中醒悟,肩负起历史的责任,勤奋学习,笃实苦干,是觉醒、奋起的新一代,他们"从我做起,从现在做起",自觉地充当了历史性伟大转折的促进派。

"团结起来,振兴中华"

从历史方位来看,七七级大学生这一代正处于民族崛起精神上扬的阶段,他们一直都觉得"振兴中华"是自己的使命。1981年3月20日晚,是北京大学七七级校园时光中最难忘的一夜。那晚,中国男排先输两局,再扳回三局,最终赢了韩国男排,获得当年世界杯排球赛的入场券。校园里一片沸腾,学生们举着点燃的扫帚当火

1981年激动人心的"3·20之夜",北大学子喊出"团结起来,振兴中华"的响亮口号。

把,游行、喊口号。有学生喊出了"团结起来,振兴中华"的口号,大家齐声响应。七七级经济系学生海闻后来回忆道:"那时候国家百废待兴,人心也比较散,这个口号把大家凝聚起来了。"

1981年6月,党的十一届六中全会通过《关于建国以来党的若干历史问题的决议》,从根本上否定了"文化大革命"和"无产阶级专政下继续革命"的错误理论,对一些重大历史事件和重要历史人物作出了实事求是的评价,科学总结了新中国成立以来社会主义革命和社会主义建设的历史经验。同年8月,全国学联主席团扩大会议在安徽芜湖市召开。会议指出,这一代大学生经历过动乱的年代,走过曲折的路程,有过激烈的思考。中国学生运动以接受中国共产党的领导为光荣传统,以有毛泽东思想为自己的旗帜而自豪,跟中国共产党走,永远是中国学生运动的主流。任何损害四项基本原则的言行,都违背学生的根本利益,必将为这一代大学生们所唾弃。

全国高校党政领导适时抓住党的十一届六中全会召开的有利时机,普遍把引导学生学习全会决议当作这一时期思想政治工作的中心内容和重要课程。通过学习,广大青年学生提高了思想认识,申请加入中国共产党的人数大幅度增加。从1978年到1981年,仅北京66所高校就有1 890名大学生入党,其中党的十一届六中全会以后入党的学生占了2/5。

1983年8月,在全国学联第二十次代表大会上,乌兰夫代表中共中央号召青年学生要有爱国之情(关心祖国的荣辱兴衰并随时准备为她献身的炽热感情)、报国之志(振兴中华的雄心壮志)、建国之才(建设祖国和保卫祖国的本领)、效国之行(把强烈的爱国热情、远大的报国志向化为实际行动),得到了青年学生的热烈拥护和积极响应。

随着经济体制改革在全国范围内全面、迅速展开,青年学生的政治热情和参与改革的意识日益浓厚。1984年的调查分析表明,这一时期,青年学生自愿订阅的报刊中,文娱类、消遣型的锐减,而文摘类、社科类的剧增。对北京大学、清华大学、南开大学、山东大学、南京大学、复旦大学的抽样调查发现,改革成为青年学生的热门话题,有85％以上的学生为国家采取的经济、科技、教育体制的改革措施而欢欣鼓舞。

在庆祝国庆35周年群众游行时,北京大学生物系八一级学生打出了"小平您好"的横幅。(摄影　王东)

1984年10月1日,中断多年的国庆大典再度盛大上演。绚丽的彩车、整齐的方队、威武的坦克,还有首次亮相的洲际导弹和卫星,依次从天安门前通过。突然,人群中一阵喧闹,一群朝气蓬勃的年轻学生面朝天安门,高举起"小平您好"这条朴素而特别的横幅。"小平您好",一句最简单的问候却发自肺腑。它道出了千百万青年学生的共同心声,表达了青年学生对改革开放的拥护和期待。它是广大青年学生与中国共产党同呼吸、共命运的集中写照。虽然它转瞬即逝,却从此铭刻在人们心里。

"五讲四美三热爱"

改革开放打破了"左"倾思想的禁锢,活跃的经济社会全新局面需要人们去重新面对,这样,价值理念、政治意识、道德情操的重构就凸显出来。青少年群体的自身特点决定了其在精神文明建设领域扮演着更为重要的角色:传播新思想、新观念,铸造社会新道德、新风气。1979年9月,党的十一届四中全会提出了建设社会主义精神文明问题。1980年12月,邓小平在中央工作会议上进一步强调了社会主义精神文明建设的重要性。

在中共中央的重视下,1981年2月,全国总工会、共青团中央、全国妇联等九家单位联合发出《关于开展文明礼貌活动的倡议》,号召全国人民,特别是青少年开展以"讲文明、讲礼貌、讲卫生、讲秩序、讲道德"和"心灵美、语言美、行为美、环境美"为主要内容的"五讲四美"文明礼貌活动。中宣部、教育部、文化部、卫生部、公安部等部门紧接着也发出通知,支持开展"五讲四美"活动。

江苏省南京市长江路小学的少先队员们在"全民文明礼貌月"活动中,走上街头,设立宣传站,进行"五讲四美"宣传活动。

1982年2月,中共中央批准共青团中央提出的将每年3月作为"全民文明礼貌月"的建议。在1982年的第一个文明礼貌月中,全国50万个青少年服务队和学雷锋小组走上社会,广泛开展了"为您服务"、助人为乐的活动。这一活动在广大群众中引起了强烈的反响,产生了良好的社会效益。此后,这一活动又与"三热爱"(热爱祖国、热爱社会主义、热爱中国共产党)活动结合起来。在党和政府的推动号召下,在共青团组织动员下,从城市到农村,从内地到边疆,"五讲四美三热爱"活动迅速而热烈地开展了起来。根据党的十二大提出的努力建设高度的社会主义精神文明的要求,1983年2月,中共中央和国务院决定在中央和各省、自治区、直辖市成立"五讲四美三热爱"活动委员会,并设立了相应办事机构。3月30日,中央"五讲四美三热爱"活动委员会成立,指导、协调、监督全国活动的开展。从此,这一活动拓展成为创造优美环境、建立良好秩序、搞好优质服务和建设文明单位的全民性活动。这些活动对人们增强社会主义理想信念,改善社会风气,美化社会环境发挥了积极作用。

时代楷模:先进个体和英雄群体

选树青年英模是教育引导青少年的常规做法,教育引导的效果取决于英模选得够不够典型,宣传动员够不够生动。20世纪80年代在全国范围内最有影响的是学习张海迪和"一山两湖"英雄群体。

改革开放需要解放思想、担当作为的进取意识,又因为过程的复杂性而需要自强不息的奋斗精神。身残志坚的山东姑娘张海迪,恰恰属于这类典型。张海迪是山东聊城地区的一名青年工人,5岁时因患脊髓血管瘤造成严重高位截瘫,胸部以下全部失去知觉。在党的培养和群众的热情帮助下,她以顽强的毅力与病魔作斗争,经受了严峻的考验,对人生充满了信心,对党、对祖国、对人民无限热爱。她虽然没有进过学校的大门,却发奋学完了小学、中学的全部课程,自学了大学的英语课程,还自学了日语、德语和世界语,翻译了16万字的外文著作和资料,并刻苦学习和钻研了《人体解剖学》《内科学》《针灸学》等十几种医学书籍和医学院校的部分教材。十

中国青年运动一百年

几年来,她用学到的医学知识和针灸技术为群众治病达一万多人次。她还学过无线电技术、音乐、绘画。她满腔热忱地帮助周围的青年学习、工作和进步,振奋他们的精神。

左图为《中国青年报》报道张海迪的事迹,右图为济南 8 000 人学习张海迪动员大会。

学习张海迪活动首先由共青团山东省委发起。1982 年 11 月,团山东省委在济南召开命名表彰大会,授予张海迪"模范共青团员"的光荣称号。1983 年 3 月,共青团中央作出授予张海迪"优秀共青团员"称号的决定,并号召全国青少年向张海迪学习。张海迪被誉为 20 世纪 80 年代中国的"保尔"和"新雷锋"。6 月初,张海迪开始在北京、山东等地进行巡回演讲。各地团组织运用青年喜闻乐见的形式,开展生动活泼的教育,如组织张海迪事迹报告团,利用广播剧、座谈会、征文等形式调动青年的学习和思考热情。学习张海迪活动是新时期青年组织开展的一项具有巨大影响和教育意义的活动,对加强广大青少年的共产主义人生观教育起到了巨大的推动作用。

1983 年 5 月,中国人民解放军第四军医大学学生和其他群众一起在华山险境抢救遇险游人;1983 年 12 月,太原市十五中女学生池越忠、青年工人王志胜等人组成群体在太原市迎泽湖中抢救两名落水儿童;1984年2月,在河北省石家庄市动物园的沉绿湖上,为营救一名落水儿童,王德恒、蒲昭枫等来自全国六个省市群众自动形成抢救群体。这三起救人于危难的精神主角被概括为"一山两湖"英雄群体。

1983年5月1日,中国人民解放军第四军医大学学生在华山抢救遇险游客。

"一山两湖"英雄群体为当代青少年树立了一组闪耀着共产主义思想光辉的、具有鲜明时代特色的英雄群像。他们崇高的精神境界中所表现出的自觉的社会责任感和忘我的英雄献身气概,在社会上产生了强烈的影响。为了传播他们的英雄事迹和不失时机地对青少年开展教育,中共中央宣传部、共青团中央于1984年3月作出《关于向"一山两湖"等英雄群体学习的决定》。共青团中央也召开表彰大会,授予华山抢险英雄群体"全国新长征突击队"称号,授予徐军等人"全国新长征突击手"称号。共青团中央还组织了"一山两湖"英雄集体事迹报告团在北京、上海、南京、天津等地巡回作报告,使广大青少年受到教育和鼓舞,促进了社会风气的转变。

争做"四有"新人

如何塑造一代新人,培养合格的接班人,是党的高层长期思考的重要问题。1980年5月,时任中共中央副主席的邓小平给《中国少年报》和《辅导员》杂志题词:"希望全国的小朋友,立志做有理想、有道德、有知识、有体力的人,立志为人民作贡献,为祖国作贡献,为人类作贡献。"1982年5月4日《人民日报》发表社论《当代青年的历史使命》,把邓小平的题词延伸为"培养青年成为有理想、有道德、有文化、有纪律、有强健体魄的新一代。这不仅是学校和共青团的责任,而且要靠所有家庭和整个社会的共同努力"。

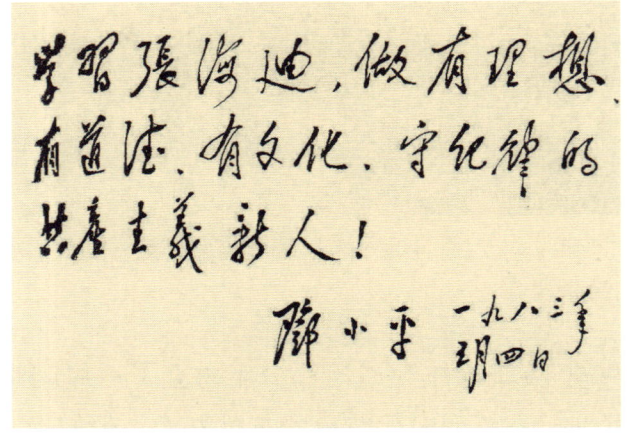

邓小平的题词把"学习张海迪"同做"四有"新人密切结合起来了。

随着改革开放的深入发展,中共中央提出要用建设有中国特色社会主义的共同理想动员和团结全国各族人民,在全社会树立和发扬社会主义的道德风尚,加强社会主义民主、法制、纪律的教育。1985年,全国共青团思想政治工作会议提出,要加强和改进新时期的青年思想政治工作,在四化建设的伟大实践中培养和造就一代有理想、有道德、有文化、有纪律的共产主义新人。

从此，做"四有"新人的口号和以此为主题的活动在全国各行各业展开，比如1985年开展的"祖国在我们心中，做'四有'新人"活动，1991年开展的"学雷锋精神，做'四有'新人"活动等。共青团自20世纪80年代中期为培育"四有"新人而开展的一系列思想教育活动，在帮助青少年把远大理想同党和国家的奋斗目标结合起来，培养良好的社会公德和职业道德等方面发挥了积极作用。

三、最先"试水"改革的农村青年

党的十一届三中全会之后，中国的改革慎重初战，要寻找一个相对稳妥的突破口。因为中国农村聚族而居，村落比较分散，组织性不足，且大多远离政治中心，而且农民的吃饭问题在当时最为迫切。于是，改革的大戏最先在农村上演成为势之必然。1980年9月，中共中央下发了《关于进一步加强和改善农业生产责任制的几个问题》，肯定农民的创造，承认"大包干"的做法，从而吹响了在农村实行全面改革的号角。此后从1982年到1986年，中共中央先后发出五个"一号文件"，提出了"联产承包责任制是社会主义的经营形式"；专业户是农村先进生产力的代表，勤劳致富光荣；改革农产品购销体制，鼓励搞活流通；合理调整产业结构，发展农村商品生产等一系列新政策。农村青年当仁不让地站在改革的最前列。这是一个最为庞大的青年群体，占全国青年总数的70%。他们最先理解与支持党和政府的改革政策，热情宣传改革，并积极参与改革实践，是推动改革的骨干力量。从联产承包，到发展乡镇企业，再到搞活流通，总是青年人率先奋起。

农村青年率先探索承包责任制

在中国社会各阶层中，农民最为朴实，也相对保守。但他们一旦处于重大困境和严峻挑战之下，就能激发出绝地求生的创造力。农村青年在责任制实行过程中是有突出贡献的，率先运用以大包干为主要形式的农业生产责任制的,就是这么一群年轻人。

20世纪60年代末,大包干责任制这种生产经营方式在农村曾一度实行过,后来,被当成资本主义受到批判,成了"禁区"。70年代末,在农村,"左"的思想还占据着统治地位,农村青年却开始闯入这一"禁区",再度运用起生产责任制。

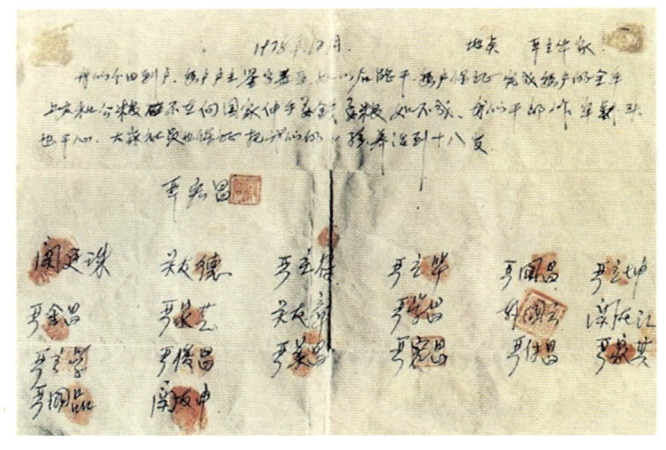

小岗村社员由严宏昌领衔在签订的包干合同书上留下手印。

安徽省凤阳县小岗生产队是最早运用责任制的生产队之一,当时大胆作出这一决策的,是共和国的同龄人、时年29岁的严宏昌。1978年,严宏昌当了副队长。社员们问他:你第一把火烧什么?他说:"一个人先扩大两亩自留地,先吃饱肚子撑住腰再说。"1979年春,小岗村实行了包产到组责任制,但社员们觉得吃"二锅饭"还"不过瘾"。麦收一过,严宏昌又在村里搞起包干到户。全队511亩地,按人分到户,国家农副产品交售任务、还贷任务、公共积累等按人包干到户,完成包干任务,剩下多少都归自己。这一年,全队人均收入310元,最高的达700多元,最低的也有250元。严宏昌搞包干到户虽然效益明显,却受到公社书记的训斥,不但不给化肥、贷款,还说:你包产到户,我斗你96场!严宏昌也不示弱:不能再活活饿死人了,你就是斗我 1 096 场,我也要干。严宏昌搞包产到户的事终于得到了上级领导的肯定和支持。1979 年底,地委书记带着七位地委委员来到严宏昌的家,听他说怎么想起带头搞包干到户的事。1980 年 1 月,省委负责人来小岗听了严宏昌的汇报后说:你们干得好,别人学你们的样子,也可以嘛。干部不要再给他们念紧箍咒,他们生产就上去了。小岗生产队搞大包干的经验迅速在省内推广。

1978 年前后,全国农村生产大队的正、副队长及会计 70% 以上由年轻人担任。在相近的生产水平下,他们和严宏昌一样,也正在寻找相同的出路,只是根据各地的生产水平,运用的责任制形式有所不同。比如,云南省元谋县元马公社大塘子生产队青年会计李国友、陕西省周至县城关公社恒州大队第三生产队青年队长梁刚,还有贵州省遵义的 2 000 多名青年队长都是比较典型的案例。

农村普遍实行家庭联产承包责任制后,广大农村青年享有了生产自主权、经营决策权以及产品销售和收入分配权,他们把青春热情投入到相对独立的家庭生产经营当中去,大大提高了农业生产的

1981 年,安徽凤阳县农民交公粮的情景。在当时,每年交公粮是一件大事,场面很壮观。

效率。农村青年不但成为田间生产劳动的主力军,也成为推动农业现代化的重要力量,不少青年都成了科学种田的先行者。

责任制实行之初,一些农民也包括少数农村青年片面认为:"包干到了人,各人顾各人。"因此,出现了些只顾个人利益、不顾国家利益的现象。如有的人不愿把紧俏的农副产品交售给国家,不完成统购派购任务就拿到集市上卖高价,等等。这些现象,必须通过完善责任制来加以根本转变。所以说,正确处理好农民个人利益和国家利益的关系,不仅是巩固和完善联产承包责任制的重要前提,也是其重要内容。

在这一点上,广大农村青年起到了积极的表率作用。比如,山东省金乡县鸡黍公社起马大队青年张来运,1981年承包了20亩粮田,9亩棉田。第二年,全家收入粮食3万多斤,皮棉1 600斤。张来运丰收不忘国家,将1.8万斤粮食、1 500斤皮棉交售给国家,被群众称为"张爱国"。河南省临颍县城关镇北场大队团支部书记刘保中在承包的21亩小麦田里大旱大干夺丰收,总产量达1.5万斤,他说服家人,一次向国家交售1万斤,超交9 500多斤。1981年,湖北省应城县杨河公社大堰大队六房生产队小队队长杨小运,一年向国家交售商品粮2万斤,把吃了19年返销粮、人称"北大荒"的生产队翻过身来。他的事迹在《中国青年报》报道后,在农村青年中引起了积极的反响。

农村青年发展多种经营

联产承包责任制实行后,粮食连年丰收,农民的吃饭问题得到了基本解决,一些青年剩余劳动力从土地中分离出来,走上了发展多种经营的路子。

农村青年在多种经营领域的开拓,最早始于对各种传统经营项目的恢复和发展。养蚕栽桑是安徽省金寨县南溪区的传统经营项目。以往个人养蚕栽桑要受到批判和处理,实行责任制后农村青年自觉恢复了养蚕栽桑。恢复蚕桑生产仅一年,青年们此项收入累计达 120 万元,占全区农业总产值的 30%。

养鸡,是一项传统的副业。多少年来,农民养鸡的目的,用农民自己的话说,是"养鸡为过年","鸡蛋换油盐",规模小,饲养粗放。"文化大革命"中,养鸡被列为资本主义尾巴,属被割之列。20 世纪 80 年代,部分农村青年把养鸡当成主业,规模大,饲养科学,目的是卖大钱,卖商品鸡、商品蛋。1980 年,贵州省遵义县农村青年肖时运开始专业化养鸡。由于科学喂养,他的肉鸡三个月能长到五斤,蛋鸡四五个月普遍开始产蛋,产蛋率达 70% 以上。截至 1982 年底,他累计养鸡 1.6 万多只,出售雏鸡 1 万多只,总收入达 4.6 万多元。

"三百六十行,行行出状元"

江苏省常熟县王市公社北塘大队历史上并没有刺绣传统。党的十一届三中全会后,大队妇女主任到上海绣衣厂联系了绣花业务,并承担了外贸出口任务。此后,大队有了一支由 350 多名女青年组成的绣衣队伍。她们的绣衣产品,素雅别致,远销欧、亚十多个国家。她们还不断适应社会所需,开发新项目。

实行责任制后,江苏省海安县农民的生活水平日益提高。1983 年,全县 22.4 万多农户已拥有自行车、收音机、电视机、缝纫机、钟表 49.4 万多件,但这些消费品的修理点却非常少,给农民生活带来很大不便。为此,一支由1 200多名农村青年组成的个体修理队伍应运而生。这些农村青年经过有关部门的培训,考核合格后,回乡为农民服务,很受农民们欢迎。

江西省安义县丁湘公社柏树大队青年袁起平,1983年把五亩多责任田全部转让给本队劳力足、种田经验丰富的社员,自己买了辆汽车跑运输。这种离土不离乡或者是离土又离乡的做法,既壮大了多种经营生产者的队伍,也为土地向种田能手集中、搞土地适度规模经营提供了前提。同时,这也是对几千年来农民视土地为命根的土地观念的反叛,为传统的农民概念注入了新的内涵。这是一种历史的进步。

种植、养殖都离不开科学和青年

一大批农村青年在多种经营领域成长为专业户。像河南省草编专业户连爱民、养土鼋专业户李昆兰,辽宁、四川的养兔大王石磊、任旭平,黑龙江的奶牛状元于振希,湖北的科技专业户周基湖,河北的玉石烧制专业户王岭昌,广东的"荔枝大王"叶钦海等。这些青年专业户还带出了一些专业村、专业乡。农村许多地方的区域性专业生产就是由他们带动起来的。

农村发展和建设一靠政策，二靠科学，三靠投入。农村青年是经济建设主战场的重要一翼。家庭承包责任制的推行极大调动了广大农村青年的生产积极性，农业生产获得连年丰收。各地团组织推动农村青年把活动领域从种植业扩大到林业、牧业、渔业、家庭副业、社队企业等方面，农村青年中涌现出许多科学致富的"生产能手""土专家""田参谋""小行家"等。1982年5月，共青团中央、国家农委联合召开"全国农村青年学科学、用科学经验交流会"，表彰50名农村青年先进集体和100个先进个人。从1979年到1984年，农业总产值年均递增8.9%，人均占有粮食由1978年的318.5公斤增长到1984年的395.5公斤。主要农副产品产量大幅增长，农贸市场在各地大量出现。

乡镇企业兴起与农村青年"华丽转身"

从1978年开始大约经过四五年时间，就解决了粮食的问题。紧接着就出现了第一次卖粮难的问题，农村调整产业结构有7 000万公顷土地转产经济作物，这种调整刺激了农村加工业的发展，乡镇企业蓬勃发展。大批农村青年"离土不离乡、进厂不进城"，他们从传统种植业中脱离出来，转向工业生产领域，成为推动乡镇企业发展的主要力量。随后，以农村青年为主体的乡镇企业的厂长、经理和管理技术人员又承担乡镇企业向现代企业转变和并轨的历史重担。

邓小平在评价农村改革时曾赞叹道："农村改革中，我们完全没有预料到的最大的收获，就是乡镇企业发展起来了，突然冒出搞多种行业，搞商品经济，搞各种小型企业，异军突起。"[①]从某种意义上

---

① 邓小平：《改革的步子要加快》(1987年6月12日)，《邓小平文选》第3卷，人民出版社1993年版，第238页。

说，乡镇企业是农村青年的企业。一是乡镇企业的工人大多数是农村青年。1978年，在江苏、浙江等社队企业较发达地区，青工比例就达70%以上；1984年，全国乡镇企业中青工比例已达75%以上。二是相当一部分乡镇企业的厂长、经理、管理和技术人员是青年。说乡镇企业是农村青年的企业，更重要的，还表现在农村青年为乡镇企业的崛起和发展所起的骨干作用和作出的特殊贡献。

中国相当一部分的乡镇企业是在手工业和初级农副产品加工业的基础上发展起来的。20世纪50年代从农业中分离出来，开始称为"社队企业"的，多是些手工业联社、农机站之类的小型企业，从事小件农具、机械配件的生产制造和粮食加工等。1978年以前，由于"左"的错误影响，乡镇企业长期徘徊，发展缓慢。党的十一届三中全会以后，中共中央指出："乡镇企业要有一个大发展"，并区分不同情况，实行低税或免税等一系列优惠政策。

在乡镇企业面临历史性转折的关头，以青年为主体的企业领导和技术管理人员挑起了发展乡镇企业的历史性重担。20世纪70年代末，河北省清河县连庄公社砂轮厂产品质次价高，多年滞销，转产耐火材料又因不知行情、不懂技术而不得"入门"。这时，27岁的"小能人"王洪增受聘当了技术员。他决定生产国家急需的一种耐火隔热材料——"泡沫轻质高铝砖"。经过他引进、消化技术，反复试验，所在的60多人的小厂终于生产出了居国内领先水平的PM 0.5、PM 0.4、PM 0.7、PM 0.6型系列产品，成品率高达93%。1981年初，一项援助友好国家的重要工程急需PM 0.4特大特异型泡沫轻质高铝砖，外贸部门找遍全国耐火材料工厂，无一家能生产，最后，王洪增所在的小小乡镇企业完成了这一任务。

1986年，23岁的浙江台州青年李书福在黄岩创办了北极花制冷电器厂，在简陋的茅草屋里开始了创业历程，起先是生产制冷元器件，很快就开始生产北极花电冰柜。到1988年实现销售收入4 800万元，创利税1 000多万元，成为乡镇企业的佼佼者。

第十一章 / 在反思追问中重新奋起

浙江台州青年李书福在简陋茅草屋里创办北极花制冷电器厂。

在一部分农村青年为巩固和发展集体所有制企业艰苦奋斗、推动传统的"社队企业"向现代的乡镇企业发展的同时,许多农村青年独树一帜,开始了全新的创业。他们有的自筹资金,与集体合作,新建了一大批公私合营企业;有的横向联合,办起了一大批股份制合作企业;许多由青年创办的个体私营企业也大量涌现,乡镇企业出现了多种经济成分并存、迅猛发展的局面。1980年,湖北省黄冈县诸城公社1 000多名青年每人自带资金1 000元,与公社、大队联合办起了20个企业。仅半年时间,这些企业的总产值就达72万多元。因联户、户办企业多,经济效益高,而被称为"阜阳模式"的安徽省阜阳地区,到1987年上半年,联户、户办企业发展到18万多个,青年办的企业占70%以上;54万在业工人,青工就有45万。青年个体企业的性质是私营的,有的企业存在着雇用童工、掠夺资源、污染环境、偷税漏税、以假充真等问题,但大部分青年个体企业守法经营,科学经营。他们以文明的生产经营和高质量的产品为自己赢得了信誉和地位。

1983年,河南省伊川县鸣皋乡中溪村女青年姜麦鲜自办"格瓦斯"饮料厂。虽然她为生产出合格的"格瓦斯"饮料,自费几千元到新乡师范学院、郑州啤酒厂学习化验和生产工艺,但生产出的产品还是有沉淀、怪味。当市场上充斥着不少假冒商品、劣质饮料的时候,姜麦鲜却一切又从头开始,一气"沉默"了两年,刻苦攻关。1985年春,她推出了新的产品,国家科委新技术局、北京市食品工业研究所等单位25位专家鉴定后认为,"该产品具有香味纯正、酸甜可口、杀口力适度等优点,理化指标已达到国际水平"。

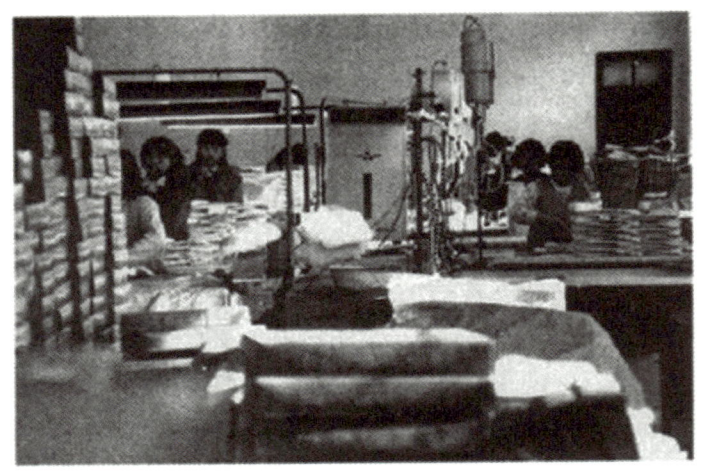

这是20世纪80年代初港下针织厂(红豆集团前身)衬衫整烫包装车间一角。(摄影 任镇北)

周耀庭,江苏无锡农民,初中文化,1983年(40岁)出任港下针织厂厂长。当时企业缺乏资金,他就动员职工集资,后转化为职工福利股,为股份制改造埋下伏笔。1992年成立江苏省第一家省级乡镇企业集团——红豆集团,引进全套制衣设备,高薪聘请专业技术人员,生产高级系列服装,使企业成为"新苏南模式"的典型代表。

鲁冠球,浙江萧山农民,1969年24岁的他带领六位农民,集资4 000元,创办宁围公社农机修配厂。1983年38岁时,以自家自留地里价值2万多元的苗木作抵押,承包了万向节厂,开始自主创业,自主经营,当年就超额完成利润154万元。1984年,土法上马搞内部职工入股。1985年被《半月谈》评为全国十大新闻人物,万向集团随后成为第一家上市的乡镇企业,第一家进入国务院试点企业集团的乡镇企业,第一家拥有国家级技术中心的乡镇企业,第一家产品进入美国通用汽车公司配套生产线的中国汽车零部件生产商。1990年1月,中国乡镇企业家协会成立,农业部部长何康出任会长,鲁冠球成为副会长。

这些普通的青年农民,都纷纷在改革大潮中洗脚上田。从此,他们的名字不仅在中国乡镇企业图谱中灿若星辰,也与中国的工业化、与中国制造的辉煌,紧紧相连。到了1987年,乡镇企业中,二、三产业产值合计增加到4 854亿元,首次超过了农业总产值,成为中国农村经济发展史上的一个里程碑。到鼎盛时期的2007年,乡镇工业增加值占到全国工业增加值的46.5%,从业人员占农村劳动力总数的29.13%,实缴国家税金占全国税收总额的20%。如今,尽管随着时代的变迁,"乡镇企业"这个名称已经成为历史名词,但是,脱胎于乡镇企业的民营经济,仍然是当前中国发展不可或缺的重要力量。

为了推动农村经济持续发展,共青团中央、国家科委于1988年7月决定,在全国农村开展培养"青年星火带头人"活动,共青团负责组织、发动以及服务方面的工作,国家科委负责具体的技术培训和指导。活动以培训为先导,普遍采取省、地两级集中办班,委托农业大专院校代培训等形式,对带头人培养对象进行培训,通过他们把新技术成果引入乡村,并传给广大农村青年。这项活动的持续深入开展,为农村造就了一批科技后备军,扩大了科学技术的影响。据1993年的统计材料,几年共培养40万名县级以上的青年星火带头人,推广省、地级星火项目达4 000多项。活动中涌现出来的青年人才成为学习、运用、推广科学技术的标兵,在农业现代化过程中充分发挥了先锋作用。

随着乡镇企业迅猛发展,一大批年轻的青年企业家脱颖而出。1988年10月22日,中国青年乡镇企业家协会成立,作为中国青年的一个界别组织而成为全国青联的团体会员。该协会有个人会员260名,全部是35岁以下的全国优秀青年乡镇企业厂长(经理)。有团体会员21家,联系着近2 000名知名的乡镇企业青年厂长(经理)。会员企业都是所在省、市、县的骨干企业和带头企业。中国青年乡镇企业家协会的成立,标志着中国农村青年企业家阶层的诞生,并开始以群体的面貌,更加广泛地步入中国社会的政治、经济生活。

到1978年底,全国乡镇企业已发展到1 700多万个,从业人员8 500万,当年总产值4 700多亿元,分别相当于1973年全国社会总产值和1975年全国工业总产值。乡镇企业改变了中国农村单一的经济结构,使一、二、三产业同步发展,创造了适合国情的消化吸收农村剩余劳动力的路子,促进了农业的发展,增加了农民收入,增加了国家财政收入,打破了长期以来城市办工业、农村搞农业的局面。开拓了中国工业化的新路,带起了一批新型集镇,促进了农村的城市化。乡镇企业在农村经济及整个国民经济中,占据十分重要的地位。

在当时敢于创业的,绝大多数学历都不高,小学程度占一半以上。1986年,德国《明镜周刊》曾报道说,"在中国,农民胆大而鲁莽……从而给企业带来活力"。据统计,1983—1988年,乡镇企业共吸纳农村劳动力6 300万人①。这可以称作最早的"离土不离乡,进厂不进城"的农民工。

四、"新长征"与"深圳速度"

党的十一届三中全会之后,改革开放有效地促进了社会生产力的解放,广大青年的精神面貌为之一新。早期现代化建设最重要的

---

① 《中国农民工问题研究总报告》,国务院研究室课题组:《中国农民工调研报告》,中国言实出版社2006年版,第2页。

支撑是工业化、城镇化,不论是体制内青年职工,还是就业相对自由的社会青年,抑或是焕发激情的农村青年,都满怀希冀地投入建设社会主义的"新长征"之中。

"前门情思大碗茶"

改革就是打破束缚生产力发展的旧框框,这与青年天生的创造力恰好无缝对接。过去在"左"的指导思想下,片面追求"一大二公",使所有制形式越来越单一,给经济建设、劳动就业和人民生活带来很多困难。特别是上千万知识青年陆续返回城市后,国营和集体企业不可能全部安置,他们面临突出的就业问题。1979年,中共中央、国务院果断采取支持城镇集体经济和个体经济发展的方针,允许多种经济形式同时并存。当时北京有40多万待业青年,为促进城市经济发展,解决待业青年的就业问题,京城街道开始兴办集体生产服务事业。据1979年7月31日的《北京日报》记载,北京市各城区近郊区当时广开门路,大力兴办街道集体生产服务事业,分批分期安排待业青年就业。截至当年7月6日,北京全市已有6.2万多名待业青年走上工作岗位,其中一些人就是去卖大碗茶的。

新中国成立后,大碗茶曾经在京城风靡一时。出门在外若是口渴了,找个茶摊,花两分钱,呷上一碗早已凉好的大碗茶,清凉又惬意。可惜,这经济实惠的大碗茶行业在20世纪六七十年代被当成"资本主义的尾巴"割掉了。1979年夏季,北京一些热闹的街头重新出现了很多茶摊,一些青年在那里满腔热情地卖大碗茶,供汗流浃背的过往行人去暑解渴。从早到晚,顾客络绎不绝。前去光顾的既有本地职工、外地游客,也有港澳同胞、华侨和外宾。仅前门一带的几个茶摊,一天接待顾客就有近万人。这年5月,北京市街道干部尹盛喜带领20多名待业青年,顶住外界种种压力,靠1 000元起家,在前门箭楼西侧搭棚盘灶,创办北京大碗茶青年茶社,起家的买卖就是二分钱一碗的大碗茶。从大栅栏综合服务合作社,到大栅栏

北京前门大栅栏的大碗茶青年茶社在营业。

贸易公司,再到大碗茶商贸集团公司,这家企业越做越大,开办头八年就形成了经营九大类、6 000多种商品,年利润达200万元的规模。

1988年底,由大碗茶商贸集团公司投资兴建的,集商业、文化、旅游综合性服务于一体的老舍茶馆正式开业。1989年初,北京市旅游事业管理局授予其"旅游定点"标志。开业三个多月,老舍茶馆便接待中外宾客近三万人,其中海外宾客4 000余人,真应了老舍夫人胡絜青给茶馆写的那副对联:大碗茶广交九州宾客,老二分奉献一片丹心。

第一代个体户与活力之城

改革的要义在释放活力,东南沿海地区很早就有浓郁的商业氛围和"敢吃螃蟹"的勇气。1980年12月,温州气候与往常一样,已酝酿着冷暖交替的暗潮。此前不久,温州市工商行政管理局发布了一份具有历史意义的为个体户登记、发照的《通知》。其中,"个体工商业户属于个体劳动者","他们经营灵活,活动面广,对活跃市场、弥补国营和集体工商业网点不足,方便群众生活,广开就业门路,促进生产发展,起到了一定的作用"等词句,让温州市民既觉熟悉又感到陌生,他们内心潜藏多年的经商意识开始被唤醒,而在这一过程中最先去尝试的还是青年人。

就业虽然是青年人的头等大事,但干"个体户"在很多人看来并不是件光鲜的事。当时,温州的解放路算得上市区最繁华的街道之一,沿街一些居民自发地在家中做起小生意。1979年底,章华妹在

第十一章 / 在反思追问中重新奋起

她父亲的鼓励下把自家临街的窗棂打开暂充"店面",开起小百货"窗"摊。不过,因为"无照",她整天提心吊胆。经过工商工作人员的动员,尽管对是否会被割"资本主义尾巴"心存疑虑,最后,这个年轻姑娘还是决定登记领照。

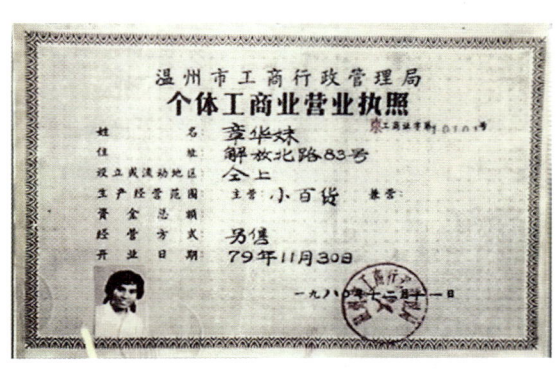

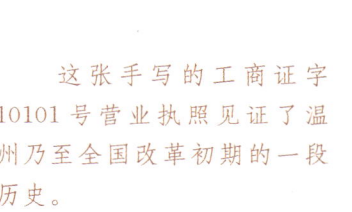

这张手写的工商证字10101号营业执照见证了温州乃至全国改革初期的一段历史。

1980年12月11日,章华妹幸运地成为中国个体工商户领取营业执照的第一人。随后,温州地区出现了中国第一批个体工商户。他们中的很多人,原本是无固定工作,无门路,也无参军、上大学机会的社会"边缘人",为了吃饭和生存,迫不得已,在自家门口或租赁一间小门面或在集市摆小摊,当起了个体户,凭自己的双手和汗水,开创了一代人的奇迹。

随着这些青年个体户的出现,温州计划经济的坚冰被逐渐打破,商品经济的破冰之旅开始起航。他们还走出温州,前往全国各地,把市场上紧缺的商品贩运回来,开始组建温州最早也是中国最早的商品市场,逐步形成让经济学家惊呼的"有温州人的地方就有市场,没有市场的地方,温州人会去缔造市场"的传奇。

争当"新长征突击手"

江青反革命集团被粉碎后,中共中央把国家建设的新局面喻为"新长征"。1978年,全国国有经济单位及城镇集体经济单位职工数为9499万人,青年工人占一半以上。为动员各行各业青年投身到经济建设中去,1979年3月,共青团中央作出《关于在全国青年中开展争当新长征突击手活动的决定》,揭开了"新长征突击手"活动的序幕。由于这项活动是共青团围绕党的工作重心转移到经济建设上来而开展的适合青年特点的重要活动,顺应了历史客观发展需要,反映了团员和青年献身现代化建设事业的强烈愿望,因而激发了广大青年的革命英雄主义精神和集体主义精神,得到了各级团组织和青年团员的热烈响应,活动很快在全国各行各业蓬勃开展起来。在这项活动的带动下,全国各条战线上都涌现出了成千上万的青年先进人物。

全国性的"新长征突击手"表彰,对青年职工来说是莫大的鼓舞。

1979年9月,共青团中央在北京召开全国"新长征突击手"命名表彰大会,首批命名表彰了10支"新长征突击队"、155个"新长征突击手(队)标兵"和万名"新长征突击手"。这项活动将经济建设与思想建设相结合,把物质财富的创造和造就一代新人相结合,把劳动竞赛与青年学文化、学技术、学科学相结合,提高了青年建设社会主义现代化强国的本领,因此具有鲜明的时代特征。随着改革开放的深入发展,共青团组织从中央到地方每年都命名表彰一批"新长征突击手"和"新长征突击队",逐渐把这场运动转变为一种常态化形式。

作为"新长征突击手"活动基本形式,青年突击队、青年掘进队、青年质量管理小组、青年文明岗等"青"字号组织蓬勃发展,在经济建设中发挥着重要作用。

1. 青年突击队活动

1979年,全国各地建筑行业团组织在开展争当"新长征突击手"活动中,吸收50年代开展活动的经验,在全国建筑企业和一些相关行业中组建并发展壮大了一批青年突击队。

1982年9月,隋世忠青年突击队在首都工程建设中脱颖而出,成为北京市和全国建筑行业的一面旗帜。这支青年抹灰工突击队成立于1980年9月,属于北京市第六建筑工程公司二工区。建队以来,他们坚持建队育人的方针;坚持在本职岗位上学技术,练硬功;坚持在生产第一线抢重活,挑重担;坚持科学管理,大力推行全

隋世忠青年突击队意气风发地走在他们洒下汗水的建筑工地上。

面质量管理,出色地完成了各项生产建设任务,创出了平均月效率160%和质量全优的好成绩。1982年9月,共青团中央授予隋世忠青年抹灰工突击队"全国新长征突击队"称号。同年10月,城乡环境保护部、共青团中央、中国建筑工会联合发出《关于开展向北京市第六建筑工程公司隋世忠青年突击队学习决定的通知》。

1983年5月至10月,共青团北京市委会同北京市城建部、建委、工会,在建筑行业开展了一次大规模的"学赶隋世忠青年突击队,夺优胜杯"竞赛活动。在这次竞赛中,广大青年突击队队员不怕困难,专拣急、难、险、重的任务干,创造出了第一流的生产效率。在参赛的339支队伍中,有213支青年突击队在生产效率上创出本队的历史最高水平。竞赛活动也促进了青年突击队数量的增加。到1983年底,北京市建筑行业青年突击队发展到1 100支、队员达2万多人。

进入20世纪90年代,各级团组织结合本地、本企业的实际,进一步把青年突击队活动引向深入。1991年,江泽民为"青年突击队"题词后,青年突击队工作更加普及和深化。据1991年的不完全统计,全国共成立青年突击队40余万支,承包各种工程、生产任务900万项,创造经济价值20多亿元。

2. 青年掘进队

1978年前后,由于"文化大革命"和长期"左"的思想影响,煤炭工业的采掘、采储比例处于严重失衡状态。当时,煤炭战线有4 000多支掘进队,其中青年占70%以上。针对此情况,共青团中央、煤炭工业部联合决定推广吉林团省委组织煤炭系统青年掘进队竞赛的成功经验,在全国煤炭战线广泛开展青年掘进队竞赛活动。规定,凡青年工人(30岁以下)占全队人数70%以上的掘进队,都可作为青年掘进队参赛。同时,在掘进进度、量、安全、消耗、效率等方面作了具体规定,按标准进行验收评比。

在全国范围内有巨大影响的竞赛活动有二:

第十一章 / 在反思追问中重新奋起

一是全国煤矿青年掘进队"上纲要"竞赛。共青团中央和煤炭工业部于1980年7月联合组织开展了这项竞赛活动。在这次竞赛中,广大参赛青工发扬煤矿工人"特别能战斗"的光荣传统,经过三个月的紧张奋战,使竞赛取得圆满成功。参加竞赛的504个青年掘进队中,有284个队实现了"双上纲要",其中有65个队"三上纲要",37个队"四上纲要",并杜绝了重大工伤事故。到9月份,经广大青年工人和老工人共同努力,创造了新中国开掘月进尺9.1万米的最高纪录,为协调采掘比例关系,促进煤炭工业的发展作出了积极贡献。共青团中央和煤炭工业部对实现"双上纲要"的284支青年掘进队予以通报表扬,并对前50支青年突击队分别授予奖旗和奖状。

施行共青团标准化作业的青年采煤掘进队

二是全国煤炭青年掘进队"争先锋、创水平"竞赛活动。在开展上纲要竞赛活动的基础上,为以优异的成绩向国庆三十五周年献礼,共青团中央与煤炭工业部,又于1984年9月在全国各煤矿青年掘进队中开展了"争先锋、创水平"竞赛活动。活动时间虽然仅为一个月,但广大青年职工创造出了优异的成绩。参加全国竞赛的521

个青年掘进队中,有254个队实现了"双上纲要",其中有1个队"七上纲要",5个队"六上纲要",10个队"五上纲要",23个队"四上纲要",52个队"三上纲要"。有2个队分别创综掘和炮掘月进尺的全国最高纪录。竞赛结束后,煤炭工业部和共青团中央对竞赛优胜队进行了表彰,其中有17支掘进队被团中央命名为"全国新长征突击队"。

3. 青年质量管理小组

青年质量管理小组(简称"青年QC小组")是共青团组织在企业推行全面质量管理,引导青年职工参与企业质量管理的一种组织形式。最早兴起于20世纪80年代初。1984年,共青团中央青工部在总结上海团市委、湖北省第二汽车制造厂团组织开展青年质量管理小组活动成功经验的基础上,将这一活动向全国推开。1987年,国家经委、财政部、团中央、全国总工会、中国科协联合颁发了《质量管理小组活动管理办法》,这种活动形式就被固定了下来,成为共青团组织开发青工智力、提高青工素质、发挥青工在提高企业质量管理活动中发挥生力军作用的一个常项活动。

到1991年,青年QC小组的数量由当初的上万个发展到近百万个,实现成果达63万项;活动的范围从工业企业发展到交通运输、工程建设、邮电通信以及商业服务、医疗卫生等;活动的组织管理从单纯的开展活动、项目评选发展到注重运用政策措施促进和保证活动的深入开展,建立了一套较为完善的活动开展、成果发布、评审、奖励和推广应用的管理体系。在1991年"质量、品种、效益年"活动中,据河南、吉林、安徽、山西、福建、湖南省统计,年中成立青年QC小组51万多个,200多万青工参加这项活动,创直接经济价值近亿元。

4. "五小"智慧杯竞赛活动

为了动员广大青年职工为提高经济效益、推进技术进步发挥聪明才智,1982年1月,共青团中央青工部、《中国青年》杂志社和轻工业部科研司共同发起组织了全国青年"小发明"竞赛活动,在全国引起了强烈反响,全国共取得发明革新成果 10 万多项。活动的成功,使得团中央和各级团组织充分认识到广大青年中蕴藏着科技发明创造的巨大潜力和群众性科技活动对国家经济建设所产生的重要作用,认为有必要把"小发明"活动同青工中开展的"小革新""小改造""小设计""小建议"活动紧密地融为一体,使青年科技活动在更大范围、更广阔领域开展起来。

1983 年 4 月,共青团中央会同国家经委、全国总工会联合发出《关于在全国青年职工中开展"五小"智慧杯竞赛活动的通知》。经过一年多的实践,全国有 1 000 多万职工踊跃参加。围绕产品的更新换代、工艺和设备的革新改造开展攻关,共实现"五小"成果 40 多万项,为国家和企业创经济效益上亿元。1984 年 6 月 4 日至 9

全国青工"五小"智慧杯奖章

日,团中央召开总结表彰大会,共评出 500 项优秀成果。

经过几年的推广,"五小"活动逐渐走上了自觉化、规范化的发展道路。"五小"活动的开展,为广大青工施展聪明才智提供了条件,许多科研项目填补了国内空白,一大批青工成为各行各业的技术标兵、操作能手和模范工作者。仅 1986 年,全国参加"五小"竞赛的青工达 1 900 多万人,取得成果 130 万项。活动为推动企业技术进步、提高经济效益作出了贡献,成为青年运动以生产活动的方式进行开展的又一种途径。

5. 青年文明岗

商业服务作为新兴产业,也是青年大显身手的重要领域。20

世纪80年代中后期,随着中国城市经济体制改革的全面展开和深化,商业服务业领域开始引入竞争机制,共青团如何动员在这一领域的青年适应新的发展形势和发挥更大的作用,是一个新的课题。1986年1月,团中央和商业部联合发出《在全国商业服务业开展文明经营示范活动》的通知,之后,在全国29个省、市、自治区团委的具体组织动员下,全国300多个城市的百万商业、服务业青年工人纷纷响应,积极开展了文明经营示范活动。通过这项活动的开展,改变了商业服务业长期徘徊不前的局面,给社会带来了可观的社会效益、经济效益和人才效益。在这项活动中,商业服务业的职业道德得到提倡、宣传,人们的职业素质提高了,从业人员的职业责任感增强了。

1989年3月,在全国城市商业服务业文明经营示范活动开展了三年之后,团中央和商业部又联合发布《关于1989年继续深入开展文明经营示范活动的意见》,要求把"争创青年文明柜组"作为文明经营示范活动的重点来抓。意见发出后,全国各地窗口行业的广大青年很快积极行动起来,自发地制定了各项自律制度,并开展各类相互帮助和竞赛的活动,使整个服务业呈现出一派新气象。青年运动在商业服务业领域的工作开展,开创了商业服务业的新局面,推进了商业服务业领域的社会主义物质文明和精神文明建设。

"孔雀东南飞"飞出"深圳速度"

根据邓小平倡议和指导,1980年5月,中共中央和国务院决定在深圳、厦门、珠海、汕头创办经济特区。从后来的发展来看,以与香港一河之隔的深圳最有活力、最为成功。目前深圳的核心区,当年是个小渔村,能够发展为世界闻名的大都市,大致经历了三个阶段:一是1980年中共中央、国务院决定创办特区,深圳经济特区建设开始起步。1981年底,蛇口工业区提出"时间就是金钱,效率就是生命"的口号。二是1985年,随着全国改革开放形势的全面发展,深圳经济特区向成型完善的阶段发展,城市建设、经济建设在总结调整的基础上再一次腾飞。三是进入 20 世纪 90 年代,深圳再一次掀起改革开放的浪潮。昔日的边境小镇,在现代化的城市规模,在经济、教育、科研、卫生、文化等项建设事业中均取得了巨大成就。

青葱而富有朝气的深圳南山区打工妹

深圳建特区前是一个十分落后荒凉的小镇,尽管有优越的地理环境和气候,但是没有得到开发和利用。1980 年第一批来深圳的十多万人首先带来了各地优秀的文化和先进的思想。1985 年随着深圳建设日益走上规模,又有十多万人从各地汇聚深圳,再一次带来先进的思想,加上与当地和港澳文化的相互渗透,很快促成了新的社会进步因素。

在这么大的移民建设中,深圳青年是站在最前列的建设大军。青年思想活跃,求新求变,敢为天下先,加上年轻的优势,因而青年移民的创新性首先促进了社会的整体进步。据 1980 年至 1991 年的统计,深圳工业总产值年递增率 69%,外来劳动力年递增 62.7%。到 1991 年底,全市总人口 269 万余人,其中青少年(35 岁以下)180 多万,平均年龄 27.1 岁,是年轻型的移民城市。而且,外来青年人口远远超过本地人口,1994 年底,深圳市核心城区之一的宝安区总人口 106.6 万人,暂住人口 84.2 万人,占 79%,其中外来青年劳动力83万人,占暂住人口的98%。

从来源看,深圳青年主要来自全国部分省市和广东省各地市、县。全国省份主要包括四川、广西、湖北、湖南、江西、江苏、东北三省等。1991年底,在全市180多万青少年中,有常住户口的青年干部职工37万,大中小学生13万,外来临时工130万左右。在深圳这个地方出生成长的青年,基本上经过洗脚上田,担任了外资企业的管理人员等。从全国部分省市和广东其他地区迁来的大学生和各类青年专业技术人才,大多数充实在党政机关、科研、文化及企事业等部门,系知识型青年群体。外来临时工,多数集中在工业企业及其他第三产业(分别充当临时工、合同工,或种、养人员)、建筑行业和个体户四部分。这部分青年基本上来自农村,文化程度偏低,除少数人或优秀者可迁入特区外,大部分将返回原地,在特区一般待三至五年,是一支流动着的建设大军。

1983年初,基建工程兵在华强北工业区的建筑工地劳动。如今的华强北工业区早已华丽转身,成为深圳市重要的商业区。

还有一支非常重要的建设力量,就是解放军基建工程兵部队。1983年9月,遵照国务院、中央军委的命令,两万名基建工程兵来到深圳集体转业,参加特区建设。他们用青春、智慧和汗水为深圳特区的崛起和发展作出了不可磨灭的贡献,谱写了灿烂的人生篇章,是深圳的"拓荒牛"。

由于深圳的特殊经济建设形式,深圳青年在社会劳动群体中形成了主导部分(迁入特区的外地优秀青年群体)和主体部分(支援特区建设、带动全国现代化进程的打工队伍)的特殊形态,呈现了头雁和雁群的框架。这种框架的形成,有利于推动深圳特区经济的飞速发展。

创办深圳经济特区是一项前无古人的事业,是伟大的创举。在深圳的建设中,青年作出了巨大的贡献。深圳前进的每一步足迹里,自始至终都留下了青年闪光的业绩。深圳青年为建设中国现代化的经济特区立下了不可磨灭的历史功绩。1980年深圳创办特区时,"50后"中年龄最大的30岁,最小的20岁。随着特区的发展,"60后"又加入了创业的行列。这两代人成为特区建设的主力军。

1982年,深圳特区提出"时间就是金钱、效率就是生命",引发"姓资姓社"的世纪大讨论。直到1984年邓小平亲自肯定,争议才得以平息。

深圳青年中的大小"能人"有:建设蛇口的带头人乔胜利,1980年30岁的他告别部队来到特区,1981年任蛇口工业区劳动服务公司副经理,1983年任蛇口工业区党委副书记。租赁行业的排头兵孙雄,1988年28岁的他临危受命,率先在全国租赁行业中推行"事业部管理体制",实行责、权、利挂钩,使企业跳出了旧的体制框框。深圳市康佳电子公司常务董事兼副总经理罗益洪(1954年生),在主持该公司的日常工作和经营管理中,以"非创一流不可"的开拓精神,严格管理,倡导革新,使康佳彩电首获全国遥控机"国优"和"国际金奖"后,又以合资电视机企业的身份荣膺全国消费者协会"质量优、服务优"双优"最佳奖"。革新能手庞祖恒,1980年,刚刚20岁的他从南京邮电学院毕业来深圳,一直从事电话交换中心的维护工作,脚踏实地,潜心钻研业务,搞革新、攻难关。1989年,作为首批中方工程技术人员,他为特区第一部程控电话的开通洒下了辛勤汗水,被评为1989年"深圳邮电青工新秀"。其他还有自强不息的女厂长张瑞容(1964年生)、敢打翻身仗的厂长梁坚(1965年生)、出色的"硕士经理"郑利平(1963年生)、追赶世界新技术的企业家蔡国强(1953年生)、有胆有识的经营者刘继忠(1954年生)、汽车贸易行业的佼佼者陈文沛(1963年生)、勇于创造高速度的工程师他柯夫(1959年生)等等。

在建设中国第一高楼——深圳国贸大厦时,负责施工的中建三局创造了"三天一层楼"的施工纪录,被宣传为"深圳速度",成为先进典型。

深圳的百万临时工是中国社会历史特定阶段的产物,对中国特区的发展,特别是加速现代化社会的进程起着历史奠基人的作用。1980年11月,竹园宾馆与员工签订劳动合同,成为深圳特区第一家与员工签订劳动合同的用人单位。在深圳经济特区的发展建设中,百万临时工大体上经历了三个发展过程,一是浩荡大军下珠江,二是适应新的社会生活,三是往返内地与特区之间。1991年底,深圳共有外来临时工 138 万,其中从事工业企业生产的约 100 万人,其余均在建筑、个体、饮食服务、旅游等行业。

从离乡背井到投身特区建设洪流,百万临时工在现代经济生活中也受到了锻炼和熏陶。大批来自农村的临时工,原先没有接触过工业生产,几年的生产实践使他们发展成为技术和业务骨干。如宝安县近百家外来企业中,95％的生产技术熟练工,87％以上的班组长,是临时工或由临时工成长起来的正式工担任的。全县 3 000 多家"三来一补"企业中,有 1 000 多名临时工已当上了厂长。蛇口的外资企业中,80％的管理、技术人员是从临时工成长起来的。外来临时工已经成为特区建设的中坚力量。

即使返回家乡的临时工,也因受到了现代社会文明的洗礼,成为具有新知识、新观念的开拓者和建设者。据统计,深圳特区成立后的十多年里,从特区返回内地的临时工近 30 万人。这些人在特区学到了各种生产技能,成为家乡农村乡镇企业、个体经济的带头人,有力地支援了内地的现代化建设。

五、国门初开的多重影响

中国改革开放实际上是对内改革,对外开放,改革是开放的条件,开放又是改革的外部动力。封闭日久,人们渴望睁眼看世界。国门初开,在对一切都感到新奇的同时,又看到中国同世界发达国家的差距,随之而来的是些许困惑和无奈,但更多的还是奋起直追的冲动。这就是改革开放初期中国青年的普遍心态。

出国留学:从公派到自费

20 世纪 50 年代,中国曾派出过大批留学生,由于当时的客观原因,只限于苏联等少数国家。大量地、全方位地派遣留学生是在改革开放之后出现的,它对青年学生所产生的影响也是历史上未曾有过的。1977年,随着各项教育事业开始步入正轨,在"文化大革命"中被中断的留学生派遣工作,也被提到日程上来了。面对中国与世界科技先进水平存在很大差距的现实和现代化的目标,选送青年学生到国外学习已成为一项重要的工作任务。到国外去尤其是出国留学,在20世纪七八十年代对很多中国青年来说,是可望而不可即的梦想。

第一批52名赴美学者抵达纽约机场后合影。他们身上漂亮的西服,是出国前在北京王府井百货大楼附近的出国人员服装部凭证定制的。

党的十一届三中全会前后,为了博采各国之长,吸收国外先进的科学技术和管理方法,适应社会主义现代化建设的迫切需要,中国政府决定重新开始派遣大批留学生出国深造。1978年7月,邓小平在接待来访的美国科学顾问时作出向美国派出留学生的决定。经过层层筛选,52个留学生(实际是中青年学者)成为"文化大革命"结束后第一批公派留美的幸运者。12月26日,也就是党的十一届三中全会结束后的第四天,也正是毛泽东85周年诞辰的日子,他们带着区区50美元(由于国家外汇奇缺,这点有些寒酸的留学经费由领队统一掌握)在首都机场登机,飞赴美国。这又一次改变了中国!从此,留学工作成为中国对外开放政策的一个有机的组成部分。同年,教育部发出《关于增选出国留学生的通知》,开始从高考生和一些大学一年级学生中选拔出国读大学本科的留学生。有关资料表明,1978年,教育部从参加全国外语类统考的1.338万多人中,择优录取了出国预备人员3 348人,实际派遣出国的留学生893人,包括研究生367人、本科生526人,其中教育部和中国科学院共向28个国家派出480多名留学生,并首次派出赴美留学生。

1978年至1980年,共有3 000多人被送到30多个国家留学。此后,公派留学生数额逐年增加。尤其是在1984年国家进一步提出留学工作要"坚决、大胆、放开"的要求之后,留学生人数增长加快,仅国家教委系统公派留学生在1985年就达到4 888人。

这期间,青年学生的留学活动,主要是以国家公派为主,许多德、智、体各方面比较优秀的学生被派往国外学习。对于一些青年学生和知识分子来说,这个万物复苏、恣意生长的时代不光给了他们好奇心,更多的是奋勇争先的远大抱负,所以每个人看起来都特别"狂":有想拿诺贝尔奖的;有想当物理大师的;有想出去看看什么是发达国家,什么是现代化的……为了不多的出国名额,他们都起早贪黑地学习,成了"幸运儿"顺利出国后,在异国更是艰苦奋斗,毫不松懈。许多后来的功成名就者,在回忆起那段时光时,都有种"曾经沧海难为水"的感觉。同时留学生派遣工作也暴露出一些问题,如国家需要、派遣、回国后的使用等不能很好地统一起来,许多国内能够培养的也送到了国外去,培养的学历层次偏低等。

20世纪70年代末的中国留学生所学专业主要集中在科技领域,而到了80年代,更多的留学生选择了经济学、企业管理等专业。这种微妙的变化跟改革开放的深入推进分不开。1978年的中国人购买粮食、日用品等都需要凭限制性的票证;1978年的中国只有一家银行,国家是储蓄主体,也是投资主体。这些都需要变革,变革就需要有国际视野的人才。

1980年,北京大学大三学生、22岁的易纲被派往美国学习经济及管理,初到时,他揣着两美元,一边留学一边靠给学校食堂洗盘子赚生活费。2018年,易纲担任中国人民银行行长后接受采访时谈道:"我到美国去的时候,当时国内只让换两美元的外币。但是,我吃饭和零花钱必须得自己打工,所以一去就是每个礼拜在学校食堂洗三次碗,每次差不多要洗三个钟头。一个礼拜洗三次碗可以挣20顿饭。"而曾经与易纲同宿舍住上铺的海闻从北大毕业,但没能拿到公费留学名额,只能考虑自费,他骑着自行车往返于学校与北京图书馆,从北图抄写下美国大学的地址,将一封封信寄向美国,最后被加州长滩州立大学录取,成了改革开放后北大"自费出国第一人"。

左图为当时送易纲(左一)去美国留学时的合影;右图为20世纪80年代中期,海闻在美国就读博士期间使用电脑学习。

1982年7月,国务院批转教育部、公安部等部门《关于自费留学的规定》,指出自费留学是培养人才的一条渠道。1986年,国务院在批转国家教委《关于出国留学人员工作的若干暂行规定》时提出,出国留学工作要"按需派遣,保证质量,学用一致,加强出国留学人员的管理和教育,努力创造条件,使留学人员回国后能学以致用,在社会主义现代化建设中发挥积极作用"。根据这一指导方针,对

第十一章 / 在反思追问中重新奋起

出国留学工作作了一些调整,公派留学名额有所减少,1986年为4 676人,1987年为4 703人,1988年为3 786人。而派遣留学生的目的性明显加强,公派留学生读学士学位的相对减少,读硕士、博士、博士后的逐渐增加,学习内容也以新学科、应用学科、边缘学科,特别是国外比较先进的学科为主。与此同时,文件再次肯定了自费留学的作用。自费留学逐步发展,自费留学生人数逐年增加。到1988年已达500人以上。

1989年下半年,以自费留学为主要形式,全国出现了一股留学热潮,尤其是北京、上海、广州等大城市和一些沿海开放城市的重点大学,申请自费留学的人数大大增加。仅上海市申请自费留学的青年学生就有近两万人,超过了该市1978年至1988年十年来申请人数的总和。根据1978年至1989年的分布统计,中国留学生的去向主要集中在西方国家,美国最多,大约集中了中国留学生的60%以上。留学欧洲的约占20%,留学日本等亚洲国家及加拿大、澳大利亚等国家的约各占10%。1989年中国留美学生已达四万人。许多申请自费留学的青年学生也把美国作为选择的首要目标,因此,随着自费留学的迅速发展,"托福"(TOEFL)考试不断升温。

"托福"考试是一项全球认可度很高的综合性英语能力测验,"托福"成绩对于希望到美国、加拿大、澳大利亚等国留学的学生来说,不只是踏入异国土地的"通行证",而且"托福"成绩的高低直接关系到能否获得外国政府或学校的奖学金、助学金。因此,"托福"考试对每一位自费留学生都具有特别重要的意义。1981年12月1日,由美国人主持的"托福"考试在中国境内首次举办,当时只在北京、上海、广州三座城市设有考试中心,考生仅有630人。到1989年,已逐步发展成为全国20个大城市45个考点、每年举行四次的考试。考生人数也急剧上升,全国报考者,1985年有近万人,1988年增至近4万人,1989年达到51 284人。1978年至1989年的12年间,中国已向世界上70多个国家和地区派遣了8万多名留学人员,其中公费派遣6万余人,个人自费2万人,形成中国历史上从未有过的留学高潮。

这两部当年热播的电视剧,都对20世纪80年代中国青年在异乡他国的奋斗故事进行了生动展示。

国外把科技成果转化为有价值的商品,也让很多中国学者心动不已。1980年,在北京中国科学院的一个仓库门口,46岁的陈春先"忽悠"了14个中科院的研究人员,来干一件"大事情"。陈春先是中科院出名的科学才子,他的学科是研究十分前沿的核聚变,曾跟大名鼎鼎的陈景润一同被中科院破格提拔为研究员。之前他三次访问美国,考察了硅谷和128号公路后认为,中国也应该有自己的硅谷。在他的方案里,"中国硅谷"的地点就是中关村。这些人,就在不声不响中,用自己的绵薄之力撬动了中国的高科技产业。到1992年,中关村的民营科技公司达到了5 000多家。但无论在国外学什么,当时中国人出国留学,还是经常会遭到别人的冷落和白眼,很多留学生甚至被当成越南难民。

1980年,44岁的钟南山在英国陷入了无比的沮丧,以广州呼吸病研究所副所长身份来到英国留学的他,手里攥着一封系主任写的信:"按英国的法律,中国的医生资格是不被承认的,你来我这里,不能单独担任为病人治病的工作,只能以一个观察者的身份参加查房和参观实验"。当头淋下的一盆冷水,让钟南山夜不能寐,他激愤地在日记中写道:振作起来,争口气回去见"岭南父老"。"争口气"的精神成了钟南山的动力,让他比别人更加努力。"争口气"也是那时期很多中国留学生的决心,"留学报国"的理念成为那一代留学生的普遍共识。

青年学生出国留学是中国改革开放政策的一项重要内容,也是中国青年学生一条有效的成才之路。到1991年初,中国公派的留学生已有4万余人先后回国参加祖国的各项建设。这批回国留学人员经过艰苦创业,既弥补了国内对某些领域人才的培养不足,同时也提高了中国对高级人才的整体培养能力,并在生产、科研、教学、管理等方面发挥着重要作用。据统计,当时回国留学生中已有半数以上的人受聘为高级专业技术职务;1.21万人承担、参与国家"七五"攻关项目、"863"高技术项目和国家自然科学基金项目;已有273人获500项国际奖,近4 000人获5 000余项国家奖,1 500余人获2 300余项专利。自费留学归国的1万余名留学生也在祖国建设的各个领域中作出了贡献。

1990年10月6日,江泽民接见杨虹、陈章良、冯长根等21位有突出贡献的青年科学家,中国科学院青年科学家奖首批获得者大多是80年代初期出国留学,学成后回国,在国内取得了一系列国内外瞩目的科学成果。1991年1月25日,国家教委、人事部举行表彰大会,表彰了陈章良、马颂德、旭日干等310名在教学、科研、生产第一线作出突出贡献的中青年回国人员,向他们颁发了荣誉证书。

开放:从服饰和音乐开始

衣食住行是人的基本需要,服装是社会文明的晴雨表。俗话说,"人靠衣装马靠鞍"。随着历史发展、社会进步,服装的功能逐渐从早期的御寒、遮羞,演变成为人们精神的一种形象的载体,成为一个时代重要的政策信号和美学象征。

改革开放前的六七十年代,全国广大青年以"高、大、全"的革命形象作为服装的标准,形成了"老三件"(中山装、青年装和军便服)和"老三色"(蓝、灰、黑)的衣着风格的固化和停滞。而此时,喇叭裤在欧美成为一种时尚。当中国打开了改革开放的闸门,人们对世界认知的渠道越来越多,通过图书、广播、影视等接触到了各种各样的服饰文化。这样,在国际上流行了十年已接近尾声的喇叭裤在中国风靡一时,成为城市青年男女的最爱,继而推向农村。喇叭裤的造型如放在今天,根本不会引起人们的注意,可当时却引起了轩然大波。人们认定这绝对是奇装异服,穿这样服装的人就是流氓、阿飞,因为中国人自古就鄙视"服妖",更何况又接受了30年的无产阶级朴素观的教育。可是很多年轻人却无所顾忌,与之配套,留长发、蛤蟆镜、尖角领花衬衫和尖头皮鞋的男子服饰形象,以及大波浪、垫肩西装、紧身衫、海魂衫、超短裙、健美裤和高跟鞋的女子服饰形象,成为潮流时尚。青年人如此装扮,堂而皇之地穿街过巷,任凭心有余悸的中老年人横加指责。在世界时装中,喇叭裤再平常不过,但在中国当代服装发展史中,却大有"凿空"之势。它好像是一个信号,预示着中国人的着装观念开始转变了。

20世纪80年代初期敢于这样装扮是需要很大勇气的

1984 年，一部名叫《街上流行红裙子》的电影在一定程度上改变了人们对所谓"奇装异服"的看法。该片讲述的是一名纺织女工的故事，反映的是纺织厂的女劳模与漂亮裙子之间的矛盾冲突。"红裙子"使中国女性从单一刻板的服装样式中解放出来，开始追求服装色彩和式样的变化，一个多彩的女性服装时代正式到来。

改革开放以来，中国服饰文化的变迁，可谓时代风貌的生动反映：欣欣向荣、丰富多彩。尽管不同的阶段、不同的时期，可能会有不同的趋势或潮流，但一以贯之的是人们用服装来体现精神状态、表达美学主张的愿望。20 世纪 90 年代以来，改革开放进入新阶段，经济快速增长，文化持续繁荣。中国服饰文化，包括制造业体系更加发达，很好地满足了人们在不同时间、不同场合的着装需要。潮流稍纵即逝，风格千变万化。

音乐向来是时代精神的最好体现。改革开放后，流行音乐开始代替慷慨激昂的革命进行曲，而最先接受和拥抱流行音乐的是青年群体。1979 年，中国第一个音像公司——太平洋影音公司成立，开始在内地生产盒式磁带，第二年产量就达到 800 万盒。于是，"文化大革命"后第一代青年偶像诞生了，他们是：邓丽君、刘文正、罗大佑。

虽然 1979 年 10 月召开的中国文学艺术工作者第四次代表大会，被誉为文艺领域的"拨乱反正"。但 1979 年和之后的几年内，保守与开放两种思想并存，先锋的创作与守旧的教条互不相容。这一年，刘晓庆 24 岁，她主演的《神秘的大佛》已经显露出明显的商业娱乐片气息，被业内人士认为是"用庸俗的形象和噱头败坏人们的胃口"；李谷一 35 岁，她演唱的《乡恋》在中央电视台首播后，受到广大群众热烈欢迎，也有不少人认为"这种唱法不正经，不符合社会主义艺术规律"，还有人说"这支歌是在酒吧唱的，是资本主义社会娱乐生活的情调"；袁运生 42 岁，他创作的《泼水节——生命的赞歌》大胆画入三个沐浴的傣家少女，在北京首都机场展出时引发了好奇，也受到了质疑。

青年学子的亢奋与焦虑

自 1977 年恢复高考以后,中国高等教育进入蓬勃发展的新阶段,高校数量和招生人数年年攀升。1981 年,全国高等院校增至 704 所,在校学生总数 127.9 万人。① 1985 年之后,中国高等院校招生人数每年都能达到 60 万人左右。② "在那个年代里,校园充满着理想主义的气息。……革命精神的超时代内核,乃是对现实的不满与超越,是对乌托邦理想的普罗米修斯式追求。纵然昔日的革命理想已经幻灭,但从革命年代走过来的一代学生,依然坚信,缺乏理想的生活是不值得过的人生。于是,对共产主义乌托邦的向往,代之以对中华民族融入世界、走向现代化明天的憧憬。那个年代的人们,格外看重精神生活,不那么物质、不那么功利,常常为内心的激

20 世纪 80 年代,大学校园内各种演讲辩论极为流行。当然,主体是激情澎湃的青年学子。

---

① 中国教育年鉴编辑部:《中国教育年鉴 1949—1981》,中国大百科全书出版社 1984 年版,第 95 页。
② 中国教育年鉴编辑部:《中国教育年鉴 1985—1986》,中国大百科全书出版社 1988 年版,第 988 页。

情荡漾,胸怀远大的志向。"①可以这么说,作为具有深刻反思精神的大学生群体,在思想文化领域实际上已成为社会变革的开路先锋,走在了时代的最前列。

随着1984年城市改革的全面展开,关注、参与改革成为大学校园的热点。这一时期的大学生政治热情高涨,追随、参与改革的热情经久不衰。许多大学生上书学校校长和有关部门,陈述他们对经济、政治以及教育改革的建议和对策,并自告奋勇地担负社会工作。他们对自己的未来充满信心,渴望能够"治国平天下",在改革大潮中一显身手,很多人将毕业分配去向对准党政机关等那些可以期望担任重要职责的岗位。从当时校园流行的《中国,我的钥匙丢了》《我是一名年轻的总统》《我骄傲,我是中国大学生》等朗诵诗中,可以看出大学生们的优越感。1984年很多高校刚设立的管理专业都招进了报考本校分数最高的考生,学生对治理国家、管理社会的热情可见一斑。1984年10月1日,在国庆35周年庆典的游行队伍中,北京大学学生激情打出"小平您好"的横幅,寓意极为深刻。

社会上的改革热引发了大学校园的文化热,各种报告会、辩论会场场爆满,参加各种社团、协会的学生蜂拥而至,整个校园被改革热、从政热所裹挟。理念沙龙热、西方文化热、党章学习热、入党热、参政议政热、特区热、边疆考察热、读书演讲热等,一浪高过一浪,"观念更新""自我奋斗""参与改革""立志成才""实现自我价值"等成为当时大学生所崇尚的口号。

在多数大学生思想空前活跃的同时,部分大学生面对原有社会价值观、社会规制、运行模式开始裂变,新的社会范式尚未确立的现实环境,感到异常困惑和迷茫,典型的表现是关于"雷锋精神是否适应改革开放的新形势""大学生张华救老农值不值"等问题的持续讨论。这一阶段,改革过程中出现的一些腐败现象和社会不正之风如

---

① 许纪霖:《从80年代寻找青春精神》,《上海采风》2012年第6期。

"官倒"等迅速蔓延,加重了部分大学生的困惑心态。

1985年教育部出台规定,可以从参加统一高考的考生中招收少数国家计划外的自费生。一向由国家"统包"的招生制度,变成了不收费的国家计划招生和收费的国家调节招生并存的"双轨制"。大学生作为中国改革进步事业最积极、最坚决的支持者和呐喊者,既要承受改革的艰难给每个人带来的心理阵痛,又要克服某种脱离现实的超前意识以适应中国的国情。种种矛盾汇聚一处,使大学生心理焦虑和精神紧张愈来愈严重。正是在这种情绪冲击下,1986年底至1987年初,安徽省地方人大代表选举中,中国科技大学首先发生学潮,而后影响到上海、北京等地。这次事件以胡耀邦辞去党中央总书记职务而告一段落。学潮给整个社会带来了动荡,其后果为大学生们所始料不及。学潮也造成了社会对大学生的最低评价,"时代骄子"的光圈开始暗淡。他们在反思自己的过失中,痛苦地剖析、检讨自己,"读书无用论"开始抬头。尽管1987年5月中共中央通过《关于改进和加强高等学校思想政治工作的决定》,提出"理论与实际相结合、脑力劳动和体力劳动相结合、知识分子与人民群众相结合"的原则,引导大学生在社会实践活动中去认识问题、检验理论,但实际效果不佳。1988年全国高校考研人数大大下降,而考"托福"的队伍越来越长,"出国热"经久不衰。同时,"校园经商""超前择业""转系""退学"等现象相继出现。

在这种焦虑浮躁的气氛下,1988年6月中央电视台播出六集电视剧《河殇》,在全国范围内尤其是大学校园中产生爆炸式影响。由于这一代大学生是伴随着对中国文化传统的批判成长起来的,对现实的某种不满加上对本民族文化传统的陌生,使他们中很多人认同《河殇》对中国传统文化的批判态度,对外来文化表现出高度欣赏甚至全盘接纳的心态。既有的"自省—自卑—自责"逻辑逐渐演变为一种对于中国传统与现有秩序的颠覆性语境,并进一步构成了临摹西方政治发展模式的追求。

第十一章 / 在反思追问中重新奋起

而且,在改革开放的第十个年头,中国经济在持续加速发展的同时,也出现一系列不稳定、不协调的问题,突出表现为通货膨胀加剧,社会生产和消费总量不平衡,结构不合理,经济秩序混乱。1988年,全国零售物价指数在连续几年上涨幅度较大的基础上,又上涨了18.5%,这引起广大群众的严重不安。全国各类公司由1986年的18万家,猛增至1988年的29.9万家,其中70%是商业性公司,这就造成商品层层转手,加大流通费用,推动物价上涨。许多公司是由党政军机关经办的,有些领导干部在公司兼职,利用价格双轨制的悬殊差价牟取暴利,破坏了党的威信,败坏了社会风气。1988年夏季准备实行的"价格闯关",进一步强化了本来已经非常严重的高通胀预期。自8月中旬开始,新中国成立后最大的一次商品抢购风潮从福州、天津、上海、重庆、成都、北京、西安等中心城市开始,迅速蔓延至全国。在部分城乡,一时人心浮动,严重影响了社会安定。改革的复杂性、艰巨性显露无遗。各种社会情绪聚焦于大学校园,在一向敏感的青年群体中产生了非常复杂的"冲击波"和"回旋流"。

1989年4月25日,胡耀邦逝世。在中央举行悼念活动期间,广大人民群众以各种方式表达自己的哀思,但也出现一些不正常情况。极少数人借机制造谣言,利用大小字报和标语指名攻击党和国家领导人,攻击党的领导和社会主义制度,蛊惑群众举行示威游行。北京发生聚众冲击中共中央、国务院所在地中南海新华门的严重事件,西安、长沙、成都等城市发生一些不法分子打、砸、抢、烧的犯罪活动。从5月13日起,极少数别有用心的人煽动一些学生进行绝食,占据天安门广场。由于学生绝食引起社会上部分人从各种不同角度出发的同情,加上新闻媒体舆论的错误导向,前往"声援"的人越来越多,举世瞩目的中苏高级会晤也受到严重干扰。为了防止事态进一步恶化,5月17日,中央政治局常委会议决定在北京部分地区实行戒严。根据国务院令,自5月20日10时起,首都部分地区实行戒严。但动乱策划者利用政府和戒严部队采取的克制态度,继续占据天安门广场，组织各种非法活动，最终发展成为一场反革命暴乱。在关系党和国家生死存亡的关键时刻，中央政治局在邓小平和其他老一辈革命家坚决有力的支持下，依靠人民，旗帜鲜明地反对动乱，于6月4日采取果断措施，一举平息北京地区的反革命暴乱。此后，北京和其他大中城市很快恢复了正常秩序。

多数大学生具有强烈的责任感和使命感，关心改革，关心时局发展，有值得肯定的一面。邓小平在1987年2月谈道："学生们闹一下的好处，是提醒我们好好总结这几年的发展经验，使我们更清楚了问题在哪里。"[①]同年3月，他再次谈道："学生在游行中提出的我们国家中确实存在着的一些弊端，诸如官僚主义、机构臃肿、不正之风等，要重视，要注意解决。"[②]但是，由于很多大学生缺乏政治参与经验和科学理性认识，对民主政治要求存在绝对化倾向，对社会发展过于理想化，存在狂热、焦灼、浮躁和过激心态，最终给国家、社会以及个人造成了重大的负面影响。当学潮被别有用心的人所利用，学潮性质发生根本性变化之际，邓小平异常清醒并保持高度警觉。1989年3月，他特别提醒说："凡是妨碍稳定的就要对付，不能让步，不能迁就。……要放出一个信号：中国不允许乱。"[③]4月，邓小平又鲜明指出事件的性质："这不是一般的学潮，是一场动乱。""要害是否定共产党的领导，否定社会主义制度。""要旗帜鲜明，措施得力，反对和制止这一场动乱。……坚决把动乱压下去。不然天无宁日，国无宁日，天天不得安宁，甚至永远不得安宁。"[④]

这场政治风波的发生不是偶然的，是国际国内多种因素交互作

[①] 邓小平：《用中国的历史教育青年》(1987年2月18日)，《邓小平文选》第3卷，人民出版社1993年版，第205页。
[②] 邓小平：《有领导有秩序地进行社会主义建设》(1987年3月8日)，《邓小平文选》第3卷，人民出版社1993年版，第212页。
[③] 中共中央文献研究室编：《邓小平年谱(1975—1997)》下卷，中央文献出版社2004年版，第1268页。
[④] 中共中央文献研究室编：《邓小平年谱(1975—1997)》下卷，中央文献出版社2004年版，第1272—1273页。

用的结果。邓小平指出:"这场风波迟早要来。这是国际的大气候和中国自己的小气候所决定了的,是一定要来的,是不以人们的意志为转移的。"①从国内环境来看,在拨乱反正过程中出现了一股资产阶级自由化浪潮,盲目崇拜西方资本主义国家的"民主""自由",否定共产党的领导,否定社会主义制度。在国际上,一些西方国家的政治势力乘机积极推行"和平演变"战略,有计划地通过多种渠道对社会主义国家进行思想、政治渗透,支持和扶植各种反共反社会主义活动。

青山遮不住,毕竟东流去

是改革,就会有阻力;是发展,必然有曲折。从更加宏观的视角去观察,20世纪80年代的中国,在改革开放政策的引领下,人们开始得到精神上的解放和物质上的实惠,对实现国家富强、民族振兴这一历史目标的热情和信心与日俱增。在这种社会氛围下,广大青年的激情和活力被迅速点燃并相互传递。他们呼喊着"青春万岁",相信明天会更好,期待着"再过二十年"的再相会,坚信"光荣属于80年代新一辈"。他们对祖国的未来充满憧憬和希望,并迫切渴望能够投身其中。在回忆20世纪80年代的时代精神时,当年的杰出代表人物不约而同地都强调了这一点。知名学者李泽厚认为:"1980年代算是一个启蒙时期,一个梦想的时代,人人都憧憬未来,怀有激情。"围棋国手聂卫平说:"1980年代是中国腾飞的准备阶段,全国人民都有一种积极向上的精神,整个社会的气氛非常好。中国能有后来的进步,跟1980年代打下的坚实基础分不开。"青年楷模张海迪说:"1980年代是我们这一代人的黄金时代,那时我们年轻,朝气蓬勃,充满活力,正逢改革开放初期,我们对未来充满希望,充满热情,很多人都在发奋地学习。"②

---

① 邓小平:《在接见首都戒严部队军以上干部时的讲话》(1989年6月9日),《邓小平文选》第3卷,人民出版社1993年版,第302页。
② 《新周刊》编辑部:《80年代:一个时代和它的精神遗产》,《新周刊》2005年8月2日。

改革中出现的问题,只有通过深化改革、综合治理来解决,需要一个过程。从不畏惧任何困难的中国共产党,在积极应对国际复杂局面、维护国内政治稳定和社会稳定的同时,也在思考和研究加快经济发展和深化改革的重大问题。中国青年运动即将迎来新的发展环境。

第十二章　建构市场经济中的青年参与

　　如果说改革开放的决策为中华民族伟大复兴打开了新闸门,那么构建社会主义市场经济体制则为中国经济腾飞安装上了新的加速器。中国开始全面步入经济转轨、社会转型的新阶段。而市场经济一旦在中国落地生根,便焕发出勃勃生机,一切创造社会财富的源泉在喷涌,给人民带来了更多福祉,使中国大跨步赶上时代前进的潮流。从社会管理者到普通民众,解放思想、抢抓机遇、加快发展的热情持续高涨。中国青年的思想更为活跃,价值理念的多元化趋势进一步增强,青年个体更为解放,青年群体的流动、分化不断加强,与市场经济相适应的新观念、新意识、新行为逐步形成。

一、跨世纪青年与青年特征变迁

　　任何事物的发展都离不开具体的环境,青年运动的发展也离不开具体的社会场景。在 20 世纪的最后十年里,随着改革开放的不断深化,经济社会变迁的节奏越来越快,中国共产党描绘的跨世纪目标越来越清晰,中国青年在急剧变化的时代越来越多元,他们的行动也更加赋予这一时代鲜明的特色。

邓小平南方谈话与党的十四大

　　20 世纪 80 年代末 90 年代初,随着东欧国家的剧变和苏联的解体,社会主义在世界范围内的实践陷入低潮。一方面,冷战结束后,世界政治格局从"两极对峙"演变为"一超多强",中国政府坚持独立自主、反对外来干涉的方针,不卑不亢,顶住压力,逐步打破西方国家的"制裁";另一方面,中国经济运行中存在的深层次问题尚未得到根本解决,在治理整顿期间,经济发展速度有所放缓。同时,世界社会主义发生的曲折对中国也产生一定的负面影响,有人对社会主义的前途缺乏信心,也有人对改革开放产生怀疑,提出姓"社"还是姓"资"的疑问。这样,能否坚持党的基本路线不动摇,抓住机遇、加快发展,把改革开放和现代化建设继续推向前进,成为影响20世纪90年代中国发展进程的重大问题。

邓小平南方谈话再次改变了中国的命运。

在这一重要历史关头,邓小平于1992年1月18日至2月21日先后到武昌、深圳、珠海、上海等地视察,发表重要谈话。在南方谈话中,邓小平科学总结党的十一届三中全会以来的实践探索和基本经验,从理论上深刻回答了长期困扰和束缚人们思想的许多重大问题,是把改革开放和现代化建设推向新阶段的又一个解放思想、实事求是的宣言书。

1992年2月28日,党中央将邓小平谈话要点作为中央文件下发,并要求尽快逐级传达到全体党员干部。3月9日至10日,江泽民主持召开中央政治局全体会议,讨论我国改革和发展的若干重大问题。会议完全赞同邓小平南方谈话,认为谈话不仅对当前的改革和建设、对开好党的十四大具有十分重要的指导作用,而且对中国整个社会主义现代化建设事业具有重大而深远的意义。

1992年10月,中国共产党第十四次全国代表大会在北京召开,这是中国在加快改革开放和社会主义现代化建设的新形势下召开的一次十分重要的大会。大会作出三项具有深远意义的重大决策。一是抓住机遇,加快发展,集中精力把经济建设搞上去。二是明确我国经济体制改革的目标是建立社会主义市场经济体制。三是确立邓小平建设有中国特色社会主义理论在全党的指导地位。

以邓小平南方谈话和党的十四大为标志,中国改革开放和社会主义现代化建设进入新的发展阶段。

团十三大及其后的青年工作战略

为了使全国各族青年更好地认清形势,把握机遇,勇敢地肩负起历史赋予的重任,更加紧密地团结在中国共产党的旗帜下,同全国人民一道,把建设有中国特色社会主义的伟大事业不断推向前进,1993年5月3日至10日,中国共产主义青年团第十三次全国代表大会在北京召开。这次大会确立了建设有中国特色社会主义理论在共青团建设和工作中的指导地位,明确提出了要用建设有中国特色的社会主义理论武装全团,为共青团工作跃上一个新的台阶,为培养和造就千百万社会主义接班人提供了强大思想武器。这次大会科学地揭示了中国青年运动最根本的历史经验。这个历史经验就是,党领导的有中国特色社会主义的伟大事业离不开青年的继承和开拓,青年一代的健康成长离不开党的关怀和指引。任何时候都要相信青年,关心青年,重视和发挥青年的进取精神和创造活力;任何时候,中国青年都要自觉地接受党的领导,保持坚定正确的政治方向,积极投身人民群众的伟大实践。从国家发展、民族振兴的战略高度,明确了中国青年的历史责任。这个历史责任就是,在共产党的领导下,同全国人民一道通过坚持不懈的努力奋斗,实现中华民族的振兴,把祖国建设成为富强、民主、文明的社会主义现代化国家,把建设有中国特色社会主义的伟大事业不断推向前进。同时,大会根据这样一个历史责任,提出教育青年、带领青年、服务青年"三大任务"。

为了带领全国各族青年认真贯彻、落实党的十四届三中全会作出的《中共中央关于建设社会主义市场经济体制若干问题的决定》,1993年12月,团的十三届二中全会使用"跨世纪"这样一个具有鲜明时代特征和深刻历史内涵的概念,强化青年的跨世纪意识,明确青年的跨世纪责任,使他们以崭新的精神风貌积极投身到中华民族的跨世纪发展中去。全会审议并通过《在建立社会主义市场经济体制进程中我国青年工作战略发展规划》,决定把实施"跨世纪青年文明工程"和"跨世纪青年人才工程"作为青年工作再上新台阶的突破口。

跨世纪青年文明工程的宗旨是,用建设有中国特色社会主义的理论教育青年,帮助青年树立正确的理想、信念、人生观和价值观,突出爱国主义、集体主义和社会主义教育,弘扬适应社会主义市场经济发展要求的社会公德、职业道德、艰苦创业精神,倡导健康、文明、科学的生活方式,确立正确的青年文化导向,提高青年思想道德素质和科学文化素质,把蕴藏在青年中的精神力量不断转化为促进改革和建设的巨大物质力量。跨世纪青年文明工程侧重于为建立社会主义市场经济体制创造良好的社会环境。这项工程将推出青年志愿者、青年文明号、青年文化园等项目。

跨世纪青年人才工程的宗旨是,高举"科学技术是第一生产力"的旗帜,通过参与,在生产经营、推动技术进步的实践中,促进科技成果向现实生产力的转化,培养一代适应社会主义市场经济要求、掌握过硬实用技能的熟练劳动者,以及面向21世纪具有较高科学文化素质的青年人才。跨世纪青年人才工程将通过培养青年岗位能手和农村青年星火带头人、优秀青年科技和经营管理人才,在青少年中推广普及新知识和新技能等途径,造就一代适应发展社会主义市场经济需要、掌握过硬实用技能的熟练劳动者和面向 21 世纪具有较高科学文化素质的青年人才。

跨世纪青年文明工程和跨世纪青年人才工程是在建立社会主义市场经济体制进程中青年工作战略发展规划的重点工程,是全团工作再上新台阶的重点突击方向,也是全团在新形势下具体落实团十三大提出的基本任务的重要工作载体。

团十四大及其后的《共青团工作跨世纪发展纲要》

1998 年 6 月,中国共产主义青年团第十四次全国代表大会召开。这在团的发展历史上是一次在十分关键的时刻召开的大会,是一次任务重大的会议。回答了在以经济建设为中心的形势下,共青团的工作应当如何恰当地融入经济建设这一中心、如何在市场经济体制下的社会生活中找到团的活动新空间、怎样联系青年的新纽带等问题。大会认为,共青团作为党的助手和后备军,各项工作都要放在全党和全国工作大局中去思考,去把握,去安排,而不能就团的工作论团的工作。共青团作为先进青年的群众组织必须把组织青年、服务社会作为青年发挥作用和成长进步的重要途径,共青团要从青年的特点出发,充分调动青年的积极性,组织青年为人民群众服务;同时必须注意把服务形式和育人结合起来,使青年在服务社会的实践中,更好地了解国情,提高素质。

共青团十四大闭幕六个月后,团十四届二中全会召开,会议审议通过《共青团工作跨世纪发展纲要》。会议认为,纲要以邓小平理论和党的十五大精神为指导,对贯彻落实团十四大确定的主要任务作出了具体的部署。纲要着眼于中华民族的跨世纪发展,着眼于青年一代成长成才,是推动共青团工作在抓住机遇、迎接挑战中实现跨世纪新发展的战略性措施。全会号召,全团要在以江泽民同志为核心的党中央领导下,高举邓小平理论伟大旗帜,抓住机遇,迎接挑战,团结拼搏,求真务实,开拓进取,积极认真地实施《共青团工作跨世纪发展纲要》,团结带领跨世纪一代青年为把建设有中国特色社会主义伟大事业全面推向新世纪不懈奋斗,创造出无愧于历史和时代的光荣业绩。

1992年之后,中国改革开放进入了一个新的阶段。中国青年运动围绕社会主义市场经济体制的构建,承担起两大时代任务:一是岗位建功,把个人成才同国家建设密切结合起来;二是传播文明,持续开展希望工程、青年志愿服务和青年文明号活动。中国青年始终在物质文明和精神文明建设中走在时代的前列。

青年人的职业选择更加自由

与20世纪80年代相比,90年代之后的青年人在职业选择上有了更多的自主权,这得益于中国这一时期经济结构的发展变化、就业政策的调整以及择业观念的转变等因素。经过十多年的改革开放,中国的经济结构在90年代之后发生了重大调整。从1980年到2000年,第一产业在国内生产总值中的份额从30.4%降到15.9%;就业结构中第一产业从68.7%降到50%,第二产业从18.3%上升到22.5%,第三产业从13.0%上升到27.5%;市镇总人口从19.4%上升到30.8%。而且,1978年,中国全部非公有制经济总值才20.5亿元,占整个国家GDP总量仅有0.9%左右;到2000年,非公有制经济中的私营企业和个体工商户实现的产值就已经达到17 901.5亿元,接近当时GDP总量的1/4。第三产业得到快速发展,在国民经济中的地位不断提升。第三产业以服务业为主,随着经济的发展和市场的发达,这类行业在国民经济中的地位越来越重要。非公有制经济和第三产业的发展,创造了很多新的就业机会和形式,吸纳了大量青年人参加。

经济结构的变化也推动了国家就业政策的调整。在20世纪80年代,主要还是计划经济的那一套分配方式,对新毕业的青年实行统包统分政策,到了90年代以后,为了适应社会主义市场经济制度,通过竞争机制激发社会活力,也为了缓解日益严重的分配就业压力,中国的就业政策开始调整。1993年2月,中共中央、国务院颁布《中国教育改革和发展纲要》,中国高等学校毕业生今后实行少数毕业生由国家安排就业,多数学生自主择业,实行竞争上岗、择优录用的政策。从此,自主择业以制度和政策的形式被规定了下来。尽管当时有很多青年学子不适应,但是到了20世纪90年代末和21世纪初,自由择业的应聘制度已经被青年学生视为理所当然。

从1994年开始,毕业生招聘会就越来越火爆。曾经的"时代宠儿""天之骄子",面对汹涌澎湃的经济大潮,也有点茫茫然不知所措。1995年,吉林省长春市人才交流大会挤得水泄不通。(摄影 赵钢)

受经济发展和就业政策的影响,20世纪90年代以来年轻人的就业观念也在悄然发生着变化。对应届毕业大学生和广大城市待业青年来说,以前那种首选政府机关和事业单位、其次考虑国有大中型企业、最后才选择三资企业的就业倾向已经发生了翻转。受市场经济观念的冲击,他们开始把收入而不是社会地位放在首位。据调查,当时青年在择业过程中考虑的第一标准是收入和福利待遇,占36.6%;第二标准是自我价值实现,占27.9%;第三标准是社会地位,占23.4%。20世纪90年代初期青年择业喜欢的行业:金融保险业26.8%,工业企业20.8%,国家机关12.1%,商、饮、服务业12.1%,科研机构10.6%,文化教育7.9%,其他9.7%。①

从社会分层结构来看,20世纪80年代的青年虽然可以依据城乡地域、行业单位的不同分为不同的群体,在具体生活方式、目标追求和思想价值倾向上也会因此出现差异,但整体上来说,这一时期的青年群体内部分化并不十分明显,特别是思想价值观念上具有较大的一致性。但90年代以后,由于市场经济条件下派生出的社会分工越来越细,青年跨地域、跨行业流动越来越频繁,青年个体在职业状况、收入水平、生活方式、价值观念等方面产生的差异越来越大。计划经济条件下形成的不同领域或地域青年的群体性特征被越来越碎片化的特点所取代。

深圳青年在邓小平南方谈话和党的十四大精神鼓舞下,踊跃投身市场经济热潮。

---

① 刘成斌:《改革开放30年与青年就业观念的变迁》,《中国青年研究》2008年第1期。

同时，这些碎片化的特征在新的社会环境下重新积聚，形成新的群体性特点，以更加分散、细小、多样的方式呈现出来。除了传统意义上的青年工人、青年知识分子、青年学生、青年农民、青年公务员、青年军人等之外，又衍生出进城务工青年、青年企业主、下岗青年、青年个体工商户、三资企业青年、IT产业青年、白领青年、蓝领青年等不同群体。这些新出现的青年群体彼此之间乃至内部，既存在一些相似之处，也表现出很多差异。

青年思想观念务实多元

随着经济全球化迅猛推进，中国社会主义市场经济体制的建立、发展和完善，青年人独立意识进一步增强，集中表现在个人尊严及自我利益需求迅速增长。他们特别强调自我价值和个性张扬的主体意识，更加个性化的道德观念和社会生活方式成为青年价值观的主流。

生活在20世纪90年代的青年人的思想状况从总体上看是积极向上的，他们信任党和政府，拥护、支持党和政府的大政方针，对国家的未来充满信心，爱国热情依然高涨。但由于受社会大环境中各种思想文化和价值观念相互激荡的影响，青年群体呈现出复杂多元的价值取向。理性、务实、自我、功利化是最突出的特点。调查显示，在青年人入党问题上，动机开始变得复杂而功利起来，除了"共产主义信仰""贡献社会""追求进步"等主流动机外，"社会地位高""为就业增加砝码""好处多"等动机占据越来越多的比例；在婚恋中，既有强调"感情"的，也有看重"家庭背景""学历学识""经济收入"等非情感因素的；在个人理想中，越来越偏向选择社会地位、爱情婚姻、生活质量、幸福指数等非常现实的内容。

受多元价值观念和市场功利原则的冲击，不少青年人开始在道德选择和道德自律上出现问题。由于对大量舶来的西方思想观念和生活方式并没有来得及好好消化，结果一时间充斥着多元复杂的

露天卡拉OK十分新颖,受到20世纪90年代都市青年的热捧。

道德观念,再加上由一些不成熟的市场行为形成的复杂的道德生态,不少青年在个人面临道德选择时会充满困惑,要么无从进行判断和选择,要么缺乏知行统一性。

二、搏击市场的弄潮儿

党的十四大提出,建立社会主义市场经济体制,是经济改革的重要目标。说白了,就是要以市场需求为导向,而不是以行政命令为导向,更多地去发挥个体的主观能动性。一时间,"市场""信息"成为热词。这其中更需要打破旧框框的勇气,青年群体的天性把他们推向了市场大潮的最前沿。

"公司热"与"下海潮"

1992年春邓小平南方谈话之后,中国掀起了新一轮的改革开放高潮,从南到北、从东到西,几乎在各个角落都出现了经济热——最典型的就是前所未有的办公司热。从这年的2月开始,北京市的新增公司以每月2000家的速度递增。到8月22日，全市库存的公司执照已悉数发光，市工商局不得不紧急从天津调运一万个执照以解燃眉之急。在中关村，1991年的科技企业是2600家，到1992年底几乎翻了一倍，为5180家。四川、浙江、江苏等省的新开公司均比上年倍增。在深圳，当时中国最高的国际贸易大厦里挤进了300家公司，一层25个房间，最多的拥挤着20多家公司，有的一张写字台就是一家公司。而这些公司的创办者，大多数是25岁至30岁的青年人。

1992年7月29日，《中国青年报》头版头条发出《何阳卖主意，赚钱40万》的消息，称"思想、策划、主意也能卖钱。北京一位叫何阳的发明家光靠给企业出谋划策，赚了40万元。他创办的和洋民用新技术研究所，目前已获中国专利20多项，技术转让总收入100多万元"。何阳大学毕业后被分配到北京一家化工厂，1988年，32岁的他辞职下海，成为一个知识"个体户"。他曾为多家企业出过不少点子而名利双收，被誉为"点子大王"，上门求教的企业络绎不绝。"何阳热"直接催生出一个"咨询策划产业"，这让每一个对商业没有恶意的人都感受到了"知识就是金钱"，在一定程度上激励了青年人投身到商业活动中去。

改革开放以来，"下海"一词被创造出来，主要指政府机关人员、企事业单位工作人员等，放弃在传统体制内的职位去创业经商、谋求新发展。20世纪80年代中期，第一波下海经商热潮涌起。1986年初，浙江省永嘉县城关镇党委书记叶康松毅然辞去了自己的官职，承包了一片山地，并取得了出乎意料的经济效益。后来被媒体称为"弃官下海第一人""改革开放的弄潮儿"。1992年至1993年，受经济大势的影响，兴起又一波下海经商热。起初，在政府部门任职的中低层官员中出现了一个下海经商热，后来他们管自己叫"92派"。据《中华工商时报》统计，当年全国至少有十万名党政干部下海经商。1992年5月，国务院发展研究中心的陈东升辞职下海，成

1993年团结出版社出版的《下海狂潮》

立一家拍卖公司,四年之后该公司成长为国内首屈一指的大型拍卖公司;1992年底,陈东升的同学、国务院研究室的毛振华下海创办了中国第一家评估公司;而他们的另一位同学,在物资部对外合作司工作的田源,也下海创办了中国第一家期货经纪公司。当然,还有更多下海的青年干部选择更易操作、可控的行业。这些对青年的世界观、人生观、价值观又形成一个巨大冲击。下海成为中国社会当时出现频率最高的词汇之一。全国上上下下,几乎各行各业,都在议论下海、尝试下海。党政干部、科技人员、教师、作家、艺术家等纷纷加入这一行列。其中的主力军,仍然是体制内青年。

兴办经济实体、开展经济活动成了实行改革开放的标志,共青团组织也汇入这股洪流中。1992年12月,共青团中央、财政部、国家工商行政管理局、国家税务总局联合发布了《关于共青团发展第三产业、兴办经济实体有关问题的规定》。规定指出,党的十一届三中全会以来,共青团围绕党的中心工作,兴办了一批经济实体,这些实体有利于国民经济发展,支持了团的事业,为教育青少年提供了经费,减轻了国家财政负担,实践证明,效果是好的。今后团办经济实体应以有利于促进改革开放、有利于促进社会主义市场经济和发展社会生产力、有利于推动团的事业发展为宗旨,坚持为社会服务、为青少年服务、为团的事业服务的方向。县以上党政机关团委兴办经济实体要符合中共中央、国务院关于党政机关和党政干部经商办企业的规定。这一规定的出台,推动了团办经济实体的发展,各地团委以此为契机,通过各种途径和方式组办了多种类型的团办经济组织。

1994年,共青团中央成立了中国青年实业发展促进会,在团办实体之间、在团办实体与社会和市场之间架起了联系的桥梁,为团办实业的发展创造了有利的条件。从1992年至1997年,仅共青团北京市委具有独立法人资格的经济实体就由30家发展到60余家,涉及青少年服务、文化、实业、贸易、房地产等广泛的经营领域,企业触角伸至海南、上海、四川等地,资产总额达2.3亿元,职工人数超千人。五年中,团办实业提供青少年事业经费500余万元。团办实体在一定程度上确实在经济上给予团的工作一定的支持。团办实业的发展,给共青团带来的是综合效益,它既为共青团提供了服务经济、社会和青年的有形手段,使共青团的服务更加直接、具体和有效,也形成了团的组织和团的工作的物质依托,增强了团组织的实力。同时,在实践中培养了一大批懂经营、懂管理的人才,为共青团工作在市场经济条件下的活跃和发展奠定了重要基础。随着改革开放的进一步深化,建立现代企业管理制度、产权改革、转轨改制等步骤开始实施,团办实体与团组织脱钩,成为具有独立法人和新的权属的经济实体。团办实体现象成为历史上的一道风景线。

岗位建功:实施"跨世纪青年人才工程"

"跨世纪青年人才工程"主要从培养合格的青年劳动者,造就优秀的青年科技和经营管理人才,培养开创21世纪大业的生力军,推广普及新知识新技能四个方面展开。

为组织企业青年职工广泛参加岗位训练,1994年2月,共青团中央、国家经贸委、劳动部联合组织开展青年岗位能手活动,作为"跨世纪青年人才工程"的重要组成部分,这也标志着"跨世纪青年人才工程"的正式启动。活动在企业党政直接领导下,由共青团牵头组织协调、协同企业各部门一起实施,以企业青年职工为主体,以岗位为基本单位，以提高岗位文明、岗位技能、岗位效益为基本内容，以培养为中心环节，以规范、考核、评定、奖励为主要手段。经过近百家企业将近一年的试点，1995年青年岗位能手活动开始面向全国逐步展开。这项活动的开展，大大提高了青年职工的综合素质，培养了一大批品德优良、技术精湛、贡献突出的优秀青年人才，并且成为企业共青团组织的一项重点工作和参与企业管理的有效途径。"九五"期间，该项活动共培养各类青年岗位能手2 000多万名，各行业、各工种的青年技术带头人10万名，全国青年岗位能手近千名。各行业、各地区均已建立了青年岗位能手评价体系，并在企业内部形成了对青年职工的激励与约束并举的运行机制。

左图为农村青年星火带头人培训，右图为青年星火带头人创办的高产试验田。

在农业领域，"跨世纪青年人才工程"推出了培养青年星火带头人活动，以便推动农业科技的进步，使一大批不同层次的跨世纪农村科技人才加速成长。此项活动1994年初开始启动，并与从1988年开始实施的国家星火计划相配合进行。根据计划目标，每年组织1 000万名农村青年参加实用技术培训，每年培养12万至15万名青年星火带头人，到2000年累计培养100万名，并使农村青年普遍掌握1至2门农村实用技术。经过科学规划、精心组织和多年坚持，星火计划于1998年提前两年完成了当初制订的任务目标。广大青年星火带头人活跃在种植、养殖、农副产品加工和乡镇企业等各个领域,在推进农村的改革和经济发展、科技和社会进步中发挥着日益重要的作用。青年星火带头人活动的开展,加快了先进实用技术在农村的推广应用,深入宣传了"科学技术是第一生产力"的思想,初步形成了一套农业技术推广和农村人力资源开发的机制,有力地促进了农业现代化进程。

"千校百万"外来务工青年培训计划

改革开放以来,随着经济建设的蓬勃发展,大批农村青年到城市和发达地区务工经商,用辛勤的劳动为务工地的经济建设和社会发展注入了新的生机和活力,作出了重要贡献,同时也给城市管理、社会治安、劳动就业等方面带来了许多新问题。加强对外来务工青年的教育管理和服务,进一步提高他们的整体素质,已经成为加强城市社区两个文明建设迫切需要解决的问题,直接关系到改革、发展、稳定的大局。为此,1997年5月,共青团中央、公安部、司法部、劳动部、建设部、国家计划生育委员会、国家工商行政管理局、中央社会治安综合治理委员会办公室决定在全国范围内共同实施社区"千校百万"外来务工青年培训计划。这项计划的目标是在全国每年建立1 000所民工学校,对100万名外来务工青年进行多种形式、多种层次的培训工作,培训内容为必要的文化、劳动技能、职业道德、法律常识等方面的知识,以提高外来务工青年的自身素质,增强就业能力、法制观念和维护务工地生产生活秩序的自觉性,维护外来务工青年的合法权益。

1997年7月至8月间,各地共青团利用大中学生暑期社会实践的有利时机,以"志愿讲师团"等形式建立师资队伍,深入外来务工青年集中的地区和行业,以流动培训形式为主,掀起了暑期培训高潮。在讲文明、树新风活动期间,北京、上海、杭州、南京、深圳、福州等地开展了以"不随地吐痰,不乱扔垃圾,不说粗话,不损坏公共设施,不横穿马路"为内容的"百万外来务工青年讲文明、树新风大家一起做"活动,从小事、实事做起,进行自我约束和相互督促,参与城市文明的建设。以"美化第二故乡,共建城市文明"为主题,全国有十万保安系统的外来务工青年利用工余时间,在城市的交通干道设立了千余个宣传站,维护交通秩序,宣传交通安全。建筑行业的外来务工青年在500个大型建筑工地及周边地区养护绿地、清理卫生死角。集贸市场的外来务工青年统一行动,1 000多个与城市居民生活息息相关的集贸市场的环境卫生得到了明显改观。

　　培训的扎实推进,提高了外来务工青年的思想道德文化素质和劳动技能水平,增强了法制观念,在城市社区两个文明建设中发挥积极作用,有效地促进了经济和社会的协调发展,得到了党和国家领导人的肯定,引起了社会各界的广泛关注。1997年2月,时任国务院副总理吴邦国在七部委电视电话会议上强调,"团中央、公安部、劳动部等八个部门共同搞了'千校百万'外来务工青年培训计划,动员社会力量开展培训,这个做法很好,要长期坚持下去,多为民工做好事、做实事。"中央政法委书记任建新在全国政法工作会议上也明确提出,要把"千校百万"外来务工青年培训工作抓好。培训还被中央综治委流动人口治安工作领导小组纳入1998年流动人员治安管理工作要点。这些都是对"千校百万"外来务工青年培训工作的肯定和鞭策,也对培训工作提出了更新、更高的要求。

　　截至1998年12月,全国各外来务工青年较为集中的城市已经建立各类培训学校(站、点)1 500多所,培训外来务工青年150多万人次,圆满完成了既定培训工作目标,取得了初步的成果,积累了有益的经验。

三、"候鸟"般迁徙的青年农民工

新中国成立之初的土地改革运动,摧毁了已经实行两千年左右的封建地主土地所有制,广大农民直接占有主要的生产资料,成为土地的实际主人,地主阶级的剥削和压迫随之结束,这是农民获得的第一次解放。20世纪70年代末,广大农民充分发挥主观能动性,完全依靠自己的力量创造了家庭联产承包责任制,把自己从僵化的人民公社体制下释放出来,把生产力从计划管制经济中释放出来。这是农民的第二次解放。以民工潮为标志的第三次解放,则标志着中国农民自发从农村走出来,开始挣脱二元社会结构的桎梏,第一次把自己融入中国现代化的洪流。它不但使农民增加了收益,同时也使农民开始呼吸到城市文明和工业文明的新鲜气息,从而使城乡对立的二元结构开始得到突破,经济发展实现了更大飞跃。

人口流动由利益驱动开始

在党的十一届三中全会精神的鼓舞和推动下,中国社会进入一个经济体制转轨、社会结构转型的新的发展阶段。20世纪六七十年代形成的城乡隔离的体制坚冰开始慢慢消融,尤其是1984年直接限制农村社会流动的人民公社制度的瓦解,农民获得了自主决定、自由流动的极大自主权,为各种各样的社会流动创造了基本前提。

而从1985年起,中国农民的收入增速逐渐下降。1980年至1984年的平均增速为15.1%,1985年至1988年降至4%,1989年至1991年更降至0.7%[①],而这一时期城市居民的收入有了较快的增长,人均可支配收入从1985年的739.1元增加到1989年的

---

① 陈玉龙:《民工潮析》,《城市改革与发展》1993年第2期。

1 373.9元,年均增加 21.5%[①]。城乡之间的收入差距在不断拉大,农民的流动意愿不断增强。与此同时,由于大规模的投资拉动以及经营政策的放开,城市经济高速发展,东部沿海地区经济发展很快,它们不仅迅速解决了本地富余劳动力就业的问题,还出现了劳动力资源短缺的现象,产生了对劳动力新的需求,而中西部地区却存在大量富余劳动力。

1985年以来,国家在控制农村人口流动的户籍制度方面也有所松动,如允许务工、经商、办服务业的农民自带口粮在城镇落户。"蓝印户口"和"暂住证"也出现了。为了求生存、求发展,为了寻找新的就业机会,越来越多的农村青年勇敢地离开了本乡故土,开始跨区域流动。1989年春节过后,铁路客运出现了前所未有的拥挤状况,引起了各方面关注与争论。于是,媒体惊呼:"民工潮"来了!由于当时尚属于"有计划的商品经济时代",大批农民外出属于"计划"外自发外出,而且引起交通压力,故有一些人称这支队伍为"盲流"。

1989年3月下旬以来,济南火车站等车外出找活干的民工急剧增加,最多时每天竟超过8 000人。可是一出门就寸步难行。同路人又这么多,上哪儿去找活干呢?(摄影 钱捍)

实际上1988年中国城乡出现大抢购乃至于发生挤兑之后,国家采取了紧缩政策,首当其冲的是以乡镇企业为主的中小企业。乡

---

① 参考《中国统计年鉴》,2003年版。

镇企业失去资金支持以后,20世纪90年代初期一度出现了不太景气的局面,接纳劳动力的能力大大降低。受邓小平南方谈话和党的十四大精神的鼓舞,加之城市粮食供应制度的取消,1992年陡然出现4600万以青年为主体的流动大军进城务工,大量农村青年"井喷"式拥进城市。

这种自20世纪90年代初期开始、持续多年的春运现象,记录着中国从传统的农业国家大步走向工业化、现代化国家的有力步伐。20世纪90年代中后期,伴随香港回归,港澳台制造业开始向广东大规模转移,廉价的劳动力、优质的基础设施和巨大的消费潜力也使中国沿海地区成为国际制造业转移的重点承接地,自此进城民工的数量持续稳定提高,1994年增加到6 000万,1999年达到9 546万,其中30岁以下农村青年占大多数。这些农村青年不再是暂时居住于城市,而是倾向于长期居住,居住的时间也在不断地延长,并且有举家迁移的倾向。他们几乎没有务农经历,对城市的认同超过了对农村的认同。

20世纪90年代之初,四川、河南作为当时中国排名第一、第二的人口大省和农业大省,成为进城务工青年最大的流出地。当时,四川省总人口8 407.5万人,人均耕地面积仅0.78亩。其中,农业人口6 842.5万人,占全省的81%。其中,农村剩余劳动力达1 300多万人,占全省劳动力的1/3。到2000年,四川农村劳动力转移达1 134.2万人,收入368亿元。出川务工人数达460万人(其中包括国际劳动输出1.1万人),从省外通过邮局和银行汇回劳务收入210亿元。

务工青年扎堆"北、上、广"

在各大城市中,民工流入量最大的莫过于北京、上海和广州这三大城市了。北京市外来农民工流入量每年净增20万,相当于每年增加一座中等城市的人口。1988年外来流动人口在公安局登记暂住证的有131万,1997年上升到229.9万,到2000年上升到308.4万,其中大部分是进京务工经商的农民。在上海,1988年外来流动人口为106万,1993年则上升到了251万,到2000年上升为387.11万。广州1988年有117万外来人口,1993年有170万,到了2000年则增加到428.18万,以上这些数据仅为在公安局登记注册的外来流动人口,而实际真正在这中国最大的三个城市的外来农民工要比这些数字大得多!其中相当一部分后来通过在城镇落户的方式,从"候鸟队伍"中脱离出来,成为真正的城里人。

打工潮开始兴起,农村青年为改变命运,带着对外面世界的好奇和迷茫,挤上春运的绿皮火车,开始了背井离乡的打工之旅。

从全国范围来看,农村剩余劳动力主要往以下几个城市密集区流动:京津冀北方都市群,以广州—深圳—珠海为核心的珠江三角洲,以上海—南京—杭州为核心的长江三角洲,以及沈阳—大连为核心的辽宁城市群,以济南—烟台—青岛为核心的胶东城市群,以武汉—长沙—衡阳为核心的长江中游城市群,以成都—重庆为核心的城市群。

这些地区的城镇人口在此后的若干年内急剧上升,民工潮成为当时中国"最具爆炸性的社会问题和经济问题"之一。资深经济学家杜润生指出,以民工潮为表现形式的农民跨区域流动就业是中国农民继家庭联产承包责任制和乡镇企业之后的又一个伟大创造。它对中国的工业化和现代化进程起到举足轻重的作用,极大地推进了我国改革开放事业向前发展。

20 世纪 80 年代后期,东部沿海地区经济快速发展,尤其在深圳经济特区和珠江三角洲地区,大批外向型加工企业的蓬勃兴起,吸引了中西部大量农村青年外出打工、进城就业,"离土又离乡",实现其社会分工和社会角色的转变。随着工业化的快速发展和对外开放的全方位扩大,农民工群体急剧膨胀,形成了每年春运期间的"民工潮"。1983 年全国农民工共有 200 万人,到 2008 年发展到 2.25 亿人(其中,本乡镇以外就业的农民工为 1.4 亿人,占农民工总量的 62.2%,本乡镇以内的本地农民工数量为 8 501 万人,占 37.8%)[1]。可以毫不夸张地说,农民群体正在逐步成为产业工人的重要组成部分,二、三产业的主体力量。

农民工的基本特征

"农民工"概念是一个矛盾综合体,"农民工者,农民工人也"[2]。农民工是中国传统农业社会向现代工业社会转型中出现的一个特殊群体,是农民身份和工人职业的统一体。以农村劳动力向城市转移而形成的民工潮,是中国的政治、经济、人口制度与文化传统在社会变革和转型时期的一种突出反映。民工潮不单是农民在地区间的简单流动、劳动力方式的简单转换,而是两种文化的碰撞、两种生活方式的激变,同时也是传统与现代的过渡和飞跃。

---

[1] "统计局:截至 2008 年末全国农民工总量为 22 542 万人",国家统计局网站 2009 年 3 月 25 日。
[2] 陆学艺:《农民工问题要从根本上治理》,《特区理论与实践》2003 年第 7 期。

第一,农民工的人口结构特征。人口结构特征变量包括性别、年龄、婚姻及文化心理等,这些通常是密切相关且基本保持稳定的。几乎所有的调查都表明,农村向城市转移的人口总体上和一般迁移人口群体的特征无异,即男性性别比例高,年龄构成轻,未婚比重大,平均文化素质比流出地高,但比流入地偏低。农村劳动力向城市的转移男性多于女性。这些表明,经济型转移是其主流,以务工谋生为主体。具体来看:首先,农民工的性别构成以男性为主。由公安部组织实施、于1991年完成的"中国50乡镇流动人口调查"数据显示,流动人口中男性占67.4%。而且,外出劳动力性别结构与年龄结构高度相关,在30岁以上的外出劳动力中,男性占70%左右;30岁以下的男女构成趋于平衡,但在18岁至22岁年龄段,则女性多于男性。形成这种结构的原因,结婚与否是最重要的因素。农村未婚女性比较活跃,没有丈夫、孩子的牵挂。而已婚女性恰恰相反,她们多半留在家中照看孩子和从事农业生产,让丈夫外出打工挣钱。也有一小部分年轻的父母,选择带着孩子一起外出务工。

昔日农家女,今日鞋业工。这是她们按照企业规范排队进入车间的场景。

第二，农民工年龄结构以青壮年为主。据1999年人口变动调查得出的结论，15岁至49岁的青壮年劳动适龄人口，占流动人口的69.6%，其中25岁至34岁的占30.7%；25岁至29岁是进入城镇的峰值年龄组，占流动人口的20%。相比之下，在城镇和农村常住人口中，15岁至49岁青壮年劳动适龄人口分别占57.9%和54.3%，低于流动人口百分比。流动人口年龄结构比农村和城镇常住人口年轻。流动人口年龄中位数是32.8岁，平均年龄为33.6岁。相应城镇常住人口年龄中位数为39.6岁，平均年龄为40岁，农村常住人口年龄中位数为34岁，平均年龄为35.4岁。由此可见，流动人口平均年龄结构比城镇和农村常住年龄结构都要年轻，青壮年占绝大多数。

第三，多数农民工的政治认知较高，社会心态比较平和。相对留乡农民来讲，外出务工农民大多比较年轻，受教育程度较高，思维比较活跃。加上城市既是人才、财富的聚集地，也是政治信息的聚集地，大众传媒也比较发达，城市的工作、生活经历不仅给农民工提供了在经济上获取更高收入的机会，同时也使他们开拓了思想视野，增长了政治见识，提高了政治认知水平，促进了其政治社会化过程。行走在城市和农村之间的农民工，最能感受到改革开放给城乡、给自己带来的变化，他们普遍认同改革开放政策。而且，他们的社会公平感较高。据中国社会科学院的研究，农民工的公平感明显高于城市工人的有11个领域，包括政治权利、财政税收政策、就业机会、收入分配、教育、地区/行业待遇等领域。[①] 尤其是对于贫富差距，多数农民工认为，贫富差距自古就有，一些富人有名车豪宅也是靠自己的本事干出来的，自己没啥不平衡的，自己通过努力奋斗，一定也会改变现状的。

[①] 李培林、李炜：《农民工在中国转型中的经济地位和社会态度》，《社会学研究》2007年第3期。

从这些外来务工人员的衣着和表情中,能够看出生活的艰辛和希望。

第四,少数农民工意愿偶有极端表达。农民工政治诉求目的比较明确,主要是为了获取和维护自身的利益,特别是经济利益。一方面,虽然很多农民工通过新闻媒体都知道国家非常重视农民工问题,至于如何重视、有哪些具体措施、应该怎样操作却知之甚少;另一方面,一些地方和部门对有关政策重视不够,落实不到位。由此造成农民工在遇到问题时缺乏理性,甚至通过制度外途径或采取暴力等极端方式来解决。近年来农民工集体上访、越级上访,甚至殴打绑架雇主造成群体性突发事件,以及与城市居民的矛盾与冲突等事件时有发生。2005 年发生在宁夏的甘肃籍民工王斌余杀人案[①]和发生在深圳的广西籍民工"阿星"杀人案,就发人深思。

---

① 2005 年 9 月 5 日,《新华每日电讯》在"中国新闻名专栏:新华视点"中,以《死囚王斌余的心酸告白》为标题报道此事。新华社评论说:"只要行政执法人员经常深入到有农民工的工地上,这个问题(指农民工讨薪难)就不难发现;只要司法机关及时改进工作,对农民工讨薪案快接快办,这个问题也不难解决。"从这个角度说,王斌余杀人案的发生,有值得反思的深刻的社会原因。

务工青年流动的意义

以农村青年为主体的农民工群体的产生,加快了中国市场化、工业化、城镇化、国际化的进程,推进了由农业大国到工商服务业大国的转变。在改革开放进程中,农民工对GDP的贡献率在20%左右。这一重要的历史性事件开启了中国历史上农民分工分业分化的壮观篇章,在实现了增收致富的同时,完成了农民身份的跨越式蜕变。当然,农民工流动也带来一些负面影响(比如农民工犯罪等)。西方国家一直有很多学者对中国大规模的民工流动可能造成的社会后果表示担忧,中国也有研究者把进城的农民工视为对社会稳定的一种威胁。1994年民工潮初起时,一位中国学者就曾预言,"流民潮几乎就是社会的一个火药桶……反社会的心理将长久地影响着曾一度处于流民潮中的每一个人。……中国社会如果发生大动荡,无业的农民一定是动荡的积极参与者和主要的破坏性力量"。

1995年1月19日,春节来临,成千上万农民工在广州火车站候车回家过年。

但是事实并没有验证这些担心,那么,改革开放以来,为什么大规模的农民工流动没有引发社会的动荡?处于城市低收入地位的农民工,为什么没有产生强烈的社会不满情绪?在城市聚集居住并经常受到不公正待遇的农民工为什么没有产生大规模的集群行为?[①] 这些都是需要进一步思考的问题。

现阶段,中国正处于工业化的中期和城市化的加速期。1978年,中国城市化率为17.92%,1988年为25.81%,1998年为30.4%,2008年为45.68%,2018年为59.58%。按发达国家和地区75%的标准,预计还需要20年左右的时间。这就意味着中国农民工市民化将是一个长期渐进的过程,它将贯穿整个经济社会的转型期。一段时间里,社会忽略了对农民工的深层关怀,忽视了农民工的政治权利需求,导致了其在城市生活中遭受到许多不平等的待遇,有的权益受侵害还比较严重,其根源就在于农民工的政治参与权利未能得到真正实现,农民工基本丧失了政治话语权。而且,农民工不可能都在城市定居,相当一部分人还要流回家乡所在的城镇或农村。他们中的一些人有可能成为未来农村的管理者和经营者,其政治价值取向和政治参与水平将影响新农村建设的进程。

四、"毛泽东热"和"邓小平热"

精神从来都是统领行动的,而思潮的变迁又总是与时代大潮密切相关。20世纪90年代,中国青年思潮在经历理论与现实的碰撞之后,更多的青年选择了理性回归。从"国学热""毛泽东热"到"邓小平热",这一变迁轨迹充分体现了青年更加务实担当的价值取向。

[①] 李培林、李炜:《农民工在中国转型中的经济地位和社会态度》,《社会学研究》2007年第3期。

第十二章 / 建构市场经济中的青年参与

回归传统的"文化热"

1989年后,接踵而至的是一些社会主义国家形势发生逆转,大学生受到巨大冲击和震动,不少人思想混乱和苦闷,甚至走向消沉。正是这个不寻常的经历,触发了他们思考、探索、解释这些问题的强烈要求。1990年初,中国传统文化又成为大学校园所关注的话题。在北京,中国人民大学校园内《中国文化与中国哲学》《中国传统思想探索》等书成为热门书。在上海,复旦大学许多同学谈论的话题不再是萨特、尼采,而是老庄、孔子。中国大学生一度徜徉在西方的天空,却忘了脚下是中国的泥土。当他们小心翼翼地步入中国传统文化之门时,猛然发现这竟是一个博大精深、金碧辉煌的殿堂。

"国学热"在校园的出现预示着青年大学生在重拾文化自信心。一些国学研究者对传统文化进行再阐释,强调中国文化的特殊性及其在未来世界中的重要地位。海内外"新儒家"也在以不同方式否定"韦伯命题",认为中国文化不但可以与现代价值理念并存,而且能够促进经济发展。很多青年大学生认同这种判断。

"毛泽东热"

1989年春,北京几所高校反复播放"毛泽东语录",那些反官僚主义、反腐败的论述,对年青一代展示了一个全新的境界。1990年1月,北京《大学生》杂志召开青年知识分子座谈会。会上,北大研究生辛鸣在回答"如何看待正在兴起的'毛泽东热'"问题时,引用了毛泽东的诗句:"今日欢呼孙大圣,只缘妖雾又重来。"当他被问到"你怎样看待东欧正在发生的逆转"时,辛鸣机智地答道:"梅花欢喜漫天雪,冻死苍蝇未足奇。"曾任中共中央书记处书记、分管过党的宣传思想文化工作的邓力群在评价辛鸣的回答时,谈道:"这种回答出自一个青年,更是难得可贵",对"毛泽东热"的思考已"开始进入宏观历史层次,上升到了较深层的理性思考"。20世纪90年代的

中国青年运动一百年

大学生面对国际风云变幻,含蓄地用主席的诗词来作答,其用意不言而喻。毛泽东已成为中国坚定地走社会主义道路的一面旗帜。我们可以认为,90年代的"毛泽东热"的兴起是为西方推行"和平演变"战略与中国坚持走社会主义道路的斗争所迫,国际范围修正主义思潮的空前泛滥的事实,恰恰就是"毛泽东热"产生和发展的深刻时代背景和重要依据。

从畅销的歌曲磁带可以感受到"毛泽东热"和"红太阳热"的温度。

1990年上半年,湖北音像艺术出版社出版的《怀念您,走下神坛的毛泽东》歌曲磁带一炮走红。到1991年底,各种版本的毛泽东颂歌类歌曲磁带发行10余种、近千万盘。其中,上海推出的《红太阳》歌曲磁带,首版发行达150万盘。

图书出版界也呈勃发势头,《毛泽东传》《走向神坛的毛泽东》《走下神坛的毛泽东》《毛泽东的感情世界》《卫士长谈毛泽东》等陆续出版,甚至一个题材,四五个版本。从1989年到1991年,毛泽东类图书创纪录地发行几百种,近千万册。图书市场上以往的"武侠热""爱情热"被"毛泽东热"所取代。1991年6月,在即将迎来中国共产党成立70周年之际,根据中共中央的决定,中共中央文献编辑委员会对《毛泽东选集》第一至第四卷进行修订(主要是校订注释)后,出《毛泽东选集》第二版,对青年中的"毛泽东热"起到了正面推动作用。

"毛泽东热"在20世纪90年代初的大学校园中不断升温。仅陕西省50所高校就成立大学生马列、毛泽东著作学习组1 100多个,参加学生约占全省大学生的1/4。在陕西师范大学87个学生社团中,发展最快、人数最多的是马列、毛泽东著作读书小组,拥有会员1 200多人。①

这表明经历了一场政治动荡之后,大学生头脑中许多带有浓重西化色彩的价值评价体系开始被解构,越来越多的大学生的政治理念开始逐步走向现实和理性。

"邓小平热"

在邓小平南方谈话和党的十四大精神鼓舞和推动下,中国改革开放的列车驰入市场经济的快车道,普通民众尤其是广大青年接受新理念、创造新生活之火再度被激情点燃。恰如一首歌中所唱:"1992年又是一个春天,有一位老人在中国的南海边写下诗篇,天地间荡起滚滚春潮,征途上扬起浩浩风帆……"

1993年10月《邓小平文选》第三卷公开发行后,中共中央要求县处级以上领导干部带头学习,并强调:邓小平建设有中国特色社会主义的理论是发展社会主义事业的伟大旗帜,是民族振兴和发展的强大精神支柱。1994年,《邓小平文选》第一、第二卷增订再版。1995年,中宣部组织编写出版了《邓小平同志建设有中国特色社会主义理论学习纲要》。按照中共中央的部署,由高中级干部带头,广大党员干部参加的学习热潮迅速兴起。1997年9月党的十五大召开,明确邓小平理论是党和国家迈向21世纪的伟大旗帜,并写入党章。1998年4月,中宣部、教育部发出《关于普通高等学校开设〈邓小平理论〉课的通知》,指出:"要下大力气把邓小平理论编成教材,进入课堂,武装大学生的头脑。"1998年6月,中宣部、教育部出台《关于普通高等学校"两课"课程设置的规定及其实施工作的意见》(即"98方案"),明确将邓小平理论纳入"两

---

① 杨德广、晏开利:《中国当代大学生价值观研究》,上海教育出版社1997年版,第136页。

青年读者在新华书店争相购买《邓小平文选》第三卷。

课"教育教学体系之中并单独开设。教育系统开始把邓小平理论"进教材、进课堂、进学生头脑"作为一项重要任务提上日程。大学里许多班级、团支部和党章学习小组自发购买《邓小平文选》,而且选修邓小平理论课程的热情之高出人意料,从而形成"邓小平热"。这是继"毛泽东热"后的又一校园"政治热潮"。

"青年文化园"活动

1994年2月,共青团中央印发《"青年文化园"活动实施方案》。作为跨世纪青年文明工程的重要组成部分,"青年文化园"是社会主义市场经济条件下青年思想教育工作的重要载体,是共青团在社会主义精神文明建设中发挥作用的重要措施,因而也是促进青年文化工作社会化、规范化、经常化的一项主要措施,对于更好地发挥共青团教育、带领、服务青年的作用,培养跨世纪一代新人具有重要意义。

"青年文化园"活动坚持青年文化的正确导向,弘扬爱国主义、集体主义、社会主义和中华民族优秀传统文化,大力倡导并组织青年读好书、唱好歌、看好片,加强修养,陶冶情操,提高思想道德素质和科学文化素质;大力倡导并组织基层开展丰富多彩、适合青年特点的文化活动,活跃基层,服务青年,凝聚青年;大力倡导并鼓励从事思想文化等精神产品的生产部门为青年提供更多的文化精品,正确引导青年文化潮流和文化消费,创造更加有利于青年健康成长的文化环境。

"青年文化园"活动是社会主义市场经济条件下青年思想教育工作的一个重要载体,由共青团负责组织实施,以青年文化组织和青少年文化活动阵地为依托,以确立正确的青年文化导向为目的,以向青年推荐、评选、展示青年思想文化精品的"三评一展"和检阅基层青年文化活动的"青年文化巡礼"为主要形式,定期评选"中国青年优秀图书奖""中国青年优秀歌曲奖""中国青年优秀影视奖",举办"中国青年文化精品展",引导和推动校园文化、企业文化、村镇文化和社区文化的健康发展,从而丰富青年文化市场,满足青年文化需求,优化青年健康成长的文化环境。"三评一展"和"青年文化巡礼"两项内容交替进行,每两年一个轮次,即1994年推出"三评一展"活动,1995年推出"青年文化巡礼"活动。

建设"青年文化园"由共青团中央牵头,会同中央有关部门共同组织。启动阶段,首先在大中城市进行,逐渐在全团展开,坚持一抓几年,形成规范。1996年,团中央决定组织实施共青团精神文明建设"五个一工程",作为当时"青年文化园"的主要工作。

民族情绪的高涨

1990年7月,中共中央下发《关于加强高等学校党的建设的通知》,明确规定高等学校实行党委领导下的校长负责制,坚持把德育放在学校工作的首位。1991年8月,国家教育委员会出台《关于加强和改进高等学校马克思主义理论教育的若干意见》。根据党的十四大关于爱国主义教育的精神,1994年8月23日,中共中央发布《爱国主义教育实施纲要》,要求各级有关部门把爱国主义作为加强社会主义精神文明建设的基础工程来抓。8月31日,中共中央又印发《关于进一步加强和改进学校德育工作的意见》,指出:"现在和今后二十年学校培养出来的学生,他们的思想道德和科学文化本质如何,直接关系到21世纪中国的面貌,关系到我国社会主义现代化的目标战略能否实现,关系到能否坚持党的基本路线一百年不动摇!"要求教育战线站在历史的高度,以战略眼光来认识新时期学校德育工作的重要性,大力加强青年学生的思想道德建设。

青少年在爱国主义教育示范基地江苏省南京市雨花台烈士陵园开展革命传统教育。

1996年10月,国家教育委员会下发《关于进一步加强高等学校形势与政策课程建设的意见》,旨在通过加强形势与政策课程建设,帮助学生正确认识国内外形势,深刻理解党的基本路线、方针和政策,确立为建设有中国特色的社会主义而奋斗的政治方向。

据北京某重点高校1994年的调查,72.6%的同学认为16年的改革开放是新中国成立以来历史上政治经济发展最好的时期;89.8%的同学认为要"安心努力学习,自觉维护全局稳定";81.2%的同学认为精神不是万能的,但"没有精神却是万万不能的"。这说明日趋理智和平静已成为20世纪90年代中期大学生政治心理情绪的主流。① 从北京市的 1990 年至 1996 年的追踪调查结果可以看出,大学生对最主要的政治主题的评价,呈逐年提升态势。调查显示,1990 年大学生认为党的领导集体"决策正确,卓有成效,深入人心"和"基本正确,初见成效,人民认可"的有 35.7%,1992 年上升为 55.1%,提高近 20 个百分点;1993 年认为一年来政治局势"非常稳定"和"基本稳定"的有 74.9%,1996 年达到 89.9%;1995 年认为"21 世纪的中国将是共产党领导下的社会主义国家"的有 55.0%,1996 年上升至 69.2%。②

国家实力增强的背景下,大学生的民族认同心理和民族自豪感重新得以强化,同时滋生出一种反应性的民族主义情绪,1996 年出版的《中国可以说不——冷战后时代的政治与情感抉择》一书受到青年大学生的热烈呼应便是明证。书中有一段最受青年认可的话:"美国谁也领导不了,美国只能领导自己。日本谁也领导不了,有时日本连自己都无法领导。中国谁也不想领导,中国只想领导自己。"该书发行超 300 万册,热销到超过了北京夏天的温度,吸引了全世界 100 多家新闻媒体的关注和报道,也因此成为 1996 年最轰动美国和西方的中国书。宋强等几个年轻的作者,成为西方媒体眼中中国民族主义的领军人物。后来有人评论道:"如果说回过头来看,它肯定是比较粗糙的,但是它确实是一个历史的刻痕。作者是谁并不重要,它肯定是时代催生的。"

1997 年 7 月香港回归和 1999 年 12 月澳门回归,一雪中国百年历史屈辱,极大地振奋了民族情绪,乃至对克服 1997 年下半年东南亚金融危机对中国造成的不利影响,以及战胜 1998 年夏罕见的特大洪涝灾害,都产生了重要的心理影响。

---

① 李振远:《大学生的 1994:"非理性的衰弱与实用主义"的深入》,《青年研究》1995 年第 4 期。
② 刘庆龙、黄建钢:《1996—1997 年中国大学生的动态》,《社会蓝皮书 1996—1997 年:中国社会形势分析与预测》,社会科学文献出版社 1997 年版,第 290 页。

广东大学生游行抗议北约轰炸中国驻南斯拉夫大使馆。

然而,1999年5月7日,贝尔格莱德时间晚11时45分(北京时间8日5时45分),以美国为首的北约悍然轰炸中国驻南斯拉夫联盟共和国大使馆,造成新华社女记者邵云环、光明日报记者许杏虎和妻子朱颖三人牺牲、多人重伤,以及使馆馆舍严重毁坏的后果。这种违反国际法的无理轰炸,又从反面刺激了日益旺盛的民族情绪。事件发生后,中国政府对此提出最强烈抗议,指出以美国为首的北约必须对此承担全部责任。中国民众尤其是青年群情激愤,全国多地爆发大规模反美示威活动。5月8日下午,中国的大学生来到北京市朝阳区建国门外秀水北街3号美国驻华使馆门前举行抗议活动,强烈谴责以美国为首的北约悍然轰炸我国驻南斯拉夫大使馆的暴行。北京大学学生在著名的"三角地"打出了一条标语:"不考托(托福),不考寄(GRE),一心一意打美帝。"事发当天下午3点已有人开始行动,北大出动校车运送学生。配备有盾牌棍棒以及瓦斯弹的防暴警察与武警严守大使馆,但对抗议活动并未阻拦。有部分情绪激动者向使馆内投掷塑料瓶甚至石块。学生于傍晚时分退去,然而入夜后却迎来了约1 000名北京市民的抗议。群情激愤的抗议人士焚烧美国国旗,打破使馆窗子并砸毁使馆车辆,与警察发生冲突。

第十二章 / 建构市场经济中的青年参与

游行在北京、上海、广州、成都、沈阳等各省省会以及大城市开展，人群前往各地美国使领馆门前或中心广场抗议。中国爱国黑客（即"红客"）开始大肆攻击美国网站，导致中美网络大战，双方各有百余个网站被插上了对方的国旗。这次轰炸及之后的发展，使原本由于中美两国元首互访而正处于上升阶段的两国关系骤然恶化。7月30日，中美两国代表团在北京就这一事件的赔偿问题达成共识，美国将尽快向中国政府支付450万美元的赔偿金。中国政府将把这一款项分付给三位烈士的家属及受伤人员。2001年1月19日，美国政府向中国政府支付了轰炸中国驻南使馆财产损失赔偿金2 800万美元。

世纪之交的大学生政治思想主流总体上是积极的、健康的、向上的，表现出比较强烈的社会责任感和历史使命感，其人生观、价值观进取务实，渴望为社会施展才华。而且，越来越多的大学生积极追求政治进步。据教育部调查，绝大多数大学生认为，"中国共产党有能力把自身建设好"，"社会主义终究可以战胜资本主义"，他们对以毛泽东、邓小平、江泽民为核心的三代领导集体，领导中国人民进行革命、建设和开放的伟大成就充分肯定。83%的学生预计"十五"期间我国的政治局势"非常稳定"。许多大学生在座谈、访谈中说："2000年是不平凡的一年，中央在应对复杂局面、解决关键问题上方法得当，在治国的理论和实践上更加成熟自信。"大学生判断一个人成功与否的主要依据，排在前三位的分别是：对社会、集体的贡献大小，取得的社会声望高低，拥有精神财富的多少。78%的学生不认同"帮助别人往往会使自己吃亏"的观点。许多大学生在"最想说的一句话"一栏中写道："国家利益高于一切，当国家需要我们的时候，我们决不犹豫"，"用智慧、热情和忠诚浇铸一个更强大的中国"。同时，大学生在自我价值实现过程中，寻求个人利益和集体利益相结合，个人命运与祖国命运、民族前途相结合的趋势日益明显。大学生党员的比例逐年上升,从 20 世纪 90 年代中期的 4% 左右提高到 2001 年的 8%。[①] 需要指出的是,在市场经济强烈冲击下,大学生政治价值观的世俗化、功利化倾向明显增强,后现代价值观初露端倪。

五、"开风气之先"的社会参与

构建社会主义市场经济体制,需要有与之相适应的社会心态、社会认知和社会风气。青年历来是创新创造的先锋,也是向上向善的排头兵。在中国共青团的组织动员下,各界青年在社会领域积极行动,共同创造了一个又一个被广泛认可的品牌项目,中国青年运动呈现出嵌入社会的新形态、新方式。

"希望工程"

一个成熟的现代社会,必然是一个慈善和志愿服务发达的社会。在社会主义市场经济构建过程中,在竞争中,资金流向优势产业和优势地域,弱势群体和弱势领域就浮出水面,而社会主义社会的原则需要奉献、爱心和良知。中国共青团把握住社会的脉搏,推动中国青年以集体行动涉入新的领域。

20 世纪 80 年代,由于政府财政吃紧,农村教育的投入明显乏力,农村贫困地区就成了公共财政无奈的空白地。基础教育区域发展不均衡现象逐渐显现。中西部地区面临缺校舍、缺师资、缺入学款的"三缺"问题,适龄儿童入学率低、辍学率高,成为制约当地基础教育发展的"大难题"。经过实地考察和研究,1989 年 10 月,共青团中央中国青少年发展基金会设立"救助贫困地区失学少年基金",以社会化动员的方式,号召举全团、全国、全民之力解

[①] 温红彦:《祖国至上 党在心中——当代大学生思想状况扫描》,《人民日报》2001 年 6 月 11 日。

决中西部基础教育"三缺"难题,并将这一公益活动命名为"希望工程"。由此,希望工程配合全国教育"普九"达标运动在全国如火如荼地开展。

说到希望工程,人们总会想起那双充满渴望的大眼睛。1991年5月,中国青年报摄影记者解海龙到安徽省金寨县采访,跑了十几个村庄,最后来到张湾小学,将一个正在上课的7岁女孩摄入他的镜头。这个小女孩手握铅笔,两只"渴望读书的大眼睛"直视前方。这幅照片以"我要上学"为题发表后,很快被国内各大报纸杂志争相转载,成为希望工程的宣传标志,打动了无数颗善良的心。

渴望读书的大眼睛姑娘(摄影 解海龙)

希望工程开展之初,以资助适龄儿童和援建希望小学为主。当时,我国每年有约100万适龄儿童因贫失学和辍学。希望工程通过筹措教育经费资助适龄儿童,解决孩子读不起书的问题。为推动这项有益事业的发展,邓小平欣然为这一新生事物亲笔题名"希望工程",并以"一个老共产党员"的名义两次向希望工程捐款。中国青基会经过认真讨论,决定将5 000元捐款用于邓小平早期工作、战斗过的广西百色,百色市平果县希望小学的25名贫困儿童成为受益者。这在社会上产生了良好的影响和示范效应。到1993年,全国有32万名贫困地区失学儿童在希望工程捐助下重返校园。到1994年,希望工程接受捐款总额达3.85亿元,救助总规模达101.5

万名学生,新建希望小学达749所。

到1998年,共接受海内外捐款13亿多元,救助失学儿童180多万名,资助建设希望小学5 000多所。希望工程作为一项具有广泛影响的社会公益事业,不仅促进了贫困地区基础教育的发展,也弘扬了尊师重教、扶贫济困的良好风尚,成为社会爱心的一个象征。1999年以后,希望工程逐渐由救助失学儿童转向对优秀受助生的跟踪培养,希望小学由硬件建设转向软件建设。

又一批获得希望工程资助的孩子走进校园

希望工程最大的社会意义不在于捐赠数量和帮扶孩子的多少,而在于努力唤醒市场经济条件下缺乏慈善习惯的国民的良知,给社会带来了精神、道德、文化的深层影响。正如一位抱着刚出生的孩子并以孩子名义捐款的年轻妈妈所说:"我帮助的不是一个孩子,而是两个。"

中国青年志愿者服务行动

社会主义市场经济体制的确立极大地激发了社会的内在活力,也呼唤着"奉献、友爱、互助、进步"的志愿者精神。从世界各国的经

第十二章 / 建构市场经济中的青年参与

验看,在社会转型或者社会波动时期,志愿服务发挥着主要的支持功能,帮助维护社会生活的稳定和保障民众生活基本需求;在社会发展顺利时期,志愿者服务发挥辅助性的功能,帮助改善社会环境和保障特殊对象的生活利益。

中国的志愿者行动起源于改革开放的前沿:1990年,深圳市成立全国第一个义务工作团体——深圳市青少年义务工作者联合会,1993年底,共青团中央决定实施中国青年志愿者行动。12月19日,两万余名铁路青年率先打出了"青年志愿者"的旗帜,在京广铁路沿线开展了为旅客送温暖志愿服务。

从1994年3月始,团中央、全国青联、全国学联决定以"全国青年志愿者学雷锋奉献日"活动为开端,实施"中国青年志愿者一助一长期服务计划",即一支青年志愿者服务队或一名青年志愿者为一个人或一个家庭提供其所需要的经常服务,服务内容主要包括医疗保健、生活服务、家教服务、科技服务、科研成果整理、助耕助收等,志愿者可根据所联系的服务对象(有特殊贡献的老知识分子、老干

青年志愿服务总是与学雷锋连在一起

部、老英雄、见义勇为英雄和有特殊困难的烈军属、伤残人、五保户及其他特困户等)的实际需要,确定服务内容,签订服务协议,服务时间一般为3年至5年。这一计划的目的是,让青年志愿者走进千家万户,向需要帮助的人伸出援助之手。

也是在1993年春天,为响应党中央关于社会各界要积极支持、参与扶贫工作的号召,配合实施《国家八七扶贫攻坚计划》,团中央决定开展"青年扶贫开发志愿行动",动员和组织青年星火带头人、青年乡镇企业家积极参加扶贫开发。当时预计到20世纪末,解决农村8 000万人口的温饱问题。

此后,在共青团中央的积极倡导和大力推动下,青年志愿服务从单一到多元,从关注个人到关注社会、关注自然,志愿者的足迹开始遍布社会的各个角落,一项新兴的社会事业正在逐渐形成。1994年9月,团中央和全国学联在北京师范大学成立全国性的学生志愿组织,以利于更好地组织动员在校学生利用课外业余时间和假日开展青年志愿者服务活动。

1997年7月18日,中国青年志愿者"百千万科技扶贫"活动出征仪式。

1994年12月,中国青年志愿者协会正式成立,随后各级青年志愿者协会也逐步建立起来,使这项活动逐步走向经常化和规范化的轨道,逐步形成由全国、省、市、县各级协会、服务站、服务队等组成的志愿服务组织管理网络。服务领域不断扩大，在农村扶贫开发、城市社区建设、环境保护、大型活动、抢险救灾、社会公益等领域开展了一系列服务项目。到1998年，有7 000多万青年、130多万支青年志愿服务队参与志愿服务，他们长期为急需帮助的对象提供服务。

1999年，是中国青年志愿者行动各项事业蓬勃发展的一年。在项目及队伍建设方面，社区"一助一"长期结对服务达到200多万对；参加扶贫接力计划的青年志愿者累计达4 000多名，有2 500多名青年志愿者正在150多个受援贫困县开展为期一年的志愿服务；近百万名大中专学生志愿者继续深入农村基层和受灾地区，开展暑期文化科技卫生"三下乡"活动。6月，青年志愿者绿色行动营计划首期项目——河北丰宁营正式启动，不到半年时间就吸引了全国19个省（区、市）及英、法、德、日、土耳其等12个国家和地区的1 000多名志愿者在丰宁沙化区整地造林1 500余亩。以1999年8月广东省人大通过的国内第一部青年志愿服务条例为标志，青年志愿服务的立法工作取得了突破。

截至1999年底，全国累计已有7 000多万人次的青年向社会提供了超过31亿小时的志愿服务。在组织建设方面，已初步形成了由全国协会、34个省级协会、2/3以上的地（市）级协会以及部分县级协会组成的志愿服务组织管理网络；由一万多个街道社区青年志愿者服务站、十多万支青年志愿者服务队组成的青年志愿服务基层组织网络已见雏形；青年志愿者招募、培训、考核、评估、表彰等制度普遍建立起来，青年志愿服务的内部运行机制逐步形成。

青年志愿者行动把服务社会与教育青年有机结合起来，使一些需要帮助的社会成员从志愿服务中感受到社会的温暖，在全社会弘扬"奉献、友爱、互助、进步"的志愿者精神，倡导时代新风正气，对社会主义精神文明建设有积极的推动作用，已经成为新时期群众性精神文明创建活动的有效途径。它适应了当代青年自主意识、参与意识日益增强的特点，组织和引导青年以志愿服务方式积极参加经济建设和社会发展，调动了青年的内在积极性，已经成为共青团在社会主义市场经济条件下动员和组织青年的有效手段，成为新时期青年工作的重要内容。

"青年文明号"

青年人因为年轻、充满激情和无尽的创造力而影响社会风尚的走势。从群体意义上讲，青年怎样，现实风气便怎样，未来社会便怎样。1993年12月，共青团十三届二中全会在北京召开，会议对在新时期社会主义市场经济体制建设中广大青年的作用和历史使命进行了讨论，并审议通过了《在建立社会主义市场经济体制进程中中国青年工作战略发展规划》。规划决定，把实施"跨世纪青年文明工程"和"跨世纪青年人才工程"作为今后青年工作的重点来抓，以便充分调动广大青年的青春热情，发挥他们的聪明才智，为建立社会主义市场经济体制创造良好的社会环境提供支持。

1994年，共青团中央根据深圳市和铁路系统"青年文明示范班组""共青团号""青年号"等成功经验，下发《关于在全国开展创建"青年文明号"活动的意见》。1994年4月1日，江泽民为"青年文明号"题字，青年文明号得到党和国家高度认可。1995年8月，共青团中央印发《全国青年文明号管理试行办法》，对青年文明号进行制度化、规范化管理。"青年文明号服务卡""青年文明号助万家""号手联动"成为这一阶段重要的活动内容。

各地在深化青年岗位能手活动和青年文明号活动的过程中，开展了以质量创新、技术创新、管理创新为主要内容的创建"青年文明号生产线"活动，积极推动了企业生产的规范化和管理的科学化，有效促进了企业经济效益和青年职工综合素质的提高。1998年12月8日，共青团中央决定，命名北京第三棉纺织厂片梭车间青年生产线等 106 条生产线为全国"青年文明号生产线"。

20 世纪 90 年代末安徽阜阳公交青年文明号售票员售票场景

到 1998 年,在窗口行业、重点工程和机关、事业单位中有 5 000 多万青年投身青年文明号创建活动,涌现出各级青年文明号九万多个。青年文明号创建活动促进了职业道德建设和企业经济效益的提高。

创建"青年文明社区"

社区是我国城市建设和管理的基础。根据《国民经济和社会发展"九五"计划和 2010 年远景目标纲要》和党的十四届六中全会审议通过的《中共中央关于加强社会主义精神文明建设若干重要问题的决议》,为进一步加强城市社区精神文明建设,推动城市社区的建设和发展,把党的六中全会精神落在实处,1996 年 10 月 25 日,共青团中央、民政部、建设部、国家工商行政管理局决定共同在全国城市社区中开展创建"青年文明社区"活动。

"青年文明社区"中的社区是指城市内以街道为基础的特定区域。创建"青年文明社区"的目标是力争做到"六个有",即"有健全的社区团的工作机构,有'社区青年文明号',有社区青年志愿者服务站(点),有社区职业介绍或技能培训站(点),有社区青少年科技、文化、法制教育活动阵地,有社区青少年服务项目"。

为更好地开展创建"青年文明社区"活动,成立了由团中央、民政部、建设部和国家工商行政管理局有关负责同志组成的活动指导委员会,负责活动的组织、领导、协调工作,活动指导委员会办公室设在团中央权益部,负责处理日常工作。

"青年文明社区"创建活动,以社区团建为基础,以社区服务项目为重点,围绕着"建立良好的社区秩序、美化社区环境、完善社区服务、形成和谐的社区人际关系、提高社区青少年素质"这一总体目标,在社会各有关方面积极支持配合下,团结带领广大青少年,积极投身群众性精神文明建设、创建文明城市、文明社区活动,积极构建与社会主义市场经济体制相适应的社区共青团工作的组织体系和服务体系,取得了积极成效,形成了"青年文明社区"创建"11491"的工作模式:建立一套现代社区理念;建立一个社区青少年服务中心;建立四套组织,包括团组织、青年工作委员会、团的外围组织、社区少工委;建立九个项目,包括社区志愿服务、"青年文明社区大家乐"、社区校外教育、维权服务、"青年文明号助万家"、大学生社区援助、青少年教育培训、环境保护、社会治安;建立一套社区制度。1997年5月,共青团中央等四部委联合评选出了全国"青年文明社区"创建活动100个示范点。1998年5月23日,联合命名表彰了全国首批60个"青年文明社区"。截至2002年,全国已有国家级"青年文明社区"及示范点约1 000个,省、地(市)级"青年文明社区"近3 000个,有力地促进了社区群众性精神文明建设的发展。

实践证明,"青年文明社区"创建活动通过开展扎实有效的工作和丰富多彩、健康有益的活动,为发展社区经济、方便群众生活、创建安全文明的社区生活环境贡献力量;为社区青年劳动就业、成长成才、追求健康文明的文化生活需求提供服务;在引导、教育、管理社区青少年等方面发挥积极作用,代表和维护青少年合法权益,反映广大青少年的愿望和呼声,在为提高社区居民素质和文明程度作出贡献的同时,提高了广大青少年自身综合素质。活动自开展以来,得到了各地党政领导的大力支持和广泛认可,已经成为各级党委政府创建文明城市、文明社区活动的一支有生力量。

"大学生三下乡"

为了深入贯彻党的十四届六中全会精神,大力推进农村精神文明建设,促进农村文化建设,满足广大农民的精神文化生活需求,改善农村社会风气,密切党群干群关系,1996年12月,中宣部、国家科委、农业部、文化部等十部委联合下发了《关于开展文化科技卫生"三下乡"活动的通知》,并从1997年开始正式实施。"三下乡"活动内涵丰富,科协系统积极开展"科普之冬""科技之春""科普宣传周(月)""科普千里行""科普百乡行"等科技下乡活动;卫生系统积极送卫生下乡,促进农村卫生事业的发展。

大学生"三下乡"服务队出征仪式

1997年5月26日,中宣部、教育部、共青团中央和全国学联联合发文,开展大中学生志愿者暑期文化、科技、卫生"三下乡"活动。

"三下乡"活动旨在组织大中学生志愿者,利用暑假深入乡镇企业,发挥知识技能优势,为农村脱贫致富和农民群众生产生活基本需要服务,促进青年学生在实践中全面提高自身素质。6月18日,大中学生志愿者文化、科技、卫生"三下乡"活动座谈会在人民大会堂召开。全国省级团委、部分省市党委宣传部和教委以及首都部分高校党委和团委的负责同志参加了座谈会。7月6日,共青团中央、中宣部、国家教委在北京西站举行大中学生志愿者"三下乡"服务队出征仪式。全国4万多名大学生和100多万名中专生、中学生志愿者奔赴全国各地开展"三下乡"社会实践活动。

这一年的暑期,全国共组织1 000支扫盲服务队,通过"一助一"、开办扫盲班等形式开展扫盲工作;300多支大学生业余文艺演出队活跃在田间地头,丰富了农村文化生活;全国共捐建1 000个乡镇青年科技图书站,成为传播科技与文明的阵地;1 000支科技志愿服务队带技术项目下乡,传授实用科技,转化科技项目;理工类和财经类院校学生组建的服务团奔赴中西部地区1 000余家困难企业开展服务;医学院校学生开展了百万农民健康状况调查和简单的健康检查,普及卫生常识,倡导健康、文明的生活方式。广大青年学生在服务农村两个文明建设的实践中进一步了解了国情、民情,加强了对邓小平理论的理解,促进了综合素质的提高。活动中,涌现出了一批组织工作先进单位和社会实践活动先进单位,受到了共青团中央、中宣部、教育部的表彰。

在1997年活动的基础上,1998年全国大中专学生"三下乡"社会实践活动继续全面深入地展开。1998年的活动主要包括大学生支教扫盲业余文艺演出队下乡、乡镇青年科技图书站建设、千支农业科技服务队乡村传技、千家乡镇企业促进行动、千名博士硕士农村发展讲座、农村受教育、医疗卫生服务、乡镇卫生常识普及等八项重点活动;同时,为引导青年学生加深对党的十五大精神的理解,加深对社会主义初级阶段理论的理解,还组织开展了"我眼中的社会

第十二章／建构市场经济中的青年参与

1998年7月,华西医科大学、成都中医药大学"三下乡"服务团医疗组在四川省凉山州布拖县医院门前义诊。

主义初级阶段"主题调查研究活动。活动结束后,共青团中央等部委在表彰组织工作先进单位、社会实践活动先进单位的基础上,对在活动中涌现出的"清华博士齐鲁行"实践队等202支志愿服务队进行了表彰。大中专学生志愿者暑期"三下乡"社会实践活动,把青年学生成长成才的内在要求和农村经济社会发展的客观需要有机结合起来,实现了多方受益,得到了各级党政、人民群众和青年学生的真诚欢迎。

创建"青少年维权岗"

在市场经济环境中,青少年的权益更易受到各方的侵扰和伤害。为了动员社会各界力量,共同关注并参与青少年维权工作,营造有利于青少年健康成长的良好社会环境,1998年,由共青团中央、中央综治委办公室联合最高人民法院、最高人民检察院、公安部、司法部、劳动和社会保障部、广播电影电视总局、国家工商行政管理总局、新闻出版署、国家质量技术监督局等部门,在全国范围内共同开展创建优秀"青少年维权岗"活动。这是贯彻和实施《中华人民共和国未成年人保护法》《中华人民共和国预防未成年人犯罪法》,维护青少年合法权益,保障青少年健康成长的重要措施。

参与创建活动的基层单位包括青少年服务机构、少年法庭、少年刑事检察机构、派出所、戒毒所、司法所、律师事务所、法律援助中心、劳动仲裁机构、青少年文化娱乐场所、进城务工青年集中的企业和培训学校、商场的青少年食品用品销售柜台、工商行政管理站、管理所、广播电台、电视台的青少年栏目等,从而实现了司法机关、教育机构与青年社会团体有关职能的有机结合。

全国法院系统创建优秀"青少年维权岗"首批命名仪式

按照统一要求和部署,各相关单位先择优确定本系统优秀"青少年维权岗",而后再命名表彰全国优秀"青少年维权岗"。该创建活动实行动态管理,优胜劣汰。活动开展两三年时间内,产生了全国级优秀"青少年维权岗"约900个,"优秀'青少年维权岗'——自我保护教育"项目还荣获1999年度联合国亚太经社会人力资源开发奖,在全国乃至世界范围内都产生了重要影响。

实践证明,创建优秀"青少年维权岗"活动逐步构建了横向到边、纵向到底的维权服务网络,实现了与青少年权益保护相关的政府职能部门和单位跨行业的联动,实现了维权服务区域联动机制的形成,探索出新时期维护青少年权益社会化的新路子。

六、青年开始"触网"

当尼葛洛庞帝用"互联网时代"来定义未来世界的时候,中国与世界的距离终于近到了呼吸相闻的地步。20世纪90年代中期,仿佛一夜之间,"互联网"从土里钻出来,成为中国人都市生活中不可或缺的内容,"网虫""网吧""网校"等新名词如潮水扑面。互联网在中国凯歌行进,宣告中国人对信息的敏感度超越了以往任何一个时代。毫无疑问,这一切得益于开放环境下传统心态的变化。中国已开始进入网络信息时代,而走在最前列的无疑是求新求异求变的青年群体。

"网潮"初起的1995

1994年5月15日,中国科学院高能物理研究所设立了国内第一个Web服务器,推出中国第一套网页,内容除介绍中国高科技发展外,还有一个栏目叫"Tour in China"。9月,邮电部电信总局与美国商务部签订中美双方关于国际互联网的协议,协议中规定电信总局将通过美国Sprint公司开通两条64K专线(一条在北京,另一条在上海)。中国公用计算机互联网CHINANET的建设开始启动,中国最早的网民出现了。这些一开始为数不多的网民都是青年。

就在《数字化生存》[①]一书出版半年后,北京的青年学者胡泳在中国台湾一家图书代理公司的北京办事处发现了它,并在20天内便完成了全部的翻译。于是,世界顶级学者关于互联网的最新思想

---

① 1994年9月,美国麻省理工学院的新媒体研究教授尼葛洛庞帝(Nicholas Negroponte)完成此书。

在第一时间被引入中国。它的出版引发了人们对于未来信息世界的狂想,这几乎被视为中国互联网启蒙运动的开端。就这样,在1995年的中国,出现了第一批投身互联网事业的先行者。

1963年生于北京的田溯宁,1985年考入中国科学院研究生院,1987年赴美就读于美国得克萨斯理工大学资源管理专业,1992年获资源管理专业博士学位,1994年在美国创办以Internet技术为核心的亚信公司。为了把握信息革命机遇,实现科技报国理想的愿望,1995年田溯宁将亚信公司移师国内,最先将Internet核心技术带回中国,组织一批学有所成的留学生,专业从事Internet网络系统集成和软件开发。

1995年4月的杭州,风景宜人。一个叫马云的大学外语教师创办了"中国黄页"网站,自称是第一家网上中文商业信息站点。马云1964年出生在杭州本地,1984年被杭州师范学院录取为外语专业学生,1988年毕业后被分配到杭州电子工业学院(现杭州电子科技大学)任英文及国际贸易专业讲师。1995年3月,他从杭州电子工业学院辞职,开始创业。4月,中国第一家互联网商业公司杭州海博电脑服务有限公司成立,三名员工是马云、张瑛(马妻)、何一兵。5月,中国黄页正式上线,马云开始从身边的朋友做生意。此时,离中国能上Internet还有三个月。7月,中国黄页为浙江省外宣办做了一个网站,在网上宣传浙江的经济文化,名曰"金鸽工程"。

后来创办网易的丁磊也是在1995年开始创业生涯的。在之前的两年里,他一直在浙江宁波的电信局上班。当他决定辞职时,遭到家人的强烈反对。但他坚定自己的理念:"这是我第一次开除自己。但有没有勇气迈出这一步,将是人生成败的一个分水岭。"于是他独自一人跑到热浪滚滚的广州,进了一家美国数据库软件公司赛贝斯(Sybase)做技术支持工程师。在那里,他第一次接触到互联网,并成为第一批用户。一年后,他又辞职,与他人合办了一家与互联网技术有关的小公司。

1995年4月,中国科学院启动京外单位联网工程(简称"百所联网"工程),其目标是在北京地区已经入网的30多个研究所的基础上把网络扩展到全国24个城市,实现国内各学术机构的计算机互联,并和国际互联网相连。在此基础上,网络不断扩展,逐步连接了中国科学院以外的一批科研院所和科技单位,成为一个面向科技用户、科技管理部门及与科技有关的政府部门服务的全国性网络,并改名为"中国科技网"。

"中国人离信息高速公路还有多远?——向北一千五百米"的大广告牌

在创办北京瀛海威信息通信公司前,1963年出生的张树新是一个从中科院辞职下海的女商人,她在中关村做传呼台的生意。1994年底,她跟丈夫一起去美国游历。在一位同学的家里,她看到了一份印有E-mail地址的通讯录,也就在这一刻,"互联网"这个长着翅膀的精灵飞进了张树新的视野。1995年5月,张树新在北京创立瀛海威公司,她的"瀛海威时空"宣称是国内唯一立足大众信息服务、面向普通家庭开放的网络。1996年亚特兰大奥运会期间,她还为新闻单位开通亚特兰大到北京的新闻信息通道。张树新还在各大新闻媒体开设专栏,一遍遍地告诉国人:信息产业是中华民族崛起于世界的一个重要机会。1996年早春,北京中关村南大街竖起了一块硕大的广告牌:上书"中国人离信息高速公路还有多远?——向北一千五百米"。这是中国互联网史上第一个商业项目。这句极具诱惑力的广告词使"瀛海威时空"如日中天。1997年2月,瀛海威全国大网开通,成为中国最早、也是最大的民营互联网服务供应商。

"网起网涌"的世纪末

互联网在中国的传播犹如春草怒生,一发而不可收。1996年,张朝阳在MIT媒体实验室主任尼葛洛庞帝教授和MIT斯隆商学院爱德华·罗伯特教授的风险投资支持下创建了爱特信公司,成为中国第一家用风险投资资金建立的互联网公司。1998年2月,爱特信正式推出搜狐产品,并更名为搜狐公司。1997年5月,丁磊创办了网易公司。1998年11月,马化腾与同学张志东在深圳成立腾讯计算机系统有限公司。1998年11月,李开复接受微软总裁比尔·盖茨的委托,来中国创办了微软中国研究院,进行人工智能、虚拟现实、人脸识别等前沿技术的研究。微软研究院是百度总裁张亚勤、阿里云之父王坚、金山软件CEO张宏江、小米总裁林斌等人的摇篮,这里走出的500多人活跃在中国IT产业的各大企业,100多人执教于中国一流大学,所以微软研究院被人称为"中国互联网的黄埔军校"。1998年12月,1967年出生、毕业于北京大学的东莞青年王志东带领四通在线完成了与美国华渊资讯的合并,创建新浪网。

于是,中国互联网在1999年呈现出热气腾腾的良好局面。1999年1月13日,《中华工商时报》公布了当时国内的十大商业网站,分别是新浪、163电子邮局、搜狐、网易、国中网、人民日报网站、上海热线、ChinaByte、首都在线和雅虎中国。从当选网站的类型可见，新闻和资讯类的门户网站，几乎都没有盈利模式，评选机构的标准是，"访问量是最重要的，其次是内容，然后是美观。"

排名第一的新浪网当然最受关注。这家网站是1998年12月才创建的，当时，互联网在新闻报道中的快速反应已经让传统媒体望尘莫及。网站总编辑陈彤回忆说："很长一段时间里，我们都是孤独的，因为没有第二家能赶上我们。新浪网的新闻编辑每时每刻都处在一级战备状态，24小时值班成了固定制度。"这在突发新闻时效性上占绝对优势。5月，当中国驻南联盟大使馆被炸事件发生时，新浪在事发的半小时后就发布了这条惊人的新闻。这对报纸或电视媒体来说，简直是不可能完成的任务。

在1999年的中国互联网世界，有两个成长的方向。其一就是以新浪、网易和搜狐为代表的、炙手可热的"门户"一族，它们的潜在价值已经被明显放大。另外就是电子商务一族，这些人的努力在当时显得非常另类和可笑，不过，他们将在六七年后成为另一条主流。在这群人中，除了一些庄家想靠网上书店和电子商务概念在股市上大圈其钱之外，另一些默默无闻的人已经脚踏实地地干了起来。

这年开春，已经在互联网世界里"流浪"了好一阵子的马云终于找到了正确的道路。他从北京回到家乡杭州，在城郊湖畔花园的家里创办了一家名叫阿里巴巴的电子商务网站。阿里巴巴的注册资本是50万元，当时总共18人，包括马云和他的妻子，每人的月薪是500元。马云对全体员工发表开业演讲："我们要办的是一家B2B的电子商务公司，我们的目标有三个：第一，要建立一家生存80年的公司。第二，我们要建设一家为中国中小企业服务的电子商务公司。第三，我们要建成世界上最大的电子商务公司，要进入全球网站排名前十位。"

与此同时，四个来自不同行业的好朋友聚在上海的鹭鹭餐厅，他们也打算投身电子商务。沈南鹏是德意志银行亚太区的总裁，梁建章是甲骨文中国区的咨询总监，季琦创办过上海协成科技公司，范敏是上海旅行社总经理和新亚酒店管理公司副总经理。他们当时提出了三个创业方向：网上书店、建材超市、网上机票及酒店服务。经过一番面红耳赤的争吵后，都是旅游迷的他们选中了第三方案。6月，瞄准旅游业的携程网诞生了，它后来成为中国最大的在线旅游服务商。

这年2月，1971年出生的马化腾开发了一个基于Internet的即时通信网络工具——腾讯即时通信，它的功能跟三年前一家以色列公司推出的ICQ颇为近似。马化腾为他的腾讯设计了一个很可爱的小企鹅图形，还给它起了一个名字叫OICQ（一年后更名为QQ），这些改进让后来的QQ像是一个活泼的邻家小朋友。马化腾在用户使用习惯、服务和技术处理上都采用了最贴近国内用户需求的方案，QQ的下载用户迅猛增加。四年后，腾讯成为中国互联网世界里最具客户黏度的公司。

11月，当过多年个体书商的李国庆和他的海归妻子俞渝联手创办了从事网络图书销售的当当网，他们俩的职务是"联合总裁"。李国庆在国内出版界历练多年，俞渝则在美国有丰富的企业兼并和金融领域的经验，当当网的运作主要参考了亚马逊的模式，同时，它还建成了全国唯一的动态、时时更新的书目数据库。

也是在11月，1973年出生的陈天桥向人借了50万元创办上海盛大网络发展有限公司。他是辞去陆家嘴集团董事长秘书的职位开始创业的，在浦东一套三室一厅的办公房开发出了"中国第一个图形化网络虚拟社区游戏"，可是它并不受欢迎。两年后，他开始代理韩国大型网络游戏《传奇》，这个游戏让盛大公司成为中国最赚钱的游戏公司。再过三年，也就是2004年，盛大网络在纳斯达克上市，高峰市值曾达35亿美元，创业五年的陈天桥以90亿人民币的身家成为中国的新首富。

出生于20世纪60年代末的李彦宏毕业于北京大学信息管理专业,随后前往美国布法罗纽约州立大学完成计算机科学硕士学位,先后担任道·琼斯公司高级顾问、《华尔街日报》网络版实时金融信息系统设计者,以及国际知名互联网企业——Infoseek公司资深工程师。1999年底,这位山西籍的小伙子作出一个重大决定,与他的北大校友、河南籍博士徐勇在北京中关村创建百度,致力于向人们提供"简单,可依赖"的信息获取方式。"百度"二字源于中国宋朝词人辛弃疾的《青玉案》诗句:"众里寻他千百度",象征着百度对中文信息检索技术的执着追求。

20世纪90年代后期的"中国硅谷"——北京中关村。中国的第一批互联网企业瀛海威、四通利方(新浪前身)都是在这里诞生的。

1999年7月,香港人叶克勇创办的中华网在美国纳斯达克上市,当时的成功甚至超出预想。它的成功上市,第一次让风险投资看到了中国市场的巨大商机,带动了新浪、搜狐、网易三大门户网站2000年在纳斯达克上市的热潮,由此揭开了"中国概念股"进军世界资本市场新时代的帷幕。

那是一个激情燃烧的岁月,互联网作为一种新的开放力量出现,吸引了许多年轻人投身于这个行业,网络公司如雨后春笋般地冒出来。2000年,网站并购数不胜数:搜狐并购ChinaRen,联想并购赢时通,Tom并购163.net,携程网收购国内最大的订房中心现代运通公司,盈动并购香港电讯……同时,第九城市、263首都在线、中华英才网等都是.com大潮中的水滴,在互联网这个平台上汇聚。①

在这股互联网创业浪潮中,有几个特点值得注意:第一,互联网企业的创建者当年都很年轻,风华正茂,敢想敢干,张树新32岁,张朝阳32岁,丁磊26岁,马化腾27岁,王志东31岁,马云35岁,邢明31岁,陈天桥26岁,李彦宏31岁;第二,互联网企业的创建者大多是"理工男",学理工科出身又拥有高智商;第三,互联网企业的创建者大多下海较早,在商海中摸爬滚打,积累了丰富的经验;第四,互联网企业的创建者或接触internet较早,或出国留学,眼界开阔,胆识过人,敢于引入国际风险投资。②

青年蹒跚的"网上冲浪"

1995年,中国宽带互联网开始营业,当年12月用户不到4万;两年之后猛扩15倍多,达到63万;1998年底增至210万;1999年12月更猛增至890万。这890万用户中,18岁至35岁的青年占85.8%。其中,18岁至24岁的占42.8%,25岁至30岁的占32.8%,31岁至35岁的占10.2%。③从这些数据来看,这一时期的中国互联网发展无疑还处于初级阶段,又是成长最迅速的一个经济领域。

---

① 马荟:《2000:大起大落》,《互联网周刊》2008第20期。
② 张耀明、张路曦:《互联网驱动的青年与社会变革》,《中国青年社会科学》2017年第1期。
③ 中国互联网络信息中心:《中国互联网络发展状况统计报告(2000/1)》,新浪网。

20世纪90年代中期的互联网是由台式电脑接入的,最先向青年普及的是各高等院校的计算机课程。大概每周一两次上机时间,每次两三个小时。进入机房时要换鞋子,甚至需要套上白大褂,全副武装,也就是说,看待计算机跟宝贝一样,尽可能做到一尘不染。这些"70后"学生学会了电脑的开机关机、简单游戏,后来逐渐学会浏览新闻网页、注册电子邮箱。当时电脑用的都是DOS系统,全英文操作,所以外文水平一般的青年很难去流畅操作。这一切都显得很青涩,却迈出了与外面世界即时沟通的第一步。

1997年底,在北京中关村组装一台电脑,大概需要7 300元。配置情况为:多能奔腾MMX166中央处理器,技嘉GA-586-TX3主板,32MB PC66内存,昆腾火球5代2.1G硬盘,丽台S280 V2 2MB显存显卡,独立声卡,多彩普通机箱,230W额定电源,8速CD-ROM光驱,15寸CRT显示器,键盘加三键机械球鼠标,圣笛有源2.0音箱。当时的普通职工月工资只有几百块钱,对一般家庭来说,电脑确实是高档奢侈品。

1999年,17岁的重庆少年小李第一次接触到互联网。时隔20年,他仍清楚地记得自己背着父母老师的监管,溜进网吧的顽劣经历。"我爸每隔几天就会把我从网吧拎回家,以'不学好'为由打一顿。尽管保证不再犯,但第二天仍会往网吧里钻。"当时学校隔壁开了一家名为"据点"的网吧,不足100平方米的屋子灰暗破旧,大厅摆放着40多台电脑,几台吊扇吱吱嘎嘎在屋顶天花板上转着。不少年轻人坐在屏幕前笨拙却又兴奋地通过OICQ和陌生网友聊天,不时打开网页,浏览论坛中五花八门的信息。小李记得,对于"上网"这一新鲜事物,当时的人们将之称作"网上冲浪"。这个简陋的网吧成为小李经常出入的场所。尽管每小时5元钱的上网费用,意味着他必须省下早饭钱,但小李毫不在意,"互联网让我见识到一个前所未有的花花世界,太让人着迷了"①。小李的经历和感觉是那个时代很多青少年所共有的。

1999年前后,互联网的第一波创业浪潮兴起,投身创业和去互联网公司的人一下子多了起来。1999年6月,国务院要求加快建设中关村科技园区。2009年3月,国务院作出建设中关村国家自主创新示范区的重大战略决策,要求把中关村建设成为具有全球影响力的科技创新中心。至此,"中关村"成为中国高科技产业的代名词,而千千万万创业者的命运,也与互联网联系到了一起。

---

① 《网吧与"网上冲浪"的那些年》,《新京报》2018年8月17日。

第十三章　进入 21 世纪的青年运动

每一次世纪交替总是人类文明发展的重要节点。中国是以积贫积弱的状态进入 20 世纪的,而且是以八国联军占领首都为开端的。这是中华民族的奇耻大辱,却也从反面激发了包括广大青年在内的中国人民的奋起抗争。跨入 21 世纪的中国姿态,是扬眉吐气的、昂扬进取的、奋发有为的。对中国青年来说,这是一个重要的承上启下的历史关头。经过八年建构的市场经济,正在越来越强烈地释放活力;宽带互联网在中国接入五年后,青年迅即成为网上冲浪的主力,他们的视野被无限拓展;中国正式加入世界贸易组织,则使开放的大门越开越大。中国青年运动处于一个新的社会环境之中。

一、建设小康与青年行动

实现现代化是几代中国人梦寐以求的理想目标,而这一目标是需要分阶段实施的,中国青年运动向来服务服从于阶段性目标。在 21 世纪的头 20 年,全面建设惠及十几亿人口的更高水平的小康社会,是中国实现现代化建设第三步战略必经的承上启下的发展阶段,需要汇聚青年智慧、青年行动,需要青年展现激昂的建设热情和无限的创造能力。

全面建设小康社会指明青年运动发展方向

2002 年 11 月,中国共产党第十六次全国代表大会在北京召开,大会确立全面建设小康社会的宏伟目标,部署了改革发展的各项战略任务,并把"三个代表"重要思想同马列主义、毛泽东思想、邓小平理论一道确立为党的指导思想。大会选举产生了新一届中共中央委员会、新一届中央政治局、新一届政治局常委,顺利实现了中央领导集体的新老交替。党的十六大胜利召开为中国青年运动发展提供了强大的思想武器,指明了前进的方向。

2003年5月12日国际护士节,长沙传染病医院中青年护士宣誓:"筑起抗御'非典'的坚实屏障。"

为了让中国青年运动的动员者、组织者——中国共青团能够在新的征程中开好局、起好步,在中国人民刚刚战胜"非典"疫情不久,中共中央书记处批准共青团十五大于2003年7月在北京召开。7月25日下午,时任中共中央总书记、国家主席胡锦涛在北京中南海怀仁堂,寄语团中央书记处新一届领导班子成员:"青年是推动社会历史进步的一支伟大的力量。无论是在人类社会发展的历史中,还是在中华民族发展的历史进程中,青年都起到了重要作用。""这次抗击'非典'斗争中,广大团员青年尤其是青年医务工作者和科技工作者,同全国人民一道,迎难而上,顽强拼搏,为抗击'非典'作出了重要贡献,再一次展示了当代青年的风采。"当代青年要勤于学习,要善于创造,要甘于奉献,实现全面建设小康社会的奋斗目标。然后再奋斗几十年,到 21 世纪中叶基本实现现代化,把我国建设成为富强民主文明的社会主义国家,实现中华民族的伟大复兴,这是全国各族人民的奋斗目标,也是当代青年的历史使命和当代青年运动的主题。

在中国共产党领导人的视野里,中国青年应该而且必须永远和广大人民结合在一起,在艰难险阻面前发挥生力军和突击队作用,在社会变革和社会改造中担当排头兵。这是时代发展的要求,也是社会进步的必然。

科学发展观成为青年行动指南

科学发展观的提出显然是针对"不科学"发展而提出的。2003年 2 月中下旬,"非典"疫情在广东局部地区流行,随后蔓延至全国,引起党和政府对影响经济社会发展的突出矛盾和问题的深入思考。同年 4 月,胡锦涛在广东考察时提出要坚持全面的发展观;8 月底 9 月初,他在江西考察时明确使用"科学发展观"的概念;10 月召开的党的十六届三中全会,第一次在党的正式文件中完整地提出科学发展观。2007 年 10 月,党的十七大报告要求全党同志全面把握科学发展观的科学内涵和精神实质,增强贯彻落实科学发展观的自觉性和坚定性,着力转变不适应不符合科学发展观的思想观念,着力解决影响和制约科学发展的突出问题,把全社会的发展积极性引导到科学发展上来,把科学发展观贯彻落实到经济社会发展各个方面。

2008 年 6 月,中国共产主义青年团第十六次全国代表大会召开。6 月 14 日,胡锦涛在同新一届团中央领导班子座谈时特别指出,改革开放 30 年来,广大青年听从党的号召、响应时代召唤,积极投身中国特色社会主义伟大事业。实践充分证明,在改革开放伟大进程中成长起来的当代中国青年是值得信赖的,是能担当重任的。胡锦涛强调,党的十七大进一步描绘了全面建设小康社会的宏伟蓝图,而实现各项战略任务需要包括广大青年在内的全国各族人民共同努力。现阶段,党需要共青团更好地团结带领广大团员青年,为实现全面建设小康社会的奋斗目标而不懈努力。

"我与祖国共奋进"

开展"我与祖国共奋进"主题教育实践活动,是中共中央对共青团的明确要求,是新世纪新阶段青年思想政治教育的系统工程。活动以树立社会主义核心价值体系为根本,以理想信念教育为核心,教育引导广大青年按照党的要求,自觉把个人的成长进步和祖国发展紧密联系在一起,为全面建设小康社会、构建社会主义和谐社会建功立业、奋发成才,唱响勤于学习、善于创造、甘于奉献的新时代青春之歌。

2005年12月,在共青团十五届四中全会上,团中央对开展"我与祖国共奋进"主题教育实践活动作出了重点部署。

一是学理论,打牢与祖国共奋进的思想基础。深化青年理论武装工作,坚持不懈地用马克思主义中国化的最新成果武装全团、教育青年,帮助青年树立中国特色社会主义的共同理想,构筑青年的精神支柱。截至2007年12月底,全国县级以上团组织开展宣讲活动总计超过3 300场次,直接听众超过165万人。

二是讲形势,坚定与祖国共奋进的信心。2007年4月,共青团中央举办"我与祖国共奋进"部长讲坛首场报告会,请国家发改委负责同志为首都青年学生作报告。2007年5月4日,共青团中央组织226名新中国成立以来各个时期的青年英模代表汇聚北京,在北京人民大会堂隆重举行"中国青年群英会"。会议期间,参会代表分别在北京大学、清华大学与青年学生座谈。群英会后,部分代表分别赴辽宁、广东、陕西,到基层与青年交流座谈。

三是抓实践,推动与祖国共奋进的实际行动。各地各系统团组织围绕"我与祖国共奋进"的主题,发起"共创和谐,从我做起""我为重点工程建设作贡献"等形式多样的活动,广泛开展劳动竞赛、学习竞赛、创新竞赛、技能竞赛等活动，激励青年在本职岗位上奋发有为，积极促进经济社会又好又快发展。

四是树典型，宣传一批与祖国共奋进的青年榜样。全团以"五四奖章"评选表彰为统领，在全国各行各业、各民族青年中深入开展全国优秀团员、优秀团干部和杰出青年、青年岗位能手、各族青年团结进步奖等评选表彰活动。

随着主题教育实践活动的开展，广大青年进一步增进了个人成长与国家发展的关联度思考，提升了对跟党走中国特色社会主义道路的认同度。

开始登台的"90后"

随着21世纪的到来，新的一代青年"90后"开始登上历史舞台。到2004年，1990年出生的青少年已经年满14周岁。他们是伴随着改革开放取得丰硕成果的环境成长起来的，具有鲜明的时代特征。

大多数"90后"既崇尚自我，又渴望得到尊重。"90后"基本都是独生子女，衣食住行有基本保障，自我意识很强，自我悦纳程度较高，很多人崇尚"我走我的路，别人怎能管？只手打天下，一身都是胆！"他们喜欢独立地观察、认识和思考问题，评判事物的标准更多元，尊重利益多样化，反对不加思考接受强加的说教，渴望话语权平等。在行为上表现出很高的自主性。同时，他们也希望通过各种方式发出声音、显示力量、争取地位、赢得尊重。

由于急切渴望受到关注，在部分"90后"中间也出现了一些具有"叛逆""非主流"色彩的非理性行为，缺乏对他人的理解和包容，在人际交往和沟通技能方面还有待加强。有相当多的"90后"是在备受呵护与家庭管教相对冲的环境中成长起来的，在"6+1"家庭结构（父母、祖父母、外祖父母）中，私密空间太小，只能通过网络来向同龄人倾诉。而当QQ聊天内容也被家长监视时，就自创"火星文"

"90后"是非常的一代。

来保护自己的隐私。他们更渴望独立,具有较强叛逆意识。

很多"90后"心态开放,敢于担当,有参与社会事务的期待和需要。武汉大学2008年的一份调查显示,"90后"中有64.8%的学生认为自己"心态很开放,易于接受新鲜事物"。对于人们通常观念中的"90后"个性张扬、叛逆等特点,不能简单地看作是缺点。"90后"接触新事物的能力更强,勇于发出自己认为是正确的声音,这恰恰是社会进步的表现。如果说"90后"还存在着浮躁、自私、承受挫折能力弱等问题,那也更应该从家长身上和社会上找原因,是家长和社会给了他们这样一个成长环境。调查表明,有64.7%的"90后"学生认为责任就是"要为自己做的、决定的每件事情坚持下去并承担后果",体现了半数以上的大学生能够比较好地理解"责任"的概念,敢于承担责任。创新创业已经成为新时期大学校园文化的新风尚和不少大学生的现实选择。调研发现,85%的"90后"大学生对大学校园生活充满着期待,并有为数不少的大学生怀揣参与创新创业的想法。

但是,部分"90后"社会化存在不足。"90后"多为独生子女,受到家庭的高度关注,同时又缺乏玩伴,导致部分人产生以自我为中心、无法忍受挫折、缺乏社会交往技能等社会化方面的不足。主要表现:一是缺乏对他人的理解,缺乏现实交往和沟通的技能。二是在追求个人价值最大化时,过于强调实惠实用,导致道德界限模糊不清。三是存在着情绪稳定性较差的问题,可能会对其身心发展造成潜在的危害。四是在对待生命、对待性的问题上存在模糊认识,青春期与生命教育有待进一步加强。

二、拥抱互联网大潮

青年以其求新求变求异的天性,常常成为新生事物的创造者、追随者。"因特网产生、发展的故事实际上就是一次特殊的人类冒险。它表现了人类超越制度的条条框框、克服官僚障碍以及在开创新世界的过程中推翻现有价值观的能力。"[1]1995年,中国宽带互联网开始营业,当年12月用户不到4万;10年之后的2005年底,中国网民已突破1个亿。互联网作为一个信息平台,无论是官方代言,还是草根秀场,无不彰显着互联网带来的信息传播变革对人们交流方式的重要影响。中国青年运动发展的外部环境发生了巨大变化。

互联网企业中的青年打拼

2000年,当人们还沉浸在互联网制造的"暴富速成"神话之时,一个幽灵正在纽约上空徘徊。随着以科技股为代表的纳斯达克股市的崩盘和"网络泡沫"的破灭,全球互联网产业进入了严冬。中国互联网狂飙突进的泡沫突然破灭,赴美上市的几大互联网公司都遭遇了重大打击,其他商务网站更是哀鸿遍野。

在整个互联网产业进入窒息状态,似乎大家都要靠"憋住气"来比生存的时候,2000年6月21日中国电子商务协会成立,2001年5月25日中国互联网协会成立,标志着中国电子商务进入规范、有序的发展阶段。2003年5月10日,阿里巴巴推出个人电子网站淘宝网,10月推出"支付宝担保交易模式",使消费者对淘宝上的交易产

---

[1] [美]曼纽尔·卡斯特:《网络星河:对互联网、商业和社会的反思》,郑波、武炜译,社会科学文献出版社2007年版,第9页。

生信任。2004年,推出"淘宝旺旺",将即时聊天工具和网络购物联系起来。2005年5月,淘宝网超越日本雅虎,成为亚洲最大的网络购物平台。2007年阿里巴巴在香港上市,首日股价收盘逼近40港元,市场价值达到250亿美元,一举超越腾讯和百度两大公司。2009年,淘宝网已成为中国最大的综合卖场,全年交易额达到2 083亿元。

2004年,30岁的刘强东创办"京东多媒体网"(京东商城的前身),并出任CEO。2007年京东获得第一笔融资,由此进入发展的快车道。京东商城能够在众多的电子商务企业中脱颖而出,物流配送、仓储管理是其最大的竞争优势。截至2015年6月,京东在全国拥有7大物流中心,在全国44座城市运营166个大型仓库,拥有4 142个配送站和自提点,覆盖全国2 043个区县。

2008年,28岁的王宇翔创办豆果美食,经过三年的努力已使豆果美食成为国内首家发现、分享、交流美食的互动平台。2011年先后获得盛大资本的投资和纪源资本的融资。2012年,在移动客户端上先后推出了Android客户端和iPhone客户端。豆果美食的用户群体以25岁至35岁的年轻人为主,其中女性用户占到80%。

2012年6月,29岁的程维从支付宝离职并创立了小桔科技,创业项目是做智能出行的应用——滴滴打车。3个月后,滴滴打车APP上线。上线当日,全北京只有16个出租车司机在线,前景暗淡。一般创业者也许就偃旗息鼓了,程维却选择了坚持。作为一家移动互联网公司,滴滴在线建立了一支强大的技术开发团队,滴滴打车APP在短时间内进行了多次的完善升级,不断推出新的改进版本。这一独特的战略决策使滴滴打车仅用了不到一年的时间,便成为打车市场中的领先者,并不断得到资本市场的认可和青睐。2012年12月,滴滴打车获得了A轮金沙江创投300万美元的融资。

青年获取信息和社交生活的第一选择

互联网在中国出现以来,就以信息资源共享、超越时空界限、快捷及时方便以及实时交互、平等、开放性、个性化等特点,深刻影响着人们的生活生存方式。在很多青少年眼里,互联网不仅仅是一种信息传播的工具,一个交流情感的平台,而且是一种价值观、一种追求真理的方式。在某种意义上说,选择互联网就是一种文化自觉和文化必然。

进入21世纪之后,互联网、手机等逐渐成为广大青年接受社会信息的主渠道。2007年的一项调查显示,中国1.62亿网民中,35岁以下的青少年网民占80.9%,约有1.31亿。每天上网的青少年网民高达78.7%,每次上网3小时至4小时的青少年占34.8%。网络已成为青少年最主要的信息来源渠道,以互联网为第一信息源的受访青少年高达80%以上。互联网正在影响青少年现实的人际交往,半数青少年反映自己或身边朋友与网友见过面。有过和经常参加网上组织的人数超过一半。有超过70.4%的青少年在日常生活中频繁使用网络语言。写博、网聊、网购、网游,是很多青年人的生活写照。

广大青年对互联网的运用,使他们大大开阔了眼界,给生活、学习与工作带来了便利,也提高了自主、参与、民主等意识。但也应看到,各种社会思潮通过网络即时传播,其中一些带有极端倾向的思潮,对涉世未深的青少年影响较大。网络上的思潮虽然是在虚拟空间中发生的,但它所关注的每一个具体事件都来自现实社会。这些社会情绪和社会心理在四通八达的网络上延伸、扩展,其复杂性和虚拟性比现实中的社会思潮更难以把握。

随着互联网的不断发展、资源配置效率的不断提高、受众消费习惯的不断培养,电子商务的触角早已延伸至人们生活的方方面面,从餐饮、医疗、旅游等日常生活消费,到汽车、房屋等大型商品的消费。及至3G、4G网络的发展,智能手机的普及,2007年就成为中国网络购物市场快速发展的一个年份,支付宝绑定银行卡成为主流的消费支付方式。喜欢方便、快捷的青年人成为网购的主力军。

互联网改变青年意愿表达

随着互联网和手机新功能的不断开发,新媒体对青少年意愿表达的影响主要体现为迅即性、组织化和非理性,而且这三个方面相互交织。迅即表达是信息技术的固有特点。网络表达的组织化倾向因青少年的共同兴趣而起,他们对某一事件共同关注形成"同声共振"。QQ群、MSN群、校园网BBS等,便是青年意愿组织化表达的重要路径。

面对国际国内重大事件,网上的原子化青年会因共同的兴趣,或对某一特别事务共同关注而迅即发出群体"声音",还有的会自发形成团体,发出共同的意见和建议。2003年的"孙志刚案"引发了青年在互联网上的抗议,眼泪"一夜间洒满了互联网",有些青年网民提出要求全国人大对实行20年的《城市流浪人员乞讨收容遣送办法》进行审查,最终收容遣送办法被废止。再如,从2009年杭州飙车撞人事件、上海"钓鱼"执法事件,2010年广西来宾烟草局长"日记门"、"李刚门"、药家鑫故意杀人事件,2011年"郭美美炫富事件"等社会热点中,同样都可以见到青年网络表达组织化的倾向。2008年,西藏拉萨发生不法分子打砸抢烧事件、奥运圣火传递海外受阻等,广大青年在互联网上发起百万MSN"红心爱中国"活动,建立专门网站,理性驳斥境外一些媒体的失实报道;他们在网络上发起"反分裂护圣火全球华人大签名",创造了每秒钟都有五六个甚至更多华人上传签名的纪录。

2009年全国人大、政协两会开幕在即,中国网联合网易新闻、和讯网,特别推出了"2009全国两会,我有问题问总理"大型征集活动。上线不到一周时间,逾7 000名网民向温家宝总理提问,热情洋溢于文字中,心系祖国,关系民生。随后,新华网、人民网、新浪网、腾讯网等大型网站很快跟进,不断完善拓展征求意见网络平台。任何一个网民只要手指轻轻一动,就可将自己的意见上达中枢。网络政治参与对各类公共事件形成舆论督办态势,而且通过网络曝光而落马的问题官员不断增多。比如,2010年宜黄拆迁自焚事件、2011年广东潮州事件、2012年广州乌坎事件的及时处理都源于网络监督;又如,江苏睢宁2008年10月后被问责的108名干部中,78人与"网络问政"有关。[1]

中国互联网络信息中心(CNNIC)发布的《第30次中国互联网络发展状况统计报告》显示,截至2012年6月,中国总体网民规模达到5.38亿,比2008年6月翻了一倍多。手机网民规模达到3.88亿,手机成为中国网民最大的上网终端。从年龄段上看,青少年网络用户一直是中国网民的主体。截至2012年6月,中国网民中,10岁至19岁网民占25.4%,20岁至29岁网民占30.2%,30岁至39岁网民占25.5%,三者合计比例达81.1%。网民中,学生占比为28.6%,远远高于其他群体。[2] 同时,使用微博的用户在不断增加,微博逐渐向大众普及。在微博推动下,单向的"传播时代"正在向双向的"交流时代"迈进。2011年上半年,中国微博用户数量从6311万增长到1.95亿,半年增幅高达208.9%。[3]

由于自媒体的快速成长,以前公众表达的限制性阻碍被消除,传统话语权力的非对称关系被改变,舆论格局呈现为新旧媒体相互交织,官方、民间舆论时有博弈,青年意愿表达多元趋势更为明显。

互联网中的共青团

互联网在中国一落地,一向善于领风气之先的中国共青团就及

---

[1] 祝华新等:《2010年中国互联网舆情分析报告》,中国日报网。
[2] 《CNNIC第30次调查报告:网民规模与结构特征》,新浪网。
[3] 《中国网民数量达4.85亿 微博用户增至1.95亿》,新华网。

时敏锐地捕捉到这一新生事物的信息,及时开展一系列适应性探索。自1999年开始,中国共青团网、中国青年网、中青在线、中国少先队网先后开通。截至2013年底,建设团属网站4 000家左右,阵容颇为庞大。中青网2002年被确定为国家级八大新闻网站之一,上海青年公益门户网等一些内容丰富、形式新颖的地方网站也得到了广大青少年的热衷参与。2002年共青团中央开始实施"共青团县县上网工程",通过电子信息化和网络通信手段将团的各级组织、各条战线最大限度地联系起来,从而更好地实现了展示工作、沟通交流、发布信息和资源共享的基本目标。此外,共青团还建立了大量的专题网站,如"保护母亲河""希望工程""青年文明号""大学生挑战杯竞赛"等。以孙中山纪念馆、毛泽东纪念馆、邓小平纪念馆等为代表的网上纪念馆共有135家。

这一时期,互联网被共青团定位于展示工作的平台,主要是共青团系统内部的工作覆盖,提供团内新闻浏览、信息报送、文件查询、网站群链接等,仅仅将原有的工作动态电子化。直接面向青少年的网络体系建设还处在起步阶段,青少年喜闻乐见的聊天交友、论坛交流、音乐播放、视频点播、网络学习、网络游戏等服务基本没有提供。

从2003年开始,共青团一直积极探索通过新媒体工具为青少年成长提供服务。针对青年就业创业、大学生心理健康、青年创业小额贷款、青年就业创业见习基地等工作的网站纷纷建立。共青团将互联网作为面向青年的传播载体,一些地方团组织充分利用移动通信技术和即时通信工具,通过手机短信、青年手机报、飞信群、QQ群等便捷的方式向青年发送各类服务资讯。不仅如此,还将互联网作为基层团组织开展各种工作的活动载体、组织载体,使之成为吸引和凝聚青年的重要渠道。同时,各级团组织还积极进驻地方网站、贴吧、论坛、社区等网络空间,在网上拓展组织存在,夯实工作阵地。

第十三章 / 进入21世纪的青年运动

2003年,"全国首届下岗失业青年网上招聘大会"开幕,"中国青年创业网"同时开通。2004年,"中国大学生心理健康教育在线网站"开始运行。2007年,"青年职业促进网"建成,形成覆盖全国1900多所高校的就业网络服务系统。在青年创业小额贷款、"青年就业创业见习基地"等工作中,互联网在信息发布、运行管理等方面也发挥了积极作用。共青团十六大之后,根据团中央的统一部署,一些地方团组织充分利用移动通信技术和即时通信工具,通过手机短(彩)信、青年手机报、飞信群、QQ群、MSN群等便捷的方式向青年发送各类服务资讯,即时传递团组织的关怀和问候。

同时,共青团组织运用各类新媒体手段创新开展各类引导工作和活动,并探索在各类传统的引导工作和活动中不断融入新媒体元素,着力创新青少年思想引导的路径和载体。比如,2009年共青团中央联合腾讯公司开展"传挂灯笼·祝福祖国"活动,2 900多万青少年参与其中。2010年五四期间开展"我与祖国共奋进——伴我成长的歌声"青春歌会活动,活动信息覆盖人数累计超过7.18亿人次,总投票数超过1.29亿张。一些地方团组织积极建立青少年网络电台、开通共青团网络电视频道等网络视听引导渠道,并通过开设团干部博客群、青年博客网和游戏、动漫、电子杂志等新媒体载体丰富青少年思想引导渠道。2011年被称为"中国政务微博元年",2013年被称为"中国政务微信元年"。

随着微博、微信等社会化媒体的兴起,以及移动互联网的发展,共青团的工作模式也在转变,共青团应用互联网已经进入实务运营阶段。

培养青少年健康的上网习惯,一直是共青团组织十分关注的问题,2000年12月发起"网络文明工程",2001年10月又开展创建"青少年安全放心网吧"活动。从2004年2月启动的"青少年网络文明行动",到2005年1月启动的"为了明天——青春自护远离网瘾行动",再到2010年举办的"大家E起来——青少年网络素养大讲堂活动"，共青团组织联合有关部门大力引导广大青少年科学认识网络，不断加强网络道德和网上规范教育，提高他们对网络内容与服务的正确判断和有效利用能力。

三、青年文化中的斑斓个性

对青年文化来说，20世纪90年代是行动的年代，21世纪前10年则是风格化的年代。在中国经济社会日益走上现代化快车道的大背景下，经过20世纪八九十年代改革开放和大众文化的荡涤与洗礼，青年的个性与自我更加成熟了，其文化诉求、表达方式、价值世界都达到了一种高度个体化的自觉，中国青年的风格特征初步显露出来。

"青春文学"的崛起

1999年，上海市作家协会主办的《萌芽》杂志举办了首届"新概念"作文大赛。以"80后"为代表的青春文学大多缘起于这本杂志和这场作文大赛。这些作品多以一种与父辈不同的写作方式记载自己的校园、爱情、友情和成长。由于这届作文大赛是以纠正现行教育"重理轻文"，诘问现行教育制度不足之处的"新概念"为指导思想的，所以"新概念"一出场便呈现出一种叛逆的姿态。

2000年，以叛逆者形象出现的韩寒出版了他的第一本书《三重门》。该书讲述的是主人公林雨翔在家之门、学校之门、社会之门的三重门间寻找个人自由的故事。

《三重门》最早由作家出版社2000年出版。

"家之门"是父母期望的枷锁,"学校之门"是现行教育制度的束缚,而"社会之门"则是普遍的社会意识与思维模式对人的制约。主人公林雨翔的一系列看似反叛的不肖行为,皆是一个敏感聪慧的少年在其青春岁月里对个人心灵自由的追寻。随着该书的热销,青春文学概念迅速在"90后"青年中传开。其实,青春文学的主力作家几乎都是从"新概念"作文大赛中走出来的。比如,第一、第二届的韩寒和周嘉宁,第三、第四届的张悦然和郭敬明。这些作者在大赛时仅是试图用一种方式诉说自己,但尝到甜头后在媒体极力的撺掇下,犹如被绑架般朝着一条道路前行。这其实是与文学发展的自由性相违背的。

2004年被称为"青春文学年"。这年2月2日,美国《时代》周刊亚洲版封面人物是中国少女作家春树,并将春树与韩寒等作为20世纪80年代出生的中国新一代人的代表。"80后"青春文学的文化经验及其意义,成为中国全球化的一个注脚,并作为一种大众文化的市场现象,改变和动摇了中国文学的市场格局和文学秩序,冲击了文学概念的价值判断标准。"80后"作家群有上千人,其专门网站"苹果树中文原创网"签约作者近两万人。"80后"作家与他们的前辈在图书市场平分秋色。创办于2006年的中国作家富豪榜,每年一届,青春文学作家每届都大有斩获,几乎垄断前几名的位置。调查表明,青春文学的坚强拥趸是十六七岁至二十四五岁的青年人,女性读者占2/3,这个年龄段恰好是初中生和大学毕业生。[①]

"以新概念开始,这样一批'80后'的作家呈集团式登上文学的舞台。"文学评论家、中国出版集团副总裁潘凯雄后来回忆道,一方面,青春文学是自然的代际划分;另一方面,在文学创作上,这一批年轻人给当时的文坛带来了"清新、新鲜的"独特贡献。又有研究者更进一步指出:"'80'后青春文学带有同中国现当代文学传统断裂

[①] 沈杰主编:《中国改革开放以来青年发展状况研究》,人民出版社2015年版,第401页。

的现代性特征。当'韩寒'们被文学主流权威轻蔑地称为'写手'的时候,他们可以用最粗鲁的语言对这些前辈和权威给予最彻底的指责。""如果说20世纪80年代青年追求的是思想的解放,20世纪90年代青年更进一步去追求身体的解放,而新世纪的一代青年追求的则是最完整意义上的自我的解放。"[①]

众说纷纭的"快餐文化"

进入21世纪,随着全球化、网络化、市场化三峰叠加,越来越多的中国青年倾向于接受生动活泼、轻松愉悦的"快餐文化"。"快餐文化"的正面意义在于,它包含着与主流文化不同的价值内涵意识形态,它给予青年人以大众意识和平民观念,使青少年在消费快餐文化的同时,不知不觉地成为文化的主体、教育的主人;而不像学习经典文化那样,始终为权威所限制。[②] 当然,"快餐文化"也存在着浮躁导向等负面影响。

"快餐文化"的显性标志之一,便是图像主导了文化传播。有研究者认为:"今天占据大众文化生活中心的已经不是小说、诗歌、散文、戏剧、绘画、雕塑等经典的艺术门类,而是一些新兴的泛审美泛艺术门类的活动。如广告、流行歌曲、MTV、KTV、电视连续剧、网上游戏乃至时装、健美、环境设计、城市规划、居室装修等。"[③]在"快餐文化"的涵盖下,各种制作快、容量小、时尚新潮的图文书、漫画书、名著缩写本、校园青春读物、袖珍型"口袋书"等快餐书籍在市场上和校园中流行开来,并迅速成为青少年的最爱。"不求多少底蕴,只求会心一笑。"中国青少年研究中心2002年的调查显示:"大多数学生都希望花最少的时间和精力来追求尽可能显著的效果。在市

---

① 田杰:《从"青年猴"到"宇宙猿":关于青年的历史叙事与解读》,华东理工大学出版社2019年版,第162—163页。
② 董小苹:《全球化与青年参与》,上海社会科学出版社2004年版,第118页。
③ 金元浦:《文化研究:学科大联合的事业》,《社会科学战线》2005年第1期。

场这只看不见的手的作用下,以'找乐''刺激'为目的,以'快餐型'为特征的'三消'(消遣、消闲、消费)文化和'地摊文学'大行其道,逐渐成为学子的最爱。"①

2005年8月4日,《浙江日报》发表《青春读物成为青少年暑期"最爱"》一文,其中写道:

> 在琳琅满目的各种书籍中,究竟哪些读物是青少年的最爱呢?浏览杭城各书店的畅销书排行榜可以发现,青少年对校园小说、魔幻系列、卡通漫画等三类读物情有独钟。在浙江图书大厦,几位买书的青少年不约而同提及韩寒和郭敬明,一位女中学生说读郭敬明的《梦里花落知多少》会感动得流泪。她告诉记者:"自己喜欢青春读物,是因为这些图书写的就是我们青少年的生活。"
>
> 7月16日,《哈利·波特》(6)在全球同步首发,中国内地的订货量排在全球第四位。在杭城,不只是《哈利·波特》,一大批引进版魔幻小说也赢得了青少年读者的心,《魔戒》《少年魔法师》《魔法总动员》《魔眼少女佩吉·苏》等也成为同学们互相赠阅的佳品。购书中心的销售员说,现在只要沾上"魔幻"的边,就没有卖不掉的。……在漫画读物柜前,记者看到,像《丁丁历险记》《双响炮》《涩女郎》《醋溜族》《加菲猫》《蔡志忠古典漫画》等都非常好卖……

以上事例说明,青少年对快餐型书籍情有独钟,这也和"快餐书"的特点有关。"快餐书"一般图文并茂、浅显易懂,以广受欢迎的名著改写本为例,一般采用原著的故事框架,挑选最具吸引力的情节编写而成,标注的冷僻字拼音和栩栩如生的插图,取代了原著中文采斐然的辞藻和起承转合的章法。

---

① 《中国青少年流行文化现象报告》,《中国青年研究》2003年第2期。

在社会生活日新月异的大背景下,从包装花哨的娱乐杂志到五颜六色的口袋书籍;从青春、漫画、武侠、魔幻小说到种类繁多的名著缩写本和经典恶搞剧;从《老鼠爱大米》《丁香花》等网络歌曲的流行到《猪之歌》《两只蝴蝶》的广为传唱;从转瞬即逝的娱乐流行时尚到新新人类的疯狂调侃、逗乐和戏谑,"快餐文化"几乎已经渗透进青少年生活的每一处角落,并悄悄改变着青少年的价值观和生活方式。

快餐文化对青年最为深刻的影响和改变是,青年人阅读的目的更多的不是为了学习知识,而是为了消遣和娱乐。"不阅读的中国人"成为一个新的概念,一份调查显示:2012年,我国18岁至70周岁国民人均纸质图书的年阅读量为4.39本。而韩国人均年阅读量约为11本,法国为8.4本,日本为8.4本至8.5本,美国为8.7本。

尤其需要警惕的是,西方文化在中国的传播方式同改革开放初期相比,正在发生深刻变化。主要表现为,借助文化交流和传统媒介对中国主导政治意识形态进行直接冲击的颠覆性传播方式相对减弱,通过文化市场、互联网以及日常消费生活等活动进行的渗透和隐性传播方式大大增强,对青年思想和行为的影响也随之发生了许多变化。在快餐市场方面,肯德基、麦当劳、可口可乐、百事可乐等占据了中国快餐市场较大比例。在影视剧方面,2005年排在青年喜爱前三位的,分别是中国香港(61.9%)、美国(53.3%)、韩国(40%)。世界电影市场面临"好莱坞文化"的冲击,好莱坞电影已占据全球80%的电影市场。在节日方面,中国传统节日在青年中的影响力呈淡化趋势,而洋节却越来越受到追捧。

"超女"是"超级女声"的简称,起源于湖南卫视在2004年起举办的针对女性的大众歌手选秀赛,每年一届。此项赛事接受任何喜欢唱歌的女性个人或组合的报名。因其颠覆传统的一些规则,该节目成为中国内地颇受欢迎的娱乐节目之一。"超级女声"节目以无门槛海选、手机投票的方式,打破了由精英长期主导的选秀规则,上至老妇、下至女童,女性都有机会参与。它不仅代表了一种草根的平民倾向,而且代表了一种真正的平等精神。零门槛"超级女声"是一项"平民造星"运动,它深深地吸引了处于青春期少女的心。其宣传主题"想唱就唱"表达了很多年轻人的心声,为理想而努力,"就算无人和我分享,我还能勇敢地自我欣赏"。在一定意义上,"超女"诞生于投票的民众,她们和后者有着同样的"草根"出身,她们和后者是一体的、血脉相连的。广泛民众的投票、参与,在造就"超女"的同时,也造就了自己的平等和自由。

"桌游"最早兴起于20世纪70年代的欧美国家,指的是一切桌面上或者一个平台上玩的游戏。2008年,这一游戏在中国开始被关注。随后,"桌游吧"如雨后春笋般应运而生,且异常火爆,"桌游"正在改变着年青一代的业余文化生活与交流沟通方式。"桌游吧"主要出现在上海、北京、广州、杭州、成都、温州等城市,上海一地的"桌游吧"有500家以上,并且还在以每月20家以上的速度新开。"桌游"最流行的产品"三国杀"曾在短短一年时间里,用户关注度翻了10倍,甚至超过了国内数亿投资的知名网游。全国用户量达1500万人。数据显示,"三国杀"主要针对20岁至29岁青年人群,学历大多在本科以上,其中很大一部分是职场白领和高校在校生。至2011年,北京已有10余高校成立了"桌游"社团,每个社团会员近百人。2011年底,在北京大学团校开学典礼上,一项题为"'诸葛亮'告诉你'如何成为青年马克思主义者'"的活动精彩上演。北大团校学员用流行的"三国杀"人物,通过自主设计、自主表演节目的形式,诠释了自身对青年马克思主义者应有品质的理解。

中国青年文化行动

正如任何事物一样,青年文化的发展演进有其自身规律,也需要主流价值的引领和塑造。2004年4月,中宣部、中央文明办、团中央、教育部、文化部、国家广电总局、新闻出版总署下发了《关于实施青年文化行动加强青年文化建设的通知》,共同实施中国青年文化行动。按照抓引导、抓活动、抓人才、抓产品、抓产业事业的思路,共青团积极推进中国青年文化行动。

2004年5月至10月,各地团组织以"弘扬五四精神,肩负历史使命"为主题,广泛开展社区青年文化节活动。通过优秀节目展演、社区青少年体育活动、校园文化进社区、军营文化与社区青年文化互动、务工文化与社区文化融合等方式,丰富社区文化,发挥了青年文化在社区文明创建中的积极作用。在农村,开展了第六届乡村青年文化节,同时,在福建泉州举办了首届全国乡村青年民间工艺品制作大赛和作品的展示活动。

2004年8月,共青团中央联合文化部等单位在深圳举办了以"爱我中华、强我中华"为主题的首届"中国青年文化周"活动。通过开展一系列富有民族特色、营造深厚时代风貌和青年特点的活动,引导和激励海内外中华青年为实现中华民族伟大复兴贡献力量。10月上旬,共青团中央联合教育部、新闻出版总署等单位在山东济南举办了以"传承中华文化、立志学习成才"为主题的首届"中国青少年读书周"活动。通过开展百场读书讲座、全国青少年喜爱的图书评选、青少年图书博览会等活动,在青少年中兴起勤奋学习之风,营造浓厚的读书学习氛围。10月下旬,团中央在浙江宁波举办了以"弘扬中华服饰文化、引领青年时尚潮流"为主题的首届"中国青年时尚周"活动。通过开展活动,展示中华民族服饰文化和现代服饰文化的发展,激发青年的民族自豪感,引导青年追求真善美和健康文明的生活方式。11月上旬,团中央又在海南举办了以"青春中华、欢乐海南"为主题的首届中国青年欢乐节,促进了各界青年的交流与联谊,促进了海南的旅游经济发展。

除此之外,各级团组织还开展一系列导向鲜明、主题突出的重点青年文化活动,如纪念五四运动85周年青春晚会、"青春中华"中国青年文化周、"青春中华"中国青年服装时尚周、全国青年时代风采电视大赛、"感动"中国青少年网络短信作品大赛、中国青少年书法美术大赛、"我与祖国共奋进"青年文化广场活动、深化青年文化建设研讨会等,取得广泛社会影响。同时,深入实施共青团精神文明建设"五个一工程",社会影响进一步扩大,共评选推出包括图书、歌曲、戏剧、电影、电视片等在内的各类优秀作品 224 部(首、套),优秀青年文化新人 60 余名,其中 7 部作品入选中宣部组织实施的精神文明建设"五个一工程"。

四、创业行动与青春建功

改革开放以来,中国经济社会的转轨转型为青年成长发展提供了广阔舞台,工业化、城市化进程的加快为青年创业、择业提供了诸多机遇。尤其是进入 21 世纪以来,随着中国加入 WTO,经济活动的市场化、国际化程度明显增强,中国青年就业创业达到一个新水平。创业是推动经济发展的原动力,青年创业的活跃度体现了一个社会的精神风貌。稳定向好的就业是青年人安身立命、成家立业的恒定之基。不论创业还是就业,都是青春建功的扎实平台。

青年创业日趋活跃且成为主力

1998 年 12 月,根据中国改革开放的阶段性特征,共青团推出"中国青年创业行动",旨在推动青年树立与市场经济相适应的就业观念,主动寻求乃至创造能够发挥自身优势和特长的劳动岗位,依靠自己的努力开辟事业发展的广阔天地。这一行动的基本内容包括:培养青年的创业精神,实施青年创业培训计划,深入开展"下岗青工创业行动",开展"挑战杯"大学生创业计划竞赛,鼓励扶持不同青年群体在发展现代农业中创业。至 2003 年 6 月,已为青年提供就业创业服务超过 1 000 万人次,建立培训基地 3 630 多个,培训下岗失业青年 149 万余人,扶持兴业领头人 44 150 名,为 269 万多名青年提供了职业中介,帮助 20 万下岗青年实现了再就业。这是一个了不起的成绩。随后,团中央提出深化中国青年创业行动,计划用三年时间培养20万名青年创业者,为下岗失业青年、城镇新增青年劳动力特别是大学毕业生、农村富余青年劳动力提供创业和就业服务1 000万人次,力争使服务对象的就业率达到60%。

"百名博士西部行(青海)"科技成果发布暨项目洽谈会

1999年2月,在中国青年科技工作者协会第二届会员大会暨第三届杰出(优秀)青年科技创业奖颁奖典礼上,中国青年科技创新行动正式启动。1999年12月,共青团十四届三中全会通过《共青团中央关于大力推进中国青年科技创新行动,为全面实施科教兴国战略作贡献的决定》,对进一步大力实施中国青年科技创新行动提出了新的规划和要求,成为指导中国青年科技创新行动的纲领性文件。2000年4月,全国青联与亿阳集团签订协议,共同设立"中国青年科技创新行动"亿阳基金,为中国青年科技创新行动提供了有力的物质保障。其中的团中央、全国青联在陕西启动的"百名博士西部行"活动有声有色,活动期间举行多场报告会,建立中国杨凌海外学人农业高科技虚拟创业园,赴46家企业进行咨询论证,发布361项科研成果,达成60个意向性合作项目,据不完全统计,协议合作资金达9 250万元,取得良好的社会效益和经济效益。"百名博士西部行"活动已经成为团中央工作的一个重要内容。

2003年11月,共青团中央、全国青联发起中国青年创业国际计划,旨在帮助中国青年创业的国际合作项目。该项目参考总部在英国的青年创业国际计划扶助青年创业的模式,通过与工商界开展合作,为具有创业潜力的无业、失业青年提供创业启动资金、"一对一"的创业导师以及工商支持网络,从而帮助青年成功创业。到2006年12月,中国青年创业国际计划已在北京、上海、山东、陕西和福建五省市建立地方办公室,吸纳了800多人的创业导师志愿者队伍,为10 000多名青年提供了培训咨询服务,扶持青年创建了104个中小企业,创造了1 000多个就业岗位,取得了良好的经济社会效益。

2004年4月,共青团中央、全国学联联合向各省、自治区、直辖市团委、学联发出了《关于实施"大学生就业见习行动"的通知》。通知发出之后,共青团中央、全国学联积极协调社会资源,拓宽就业渠道,促进大学毕业生灵活就业;向全国青年企业家协会、全国青年乡镇企业家协会会员发出公开信,呼吁吸纳大学生到各自企业就业,探索多种途径吸纳大学生就业的方式,可以提供正式的就业岗位,也可以提供中短时间的实习、见习机会。同时,各省级共青团、学联组织也同步行动起来。

据清华大学中国创业研究中心2005年的《全球创业观察中国报告》,中国的TEA(创业活动指数)2002年为12.3%,2005年为13.7%,表明中国早期创业活动处于比较活跃的状态。中国在2005年全部参与创业观察的35个国家和地区中排在第五位,保持相对领先地位。青年创业活动中生存型创业(主要在零售、租赁、个人服务、保健、教育服务和娱乐业领域)占53%,机会型创业(主要在金融、保险、房地产等商业服务业领域)占47%。同时,有关研究表明,我国生存型创业比例正在下降,而机会型创业比例缓升。在经历了商品经济大潮洗礼后,多以私营企业主、个体工商户身份出现的创业青年,深刻意识到那些假冒伪劣、坑蒙拐骗的行为只能是砸了自己的牌子,断了自己的路子,创业活动较以往更加注重规范,讲信誉,重合同,守法经营。相当多的青年面对生活压力和社会挑战,开始摆脱旧观念的束缚,不再消极坐等,而是积极行动起来,开展多种形式的创业活动。相关调查显示,1/3 的青年是主动选择创业,因找不到工作而被迫创业的只占 15%。另有调查显示,青年中有创业愿望的占调查总数的 1/2。

2006 年,共青团围绕构建社会主义和谐社会的总体要求,及时发起中国青年创业行动。一是实施"成功创业计划",扶持青年创业,形成了以"中国青年创业小额贷款项目"为牵动,以创业培训、创业导航、创业见习、创业富华等为支撑的服务体系。二是深入实施"百万青年技能培训工程",指导青年就业和再就业培训基地开展了以市场需求为导向、以获得职业资格证书为重点的操作技能培训、市场适应力训练、职业指导和就业观念教育。三是举办"中国青年创业论坛",为深入实施中国青年创业行动提供理论支撑,使各级团组织进一步明确方向,开阔思路。四是制定《2006 年中国青年创业行动工作要点》和《共青团全国青年就业和再就业工作领导小组成员单位 2006 年主要工作安排》,明确了各地区、各部门全年工作任务,不断优化青年就业创业环境。

企业青年创新创效与农村青年建功

党的十五大提出用三年左右的时间实现大多数国有大中型亏损企业摆脱困境,大多数国有大中型骨干企业初步建立起现代企业制度的改革攻坚目标。1999 年 5 月,共青团中央、国家经贸委、国家知识产权局、中国科协四家单位联合发出通知,决定在全国企业青年职工中开展创新创效活动,动员和组织千万企业青年职工提高创新能力,投身创新实践,在企业创新中发挥生力军作用,为实施"科教兴国"战略,促进企业改革和发展作出积极贡献。

青年创新创效活动是以企业青年职工为主体，以市场为导向，以创造效益为目的的群众性创新实践活动。它围绕创新这个主题，重点从四个方面展开：一是技术创新。动员和组织青年职工特别是青年科技人员大力开展"开发一项新产品、创造一项新工艺、推广一项新技术、转化一项新成果"活动，从本职工作出发，广泛开展"五小"（小发明、小革新、小改造、小设计、小建议）、先进操作法、专利发明及合理化建议活动。加强与高等院校、科研院所的合作，开展技术培训、技术咨询、信息交流、技术转让等中介服务，积极推动科技成果的转化和产业化。二是管理创新。动员和组织青年和青年企业家创新管理思想，不断根据市场和社会变化，积极借鉴国内外企业的先进管理经验，不断探索适应企业自身特点的管理模式、管理方式和管理手段。三是营销创新。动员和组织青年职工提高对企业营销重要性的认识，刻苦学习营销知识，强化营销意识，创新营销手段，提高营销能力。四是服务创新。动员和组织青年职工从顾客关心的具体事情做起，改进服务态度，创新服务方式，为顾客提供更快捷、更有效的服务。

1999年6月，共青团中央、国家经贸委、国家知识产权局、中国科协联合在齐鲁石化公司召开全国企业青年职工创新创效活动现场启动大会，提出了以创新为手段，以创效为目的，组织青年职工开展技术、管理、营销、服务创新，为企业改革和发展作贡献的工作思路。之后，共青团中央分别联合铁道部、建设部、国家冶金工业局、中国石油天然气集团公司、中国石化集团公司、中华全国供销合作总社等十多个行业部委下发了活动文件，召开了活动启动或推进大会。至2001年，活动已在20多个省、区、市，1 000多万名青年职工中展开，取得了一大批创新成果，并创造了可观的经济效益，深受各地区、各行业、各企业党政领导好评和青年的欢迎。

2001年初，共青团中央、国家经贸委、国家知识产权局、中国科协联合下发了《关于深化企业青年职工创新创效活动的实施意见》，提出青年创新创效活动将以组织青年职工立足岗位开展创造性劳动、推动企业面向市场提供创新型产品（服务）为基本立足点，以实施强力推进、深化活动内涵、坚实人才基础、完善工作机制为手段，组织引导广大青年职工在群众性创新实践中成长成才，建功立业。在巩固已有成果的基础上，再经过三年的努力，力争使青年创新创效活动在85%以上的国有及国有控股企业和60%以上的非公有制企业中展开，以人均创效1 000元为目标，实现创效100亿元。通过创新创效实践，青年职工的创新意识和创新能力得到明显提高。2001年3月，共青团中央在广西召开企业发展与青年人才研讨会暨西南地区青年创新创效活动推进会，提出要把青年创新创效活动与培养青年人才结合起来。2002年4月，团中央、中宣部、国家经贸委、劳动和社会保障部共同举办"应对入世青工创新素质与企业竞争力"研讨活动等。

2004年5月，共青团中央、劳动和社会保障部、国务院国有资产监督管理委员会、国家知识产权局、中国科协联合发出《关于实施"青工技能振兴计划"的意见》，主要包括组织技能培训、开展技能竞赛、加强技能鉴定、完善激励机制等内容。到2008年，"青工技能振兴计划"已经累计培养青年高级工30多万名、青年技师6万多名、青年高级技师2万多名。"青工技能振兴计划"以普遍提升青年技术工人的技术等级为目标，以提高技术能力、创新能力和产权意识为重点，以技能培训、技能大赛、技能鉴定为主要内容，以技能培训学分制、"振兴杯"全国青年职业技能大赛、中国青工技能月、命名表彰中国十大杰出青年技师、创建全国青年高技能人才培养示范基地为活动载体，大力培养技术技能型、知识技能型、复合技能型青年人才，造就结构合理的高、中、初级优秀青年技能人才队伍。"青工技能振兴计划"已经融入国家技能人才培养工作格局，国家高技能人才队伍建设司（局）际协调会议机制已将其列为"三年五十万新技师培养计划"的子项目，将"振兴杯"全国青年职业技能大赛列为国家一级竞赛。

第十三章/进入21世纪的青年运动

2006年7月,全国青春建功新农村行动暨促进农村青年转移就业创业工作推进会在武汉召开。

2006年6月,共青团中央发出《关于实施青春建功新农村行动的通知》,重点开展培育新型农村青年、发展乡村青年文化、促进公共事业发展、创新青年组织形式等工作。其中,包括进一步加强农村团组织建设,全面推进农村青年中心建设等内容。

2007年1月,共青团中央书记处召开会议,专门听取青农工作汇报,对推进青春建功新农村行动提出明确要求。3月,共青团中央召开青春建功新农村行动2007年第一次协调会议,研究深入推进青春建功新农村行动的措施,讨论通过《青春建功新农村行动实施方案》。4月,共青团中央印发通知,把青春建功新农村行动列为全团12项重点工作之一,并进一步明确了青农部为牵头部门,青工部、学校部、少年部、统战部、维护青少年权益部、国际联络部、青年志愿者工作部、中国青少年发展基金会、中国光华科技基金会为协助部门(单位)。截至2007年上半年,全国31个省(区、市)作了专门部署,20个省(区、市)专门成立了领导小组和办公室,并由团省委书记担任领导小组组长。初步形成了全团上下互动、区域之间联动、相关部门分工协作的推进体制，形成了推进工作的整体合力。

积极而有创意的社会参与

为了广泛动员各级团组织和广大青年，依靠社会各界力量，在母亲河流域大力开展植树造林、治理水土流失、保护生态环境，1999年1月13日，共青团中央系统"保护母亲河行动"领导及工作机构正式成立。1月18日，共青团中央、全国绿化委员会、国家林业局和中国青基会联合召开会议，全面启动"保护母亲河行动"。10月17日，"保护母亲河行动——中国少年水保世纪林"工程在位于河南省境内的小浪底水利枢纽工程黄河两岸正式奠基。

青年身边的大江小河，就是自己的"母亲河"。保护环境，从身边做起，从我做起。

"保护母亲河行动"一经提出，就得到了社会各界的广泛支持。截止到2002年底，保护母亲河行动已累计筹集社会资金2.5亿元人民币，建设保护母亲河全国重点工程48个，总规划面积287万亩。与29个国家和地区的青少年进行了友好交流与合作，吸引了3亿人次青少年和社会公众参与。2002年5月4日，江泽民为这项活动亲笔题词"保护母亲河"，对全国各族青少年给予亲切关怀和深切厚望。2002年10月,时任联合国副秘书长兼联合国环境规划署执行主任克劳斯先生来京期间专题听取"保护母亲河行动"汇报,给予高度评价。

希望工程是共青团行动的响亮招牌。从1989年创立到2007年18年间,共向社会各界募集了35亿元捐款,在全国先后建立了13 000多所希望小学,资助了300多万名贫困学生完成学业。① 2007年5月,希望工程全面升级,将捐建希望小学的"救助"模式拓展为"救助—发展"模式,在原有助学金等经济资助项目的基础上,希望工程面向所有受助学生设计开发了勤工俭学、社会实践等能力资助项目;同时增加优秀大学毕业生到希望小学担任希望教师的志愿服务项目,为大学生及社会爱心人士参与公益活动提供了新的平台。

为此,共青团中央非常注重开发新的资助项目,2006年联合中央电视台新闻频道开展"希望工程·圆梦行动"一年时间,共筹资4亿多元,帮助10万多名贫困学生实现了上大学的梦想。各地团组织筹措上亿元资金资助家庭经济困难的大学生,每年约有30万名大学生受到资助。② 2007年6月,由共青团中央、全国学联主办的"中国大学生五四奖励基金"设立,新东方教育科技集团为该基金捐资5 000万元并设立了首个奖项,着力构建资助家庭经济困难学生的长效机制。虽然从捐资助学的款额来说,这些数字与当时国家对教育经费投入的增长③相比不足为奇,但最重要的是唤起了缺乏慈善习惯的国民的良知。希望工程创始人之一徐永光在2007年两会上说,30亿元的希望工程捐款,算经济账这些钱只够在上海修四公

---

① 《希望工程:希望小学建设项目介绍》,中国青少年发展基金会网站。
② 《共青团十六大报告学习辅导读本》,中国和平出版社2008年版,第89页。
③ 1989年,全国教育经费总计为578.26亿元,其中全国财政性教育经费投入为503.93亿元。2007年,全国教育经费达到12 148.07亿元,比1989年增长了19倍;其中,国家财政性教育经费为8 280.21亿元,增长了15.4倍。(教育部、国家统计局、财政部:《2007年全国教育经费执行情况统计公告》)

里地铁;但希望工程给社会带来的精神、道德、文化的影响是不能用钱来衡量的。① 此话道出了公益慈善事业对和谐社会建设的促进作用。

到2008年初,希望工程募集资金逾35亿元,捐赠希望书库、希望图书室1.3万多个,培训乡村教师逾3.5万名。同时,希望工程还通过"微校计划""同e堂课""快乐阅读""希望厨房""圆梦行动",打通社会公益力量延伸基础教育的"最后一公里"。

实施中国青年志愿者海外服务计划。该计划是由共青团中央、中国青年志愿者协会发起实施的长期重点项目,主要是根据受助国的实际需求,由主办单位与受助国签订合作协议,通过公开招募、自愿报名、集中选拔的方式,在约定的时间派遣优秀的中国青年志愿者赴受助国开展中长期志愿服务(一般为六个月),同时按照对等原则引进外国志愿者到中国国内中西部贫困地区开展志愿服务。参加海外服务的志愿者一般应为具有大学本科以上学历或中级以上职称、年龄在20岁至40岁之间、身体健康、有国内志愿服务经历、自愿报名并经所在单位同意或县级以上团组织、志愿者组织推荐的中国公民。从2002年5月开始启动,先后向老挝、缅甸等国家派遣多名青年志愿者开展语言教学、医疗卫生、计算机培训等方面的志愿服务。

启动大学生志愿服务西部计划。2003年是普通高校扩招后本科学生毕业的第一年。由于高校毕业生总量增加,再加上受到"非典"疫情的影响,高校毕业生就业形势比较严峻。6月2日,共青团中央书记处召开会议,认真学习贯彻党中央、国务院关于做好高校毕业生就业工作的一系列重要指示精神,研究部署实施大学生志愿服务西部计划的有关工作。6月10日,共青团中央、教育部、财政部、人事部联合下发了《关于实施大学生志愿服务西部计划的通

---

① 《武汉晨报》2007年3月16日。

第十三章／进入 21 世纪的青年运动

青年志愿者宣誓:"到西部去,到基层去,到祖国最需要的地方去。"

知》。同日,共青团中央、教育部举办"大学生志愿服务西部计划"新闻发布会。6 月 12 日,共青团中央、教育部联合召开网络视频会议,对大学生志愿服务西部计划作出全面部署。这一计划一推出,即得到了大学生的广泛支持和积极参与。西部计划启动后仅 13 天时间,就有 4 万多人报名,这些报名的大学生 83% 是本科生,很多人能找到工作,并且有不少人已经找到了很好的工作,却放弃了工作而选择去当志愿者。8 月 31 日,2003 年全国大学生志愿服务西部计划出征仪式在北京中华世纪坛举行。大学生志愿服务西部计划从 2003 年开始实施,至 2007 年全国累计选派了 10 万名大学生志愿者赴西部基层,展开为期 1—2 年的支教、支医、支农等志愿服务工作。2007 年,西部计划新招募志愿者 6 944 名,其中青春建功新农村行动省级示范村志愿者 716 名、支农志愿者 507 名、支医志愿者 546 名、支教志愿者 1 590 名,有力支援了地方新农村建设。

在灾难中志愿者与爱同行。2008 年 5 月 12 日,四川省汶川县发生里氏 8.0 级大地震。随后,共青团中央、教育部、财政部、人力资源和社会保障部共同组织实施大学生志愿服务西部计划抗震救灾专项行动招募报名工作,广大志愿者报名踊跃。据统计,全国920余所高校的19 698名大学生踊跃报名,均为本科及本科以上学历。其中,博士生40人,占报名总数的0.2%;硕士生1 141人,占报名总数的5.8%。统计数据显示,四川省报名人数超过5 000人,山东省报名人数超过2 000人,河南、湖北、河北等省报名人数均在1 000人以上。由于紧急启动此项工作的时间正值高校毕业生离校之际,多数毕业生为报名参加抗震救灾志愿服务要辞掉工作或延期一年到工作单位报到,而尚未毕业的研究生则面临延期一年毕业的问题。面对诸多实际困难,广大高校毕业生毅然作出选择,到祖国和人民最需要的地方去。

2008年北京奥运会期间,有超过40万名奥运城市志愿者走上北京街头,为游客提供语言翻译、应急服务、信息咨询服务,而为行人指路是其中最重要的一项服务,他们也因此被称为北京街头的"活地图"。(摄影 曹子琛)

服务大型赛事。2008年,中国举办世界奥林匹克运动会,这是提升民族士气的国际赛事。2006年8月28日,北京奥运会、残奥会赛会志愿者招募工作启动,开始面向北京地区招募赛会志愿者;2007年1月19日面向京外省区市招募;2007年3月28日面向港澳同胞、台湾同胞、华侨华人、外国人等招募。至2008年3月31日,这些时间表汇成一个数字:112万——北京奥运会、残奥会赛会志愿者申请人数达到 1 125 799 人,其中 908 334 人同时报名残奥会志愿者。同时,截至 5 月上旬,城市志愿者的报名人数已经达到 157 万人。国际奥委会主席罗格有一句名言:奥林匹克是运动员的盛会,也是志愿者的盛会,更是年轻人的盛会。选择做志愿者的申请人,97.8％是 35 岁以下的年轻人,以大学生为主,79.9％是本科以上学历在读者。在报名者中,选择在奥运会期间服务 7 天至 14 天的占 26.28％,选择服务 15 天至 21 天的占 30.04％,而更多的申请人选择服务 21 天以上,这部分人占 43.68％。可以说,奥运志愿者申请人数的不断增加是建立在整个青年志愿服务人数增加的基础之上的。2002 年,中国青年志愿者协会推出志愿者注册制度,一份数据显示,2006 年上半年注册人数为 1 700 万,2007 年底便陡增到 2 511 万,年均增幅超过 30％。有人说:"中国青年志愿者增幅超过 GDP 增幅。"

进入 21 世纪,提升服务水平和规范行业标准是青年文明号"树标杆"的先进体现。2000 年,共青团中央开通"青年文明号监督投诉网站",深入实施"青年文明号信用建设示范行动"。2004 年,团中央发布《全国青年文明号管理办法》,探索"复核制"向"年度制"的转变,打破青年文明号终身制的局限。

在农业发展银行天水市分行营业部活跃着一支和谐进取、吃苦奉献的年轻团队。他们以人为本、团结奋进,为青年赠书、鼓励青年员工勇于创新,"走出去"宣传信贷政策、推介信贷产品。每年 5 月,以"青年·奉献"为主题的"青年文化月"活动都会如火如荼地展开。1998 年该营业部被评为市级"青年文明号",1999 年被评为省级"青年文明号",2001 年被授予总行级"青年文明号"并连年保持佳绩,2006 年被甘肃省银行业协会授予"金牌服务单位"光荣称号,2008 年被农业发展银行甘肃省分行评为"文明单位",2009 年度喜获国家级"青年文明号"光荣称号,成为创建历程上又一个新的起点。

为进一步把青年文明号活动引向深入,2009 年 5 月,宁波市隆重举行青年文明号走进重点工程誓师大会,服务重点工程建设。经过近一年时间,各重点工程青年文明号争创单位围绕工程施工要求,以青年突击队的形式,广泛开展了金点子、技术攻关、技能比武等群众性立功竞赛活动,形成了大会战大攻坚的强大合力。

荣获"全国青年文明号"的崇左市公安局江州分局江南派出所民警走进社区开展"探亲"活动。

荣获2009年"全国公安系统青年文明号"的广西壮族自治区崇左市公安局江州分局江南派出所18位民警,管辖着崇左这个地级市五分之四的城区。有人把他们比作京剧《沙家浜》中有"18棵青松"美誉的18名新四军战士,他们用辛勤的汗水和真诚的奉献,使得崇左市区的"两抢"案件大幅度下降。在该派出所对面经营一家饮食店的贵州老板说:"我起早摸黑搞饮食,先后走了三个省市,我发觉这个派出所的警察工作最卖力,最为老百姓的安全着想,他们得到这样的全国称号,让人服气!"

五、更新迭代的农民工

农民工是中国改革开放的产物,这一称谓比较形象地反映了这一群体的结构性特征。进入新世纪,新生代农民工登场了。这一代农民工大多是1980年以后出生、年龄在16周岁至28周岁、1990年前后接受基本教育、90年代中后期外出务工的农村青年。与上一代农民工相比，他们处于改革开放力度进一步加大、经济快速平稳发展、社会主义市场经济体制初步建立的时代背景下，在流动趋势、就业状况、权益维护、价值观念、社会认识、未来愿景等方面体现出较大的差异。现阶段，新生代农民工群体在城乡经济社会发展中的作用和影响愈加凸显。

流动状况与趋势

新生代农民工的输出地仍以中西部地区为主。据《第二次全国农业普查主要数据公报（第5号）》，截至2006年底，中国农民工总量接近1.32亿人，其中30岁以下青年农民工占52.6%。中部地区外出农民工4918万人，占全国农民工总量的37.3%；西部地区4035万人，占30.6%。农民工输出较多的省份有四川、河南、江西、安徽、湖北、湖南、重庆、贵州、广西等。

新生代农民工的主要输入地是东部地区和大中城市。东南沿海地区和大中城市就业容量大、收入高，吸引了大量青年农民工。2005年人口抽样调查显示，新生代农民工人口最多、比重最高的是广东省。据《第二次全国农业普查主要数据公报（第5号）》，2005年跨省流动的农民工占49.3%。全国跨省流动人口中，主要流向东部地区和大城市。广东、北京、天津、上海、浙江、江苏、福建等地是新生代农民工的主要输入地，长三角和珠三角地区成为强势吸引中心。

此外，许多青年农民工选择在本省内就业，或乡外县内，或县外市内，或市外省内，流向趋于多元化。据《第二次全国农业普查主要数据公报（第5号）》，2006年全国选择在省内就业的农民工共有6670万人，占总量的50.6%。东部地区和东北地区的青年农民工以省内流动为主。浙江、江苏、山东、广东等东部地区省内流动农民工达到3 131万人，占东部地区农民工总量的81.4％；东北地区省内流动农民工有316万人，占东北地区农民工总量的82.6％；西部地区有40.4％的农民工在省内流动；中部地区省内流动农民工的比例是32.4％。

随着工业化、城市化进程在全国范围内的加速推进，各省（市、自治区）均有相当数量的新生代农民工输入和输出。沿海发达地区和大中城市将继续发挥产业和劳动力聚集效应，这些地区和城市吸引了大量外资，对高素质劳动力存在巨大需求，仍是农民工的主要输入地。同时，随着西部大开发和中部崛起，东部地区产业结构升级和梯度转移，一批新的经济增长中心在中西部地区开始形成，中西部地区农民工省内流动趋势将进一步增强。

跨省流动农民工以青年男性为主，家庭整体迁移比重增大。外出农民工总量中男性居多，而女性青年农民工多在省内流动。据《第二次全国农业普查主要数据公报（第5号）》，全国外出男性农民工8 434万人，占总量的64％；女性农民工4 747万人，占36％。男性农民工输出速度要大于女性农民工，在远距离跨省流动的新生代农民工中，男性比重较大；而省内流动中，女性青年较多。

进入21世纪之后，农民工流动逐渐演变成家庭式流动与个体流动并存的态势。调查显示，新生代农民工中，未婚、已婚的各占一半。在已婚的青年农民工中，单独出来打工的占49％，夫妻一同出来打工的占38.4％，配偶在另一地方打工的占12.6％。近年来，夫妻双方一同到城市打工的现象明显增多，这与新生代农民工对城市的认同感在不断加强有直接关系。这对于解决单身打工者长期性压抑的问题是有利的，也有利于社会的和谐稳定。

主观认知与价值追求

与上一代农民工相比，新生代农民工在择业时更强调获得尊重。中国青少年研究中心 2006 年调查①显示,有 78.6% 的青年农民工认为"尊重比收入更重要"。上一代农民工选择工作更为注重收入高、工作稳定以及有基本的社会保险,而新生代农民工把自己的人格看得更重。由于经济压力逐渐变小,新生代农民工对工作中的发展层次提出了更高的要求,对于工作的社会地位和工作的人文环境更加注重。同时,新生代农民工具有强烈的自我肯定意识,渴望得到尊重,不愿从事得不到别人尊重的工作,这也是年轻人的心理特征。新生代农民工对于人文环境非常重视,注重老板的人品及对自己的态度。调查还显示,如果老板人品太差或者对自己不好,有 60.8% 的青年农民工会毫不犹豫地"抬腿走人",不看老板脸色行事。

新生代农民工大多相信靠个人打拼可以实现成功梦想。调查显示,青年农民工"预计三年后工作状况会有很大改善"的占 23.6%,"会有一定改善"的占 45.3%,二者相加为 68.9%。对于成功,新生代农民工更为重视能力和机遇的因素,而对学历、关系、背景等的认可度比上一代农民工低。调查显示,新生代农民工认为"一个人在社会上取得成功主要靠自身能力"的占 35.1%,认为"靠机遇"的占 23.7%,"靠关系和背景"的占 17%,"靠学历"的占 15%。调查还发现,不少青年农民工认为,"仅仅为了钱、为了打工而打工是干不长的,只有干自己喜欢的事,才能有成就感。"他们具有较强的自我意识和进取精神,更多"希望换种活法"。

1998 年,24 岁的四川女青年胡小燕到广东佛山打工,自强不息,踏实苦干,在农民工群体中脱颖而出,成长为企业一线管理人员。2008 年成为第一批当选全国人大代表的农民工,在两会上提出了保障农民工权益等多项建议。她开设"海燕信箱"专栏为农民工维权,积极推广"小燕成长"职工学历提升计划,建立多个公共场

---

① 本节中的调查,均指中国青少年研究中心 2006 年调查。

所"爱心妈妈小屋",尽心尽职为广大农民工服务。胡小燕成为亿万新生代农民工的优秀代表。

新生代农民工比较重视闲暇的价值,工闲生活时尚化。在他们看来,闲暇具有成本,可以用货币衡量,而选择加班则意味着放弃闲暇带来的价值,无疑对他们是一种很大的、可量化的损失,此时若加班的边际收益大于闲暇的边际收益,就必然放弃闲暇,进行加班,反之则选择闲暇,进行各种休闲活动。上一代农民工的文娱活动方式比较传统,多为看电视、读报纸、打牌下棋、打麻将、与老乡或工友聊天等。而新生代农民工更倾向于上网、听音乐、蹦迪、去酒吧、唱卡拉OK等新潮的娱乐方式。

新生代农民工到城市打工抱有体验新鲜与刺激的心理,无论在打工者队伍中,还是在城市社区,他们都会尽可能地结交新人、扩大视野,满足社会交往的心理需求。新生代农民工在基本生活费用方面开支较小,更多是追求着装、用品的时尚。他们并不注重自己吃得怎么样,而是压缩基本生活费用,提高自己的着装等物质生活水平(如购买品牌服装、手机、首饰、MP3等)。

维权意识与状况

新生代农民工是日益壮大的城镇劳动者群体,也是城市中相对困难的弱势群体,他们的合法权益受侵害的事件时有发生,主要集中在劳动报酬得不到保障、劳动休息权得不到保障、劳动安全防护措施差、劳动保险不到位、子女义务教育难落实等方面。据中国青少年研究中心2006年调查,当合法权益受损时,新生代农民工选择最多的维权方式是寻求法律援助(44.7%)、找政府的劳动仲裁机构(33.9%)和向工会求助(41.2%)。可见,在维护自己合法权益的时候,依法行使权利维护权益的意识在新生代农民工中还是占主导地位的。但同时也有少数人通过求助亲友、反复找老板等方式维护自己的合法权益,还有少数人感到无奈,采取消极对待的方式。

以建筑业为例，新生代农民工维护合法权益的方式不是通过合法化、程序化途径解决，而几乎都是通过"反复找老板"这种非正规的方式。这与建筑业的市场秩序有关，市场管理相对不够规范，建筑业用工准入制度不够健全，对包工头资格的审核不够严格，导致了一些老板（包工头）对青年农民工很不负责任。在建筑业通过法律化、正规化、程序化的途径往往是很难解决问题的，这才会导致农民工在维护自己合法权益的时候更多地采用反复与老板交涉的方式。而采用这种方式农民工很大程度上是处在被动、弱势的位置，往往造成对农民工合法利益的巨大损害。

从年龄上看，年龄较小（18岁以下）的青年农民工在合法权益受到损害时很少选择通过法律渠道，而是更多地通过非正式的方式，如找亲友、反复找老板、消极维权等解决问题。随着年龄的增长，他们通过正规渠道解决问题、依法维权的比例在不断上升。

从文化程度上看，受过高中及以上教育者倾向于通过法律途径解决问题。随着文化水平的提高，新生代农民工的法律知识也会增加，对政府职能部门的了解相应深入，会选择法律化、程序化、正规化等更有效的方式解决问题。

一些案例表明，部分青年农民工的权益诉求，已开始由单纯的经济利益诉求向社会公平权益诉求转变。越来越多的青年农民工不仅关心自身的经济利益，而且日益关注社会公平及自己的社会地位，有的甚至开始关注民主政治权力。

进城务工青年发展计划

2001年，共青团中央以开发人力资源、服务进城务工青年成长发展为目标，将进城务工青年教育、培训、维权等服务项目整合为进城务工青年发展计划。计划包括：

"千校百万"进城务工青年培训计划。共青团中央联合公安部、司法部、劳动和社会保障部、建设部、国家计生委、国家工商行政管理总局、中央综治办共同实施"千校百万"进城务工青年培训计划。主要内容是在进城务工青年集中的城市和行业,对进城务工青年广泛开展邓小平理论、社会公德、职业道德、法律法规知识、市场经济基础知识等多种培训,不断提高广大进城务工青年的综合素质。该活动的目标是建立1 000所进城务工青年培训学校(站、点),每年培训100万名进城务工青年。截至2002年,全国已建立各类培训学校(站、点)2 500多所,共培训进城务工青年1 500多万人次。

开展"把文明带回家"活动。抓住节假日期间大批进城务工青年返乡的时机,采取多种形式,号召进城务工青年把科学文化、致富技能、文明习惯、爱心孝心带回家。输入地通过送温暖和开展文明宣传教育等活动,做了广泛深入的发动工作。输出地积极创造条件,为进城务工青年把文明带回家提供了各种服务。

维护进城务工青年的合法权益。围绕服务进城务工青年,各系统优秀"青少年维权岗"密切配合,深入进城务工青年比较集中的社区或单位,采取发放维权服务卡、建立维权联系点、开展"平安打工"活动等措施,为进城务工青年提供法治、生产安全业务技能等方面的教育,帮助他们运用法律武器维护自身合法权益,依法解决了一些劳动安全、工资拖欠等突出问题。

塑造健康向上的打工文化。由深圳市共青团开创的"外来青工大家乐"活动以自编自演、自娱自乐的形式受到广大进城务工青年的热烈欢迎,打工文化由此兴起并逐步推广。共青团中央先后在《人民日报》和《中国青年报》分别开辟"外来务工青年园地"和"外来务工青年服务窗"专栏,收到大量进城务工青年来信;在"打工人生"征文比赛活动中,团中央收到参赛作品7 000多件,评选出100多篇优秀作品在《中国青年报》"打工人生"专栏刊发。各地团组织利用多种媒体开辟专栏,成立艺术团和各种兴趣小组,开展征文比赛和形式多样的文体活动,形成了具有时代特色的打工文化,丰富了进城务工青年的业余生活,展示了进城务工青年拼搏进取的精神风貌和丰富的内心世界,为广大进城务工青年施展才华提供了舞台,激发了他们创造美好生活的热情。

动员和鼓励进城务工青年返乡创业。共青团中央号召广大进城务工青年利用节假日期间返乡的时机,把打工过程中学到的科学文化知识、创业致富技能和文明生活习惯带回家乡,架起城乡之间传播文明的桥梁。各级团组织通过牵线搭桥、政策支持、资金扶持和创业辅导,引导那些学有所成、劳有所得的进城务工青年回到自己家乡兴办中小企业,参与小城镇建设。在团组织的推动下,一些地方在税收、工商管理等方面制定了优惠政策,通过多方筹资成立了各种创业基金会。如湖南永州成立了3 000多人的"返乡创业协会",一些返乡青年先后担任乡、村负责人。广大进城务工青年已经成为建设现代化新农村的骨干力量。

开展表彰和奖励。共青团中央联合公安部、司法部、劳动和社会保障部、建设部、国家计划生育委员会、国家工商行政管理总局、中央社会治安综合管理委员会办公室连续开展了多届全国杰出(优秀)进城务工青年、进城务工青年良师益友、"千校百万"进城务工青年培训工作先进集体评选活动,各地涌现出一大批优秀的进城务工青年典型和热心帮助进城务工青年成长成才的先进集体和个人。全国20多个省市和大中城市也相继开展了进城务工青年评选表彰活动,并举办优秀进城务工青年事迹展览和巡回报告团,一些地方还为杰出(优秀)进城务工青年办理了户口农转非手续。这些举措增强了广大进城务工青年成长成才的信心,调动了他们学习知识、掌握技能的积极性,激发了他们创造美好生活的热情。

此外,各级团组织还着力加强进城务工青年团组织建设,把进城务工青年组织起来。一是在非公有制经济组织中推进团建;二是在进城务工青年集中的生活区、工作区建立团组织;三是依托进城务工青年之家、联谊会、读书俱乐部、兴趣小组等社团加强团组织建设;四是结合创建"青年文明社区"活动,把分散在社区的进城务工青年纳入社区团的工作范围。

六、蓬勃而起的青年自组织

自组织是伴随着网络技术的发展而发育起来的新兴社会组织。这些自组织以城市青年为主体,类型多样,有户外俱乐部、车友会、极限俱乐部、动漫协会、交友沙龙、公益组织等各种类型,基本上涵盖了青年多样化的社会需求。虽然这些青年自组织大多没有正式注册,但它们以多彩活动和创意项目吸引了大量青年的热情参与,有的自组织开始参与环保、教育、扶贫、志愿服务等社会公共服务领域,青年自组织现象成为21世纪第一个十年重要的社会现象和青年现象。

2003年:青年自组织元年

上海微笑青年公益服务中心捐建"微笑图书室",向西部孩子揭开计算机的神秘面纱。

当时序走进2003年,城市青年开始有了较多的闲暇、较稳定的收入,他们愿意并且有条件聚集起来去投身公益活动。在上海,有这样一群利用BBS网络平台组织起来的年轻人,他们背着行囊,穿着冲锋衣,跋山涉水,人称"驴友"。当他们在西部贫困地区跋涉、看到那里的学生处于除教科书之外无书可读的困境时,于 2003 年 5 月,自发成立"微笑图书室"这一公益组织,专门帮助西部贫困孩子,在西部学校筹建图书室。

以上海为例,各类青年自组织在这段时间里如雨后春笋般诞生。2003 年 10 月,Fb-car 车友会创建;12 月,帕奥车友俱乐部成立;上海宝来车友会也成立于 2003 年。2004 年 4 月,"多背一公斤"项目开始启动;下半年,天天宠物俱乐部成立。2005 年 4 月,交友组织 2BWM 创意派对组织创办;5 月,"半度音乐"沙龙创办;7 月,D-FOUR 户外运动俱乐部成立,南汇 52 网络义工组织成立;8 月,"携手同行"公益组织成立;9 月,"智人慧心"公益助学组织成立,向阳花公益社成立;10 月,"捐献时间"公益组织成立;12 月,上海瑞安海鸥社成立;上海滑稽网络剧社也成立于 2005 年。

自组织由于其丰富多彩、富于创意的活动,吸引了大量青年参与其中。每到周末,放下工作,背起行囊,参与到车友、户外、自行车、交友等俱乐部活动,成为很多青年的习惯,由此也产生了网友、驴友、车友、漫友等新的社会时尚,产生了一个又一个族群。通过自组织,也创造出"八分钟交友""背包客""桌游"等独特的青年文化,成为社会热点。

十年发展的基本态势

2003 年至 2013 年十年间,青年自组织在中国大陆蓬勃兴起,除西藏外,各省(区、市)均出现了青年自组织,尤其是在经济比较发达的城市,如上海、北京、广州等,青年自组织数量更多。总体来看,青年自组织呈现以下特点:

自组织大多是基于某种共同点而自发兴起的。有的是因共同兴趣和爱好形成的趣缘,有的是因共同职业和行业形成的业缘,有的是因居住地或工作地形成的地缘,还有的是因共同的利益和追求形成的利缘等。所有这些,成为组织得以自发兴起的契合点。如

"××车友会",其成员就是一群驾驶同一车型的年轻人;"××爱心公社",其成员就是某地一群热心公益事业的青年人;"我爱原生态"俱乐部,其成员就是一群喜欢到原始地方旅游探险的青年人。杭州义工联盟某义工谈道,共同的追求让大家互相信任,走到一起,尽管一开始甚至不知道彼此姓甚名谁。

自组织成员呈现高学历、专业化的发展倾向,宁波心理援助者沙龙由一批心理咨询师于2008年自发成立,该协会注册60余名会员,职业以医护人员、教师、公务员等为主,硕士学历以上占15%,本科学历的占75%。成员90%以上具备国家心理咨询师、社会工作师、婚姻家庭咨询师等职业资格。

社团领袖逐渐拥有权力型影响力。自组织创立最初,领袖往往是组织的创始人。随着活动的深入开展,一批能够调节组织气氛、指挥协调组织行动的人就会涌现出来,成为自组织事实上的领袖。而他们的去留,往往对组织的发展产生重大影响。地球布丁志愿者联盟曾是宁波青年自组织中响当当的龙头组织。2005年成立后,其公益广告曾经登陆浙江、安徽、广东、福建、河北、河南等地。组织逾千名成员投身环保公益、交规宣传等城市文明引导。随着核心成员的退出,"地球布丁"的组织影响力和活跃程度逐步下滑。

与传统官僚机构的层级管理不同,青年自组织多采取的是扁平式松散型管理。成员在组织内部的地位是平等的,都可以一对一地畅通交流,都可以发表自己的意见,展现自己的才能,甚至选择来去的自由。资金来源主要是AA制,有时接受社会捐赠,财务向全体成员公开。这种管理系统的信息流畅而不失真,减少了组织的内耗,决策相对民主、科学、尊重人性。人类学家奈斯比特把它比喻为社会网络化(Net-Working)的过程,认为与等级制度相比,是一种更快速度、更富有情感、更节省能源的方式。

以网络为基础性联系手段是青年自组织的最基本的特征。在对青年自组织的调查中发现,除了农村少数的自组织外,其余组织绝大多数是网络化运营。网络在青年自组织的运行中主要发挥论坛讨论和提供功能性服务两个作用。会员的加入、管理、退出,活动的策划、讨论、发布、反馈等,都通过网络方式进行。2008年2月成立的宁波爱心同盟,就是纯民间公益团体。经过组织的自由发展和不断探索,短短五年就有固定实名登记注册会员2 000多名,通过六个QQ群管理的组织成员也达到700人至800人,形成了较大的社会影响力,成为宁波市公益服务组织里的佼佼者。

青年自组织非常重视青年的需求与意愿,他们开展活动一般都会在网络上征求大家的意见,活动时间多安排在业余时间,活动地点选择在青年喜欢去的地方,争取吸引更多成员参与。而且,青年自组织还通过创意增强活动的新鲜感。每次青年自组织开展活动,都会在活动形式和活动内容上有所设计,从而契合青年人求新求变的群体特征。同时,青年自组织活动的频次较高,内容丰富。既有自娱自乐的群体活动,也有服务社会的公益活动。

公益成为时尚

随着社会文明的进步,公益已越来越多地融入青年的生活,成为时尚的一个精神符号。几乎所有的青年自组织都开展过公益活动。"多背一公斤"项目倡导以轻松方式投身公益,旅行者多背一公斤图书或文具,在旅途中探访乡村学校,传递爱心和知识,同时为自己的旅程增添意义。这一项目已成为上海青年人耳熟能详的时髦用语。公益组织所倡导的生活方式影响着越来越多的青年人,时尚、快乐、简单、分享、责任的价值理念为众多青年所效行。

2006年春,共青团上海市委发起"环太湖生态环保行动湖州行",得到了帕奥车迷俱乐部的支持,一支由23辆私家车组成的车队全程参加活动。2007年高考期间,《新闻晚报》、骏捷上海车友会(其成员以私营企业主、自由职业者居多)联合举办"爱心送考"活动,第一天就有100名车友报名,而报名考生只有25名。

宋志永唐山爱心救援小分队在汶川抗震救灾

2008年"5·12"汶川特大地震后,上海、南京、杭州等地青年自组织反应相当迅捷,通过网络发起募捐、志愿抗灾等行动,在一些方面快于正式青年组织及政府,显示出巨大的组织动员能力和应急响应效率。上海76家自组织联合发起"心系家园"上海青年民间组织抗震救灾联合行动,其中8个组织的200多人赶赴灾区一线,直接参与抗震救灾;在灾后重建中,12个组织都在四川有自己的长期项目。

在宁波,截至2013年2月,在志愿服务系统中进行电子化注册的社会组织或队伍已超1 500个,覆盖的人群达到22万人。宁波北仑区新碶街道团委利用"线上"工具,如QQ群、微信群、微博等新媒体,结合"线下"青年沙龙、志愿服务中心等平台,引领青年自组织开展丰富的活动,如义卖募捐、矛盾调解、平安巡防等。

"中国大学生公益联盟"是由中国多所高校的大学生组成的地方性非营利民间组织,口号是:"真诚奉献自我,爱心辐射他人"。该联盟的宗旨是:积极引领中国大学生参与社会公益事业,支持与推动大学生社会公益事业和社会文明的进步与发展,关注、帮助社会弱势群体。主要的扶助对象为西部儿童,尤其是交通闭塞,经济、教育落后的贫困山区儿童。到 2015 年 8 月,联盟共有来自全国 31 个省市四百多所高校的 488 个公益社团加入。

功能与影响

青年自组织是应时应势应需而生的。与正式社团组织不同,青年自组织的功能范式是在自在控制下形成的。自在控制的目的不是预设的,而是在青年自组织内部成员之间相互作用的因果链中自然形成的,其信息传输是直接的,反馈渠道是多样化的。因此,青年自组织在社会发展中扮演的角色和所发挥的作用也是多方面的。

青年自组织在一定程度上能够满足青年物质文化的多样化需求,增强青年的主体意识和归属感。青年自组织以满足青年在交友、休闲、娱乐上的需求为基点,也挖掘青年自身的力量解决青年婚恋、生活、帮困等现实问题,同时,还积极引导青年参与到社会公益事业中来。由于他们根植在社会的最基层,在开展互益性、公益性服务时更加贴近现实、贴近社会、贴近青年,具有成本低、效率高的优势,在扶贫、维权、慈善、文化、中介等诸多领域实现了对政府和市场的有益补充。青年在参与自组织活动的过程中,个体意愿能够得到较为充分的尊重。

青年自组织为青年提供了以群体方式参与社会事务的平台,促进了青年与政府、市场之间的互动。青年自组织的活动涉及社会生活的方方面面,他们有的通过包括互联网在内的各种渠道建言献策或抨击时弊,有的还参与社区、园区、街道等青年事务管理,以及其他方面的管理,为政府在决策方面提供了一些建设性意见、建议,促进了政府、市场与青年群体之间的互动。

青年的合法权益通过自组织在某种程度上得到维护和实现。许多青年尤其是在外资、私营、股份制企业务工的青年,由于较少感到集体关怀,就自发建立组织维护权益,保障利益。比如,珠江三角洲近年来企业发生的劳资纠纷、权益纠纷,背后都有社会自组织进行策划和推动。还有的青年自组织依托网络,就事关切身利益的话题展开讨论,既是诉求表达、意见整合的过程,又是互相借鉴、共议对策的过程。

青年自组织松散自由而又充满活力,已成为青年一种时尚的生活方式。青年自组织能够敏锐地捕捉青年热点,成为传播和倡导青年时尚文化的重要载体。青年自组织在组织运行上形成了平等、民主、协商、参与的机制,培育了以平等、民主、开放为主旨的社团文化。青年因此愿意将更多的空闲时间用于同自组织成员的沟通交流上。

青年自组织虽结构松散但能量巨大,其负面影响也值得关注:一是部分青年自组织有可能成为导致违法犯罪或社会冲突的组织力量,一些宗教自组织及黑社会性质自组织尤其值得关注。二是少数青年自组织可能会成为国外敌对势力争夺青年的切入点。近年来,境外一些势力打着学术文化交流、维权、扶贫济困的幌子,以出资、捐赠、资助出国留学访问等合法的方式和手段对一些青年自组织施加影响。因此,青年自组织(尤其是网上虚拟组织)发展的不易掌控,给政府治理及体制内青年组织的整合能力带来新的课题。

第十四章　站在新时代的起点上

一代青年有一代青年的历史际遇。进入新时代，中国共产党以巨大的政治勇气和强烈的责任担当，推进党和国家事业发生历史性变革。实现中华民族伟大复兴的中国梦，是中国共产党的奋斗目标，也是中国青年运动的时代主题。青年作为社会上最富活力、最具创造性的群体，理应做走在时代前列的奋进者、开拓者、奉献者，同人民一道拼搏、同祖国一道前进。尽管青年人口的总量呈减少趋势，但在中国这样一个 14 亿人口的大国，14 岁至 35 岁青年的绝对量仍在 4.3 亿人左右，青年在社会变革中的先锋作用丝毫没有改变。

一、中国梦激荡新时代

每一个时代总会有属于自己的特定的主题。青年运动要获得成效，其方向和目标必须契合时代主题。而作为执政党，要有效推动国家发展、民族前行、文明进步，必须把握住时代主题的核心，并且提出引领社会心态的思想理论以及切实可行的战略规划和行动策略，中国共产党成功地做到了这一点，从而使中国青年运动的主航道与时而阔。

中国共产党提出中国梦

一个伟大的时代，总是以崇高的理想、宏伟的目标来凝聚人们奋斗的共识，激发人们奋进的脚步。2012 年 11 月 15 日，党的十八大选举出新一届中央领导集体。11 月 29 日，习近平总书记带领新

中国青年运动一百年

一届中央政治局常委参观"复兴之路"展览时,提出了实现中华民族伟大复兴中国梦的重要论述。2013年3月,在十二届全国人大一次会议上,习近平总书记强调,实现中国梦必须走中国道路、弘扬中国精神、凝聚中国力量。

2013年5月5日的《中国青年报》第1版

2013年五四青年节,习近平总书记来到中国航天科技集团公司中国空间技术研究院,参加"实现中国梦、青春勇担当"主题团日活动,同各界优秀青年代表座谈,深刻阐述了中国梦与青年的关系。他明确指出,为实现中华民族伟大复兴的中国梦而奋斗,是中国青年运动的时代主题。

这些重要论述,深刻揭示了中国梦的丰富内涵和重大意义,引发了包括广大青年在内的亿万人民群众的热烈回应,极大地增强了民族自尊心和自信心,汇聚起全体中华儿女团结奋斗的巨大力量。

伟大实践产生伟大思想,伟大思想反过来指导伟大实践。一种科学的理论,唯有坚持与时俱进,才能永葆蓬勃生机;一种伟大的思想,唯有做到引领时代,才能显示磅礴伟力。到2017年10月党的十九大,习近平总书记把十八大以来党的理论创新成果概括为新时代中国特色社会主义思想,作为全党的行动指南,实现了党的指导思想的又一次与时俱进。对于凝聚全党全国各族人民的思想共识和智慧,决胜全面建成小康社会,夺取新时代中国特色社会主义伟大胜利,实现中华民族伟大复兴的中国梦,具有重要现实意义和深远历史意义。

当代青年深入学习贯彻习近平新时代中国特色社会主义思想,既要准确理解其理论特色,又要科学把握其实践意义。唯有如此,才能深刻领会其核心要义和丰富内涵,增强政治认同、思想认同、理论认同、情感认同,为决胜全面建成小康社会,夺取新时代中国特色社会主义伟大胜利凝聚共识、集中智慧。

"我的中国梦"主题教育实践活动

党的十八大之后,中国梦很快就成为广大青年关注的"第一热词"。2013年起,团中央启动"我的中国梦"主题教育实践活动,当年就开展了一万余场遍布全国城乡的宣讲交流、覆盖350多万个基层团组织的主题团日、"我的中国梦——青春故事会"讲述分享、各平台网络新媒体宣传等活动,有超过2.4亿人次青年直接参与。在活动中播种梦想、点燃梦想,把个人梦想融入中国梦之中,树立起"敢于有梦、勇于追梦、勤于圆梦"的人生追求。"实现中国梦、青春勇担当"成为鼓舞当代青年奋力前行的最强音。

2014年4月,共青团宁波市委"我的中国梦——奋斗的青春最美丽"青春故事会走进高校。

在"我的中国梦"主题教育实践活动框架下,共青团围绕重大宣传主题和青年特点,开展了"奋斗的青春最美丽"、"圆梦中国人"、学习宣传贯彻党的十九大精神、"将改革开放进行到底"、"青春心向党·建功新时代"等活动,累计覆盖青年超过 4.2 亿人次,形成了五四期间各级团的领导与基层团员共同开展主题团日活动的工作传统,主题宣传教育载体不断丰富、影响不断提升,青少年对中国特色社会主义的道路自信、理论自信、制度自信、文化自信更加坚定。

共青团充分利用清明、五四、六一、七一、八一、国庆、抗战胜利纪念日、烈士纪念日等重要节点,结合庆祝新中国成立 65 周年、纪念抗日战争暨世界反法西斯战争胜利 70 周年、纪念红军长征胜利 80 周年、庆祝中国共产党成立 95 周年、庆祝改革开放 40 周年、纪念五四运动 100 周年、庆祝新中国成立 70 周年等重要契机,广泛开展了一系列主题鲜明、形式多样的教育实践活动。理想信念教育、爱国主义教育、公民道德教育、民族团结教育、中华优秀传统文化教育、法治教育等蓬勃开展、亮点纷呈,青少年的"四个自信"更加坚定,在全社会唱响了奋发向上、崇德向善的青春主旋律。

2017 年以来,围绕迎接党的十九大胜利召开,共青团集中开展了"青春喜迎十九大·不忘初心跟党走"主题教育实践活动,聚焦宣传"砥砺奋进的五年",开展成就宣讲、主题团日活动 50 万余场次,近 1 亿人次参加。党的十九大召开后,围绕学习宣传贯彻十九大精神,各级团组织集中开展了报告宣讲、理论培训、知识竞赛、征文演讲等多种形式的学习教育活动,推动十九大精神在团员青年中入脑入心。

在学习十九大精神的热潮中,各级共青团组织积极探索推动理论武装工作青年化、时代化、科学化,构建起"导学、讲学、研学、比学、践学、督学"相结合的学习体系,在青年中引发热烈反响。仅 2018 年,各级团组织就开展专家授课、专题培训、学习讲堂、主题征文等各类学习活动 230 万场,数亿人次团员青年参与。"青年大学习"网上主题团课开拓"短视频+互动问答"的生动形式,每周在线学习人数超过1 000万。全国1 700余所高校合力推进"青年马克思主义者培养工程",2013年来累计培养青年政治骨干80余万人,各级少先队组织面向少年儿童开展"红领巾心向党""向习爷爷说句心里话"主题活动。

用身边的好榜样激励青年

一个时代有一个时代的楷模,而模范典型始终是激励青年健康成长的鲜活教材。发现典型、传播典型事迹、为青年指引成长之路,是共青团多年来行之有效的重要工作手段。进入新时代,共青团在抓好"青年五四奖章""优秀共青团员"等传统典型推树手段的同时,更加注重在各行各业的普通青年群体中发现典型,用身边的榜样感动和引领青年,从而形成强大而持久的渗透力、影响力和感染力。

全国向上向善好青年分享团奔赴辽宁,走进基层社区

2014年10月,共青团中央启动实施了"全国向上向善好青年"推选活动,把"选树身边好青年""青年典型青年选"的理念同新媒体充分融合,动员青年积极发现身边典型,每年推选100名爱岗敬业、创新创业、崇义友善、诚实守信、孝老爱亲五个类别的"全国向上向

善好青年"。四年时间内,团中央示范带动超过2 000个县(市、区)开展了好青年推选活动,全团累计推树各类好青年近2万名,网络参与学习、讨论和点赞量达3.58亿人次。争做"向上向善好青年"成为青年一代的奋进目标。

"成长过程中,总会遇到这样或那样的困难,只有做好自己该做的事,坚持梦想,才会被尊敬和认可。"2017年9月26日,人民大会堂小礼堂座无虚席,一场由共青团中央参与主办的"圆梦中国人"全国宣讲报告会正在热烈进行。全国道德模范、中国青年五四奖章获得者、全国向上向善好青年、湘潭大学教师杨怀保动情地分享着自己用奋斗应对人生坎坷、用孝道诠释人间大爱的励志故事,赢得了现场青年阵阵掌声。

讲好故事是创新典型引路的重要环节。共青团积极发掘典型背后的故事,把思想引导内涵融入这些榜样的成长历程和奋斗记忆里,用榜样自身的话语和事迹去传递思想力量、回应青年关切、解答青年困惑,将思想政治工作深入细致地做到青年心里。

进入新时代以来,共青团持续开展"奋斗的青春最美丽""全国向上向善好青年""圆梦中国人"等系列分享交流活动,一支支分享团深入厂矿、学校、乡村、社区,传播典型故事、激励奋斗力量,深受青年欢迎。其间,团中央累计开展示范性分享活动760余场次,超过23.5万人现场参与;全团开展分享活动18.6万余场次,直接参与青年5 870余万人次。实践证明,只要尊重青年的主体地位,积极探索创新典型推树方式,传统的思想引导手段依然能焕发出新的风采。

二、青年行动嵌入发展大局

进入新时代,我们比历史上任何时期都更接近中华民族伟大复兴的目标。"十二五"规划圆满完成,"十三五"规划顺利实施,经济社会发展取得历史性成就、发生历史性变革。我们将在21世纪中叶建成富强民主文明和谐美丽的社会主义现代化强国，迎来中华民族伟大复兴。这一过程是一个充满青年性和革命性的过程，需要广大青年的砥砺奋斗、创新创造，需要以人民利益为重的大局精神、攻坚克难的进取精神、追求真理的求实精神、敢为人先的探索精神。只有这样，才能开辟一个繁荣发展的新周期，才能推进社会各方面各领域都出现大发展和突破性进展，迎来中国社会的大变革。

"大众创业、万众创新"的生力军

党的十八届五中全会提出，坚持创新发展，必须把创新摆在国家发展全局的核心位置，不断推进理论创新、制度创新、科技创新、文化创新等各方面创新，让创新贯穿党和国家一切工作，让创新在全社会蔚然成风。在2014年9月举办的夏季达沃斯论坛上，李克强总理指出："要在960万平方公里土地上掀起'大众创业、草根创业'的新浪潮，形成'万众创新、人人创新'的新势态。"后称为"双创"，"双创"一词由此走红。2016年5月，国务院办公厅印发《关于建设大众创业万众创新示范基地的实施意见》，系统部署"双创"示范基地建设工作。

创新是青春远航的动力，创业是青春搏击的能量。青年是社会的新生细胞，最富探索精神，最具创造活力，是推动创新创业创优的生力军。长征六号火箭研制团队组建时，平均年龄只有27岁。同时，一群平均年龄不到21岁的年轻技工，在世界技能大赛上大放异彩；共享单车也敲开了共享经济的大门，其创业团队多为"80后""90后"。2017年至2019年，我国制造的首架大飞机——C919进行了商用前多次试飞，即将正式踏入国际市场参与空中客机的激烈角逐，而让这一领域从空白变成如今有条不紊推进中的，是一群年轻的试飞工程师。测试团队一共有400多人，而他们的平均年龄却只有30岁。2017年一季度日均新登记企业1.4万户，全国众创空间超过4 200家，服务更加多元化、精细化、专业化，战略性新兴产业、高技术产业增加值分别同比增长了 10.3%、13.4%，比规模以上工业增加值的增速分别快了 3.5 个和 6.6 个百分点。另据国家发改委宏观经济研究院 2017 年 7 月发布的报告，首批"双创"示范基地示范引领作用初步显现。例如，首批 17 个区域类示范基地中，海淀区生产总值突破 5 000 亿元大关，实际增长速度高于北京市平均水平 0.8 个百分点。2013 年至 2017 年，技术合同成交额累计 6 635 亿元，发明专利授权量年均增长 18.5%，累计新增国家级高新技术企业 2 000 余家，总数超过 6 100 家。从年龄段的贡献度来看，23 岁至 35 岁青年的贡献率在 70% 以上。

2016 年 7 月启动的中关村智造大街

位于北京五道口清华大学东南门的中关村智造大街，仅有数百米长，平均每米创造 800 万元产值。智造大街融合国际化多形态的新模式，同时融入北大、清华、中科院等高校院所的技术转换起航基地，成为引领"中国制造 2025""国家双创基地"创新高地。这里的工作人员 80% 都是 35 岁以下的青年人。再如，深圳南山区已经成为深圳乃至全国创新创业的竞技场。2016 年，该区全社会研发投入占 GDP 比重达 5.88%，相当于国际创新型国家水平。PCT 国际专利申请量突破1万件大关,占全市的52.8%,占全国的1/4。全区拥有国家高新技术企业2 223家、海内外上市公司124家,在全国各区(县)中排名第二。目前,"双创"示范基地建设已颇具规模,成效显著,进入快车道发展态势。

"我的梦想,就是做中国最好的钳工,制造世界上最先进的歼击机。"沈飞技校毕业后,方文墨在他的钳工岗位上已默默坚守15年。这15年间,他改进各种刀、量、夹具200余把(件),改进工艺方法60余项,创下了手工加工公差仅有0.003毫米,相当于头发丝的1/25的"文墨精度"。这名中国航空工业首席技能专家、高级技师、大国工匠的代表,正是在获得"振兴杯"全国青年职业技能大赛机修钳工冠军后崭露头角的。至2019年,"振兴杯"大赛已举办15届。据统计,仅前13届比赛中,全国各地各系统团委就组织了超过2 000万人次青工参与,22万人通过竞赛晋升技术等级,在青年职工中形成了"技能成才、岗位建功"的良好导向。

"蛟龙"号载人深潜团队、航天科技八院812所空间环模试验技术组、中铁二十局集团巴基斯坦卡·拉公路Ⅲ标项目团队、邯郸市公安消防支队涉县大队……这些优秀的青年集体,都有着同一个闪光的名字——"青年文明号"。这个以倡导职业文明为主旨,组织青年集体立足本职争创一流、成长成才的活动,是共青团最响亮的活动品牌之一,至2019年,已连续开展了24年,覆盖了42个行业(系统)的一线青年集体,涌现出全国青年文明号集体16 510个,50多万青年集体参与各级创建活动,一大批青年人才、先进集体、行业精英从中脱颖而出,成为带领青年践行职业精神、弘扬职业道德的一面旗帜。

"80后"陈昊在东南大学本硕博读的都是电气工程专业,毕业后进入国网江苏公司成为一名一线继电保护工。2014年,国网江苏检修公司陈昊创新工作室成立。2016年,陈昊成为IEC中国继电保护领域特别工作组首席发言人。以前,这个领域长期由法国、瑞典等西方国家把控,对我国继电保护设备出口有很大影响。2018年4月,在挪威举行的IEC智能站保护标准讨论会议上,面对欧洲专家的质疑,陈昊在白板上画了一张原理图,说道:近十年来,中国建造了世界上95%的智能站,特高压站在中国已经覆盖了2/3的国土,我们开展了800多次试验,用双手积累了比你们在实验室里多得多的珍贵数据。当外国专家开始寻找图中的破绽时,陈昊又胸有成竹地画出了第二张图,将公式、数据、图表清晰地展现出来。最终,西方专家不得不接受并认可中国标准,修改了IEC相关国际标准的定义。

"盐商杯"第四届"创青春"中国青年创新创业大赛商工组全国赛决赛暨颁奖典礼在陕西西安举行。(供图 代红玉)

2013年以来,"创青春"已形成青创群、青创课、青创赛、青创板、青创园、青创云工作体系,努力为青年创客提供全链条服务。累计吸引31.3万个青年创业团队、150万名青年参加大赛,实现青创板融资17.6亿元,为支持青年敢创业、能创业、创成业搭建了平台。

2017年初秋的西安,创业的青春激情与悠远的古都风韵融为一体,来自全国的优秀创业青年济济一堂,共话"创青春"的精彩故事。这场第四届"创青春"中国青年创新创业大赛融合了路演、培训、投融资对接、展示交流、国际论坛等 20 余项活动,形成了"♯创青春 2017♯"微博话题 2.5 亿次阅读量的热点。

2018 年,共青团中央主导的青创赛吸引了 8 万余个项目、30 多万名创业青年参与,青创板累计为 600 多个项目融资近 12 亿元,各地青创营培训青年 3 万多人次,在全社会推动形成了创新创业的良好氛围,为决胜全面建成小康社会注入了强劲的青春动能。

从青年文明号、青年突击队、青年岗位能手、"振兴杯"、"五小"等岗位建功引领,到"创青春"、青年创新创业板、青年创业示范园、农村青年创业致富"领头雁"等青创力量培育,从中国青少年科技创新奖到中国青年创业奖,共青团大力激发青年的创新创业激情和活力,积极培育青年的创新意识和创业能力,推动青创力量充分涌流。

"脱贫攻坚青春建功行动"

消除贫困,改善民生,是中国共产党的重要使命。小康不小康,关键看老乡,"小康路上一个都不能掉队!"2012 年 12 月,习近平总书记在河北省阜平县考察扶贫开发工作时指出:"深入推进扶贫开发,帮助困难群众特别是革命老区、贫困山区困难群众早日脱贫致富,到 2020 年稳定实现扶贫对象不愁吃、不愁穿,保障其义务教育、基本医疗、住房,是中央确定的目标。"2017 年,党的十九大报告又把精准脱贫作为三大攻坚战之一,对于全面建成小康社会最具决定性意义。

动员广大青年做投身脱贫攻坚战的生力军,共青团义不容辞。全团吹响了"脱贫攻坚青春建功行动"的集结号。授人以鱼不如授人以渔。共青团以电商扶贫为切入点,努力为贫困地区发现、培育青年创业领军人才,成立中国青年电商联盟、举办青年电商扶贫周和众筹活动,与阿里巴巴、京东集团、苏宁云商等合作,建设青年电商创业孵化中心,将技能培训、站点创建、网上众筹、小额贷款等服务,送到了贫困地区创业青年身边。

中国青年电商联盟成员与国家级贫困县合作签约仪式(摄影　陈望)

2013年至2018年,在贫困山区、偏远乡村、基层一线,一个个帮扶项目、一项项扶持政策落地实施。

——"希望工程"累计筹集资金近50亿元,资助建设希望小学1700所,资助家庭经济困难学生110万名,改善了贫困地区的教学条件,一大批贫困学生因此改变命运。

——共青团对口援藏援疆工作筹措资金15亿元,目前已完成首批1021个援助项目,为新疆、西藏开展青少年民族团结进步教育、青少年交往交流交融提供了有力支持。

——全国大中专学生暑期"三下乡"社会实践每年组织不少于700万名青年学子,累计组建1万余支全国重点实践团队,深入基层贫困地区开展实地调研、农业技术培训、政策宣讲等实践项目。

——"博士服务团"共选派1594名具有博士学位的优秀人才,到西部地区、革命老区和边疆民族地区扶贫支教、服务锻炼。

——团中央和团的省、市共三级机关选派多批机关干部组建扶贫工作队,进驻402个贫困县的853个贫困乡村开展扶贫工作,与基层干部群众同劳动、同奋斗,积极争取帮扶政策,培育发展农业支柱产业,努力帮助更多贫困户脱贫致富。

与此同时,共青团东西部扶贫协作、春晖行动、西部计划、金融干部挂职、圆梦行动等多头并举,脱贫攻坚一线,处处彰显着青年的力量。

2018年,共青团农发行广东省分行委员会开展"精准扶贫——共青团在行动"扶贫助学活动,共收到全省系统团员青年捐赠书籍5 000余册,捐款7万余元,分期分批向总行定点扶贫县所辖学校捐赠,改善边远山区学校办学条件。

共青团齐齐哈尔市委立足本地农业大市的实际,着眼提升贫困地区的造血功能,指导支持全市16个县(市)区团委建立了8个不同规模的电商创业孵化平台。在此基础上,通过组建青年农民专业合作社联合会和青年电商协会,召开共青团"互联网+绿色有机食品"对接会等方式,促成当地46个农特品牌产品与35个电商企业或个人实现合作。

洄游:返乡青年的创业选择

进城务工经商,是改革开放以来农村青年为摆脱贫困、寻求新发展机遇的一项创举。2008年以后,受全球经济危机影响,外向型企业用工锐减,外出务工青年提前返乡趋势愈加明显。2012年,中共中央、国务院发布《关于加快推进农业科技创新持续 增强农产品供给保障能力的若干意见》,提出对符合条件的青年返乡创业项目给予补助和贷款支持。同时,连续多年的中央一号文件都对返乡创业提出明确的指导意见。2019年,农业农村部、国家发展改革委、科技部、财政部、商务部等七个部委联合发布《国家质量兴农战略规划(2018—2022年)》,提出全面建立职业农民制度,强化政策激励,鼓励青年返乡投身质量兴农建设。这些政策强力吸引了青年返乡创业,投身于轰轰烈烈的乡村振兴热潮中。青年返乡创业这一逆向选择,被理论研究界形象地称为"洄游"。

从总体上看,返乡创业青年群体中男性占比高于女性,高中以上文化程度的占比高,40岁以下的青年是返乡创业的主力军。返乡创业动机从"被迫走出去"到"主动走回来",青年返乡就业创业的意愿逐步提升;创业项目从"传统农业"向"一二三产融合",青年为乡村产业发展注入新的动能;在主要依靠个体力量创业过程中,出现了从"关注自身发展"到"带动共同发展"的抱团发展态势。

调查表明,与以往青年因在外务工困难或家庭原因,迫不得已被动回乡创业相比,主动选择返乡创业的青年呈增长趋势。以四川省为例,截至2019年10月末,全省农村劳动力转移输出2 440万人,占全国农民工总量近10%,其中省内转移1 370.1万人,比省外输出就业多300多万人。同期返乡创业人员累计68.2万人,创办企业18.1万个,带动就业220万人。这部分人以中青年为主,其中25岁至35岁占25%,36岁至45岁占38%。共青团四川省委对21个市州220名返乡创业青年进行的抽样问卷调查显示,超过70%的返乡青年表示"是自己主动返乡"。他们谈道,现在农民不是一种身份,而是一种职业,农村农业成为职业选择的一个重要领域和发展方向。

再以浙江省为例,共青团浙江省委的调查结果显示,青年返乡创业动机是青年自身创业意愿、乡村拉力与城市推力有机整合、综合权衡的结果。一是不少返乡创业青年很早之前就已形成创业计划。如一名返乡创业者提道:"我大学时就喜欢茶,我会去品尝、考察各种茶。一直想着自己去做茶相关的生意,创业最初只是卖茶,后来就承包了15亩茶园(开始产茶),我喜欢这件事就会去钻研。"二是乡村创业环境利好与乡梓情怀对青年返乡创业产生巨大的牵引。当问及创业外因时,25.07%的青年表示受到国家政策利好因素影响。乡村情结也是乡村青年"雁归兴乡"的重要因素。三是城市发展压力与创业饱和现实推力成为青年返乡创业的催化剂。

返乡青年创业的涉农领域由传统种养业逐步扩展到电商、康养、民宿、文创等行业。以重庆市为例,返乡创业青年群体中从事"农、林、牧、渔业及相关服务"的占27.8%,"火锅、小面等重庆特色餐饮服务"的占23.7%,"乡村旅游"和"制造"行业各占10.8%。从资金投入来看,较大部分青年选择投资"2万至10万元",少部分选择投资"10万元以上"。从创业选址来看,主要选择为乡镇主要街道,其次为农村本地,"产业园区""创业孵化园""电商园"等新型经营园区为第三选择。从基础设施需求来看,绝大部分受访青年表示,在保障交通道路、用水用电的基础上,希望进一步完善物流仓储、网络商务等现代化基础设施建设。

不同于"生而优"的"富二代""创二代"群体,返乡创业青年较少有雄厚的父辈经济资源和社会资源作为创业基础,其创业资源主要来自自身的积累。正是因为返乡创业的青年多是"单枪匹马",他们之间出现了主动相互帮扶的情况。很多青年认为,到乡村创业是一条艰辛的路,这条路离不开相互支持、相互促进和相互带动。他们认为,回到农村最担心的是盲目选择项目和独自发展;最需要的是组织或带头人的指引,相互抱团才能更好存活下来。

用"最擅长"对接"最需要"

青年的成长得益于社会供给,青年的价值在于服务社会。2012年以来,广大青年以群体方式再次与社会各领域深度对话,尽展服务精神和青春风采。

2014年7月,南京青奥会即将开幕之际,一封特殊来信让两万多"小青柠"沸腾了。"习近平总书记回信啦!"在信里,习近平总书记勉励大家积极传播中华文化、讲好中国故事,用青春的激情打造最美的"中国名片"。"小青柠"是南京青奥会志愿者的昵称,在那个火热的夏天,"小青柠"的青春活力和真诚服务,深深地印刻在204

"我是青奥志愿者,我与青奥共成长。""小青柠"用热情、真情和激情打造好"中国名片"。(来源 新华网)

个国家和地区代表团、3 787名运动员和全世界观众的脑海里。

随着中国青年志愿者行动的深入开展,志愿者的微笑已经成为社会生活中亮丽的风景线,志愿服务也已经成为青年一代奉献人民、服务社会最广泛的平台。截至2018年,全国经过规范注册的青年志愿者总数已达到6 770万,每年向社会提供约7亿小时的志愿服务。

——中国青年志愿者扶贫接力计划研究生支教团到2019年已实施20年,通过"志愿+接力"的方式,累计选拔派遣18 325名志愿者到中西部地区县乡中小学支教,同时推动校地共建,助力当地脱贫。支教地从最初的五省七县,发展到覆盖中西部20个省301个县,支教中小学校达600余所,实施高校也从最初的22所扩大到194所。

——"大学生志愿服务西部计划"至2018年已连续实施15年,27万多名高校毕业生带着理想奔赴祖国最需要的地方,为西部基层提供一至三年的志愿服务,他们中的相当一部分最终选择了扎根在那里。

——在G20杭州峰会、"一带一路"高峰论坛、南京青奥会、世界互联网大会等大型赛会活动中,数以十万计的青年志愿者"小青荷""小青柠""小梧桐"精彩绽放。

——在抗击芦山地震、云南普洱地震和2017年洪水等自然灾害中,广大青年志愿者、青年突击队冲在一线,屡立新功。

——在塞舌尔等23个亚、非、拉国家,先后有十几批次青年志愿者参与海外志愿服务,为树立中国负责任大国的国际形象作出了积极贡献。

2014年,全国性志愿服务综合平台——志愿服务交流会应运而生,牵动了全国4万多个志愿服务组织和14 682个项目,累计获得项目资金超过2.3亿元。

河北省塞罕坝机械林场总场党委办公室副主任、团委副书记王栋,一家三代都是塞罕坝机械林场的务林人。明知务林艰辛,大学毕业后,他还是毅然接过父辈的接力棒,在清贫奉献中完成造林1 236亩、皆伐1 432亩、间伐1 086亩,用汗水浇灌着"绿色明珠"塞罕坝,荣获第八届母亲河奖"绿色卫士奖"。

自共青团启动"保护母亲河行动"至2018年的19年来,该行动共筹集资金4.62亿元人民币、35亿多日元、30亿多韩元,建设了近5 600个总面积570万多亩的绿化工程,吸引6亿多人次青少年参与。久久为功的"保护母亲河行动",增强了全社会的生态环保意识,探索了社会公众参与国家生态环保建设的途径,让绿色环保成为青年推崇的精神时尚和生活方式。

"快递小哥"属新兴群体的一族。《2018快递员群体洞察报告》显示,我国快递员总量已经达到300万,平均工资在6 200元左右。伴随着网络零售市场的发展和快递基础设施完善,中国快递行业实现了跨越式增长。2018年,我国快递服务企业业务量累计完成507.1亿件,业务收入累计完成6 038.4亿元。从年龄看,"80后"是快递员大军的主力,"90后"紧随其后且占比提升显著,总体呈现年轻化的趋势。报告还显示,快递员整体学历水平以大专、高中、职高、技校毕业生为主。随着队伍的逐渐壮大,整体学历水平提升,大专以上学历保持稳步增长。城市青年对快递业的依赖度越来越高,"快递小哥"的辛苦付出正在得到越来越多的尊重和认可。

三、青年文化新景观

青年一向是引领潮流的社会群体,青年文化是青年时代特征和发展趋势的综合体现,又是青年与国家、与社会关系的动态反映。党的十八大以来,党和国家事业取得全方位、开创性成就,实现了深层次、根本性变革。中国日益走近世界舞台中央,在区域和国际组织中发挥更加重要的作用。在新的时代背景下,青年群体以新的视角审视社会主流的文化根基、价值观念和伦理准则,不断增强道路自信、理论自信、制度自信、文化自信,国家认同度和民族自豪感得到空前提升。

青年文化昂扬向上的大时代风采

进入新时代,中国比历史上任何时期都更接近、更有信心和能力实现中华民族伟大复兴的目标。为实现这一目标而奋斗,是中国青年运动的时代主题,也是青年文化的时代主题。从总体上看,新时代青年文化的基调是昂扬向上、积极进取的。正如习近平总书记所指出的那样:

> 青年最富有朝气、最富有梦想,青年兴则国家兴,青年强则国家强。

> 青年人朝气蓬勃,是全社会最富有活力、最具有创造性的群体。

> 现在高校学生大多是"九五后",再过两年,新世纪出生的青少年也将走进高校校园。他们朝气蓬勃、好学上进、视野宽

广、开放自信,是可爱、可信、可为的一代。①

共青团十八大报告对新时代中昂扬向上的青年文化做了比较全面的描述:

> 沐浴在党的阳光雨露下,当代青年同人民一起开拓、同祖国一起奋进,展现出昂扬的精神面貌。广大青年亲身见证、经历、参与了进入新时代的伟大进程,对国家发展成就充满自豪,发自内心地拥护党的主张,发自内心地爱戴习近平总书记,自觉把总书记作为学习的榜样、人生的导师;广大青年自觉把个人梦想融入实现中国梦的伟大实践,勇于维护国家和人民重大利益,爱国热情、报国之志日益高扬;广大青年主动学习新知识、拥抱新技术、开拓新视野,知识结构、能力素质显著提升;广大青年踊跃投身工业化、信息化、城镇化、市场化潮流,勇于面对竞争和挑战,立足本职岗位辛勤劳动、挥洒汗水,唱响"奋斗的青春最美丽"的新时代青春之歌;广大青年展现出追求卓越、勇攀高峰的闯劲和锐气,奋战在载人航天、深海探测、量子通信、大飞机、高铁等国家重大项目攻关前线,活跃于电子商务、移动支付、共享经济等新业态前沿,创新活力、创业激情竞相迸发;广大青年扎根基层一线,广泛参与志愿服务、脱贫攻坚、生态环保,奉献社会、服务人民蔚然成风;广大青年频频亮相国际舞台,深度参与国际交流,积极投身"一带一路"建设,开放包容、自尊自信的大国青年风采生动展现。②

经过40多年的改革开放,新时代注定要成为一个伟大的时代。广大青年在享受崇高国家荣誉的同时,也在锻造着青年文化阳光进取的一面。青年所处的环境毕竟是一个多元的文化世界,本土文化

---

① 中共中央文献研究室编:《习近平关于青少年和共青团工作论述摘编》,中央文献出版社2017年版,第4、8、9页。
② 《共青团十八大报告辅导读本》,中国青年出版社2018年版,第48—49页。

与外来文化、主流文化与非主流文化、传统文化与现代后现代文化并存。尤其是在以数字化、网络化、智能化为特征的新科技革命影响下,青年群体中形成了如二次元、拍客、弹幕文化等多样化的亚文化。面对这个色彩斑斓的文化世界,青年们带着特有的激情,投入那些最适合他们生理、心理和精神需求的文化创造之中。

培育新时代青年马克思主义者

当代中国,任何人尤其是广大青年,既是"经济人",又是"政治人"。坚持不懈地用党的科学理论武装全团、教育青年,是共青团的首要政治任务和核心业务。党的十八以来,共青团主动适应当代青年自主观念增强、思想多元多样的新形势,以组织引导青年学习贯彻习近平新时代中国特色社会主义思想为重点,用青年语言开展理论学习,以时尚方式开发学习产品,努力实现思想内容与传播形式的有机统一,把党的创新理论的育人效应发挥到最大化。

在广大团员青年中,共青团大力实施"青年大学习"行动,构建了"导学、讲学、研学、比学、践学、督学"六位一体的学习体系,广泛开展学习研讨、理论培训、宣讲交流、知识竞赛等各类学习活动。2018年上半年,全团共开展各类"青年大学习"主题活动95.2万余场次,吸引超过6 300万名青年直接参与。车间厂房、校园教室、街道社区、田间地头,都成了"青年大学习"的课堂。

2018年4月,上海市历史博物馆里洋溢着浓厚的学习氛围,一场以"青年大学习"为主题的团课活动正在进行。上海市委党校的一位青年讲师为百余名青年上了一堂党的十九大精神和马克思主义辅导课,生动的语言、精彩的讲述、深入的交流,令现场的同学们听得津津有味,结束的时间一再延后……这是共青团上海市委实施"青年大学习"行动的一个生动场景。

以网络新媒体为主阵地,共青团精心打造"团团带你学"网上学习课堂,持续推出融原文发布、综述评论、专题解读、产品推广等为一体的学习专栏,制作推广《跟总书记学》《入团第一课》《共青团公开课》等系列学习产品,用具有青年特点的网言网语,传播、阐释党的科学理论,在网上兴起了一股"学习总书记""争做青年马克思主义者"的热潮。

2016年11月12日,由共青团西藏自治区委员会、西藏自治区学生联合会主办的西藏自治区第五期高校"青年马克思主义者培养工程"暨大学生骨干培训班开班仪式在西藏大学举行。(摄影 德西美朵)

面向高校学生,共青团深入实施"青年马克思主义者培养工程",构建了全国、省级和校级三级大学生骨干培养格局,超过1 700所高校举办了校级"青马班",覆盖大学生骨干超过80万人次,充分发挥了"点燃一盏灯、照亮一大片"的示范作用,让当代中国马克思主义在青年学生中更广泛地传播。

聚焦新时代党的青年群众工作的新形势、新任务,共青团大力推进"团中央中国特色社会主义理论体系研究中心"建设,加强青年工作的理论探索,在13所高校设立研究基地,积极开展"中国共产党执政的青年群众基础研究""十八大以来党的群众工作新思想新实践研究"等重大课题研究,为青年理论武装提供了坚实的智力保障。

流行文化面面观

汉服,全称为"汉民族传统服饰",又称汉衣冠、汉装、华服。汉服运动是以青年人为主力军的汉服"同袍"所倡导的自下而上的民间文化运动,其兴起标志是2003年郑州工人王乐天身着自制汉服独自走上街头。随后,不少年轻人带着民族情怀投身到这场文化复兴运动中来,运动效果逐渐显著,每个大、中型城市都形成了一个或多个汉服民间团体,各高校在近些年内纷纷成立了与汉服相关的学生社团,一些较为成功的汉服复兴活动也以1980年至2000年出生的青年为主体,其中的中坚力量是年轻白领和在校大学生,他们的共同特征是热爱汉文化并富有使命感,且乐于接受新思想。2005年12月,"汉未央"汉服组织在上海成立,这是一个开放的、富于行动力、组织力和理想主义的青年社团,以汉服、汉礼、汉族传统节日及汉式生活为主要载体,开展大量活动。汉服运动在实际生活中的主要活动有:在中国传统节日举办相应的传统活动,如清明节踏青、端午节祭祀屈原、七夕节乞巧、中秋节拜月等;身着汉服举办成年礼、婚礼、祭礼等仪式(当然,在这些传统礼仪中有一部分是为了吸引大众关注而进行的表演);自发地身着汉服参与非汉服主题的活动,如参观博物馆、公益活动、逛街等,甚至还有一些汉服"同袍"将样式不同的汉服作为日常服饰,穿着汉服上班、上学、走亲访友等。汉服运动有一句口号:"着我汉家衣裳,兴我礼仪之邦"。2018年4月18日(农历正月初三),由中国青少年新媒体协会、哗哩哗哩弹幕网、东家APP共同主办的"中国华服日"活动在西安举行,当晚在大明宫遗址紫宸殿举办了第一届中国华服秀和第一届华服日国风音乐盛典。

嘻哈(Hip-hop)一词源于美国,是一种由多种元素构成的街头文化总称。嘻哈自20世纪八九十年代传入中国,由于其"反叛"属性,难以得到主流主化的认可。直到2000年,嘻哈音乐才成为中国流行音乐的一个分支。街舞中蕴含的嘻哈元素使其作为一种文化现象在全球延伸,并掀起一股嘻哈潮流。直到2013年,中国舞协街舞委员会成立,全国偌大的街舞群体终于告别了自娱自乐式的散兵游勇状态,成为有"组织"的团体。2017年暑期,一档名为《中国有嘻哈》的音乐选秀节目在"爱奇艺"视频网站推出。作为本土嘻哈文化崛起的现象级节目,《中国有嘻哈》将原本在中国流行音乐体系中处于边缘地带的地下说唱推向大众,将嘻哈文化中的饶舌艺术予以专门化、媒介化地呈现。通过传播"主张表达、强调态度"的理念,致力于构建全新的嘻哈文化风格,形成了令受众耳目一新的综艺景观。短短几个月的时间造就了一批"嘻哈网红"。百度指数显示,随着《中国有嘻哈》的热播,"嘻哈"一词的热度迅速超过了火爆多年的"摇滚"和近年爆红的"民谣",达到了近年来的峰值。在以"精英文化"闻名的知乎,"#中国有嘻哈#"话题下拥有2.7万关注者,有的问题下动辄达到2 000多条回答量。

"佛系"一词最早出现于2014年,是日本时尚杂志《non-no》对喜欢独处、专注自身兴趣、不愿谈恋爱的男青年的描述,全称为"佛系男子"。中国的"佛系"一词见于2017年,首先发生在粉丝文化群,部分追星群体秉持了一种新的追星态度——"佛系追星"。"佛系青年"一词广泛出现在大众视野则是因为同年11月、12月的两篇微信公众号文章:《胃垮了,头秃了,离婚了,"90后"又开始追求佛系生活了?》和《第一批"90后"已经出家》,这两篇文章使得"佛系青年"从青壮年聚集的微博地带走向更宽阔的大众视阈,"佛系"话语也被大众不断套用变形在生活用语的方方面面,一时之间"佛系打车""佛系考试""佛系买家"等词语随处可见,在一定程度上反映了"90后"青年的思想观念、价值体现和情感倾向,被视为"90后"的特征、标签或自我表达。《人民日报》随后发表《也说"佛系青年"》进行评论,《光明日报》发表评论文章《"90后"成"佛系青年"是消极还是调侃》,参与到"佛系"话题的讨论中来,意在用责任感、道德感呼唤青年激情的回归。

"00后"的"小时代"

"00后"是移动互联网的原住民,移动社交工具已成为"00后"生活中不可或缺的一部分。因为这个群体大多数为初高中生,受学习时间的限制,他们每天的上网时间基本维持在一至两小时,但使用频次较高,且社交类APP使用占比较高。QQ是目前"00后"最主要的社交软件,此外百度贴吧、Bilibili(B站)、快看漫画等兴趣分类明显的社区是"00后"的主要聚集地。

"00后"比较有个性,喜欢新鲜事物。《2018年"00后"APP使用习惯报告》显示,"00后"下载Top 1 000以外"非著名"小众APP的意愿是所有年龄均值的1.3倍,即其他应用占比37%,高于所有年龄均值的29%。调查同样显示,"00后"喜欢尝试各种新鲜好玩的事物,但喜新厌旧的速度也很快,比如说年终考试之前,"00后"会突击卸载一批社交和娱乐类应用,考后再重载回来,但是有近50%的概率不会装载原来的产品。

随着移动互联网的快速发展,"00后"世界里出现越来越多的"专属词汇"。例如,"打call"是指现场活动时台下的观众与台上的表演者互动,也指支持视频网站直播的人;"求锤得锤"是"晒出证据"的意思;"尬聊"是"强行聊天的意思";"打卡"的意思是旅游中"我看到、我来过、我拍过、我走了"。还有类似"你有freestyle吗?""贫穷限制了我的想象"等很火的网络语言。

"00后"群体出生在中国经济发展迅速、物质丰富的新时代,这造就了他们在文化消费层面上,不盲目追随主流、高品质、多样化的要求,这也给未来内容变现带来新的机遇和挑战。有人说,"'00后'比'90后'更有主见,但也比'90后'难取悦"。2016年,腾讯公司成立了专门的团队深入校园研究"00后"群体。视频弹幕网站B站2017年推出线下现场直播活动"BML 2017",门票被炒到2 000

元一张,其中"00后"是主要针对人群之一。

不经意间,"00后"新一代已经登上舞台中心。互联网圈有句话:"你什么都没有错,你只是老了。"但这个"小时代"并不隔绝于"大时代",只是更年青一代的成长个性化趋势愈加明显,更具现代性。只不过,年青一代的成长与同时成长的社会还需要相互观察、相互适应。

青春是复杂的,在新潮、狂欢和精彩背后,透露着些许忧郁和无奈。诚如搜狐网"2017年十大文化事件,由你来决定"活动的推广词所述的那样:

> 2017年的夏天很长,年轻人的情绪很热烈。"90后"说自己老了,"70后"觉得自己还很年轻,"00后"纷纷登场,"80后"抱团取暖。四代年轻人同台狂欢的生活也很精彩。
>
> 我们一起目睹了柯洁落败于阿尔法狗、一起共享单车共享充电宝共享雨伞;我们一起追着《人民的名义》,也结伴去电影院看《战狼》;我们很"丧",但也很"嘻哈"。
>
> 人工智能、共享经济、小众文化、手游热潮……这一年,当种种新潮流、新概念、新现象如潮水般席卷而来,并深深地影响着我们的生活时,年轻人的选择是,迎潮而上,狂欢其中。
>
> 不是旁观者,不是逐浪者,而是弄潮儿。由自己定义自己的未来。

唱响主旋律与打造新产品

面对关系错综、要素多元的青年文化,共青团的应对是积极的、主动的。2018年清明节,一个名为"今天,请给他们一分钟"的H5在人们的朋友圈刷屏。这个H5用简洁的画面和体感技术,引导人们在这个慎终追远的日子,用一分钟默哀来祭奠革命英烈。产品发布后不到一天,就吸引1 400多万网友在线参与,话题阅读量超过5

亿次。这项由团中央发起的"清明祭英烈·共铸中华魂"网络爱国主义活动至 2018 年,已连续举办了 17 年。特别是在移动互联网时代,连续四年推出爆款——2015 年"献花留言"、2016 年"描金碑文"、2017 年"传递火种"、2018 年"默哀 1 分钟",在网上掀起了爱国热潮。

2013 年以来,共青团以"青年好声音"网络文化行动和青年网络文明志愿者行动为统领,持续传播正能量、弘扬主旋律。从"我的中国梦"到"青年大学习",从"中国制造日"到"我深深爱着这个国家",从"光盘行动"到"阳光跟帖",全团推出了一大批精彩纷呈的主题网络活动。截至 2018 年 6 月,已有 30 多个话题活动阅读量个个过亿。同时,共青团中央还联合各大直播平台发起"团团直播间"大型栏目,邀请青年榜样、明星名人共话新时代,累计在线人数达 6 600 多万人次;连续两年举办"网络青晚",打破"次元壁垒",COS 圈、国风音乐圈、电竞圈、体育圈、主播圈等网络青年共同参与;发起"中国华服日"活动,激发青年群体对中华传统文化的热情;联合"蜗牛读书"推介"总书记同款书单",联合"唱吧"动员网友"万人歌唱祖国",联合 B612 向数百万网友分发"国旗贴纸",联合"脉脉"引导青年网友"字述一年",唱响励志奋斗的青年好声音。

正面宣传高歌猛进,对负面信息的抵制也未曾懈怠。对于那些攻击中国共产党的领导、危害国家利益、虚无中国历史的,对于那些影响青少年健康成长的,共青团就是要激浊扬清、正本清源。近年来,在曝光"台独""港独"艺人、揭批"精日"分子、反对侮辱革命英烈等事件中,全团旗帜鲜明发声,广大青年网友坚决行动,巩固和壮大了主流思想舆论。

随着网络技术的发展,信息传播呈现出新特点,人们的阅读习惯也发生了巨大变化,具象化、浅阅读、碎片化等现象越来越普遍。作为先进青年的群团组织,共青团如何适应这种变化,更好地教育引领青少年呢?"产品化不是点缀,而是战略!"共青团找到了一条正确路子——坚持理念创新、方式创新、手段创新,采取全媒化传播、可视化呈现、艺术化展示,对宣传思想内容进行深入浅出的解读、包装和反复传播,使人们快速直接地形成印象、受到触动,从而达到入耳入心。

"如果思想政治课都能这样上,那该多好啊!"网友"@独上单楼"在观看《如何抵御西方的精神殖民》后这样评论。该视频一经播出,就火遍全网、好评如潮。这样的青年网络公开课,共青团中央播出了23集,邀请知名专家、学者,用"TED演讲"的生动形式,解读青年关心的意识形态领域重要问题,被网友们誉为"一集正三观"。

自2015年开始,全团深入实施宣传思想产品化战略,重点打造"青微工作室"品牌,创作推出一大批导向正、质量好、人气高的网络文化产品。"青年大学习"产品体系、青年风采产品体系、共青团公开课体系、青年学党史产品体系等十大体系产品,目前已推出200多集,总浏览量达数十亿次。《跟总书记学》《中国好青年》《青春之我》《出彩90后》等视频节目广受赞誉,《天安门快闪》《今日中国,如您所愿》《拒绝冷漠,雷锋归来》《我们不一样》等网络短片看哭了无数青少年,《This is China》《TG有点甜》等青春歌曲向世界展示当代青年眼里的中国和中国共产党,受到国内外各大媒体的广泛关注。引导青年不再是长篇大论的理论灌输,而是鲜活生动的视听体验、润物无声的文化滋养。

在共青团中央这些拳头产品走红网络的同时,各级团组织的创作热情也充分释放。北京共青团的"新时代青年说"、上海共青团的"街采"纪录片、江苏共青团的"脱口秀"、湖南共青团的"手绘团史"、广东共青团的微电影、青海共青团的民族音乐……各地团组织编创的优质产品如雨后春笋般涌现,为青少年提供了有温度、有味道、有营养的网络文化盛宴。

四、互联网＋青年＋共青团

在互联网领域,中国是后来居上的,但势头迅猛。1978年,当中国上山下乡知识青年正在热切期盼回城时,他们的欧美同龄人则已玩上了牛郎星、苹果等个人电脑。但30年后(2008年6月)中国即以2.53亿网民数量跃居世界首位,40年后(2018年6月)这一数字更是达到8.02亿,其中70.8%为10岁至39岁的青少年、青年、青壮年。应该说,互联网时代,青年是网络主要的使用者、技术创造者和内容生产者,"有什么样的互联网,就有什么样的青年;有什么样的青年,就有什么样的互联网"。作为先进青年的群团组织,共青团主动适应信息化深刻变化,坚持以青年为本,坚持改革创新,将网络新媒体摆在团的工作和建设中全局性、战略性、基础性位置,举全团之力,打造活力四射、影响广泛、触手可及的"网上共青团"。

青年发起互联网创业热潮

互联网和移动互联网技术的快速发展,给创业活动提供了强大的技术支持,带动了相关产品服务、管理模式的更新,也形成了广阔的消费市场,创造了更多的创业机会。2016年3月,国务院总理李克强在十二届全国人大四次会议记者会上答中外记者提问时指出:"我们现在提倡的'大众创业、万众创新',实际上是为大、中、小企业、科研机构等提供一个平台,使众创、众包、众扶、众筹等有活跃的空间。"[①]2014年至2017年,中国每天平均有4万个以上市场主体注册登记,相当于每年新增1 000多万个市场主体。"双创"不仅是中小微企业的事,许多大企业也在线上创造很多众创空间,让线上的工人当创客,和订单背后的市场需求结合起来,以适应消费者的需要。"双创"覆盖了一二三产业、大中小企业,具有极强的生命力。

---

① 《人民日报》2016年3月17日。

第十四章 / 站在新时代的起点上

"创青春"中国青年互联网创业大赛决赛答辩现场(摄影　李延兵)

2015年7月,由共青团中央、中央网信办、浙江省人民政府主办的"创青春"中国青年互联网创业大赛在杭州市梦想小镇举行。大赛以"互联青春、创梦未来"为主题,历时两个月,吸引12 321个创业项目参与,并最终选送198支创业队伍进入决赛。2017年,阿里巴巴员工平均年龄32.2岁,华为员工平均年龄30.1岁,百度员工平均年龄29.2岁,腾讯员工平均年龄最小,为28.9岁。正是这些青年人,撑起了这些巨型新技术企业的一片天。其中仅华为一家,当年营收超过6 000亿元。

创业系作为众多新创企业依托和围绕一个母体构成的创业群体和关系网络,在北京中关村体现得淋漓尽致。在这里,大公司的创业者依托母体资源,逐渐形成自己的关系网络。比如,百度系主要分布在移动互联网、电子商务、金融服务、教育培训和消费生活等领域,网易系分布在游戏动漫、教育培训、电子商务、金融服务、移动互联网和社交网络等领域,新浪系主要分布在电子商务、移动互联网、金融服务、游戏动漫和企业服务等细分领域,搜狐系则主要分布在游戏动漫、移动互联网、电子商务、金融服务和旅游户外等领域，还有金山系，主要分布在游戏动漫、移动互联网、教育培训、电子商务和电子硬件等领域。截至2017年底，中关村的上市企业已达31家，科技型企业2.4万多家。2017年《福布斯》发布的"亚洲十大领域30位30岁以下杰出青年"榜单中，中关村28名创业者入选，占中国入选创业者的近五成。

火爆互联网的产品，无一不需要以强大的文创内容作为支撑，这同时也是青年人的天下。某款火遍互联网的手游，其创作团队，平均年龄不到30岁，除了游戏的技术成分外，美工、设计、文学、历史、营销在游戏火爆的过程中，功不可没，甚至可以认为，这些文创元素才是导致游戏火爆的重要原因，技术只是最终呈现这些元素的手段而已。根据《北京大学2017年毕业生就业质量年度报告》提供的数据，2017年北京大学共有9 469名毕业生，其中有14.83%的毕业生选择信息传输、软件和信息技术服务业等大数据行业，另有超过30%的毕业生选择了金融业、科学研究与技术服务业等与大数据相关的行业。

西安作为西部第一站，曾被认为是"互联网荒漠"。但在互联网经济的发展趋势和创业者炽热的创新激情影响下，西安的互联网业孕育着新的机遇。西安强在硬件方面，例如中兴、华为和三星的研发基地都在西安，高新区收入火炬榜排名全国第三，并且西安高校林立，相应的青年技术人才也很多。西安青年付向斌2003年前往深圳成了一名职业游戏玩家，一直到2009年，他垄断了深圳所有电子竞技赛事的组织策划。2014年他回到西安，从游戏电竞转行到互联网餐饮业，开始肉夹馍的标准化制作。多年的游戏经历使付向斌意识到，游戏不是一个大众用来打发休闲时间的工具，而是一种精神寄托。他认为做餐饮也是这样，不仅仅是去解决饥饿的问题，更多地包含了社交，或者情感体验，成了一种享受。他的第一个店面用的是"众筹""预售"的互联网方式，让直播人员在餐厅的每一个桌子上放一台直播的设备,让全世界的网友陪着顾客吃饭。

中国电子商务研究中心2018年的调查报告显示,在中国现有的电商企业中,"90后"员工比例超过80%的企业,在整个行业中的占比高达45%,"90后"员工比例在60%至80%的公司占39%,而"90后"员工比例在40%至60%的企业为13%,"90后"员工比例低于40%的企业仅为3%。这些数据充分显示,"90后"已成为电商企业的主力人群,有些企业甚至达到了100%。他们通过不断学习与实践,已经成为社会和企业的中坚力量。

互联网创业与最新科技联系紧密,创新性要求高。创业者只有通过树立创新意识,培养新的思维,生产创新产品去打动消费者,才能享受高收益和高回报,才能在竞争激烈的市场中获取一席之地。随着社交网络扁平化,知识和技术的传播更加迅速,创业主体逐渐多元化——由技术精英逐步拓展到"草根"大众。互联网新经济正在进入"人人互联网、物物互联网、业业互联网"的新阶段。创业者只要有创新性的项目就可以通过互联网去寻找人才、资金等,通过组建专业化的团队大幅降低创业的成本。互联网缩短了创业者和用户的距离,也加快了创新的步伐。

中国已进入"互联网+"时代,新一轮互联网创业浪潮正在形成。然而,大量初创企业的存活能力不强,"快生"也伴随着"快死"。本轮互联网创业浪潮中以大学生人数最多,"有激情,无经验""有想法,无实践""有技术,无资金"是大部分大学生的现状,创业成功率很低。为此,推动互联网创业的健康可持续发展,需要多措并举,营造良好的发展环境。

以网聚人:"e"起向未来

当今时代,互联网成为青年的重要聚集地。全国网民规模已由2012年底的5.64亿,增至2019年6月的8.54亿,其中青年占绝大多数。大部分青年把网络作为获取信息、沟通交流的主要渠道。网络已成为联系和引领青年的重要阵地。"只要青年在的地方,无论千山万水,团团都赶来见你。"团中央进驻B站的开篇语中的这句话,在青年网友中普遍传扬,已经成了共青团的"网上宣言"。青年在哪里,团的建设和工作就要延伸到哪里。各级团组织敏感认识到,当绝大多数青年都在刷着微博、聊着微信、玩着抖音,要加强对青年群体的覆盖和引领,就必须瞄准网络空间,着力开拓新平台、新阵地。

2013年12月27日,"@共青团中央"微博、微信上线了。这不仅标志着覆盖中央、省、市、县四级团组织的新媒体矩阵形成,更吹响了全团进军网络新媒体的嘹亮号角。几年下来,人们欣喜地看到,共青团已成为各大平台上的"网红""KOL(关键意见领袖)"。"@共青团中央"微博、微信粉丝超过千万,稳居政务新媒体方阵前列,各级各类团属微博超过7.2万个,微信公众号达2.1万个;陆续进驻知乎、B站、QQ空间、今日头条、网易云音乐,结合不同平台特点主动发声;在火爆网络的抖音、快手、微视等短视频平台和各大直播平台,也出现了共青团的身影。

这些空间中的共青团,被网友亲切地称作"团团",这里没有空泛的说教,也没有生硬的照搬,有的是积极理性的观点、生动活泼的语言、亲切温暖的互动。很多青少年网友说,看到了微博上勇敢正直的"团团"、微信上温暖积极的"团团"、知乎上深度智慧的"团团"、QQ空间里热血青春的"团团"、B站里和大家"皮在一起"的"团团",不同的样态、不同的风格,在心间自然注入了同样真挚热烈的情感。"团团"已成为越来越多年轻人在网上"想得起、找得到、靠得住"的好伙伴。

2016年12月26日,一个微博话题成了这一天的热词——"中国制造日"。这个由共青团中央发起的主题网络活动,运用直播、短视频、有奖互动等形式,全方位展示中国制造的强大实力,话题开设当天阅读量即达1.9亿,总阅读量达3.3亿。"感谢今天,让我重新认识了我的国!""壮哉我大中华!""厉害了我的党!""下一个30年看我们吧!"……大量青年网友在活动评论区刷屏,纷纷表达勇担民族复兴大任的信心决心。而这,只是共青团运用网络引领青年的一个缩影。

弘扬网上正能量,传播"青年好声音"。共青团发起的主题网络活动"爆款"频出,"♯我为核心价值观代言♯""♯我和国旗合个影♯""♯清明祭英烈♯""♯我是团员♯""♯南海是中国的♯""♯网络春晚♯"……阅读量过亿的话题活动超过30个,在网上掀起了正能量强风。"争当中国好网民"已成为广大青年在网上的一种时尚。

以青年为本的网络服务

各级团组织积极利用网络新媒体联系服务青年、推动工作创新、加强资源整合,线上线下联动,在服务青年学习成长、创新创业、婚恋交友、权益维护,推进团建团务工作创新等方面,取得了很多新成效。

——"青年之家"云平台系统,在全团建设4万余个"青年之家"的同时,1.6万家"青年之家"和团的领导机关进驻云平台,让青年可随时查看、参与团组织举办的丰富活动。

——智慧团建系统,完成一期建设并在山东省实施试点工作,实现了全团基本信息数据采集管理和各项基础团务管理功能,全团已录入团组织239万个、团员团干部1 690万名。

——"青年之声"互动社交平台,旨在反映青年呼声、回应青年诉求、维护青年权益、服务青年成长,上线以来受到成千上万青少年关注,为他们成长成才提供了许多帮助。

——"青少年维权在线",向全国青少年提供免费的法律、心理服务,并针对校园欺凌、"裸贷"、"邪典视频"、"娈童"等现象和事件,配合公安、网信等部门进行处置。

——"志愿中国"信息系统,已有6 600多万名志愿者、40余万个志愿服务组织在线注册,有力促进青年信用体系建设。

——"创青春"云平台,吸引5万家青创企业入驻,"掌上双创生态圈"建设初见成效。

借助互联网力量,共青团新的工作阵地和品牌层出不穷,青年文明号、青年志愿者、"创青春"、挑战杯、青工技能大赛等传统品牌也进一步提升了参与、优化了模式、扩大了影响,焕发出新的强大活力。一位通过网络报名参加了基层团组织"青年之家"活动的青年说:"共青团通过互联网实现了升级换代,为青年提供了零距离的服务和引领,团组织不在高楼深院里,团组织就在我们身边。"

五、中国青年融入全球化

进入新时代,中国越来越走近世界舞台中央。中国共产党提出共建人类命运共同体,展现了五千年中华文明在全球化历史节点上的浴火重生,也与全世界人民向往美好生活和未来意愿息息相通。在国际政治舞台上,世界各国都在关注中国声音,希望看到中国方案。当代中国开创了自明万历年间以来未曾有过的在国际舞台上的大格局,展现出一个东方大国的雄浑气象。中国青年正意气风发地走在文明交流的大道上。

"一带一路"上的年轻人

中国作为后现代化的国家,经过几十年的奋力追赶,正在日益走近世界舞台中央。2013年9月和10月,国家主席习近平在出访中亚和东南亚国家期间,先后提出共建"丝绸之路经济带"和"21世纪海上丝绸之路"(简称"一带一路")的重大倡议,得到国际社会的高度关注和积极响应。随后,中国发起创办亚投行,设立丝路基金,一批重大互联互通、经贸合作项目落地。2018年4月在北京举行的"一带一路"贸易投资论坛数据显示,2013年至2017年,中国与"一带一路"沿线国家货物贸易额累计超过5万亿美元,对外直接投资超过700亿美元,中国企业在沿线国家推进建设75个经贸合作区,上缴东道国税费22亿美元,创造就业岗位21万个。

2015年,共青团中央举办全国大学生"圆梦中国"暑期社会实践专项行动,这是全国范围内首次"一带一路"青年行动。本次活动以"丝路新世界,青春中国梦"为主题,共收到来自全国25个省(区、市)114所高校的348支团队的申请材料,经专家评审,最终有全国100所高校近5 000名学生入围,实现了全国高校围绕统一主题联合行动、规模化调研的格局。本次活动通过新浪微博和59store平台,利用网络众筹方式,使学生在实践过程中获得更多关注、更多社会资源的参与和更多社会力量的支持,让青年人带动各界力量共同参与"一带一路"建设。

2017年7月,由北京大学校团委指导、北大研究生会组织、来自16个院系的20名硕士和博士研究生组建了一支服务调研团队,赴菲律宾进行了为期九天的调研工作,实地考察了作为"一带一路"沿线国家之一的菲律宾。通过与政府官员对话、拜访当地大学、参访企业组织、感受社会风俗,北大青年结合专业知识,分别从整体和具体行业上把握菲律宾的经济、社会发展状况,由此加强了对"一带一路"沿线国家的认识。

丝路各国青年代表合影留念

2017年9月,来自"一带一路"沿线国家和地区的400余名青年齐聚北京,共同参加"2017丝路青年论坛",话人文、忆历史、谈共赢,共商"一带一路"建设合作大计,展望"一带一路"的美好未来,传承以和平合作、开放包容、互学互鉴、互利共赢为核心的丝路精神。会议主办方之一的国家发展和改革委员会国际合作中心呼吁:"青年是新一代丝路人,是'一带一路'建设的生力军,要共同架起东西方合作的纽带、和平的桥梁,推动沿线国家走出一条相遇相知共同发展之路。""我们有理由期待,随着'一带一路'建设持续推进,必将有越来越多的杰出青年投身'一带一路'建设,以'乘风破浪会有时,直挂云帆济沧海'、'士不可以不弘毅,任重而道远'的决心为'一带一路'贡献出青年们的光和热。"

青年是民间外交的主力

国之交在于民相亲。2015年4月,中共中央总书记、国家主席习近平在人民大会堂会见参加第十五届中越青年友好会见活动的中越青年代表时指出,"民相亲"要从青年做起。2016年11月,以"携手开创中越关系的美好明天"为主题的第三届中越青年大联欢首次在越南举办。共青团派遣1 000名中国青年代表赴越南与9 000名越南优秀青年一起,参加在越南七个省市展开的丰富多彩的交流、参观与联谊活动,创造了改革开放以来出访团组规模的新纪录。

出境旅游观光、考察学习、商务谈判、劳务合作,是青年感知世界、拓宽视野的经常性、普遍性的方式。2018年,国内居民出境规模达到1.6亿人次,其中青年占了很大比例。青年交流已经纳入中美、中俄、中英、中法、中韩、中国南非、中国印尼等国家或部门级人文交流合作机制框架,开展了青年领导人对话、青年企业家经贸合作、青年发展专题研讨等多种形式的交流与合作。

自2004年第一所孔子学院在韩国挂牌,到2018年底全球已有

154个国家（地区）建立了548所孔子学院和1 193个孔子课堂，从无到有，从小到大。短短的14年，孔子学院遍布全球，创造了一个语言推广、文化传播的奇迹。从2008年至2017年，累计派出中方教师30 277人次，志愿者教师43 871人次，75%是35岁以下青年人。

2013年至2018年，共青团中央、全国青联共接待国外来访团组181批次、11 824人次，派遣出访团组522批次、6 716人次，派出360人次参与国际和区域性会议122次，助力构建人类命运共同体的宏伟事业，为"民心相通"搭起了一道青春桥梁。

随着中国与世界各国建立起日益密切的交流合作，中国的"朋友圈"在不断扩大，越来越多的"外国朋友"开始对中国实行免签和落地签。截至2019年7月1日，中国已经同14个国家实现全面互免签证，42个国家和地区单方面给予持普通护照的中国公民落地签待遇，15个国家和地区单方面允许持普通护照的中国公民免签入境。针对青年群体而言，中国还与英国、德国、意大利等国陆续推进了留学生学习工作签证办理的便利化。签证便利化与中国护照含金量的提升，大大促进了青年国际流动，为青年民间外交的开展提供了良好基础。

国际维和中的青春力量

1988年9月，中国正式申请加入联合国维持和平行动特别委员会。27年后，2015年9月，国家主席习近平在联合国维和峰会上宣布，中国将加入新的联合国维和能力待命机制。2017年，王毅在联合国维和行动安理会高级别会议上指出，在开展维和行动方面，中国不仅派出了大量的维和人员，包括大约35 000人次的维和部队以及2 700人次的维和警察，而且出资排名世界第二。

在中国政府派出的规模不断壮大、作风如钢铁般坚毅的维和部队中，青年军人逐渐占据主体。在2004年派往利比亚的维和部队中，医疗分队的平均年龄33岁，最小的22岁；2013年派往利比亚的维和部队中，北京军区某红军师官兵平均年龄24岁；2016年派出的第四支驻利比亚维和警察防暴队中，队员平均年龄28岁，最小的22岁。

"90后"二级士官马良旭在经过体能、战术、扫雷排爆、战场急救、英语等十多个科目封闭式训练的层层考核后，2017年赴黎巴嫩执行维和任务。在执行维和任务过程中，有一个当地妇女将一颗地雷扔向他们（所幸这颗地雷并未爆炸），马良旭等维和部队军人立刻运用专业知识进行了紧急处理。事后得知，这名阿拉伯妇女在自己家院子里发现一颗地雷，情急之下就抱着这颗地雷寻找中国维和部队，由于恐惧，加上语言沟通上的困难，这名妇女做出了将地雷扔向维和队员的举动。事后她说："你们是联黎部队的冠军，我只信任你们！"中国维和部队无私的帮助与付出，使得中国"冠军"成为驻地国人民最信任的依靠，也让驻地国人民看到一个可信、可靠的大国——中国。

宋玺是北京大学心理与认知科学学院2012级本科生。她出身于军人家庭，从小怀揣着军人梦，大四时不顾亲友反对，毅然从军报国，立志成为最好的兵。在膝盖旧伤的折磨下，仍以全优的成绩进入海军陆战队，并选择了更有挑战性的侦察兵任务，其后作为唯一一名女子特战队队员参加亚丁湾护航。2017年4月某日凌晨，经过七小时的惊险营救，在后方负责保障工作的她和队员一起，成功解救了在索马里海域遭到海盗登船袭击的19名外籍船员。她说："我最自豪的时刻，就是听到被解救的外国船员们举着中国国旗竖着大拇指对我们说，'Thank you, China'。"

中国为世界维和活动的开展作出了巨大贡献，青年军人发挥中坚作用。"蓝盔"下那一张张青春、炽热的面孔，已成为维和部队最亮丽的风景线。

"85后"成为"海归"主力

当代中国和世界的关联与依存日益加深,中国的发展需要世界,世界的发展也需要中国。习近平总书记指出:"青年最富有朝气,最富有梦想,是未来的领导者和建设者。"[①]当代青年思维活跃,视野开阔,拥有超越国界的全球意识、兼容并包的世界胸怀。截至2018年底,中国各类出国留学人员累计达519.49万人,其中145.41万人正在国外进行相关阶段的学习和研究。2017年,中国出国留学人数首次突破60万大关,持续保持世界最大留学生生源国地位;自费留学54.13万人,占出国留学总人数的88.97%;留学人员回国人数达到48万人,其中获得硕、博研究生学历及博士后出站人员达到22.7万人,同比增长14.9%。中国青年正在自信而坚定地走向世界。近年来,"85后"海归成为人才生力军,这些海归青年主要集中在民营企业和外资企业,就业产业分布较广,金融业居首。

1988年出生的山东莱西青年赵屹坤,2011年从北京科技大学本科毕业后,赴美国杜克大学攻读硕士研究生学位,后又攻读博士学位。当他充分了解国内技术市场和扶持青年创业的政策时,毅然回国加入创业大军。2015年8月,赵屹坤携几名"90后"年轻人组成技术团队,与青岛鲁宏泰新型建材有限公司合资创立青岛超瑞纳米新材料科技有限公司,承担着100吨纳米管项目的建设和生产工作,并担任公司负责人。"我们的研发团队平均年龄都在二十几岁,最小的才21岁,我是属于年龄最大的了。"赵屹坤说,别看团队人员年龄小,却拥有国内领先的碳纳米材料生产和提纯技术,并且获得核心发明专利一项、实用新型专利四项。2016年10月,赵屹坤获得莱西创业创新成果大赛二等奖;2017年9月,成功申报了泰山产

[①] 中共中央文献研究室编:《习近平关于青少年和共青团工作论述摘编》,中央文献出版社2017年版,第7页。

业领军人才工程科技创业类。

出生于1987年的史逸婵，毕业于复旦大学，后在英国纽卡斯尔大学国际人力资源管理专业深造。2014年回沪正式接手上海静安区白领驿家的理事长工作(白领驿家团队每年举办120余场次公益活动，提供3万人次服务量，拥有5万多名会员、21个青年社团)。2016年3月，在全国群团改革试点中，29岁的她成为共青团上海市委最年轻的兼职副书记。史逸婵说："我一直跟自己说，要好好干，努力'链接'更多的青年群体，让更多人了解到团市委兼职副书记做什么、知道共青团一直都在青年身边。"2018年，她所在的白领驿家累计开展800多场活动，拥有会员近8万人。尽管每天工作忙得团团转，史逸婵依旧元气满满。她说，共青团是青年触手可及的组织，"我们一直都在青年身边，也希望能一直存在于青年的心中"。

打开中国高校招聘网，在许多高校的招聘信息栏上，可以看到这样一条备注：有海外学习经历者优先，甚至有些高校将海外学习经历列为必备条件。海归正在成为中国高等教育的主要力量。肖勇现就职于中央美术学院，是2008年北京奥林匹克运动会奖牌主创设计师。1991年，到芬兰首都赫尔辛基，就读于赫尔辛基艺术设计大学(现阿尔托大学)，是第一个在北欧学设计的中国学生。留学期间，他利用假期游览欧洲各国，巨大的文化差异和行业落差促使他产生回国发展教育的想法。1995年，肖勇到访中央美术学院时，被邀请加入筹建设计系的新团队，成为最初的七名教师之一。教师队伍中几乎都是海归，他们对未来的设计系无限憧憬。

六、"青年首先要发展"

促进青年更好成长、更快发展，是国家的基础性、战略性工程。2015年4月，习近平总书记专门就青年发展问题作出指示。党中央决定由团中央牵头起草青年发展规划，先后有50多个部委参与，历经中央书记处办公会议、国务院常务会议、中央政治局常委会会议审议,2017年4月,《中长期青年发展规划(2016—2025年)》由中共中央、国务院印发。这是新中国历史上第一部青年发展规划,首次明确提出了"党管青年"的重要原则和"党和国家事业要发展,青年首先要发展"的战略判断。

服务青年发展的"国家力量"

国家的重要职能是促进经济发展、实施社会管理、维护公平正义。这些职能主要是通过国家最为重要的构成要素——政府来实现的。在这一过程中,政府所做的一切比如提高生活水平,促进充分就业,创造经济和社会进步与发展的条件等,都被赋予了国家意义。经济发展是解决一切社会问题的重要基础,青年的创新创造则是推动经济发展的重要动力。而教育、就业、住房、婚姻、社保等一系列民生问题,恰恰是青年群体的刚性需求,在某种意义上说,青年是最为重要的民生对象。青年问题进入国家议题,是现代国家发展之必然。由政府出台政策、调配资源来为青年的全面发展创造条件,成为一种趋势和潮流。

《中长期青年发展规划(2016—2025年)》聚焦当前我国青年成长发展迫切需要关注的核心权益和突出问题,从促进青年全面发展的角度,首次构建一个全面、系统、长效的青年发展政策体系,形成了促进和保障

2017年4月14日《中国青年报》第1版,刊发中共中央国务院印发的《中长期青年发展规划(2016—2025年)》

青年成长发展的重要顶层设计。从青年的思想道德到文化生活，从学习教育到身心健康，从婚恋家庭到社会融入，从就业创业到社会保障，从预防犯罪到权益保护……《规划》提出的10个发展领域、44项发展措施和10个重点项目，涵盖了青年成长发展的每一个方面、每一个环节和每一类群体。对青年来讲，《规划》的制定出台，在个人成长发展历程中，必将得到更多的政策支持和社会关注，形成更多的获得感。

共青团中央的职责是，积极推动完善《规划》的协调机制，编制监测指标，开展规划评估和项目论证。31个省（区、市）和新疆生产建设兵团都已制订出台了省级青年发展规划，建立了跨部门联席会议协调机制。各级共青团组织将以《规划》实施为契机，进一步转变工作理念和工作方式，协调推动相关部门把青年发展政策一项一项落到实处，确保把党的关心和温暖实实在在地送到青年中去。

在共青团中央的推动协调下，51个部委齐抓共管青年事务，地方各层级的配套规划和联席会议机制不断完善，青年发展大格局日渐形成。

全面发展之基：受教育水平整体提升

接受良好教育是亿万家庭和广大青少年最关注的基本权益和全面发展的重要基础。让青少年"有学上""上好学"这一国家工程是以教育行政部门和各级各类学校为主组织实施的。党的十八大以来，我国教育事业取得了显著成就，青少年教育水平不断提升。九年义务教育全面普及；高中阶段毛入学率从2012年的85%，增长到2018年的88.8%，连续多年超过中高收入国家平均水平；高等教育毛入学率显著提高，2018年达到48.1%，比2012年增长18.1个百分点；2018年，我国各类高等教育在学总规模为3 883万人，占世界高等教育总规模的1/5；2018年，国家财政性教育经费为46 143亿元，连续七年占GDP比例保持4%以上。青年受教育水平的显著提升为青年发展提供了最强大的动力、夯实了最牢固的根基。

读万卷书,行万里路。青年成长发展所需的知识能力不仅来自书本,还来自实践。1989年至2019年,"挑战杯"全国大学生课外学术科技作品竞赛已经连续举办16届,累计吸引1 300多万学生参赛,成为普及创新意识、培育创新能力的校园"全运会"。2 300会所高校开展的"走下网络、走出宿舍、走向操场"主题群众性课外体育锻炼活动,参与学生达6 800余万人次,营造了加强体育锻炼的浓厚氛围。每年夏天,数以百万计的青年学生走出"象牙塔",走进企业社区、乡村田野广泛开展"三下乡"社会实践活动,在改革开放和现代化建设一线受教育、长才干。各地中小学普遍开展的"红领巾小健将""红领巾小百灵""红领巾小书虫""红领巾小创客""红领巾小主人"活动,深受小队员们喜爱。这些实践活动,已经成为广大青少年学习成才人生经历中与青春记忆不能分割的"第二课堂"。

为了人人平等就业

随着中国经济的深度转型,就业中的结构性矛盾较为突出,就业压力相对较大。在青年群体中,数量庞大的高校毕业生群体一直是就业的主要人群。国家统计局历年的数据显示,2010年至2017年,高校毕业生人数以2%至5%的同比增长率逐年增长,近七年间累计毕业生人数达到5 706万。2018年全国普通高校毕业生人数为820万,比2012年多出140万,再创历年新高。

从2011年开始,国务院办公厅、人力资源和社会保障部几乎每年都会出台一部专门的高校毕业生就业工作指导文件,要求各地做好高校毕业生就业创业工作,保障高校毕业生就业创业的合法权益,回应高校毕业生和用人单位的利益诉求。为了增加就业机会、就业岗位,促进大学生就业工作顺利开展,从2013年开始,人社部联合部分大中城市每年下发《关于开展部分大中城市联合招聘高校毕业生专场活动的通知》，截至 2017 年 9 月，人社部已开展五期专场活动，取得了较好的效果。

在就业这一青年最紧迫、最普遍的需求上，共青团也没有缺位。2013 年至 2018 年，共青团组织持续实施青年就业见习计划，重点面向大学毕业生建设青年见习基地，每年开展"牵手毕业季·见习助就业"活动和"千校万岗"大学生就业帮扶行动，通过就业讲堂、职业规划辅导、就业见习等方式，为青年实现更高质量和更充分的就业搭建桥梁。北京科技大学材料科学与工程学院 2018 届的一位毕业生说："媒体报道年年都说'今年是史上最难就业季'，搞得我们很焦虑。我们大学生因为没有工作经验，在就业求职中经常会碰壁，共青团组织的就业见习可以给我们提供积累经验、了解企业的好机会。"

实现了稳定就业，青年的下一个需求就是职业发展。每一年初入职场又充满抱负的青年，都渴望得到职业生涯指导、职业技能提升的机会。共青团组织深入开展"振兴杯"技能竞赛，选树一大批青年身边的"青年岗位能手"，以青年典型生动描述岗位成才故事，激励青年爱岗敬业，培养青年的工匠精神。

在大众创业、万众创新的时代，创业成为许多青年追逐梦想、施展才华的自主选择。2014 年至 2019 年，共青团中央成功举办六届"创青春"中国青年创新创业大赛，比赛共吸引 45 万支青年创业团队、逾 200 万名创业青年参赛，通过青年创新创业板为创业项目融资数十亿元，建设"青年创业示范园区"近三千家，形成了青创群、青创课、青创赛、青创板、青创园、青创云的工作体系，为青年创业提供全链条服务。

在扶弱助困行动中"刷新"道德与正义

留守儿童是中国长期的城乡二元体系松动的一群"制度性孤儿"。一方面，他们的父母到城里打工拼命挣钱，争取或获得了另一种生存方式；另一方面，又因为在城市里，或自身难保，或无立锥之地，无法将他们的子女带进城里，留在身边。同时，为了生活或生存，他们不能够轻易离开工作岗位，不能够轻易离开城市，就是在这种带不出与回不去的双重矛盾中，留守儿童虽然有父母，但是他们依然不得不接受"骨肉分离"的现实。

2016年，国务院出台《关于加强农村留守儿童关爱保护工作的意见》（国发〔2016〕13号）。2017年10月，民政部组织开发的全国农村留守儿童和困境儿童信息管理系统正式上线运行。各地根据《民政部关于启用全国农村留守儿童和困境儿童信息管理系统的通知》（民办函〔2017〕282号）要求，全面运用系统，对照系统操作规程，及时组织动员县（市、区）和乡镇集中时间、集中力量采集、录入、更新农村留守儿童数据。数据显示，2018年全国共有农村留守儿童697万多人，与2016年的902万多人相比下降了22.8%。四川、安徽、湖南、河南四省的农村留守儿童排在前四名，分别是76.5万、73.7万、70万、69.9万。96%的农村留守儿童由祖父母或外祖父母照顾。6至13周岁留守儿童规模最大，占67.4%。

2018年10月16日，《2018年度中国留守儿童心灵状况白皮书》发布会在北京外交办公大楼隆重召开。这是第四次发布这样的白皮书。2015年的主题是"真探"，2016年是"陪伴"，2017年是"守护"，2018年主要探查亲子联结有效性及对其核心自我评价的影响——"牵绊"。此项研究历时九个月，涉及19个省、自治区、直辖市，样本总数11 126份。本次调查在华东、中南、西南、华北、西北、东北六个地区进行抽样，从愉悦、平和、烦乱、迷茫四个方面，对留守儿童的情绪状态进行了系统、持续的调查研究。这样的发布会引发了相关组织、机构和全社会的关注。

不遗忘任何一个身处困境需要组织关心的青少年，为他们提供常态化、接力式的帮扶，是共青团服务青少年工作的重中之重。在四川高县罗场镇团结村"留守儿童之家"开展的一场关爱青少年成长暑期志愿服务活动中,一位 8 岁的小朋友反复向志愿者老师描绘自己的爱好和梦想。2017 年夏天,一万余名四川宜宾的留守儿童体验了不一样的暑托班,共青团宜宾市委组织近千名大学生志愿者分赴 162 个基层服务点开展"爱心暑托"志愿服务。

2016 年至 2018 年,全团广泛开展"七彩假期"关爱留守儿童志愿服务项目,全国 2 324 个项目服务点直接服务 47.4 万名农村留守儿童,覆盖率达 77%。"七彩小屋"已在 2 805 个县市区旗实施,参与结对的志愿服务团队 5.56 万多个,参与的青年志愿者达到近 600 万人。

由共青团发起的中国青年志愿者助残"阳光行动",也在全社会引发了爱心热潮。2014 年以来,184 万名青年志愿者结对服务了残疾青少年 245 万人,选拔认证 10 150 名项目专员,建立两万余个助残志愿服务阵地,涌现出了中日友好医院"健康守护共享阳光"社区助残项目、武汉理工大学助残志愿服务队"声音绘光影"助残志愿服务项目等优秀志愿服务项目。

广东东莞东城街道的一名初中女孩因为家庭矛盾长期不回家,她的父亲在无奈之下拨打了 12355 青少年服务台求助。热线立即形成"工单",调度青少年事务社工入户家访并跟踪一年,最终帮助他们修复了亲子关系。广东 12355 青少年服务台实现全省统一平台一年时间,接听青少年来电 12 万个,帮扶个案 1 100 个。

各级团组织以"青少年维权在线"、12355 青少年服务台为依托,建设线上线下紧密衔接的维权工作平台,接受青少年咨询和求助,用好青少年事务社工,及时关注、介入权益典型个案,为困难青少年开展关爱帮扶、心理健康等服务。

面向重点青少年群体,"伙伴计划""筑梦计划"覆盖 4 万多个青年社会组织和 1 万余名新兴领域青年,"七彩假期"关爱留守儿童,"阳光行动"结对服务 245 万残疾青少年。围绕维护青少年合法权益,团中央推动修改完善《中华人民共和国未成年人保护法》《中华人民共和国预防未成年人犯罪法》,协调各级人大代表、政协委员提出促进青少年成长发展的建议、提案、议案数万件,"青少年维权在线"汇集近 7 000 名法律、心理专家为青少年提供服务。共青团向着"青年信得过、靠得住、离不开的贴心人"的目标不断努力前进。

分层分类:精准服务差异化需求

当今时代,随着社会阶层结构发生历史性变迁,不同青年群体的需求多元化、个性化、差异化态势不断增强。除工、农、商、学、兵等传统领域外,进城务工青年、农村青年致富带头人、青年网络作家、IT 行业青年、自由职业者、电商从业者、"双创"青年、独立演员歌手等青年群体不断涌现。据统计,在信息技术服务业、文体娱乐业、科技服务业等以创新创意为核心竞争力的行业中,青年均占从业者的一半以上。各级共青团组织不仅努力服务青年的普遍需求,还针对各类不同青年群体特点,打造精准化的服务。

面向农村青年,共青团大力实施农村青年创业致富"领头雁"培养计划,通过培养百万农村青年致富带头人,发挥骨干引领作用,激励带动更多农村青年实现就业创业,为推进农业供给侧结构性改革、培育农村发展新动能贡献力量。

面向新兴领域青年,共青团中央发起实施了新兴青年群体"筑梦计划"。聚焦签约作家、自由撰稿人、独立制片人、独立演员歌手、自由美术工作者和新社会组织从业人员等青年,为他们量身打造发展需求服务项目,组建"筑梦计划"梦想导师团队,建设"筑梦空间",为新兴领域青年搭建追梦圆梦的舞台。

为了更加精准化地反映青年呼声、回应青年诉求、维护青年权益、服务青年成长,从 2015 年起,共青团中央以互联网思维和技术为支撑,打造了"青年之声"网络互动社交平台,努力推动团的各项联系服务引导工作直达青年群体,成为解决青年急难愁盼问题的重要方式。

助力"脱单":触碰最柔软的情结

现阶段的中国,正在经历着信息社会、工业社会、农业社会三种社会形态的叠加并存与演进变迁。在这样一个时空高度压缩的社会场域中,传统价值与现代理念的缠绕纠结、职场"内卷"的困境焦虑、生活成本的持续增压等主客观因素,对普通青年的择偶观、婚恋观产生了强烈冲击。他们在寻找理想职业、中意婚姻、个性生活的过程中,凸显出情感价值判断和行动选择的多重多元。比如,可以早恋爱,但要晚结婚,尽情享受爱情,延迟承担责任。又如,可以结婚,但不能委屈自己,对婚姻质量要求胜过对白头偕老的期待,等等。

据上海市团校2017年的调查,大部分受访上海青年的择偶观是理性的:在职青年更乐于面对面相亲,高校学生更接受网上交友;89.4%的在职青年、77.3%的高校学生和81.5%的高中生,只要双方相爱或愿意,或者采取保护措施,并不反对婚前性行为;近2/3的受访青年赞成试婚。某网站对北上广深及其他15个大城市的抽样调查显示,近年来职场青年单身率持续攀升。青年婚恋问题已经成为党政关心、社会关注的青年"刚需"。

本来,为单身青年男女举办各种联谊,是共青团的传统工作内容。2017年9月,共青团中央联合民政部、国家卫生计生委共同制定并下发了《关于进一步做好青年婚恋工作的指导意见》,指出恋爱成家是青年的人生大事,做好青年婚恋工作,不仅直接影响青年的健康发展,也关系到社会的和谐稳定。随着各级团组织围绕青年婚恋开展越来越多的工作,"'团团'帮我找对象"逐渐成为网络热词。各级团组织立足本地实际,提供公益性的婚恋交友服务,帮助青年收获幸福生活。

共青团广东省委持续发力打造"粤团聚"网站平台,整合婚恋产业链企业资源为青年提供优惠服务。团重庆市委通过购买社会组织服务的方式,广泛开展"青年之声·幸福大讲堂"活动,帮助青年调适心理压力、提高社交能力。团青海省委联合银行为牵手成功的男女青年提供青年置业信用基金,帮助青年搭建幸福小窝。陕西汉中团市委举办的"三生三世·情定汉中"汉式集体婚礼,诠释民俗魅力,唱响城市名片。这些别出心裁的婚恋活动设计,引起广大青年网友广泛共鸣。中国航天科工二院206所团委举办的"春风十里·我们约会吧"植树联谊活动,刷出"谁说恋爱只能吃饭看电影"的新境界。这些活动不仅帮助大批青年找到了"另一半",也展示了青年引领社会风尚、践行正确婚恋观的新面貌,在青年当中叫好又叫座。

结语　让历史告诉未来

自工业革命以来，无数历史事件证明，青年以及青年运动是现代性、现代社会变革和革命的酵素。在每一次重大社会革命的推动力量中，青年已成为不可或缺的重要一支。中国青年自1919年五四运动登上历史舞台以来，始终走在中国革命、建设、改革的前列，在中国共产党的领导下，发挥重要的突击队和生力军作用。从某种意义上讲，中国革命、建设和改革的历史，实际上燃烧的就是青年的激情。今天，我们站在中华民族伟大复兴的新起点，穿越百年风云，以历史逻辑、实践逻辑、理论逻辑相结合的观察视野，对青年与国家、青年与社会、青年与政治等重大关系进行研判，对中国青年运动进行更有意义的新阐释，有利于增强当代青年不忘初心、牢记使命的历史担当，有利于推动当代青年进行更有价值的新长征。

一、一切为了民族复兴

中国青年运动在100年间发生了重大变迁，从革命到改革，从抗争到嵌入，从政治到社会，所追寻的主题是爱国情怀的表达，自身利益的诉求，民主权利、公平正义的价值追求。这其中最为核心的，或者说所有行动的目标指向，就是中华民族伟大复兴。国家利益至上，民族利益高于一切，这是一代代中国青年（五四一代、北伐一代、抗日一代、解放一代、建国一代、改革一代、互联网一代……）前后相继的永恒追求。

结语 / 让历史告诉未来

青年运动实质上反映的是青年与国家、社会的关系

"运动"一词被运用于社会现象,是在18世纪末19世纪初第一次出现于英语之中的。它指一批负有特殊目的的人的一系列行为或努力。清代梁启超认为,"凡时代思潮,无不由'继续的群众运动'而成"①。改革开放后出版的《现代汉语词典》解释得更为具体:运动是"政治、文化、生产等方面有组织、有目的而声势较大的群众性活动。如五四运动、技术革命运动"。1848年,德国社会学家劳伦兹·冯·斯坦首次将"社会运动"这一术语引到学术讨论,他将社会运动定义为为争取社会权利即福利所进行的政治运动。在西方语境中,"严格意义上的社会运动,应该指的是有组织、有目标的,旨在部分或全面改变社会某些价值观、文化或者国家政策的集体抗争行动"②。西方学术强调的更多的是制度外抗争,大多体现为"街头政治"。

青年运动,顾名思义,就是以青年为主体的社会运动或群众运动。对于青年运动的发起,《布莱克维尔政治学百科全书》认为:青年运动"可能是自发的,也可能为成年人所操纵;合法的和为官方所许可的,或者不合法的和不为官方所认可的;左翼的、右翼的,或只针对某个问题的;有组织的,或者像嬉皮士运动那样分散的。总之,所有这些青年运动都产生于青年人的特征"③。

张太雷则对青年运动的涵盖群体和目的有更为清晰的论述。他说:"中国的青年运动不是一种狭义的,乃是广义的。狭义的青年运动乃是指着一种青年人民的集合,为某一种目的的运动。但中国的青年运动乃是一种范围很广、使命很大的运动。他的范围在以前

---

① 梁启超:《清代学术概论》,中华书局1954年版,第5页。
② 赵鼎新:《民主的限制》,中信出版社2012年版,第287页。
③ [英]米勒、[英]波格丹诺主编:《布莱克维尔政治学百科全书》,邓正来译,中国政法大学出版社2002年版,第866页。

的时候,虽多半限于学生与智识界内,但以后是应当纠正这个重心,而应包括全国各种的青年。他的使命,不仅是以谋青年的福利为中心的目的,乃是以谋全国的福利,当作他任重道远的事业。简括言之,他的使命就是革命的事业。"[1]

因此,透过中国青年运动波澜壮阔的历史硝烟,可以看出,不论是追求爱国、民主、公平正义、绿色环保、学习英模等"高大上"价值理念,表达对于国家、民族、公理等宏大客体的关注,还是通过对"小确幸"的青年自身利益和发展的诉求,比如反饥饿、就业创业、机会平等,以达到见微知著、影响社会的效果,其所反映的,都是在国家与社会关系战略性调整或变迁的过程中,青年群体社会角色的扮演以及在社会大舞台上的生动展示。不甘寂寞的心理特征、冲动激情的行为特征决定着青年在社会变革中从不缺位,而且总是敏感于时代的变化,勇敢地走在时代前列。从本质上看,青年运动反映的就是青年与国家的关系、青年与社会的关系。

于是,我们可以作出这样的理解,青年运动是指青年群体在中国共产党领导下,基于某种社会需要和切身利益,为达到某种政治、经济、社会目的而组织起来,具有一定规模、一定时间跨度的集体行动。其必备要素是:目的性、组织性、标志性事件、青年的参与度、影响的广泛性。在这里,抗争与否、制度内外已不是最为核心的要素了。

百年青运变化的是形态、时代,不变的是实质、价值

五四运动以前所未有的冲击力,开启中国革命和中国青年运动的新航道。自此 100 年间,同中国社会一样,中国青年运动也发生了天翻地覆的重大变迁,但变化的是形态,不变的是实质;变化的是

---

[1] 张太雷:《青年运动的使命》(1926 年 10 月 4 日),《张太雷文集》,人民出版社 2013 年版,第 420—421 页。

时代,不变的是价值。不变的本质,就是爱国主义、民族复兴,其他民主、科学、进步等价值理念,都在爱国主义旗帜的统领之下。

革命年代的青年运动,其实就是街头政治,带有明显的阶级性、尖锐的斗争性、激烈的冲突性和极大的破坏性。所以至今还有很多人一提及青年运动,就马上想到学生上街。这是中国青年运动最初的特征,也是第一张标签。这是因为五四时期知识分子选择了马克思主义,选择了俄国道路,最突出的特点就是阶级斗争、暴力革命。毛泽东在《湖南农民运动考察报告》中有句名言:"革命不是请客吃饭,不是做文章,不是绘画绣花,不能那样雅致,那样从容不迫,文质彬彬,那样温良恭俭让。革命是暴动,是一个阶级推翻一个阶级的暴烈的行动。"①推翻一个旧世界,是要刺刀见红的。青年运动处于革命大潮之中,因此必然具有鲜明的革命性特征。

社会主义建设时期,尤其是计划经济体制形成以后,社会成员高度依附于政权组织体系、思想行为方式高度一元化、青年群体高度同质化。这一时期青年运动的目的是建设国家、改造社会、重塑自我,带有广泛的轰动性、激情的参与性、全新的建设性特点。比如青年突击队、青年志愿垦荒运动、上山下乡运动、学雷锋运动,基本上是自上而下的动员。受时代环境的影响,又以"群众运动"为主要体现形式。所以,这一时期的青年运动又被理解成群众运动。这是青年运动的第二张标签。

改革开放为青年运动注入新的活力,改革中的一代代青年(1980年深圳开始建特区时,内地大批青年"孔雀东南飞",其主力是"50后""60后"青年;如今青年的主体是"90后""00后"),沿着中国共产党开辟的现代化新路,敢为人先,先行先试,青春能量的释放与变革的时代同频共振。从新长征突击手到中国青年创业行动,从

---

① 毛泽东:《湖南农民运动考察报告》(1927年3月),《毛泽东选集》第1卷,人民出版社1991年版,第17页。

"五讲四美三热爱"到中国青年志愿者行动;从出国热到文化热,从经商潮到民工潮,这一时期的青年运动带有明显的多元性、嵌入性、整合性。这是很多人所不能理解的青年运动形态。

那么,革命、建设、改革三个历史时期青年运动形态转换中不变的逻辑是什么?是广大青年的爱国主义精神。没有哪一个精神正常的青年希望自己的祖国一天天烂下去,而是希望祖国一天天站起来、富起来、强起来。尤其像中国这样一个有着悠久、辉煌历史,曾经当过世界第一强国的国家。总的来说,中国青年运动继承五四精神,100年来不变的主题就是强烈的爱国主义,就是为民族复兴而奋斗。正是基于历史逻辑和现实逻辑,可以作出重要论断:为实现中华民族伟大复兴而奋斗是当代中国青年运动的主题。

青年运动:一个始终不会过时的宏大命题

任何理论的构想和形成总是立足于一定的社会实践基础。长期以来,人们对运动形成了一种惯性思维,那就是以革命性、政治性面貌而出现的,激烈的甚至是暴力的群众性集体行动。在这种思维定式下,有人会发出疑惑,现在还有青年运动吗?实际上他们是在问,"现在还需要之前那样的青年运动吗?"人们对青年运动概念的狭隘理解影响了他们的视野和判断力。

前文我们分析了"什么是青年运动""五四运动100年以来中国青年运动呈现出什么样的轨迹曲线""革命年代、建设时代、改革时期的青年运动有什么异同",或者说"青年运动自出现至今其形式和实质发生过哪些变化,哪些属性没有变化"等问题,知道了青年运动作为社会运动的一种,是由青年群体基于某种社会需要或切身利益,为达到某种政治、经济、社会目的而组织起来,具有一定规模、一定时间跨度、较大社会影响的集体行动。

不可否认,五四运动作为中国青年运动的一个典型标本,对中国人的认知影响是深刻而久远的。而人的思维变迁往往又是被时代推着走的,很少主动地自我变革。考察同一事物前后异同,既要从变迁路径察看事物的形态,又要从出发点和落脚点考究事物的本质。其实,有这么一个常识,任何一个生命事物,它的内部结构和外在形态,都不是一成不变的。只不过变迁的速率有快有慢,有大有小。这取决于时代变迁的大环境,以及事物内部的适应性调整。看暴风雨来得够不够猛,自身应对得不得法。

一个重要的观点是,青年作为敏感于时代变化的人口群体,总是活跃在社会变革的最前沿。他们感受相同、思考相近、反应相似、相向而行。纵然现代社会分工再细,青年分层分化再剧烈,青年形态再原子化,在重大问题和基本问题上依然存在共识,行为也有内在逻辑。也就是说,青年集体行动依然有共同的社会基础。否则,就真像马克思所说的一口袋"马铃薯"了,那也就不叫现代社会了。

所以,我们认为,只要国家与社会存在,青年运动就永远会存在,不会过时。只不过在中国,因为人们对"运动"理解的习惯性常识和误区,我们必须重新认知青年运动的内涵、结构以及机制变迁。

二、关键在于党的正确领导

方向决定道路,道路决定命运。100年前的五四运动,初步展示了中国青年的政治力量。随着中国共产党的诞生,中国革命有了正确的前进方向,中国人民有了强大的凝聚力量,中国命运有了光明的发展前景。由此以降,中国青年在中国共产党的影响和动员下,不畏强暴,不怕困难,勇敢地走在民族独立、人民解放和国家富强、人民幸福伟大实践的前列。历史证明,过去90多年的浴血奋战、艰苦奋斗、锐意创新需要一个雄才大略、战无不胜的坚强政党;历史还将证明,在未来30多年实现强国梦的征程中,同样需要一个高瞻远瞩、举旗定向的坚强政党。同样,中国青年运动也必须坚持党的正确领导,才能保证科学的发展方向和良好的社会成效。尽管每一场青年运动的发生发展,都有其深刻的历史和现实逻辑,但离开正确目标的引领、科学理论的指导和健康力量的组织,都只能半途而废,一事无成。

党的历代领导人都高度重视青年作用

青年总是引领风气之先的,是现实世界最具创新创造精神的力量。在青年运动的舞台上,青年是充满激情与想象的自觉的行动者和创造者。青年作为社会上最富活力、最具创造性的群体,理应走在创新创造前列。从中国共产党的创始人,到新中国成立后党的历届领导人,无一不赞美青春、关爱青年,无一不重视青年在社会变革中的先锋作用,无一不关注、推动青年的健康发展。在中国共产党领导的社会主义国家中,青年驰骋思想的天空更加浩瀚,青年实践创新的舞台更加广阔,青年塑造人生的机会更为丰富,青年建功立业的条件更为有利。

在漫长的中国封建社会中,青年族群一直是成人社会的附属物。五四新文化运动是一场伟大的思想启蒙运动,后来"相约建党"并成为党的早期领导人的陈独秀、李大钊,在这一运动中发现了青年的历史价值和社会价值,他们不遗余力地赞美青春的力量。陈独秀在《青年杂志》发刊中开篇便讲:"青年如初春,如朝日,如百卉之萌动,如利刃之新发于硎,人生最可宝贵之时期也。青年之于社会,犹新鲜活泼细胞之在人身。"[①]他进而设计出"新青年"的六条标准:自主的而非奴隶的、进步的而非保守的、进取的而非退隐的、世界的而非锁国的、实利的而非虚文的、科学的而非想象的。

李大钊常常把"青春""青年"比喻成未来的国家。他高调赞扬青年之精神:"青年者,人生之王,人生之春,人生之华也。青年之字典,无'困难'之字,青年之口头,无'障碍'之语;惟知跃进,惟知雄

---

① 陈独秀:《敬告青年》(1915年9月15日),《陈独秀文集》第1卷,人民出版社2013年版,第89页。

飞,惟知本其自由之精神,奇僻之思想,锐敏之直觉,活泼之生命,以创造环境,征服历史。"①激情呼吁青年要"为世界进文明,为人类造幸福,以青春之我,创建青春之家庭,青春之国家,青春之民族,青春之人类,青春之地球,青春之宇宙,资以乐其无涯之生"②。

毛泽东作为中国革命伟大的实践者和开国领袖,对变革社会的推动力量感受最为深刻。在他看来,青年是"民族解放斗争的先锋","五四"以来,中国青年"起某种先锋队的作用","就是带头作用,就是站在革命队伍的前头"。③新中国成立后,他又称赞"青年是整个社会力量中的一部分最积极最有生气的力量。他们最肯学习,最少保守思想"④。"无论工厂、农村、军队、学校的革命事业,没有青年就不能胜利"⑤。他还形象地把青年比作"早晨八九点钟的太阳"⑥。

在开启改革开放新航道的历史关头,邓小平明确指出:"青年一代的成长,正是我们事业必定要兴旺发达的希望所在。"⑦为了进一步推进现代化建设,江泽民一再强调:"青年兴则国家兴,青年强则国家强。"⑧胡锦涛告诫全党:"青年是祖国的未来、民族的希望,也

---

① 李大钊:《〈晨钟〉之使命——青春中华之创造》(1916 年 8 月 15 日),《李大钊全集》第 1 卷,人民出版社 2013 年版,第 330 页。
② 李大钊:《青春》(1916 年 4、5 月),《李大钊全集》第 1 卷,人民出版社 2013 年版,第 318 页。
③ 毛泽东:《青年运动的方向》(1939 年 5 月 4 日),《毛泽东选集》第 2 卷,人民出版社 1991 年版,第 565 页。
④ 毛泽东:《〈中国农村的社会主义高潮〉按语选》(1955 年 9、12 月),《毛泽东文集》第 6 卷,人民出版社 1999 年版,第 466 页。
⑤ 毛泽东:《青年团的工作要照顾青年的特点》(1953 年 6 月 30 日),《毛泽东文集》第 6 卷,人民出版社 1999 年版,第 276 页。
⑥ 毛泽东:《在莫斯科大学会见中国留学生时的讲话》(1957 年 11 月 17 日),《建国以来毛泽东文稿》第 6 册,中央文献出版社 1992 年版,第 650 页。
⑦ 邓小平:《在全国科学大会开幕式上的讲话》(1978 年 3 月 18 日),《邓小平文选》第 2 卷,人民出版社 1994 年版,第 95 页。
⑧ 江泽民:《在与中国共产主义青年团第十四次全国代表大会部分代表座谈时的讲话》(1998 年 6 月 24 日),共青团中央编:《中国共青团年鉴(1998—2002)》上册,中国青年出版社 2004 年版,第 4 页。

是我们党的未来和希望。"①党的领导人对青年历史作用的肯定是一以贯之、前后相继的。

党的十八大以来,以习近平同志为核心的党中央站在新的历史起点上,肯定"青年最富有朝气,最富有梦想,是未来的领导者和建设者"②,"中国的未来属于青年,中华民族的未来也属于青年"③。习近平反复强调:"历史和现实都告诉我们,青年一代有理想、有担当,国家就有前途,民族就有希望,实现我们的发展目标就有源源不断的强大力量。"④

青年运动必须置于党的领导之下

中国近现代历史一再证明,只有共产党才能救中国,只有共产党才能发展中国。中国共产党是一个全心全意为人民服务的政党,是一个实事求是、与时俱进、勇于自新的政党。没有党的坚强领导,无论是青年发展还是青年运动,都有可能失去正确的方向。

中国青年运动必须坚持中国共产党的绝对领导,是历史的必然。1923年团中央第一届执行委员会书记施存统撰文指出:"中国共产党是中国共产主义运动的中心,本团是中国共产主义运动的一部分。"他进而强调,"欲求运动的一致,我以为须进一步决定完全服从共产党的政策。根本理由是因为共产党一个政党,他对于政治的观察比我们要清楚,他是共产主义全部运动的指导者"⑤。在革命

---

① 胡锦涛:《在庆祝中国共产党成立九十周年大会上的讲话》(2011年7月1日),《胡锦涛文选》第3卷,人民出版社2016年版,第543页。
② 习近平:《在联合国教科文卫组织第九届青年论坛开幕式上的贺词》(2015年10月26日),《人民日报》2015年10月27日。
③ 习近平:《在中国政法大学考察时的讲话》(2017年5月3日),《人民日报》2017年5月4日。
④ 习近平:《在同各界优秀青年代表座谈时的讲话》(2013年5月4日),《十八大以来重要文献选编》上册,中央文献出版社2014年版,第277页。
⑤ 施存统:《本团与中国共产党之关系——政策、工作、组织》,《先驱》第23号,1923年7月15日。

年代,从五卅运动到一二九运动,再到解放战争时期的第二条战线,中国共产党领导青年运动化解危机,走出困境,从一个胜利走向另一个胜利。

新中国成立后,虽然在一个较长的时期,中国共产党的最高领导并没有刻意去强调"青年运动"这一概念,但在1949年5月4日中共中央发给中华全国第一次青年代表大会的贺电称,"希望你们的大会是过去三十年中国青年运动的一个良好的总结,同时是新时期中国青年运动的一个良好的开端"。1953年刘少奇在团二大的致辞和林伯渠在青代会二大的祝辞中,1957年邓小平在团三大的致辞中,1978年李先念在团十大的致辞中,以及改革开放后中共中央领导人在历次团代会的致辞中,一直都在使用"青年运动"一词。在共青团和全国青联的官方报告中,"中国青年运动"这一用语,更是从来就没有中断过。如果说,在民主革命时期,中国共产党领导的青年运动专指反对黑暗统治和旧秩序的革命运动的话,那么1949年10月之后的中国青年运动,内容更加丰富,外延更加开放,囊括青年发展、青年文化、青年思潮在内的青年集体行动。这些集体行动主要是由中国共产党直接发起、领导的青年行动,同时又涵盖在党和国家宏观政策影响下的青年自发行动。

即将进入21世纪之际,1998年2月,时任中共中央总书记江泽民在与共青团第十四次全国代表大会部分代表座谈时的讲话中,以及随后2002年江泽民在纪念中国共青团成立80周年大会上的讲话中;2003年7月,时任中共中央总书记胡锦涛在与共青团十五大选出的新一届领导班子成员的座谈中,2012年胡锦涛在纪念中国共青团成立90周年大会上的讲话中,都明确使用"青年运动"的概念。2019年,习近平总书记在纪念五四运动100周年大会上的讲话之中,先后八次提到"青年运动"这一概念,并对"中国青年运动的光辉历程"予以充分肯定。

为什么从革命年代开始,在中国政治话语体系中一直都在使用

中国青年运动一百年

"青年运动"这一概念呢？我们理解，党的高层是把青年群体作为推动社会变革重要力量来看待的。青年运动是青年的集体行动，不是个人行为。青年发展的大趋势对社会发展产生决定性影响，当然，这种大趋势之下也有小趋势，小趋势汇成大趋势。

但是，由于历史发展的不确定性，青年运动与党在某一阶段的目标、人民的根本利益并不总是合拍。比如，在1966年发起的"文化大革命"中，青年响应了党的号召，却与国家民族的根本利益背道而驰。饱经极左之苦的革命老人黄克诚在1982年反思道："年轻人在那个年代头脑发热，毛主席号召造反，他们就干起来了，这不是他一个人的事。"① 在1976年发生的四五运动中，青年集体行动抗议党内极左势力，又反映了人民群众的普遍愿望。因此，政党在社会发展（包括青年运动在内）中扮演着极其关键的角色。抛弃人民利益的政党（如苏联共产党），人民就会把它抛弃；背离人民根本利益的运动，最终必然导致人民的漠视。中国共产党没有自己的任何私利，以广大人民群众的利益实现和满足为终极价值追求。在新的历史条件下，处理好党与青年、青年运动的关系尤为重要。

进入中国特色社会主义发展的新时代，如何把握当代青年的行为特质和青年运动的基本规律？2013年5月，习近平总书记在同各界优秀青年代表座谈时明确指出："为实现中华民族伟大复兴的中国梦而奋斗，是中国青年运动的时代主题。"② 同年6月，习近平总书记在同团中央新一届领导班子集体谈话时再次强调了这一观点。2014年6月在对共青团工作的批示中，习近平总书记指出："要深

---

① 《黄克诚传》编写组：《黄克诚传》，当代中国出版社2012年版，第576页。
② 习近平：《在同各界优秀青年代表座谈时的讲话》（2013年5月4日），《十八大以来重要文献选编》上册，中央文献出版社2014年版，第281页。

入研究当代青年成长的新特点和新规律"①。在 2015 年 7 月《致全国青联十二届全委会和全国学联二十六大的贺信》中,习近平总书记强调:"各级党委和政府要加强对青年工作的领导,认真研究新形势下青年运动的特点和规律"②。2017 年五四青年节前夕,习近平总书记在中国政法大学考察时强调,共青团是党的助手和后备军,要始终保持先进性,广大团员青年坚定跟党走,就是初心。不忘这个初心,是我国广大青年的政治选择,也是我国广大青年的人生航向。2019 年 4 月 19 日,习近平总书记在主持中共中央政治局第十四次集体学习时指出,"要加强对五四运动以来中国青年运动的研究,深刻把握当代中国青年运动的发展规律"。在这里,习近平总书记又一次提到"青年运动"。显然在于强调以史为鉴、以史为师,坚定中国特色社会主义道路自信、理论自信、制度自信、文化自信。

实现中国梦,中国共产党的正确领导是关键性因素。坚决维护习近平总书记党中央的核心、全党的核心地位,坚决维护以习近平同志为核心的党中央权威和集中统一领导,是不能有丝毫含糊的大道理、大趋势。新时代我们所坚持的党管青年原则,就是坚持党管青年发展、党管青年工作、党领导青年运动的有机统一。

共青团为实现党的目标而动员

一般来讲,中国共产党是青年运动的领导者,中国共青团是青年运动的组织者。所谓领导者,有时是直接发出政治号召,有时则是创造社会氛围。所谓组织者,是奉命而独立开展工作。在不同历史时期,青年团的重要工作和活动都是围绕党的政治纲领、政治主张和各项政策展开的。因此,共青团工作最大的政治逻辑就是"党

---

① 中共中央文献研究室编:《习近平关于青少年和共青团工作论述摘编》,中央文献出版社 2017 年版,第 69 页。
② 中共中央文献研究室编:《习近平关于青少年和共青团工作论述摘编》,中央文献出版社 2017 年版,第 107 页。

有号召,团有行动"。

革命战争年代,共青团跟着共产党争取民族独立和民族解放,为创建新中国而英勇奋斗。1922年8月,当中国共产党通过劳动组合书记部在全国发动劳动立法运动时,刚刚正式成立三个月的中国社会主义青年团立即给予配合,在团的机关刊物《先驱》上全文刊登了指导这场斗争的纲领《劳动法大纲》,并发表文章《少年工人与劳动立法》加以宣传,号召青年工人参加斗争。1923年6月,党的三大确定国共合作的方针。同年8月,青年团三大表示坚决拥护党的方针。随后,积极协助党实现国共合作,组织选派团员青年到黄埔军校和农民运动讲习所学习,组织发动青年参加工农运动,参加北伐军。1927年4月,蒋介石在上海公开发动反革命政变,一些意志薄弱者相继脱离革命阵营。在党的五大闭幕的第二天,即1927年5月10日,共青团四大召开,会议通过的《大会宣言》郑重宣告:"本团是无产阶级青年的革命组织,他应当在党的指导之下,吸引广大的劳动青年群众参加革命的斗争,同时在这些斗争中去养成他们的共产主义者的精神。"[1]1928年7月,共青团五大根据党的六大提出的"争取群众,准备暴动"的总任务确定了团的基本任务:争取团结更广大的劳动青年在中国共产党的周围,为进一步发动青年参加工农革命斗争,帮助中国共产党准备群众武装起义,推翻国民党政权而斗争。

新中国成立之初,恢复被战争破坏的国民经济,实现国家财政经济状况的基本好转,进而完成改革、改造,实现向社会主义的过渡,是当时中国共产党和全国人民的中心工作。刚刚重建的青年团积极响应党的召唤,团结带领全国各族青年和团员,为实现党提出的各项目标而努力工作。从积极参与"三反"、"五反"、增产节约,到

---

[1] 《中国共产青年团第四次全国大会宣言》(1927年5月26日),中国新民主主义青年团中央委员会办公厅编:《中国青年运动历史资料》第3册,内部资料1957年印行,第442页。

组建青年突击队、青年垦荒队,青年团在巩固新生政权、土地改革和各项民主改革、社会主义改造和社会主义建设中都发挥了重要作用,团的工作和活动达到了空前的覆盖和影响。

"文化大革命"结束后,党的工作开始恢复正常,十一届三中全会开启社会主义现代建设的新征程。1979年2月,团中央召开会议,明确把"学四化、干四化"作为新时期青年的主课,把学习、宣传党的十一届三中全会精神,做好大转变中的思想政治工作作为全团的第一项任务,强调共青团组织要从参加政治运动为主,转到以参加生产建设为主。团的一切工作都应围绕现代化建设作安排,都应以现代化建设为中心。1992年党的十四大明确提出我国经济体制改革的目标是建立社会主义市场经济,要全党抓住机遇,加快发展,集中精力把经济建设搞上去。1993年5月,团的十三大就提出,青年要担负起历史责任,踊跃投身经济建设,在社会主义市场经济中有所作为。2008年,面对新形势,团的十六大根据党的要求,从巩固和扩大党执政的青年群众基础的战略高度,进一步明确了共青团组织青年、引导青年、服务青年和维护青少年合法权益的四项职能。

走进新时代,处于大国崛起的前夜,一向有"开风气之先"传统的中国共青团所担负的历史使命至少应包括三个方面:一是怎样才能更好地将党的意志、主张、方针、政策贯彻落实到青年群体之中,并在广大青年中吹响青春担当的前进号角,换言之就是如何让党放心。二是怎样才能更好地促进青年群体的全面发展,当好青年合法权益的代言人,说白了就是如何让青年满意。三是怎样才能更好地打造一支议大事、懂全局、管本行的共青团干部队伍,讲到底就是如何让团干部在状态。唯有如此,中国共青团才能真正成为中国青年运动名副其实的动员者、组织者。

三、始终与基层民众在一起

中国青年运动产生于中国社会土壤之中,与社会各方面有着千丝万缕的联系。青年运动要不断发展壮大,有所成就,必须获取更多民众(包括青年在内)的认同和支持。要获得认同和支持,就需要遵从人们的认识水平、思维习惯、传统风俗、道德伦常和价值取向等。

"到民间去"自"五四"始

李大钊在"五四"前夕就说过:"要想把现代的新文明,从根底输到社会里面,非把知识阶级与劳工阶级打成一气不可。我甚望我们中国的青年认清这个道理。"

五四运动中,敏感的知识分子"渐知工人阶级的势力比学生大",革命运动需要广泛的群众基础,仅仅依靠学生的力量是无法完成使命的。于是,他们提出与社会各界联合的主张,并付诸实践,这才使五四运动由开始的学生运动迅速发展为全国范围内社会各界广泛参与的爱国斗争。

1920年的《民国日报》登载:"五四运动以后,新文化的潮流滚滚而来,'劳工神圣'的声浪也就一天高似一天。"邓中夏领导的平民教育讲演团已经把活动范围由原来的市区扩大到"乡村讲演、工场讲演"。

同一年,由周恩来领导的觉悟社主持五团体会议在北京陶然亭召开,会议所发起的"改造联合",不仅要求组织起来,而且喊出了"到民间去"的口号。因为他们察觉到青年知识分子许多自身不易克服的弱点,只有深入工农群众,深入斗争中去,才可能逐步得到克服。

这样,中国青年运动开始突破知识分子群体的有限空间,逐渐发展为真正意义上的广大青年参与、影响农工商各界的社会性运动。

经过革命斗争的长期实践,1939年,毛泽东在五四运动20年后提出:"看一个青年是不是革命的,拿什么做标准呢?拿什么去辨别他呢？只有一个标准，这就是看他愿意不愿意、并且实行不实行和广大的工农群众结合在一块。愿意并且实行和工农结合的，是革命的，否则就是不革命的，或者是反革命的。"①

人民群众是推动历史前进的根本动力，任何脱离人民群体的事业都将一事无成。革命年代是这样，建设时期也是这样，改革开放时期依然是这样。这是一条颠扑不破的历史铁律。同人民一道拼搏、同祖国一道前进，服务人民、奉献祖国，是当代中国青年运动的正确方向。青年有激情，有闯劲，有创意，所缺乏的可能是应对复杂环境的适应能力、百折不挠的抗挫折能力、攻坚克难的执行能力，等等。这些能力需要在火热的社会实践中习得，需要在向人民群众学习的过程中获取，需要在尖锐的矛盾冲突中历练。

要搞"大圈子"，不要搞"小圈子"

毛泽东曾对"政治"有过一个脍炙人口的解释："政治就是把敌人搞得少少的，把我们的人搞得多多的。"话虽然通俗，却完全符合马克思历史唯物主义最核心的观点——人民群众是历史的创造者。

青年人天生拥有热情和创造力，但也会伴生个人英雄主义，片面夸大个人的作用。1949年4月，周恩来在团一大上就强调指出："一个人坐在房子里孤陋寡闻，这样不行，应该在千军万马中敢于与人家来往，说服教育人家，向人家学习，团结最广大的人们一道斗争，这样才算有勇气，这种人叫做有大勇。我们青年很需要养成这种作风。""因为不管是在工人中、农民中和学生中，党员和团员总是少数，少数人自己划个小圈子把自己圈起来，用中国的古话来说，就叫'画地为牢'。"②

---

① 毛泽东：《青年运动的方向》(1939年5月4日)，《毛泽东选集》第2卷，人民出版社1991年版，第566页。
② 周恩来：《团结广大人民群众一道前进》(1949年4月22日)，《周恩来选集》上卷，人民出版社1980年版，第330、326—327页。

显然，毛泽东更懂得民众中蕴藏有无尽的创造伟力。因此，1953年6月，他在接见团二大主席团时谈道："青年团的工作，要照顾多数，同时注意先进青年。这样，可能有些先进分子不过瘾，他们要求对全体团员都严一些。这就不那么适当，要说服他们。团章草案规定的义务多了，权利少了，要放宽一点，使多数人能跟上去。重点要放在多数，不要只看到少数。"①

"文化大革命"结束后，同党一样，共青团也在呼唤光荣传统的回归。1978年10月，团十大报告指出："党中央一贯指示共青团要搞大圈子，坚决反对小圈子主义。团结就是力量，团结就是胜利。全团同志都要以很高的自觉，珍惜和维护安定团结的政治局面。共青团这个核心是否坚强，一个重要的标志，就是看它能不能广泛地团结青年，能不能把出身不同、经历不同、进步快慢不同、兴趣爱好不同的青年都吸引到自己的周围。"②

进入新时代，习近平总书记对共青团的群众性提出更高要求。2015年7月，他在中央党的群团工作会议上明确指出："群团组织中存在的问题，实质是脱离群众。"③共青团不能脱离广大青年，青年不能脱离广大群众。当代青年只有懂得基层、懂得社会，才能懂得中国，才能建设好国家，治理好社会。

青年运动需要精英，更需要群众

中国共产党历来认为，离开了基层民众，青年运动将一事无成。厚植于广阔社会生活中的青年运动最有力也最持久。社会生活有自己的逻辑，它总是处在整个发展过程中的一个特定阶段，表现出

---

① 毛泽东：《青年团的工作要照顾青年的特点》（1953年6月30日），《毛泽东文集》第6卷，人民出版社1999年版，第279页。
② 共青团中央青运史档案馆编、胡献忠主编：《中国共青团历次全国代表大会概览》，中国青年出版社2012年版，第413页。
③ 中共中央文献研究室编：《习近平关于社会主义政治建设论述摘编》，中央文献出版社2017年版，第189页。

结语／让历史告诉未来

复杂的过渡性和双重性。理论观念、理想目标可以是十全十美的图上作业,但不论设想得如何圆满,一旦实行起来,总会受许多因素的制约。通过对人们的社会关系、利益取向、生活习俗、行为特征、宗教信仰甚至消费习惯等方面的研究,可以从中寻出思想变化的逻辑。

社会逻辑决定政治逻辑。政治来自社会,没有社会的广泛呼应,政治号召只能是苍白的。细心回顾解放战争时期此起彼伏的学生运动,不难发现对运动发展进程起决定作用的是学生群体自身的利益和要求,如果不符合或违背学生自身的利益和要求,任何力量也不可能把如此众多的学生"运动"起来,更不用说能使运动得到持续发展直到取得胜利。青年学生的根本利益和要求是什么?是爱国、民主和生存。正是以此为出发点,中国共产党团结并引导他们以正确的斗争手段战胜重重障碍,走向胜利。中国共产党之所以能得到越来越多青年学生的拥戴和信任,原因就在这里。同时,青年运动虽然在社会变革中发挥着先锋作用,但它不能同其他社会阶层相脱离,不能孤立地进行,必须努力建立广泛的社会统一战线。这就是我们常说的要与工农群众相结合。

少数精英的活动,很难称得上运动,他们可以称为发动者。运动必须吸引或动员广大的中间层青年(大量政治上处于中间状态的青年)。同时,运动高潮时要很积极,运动平复时又要回归原来生活的轨道上。因此,要尊重青年的主体地位。青年是青年运动的主体,青年运动是青年人的事业。必须尊重青年、理解青年、相信青年、依靠青年,充分照顾青年特点、发挥青年优势。只有尊重青年主体地位,广大青年才能焕发出极大的创造热情,中国青年运动才能始终保持勃勃的生机活力。青年运动在绝大多数情况下反映的都是青年的意愿诉求和个性特征,否则就不叫青年运动了。而且,现代社会区别于传统社会的显著特征之一,就是社会成员主体意识的彰显。从"80后"到"00后",当代青年的自我意识越来越凸显,在青年运动和社会实践中要以青年为本,让青年当主角,而不能让青年当配角、当观众。这样可能更有利于培养他们的家国情怀与行为的合理性。

所以,考察青年运动要放在广阔的社会生活之中去,动员青年也重在社会逻辑。德国学者史通文写过一本书叫《在娱乐与革命之间》,副标题是"留声机、唱片和上海音乐工业的初期(1878—1937)"。这本书充分展示了唱片在经济、社会、文化和政治中的深刻渗透力和"网络结成"。党史研究界曾提出以社会史弥补党史研究方法的不足的观点。如果把青年运动当作历史来观察的话,必然离不开历史社会学的方法;如果把青年运动视为一种政治现象,则需要政治社会学的研究。

人心向背是最大的政治。"共产党基本的一条,就是直接依靠广大革命人民群众。"[①]党离不开人民群众,青年运动也离不开人民群众。如果把自己看得高人一等,高居群众之上发号施令,那么,不管他们有多大本领,也是群众所不需要的,他们的工作是没有前途的。一句话,离开了人民群众,将一事无成。作为党领导的先进青年的群团组织,共青团只有团结、凝聚、服务越来越多的各民族、各阶层、各界别青年,高举旗帜跟党走,才能实现其为党执政不断巩固和扩大青年群众基础的目标,履行好自身的根本职责。

四、秉持永久奋斗精神

从中国青年运动历史的长河来看,愤怒是青年的天性,生理禀赋使然;而奋斗则是青年的天职,社会使命使然。自五四运动以来,中国青年就一直走在时代的前列。在革命年代,呈散沙状态的各阶层青年在中国共产党领导和有效组织下,以大规模、大声势的抗争形态,同广大劳苦大众一道反抗压迫,反击侵略,反对暴行,追求光

---

① 毛泽东:《共产党基本的一条就是直接依靠广大人民群众》(1968年),《建国以来毛泽东文稿》第12册,中央文献出版社1998年版,第581页。

明。在建设年代，单位体制下的中国青年以高度组织化的形式，积极参与大规模经济建设和社会改造，向困难进军，向荒原进军，艰苦创业，砥砺奋斗。在改革年代，多姿多彩的中国青年以嵌入式集体行动和饱满的改革热情，开拓进取，锐意创新，成为倡导新理念、引领新风尚、研发新技术、打造新产业的主力军。在某种意义上说，中国青年运动100年的历程，也是从"愤怒"青年到"奋斗"青年转换的过程。

中国青年多因爱国而愤怒

从新文化运动到中国共产党成立这样大跨度的五四时期，整整是一个青春崇拜的年代。五四青年是追求、学习和宣传新思想的主力军。在当时的教室里、座谈会上、社交场合，到处讨论着知识、文化、家族、社会关系和政治制度等。蔡元培主校的北大，一扫辛亥失败的挫折感，使整个北京甚至全国的文化界、教育界充满了激情。五四青年执着专注，勇于担当，敏于行动，更纯粹、更敏锐、更有革命精神。五四运动前一天晚上，在北京大学的学生大会上，预科一年级学生、17岁的刘仁静突然拿出一把菜刀，要当场自杀以激励国人。法科学生谢绍敏悲愤地咬破中指，裂断衣襟，写下血字"还我青岛"，五四游行当天这一血书被当作抗议标志之一，悬挂在天安门前。在5月4日当天，24岁的北大文科预科学生郭钦光，"奋袂先行，见当局下逮捕学生之令，愤然大痛，呕血盈斗"。还有行为激烈的"火烧赵家楼"事件。数十万爱国青年在五四运动中所爆发出的能量与勇气，使中国社会各阶层再也不能无视他们的存在，正如时人所评述的那样："在老大中国底社会中，青年运动是很不多见的，自从'五四'以后，青年方渐渐为社会所注意，青年运动也方渐渐地开始。"

事实上，在风雨如磐的旧中国，没有青年的愤怒就没有国民的觉醒。五四运动之后，1925年五卅运动是青年愤怒于帝国主义的经济侵略，1935年一二九运动是青年愤怒于日本军国主义灭亡中国的祸心，1945年一二一运动是愤怒于国民党政府对民主的压制，1946年底至1948年学生运动此起彼伏，是愤怒于美帝国主义的暴行和国民党政府的独裁与腐朽。这些愤怒唤起了社会各界乃至全民族的觉醒，从而投身到中国共产党领导的争取民族独立、人民解放的伟大洪流之中。分析新中国成立前每次大规模青年运动的原因，不是青年爱愤怒，确实是当时黑暗的政治环境让青年们忍无可忍，他们的愤怒几乎没有任何个人私利，而且这些愤怒大多与反帝相关，不行动不足以表达爱国情怀。

新中国成立后，广大青年满腔热情紧跟中国共产党建设一个社会主义新国家，民族情绪也在不断高涨。这其中同样少不了对危害国家安全的敌对势力的愤怒，比如抗美援朝爱国运动的动员就是自愤怒而兴，但上街示威之后，青年们很快就将注意力聚焦于生产之中。进入21世纪，随着综合国力的不断提升，广大青年的爱国意识和民族自尊与日俱增，在民族大义面前表现出青年特有的激进天性。2001年的南海撞机事件、2012年的钓鱼岛问题，都引发青年愤然上街。当然，这些愤怒被纳入中国共产党的制度体系之内，汇聚到发愤工作的轨道上。

民族复兴仅有愤怒是不够的

五四爱国运动是青年学生第一次以群体方式集体登上中国最高政治舞台，对当时社会舆论、民众心态、外交政策乃至历史进程都产生了重大冲击和影响，因而成为中国青年运动的起点。100年来，中国青年运动始终以爱国主义为最高要义，以中华民族伟大复兴为根本追求。

但是，爱国仅有热情、仅为愤怒是不够的，还需要奋斗意识和科技实力。资料显示，1919年（五四运动）和1925年（五卅运动）两个抵制日货最为激烈的年份，日本对华输出额却明显高于同期其他年

结语 / 让历史告诉未来

份。原因在于每次抵制日货行动结束后,激情回归常态,商人们便会大量购进日货,以迎合民众获取物美价廉日用品的胃口(也有研究说,是因为北洋政府从日本进口大量军火所致)。历史就是这么吊诡。

"愤怒出诗人",愤怒出勇士,但科学需要理性。新民主主义革命时期,中国青年的愤怒很多,因为急剧变化的局势已经"安放不得一张平静的课桌了"。唯有以愤怒的行动求独立,以愤怒的行动求解放。新中国成立时,中国的经济基础几乎是"一张白纸",需要广大青年同全国人民一道去写"最新最美的文字",去画"最新最美的画图",才有"向科学进军"的时代热潮。改革开放,国门初开,为追赶世界先进科技,许多青年发奋读书,积极参加新恢复的高考,更多年轻人则走进"没有围墙的大学",夜大、电大、自考、函授……一浪高过一浪。

进入新时代,中国梦激励着广大青年建功立业、共享人生出彩的机会,为青年人展示才华、实现价值提供了广阔舞台。广大青年既是追梦者,也是圆梦人。追梦需要激情和理想,圆梦需要奋斗和奉献。在化解重大风险、精准脱贫、污染防治三大攻坚战中,在"天宫""蛟龙""天眼""悟空""墨子"等重大科技攻关项目中,在"一带一路"的国际合作中,当代青年在奋斗中释放青春激情、追逐青春理想,以青春之我、奋斗之我,为民族复兴铺路架桥,为祖国建设添砖加瓦。

当然,现代社会生活中也不可能没有"怒"的情绪,从最早"愤青",到"路怒族""空愤族",还有"愤族""网愤族""喷子""键盘侠",直至"怒怼"。一方面,我们热情鼓励青年们面对社会不良现象、丑恶现象乃至敌对势力,要敢于亮剑,激浊扬清,正本清源;另一方面,我们也坚决反对某些不了解实际情况,空发议论,牢骚满腹,甚至造谣惑众的行为。推进国家治理体系和治理能力现代化进程中,人的现代化是基础性工程。当代青年要有血性,也要有理性,能够明辨

中国青年运动一百年

善恶丑美、是非曲直，做新时代的明白人。

<h4 align="center">奋斗才是青年的常态</h4>

自古弱国无外交。100 年前，面对"强权战胜公理"的巴黎和会，虽然拒绝签字，但青岛问题依然悬而未决。直到 1922 年中国付出巨款，才从日本占领者手中赎回了青岛主权和胶济铁路。国弱如此，愤怒的青年又找谁去说理呢？

其实，1919 年 8 月，26 岁的湖南青年毛泽东就大声疾呼："天下者，我们的天下；国家者，我们的国家；社会者，我们的社会；我们不说，谁说？我们不干，谁干？"[1] 这一舍我其谁的历史担当和奋斗精神，凸显了五四青年的高度自觉。1949 年以来，从青年突击队到青年志愿垦荒队，从"向困难进军"到"向科学进军"，广大青年紧跟中国共产党艰苦奋斗，奠定基业。1978 年以来，从"团结起来，振兴中华"，到"我与祖国共奋进"，再到"青春建功新时代"，随着改革开放成长起来的"70 后""80 后"以独具特色的行为方式，敢为人先，先行先试，为实现中华民族伟大复兴的中国梦发挥着自己的聪明才智。

改革开放 40 多年来，中国跃居世界第二大经济体已近 10 年（2010—2019）。我们日益走近世界舞台中央，我们也比历史上任何一个时期更加接近中华民族伟大复兴的目标，需要当代青年更多的付出、更多的奋斗。实现中国梦需要青年，也能成就青年。

中华民族伟大复兴之路并不是长安街上笔直的道路，当代世界处于百年未有之大变局中。成功应对这一变局，实现"两个一百年"奋斗目标，需要党中央的英明决策，需要 14 亿中华儿女的紧密团结，也需要广大青年的砥砺奋进。

---

[1] 毛泽东：《民众的大联合》（三），《湘江评论》第 4 号，1919 年 8 月 4 日。

警惕"快活三里"

的确,当代中国青年是可爱、可信、可贵、可为的一代。但我们必须清醒地看到,在物质生活条件得到极大改善的同时,青年群体中"小确幸""小而美"大行其道,还有的以"佛系"自居,以"废人"自嘲,传染着一些与民族复兴"大时代"不大相称的消极彷徨情绪。

泰山半腰有个叫"快活三里"的地方,登山至此,忽逢坦途,青山四围,气爽景幽,让人陶醉留恋。然而,有经验的挑山工绝不会在此久留,因为休息时间长了,腿就会发懒,再上"十八盘"就会很艰难。

青年的人生之路很长,前进途中,有平川也有高山,有缓流也有险滩,有丽日也有风雨,有喜悦也有哀伤。心中有阳光,脚下有力量,为了理想能坚持、不懈怠,才能创造无愧于时代的人生。

"幸福都是奋斗出来的","奋斗本身就是一种幸福"。青年时代,选择吃苦也就选择了收获,选择奉献也就选择了高尚。"看似寻常最奇崛,成如容易却艰辛。"无数事例反复证明,成功的奥秘,在于坚持艰苦奋斗,不贪图安逸,不惧怕困难,不怨天尤人,依靠勤劳和汗水开辟人生和事业前程。

"强国一代有我在",当代青年要敢于做先锋,而不做过客、当看客,让创新成为青春远航的动力,让创业成为青春搏击的能量,让青春年华在为国家、为人民的奉献中焕发出绚丽光彩。

五、全球青年运动同频共振

在世界发展史上有一个非常有意思的现象,不论是左翼思潮,还是右翼幽灵,总是集中出现在某一特定时代,一地发动,总会有若干国家或地区起而呼应,这大概就是所谓的"蝴蝶效应"。

自15世纪以来500年的时间里,葡萄牙、西班牙、荷兰、英国、法国、德国、日本、俄罗斯、美国这九个国家先后崛起,撇去背后的政治、经济、军事、外交因素,其中的青年因素也颇有些耐人寻味。英国、日本这些岛国青年的忧患意识,往往比俄罗斯、美国这样的大陆国家来得还要早、还要快,从而成为民族崛起的先决条件。俾斯麦把分散的联邦统一后,包括德国青年在内的全德国人励精图治,崇尚节俭,视诚信和荣誉为生命,强大的民族精神支撑着国家崛起的脊梁。而美国在崛起过程中,致力于把工业生产与正在形成的美国精神相结合——既追求现实,又充满青年特有的理想主义,尽可能地让年轻人服务于国家计划。

根据赵鼎新的判断:"今天的欧美已经是一个社会运动社会:原来主要是左派搞运动,现在右派也搞;原来是社会下层搞运动,现在上层也搞;原来参加社会运动的主要是男性,而现在女性大大增多;原来青年人是社会运动的主体,现在是什么年龄都有。也就是说社会上的每一个群体都学会了运动社会运动来争取权益这一方法。"①

世界是平的,各国是相通的。从全球范围内看,青年运动是经济取向还是政治取向,是破坏性还是建设性,是反体制的还是制度化的,取决于中央政府的政策走向、地方当局的行为方式乃至国家与社会的关系状态。由此,青年运动反映的是青年与国家、青年与社会的关系。

20世纪20年代,整个世界弥漫着一种革命气息。中国共产党是在共产国际的帮助下成立的,中国社会主义青年团(中国共青团的前身)也就顺理成章地接受青年共产国际的领导。中国青年"打倒列强除军阀"的价值取向与世界青年运动相通。第二次世界大战爆发后,中国青年在青年共产国际的指导下建立起反法西斯青年统一战线,而且全国学联与世界学联往来密切。到了20世纪60年代,解放与革命似乎成为东西方学生共同的梦呓。中国红卫兵的造

---

① 赵鼎新:《国家、战争与历史发展:前现代中西模式的比较》,浙江大学出版社2015年版,第207页。

反行动成为西方青年仿效的直接样板：1966年，德国法兰克福大学举行会议并游行示威；1967年，意大利发生学生造反运动；1968年，巴黎学生走上街头发起"五月风暴"。而20世纪80年代末90年代初，包括中国在内的社会主义阵营的青年学生又都处于一片骚动之中。

当今世界全球化趋势不可逆转，互联网连接每一个角落的不同肤色的青年，大家都面临着生存发展的共同问题。进入21世纪，英国出现"伦敦骚乱"，美国有"占领华尔街运动"，参与者多为青年人；西亚北非的"阿拉伯之春""茉莉花革命"，如同多米诺骨牌，推倒一个，殃及一片；中国台港地区出现的所谓"太阳花革命""占中运动"及"暴力乱港"，运动都是一波一波出现，对邻近的国家和地区产生难以预测的潜在影响。

中国现代化进程晚于西方国家，欧美社会曾经出现的后现代、嬉皮士等青年文化现象在中国"慢半拍"出现。在地球的另一侧，以反战反核、人权运动、女权运动、环保运动、同性恋、城市自治、占领运动为主要内容的新社会运动，以其"非暴力""去中心""制度化"的特点，成为一种塑造西方社会的重要力量，走向制度化是其发展趋势之一。社会运动制度化实质上是国家的体制构建目标和社会运动的诉求目标互动博弈的产物。这一过程既改造了社会运动，也对国家体制和社会危机管理机制产生了不可低估的影响。但制度化趋势并没有改变西方新社会运动的抗议属性和变革目标。所有这些，都对当代中国青年运动有着直接的重要影响和借鉴意义。

六、场景建构任重道远

"当代中国青年运动场景建构"是一个非常宏大的理论问题和实践问题，很难用一两句话描述清楚。这里只不过试图在青年运动研究中引入学科视野或理论视野。那么，第一个问题是场景的定义。研究认为，这里的场景是指一定时期的政策环境、社会环境（六社会的概念,包括社会心态、价值取向、社会变迁)。随后的问题是青年运动的场景需不需要建构？回答是肯定的。场景建构实质上就是引领青年运动的方向和趋势。接下来还有一系列问题:如何建构？谁来建构？建构的目标是什么？建构的步骤与过程又是怎样的？

研究认为,场景建构的目标就是把青年运动纳入制度体系之内,引导广大青年由"愤怒"到"奋斗",实现青年运动由抗争向嵌入的完全转换。"国家要发展,青年首先要发展"。所以,青年运动场景建构的主体,一是执政党、政府,从顶层设计上做战略性制度安排。二是宣传、教育、社保等职能部门,具体服务成长的各个方面。三是共青团、青联、学联等青年组织,它们在青年中拥有传统的不可替代的影响力,需要在革新中重塑形象。四是企业、社团及社会各界,他们的认知和选择直接影响着青年的价值取向和行动取向。场景建构的内容包括政策选择、公共舆论、社会变革、政治共识、身份认同、组织网络、政治动员等。

以上这些只是宏观逻辑的基本设想,现实中国青年运动有其自身运作的规律,建构场景既需要有积极的态度,又需要有稳妥的路径,不能太天真,不可能一蹴而就。当前我们不能回避的问题是:如何全面深入地理解中国青年运动的时代主题？如何让主流价值成为多数青年的自觉追求？党的青年组织如何以新形象推动青年运动？如何与世界青年运动对话？

在青年运动的舞台上,青年是充满激情与想象的自觉的行动者和创造者。当代青年是敢于有梦、勇于追梦、勤于圆梦的一代,同时又是多元、个性、炫酷的一代。如何让主流价值成为大多数青年的自觉追求,需要尊重青年作为历史主体的想象力、创造力和影响力,循着当代青年接受事物的思维逻辑和情感逻辑,用最具人性化、最直接、最朴实的传播方式去点燃、去唤醒。

2019年4月,习近平总书记在第十四次政治局集体学习时针对五四运动和中国青年运动研究,明确提出了"四个讲清楚""两个统一起来""回答好两个为什么"的要求。① 为此,青运史理论工作者要进一步明晰青年运动概念的内涵和外延,注意吸收、借鉴和综合政治学、历史学、社会学、文化学、人类学、青年学等相关学科的理论、方法和成果,以规范的学科范式和深刻的思想阐释,不断增强五四运动和中国青年运动研究的学术性、科学性和解释力,努力揭示100年来中国青年运动嬗变的规律和趋势,从而在更大范围内实现对当代青年的思想引领。

不忘历史,方得未来;不忘初心,方得始终。这种历史法则对中国青年运动的自身发展是成立的,对中国青年运动的理论研究也是成立的。

---

① "四个讲清楚":讲清楚为什么五四运动对当代中国发展进步具有如此重大而深远的影响;讲清楚为什么马克思主义能够成为中国革命、建设、改革事业的指导思想;讲清楚为什么中国共产党能够担负起领导人民实现民族独立、人民解放和国家富强、人民幸福的历史重任;讲清楚为什么社会主义能够在中国落地生根并不断完善发展,引导人们以史为鉴、以史为师,坚定中国特色社会主义道路自信、理论自信、制度自信、文化自信。"两个统一起来":把研究五四精神同研究民族精神和时代精神统一起来,同研究党领导人民在革命、建设、改革中创造的革命文化和社会主义先进文化统一起来。"回答好两个为什么":回答好为什么当代中国青年运动的主题是为实现中华民族伟大复兴的中国梦而奋斗,为什么当代青年必须把个人理想融入民族复兴伟大理想和中国特色社会主义思想。

后记

编写《中国青年运动一百年》,是共青团中央书记处交付的一项重要任务。在五四运动100周年和新中国成立70周年的双重纪念语境下,本书为青年读者增添了一份阅读历史的厚重。衷心感谢年届九旬的金冲及先生认真审读,铅笔手写满满的五页大稿纸,尽显先生治学之严谨、作风之平易,令晚辈感动万分。感谢同样九十高龄的郑洸先生欣然作序,对晚辈鼓励有加。感谢李玉琦研究员的审读与作序。感谢团中央宣传部和中国青年出版社、江苏人民出版社的策划推动,没有他们的不懈努力,这本书的出版是难以想象的。

纪念是为了唤醒历史记忆,传承精神价值。该书以历史逻辑、实践逻辑、理论逻辑相结合的观察视野,对青年与国家、青年与社会、青年与政治等重大关系进行研判,有利于把握中国青年运动发展的特质和趋势,阐释中国青年运动的新价值,从而增强当代青年不忘初心、牢记使命的历史担当。

中国青年自五四运动登上历史舞台,在长达100年的奋斗历程中,坚持中国共产党的领导,传承五四精神,同全国人民一道,反对强权,抵御侵略,艰苦奋斗,锐意创新,迎来了民族独立和人民解放,推动国家、社会日益走向现代化。从某种意义上讲,中国革命、建设和改革的历程,实际上燃烧的是青年激情,依凭的是青春力量。我们如果以五四运动为起点展开反思,主要是考察现代理念、现代意识的启蒙何以在青年群体中持续,中国青年运动在中国共产党领导的社会革命中如何发挥作用。如果以新中国成立为起点展开反思，则主要考察在新国家、新社会、新制度的交互作用下，青年运动是如何促进国家制度建设和现代化进程的，青年又如何在这一过程中获得全面发展。

《中国青年运动一百年》的研究考察，主要基于两组逻辑展开。第一组为横向逻辑，一是政治逻辑，政治时空的变迁决定着青年运动的政治方向。二是社会逻辑，社会时空的变迁扩大或压缩青年运动的社会空间。三是青年逻辑，青年的代际变迁影响着青年运动的呈现形态。第二组为纵向逻辑，一是解放的逻辑，广大青年紧跟中国共产党在追求民族独立的同时，也实现着青年的独立；在解放社会的同时，也在解放青年自己。二是建设的逻辑，广大青年在建设社会主义国家的同时，也在建设自己的家园；在开创社会新风的同时，也塑造着青年的灵魂。三是改革的逻辑，广大青年同全国人民一道，在改革束缚生产力发展体制和机制的同时，也改变自己的人生境遇；在建构国家现代化的同时，也实现人的现代化。

没有青年，历史无以延续；没有青年，现代化何以可能？而复数青年的集体行动永远大于个体。作为现代化进程中社会运动的一种，青年运动这个见仁见智的基本概念，实质上体现了青年与国家、青年与社会的关系。历史研究尤其是青年运动历史的研究，不能只是"见物不见人"的宏大叙事，而通过对青年的社会关系、利益取向、生活习俗、行为特征、宗教信仰甚至消费习惯等方面的研究，可以寻出思想变迁、集体行动的逻辑，因此能够更接近历史的真实。从某种意义上讲，揭开了中国青年运动之谜，也就揭开了中国现代化之谜。搞历史研究的人常常会思考这样一些问题：历史何以发生？又将走向何处？我们处于历史长河中的何处？我们所扮演的历史角色又能赋予我们生命怎样的意义？

以上这些话,是在《中国青年运动一百年》的谋篇布局、苦心撰写过程中经常思考的问题,如今抛将出来,与读者共勉,也求教于大家。

作者谨记

2019年12月7日

大雪节气于北京海淀